国家出版基金项目

"十四五"国家重点出版物出版规划项目

胡适年谱长编

宋广波 著

第四卷

1930—1936

长江出版传媒
湖北人民出版社

目 录
第四卷 1930—1936年

1930年　庚午　民国十九年　39岁 …………………… 1
　1月 …………………………………………………… 1
　2月 …………………………………………………… 12
　3月 …………………………………………………… 19
　4月 …………………………………………………… 25
　5月 …………………………………………………… 35
　6月 …………………………………………………… 41
　7月 …………………………………………………… 44
　8月 …………………………………………………… 51
　9月 …………………………………………………… 58
　10月 ………………………………………………… 65
　11月 ………………………………………………… 74
　12月 ………………………………………………… 94

1931年　辛未　民国二十年　40岁 …………………… 105
　1月 …………………………………………………… 105
　2月 …………………………………………………… 117
　3月 …………………………………………………… 127
　4月 …………………………………………………… 138
　5月 …………………………………………………… 144
　6月 …………………………………………………… 149
　7月 …………………………………………………… 152
　8月 …………………………………………………… 156

1

9月	160
10月	166
11月	173
12月	178
1932年 壬申 民国二十一年 41岁	**189**
1月	189
2月	196
3月	199
4月	203
5月	208
6月	214
7月	220
8月	227
9月	234
10月	237
11月	242
12月	245
1933年 癸酉 民国二十二年 42岁	**252**
1月	252
2月	261
3月	276
4月	285
5月	292
6月	294
7月	307
8月	319
9月	321
10月	327
11月	330

	12月	337
1934年 甲戌 民国二十三年 43岁		350
	1月	350
	2月	360
	3月	371
	4月	378
	5月	388
	6月	407
	7月	414
	8月	420
	9月	427
	10月	438
	11月	441
	12月	446
1935年 乙亥 民国二十四年 44岁		463
	1月	463
	2月	475
	3月	477
	4月	481
	5月	487
	6月	498
	7月	514
	8月	524
	9月	527
	10月	537
	11月	541
	12月	548
1936年 丙子 民国二十五年 45岁		560
	1月	560

2月	570
3月	573
4月	577
5月	583
6月	589
7月	601
8月	606
9月	609
10月	614
11月	616
12月	619

1930年　庚午　民国十九年　39岁

1月12日，胡适请辞中国公学校长一职，5月19日正式交卸。
夏，胡适在中基会创设编译委员会，并制订编译计划。
10月，北京大学聘胡适为教授。
11月28日，胡适举家迁往北平。
是年，胡适的学术工作主要是中国中古思想史的研究与撰述。

1月

1月2日　杨登廷致函胡适，与胡适讨论"中公三日刊社"和"中国公学戏剧社"的社团定位。（中国社科院近代史所藏"胡适档案"，卷号1207，分号1）

1月5日　周作人致函胡适，询胡今年可否回北平；又云友人拟翻译《天方夜谭》，不知胡适能否商之于商务印书馆要人以出版此书等。（《胡适遗稿及秘藏书信》第29册，576～578页）

同日　程伯辉致函胡适，谈粤汉铁路株韶段工程进展，又询资助此铁路建设的英国庚款退款能否照常支付等。又询胡适《中国哲学史大纲》《白话文学史》两部书的下卷何时出版等等。（《胡适遗稿及秘藏书信》第37册，293～295页）

同日　陈正谟致函胡适，向胡适请教哲学问题。（《胡适遗稿及秘藏书信》第35册，292～293页）

1月6日　胡适将《景德传灯录》的卷二十八作为附录收入《神会和

尚遗集》。

1月7日　胡适作有《〈坛经〉考之一》。（收入《胡适论学近著》第一集卷二）

1月8日　任鸿隽致函胡适，谈中基会开会日期等问题。（《胡适遗稿及秘藏书信》第26册，585～589页）

1月10日　容肇祖致函胡适，请胡适指正其《公孙龙子集解》，并赐序。自己现已辞中山大学教职而执教岭南大学。感谢胡适的"预为推荐之力"。（《胡适遗稿及秘藏书信》第31册，117～119页）

1月12日　胡适在中国公学校董会第四次常会上，辞中国公学校长，推马君武继任。校董会议决："非马先生允任校长，不许胡校长辞职。"（中国公学校董会致胡适函，1930年5月15日，载《胡适来往书信选》中册，15页；中国社科院近代史所藏"胡适档案"，卷号2238，分号2；胡适1930年2月5日《日记》）

　　按，本年引用胡适《日记》，1930年1—9月部分，据《胡适的日记》手稿本第9册；10—12月部分，据《胡适的日记》手稿本第10册，以下不再特别注明。

同日　中国公学预科三年级学生林义行致函胡适，述家境贫寒境况，请求胡适免去其下学期学、宿费用。（中国社科院近代史所藏"胡适档案"，卷号1406，分号5）

同日　钱稻孙函托胡适请黄医师为其母舅单不庵治病。（中国社科院近代史所藏"胡适档案"，卷号1703，分号1）

1月13日　商务印书馆编译所致函胡适，请胡适将收入万有文库的《中国哲学史》《西洋哲学史》等书稿于今年6月底以前交来。（中国社科院近代史所藏"胡适档案"，卷号2229，分号3）

　　按，1月24日商务印书馆编译所又函催胡适将其汉译的《杜威——哲学之改造》早日交稿。（中国社科院近代史所藏"胡适档案"，卷

号 2229，分号 4）

同日　中国公学学生程一戎致函胡适，因自己经济困难，可否请胡适为其在校内介绍一工作，以维持学业。（中国社科院近代史所藏"胡适档案"，卷号 1853，分号 1）

1月15日　姚名达复函胡适，告：《章实斋先生年谱》版税手续已办好。此谱将来再版时，将尊胡意加注重排，"总以保留原著为是"。感谢胡适嘉惠后学的好意。（《胡适遗稿及秘藏书信》第31册，88页）

1月16日　下午4时，上海各界名流钱新之、陈其采、杜月笙、李拔可、徐新六、赵叔雍等多人，在大华饭店举行盛大欢送会，欢送梅兰芳赴美演出。张群致欢送词，褚民谊、胡适、叶恭绰、虞洽卿、张啸林、王晓籁、郑毓秀等相继演说，末由梅兰芳致答辞。（次日之《申报》）

同日　《国立中央大学半月刊》第1卷第7期刊登胡适的《宿命论者的屠格涅夫》一文，大要是：

> 伊凡·屠格涅夫 Ivan. S. Turgenev 是人性的叙述者，也是时代的描写者。
>
> 人性是静的永恒不变的，时代却是动的绵延变化的，就是这动与静的关系，就是这变与不变的反应，决定了一切人们的全部人生，也就是这人生，屠格涅夫得以造成他的优美的艺术。
>
> 屠格涅夫的小说，结构是那样的精严，叙述是那样的幽默，在他的像诗像画像天籁的字句中，极平静也极壮严的告诉了我们：人性是什么，他的时代又是怎样。读他的每一篇小说，可以知道几种典型的静的人性，可以知道一个时期的动的时代。读他的几篇有连续性的小说，可以知道人性的永恒不变时代的绵延变化，知道全人类的生活。
>
> 谁在主宰着人性呢？谁在推动着时代呢？又是谁在播弄着这时代和人性的关系及反应造成的人生呢？屠格涅夫告诉我们：这是自然。自然主宰着人性，自然推动着时代，自然播弄着这人生。……
>
> 屠格涅夫是一个宿命论者。

……

屠格涅夫的人性观是二元论,认定这二元论是一个人生的全部生活的根本法则。……

屠格涅夫的时代观,同样的,是以自然法则做根据的。否认时代根据一定的原则而进展。时代只是自然的推演,也许正是盲目的偶然的推演。……

……

人类受了命运的管辖,是人类永久的悲哀。自己不愿服从,事实又逃避不了,只是背起十字架绝望的向前进,这种人生,是如何样的悲剧啊!屠格涅夫是宿命论者,自然有浓厚的悲观色彩。他写恋爱,恋爱是悲剧;他写革命,革命是悲剧;他写全部的人生,人生还是悲剧。读他的小说,我们认识的是人性的特点,看见的是一个时代的实状,感到的是人生永久的悲哀——人生的运命所支配的悲哀。

同日 钱稻孙之母钱单士厘致函江冬秀,对胡适在其弟单不庵被停薪后"许为周旋,别立名义,仍畀以此数",深表感谢。(《胡适遗稿及秘藏书信》第 40 册,513～514 页)

同日 F. Stuart Chapin 致函胡适,云:

Since writing you on August 26th last, I have not heard whether you and Dr. D. K. Lieu have progressed in consideration of the proposal for active cooperation between a group of Chinese scholars, selected by you, and Social Science Abstracts.

You will recall that I accompanied the letter with a four-page list of suggestions which seemed to me might be helpful in explaining the purposes and scope of our work.

I expect that the Institute of Pacific Relations, which met last fall, no doubt was the occasion of delay in completing your plans, but I am writing at this time to express the hope that you will find it possible to organize a group of Chinese scholars along the lines suggested in this four-page memorandum. Professor Shotwell tells me that the Institute had a very successful meeting. （中国社科院近代史所藏"胡适档案"，卷号 E-152，分号 1）

1月17日　梅兰芳赠送 Mei Lan-Fang: Foremost Actor of China（Shanghai: The Commercial Press, Limited, 1929）一册与胡适。（《胡适藏书目录》第 4 册，2444 页）

1月18日　晚，中国科学社上海社友假西藏路一品香举行新年同乐会，150 余人与会。首由主席曹梁厦报告，蔡元培、褚民谊、胡适、杨杏佛先后演讲，另有游艺表演等活动。胡适讲演题目是"从科学史上看东西文化"，大要是：

> 我在学校里担任文化史，这个文化史是秃头的，不管中外古今，一齐在内。我就用比较的看法来说，从前有一本马赛尔做的比较哲学史里面，有一张表非常的有趣。这表对于东方的东西很可以注意的。我把他补充了一下子。刚才褚先生说中国人消极的偷懒不动，这张表也是这样，走路走错了，在起初走的时候，差的不远，走长久了，差得很远。用中国的周秦时代拿来比较外国科学的成绩比我们的大，基础比我们的深，比方老子时候，西方有披他哥剌斯（Pythagoras）提倡数学。墨子的时代，西方有德摩克日特斯（Demcritus）的原子论，已讲得很详细，但是失去了，据培根说大水时已经随着大水飘流去了。那时中国的孔子，正在讲仁义道德。中国墨子时代，西方出希波克拉的士（Hippocrates）医学家，在二千五百年前以医药传人，对社会观念先有一种义务见解。柏拉图（Plato）说不懂几何学的人不能进他的门。中古时代亚利斯多德尔（Aristotle）提倡论理学，在科学上有很大的贡献，在亚力山大（Alexandria）大学里采集了几千种的动植物标本，不能不佩服。与孟子荀子同时有欧几里得（Euclid）的几何学，大半的原理已差不多定好了。李斯焚书坑儒的时候，正是西方乱兵把大科学家亚几默得（Archimedes）杀死的时候。西方已经有这样大的成绩，人家

在很早的时候，已经走上了科学的路。

在墨子书里不过找出圆是什么，平面是什么，线是什么，以后就没有人再提起了。在亚力山大已经成功全欧洲人的大图书馆。一千六百至七百年的时候新科学起来了，中国正在那时提倡精神文明，考古文学，人家在那里考证天文学，革命科学的方法。一六〇八年荷兰人发明望远镜。一六〇九年克伯勒（Kepler）火星研究。那时是顾炎武生的时候，就有讷白尔（Napier）对数表的发现。中国王夫之生的时候，克伯勒发明行星第三律。我们采用新法修历的时候，西方有赫浮（Harvey）的血液循环论出世。一六六〇年英国皇家学会成立同波以儿（Boyle）的气体新试验出来。一六六四年我们才取消八股，不多几年一千六百六十九年又恢复八股。在那个时候有牛顿的微分学，化学分析，白光分析，我们正是顾炎武的《日知录》《韵补正》《韵音五书》出来。一六七五年罗文霍克（Leuvenhock）用显微镜在那里看水里瘀里的活的动的东西。我们这一百年最大的是汉文考据音韵，在纸上做工夫。后二百多年更不用去比较。至于说我们这二百年才相差不同，这是自己安慰自己的话，古时的老祖宗走错了一点，几千年来越走越远。我们国家有五千多年的历史，而大学的历史没有满一百年的，只有约翰大学五十年，北京大学三十一年。欧洲有六七百年历史的大学很多，第一个医科大学一千年，第二个波罗利亚法科大学，第三个神科大学。在一四〇〇年的时候，中国没有一个大学，欧洲已有四十四个大学。一千七百年，中国有书院，外国有八十几个大学，他们有医学、生物学、数学、天文学，很重要很有用的科学。

从一千一百年起到现在，西方有这么多的大学，有一班人不靠做官，不靠教书吃饭，靠研究学问吃饭。加利利阿（Galileo）在一个大学里先学医，后来音乐，后来听了利梯（Rich）的一点钟几何学，他大受感动，音乐不学了，医也不学了，从利梯学几何学，后来成为很大的物理学家。我们中国的老祖宗走错了路，是不是诸先生所说的偷懒？是不是人事？我想大学没有是一个最大的原因。……（《科学》第

14卷第7期,1930年3月15日;相关报道又见《申报》,1930年1月20日)

同日　上午10时,上海特别市执行委员会开第八十七次常会。宣传部提出请制止胡适出席全国教育会议案,决议呈请中央。(次日之《申报》)

1月19日　胡适在上海的美国大学妇女联合会作了一次英文演讲,在演讲的最后,胡适说:

> The real problem in China today is that our old culture is no longer capable of meeting the needs of the nation and solving the tremendously difficult problems of the age. It is no longer capable of dealing with the problems of Poverty, Disease, Ignorance and Corruption, —the four cardinal enemies of the nation. The duty of the statesman and the leader of thought is to recognize these enemies of the country and seek to subjugate them. And in their fight against them, they have the perfect right to draw on the past experiences and cultural achievement of the whole world. The newer civilization of the modern world is the magazine house of weapons and amunitions for the warrior to choose and use. It furnishes the stone and brick and the paterns for the Chinese builder to pick and take for his gigantic edifice.(据《日记》)

同日　国民党上海特别市党部宣传部召开宣传会议,议决:查封新月书店;呈请市执委会转呈中央将中国公学校长胡适迅予撤职,将胡适褫夺公权,并严行通缉使在党政府下不得活动。(次日之《时事新报》《申报》)

1月20日　梅兰芳致函胡适,感谢胡适在许多事情上的指教并到码头送行,今日已抵神户。(《胡适遗稿及秘藏书信》第33册,490页)

同日　刘公任致函胡适,谈及希望胡适尽快为他们的刊物《贯彻》"题书面"等。(《胡适遗稿及秘藏书信》第40册,10～11页)

同日　杨鸿烈致函胡适,告因琐事繁忙,无法参加丁燮音所召开的会议,请胡适代为转告丁等其下学期可担任之课程。(《胡适遗稿及秘藏书信》

第 38 册，250～251 页）

1月21日　蔡元培复函胡适云，愿赴史沫特莱之约。（《胡适遗稿及秘藏书信》第 39 册，294 页）

1月22日　冯致远致函胡适，谈学习情况，并寄来成绩单。告已收到奖学金，但下学期还需要胡适的钱。（中国社科院近代史所藏"胡适档案"，卷号 858，分号 4）

1月23日　李宣龚致函胡适，云：钢和泰前向商务印书馆借阅藏文正藏全部，承胡适与袁同礼、钢和泰一再函商，移存北平图书馆供学者参考。前接北平图书馆函云：已从钢和泰处搬运 91 包至图书馆，余 11 包作为钢和泰从北平图书馆借阅之用。（《胡适遗稿及秘藏书信》第 28 册，224～225 页）

1月24日　汪孟邹、汪原放（以及汪乃刚、汪协如）为亚东图书馆析产事请胡适做见证人。（《回忆亚东图书馆》，150 页）

同日　上海第六区党部呈文市党部，要求转呈国民党中央，"从严惩处胡适，并禁其刊物流通，为消极之制裁；规定非党员不得充任校长，以谋党义普及，为积极之感化。庶于党国人才之培养，三民主义之推进，实深利赖"。（次日之《申报》）

同日　周作人日记有记：收适之小册子 4 本。（《周作人日记》下册，10～11 页）

1月26日　胡适函谢张元济赠送高大立《绩溪杂感诗》。又云：

此中诸诗颇能写实，饶有历史价值。原注六，"七八都西接大会山，土沃民勤，稍称繁庶"。八都即是敝族所在，诗中所写新岭，即是我们家门口所望见的岭。诗中说，"宣、歙多商贾，独怜此间民。所恃惟稼穑，地陿〔狭〕苦粟少，人满堪心恻"，可见其时绩溪人尚不重商业。近百年来，亦多经商者，家有二子，必送一子出门习商。高君诗所记，"俗更好为僧"，今日也没有此俗了。……其实音韵不须注，而地理风俗不可不注也。（《胡适全集》第 24 卷，29 页）

同日　芝加哥大学 Frederic Woodward 致电胡适，请胡适作六次"Haskell

Lectures on Modern Trends in Confucianism",三次"Harris Foundation Lectures"。(电报粘贴于胡适1月28日日记中)

1月28日　胡适收到芝加哥大学邀请讲学、耶鲁大学邀请做访问教授的电、函,颇踌躇,不能决定。作《胡适文存》第十三版《自序》,与章希吕商定《胡适文存》第三集的内容。(据《日记》)

1月29日　胡适与Sokolsky、高梦旦商谈去美国的事。拟辞芝加哥大学的邀约,而就耶鲁的事,"如此则我可以有一年的工夫,可以把国内方面的工作稍稍作一结束,并可以准备作稍久的国外住居"。《中国评论周报》有社论驳胡适的英文讲演,胡适谓其理论顽固可怜。Sokolsky在《星期字林报》上作一文论国民政府的"人权法",胡适是日始见其文。(据《日记》)

同日　胡适作成《菏泽大师神会传》,该传包括"神会与慧能""滑台大云寺定宗旨""菩提达摩以前的传法世系""顿悟的教义""贬逐与胜利""神会与六祖《坛经》"6部分。(《胡适论学近著》第一集卷二,248～290页)

同日　胡适复函黄忏华,谈焦易堂的人权法案本身尚不能叫我们满意(其细点今日暂不讨论),但确是一大进步：

> 提案书中说,"人民基本权利之被侵害,往往出于国家机关之本身,又将何所依据以保障之耶？"这一句话是今日最犯忌讳的。党国当局最怕这句话,胡适之说了几乎遭通缉,焦易堂先生今日又说此话,不遭通缉,已为大幸,否决此案自是意中事,何足奇怪？
>
> 但立法院的法制委员会委员长能说出这样触犯忌讳的话,大可洗刷"御用机关"的恶名,我不能不给焦先生道贺。
>
> 此案否决之后,我们希望焦先生和他的朋友们继续努力,再提出一个更满意的人权法案。焦先生这次虽失败,终有多数人的同情的。(据胡适是日《日记》)

按,1月21日,黄忏华曾将焦易堂的人权法案函寄胡适,请胡适批评。此二文件均被胡适粘贴在29日日记中。

同日　翁文灏致函胡适，讨论对赵亚曾家人的抚恤问题。(《胡适遗稿及秘藏书信》第32册，272～273页)

1月30日　下午，Baroness de Pidol 请吃茶，会见英国戏剧家 Noel Coward，同吃茶的还有 Mrs. Chester Fritz。日记记对南京政府废止旧历后仍爆竹声不断（是日乃庚午元旦）的感慨：

> 凡新政府的成立，第一要著是提倡民间正当的娱乐，使人民忘却过渡期中的苦痛，而觉着生活的快乐。待到令行禁止的时期，然后徐徐改革，则功效自大。
>
> 今日的政府无恩惠到民间，而偏要用全力剥夺民间的新年娱乐，令不能行而禁不能止，则政府的法令更受人轻视了。

同日　胡适致函《中国评论周报》的主笔：

> In the first place, my lecture on January 23 was not "an attempt to show that the Western civilization... is really spiritual while Chinese civilization is... but a myth and even materialistic in the worst sense of the term." Have I ever made the absurd statement that Chinese civilization is but a myth? In my entire lecture and its published summary, I only devoted one paragraph to the thesis of the spirituality of the modern western civilization and the materialisticism (pardon this new word) of the older civilization of the East.—a thesis I have already developed elsewhere. But my lecture last week was certainly on a different theme. Secondly, have I anywhere made the statement you attributed to me that "Chinese civilization is inadequate to meet the needs of today and therefore it is not spiritual?"
>
> Thirdly, in your defence of the old civilization of China, you laid special stress on official honesty. You said: "Particularly is honesty in officials stressed throughout our history. One can hardly travel through the country without noticing stone tablets erected by the natives who wished to honor those offi-

cials who were free from corruption." Have you ever figured out the ratio of these exceptional officials to those officials who have "scraped the land" and got away scot-free? In a civilized country, people do not erect stone tablets to their honest officials because honesty is their minimum duty, but they send their corrupt ones to prison because they are the exceptions.

Fourthly, you pointed out that there had been more corruption since the founding of the Republic than ever before. And your explanation is that "the fault is not with our civilization but with the present generation which has cast it aside." Allow me to advise the editors of *The China Critic* to read a little more history of our people and institutions at least read some such novel as the *Mirror of Officialdom*（*Kuan ch'ang hsien hsing ki*）which was published before the founding of the Republic. Do you really think that there was less corruption in your father's days when public sale of office was a legalized institution——in our "spiritual" civilization of old?

Lastly, I wish to register my highest respect for Dr. Inazo Nitobe who was candid enough to admit the sins of his fathers. May China be blessed by having a few sons who shall be candid enough to admit a few of the sins of our fathers!（据胡适《日记》）

同日 胡适复函高梦旦，感谢其九兄之褒奖，喜其对胡适小说见解的赏识，云："我最恨用典，但又最喜欢引用通行小说中的故事作譬喻，取其人人能解，人人能大笑，则我要说的话已钻进人人的脑子里，不怕他逃走了。"（据胡适是日《日记》）

按，24日，高梦旦曾将其"九兄"表彰胡适的来函抄寄胡适，该函云：

读《人权论集》《我们什么时候才可有宪法》《新文化运动与国民党》《名教》诸篇。自梁任公以后可以胡先生首屈一指。不特文笔纵横，一往无敌，而威武不屈，胆略过人。兄拟上胡先生谥号，称之为"龙

胆公"，取赵子龙一身都是胆之义。……（据胡适 29 日《日记》）

1 月 31 日　周诒春来访，谈到南洋募捐受挫事。胡适与周同去访 J. E. Hubbard，3 人皆是协和医学校的董事。（据《日记》）

2月

2 月 1 日　胡适访蔡元培，劝蔡力争学术团体的独立。因政府中有人与中央研究院为难，中央政治会议决议令研究院停止建筑工作，令所有研究所一律迁到南京。胡适与蔡元培夫妇同到史沫特莱寓茶叙，主客为印度嘉维教授（Dhondo Keshav Karve）及其子。（据《日记》）

同日　胡适致函顾颉刚，论"观象制器"。（《胡适遗稿及秘藏书信》第 20 册，324～338 页）

同日　沈士远致函胡适，为单不庵之过世深感惋惜。目下最重要的是给单不庵的儿子储蓄一点学费，并使其离开其母；还应把单之著作收藏起来以为纪念。（《胡适遗稿及秘藏书信》第 27 册，18～19 页）

同日　在国民党上海特别市执行委员会的第九十一次常会上，第六区党部提出：中国公学校长胡适言论荒谬，请予严重处分，并规定非党员不得充任学校校长等情，要求将此案转呈国民党中央。议决：附具意见转呈中央。（次日之《申报》）

同日　周作人函寄《永日集》一册与胡适。（《胡适遗稿及秘藏书信》第 29 册，579～580 页；《周作人日记》下册，14 页）

2 月 2 日　午间，清华同学会假座银行俱乐部举行春宴，并欢迎前校长周诒春。胡适出席并有演讲，次日《申报》报道胡适演讲云："清华自一九零九年到现在，已经有二十一年的工夫，造成了一千五百个人。我们中国有四万万人，这一千五百个人，不算甚么。因为在中国求高尚教育的机会，人民对于我们的希望大。现在我们清华的同学，做部长院长的也有，若在特殊的机会不做事情，是羞耻的。现在清华有一千五百个受过高尚教育的人，一定可以做事情的。在太平天国的时候，因为有几个文人出来做领袖，就把太平天国平了。英国有人组织了一个圆桌会议，在一九二六年，把英国许多的属地独立起来，现在英国的国势，可以说比一九二六年以前的国势稳大得多。"

同日 胡适致函江绍原，邀江任《新国风丛书》事。(《江绍原藏近代名人手札》，202页）

2月3日 胡适译完Bret Harte的 The Outcasts of Poker Flat，加上一跋；又记不同文化的不同死法：

> 此篇写一个浪人和两个娼妇的死，十分动人。一个文化的表现不但在人怎样生活，还要在怎样死法。中国古文化很讲究死法，正缨而死，易箦而死，都是死法。希腊罗马的文化也注重死法，最著名的是梭格拉底之死。日本文化也注重死法，以最悲壮慷慨闻名于世，如切腹而死，如华严泷的情死者，皆是。此篇写三个不信宗教的人之死，也是西洋文化的一种表现。最不会死的莫如中国人。小说中写死的，百回《水浒传》末写宋江、李逵之死还像个样子。此外都不足道了。（据《日记》）

其跋文说道：

> 此篇写一个赌鬼和两个娼妓的死。他们在绝大危险之中，明知死在眼前，只为了爱护两个少年男女，不愿意在两个小孩子面前做一点叫他们看不起的事，所以都各自努力做人，努力向上。十天的生死关头，居然使他们三个堕落的人都脱胎换骨，从容慷慨而死。三个人之中，一个下流的女人，竟自己绝食七天而死，留下七天的粮食来给那十五岁小姑娘活命。
>
> 他们都是不信宗教的人，然而他们的死法都能使读者感叹起敬。显克微支的名著《你往何处去》（Quo Vadis?）里那位不信基督教的罗马名士俾东对一个基督徒说："我们也自有我们的死法。"后来他的从容就死，也确然不愧是希腊、罗马文化的代表者。我们看这一个浪人

两个娼妓的死法，不可不想想这一点。(《新月》第 2 卷第 8 号，1930 年 10 月 10 日)

同日　在上海特别市党部举办的总理纪念周上，潘公展演讲"中国国民党与新文化运动"，痛驳胡适的《新文化运动与国民党》一文。(次日之《申报》)

2 月 4 日　平社的聚餐在胡适家举行，出席者有徐新六、丁西林、梁实秋、刘英士、潘光旦、罗隆基、沈有乾，客人有闻一多、宋春舫。是日日记又记丁西林的谈话：

> 西林说，他听见蒋梦麟说，蒋介石问起中华教育文化基金董事会，说听人说这会现由研究系把持，是吗？梦麟遍数下去，提到汪精卫任满改选，他便不敢说下去了，因为补汪缺的就是我了。梦麟因此大恐慌，要寻一个人来示意于我，劝我辞去董事职！西林听见他们商议要寻王云五来做说客。云五至今还不曾来。
>
> 我对西林说，我还有好几年任期呢！

2 月 5 日　教育部司长朱经农带中央执行委员会令教育部彻查胡适的公函来访，胡适告："不用什么干涉，我是一月十二日辞职的了。"(据《日记》)

同日　胡适电复 Dr. Frederic Woodward，因接受耶鲁大学之聘，故不能接受演讲邀约，并推荐 George Sokolsky：

> Coming Yale Spring 1931 Willing give Haskell Lectures June 1931. Incompetent Harris Lectures and Conference. Suggest George Sokolsky who returns America Spring.（据《日记》）

同日　国民党上海市党部执委会宣传部致函新月书店：接中央宣传部密令，最近在上海出版之《新月》第 2 卷第 6、7 合刊载有胡适《新文化运动与国民党》及罗隆基《告压迫言论自由者》二文，诋毁本党，肆行反动，应由该部密查各地书店，有无该书出售，若有发现，即行设法没收焚毁……

（中国社科院近代史所藏"胡适档案",卷号2231,分号4）

2月6日　丁燮音、马君武来谈中公校长事,胡适坚请马君武继任,马不允。3人同访蔡元培,蔡也力劝,马始有允意。探胡近仁病,劝他不要悲观。（据《日记》）

2月7日　张孝若致函胡适,谈及梅兰芳在沪与胡适见面被无聊报纸"呶聒,不值一笑"等,重点是谈未经胡适同意改动"胡序"之事：

> 有一点要向先生告罪：我前将先生的传序送去排印时,校对人来商：在序内第七段举近一点的人物,孙文列居最后；在先生本无所容心,深恐党人量反,以为吾辈有意屈弄,别生芥蒂,不如摆到前面。我认名字移动,无关宏旨；但未及征得先生同意,亦觉皇恐,想不以为罪也。（《胡适遗稿及秘藏书信》第34册,185～187页）

同日　中国公学学生顾钰麟致函胡适,请求工读机会。（中国社科院近代史所藏"胡适档案",卷号1649,分号3）

2月8日　胡适出席协和医学院董事会议。与Mr. Roger S. Greene谈。访英国歌者Norman Notley。（据《日记》）

同日　胡适日记粘贴《申报·本埠增刊》（日期不详）刊登的一则胡适谈话：

> 我总觉得现在学校已不止一千人,校舍分在两地,应该有一个真能专力办事的校长,才可以使学校发展,而我的能力和工作都使我明了我不能这样做,一年多以来,我时时为此自责。现因不久即须往美国耶鲁大学讲学,我有一些学术工作不能不在出国之前结束,故更不能分出时间来作管理上的事务。所以我屡次向校董事会提议辞职,屡次无效,至今年一月十二日始得校董事会允许。并由我推荐本校董事兼教授马君武先生继任为校长,也得校董事会一致通过。因为马先生谦让不肯担任,故当时不曾发表。后经校董蔡元培先生等极力劝驾,马先生始于昨日允就本校长之职……我此后仍愿以老同学资格,为本

校帮忙效力。诸位同事同学，在这二十个月之中，对于我的种种厚意，我是十分感激的。

同日　陆侃如致函胡适，告已收到中国公学的聘书，希望张骥伯也能被聘。（《胡适遗稿及秘藏书信》第34册，629页）

2月9日　胡适在上海礼查饭店出席中基会第四次常会。出席者还有蔡元培、蒋梦麟、李石曾、翁文灏、顾临、贝克、孙科、赵元任、任鸿隽诸董事。董事长主席，胡适担任记录。议决通过执行委员会报告等案。（中国社科院近代史所藏"胡适档案"，卷号2228，分号5）胡适当日日记记：李石曾提议"联合各文化基金团体保存北平古物"案，胡适谓此人毫无常识，毫无思想，无有一次看得起此人的。

同日　胡适访研究看护教育的美国女士 Miss Goodrich 和 Miss Mary Beard。（据《日记》）

同日　Eleanor M. Hinder 函介来自美国的 Miss Elsie Jones 与来自加拿大的 Dr. Best（The Y. W. C. A. 成员）与胡适，询问胡适可否在2月12日至14日的合适时间与两人会面。（中国社科院近代史所藏"胡适档案"，卷号E-225，分号3）

同日　李连萃致函胡适，闻胡适即将出洋，甚为惋惜，请胡适题"晓星"与"青洲"。（中国社科院近代史所藏"胡适档案"，卷号1161，分号5）

同日　楼宪文致函胡适，恳请胡适不要离开学校。（中国社科院近代史所藏"胡适档案"，卷号1887，分号4）

2月11日　平社在胡适家聚餐，讨论"民治制度"，胡适日记有记：

……刘英士反对，罗努生赞成，皆似不曾搔着痒处。我以为民治制度有三大大贡献：

（1）民治制度虽承认多数党当权，而不抹煞少数。少数人可以正当方法做到多数党，此方法古来未有。

（2）民治制度能渐次推广，渐次扩充。十七世纪以来，由贵族推至有产阶级，由有产阶级推至平民及妇女，此亦古来所未有。

（3）民治制度用的方法是公开的讨论。虽有所谓"民众煽动者"（Demagogue），用口辩煽动民众，究竟比我们今日的"拉夫"文明的多多了。

　　末后，林语堂说，不管民治制度有多少流弊，我们今日没有别的制度可以代替他。今日稍有教育的人，只能承受民治制度，别的皆更不能满人意。此语极有道理。

同日　陈正谟来函贺胡适将赴美讲学，拜托胡适在赴美前将陈译《西洋哲学史》的序文写好。（《胡适遗稿及秘藏书信》第35册，294页）

2月12日　汪原放来商议编一部国语文选本。应约与Sir Frederick Whyte谈，日记有记：

　　……大概三月一日的三中全会上，蒋介石要提出一个政治改革案。据Whyte说，此案有两要旨，一是政府内部组织的改革，一是要政府和舆论接近。

　　我对他说，蒋介石一面要改革政治，一面又极力扩充他的军备，怕人不信他的诚心罢？

　　况且今日的急务在于怎样使政府像个政府。你尽管说要与舆论接近，然而今日什么陈德徵、朱应鹏皆可压迫舆论，而一个教育部长不能干预各省教育厅长的人选，而蒋介石可以下手谕取消教育、卫生两部取缔中医的命令。怎样才能免除这种无政府状态呢？

同日　胡适日记粘贴一份《中国晚报》的剪报，内容是署名"自在"的人给胡适的一封信。信中述自己对胡适的钦敬之意，连遭到社会舆论批评的胡适见溥仪，胡适出席善后会议，以及胡适在《新月》发表的文章，都能理解。但胡适亲为梅兰芳送行一事，却使自己对胡适的敬意，降到零点以下。

2月14日　丁毅音来，说中国公学教职员欲挽留胡适，胡适极力阻止，劝他们不要使马君武不安。胡适两次挽留要辞职的高一涵。（据《日记》）

同日　中国公学举行教职员大会，慰留胡适，并致胡适一慰留函：

（a）先生辞职的理由是要专事著述。这诚然是全中国——不，全世界——所愿闻的消息，因为有许多重要的学术的工作期待着先生。然而现在中公校务渐上正轨，似乎并不耗费先生多少时间，于先生的著述似乎并无多大的妨碍。而且千余青年借此可得先生亲炙的感化，实与先生著述是异途同归的。所以我们觉得先生没有为著述而辞校长的必要。

（b）而且道路传言，先生因争自由，致招某方之忌。此事确否不可知，然既有此传说，我们更觉得有点不甘心，环顾国内，最能领导青年如先生者，能有几人？如某方因忌先生而有去之之心，我们全体誓为先生后盾，以抗此摧残教育之恶势力。我们以为先生即使要走，至少在这个时机不能走，使中外知道某方摧残教育的真相，同时为全校师生留个抵抗恶势力的榜样。

　　总之，就著述说，先生没有辞职的必要；就中公说，先生不能在此时一走了事。现在特推定本校教授黄念远、胡耀楣两先生，趋前道述此意，望先生鉴其衷诚，允许即日回校，同人幸甚，中公幸甚。（此函粘贴于胡适5月3日日记中）

2月15日　新月书店送来国民党上海市党部宣传部接受国民党中央宣传部焚毁《新月》第2卷第6、7号的"密令"。胡适认为此令是犯法的，"不能不取法律手续对付他们"。胡适出席哲学会聚餐会。（据《日记》）

同日　马君武致函胡适，请胡在出国前勉为其难，出国时再由董事会另选他人。（此函，见手稿本《胡适的日记》5月3日）

2月16日　胡适与律师徐士浩谈中央宣传部的密令，徐说，"没有受理的法庭"。晚，与郑天锡、刘崇佑谈此事，刘说可以起诉，胡适决意起诉。开始作"My Credo and Its Evolution"一文。（据《日记》）

同日　北大英文系学生傅荣海致函胡适，告自己拟赴牛津大学深造，请胡适给以指示，并作函介绍。（中国社科院近代史所藏"胡适档案"，卷

号1870，分号5）

2月20日　云南飞行司令刘沛泉邀胡适、岑春煊、王人文试坐飞机，在上海上空飞行12分钟，是为胡适第一次乘坐飞机。（据《日记》）

2月23日　全国步行团自上海北火车站出发。学术、教育等各界名流章太炎、蔡元培、徐悲鸿、于右任等纷纷为此次活动题词。胡适的题词是：人的阅历就像一座穹门，从那里露出那不曾走过的世界，越走越远，永望不到他的尽头。朋友们来罢，去寻一个更新的世界，是不会太晚的。（次日之《申报》）

3月

3月1日　索克思约胡适晚餐，客为Mr. &Mrs. Field，此二人皆是好学深思之人。（据《日记》）

同日　国民党上海特别市第六次全市代表大会举行，陈德徵在报告中说道："有一般无聊学者，不断地在无的放矢的诋毁本党，破坏革命，希图摇动民众对本党的信仰，譬如胡适，就是其中的代表者。"（次日之《申报》）

3月2日　储皖峰来谈，他集了胡适的话做一副对联：

　　大胆地假设，小心地求证；
　　少说点空话，多读点好书。

胡适认为此联甚好。储又称许胡适集的《楚辞》联：

　　吾方高驰而不顾；
　　夫孰异道而相安？

胡适集《楚辞》联还有几副：

　　孰不实而有获？独好修以为常；
　　恐修名之不立，苟余情其信芳。（据《日记》）

同日　柯莘麓致函胡适，告自己来沪，请胡适时时教之。（中国社科院近代史所藏"胡适档案"，卷号1559，分号4）

3月3日　中国公学董事长王云五签发《校董会布告》，述胡适坚辞校长而马君武又不肯继任的经过，又云："我们既不能强马先生继任，依议决案，只有不许胡校长辞职之一法。若胡校长仍复固辞，则学校根本动摇，这半年的努力，势必白费。我们把这种种事实和理由反复说明，这才留住了胡校长，才把全校希望赶快解决的问题解决了，现在校事由胡校长继续负责……"（中国社科院近代史所藏"胡适档案"，卷号2238，分号2）

3月4日　胡适作成"My Credo and Its Evolution"。

按，张婷女士曾研究此文的撰写过程、版本次第，并比对了其与"What I Believe"的内容与成书先后，认为此二文乃《四十自述》的最初蓝本。（《胡适研究通讯》2010年第2期，2010年2月25日）

同日　胡适复函胡近仁云：知其已到家，并且身体见好多了，很高兴。希望其多住山中，多晒太阳。（《胡适家书手迹》，165页）

3月5日　胡适在Harry Morriss家吃晚饭，客有Fabre-Luce、Alfred夫妇等。胡适与Fabre-Luce相谈甚投机，胡适认为，"苏俄走的正是美国的路"。（据《日记》）

同日　胡适作有《保寿的意义》一文，指出：

生在这个新时代的人们，应该学一点新时代的新伦理。新伦理的最小限度有这几点：

第一，自己要能独立生活，生不靠朋友，死不累子孙。

第二，我对子女应该负教养的责任，这是我自己尽责，不希望子女将来还债。

第三，今天总得预备明天的事，总要使明天的景况胜似今天。（《胡适遗稿及秘藏书信》第12册，80～84页）

3月6日　《申报》刊登国民党上海特别市第六次全市代表大会宣言，

说道:"四月二十日,有保障人权令之公布。不意此保障人权之命令,乃引起思想叛乱者叛迹之暴露。如胡适之辈,竟明目张胆,诋毁本党,并辱及本党总理。惟是吾人深信:本党根据三民主义,以民众利益为中心观念,凡足以阻碍中国国民革命成功之势力,本党均将以最大之努力,与之搏战,使之无由滋长。"

3月8日　张元济复函胡适,询《癸巳存稿》的要价。(《胡适遗稿及秘藏书信》第34册,90页)

3月9日　胡适在青年会演讲"思想的方法"。

3月12日　胡适开始撰《中国中古哲学史》的第一篇《印度思想侵入以前》,14日写出初稿。(中国社科院近代史所藏"胡适档案",卷号78,分号1)

3月14日　胡适开始撰《中国中古思想史长编》的第二章"杂家",20日写出初稿,共分三部分:杂家与道家(后用黑笔圈删,下记:"此节应全删");《吕氏春秋》的贵生主义;《吕氏春秋》的政治思想。20日又对初稿作进一步校改。(胡适:《中国中古思想史长编》,台北胡适纪念馆印行,1970年,83~170页)后来胡适从中抽出《读〈吕氏春秋〉》收入《胡适文存三集》,其中说:

>　　这样尊重人生,这样把人生看作行为动作的标准,看作道德的原则,这真是这一派个人主义思想的最大特色。
>　　贵生之术不是教人贪生怕死,也不是教人苟且偷生。……
>　　…………

《吕氏春秋》的政治思想,根据于"法天地"的自然主义,充分发展贵生的思想,侧重人的情欲,建立一种爱利主义的政治哲学。……

《吕氏春秋》从贵生重己的立场谈政治,所以说的更彻底了,竟老实承认政治的运用全靠人有欲恶,欲恶是政治的纪纲;欲望越多的人,越可得用;欲望越少的人,越不可得用;无欲的人,谁也不能使用。所以说:

善为上者能令人得欲无穷，故人之可得用亦无穷也。(《为欲》)

这样尊重人的欲恶，这样认为政府的作用要"令人得欲无穷"，便是一种乐利主义的政治学说。……

…………

《吕氏春秋》的政治思想虽然侧重个人的欲恶，却不主张民主的政治。……

…………

虽不主张纯粹的法治主义，却主张一种无知无为的君道论。……

……《吕氏春秋》虽然采用自然主义者的无知无为论，却仍回到一种虚君的丞相制，也可以说是虚君的责任内阁制。……

…………

……《吕氏春秋》的政治主张根本在于重民之生，达民之欲，要令人得欲无穷，这里确含有民主政治的精神。……(《胡适文存三集》卷3，353～383页）

3月19日　丁文江复函胡适，感谢胡为赵亚曾遗属募捐做出的种种努力（胡从刘鸿生、孙科处募集到数目不小的捐款），又谈到贵州省主席毛光翔曾捐5000元，以及赵亚曾灵柩移运过程中在云南遇到的种种麻烦等情。(《胡适遗稿及秘藏书信》第23册，205～207页）

3月20日　胡适复函冯友兰，赞其《中国哲学史讲义》"功力之勤"，把《老子》归到战国时的作品所举三项证据，则殊不足推翻旧说：

……第一，"孔子以前，无私人著述之事"。此通则有何根据？当孔子生三岁时，叔孙豹已有三不朽之论，其中"立言"已为三不朽之一了。他并且明说"鲁有先大夫曰臧文仲，既没，其言立"。难道其时的立言者都是口说传授吗？孔子自己所引，如周任之类，难道都是口说而已？至于邓析之书，虽不是今之传本，岂非私人所作？故我以为这一说殊不足用作根据。

第二，"《老子》非问答体，故应在《论语》《孟子》后"。此说更不能成立。岂一切非问答体之书，皆应在《孟子》之后吗？《孟子》以前的《墨子》等书岂皆是后人假托的？况且"非问答体之书应在问答体之书之后"一个通则又有什么根据？以我所知，则世界文学史上均无此通则。《老子》之书韵语居多，若依韵语出现于散文之前一个世界通则言之，则《老子》正应在《论语》之前。《论语》《檀弓》一类鲁国文学始开纯粹散文的风气，故可说纯散文起于鲁文学，可也；说其前不应有《老子》式的过渡文体，则不可也。

第三，"《老子》之文为简明之'经'体，可见其为战国时之作品"。此条更不可解。什么样子的文字才是简明之"经"体？是不是格言式的文体？孔子自己的话是不是往往如此？翻开《论语》一看，其问答之外，是否章章如此？"巧言，令色，鲜矣仁"；"道千乘之国，敬事而信，节用而爱人，使民以时"；"行夏之时，乘殷之辂，服周之冕"……这是不是"简明之'经'体"？

怀疑《老子》，我不敢反对；但你所举的三项，无一能使我心服，故不敢不为它一辩。推翻一个学术史上的重要人，似不是小事，不可不提出较有根据的理由。

任公先生所举证据，张怡荪兄曾有驳文，今不复能记忆了。今就我自己所能见到之处，略说于此。任公共举六项：

（一）孔子十三代孙能同老子的八代孙同时。此一点任公自己对我说，他梁家便有此事，故他是大房，与最小房的人相差五六辈。我自己也是大房，我们族里的排行是"天德锡祯祥，洪恩育善良"十字，我是"洪"字辈，少时常同"天"字辈人同时；今日我的一支已有"善"字辈了，而别的一支还只到"祥"字辈。这是假定《史记》所记世系可信。何况此两个世系都大可疑呢？

（二）孔子何以不称道老子？我已指出论说"以德报怨"一章是批评老子。此外"无为而治"之说也似是老子的影响。

（三）《曾子问》记老子的话与《老子》五千言精神相反。这是绝不了解老子的话。老子主张不争，主张柔道，正是拘谨的人。

（四）《史记》的神话本可不论，我们本不根据《史记》。

（五）老子有许多话太激烈了，不像春秋时人说的。试问邓析是不是春秋时人？做那《伐檀》《硕鼠》的诗人又是什么时代人？

（六）老子所用"侯王""王公""王侯""万乘之君""取天下"等字样，不是春秋时人所有。他不记得《易经》了吗？《蛊》上九有"不事王侯"，《坎》象辞有"王公设险"，《离》象辞有"离王公也"。孔子可以说"千乘之国"，而不许老子说"万乘之君"，岂不奇怪？至于"偏将军"等官名，也不足据。《汉书·郊祀志》不说"杜主故周之右将军"吗？

以上所说，不过略举一二事，说明我此时还不曾看见有把《老子》挪后的充分理由。

至于你说，道家后起，故能采各家之长。此言甚是。但"道家"乃是秦以后的名词，司马谈所指乃是那集众家之长的道家。老子、庄子的时代并无人称他们为道家。故此言虽是，却不足推翻《老子》之早出。（天津《大公报》，1931年6月8日）

3月22日　晚，张元济在其寓所宴请日本静嘉堂文库馆长诸桥辙次一行，蔡元培、胡适等应邀作陪。出席者还有泽村幸夫、伍光建、黄炎培、马宗荣、郑心南。（张人凤、柳和城编：《张元济年谱长编》下卷，上海交通大学出版社，2011年，849页；《黄炎培日记》第3卷，219页）

　　按，胡适藏书中，有诸桥辙次赠送的《静嘉堂文库图书分类目录》，当系诸桥此次访沪时所赠。（《胡适藏书目录》第3册，2076页）

3月26日　胡适写出《中国中古思想史长编》的第三章"秦汉之间的思想状态"，共四部分：统一的帝国；李斯；陆贾；叔孙通（《中国中古思想史长编》，171～255页）。4月1日，胡适又将其中陆贾一部分内容校写成《陆贾〈新语〉考》一文，后收入《胡适文存三集》卷7。

3月27日　胡适致函张元济，高度赞佩他对《廿四史》的校勘工作：

《廿四史》百衲本样本，今早细看，欢喜赞叹，不能自已。此书之出，嘉惠学史者真不可计量！惟先生的校勘记，功力最勤，功用最大，千万不可不早日发刊。若能以每种校勘记附刊于每一史之后，则此书之功用可以增加不止百倍。盖普通学者很少能得殿本者，即有之亦很少能细细用此百衲本互校。校勘之学是专门事业，非人人所能为，专家以其所得嘉惠学者，则一人之功力可供无穷人之用，然后可望后来学者能超过校史的工作而作进一步的事业。此意曾向先生陈述过，今读样本，更感觉此事之重要，故于道谢之余，重申此说。（张树年、张人凤编：《张元济蔡元培来往书信集》，218页）

按，3月25日，张元济赠送胡适百衲本《廿四史》样本一部，又告商务印书馆不愿购买《癸巳存稿》之底本。（《胡适遗稿及秘藏书信》第34册，91页）

3月31日　胡适开始撰写《中国中古思想史长编》的第四章"道家"，共分两部分：道家的来源与宗旨；七十年的道家政治。4月4日改定。（胡适：《中国中古思想史长编》，胡适纪念馆印行，1970年，257～304页）

3月　《会计月刊》第3期刊登胡适的题词：养成数量的习惯和精密正确的心思。

4月

4月4日　陈衡哲致函胡适，商谈编辑中国太平洋学会的《中国文化论文集》事，并希望胡适撰写一篇讨论宗教方面的文章。（《胡适遗稿及秘藏书信》第36册，201～205页）

4月5日　王钟英致函胡适，对《人权论集》表达支持与敬意。又请胡适指正其《封建思想与革命》一文。（中国社科院近代史所藏"胡适档案"，卷号796，分号1）

4月6日　任鸿隽致函胡适，商谈中基会拟设的编译委员会事。

4月7日　张元济致函胡适，高度评价胡适的中古哲学史稿。（此函贴在胡适的日记中）

4月10日　胡适作有《我们走那条路》，大要是：

我们的任务只在于充分用我们的知识，客观的观察中国今日的实际需要，决定我们的目标。我们第一要问，我们要铲除的是什么？这是消极的目标。第二要问，我们要建立的是什么？这是积极的目标。

我们要铲除打倒的是什么？我们的答案是：

我们要打倒五个大仇敌：

第一大敌是贫穷。

第二大敌是疾病。

第三大敌是愚昧。

第四大敌是贪污。

第五大敌是扰乱。

…………

我们要建立一个治安的，普遍繁荣的，文明的，现代的统一国家。……

…………

我们一开始便得解决一个歧路的问题：还是取革命的路呢？还是走演进（evolution）的路呢？还是另有第三条路呢？——这是我们的根本态度和方法的问题。

革命和演进本是相对的，比较的，而不是绝对相反的。顺着自然变化的程序，如瓜熟蒂自落，如九月胎足而产婴儿，这是演进。在演进的某一阶段上，加上人功的促进，产生急骤的变化；因为变化来的急骤，表面上好像打断了历史上的连续性，故叫做革命。其实革命也都有历史演进的背景，都有历史的基础。……

…………

所以革命和演进只有一个程度上的差异，并不是绝对不相同的两件事。变化急进了，便叫做革命；变化渐进，而历史上的持续性不呈露中断的现状，便叫做演进。但在方法上，革命往往多含一点自觉的努力，而历史演进往往多是不知不觉的自然变化。因为这方法上的不同，在结果上也有两种不同：第一，无意的自然演变是很迟慢的，是很不经济的，而自觉的人功促进往往可以缩短改革的时间。第二，自然演进的结果往往留下许多久已失其功用的旧制度和旧势力，而自觉的革命往往能多铲除一些陈腐的东西。在这两点上，自觉的革命都优于不自觉的演进。

但革命的根本方法在于用人功促进一种变化，而所谓"人功"有和平与暴力的不同。……

　　…………

我们的真正敌人是贫穷，是疾病，是愚昧，是贪污，是扰乱。这五大恶魔是我们革命的真正对象，而他们都不是用暴力的革命所能打倒的。打倒这五大敌人的真革命只有一条路，就是认清了我们的敌人，认清了我们的问题，集合全国的人才智力，充分采用世界的科学知识与方法，一步一步的作自觉的改革，在自觉的指导之下一点一滴的收不断的改革之全功。不断的改革收功之日，即是我们的目的地达到之时。

　　…………

最要紧的一点是我们要用自觉的改革来替代盲动的所谓"革命"。怎么叫做盲动的行为呢？不认清目的，是盲动；不顾手段的结果，是盲动；不分别大小轻重的先后程序，也是盲动。……（《胡适论学近著》第一集卷四，441～452页）

按，此文发表后，梁漱溟在《村治》上发表《敬以请教胡适之先生》，提出异议。7月29日，胡适答梁漱溟，云：

革命论的文字，也曾看过不少，但终觉其太缺乏历史事实的根据。先生所说，"这本是今日三尺童子皆能说的滥调，诚亦未必悉中情理"，我的意思正是如此。如说,"贫穷则直接由于帝国主义的经济侵略",则难道八十年前的中国果真不贫穷吗?如说,"扰乱则间接由于帝国主义之操纵军阀",试问张献忠、洪秀全又是受了何国的操纵?……

这都是历史事实的问题,稍一翻看历史,当知此种三尺童子皆能说的滥调大抵不中情理。鸦片固是从外国进来,然吸鸦片者究竟是什么人?何以世界的有长进民族都不蒙此害,而此害独钟于我神州民族?而今日满田满地的罂粟,难道都是外国的帝国主义者强迫我们种下的吗?

帝国主义者三叩日本之关门,而日本在六十年之中便一跃而为世界三大强国之一。何以我堂堂神州民族便一蹶不振如此?此中"症结"究竟在什么地方?岂是把全副责任都推在洋鬼子身上便可了事?

先生要我作历史考证,这话非一封短信所能陈述,但我的论点其实只是稍稍研究历史事实的一种结论。

我的主张只是责己而不责人,要自觉的改革而不要盲目的革命。在革命的状态之下,什么救济和改革都谈不到,只有跟着三尺童子高喊滥调而已。

....

至于"军阀"问题,我原来包括在"扰乱"之内。军阀是扰乱的产儿,此二十年来历史的明训。处置军阀——其实中国那有军"阀"可说?只有军人跋扈而已——别无"高明意见,巧妙办法",只有充分养成文治势力,造成治安和平的局面而已。

当北洋军人势力正大的时候,北京学生奋臂一呼而武人仓皇失措,这便是文治势力的明例。今日文治势力所以失其作用者,文治势力大都已走狗化,自身已失掉其依据,只靠做官或造标语吃饭,故不复能澄清政治,镇压军人了。

先生说,"扰乱固皆军阀之所为",此言颇不合史实。军阀是扰乱的产物,而扰乱大抵皆是长衫朋友所造成。二十年来所谓"革命",何一非文人所造成?二十年中的军阀斗争,何一非无聊政客所挑拨造成的?……此三项已可概括一切扰乱的十之七八了。即以国民党旗帜之下的几次互战看来,何一非长衫同志失职不能制止的结果?当民十六与民十八两次战事爆发之时,所谓政府,所谓党皆无一个制度可以制止战祸,也无一个机关可以讨论或议决宣战的问题。故此种战事虽似是军人所造成,其实是文治制度未完备的结果。所以说扰乱是长衫朋友所造成,似乎不太过罢?(《胡适论学近著》第一集卷四,465～467页)

同日 胡适作有《〈神会和尚遗集〉序》,叙述自己在巴黎、伦敦查阅有关神会的敦煌卷子的大致情形,对神会和尚在禅宗史上的地位给予高度评价:

神会是南宗的第七祖,是南宗北伐的总司令,是新禅学的建立者,是《坛经》的作者。在中国佛教史上,没有第二人比得上他的功勋之大,影响之深。这样伟大的一个人物,却被埋没了一千年之久,后世几乎没有人知道他的名字了。幸而他的语录埋藏在敦煌石窟里,经过九百年的隐晦,还保存二万字之多,到今日从海外归来,重见天日,使我们得重见这位南宗的圣保罗的人格言论,使我们得详知他当日力争禅门法统的伟大劳绩,使我们得推翻道原、契嵩等人妄造的禅宗伪史,而重新写定南宗初期的信史:这岂不是我们治中国佛教史的人最应该感觉快慰的吗?(《胡适论学近著》第一集卷四,291～292页)

同日 H. Chatley 复函胡适,云:

Very much thanks for your letter of yesterday. The press reports of my lecture are extremely garbled and inaccurate, as usually is the case if one doesn't send notes:

In regard to your question, Thorndike's statement seems to me incredible. You will know much better than I do whether there is any basis for it in Chinese records but as I understand the situation the *Book of History*, the

Bamboo Books, the Ch'un Ch'iu and SzeMa Chien provide the only data for the Chou period. I do not remember anything in those documents which would support such a statement.

As to Indian documents... I believe that there are no definite historic records of the time in question, and in any case the locality could not then be indicated with such precision.

The statement in itself is so irreconcilable with the geographical, ethnological and epigraphical facts that I think it must be based on some misunderstanding. Might not "B.C." be an error for "A.D."?（中国社科院近代史所藏"胡适档案",卷号 E-152,分号 5）

4月11日　郭秉文致函胡适云：从报纸上得知最近您已接受在一些美国大学的演讲邀请，为此向您确认这些消息的真实性以及您停留美国的时间，华美协进社愿为您服务以及安排演讲。早前曾通知您获选为本社顾问委员会委员，虽未得您回复，但已将您列入名单中。希望得到您的回复。（中国社科院近代史所藏"胡适档案",卷号 E-260,分号 4）

4月12日　林步青致函胡适，赞佩胡适的《人权与约法》等文章，反对国民党的"以党治国"。（中国社科院近代史所藏"胡适档案",卷号 1411,分号 6）

4月13日　胡适在中国公学校董会第五次常会上，再辞中国公学校长，因马君武不允继任，校董会再度挽留胡适。（中国公学校董会致胡适函,1930年5月15日,载《胡适来往书信选》中册,15页）

4月14日　胡适复函黄彰（白薇女士），谈由其辞职引起的纠纷，又说：

最后，我要说一句我个人的信仰。我常说："做学问要于不疑处有疑；待人要于有疑处不疑。"若不如此，必致视朋友为仇雠，视世界为荆天棘地。……（《胡适遗稿及秘藏书信》第19册，26～32页）

同日　张为骐致函胡适，纵谈教育问题，感谢胡适为其女取名为"仪

安"。(《胡适遗稿及秘藏书信》第34册,261～267页)

4月16日　胡适开始写《中国中古思想史长编》的第五章"淮南王书",到30日写讫。主要有6个方面的内容:(一)淮南王和他的著书。(二)论"道":(1)"道"是一切理之理——一个大假设;(2)道的特性;(3)无中生有的宇宙观;(4)批评这宇宙观。(三)无为与有为:(1)自然与无为;(2)人与天;(3)有为与无为——"雌节"的人生观;(4)批评这个人生观;(5)淮南王书中的有为论。(四)政治思想:(1)虚君的法治;(2)众智众力的政治;(3)变法论;(4)附论"称先道古"的古史观。(五)出世的思想:(1)神仙家;(2)淮南书的神仙人生观;(3)内功与外功的神仙家言;(4)精神哲学之主旨一:贱物而贵身;(5)精神哲学之主旨二:贱形而贵神。(六)阴阳感应的宗教:(1)"唯有道者能通其志";(2)道家与阴阳感应的宗教。(《中国中古思想史长编》,305～483页)

同日　胡适再函黄彰(白薇),并转陆侃如、冯沅君信,又云:"现在我很诚恳地把此事仍从学校讲堂上抽出来,请求你们不要让朋友间私事牵动学校。"(《胡适遗稿及秘藏书信》第19册,33页)

同日　张元济复函胡适,谈胡之《中国哲学史》第三、四章:

……那李斯一节,说来最透彻、最和平,真是有价值的。现在一班屠狗卖缯的,和那乡下老太婆(我想吕雉年轻的时候,一定是个狠会卖俏的姑娘,所以会给刘邦看中)都上了台!要将那二千年前的故事,扮演一回。而且人人都要想做孔子,诛诛少正卯。恐怕"革命成功之后,统一的专制局面又回来了,学术思想的自由仍旧无望",这便怎好?(《胡适遗稿及秘藏书信》第34册,93～94页)

4月19日　胡适访黄炎培。(《黄炎培日记》第3卷,225页)

同日　刘公任致函胡适,告:新闻学会邀请Maurice E. Votaw来讲演,而有人来函谩骂,且准备在讲演时有所举动,请求胡适指示"一个具体办法",等等。(《胡适遗稿及秘藏书信》第40册,6～9页)

4月20日　张毅致函胡适,云:"生过沪趋谒,仁者之言,启发殊

多！……本月中旬《大公报》所载汪先生《论约法》及《知与行》两文，对于先生言论多所批评。……汪先生确系当代政治家，青年之向导，先生应力求合作，以学者态度补充总理遗训之不及，否则以任公聪明博学，背叛总理，延长祸乱，致使政治迄今未能就于正轨，民生因以雕敝。……"(《胡适来往书信选》中册，9～10页）

同日　顾颉刚复函胡适，谈及：

> 先生赐寄之《中古哲学史》稿收到，谢谢。在《吕氏春秋》中抽出其思想系统，极不容易。惟以杂家为道家以前之名，我不敢信，因为这一名始见于《七略》，实出于道家一名之后。大约那时所以把《吕览》《淮南》拉入杂家，因为它们兼记天文、地理、时令，不专为道家学说之故。未知尊意以为然否？(《胡适遗稿及秘藏书信》第42册，408～412页）

4月21日　翁文灏复函胡适，谈到丁文江在西南的工作，又谈到丁将来的薪酬问题："[丁]在铁道部已领六个月薪水；归来后未知铁道部能否稍予补酬。弟已有一函致孙哲生报告兹事。部中主管此事者现任财务司理财的人总于此类事不甚热心。故非促孙部长自己经意不可。陈伯庄兄未知有归来否，如归来见及当乞一提为感。……"(《胡适遗稿及秘藏书信》第32册，274～276页）

4月22日　张孝若将其白话诗《忆青岛的樱花》函寄胡适，请胡适指正。(《胡适遗稿及秘藏书信》第34册，191～192页）

4月23日　胡适复函陈东原，谈安徽文献之搜集、整理工作：

> 本省文献之征集，是极好的事。鄙意以为此事的步骤约如下：
>
> （1）先征集志书：通志、府志、县志，期于完全。有不全者，可向北京图书馆（乾隆以前旧志最多）、上海涵芬楼等处调查，托人钞补。私家收藏亦可借钞，如《绩溪志》，我有万历、康熙、乾隆、嘉庆四部。省立图书馆必须先办此事。

1930年　庚午　民国十九年　39岁

（2）通志与府志较易收全，可先将各府的儒林、文苑、艺文各部分，作一详表，排印成书，每目下留空格，以便请各地学者填注"存""版本""未刻""知""见""佚"，等等。此表不厌详，因有详表才可请人选择，若作简表，则是先已选择了。

（3）安庆、宁国、徽州三府学者最多，当特别注意。桐城多旧家，文献未甚散失，可就近访问，补志书之不足。定远方家，泾县赵家，似皆有收藏刊刻之书，南陵徐家，贵池刘家，刻书藏书皆最多，皆宜访问。其有地方所刻丛书，如《泾川丛书》；或大族所刻"祠堂本"的旧著，如绩溪胡氏之世泽堂刻本，皆宜尽量收集。

（4）千万不可先存"太多了！太多了！"（来书语）之心。你既嫌多，何必作此事？诗文集必不可删，如胡培翚、方东树之遗集，今日皆是重价购求的书，其价值远在迂腐经说之上。不但诗文集不可删，小说弹词也宜充分搜补。吴敬梓有《诗说》《文集》《儒林外史》；其《诗说》已佚，即令尚存，其价值必远不如《儒林外史》之大，可不是吗？

总之，此事非一年半载所能成，千万不可求速成。若潦草从事，不如勿作。

此种政局之下，不易作此等大事。你若能在你任内把全省府县志收齐，已可算是绝大成绩了。（《学风》第1卷第1期，1930年10月15日）

4月28日　胡适作有《中国公学运动会歌》。（《胡适手稿》第10集卷3，264～265页）

4月30日　胡适复函杨杏佛，云：

……记得五六年前曾与周豫才先生兄弟闲谈，我说，《西游记》的"第八十一难"，最不能令人满意，应该这样改作：唐僧取了经回到通天河边，梦见黄风大王等等妖魔向他索命，唐僧醒来，叫三个徒弟驾云把经卷送回唐土去讫，他自己却念动真言，把当日想吃唐僧一块肉延寿三千年的一切冤魂都召请来，他自己动手，把身上的肉割下来布施给他们吃，一切冤魂吃了唐僧的肉，都得超生极乐世界，唐僧的肉布施完了，他也成了正果。如此结束，最合佛教精神。

　　我受了十余年的骂，从来不怨恨骂我的人。有时他们骂的不中肯，我反替他们着急。有时他们骂的太过火了，反损骂者自己的人格，我更替他们不安。如果骂我而使骂者有益，便是我间接于他有恩了，我自然很情愿挨骂。如果有人说，吃胡适一块肉可以延寿一年半年，我也一定情愿自己割下来送给他，并且祝福他。（据胡适当日《日记》）

　　按，4月29日杨杏佛致函胡适云，《民国日报》载杨在党部演说，涉及胡适者多颠倒错误，报道吴稚晖的讲演亦然。请胡适不要介意。杨曾与吴商议致函更正。吴谓现在笔记往往大错，甚至与原意相反，然更正则不胜其烦，且笔记多如此，只可听之而已。（据胡适当日《日记》）

　　又按，4月24日《民国日报》报道吴稚晖讲演云："像胡适之先生说，中山先生的主义是绝对错误，我不是好说笑话，就是到阎王大帝那里，我也是不能承认的。胡先说绝对错误，胡先生说是绝对的不对。……胡适之先生说知难行易不对，却是他的大错，他偏偏主张甚么'知难行亦不易'来，这不过是固执他的粗浅的见解罢了。"

　　该报报道杨杏佛讲演：

　　……进一步讲胡适之先生……姑无论他是不是提倡新文化，所提倡的是不是新文化，那是另一问题；但是忽然又谈起政治来了，在段祺瑞的善后会议里面，大谈而特谈政治。他一跑到俄国，又谈起共产主义是如何的好。马寅初先生看见他谈起共产来了，急得了不得，请徐志摩先生做文章来反对，那知道胡先生头天谈共产，第二天就不谈共产。不多时，胡先生又觉得三民主义狠好，于是预备做一部三民主义的哲学，急急乎要出版。那时正是十五年秋天，我劝胡先生不要出版，免得人家骂他投机；到了本党将统一的当儿，胡先生又骂国民［党］不礼贤下士。他在《新月》上做了一篇文章，本来是恭维国民党，一会儿不高兴起来，就添上一段骂起国民党来了。

上半篇里说"知难行易"是如何的好，下半篇却提出甚么"知难行亦不易"的话来了。中国学者做文章，今日好上天，明日就骂到地，犯了秀才做八股文章的毛病，这实在是不对的。

....

胡适之先生只晓得批评，不晓得批评对不对，他所说的他自己不能行，他也不愿意行。他的行动，他的思想是为适合他个人环境才有的。自然是言不顾行，行不顾言了。学者教育家是改良社会的，不是随环境而变迁的，我们不能在张宗昌孙传芳军阀底下做学者做教育家，不能在帝国主义底下也做学者做教育家，换言之，学者教育家不是万能如意油，过去可以在军阀底下做工具，现在可以在国民党底下做忠实的信徒，将来国家亡了，也可以在帝国主义底下做走狗，若是这样，主义是商品化了，思想也商品化了。这样我觉得是不对的！

4月 《上海青年》第30卷第11期刊登胡适在上海基督教青年会的演讲"从新文艺观察今日中国的思潮"，认为近世的思潮，从左至右，都是皮毛的，看不出真正的思想。又指出近世思想最大的毛病，一是用笼统的抽象名词来包括一切，打倒一切；二是盲从；三是成见太深。

5月

5月1日 胡适开始着手写《中国中古思想史长编》的第六章"统一帝国的宗教"，5月12日写讫。目次依次为：(一)统一以前的民族宗教。(二)秦帝国的宗教。(三)汉帝国初期的宗教。(四)汉文帝与景帝。(五)汉武帝的宗教：(1)汉武帝的出身；(2)长陵神君；(3)寿宫神君；(4)太一，五帝，后土；(5)封禅；(6)方士；(7)结论。(六)巫蛊之狱。(《中国中古思想史长编》，485～585页)

同日 国民党上海特别市第四区执行委员会训令各区分部宣传委员：奉中央宣传部密令，应切实查禁现代书局发行之《大众文艺新兴文学专号》

和新月书店出版之《人权论集》两刊物。（中国社科院近代史所藏"胡适档案"，卷号2231，分号4）

5月2日　蔡正雅函寄其兄蔡容安的《元曲源流说》与胡适，请胡适指正。（中国社科院近代史所藏"胡适档案"，卷号344，分号5）

5月3日　胡适函谢叶恭绰赠送《北山录》，谈及自己搜求此书之经过。又指出：神清出于净众寺一派，即宗密所谓七家之一。净众一派的典籍皆已散失，我在巴黎伦敦得敦煌写本《历代法宝记》，其中颇有净众派的史料，与《北山录》同属难得的材料。又云：

> 中国佛教史甚不易研治，诚如尊论。我治此学，前后约七八年，近年始稍有条理头绪。但我的《中国佛教史》出世之日必使中国学佛者顿足痛骂：因为我治此事，意在求真，不在护法，故必不能取悦于俗学之士，佞佛之徒。《神会集》中附有神会传，约二万字，即是中国佛教史的一部分，其中已多推倒旧史之论，甚盼先生能一读，更盼指教。（任亚君整理：《胡适九封未刊信稿》，《明报月刊》1992年2月号，55页）

同日　张元济函谢胡适赠送《神会大师遗集》及《新月》，并给以高度评价。（据胡适《日记》）

5月4日　罗尔纲致函胡适，详述自己的求学、思想经历，毕业在即，请胡适帮忙在历史研究院或大图书馆中谋一"半工半读"的职位。（《胡适遗稿及秘藏书信》第41册，368～371页）

同日　同济大学教授D. Posermann致函胡适，云：

> As a colleague in the field of Philosophy I would like very much to make your personal acquaintance at the earliest opportunity and I beg therefore to give me information at what time I shall find you at home in order to give you a visit.
>
> I am glad to send you here one of my publications concerning the prob-

lem of behaviorism which perhaps will be of interest for you. I am sorry that I can give it you only in German, but I suppose that it will be translated into Chinese in the next future. Then I perhaps can give you too an English translation of my book on "Gestalt theory", the new central problem of German psychological research which will be published at the end of this year in the well known International Library of Philosophy and Psycholog. (Routledge Sons Ltd., London)（中国社科院近代史所藏"胡适档案"，卷号 E-319，分号 4）

5月5日　齐如山致函胡适，告：梅兰芳在美演出效果之好，实出意外，"盖无论何国名角到他国，未有受如此次欢迎之热烈者，从此中剧在世界有立足地矣，从此外国人之研究中剧者将日见增多矣。惟吾对于外人研究中剧之材料，则毫无供献，是又大可忧者，此不能不属望于我兄也，望极力一提倡之为盼。"（《胡适遗稿及秘藏书信》第38册，396页）

5月8日　高凤池致函高梦旦，高度评价胡适的两部著作：

> 揭奸诛意，大有董狐直笔气概。读之如炎暑饮冰，沁人肺腑，既爽快又惊惕，一种爱国热忱与直言之胆魄，令人起敬不已。尤可重者，胡君心细思密，每着眼在人所忽而不经意处，不愧一时才子！然而言者谆谆，听者藐藐。刚愎之政府，肆行其矛盾自利政策，不加以反革命罪名，亦云幸矣。（此函被粘贴于胡适的日记中）

同日　陈国才致胡适一明信片，向胡适求墨宝。（中国社科院近代史所藏"胡适档案"，卷号 1295，分号 2）

5月9日　刘公任致函胡适，告自己将于今年寒假毕业后到美国去学新闻学，希望胡适能给威斯康辛大学等两所大学写推荐信。又请胡适注意留学事项。（《胡适遗稿及秘藏书信》第40册，13～15页）

5月10日　严既澄致函胡适，谈及在治学方法上受胡适影响最多。（《胡适遗稿及秘藏书信》第41册，591～592页）

5月11日　张元济复函胡适云：已收到《哲学史》第五章。丁文江到沪，已面约15日为之洗尘，请胡光临。(《张元济全集》第2卷，542页）

5月12日　胡适作有札记一则："俞正燮《癸巳存稿》抄本中有'男色'一条为刻本所无。"后于1932年7月2日又作有后记："民国十九年五月在上海见抄本俞正燮《癸巳存稿》，用杨氏刻本校之，惟多《积精篇》及《男色篇》，又《澳门纪略跋》略有增改。《男色篇》似未有刻本，故令书手钞得一本，今重钞一本。"（中国社科院近代史所藏"胡适档案"，卷号276，分号4）

同日　林语堂赠其所著 Letters of a Chinese Amazon and War-Time Essays（Shanghai: The Commercial Press, Limited, 1930）一部与胡适。(《胡适藏书目录》第4册，2414页）

同日　柯莘麓致函胡适，告：胡近仁已恢复健康，谈为在八都建公共图书馆觅地之进展。寄上图书馆规程一份，希望胡适与沪上之热心同乡讨论一个具体方法。(《胡适遗稿及秘藏书信》第30册，594～597页）

5月13日　陶愚川致函胡适，痛恨鲁迅、郁达夫、叶灵凤等抛弃其固有文坛之地位，而从事反革命工作，而己则养尊处优。又云自己将进大夏大学肄业，就是否入史地系请教胡适。相信胡适《人权与约法》之重要。(《胡适遗稿及秘藏书信》第36册，439～441页）

同日　罗尔纲复函胡适，云："前校长赐书说：'中央研究院的历史语言研究所又远在北京。'"罗表示愿意到北京做事，希望胡适在中研院、清华或燕大的图书馆帮助谋职。若北京谋职不成，请在上海帮忙找事做。又云："校长前次赐书问学生：'你每月需要多少钱？期望多少？'"罗表示每月35元即足够了。(《胡适遗稿及秘藏书信》第41册，372～373页）

5月15日　中国公学校董会代理董事长蔡元培致函胡适，感谢胡为中公付出的努力，并述及再三慰留之大体经过。函中云：

> 两年多的中公，无论从学生的数量上或思想上，都有很大的发展。无论何人，到于今不能不承认中公是中国较好的大学。然而这是两年

前将近破产的学校,把这个学校从破产中救了出来,使他有很大的发展,这是先生两年多的努力。

我们知道中公因先生的努力,能有更大的发展,能从中国较好的大学,发展到世界著名的大学。但是我们知道国内外有许多人期望先生几部大著作的写定,写定了几部大著作,在世界文化史上,比办什么较好或著名的大学,尤为值价。所以我们虽再三强留先生,亦不甚愿先生因为中公,耽误著作。

我们知道先生早已打算为中公找到一位和先生同样努力的理想校长,可以代替先生担负发展中公的责任,让先生专心写定那几部大的著作。但是我们知道这样的代替人,不容易找到;代替人不曾找到,或是人找到了,却不肯来替代,那么,中公的师生必不轻易放先生走脱。所以我们虽再三允许先生找人,终于歉然的再三强留先生。(《胡适遗稿及秘藏书信》第39册,295~297页)

同日　江绍原致函胡适,告:剑岳愿意将其《粤歌一斑》交新月书店出版,但若不能及时出版,希望讨回修改一下。自己的译稿也希望寄回再修改一下。(《胡适遗稿及秘藏书信》第25册,64页)

5月17日　毛子水致函胡适,说到北平的近况,又告:寄存的书籍已经搬移至傅斯年家。又关心胡适身体健康。(《胡适遗稿及秘藏书信》第24册,603~605页)

同日　John Mez致函胡适,云:

You certainly remember us, and you may be interested in knowing that Elsie and I are coming thru Shanghai on a trip around the world early in November, or about November 15.

It is a long time since we have not seen you, I have followed a godd deal of your admirable work, read some things about you in the Times, and in "Wither Mankind?"

Elsie will be with me on our trip around the world. I have been in Europe after the war, I was here during the Washington Conference of Disarmament, I lectured widely in 1923 and since 1924 I am teaching Economics and Political Science, from 1924 to 1929 I was in Arizona, at the State University, for the past year I have taught very successfully here at Eugene, Oregon, at the University of Oregon.

I hope that we may see you soon. Mr. Chester Rowell spoke to me about you. You may have seen that our friend Norman Angell is a member of Parliament, he has recently come into his own by a big government banquet given in his honor at London, England.

My address in July and August will be Karl Strasse 34, Freiburg in Baden, Germany.

We sail from New York on SS Hamburg on June 18.（中国社科院近代史所藏"胡适档案"，卷号 E-299，分号 3）

5月19日 马君武继任中国公学校长，本日举行交接典礼。

同日 程敷锴致函胡适，请胡适为其著作写序。（中国社科院近代史所藏"胡适档案"，卷号 1861，分号 1）

5月20日 罗尔纲致函胡适，由衷感谢胡适给予机会到胡宅工作念书，"在一个伟大的灵魂庇荫与指导之下去工作去念书，实在做梦也没有想到"。又云：

> 学生是个立志向上的人，到校长家去，是要竭尽自己的所能谨谨慎慎地跟着校长走，如果校长以为学生是尚可以栽培的教训的，学生实愿毕生服侍校长，就是到天涯地角也去。学生也万分希望校长以古人待"弟子"的态度待学生，或严父待儿子的态度待学生，千万莫要"客气"。（《胡适遗稿及秘藏书信》第41册，374页）

同日 刘万章致函胡适，请胡适将其编《粤记》的序文早日写好，若能将原稿早日寄回更好。（《胡适遗稿及秘藏书信》第40册，151页）

按，胡适后来即把《粤记》寄还刘氏。(《胡适遗稿及秘藏书信》第 40 册，152～162 页)

同日　陈礼鸿等 3 人致函胡适，希望到胡适府上拜会、请教，并请胡适题字。(中国社科院近代史所藏"胡适档案"，卷号 1307，分号 2)

5 月 23 日　天津《大公报》刊登陕西急赈会公布捐款名单，胡适等 36 人每人捐洋 5 角。

同日　何炳松函催胡适尽快校阅《科学发达史》一书。(《胡适遗稿及秘藏书信》第 29 册，46 页)

按，本年 11 月 13 日，何炳松再度为此事函催胡适。(《胡适遗稿及秘藏书信》第 29 册，47～48 页)

5 月 28 日　胡适在"奉天"轮船上为汤尔和译的《到田间去》作序言。胡适在序文中赞佩汤之为官清廉和用白话译书。又呼吁：少谈主义，多研究一点有用的科学。(《胡适遗稿及秘藏书信》第 12 册，225～237 页)

6 月

6 月 6 日　陈源致函胡适，请胡代劝顾颉刚担任武汉大学中国史教授。(《胡适来往书信选》中册，16 页)

6 月 7 日　胡适往故宫博物院图书馆查书，适值北平图书馆协会在此馆举行本年第三次常会，胡适乃应邀演讲。胡适盛赞北平的好图书馆较多，又说图书馆是真正的好教师，又叹时下书价之贵，又赞北平各图书馆的编目工作，又希望图书馆入藏书籍时，各馆间还价不可竞争，等等。(《中华图书馆协会会报》第 5 卷第 6 期，1930 年 6 月 30 日印行)

同日　顾颉刚日记有记：

……到文藻处谈公宴适之先生事。

看适之先生《中古哲学史》稿，第六章，讫。

今日在适之先生处所见他客：建功、维钧、启明、芝生、台静农、朱我农、侯景飞、平伯、江叔海、黄晦闻。

适之先生此次来平，系因协和大学开董事会，十一日即离平南旋。（《顾颉刚日记》第二卷，407页）

6月9日　顾颉刚日记有记：

适之先生来，谈至十一点，同出，到博晨光家，又到谢冰心家，吃饭。……

今午同席：适之先生、金甫、芝生、博晨光夫妇、子通、绍虞（以上客）、冰心夫妇、予夫妇（以上主）（《顾颉刚日记》第二卷，408页）

6月9、10日　钱玄同两次函请胡适到师大演讲。（《胡适遗稿及秘藏书信》第40册，388～394页）

6月11日　马廉赠《御制诸佛世尊如来菩萨尊者名称歌曲》（1420年刻本）一部与胡适。（《胡适藏书目录》第3册，1707页）

6月12日　陶孟和致函胡适，告沈性仁回来后得知大家都好，非常安慰。关心张君劢之事。向胡适借《海天集》，请早日寄下。（《胡适遗稿及秘藏书信》第36册，318页）

同日　汪敬熙赠其所著 On "Inhibition" of the Secretion of Sweat in the Cat by Stimulation of Dorsal Nerve-Roots 一部与胡适。（《胡适藏书目录》第4册，2485页）

同日　陈源函介朱东润拜访胡适。（《胡适遗稿及秘藏书信》第35册，83～84页）

6月13日　天津《大公报》报道，余上沅、熊佛西等发起小剧院运动，邀请胡适、陈衡哲等为董事。

6月20日　胡适作有《读王小徐先生的〈佛法与科学〉》，文中说道：

我是研究历史的人，在我的眼里，一切学术思想都是史料而已。佛法只是人类的某一部分在某时代倡出的思想和信仰；科学也只是人

类的某一部分在某时代研究出来的学术思想。(《胡适论学近著》第一集卷五，600页)

同日　蔡元培复函胡适，告可参加毕士博与 Wentey 之约。(《蔡元培全集》第12卷，194页)

同日　罗尔纲致函胡适，已从储教授处得胡适令自己搬入胡宅的传话，本应立即搬入，因下雨，拟于23日早搬入。(《胡适遗稿及秘藏书信》第41册，375页)

6月21日　绩溪旅沪同乡会开成立会，胡适当选为监察委员。(次日之《申报》)

6月26日　胡适作成《我的母亲的订婚》。此文即《四十自述》的《序幕》。

6月27日　丁文江致函胡适，云：已看完胡的《哲学史》稿子，特写信，"一面恭维你，一面催你向下写，不要分心"。(《胡适遗稿及秘藏书信》第23册，148页)

6月28日　胡适作有《董康〈书舶庸谭〉序》(收入《胡适论学近著》第一集卷五)。

6月29日　胡适致函胡祖望：

你的成绩有八个"4"，这是最坏的成绩。你不觉得可耻吗？你自己看看这表。

你在学校里干的什么事？你这样的工课还不要补课吗？

我那一天赶到学堂里来警告你，叫你用功做工课。你记得吗？

你这样不用功，这样不肯听话，不必去外国丢我的脸了。

今天请你拿这信和报告单去给倪先生看，叫他准你退出旅行团，退回已缴各费，即日搬回家来，七月二日再去进暑期学校补课。

这不是我改变宗旨，只是你自己不争气，怪不得我们。(《胡适遗稿及秘藏书信》第21册，578～579页)

同日　汤用彤致函胡适,谢赠《菏泽大师遗集》,认为胡适的《传》《跋》妙解重重,至为钦佩。(《胡适遗稿及秘藏书信》第36册,457～458页)

7月

7月2日　胡适到南京出席中基会第六次年会。此次会议决定成立编译委员会,由胡适担任主任委员,负责组织机构和主持编译工作。

7月3日　顾颉刚致函胡适,介绍余逊拜会胡适,又云:

> 承嘱勿过怀疑,自当书之座右。惟这一方面,总希望让我痛快地干一下,然后让人出来调和,或由自己改正。总之,我是决不敢护短的。(《胡适遗稿及秘藏书信》第42册,415～418页)

7月5日　江泽涵致胡适一明信片,告博士考试已经通过,很快可以拿到学位了。(中国社科院近代史所藏"胡适档案",卷号900,分号1)

7月6日　应常熟瞿氏铁琴铜剑楼主人瞿良士之邀,胡适、董康、张元济诸人前往该藏书楼参观。(次日之《申报》)

7月7日　上午9时,商务印书馆举办的四角号码检字编制索引实习所举行开学礼。蔡元培、胡适、高梦旦、李拔可、何炳松等出席。何炳松报告实习所开办宗旨后,继由胡适、蔡元培、庄伯俞先后演讲索引法之重要与四角号码检字法之优点及其应用等。(次日之《申报》)

同日　马君武函邀胡适和高一涵、刘南陔吃便饭,商讨下学期课程及学校之重要事务。(《胡适遗稿及秘藏书信》第31册,582页)

同日　丁西林致函胡适:决定周三晚间开会,地点因林语堂夫人生病不方便,故在胡适家。(《胡适遗稿及秘藏书信》第23册,290页)

7月9日　陈衡哲复函胡适,感谢寄书来,再向胡适多要一本《词选》。决定暂时"改行"。向胡适邀的稿子请不要再拖延了。(《胡适遗稿及秘藏书信》第36册,216～219页)

7月11日　胡适致函胡近仁,谈里中设图书馆事,"不必大规模去做,只须有一所勉强可用之屋,一间储藏,一间阅览,有几十个书柜或书架,有几千部书,便可成立。若侈谈几千元,几千元,则此事必无望了。"(《胡适家书手迹》,169页)

7月13日 杨树浦沪江大学中学童子军赴日观光,胡适前来码头送行(因胡祖望亦在军中)。(次日之《申报》)

同日 胡适致函张元济,抄寄白郎宁诗二篇,"又闻一多、徐志摩二君有译白朗宁夫人的情诗二篇,闻君译了二十一首,徐君作解释,皆甚用功,也送上"。(柳和城:《上海市档案馆所藏一封胡适佚札》,载《档案春秋》2007年第6期。)

同日 徐先兆致函胡适,询问武夷山采茶歌可否出版,又询胡适可否留心历史唯物论。函中说,对有历史癖的胡适来说,似不应对此学说漠然。(中国社科院近代史所藏"胡适档案",卷号1715,分号9)

7月14日 胡适在中国公学讲演"哲学问题"。与曹辛汉谈。读《寄簃遗书》《阅微草堂笔记》。(据《日记》)

7月15日 胡适与Sir Frederick Whyte同饭,谈中国政治,他也认同中国的唯一出路是造成一种文治的势力,并赞成编译事业。中英讨论会在刘鸿生家聚餐,谈上海问题,胡适主张整顿纳税华人会为最要紧的一步,胡适说:"上海租界今日已不能保障言论自由;故上海无法有独立的言论出现。上海市民虽有和平的意见,谁敢发表呢?"(据《日记》)

7月16日 胡适读Trotsky的《自传》。法国人Chadowrne与Fonterioy想邀胡适参加 La China Nouvelle 月刊,胡适婉辞。(据《日记》)

同日 陈源致函胡适,拜托胡适向王世杰介绍沈从文的学问、见解与教书成绩。如果王离沪,则请胡适致函王谈此事,因极希望武大能聘沈。感谢胡适指点朱东润。又谈及:《文哲季刊》第二期将付印,极希望有新著见赐。《哲学史稿》在鲠生处见到,兴味无穷,惟大都篇幅至长,一期登载不完。(《胡适遗稿及秘藏书信》第35册,85～88页)

7月17日 马君武50岁生日,约胡适吃饭。胡适送一本瞿氏影宋本《离骚集传》,并题一诗。(据《日记》;《胡适手稿》第10集卷3,266页)

7月19日 上海名流及各业领袖假大华饭店开会，欢迎访美归来之梅兰芳。李石曾、虞洽卿、胡适、叶恭绰先后讲演，末由梅兰芳致答辞。胡适说，梅兰芳之成功，乃梅氏个人之成功。至于中国戏剧问题，当另行讨论，他对于梅氏之成功，更谓系其人格修养有以致之，又赞佩其虚怀若谷。（次日之《申报》）

同日 胡适读《醒世恒言》，有札记。（据《日记》）

7月20日 胡适整理完其父胡传的《钝夫年谱》。日记有记：

……这部年谱很有价值，我认为中国自传中绝少见的书。年谱记至四十一岁止，还缺十四年，有日记可补。将来我想代他补完。但补作定不如他自作，日记有详有略，晚年的日记太略，远不如年谱之详。

年谱有两大点最有意义：一为记太平天国乱时，皖南的惨状；一为记他独力造宗祠的故事，不但可见他的魄力，还可考见宗法社会的情形。

7月21日 青年会邀胡适与美国学生谈。胡适谈及平民教育：

我深信一个民治的国家里应该人人识字，但我希望从儿童教育下手，我不赞成今日所谓"平民教育"。成人的习惯已成，不易教育。给他们念几本《千字课》，也没有什么用处。（据《日记》）

7月23日 美国公使詹森（N. T. Johnson）约胡适谈话，谈中国政治的出路。胡适说：

三十年中出来的军人，很有几个有领袖气象的人。如张作霖之用王永江、杨宇霆、常荫槐，均不失为领袖风度；阎锡山之治一省，孙传芳之治军，皆有长处。到后来，用过其量，任过其力，皆露出马脚来了。此则学识不够，故眼光胸襟都不够，在治安的国家则可保全其成功，在乱世则终不免于失败。（据《日记》）

同日 胡适作成《〈胡适文存三集〉自序》，说道：

> ……这六年之中，我在国外住了十个月，又在江南住了几年，生活虽然不安定，但因为稍稍脱离了教书的生活，著述的时间较多一点，故在这六年中，先后出了《戴东原的哲学》《词选》《白话文学史》《神会和尚遗集》《人权论集》五部书，还积下这五十万字的散文，合计也有一百多万字，总算还有点成绩了。
>
> 这一集的文字共分九卷。第一卷是几篇可以代表我对于国中几个重要问题的态度的文字。第二卷至第四卷都是整理国故的文字，其中卷二的几篇文字可以表示我近来对于整理国故的意见，卷三的三篇只是治学方法的三个例子，卷四是整理佛教史料的文字。第五第六两卷都是考证旧小说的文字，也可说是整理国故的一部分。第七卷是我的读书杂记。第八卷是关于中国文学的几篇序跋。第九卷是一些杂文。
>
> 这几十万字，除了卷一和卷九发表我的一点主张之外，其余七卷文字都可算是说明治学方法的文字。……（《胡适文存三集》卷一）

7月24日　校读《胡适文存三集》。平社在胡适寓开会，潘光旦读论文，题为《人为选择与民族改良》。胡适认为：

> 他的论文很好，但见解也不无稍偏之处。他反对个人主义，以为人类最高的理想是"承先启后""光前裕后"。然以欧洲比中国，我们殊不能说中国的传种主义的成绩优于欧洲不婚不娶的独身主义者。真能完成个人，也正是真能光前裕后也。（据《日记》）

同日　储皖峰致函胡适，抄示梁恭辰《北东园笔录》四编卷四有关《红楼梦》的记载，并谈其与胡适考证的同、异等。（《胡适遗稿及秘藏书信》第41册，12～16页）

7月25日　梅兰芳来谈在美洲的情形，并谈到去欧洲的计划。胡适劝他请张彭春顺路往欧洲走一趟，作一个通盘计划，然后决定。出席新月书店董事会。读完托洛斯基的自传。（据《日记》）

7月26日　胡适探视徐志摩的病。日记记徐志摩读《醒世姻缘传》：

> 志摩近读《醒世姻缘》旧木刻本，颇嫌此书啰苏，不信此是蒲留仙的手笔，他竟不能终卷。
>
> 下午我把亚东排印的清样送给他看，他后来打电话来，说，此书描写极细腻，的是名家作品。此本标点分段，故易见书中精采。版本之重要有如此之大！

同日 丁文江致函胡适，谈为赵亚曾遗属募捐事，又谈到已把赵之长子接到北平就读于红庙师范附属高小二年级，明年大约可以进南开。又谈到已收到并读过胡之第四期的《哲学史稿》，"希望你早早做成一本真的书"。又说："叔永说你要到此地来，托大家给你找房子。但是我不知道你的条件、日子和地点，请你告诉。找房子我是老手，比旁人靠的住点。"（《胡适遗稿及秘藏书信》第23册，150～152页）

7月27日 胡适主持召开新月书店股东会。读沈雁冰的小说《虹》《幻灭》：

> 夜读沈雁冰先生的小说《虹》，此书作者自说要为近十年中的壮剧留一纪录。前半殊不恶；后半写梅女士到上海后的演变，似稍突兀，不能叫人满意。此书未写完，不宜骤出版。
>
> 作者的见地似仍不甚高。
>
> 读《虹》后，更读他的旧作《幻灭》。此篇浅薄幼稚，令人大失望。

（据《日记》）

7月28日 续作《哲学史》第六章。读沈雁冰的《动摇》与《追求》，"《动摇》结构稍好，《追求》甚劣"。（据《日记》）

> 按，胡适是年所写系《中国中古思想史长编》，但在日记中，则时时以"哲学史"称之。说明究竟用"思想史"还是用"哲学史"，胡适并未确定。友朋之通信亦多称作"哲学史"。读者鉴之。

7月29日 胡适针对周谷城的辩难以及《教育杂志》的"附言"，致函

1930年　庚午　民国十九年　39岁

该刊,谈"封建制度和封建国家":

我在《新月》二卷十号里引周君的文字,并不曾指出他的姓名,因为我当时注意在就事论事,并不在攻击个人。我自信当时不曾动什么意气。不料先生却说:"这问题很简单,不过是两个名词之争,胡适君似乎犯不着这样的盛气。"我要告诉先生,这个问题并不是很简单的。一班浑人专爱用几个名词来变把戏,来欺骗世人,这不是小事,故我忍不住要指出他们的荒谬。

周君压根儿就不懂得什么是封建制度和封建国家。他把"中央集权制度"认作封建国家,便是根本错误。请问"由中央划分行政区域,设为种种制度,位置许多地方官吏,地方官吏更一方面负责维持地方次序,另一方面吸收地方一部分经济的利益,以维持中央之存在",这是不是"中央集权制度"?这种国家叫做"封建国家",见于何书?出于那一位学者之手笔?我想请先生或周君明白指示,开我茅塞。

"封建的形式"诚然是到秦始皇时才完全毁坏,但"封建的实质"在秦始皇以前早已崩坏了。七国时代的社会早已失掉封建社会的性质了。政权早已归于各个国家,土地已是人民私产,人民除了奴婢之外已是自由人。因为实质早已崩坏了,故汉以后虽有"列爵封土"的形式,结果只是诸侯衣租食税而已,终不能恢复古代的封建社会了。(中国社科院近代史所藏"胡适档案",卷号626,分号4)

按,《教育杂志》第22卷第3号上有周谷城来函并编者附言。周函云:

胡适近曾攻击我在《教志》上所说的几句话。(见《新月》第2卷第10号第一篇)

然而实际上只是他自己攻击自己。因为他近来用成见去看别人的文章,自己大意的制出错误,却堆在别人身上,而加以攻击,不料恰恰攻击了自己。

他号为哲学家,但他对于形式与实质两名词的区别,却全然不重视。前次论宪法,将形式与实质混为一谈,经方岳君驳得体无完肤。这回他在《教志》上看见我的话,又把我所说的封建的形式与封建的实质混为一谈,把封建制度与封建国家两名词硬当作一事。他说我在《教志》二卷二号谓封建制度到秦时已破坏,在四号又谓封建国家到秦时才确立,是前后矛盾!其实我在二号说的是制度,不是国家;是形式,不是实质。在四号里说的是国家,不是制度;是实质,不是形式。我以为封建的形式到秦时虽已破坏;而封建的实质,从秦到今日还仍旧存在。我前后两次都有注解,解释得清清楚楚。他自己也把注解抄下了,但他却不注意这一个区别,硬把封建制度与封建国家两名词视为一物,因而说我矛盾,说我前次讲了封建制度,后次就不应讲封建国家;说我两月以前的话,到两月以后全然忘了。老实说,我至今还看不出我的矛盾在那里。

至于他自己制造"中央集权制度"一名词,硬说我把中央集权制度叫做封建国家,任意的骂我立言奇怪、荒谬、变戏法、信口开河,那不值一辩,只好付之一笑而已。

《教育杂志》的《编者附言》云:

我们觉得这问题很简单,不过是两个名词的争辩,胡适君似乎犯不着这样的盛气。

周君的答复已经很明了,用不着再辞费,去占这有限的篇幅。总之,周君以为"封建制度"是"封建制度","封建国家"就是"封建的社会"的意思。"封建制度"是君主施行分土颁爵的一种政治制度。"封建的社会"是说这社会仍旧保有封建时代的遗蜕,所以它不一定同时存在着封建制度。它们的不同,不仅在于形式与实质之分,而且概念的外延也不一致。

又按,8月3日,周谷城又函胡适云:

先生写给《教育杂志》编者的信,有下面的一段:"周君压根儿就不懂得什么是封建制度和封建国家。他把'中央集权制度'认作封建国家,便是根本错误。请问:'由中央划分许多行政区域,设为种种制度,

二

第二组的文字只有三篇……这三篇代表我的人生观，代表我的宗教。

……易卜生最可代表十九世纪欧洲的个人主义的精华，故我这篇文章只写得一种健全的个人主义的人生观。这篇文章在民国七八年间所以能有最大的兴奋作用和解放作用，也正是因为它所提倡的个人主义在当日确是最新鲜又最需要的一针注射。

……"无论如何，务必努力做一个人"。这便是易卜生主义。易卜生说：

我所最期望于你的是一种真实纯粹的为我主义，要使你有时觉得天下只有关于你的事最要紧，其余的都算不得什么。……你要想有益于社会，最好的法子莫如把你自己这块材料铸造成器。……有的时候我真觉得全世界都像海上撞沉了船，最要紧的还是救出自己。……

这便是最健全的个人主义。救出自己的唯一法子便是把你自己这块材料铸造成器。

把自己铸造成器，方才可以希望有益于社会。真实的为我，便是最有益的为人。把自己铸造成了自由独立的人格，你自然会不知足，不满意于现状，敢说老实话，敢攻击社会上的腐败情形，做一个"贫贱不能移，富贵不能淫，威武不能屈"的斯铎曼医生。斯铎曼医生为了说老实话，为了揭穿本地社会的黑幕，遂被全社会的人喊作"国民公敌"。但他不肯避"国民公敌"的恶名，他还要说老实话。他大胆的宣言：

世上最强有力的人就是那最孤立的人！

这也是健全的个人主义的真精神。

这个个人主义的人生观一面教我们学娜拉，要努力把自己铸造成个人；一面教我们学斯铎曼医生，要特立独行，敢说老实话，敢向恶势力作战。……欧洲有了十八九世纪的个人主义，造出了无数爱自由过于面包，爱真理过于生命的特立独行之士，方才有今日的文明世界。

……我对你们说："争你们个人的自由，便是为国家争自由！争你们自己的人格，便是为国家争人格！自由平等的国家不是一群奴才建造得起来的！"

……"自然主义的人生观"。……这不过是一个轮廓，我希望少年的朋友们不要仅仅接受这个轮廓，我希望他们能把这十条都拿到科学教室和实验室里去细细证实或否证。

…………

我不信灵魂不朽之说，也不信天堂地狱之说，故我说这个小我是会死灭的。死灭是一切生物的普遍现象，不足怕，也不足惜。但个人自有他的不死不灭的部分：他的一切作为，一切功德罪恶，一切语言行事，无论大小，无论善恶，无论是非，都在那大我上留下不能磨灭的结果和影响。……"说一句话而不敢忘这句话的社会影响，走一步路而不敢忘这步路的社会影响。"这才是对于大我负责任。能如此做，便是道德，便是宗教。

这样说法，并不是推崇社会而抹煞个人。这正是极力抬高个人的重要。个人虽渺小，而他的一言一动都在社会上留下不朽的痕迹，芳不止流百世，臭也不止遗万年，这不是绝对承认个人的重要吗？成功不必在我，也许在我千百年后，但没有我也决不能成功。毒害不必在眼前……然而我岂能不负这毒害的责任？今日的世界便是我们的祖宗积的德，造的孽。未来的世界全看我们自己积什么德或造什么孽。世界的关键全在我们手里，真如古人说的"任重而道远"，我们岂可错过这绝好的机会，放下这绝重大的担子？

…………

……人生不是梦，也不是戏，是一件最严重的事实。你种谷子，便有人充饥；你种树，便有人砍柴，便有人乘凉；你拆烂污，便有人遭瘟；你放野火，便有人烧死。你种瓜便得瓜，种豆便得豆，种荆棘便得荆棘。少年的朋友们，你爱种什么？你能种什么？

1930年　庚午　民国十九年　39岁

三

……我很不客气的指摘我们的东方文明，很热烈的颂扬西洋的近代文明。

人们常说东方文明是精神的文明，西方文明是物质的文明，或唯物的文明。这是有夸大狂的妄人捏造出来的谣言，用来遮掩我们的羞脸的。其实一切文明都有物质和精神的两部分：材料都是物质的，而运用材料的心思才智都是精神的。……

…………

请大家认清我们当前的紧急问题。我们的问题是救国，救这衰病的民族，救这半死的文化。在这件大工作的历程里，无论什么文化，凡可以使我们起死回生，返老还童的，都可以充分采用，都应该充分收受。我们救国建国，正如大匠建屋，只求材料可以应用，不管他来自何方。

四

…………

我在这十几年的中国文学革命运动上，如果有一点点贡献，我的贡献只在：

（1）我指出了"用白话作新文学"的一条路子。……

（2）我供给了一种根据于历史事实的中国文学演变论，使人明了国语是古文的进化，使人明了白话文学在中国文学史上占什么地位。……

（3）我发起了白话新诗的尝试。……

五

…………

《季刊宣言》是一篇整理国故的方法总论，有三个要点：

第一，用历史的眼光来扩大研究的范围。

第二，用系统的整理来部勒研究的资料。

第三，用比较的研究来帮助材料的整理与解释。

这一篇是一种概论，故未免觉的太悬空一点。以下的两篇便是两个具体的例子，都可以说明历史考证的方法。

《古史讨论》一篇，在我的《文存》里要算是最精采的方法论。这里面讨论了两个基本方法：一个是用历史演变的眼光来追求传说的演变，一个是用严格的考据方法来评判史料。

顾颉刚先生在他的《古史辨》的自序里曾说他从我的《〈水浒传〉考证》和《井田辨》等文字里得着历史方法的暗示。这个方法便是用历史演化的眼光来追求每一个传说演变的历程。……

在这篇文字里，我又略述考证的方法，我说：

我们对于"证据"的态度是：一切史料都是证据。但史家要问：

（1）这种证据是在什么地方寻出的？

（2）什么时候寻出的？

（3）什么人寻出的？

（4）依地方和时候上看起来，这个人有做证人的资格吗？

（5）这个人虽有证人资格，而他说这句话时有作伪……的可能吗？……

《〈红楼梦〉考证》诸篇只是考证方法的一个实例。……
　　…………

我为什么要考证《红楼梦》？

在消极方面，我要教人怀疑王梦阮、徐柳泉一班人的谬说。

在积极方面，我要教人一个思想学问的方法。我要教人疑而后信，考而后信，有充分证据而后信。

我为什么要替《水浒传》作五万字的考证？我为什么要替庐山一个塔作四千字的考证？

我要教人知道学问是平等的，思想是一贯的。……肯疑问"佛陀耶舍究竟到过庐山没有"的人，方才肯疑问"夏禹是神是人"。有了不肯放过一个塔的真伪的思想习惯，方才敢疑上帝的有无。

少年的朋友们，莫把这些小说考证看作我教你们读小说的文字。这些都只是思想学问的方法的一些例子。在这些文字里，我要读者学得一点科学精神，一点科学态度，一点科学方法。科学精神在于寻求事实，寻求真理。科学态度在于撇开成见，搁起感情，只认得事实，只跟着证据走。科学方法只是"大胆的假设，小心的求证"十个字。没有证据，只可悬而不断；证据不够，只可假设，不可武断；必须等到证实之后，方才奉为定论。

少年的朋友们，用这个方法来做学问，可以无大差失；用这种态度来做人处事，可以不至于被人蒙着眼睛牵着鼻子走。(《胡适论学近著》第一集卷五，629～646页)

11月28日　胡适举家北上。日记有记：

到车站来送别者，有梦旦、拔可、小芳、孟邹、原放、乃刚、新六夫妇、孟录、洪开等几十人。在上海住了三年半（一九二七五月十七回国住此），今始北行。此三年半之中，我的生活自成一个片段，不算是草草过去的。此时离去，最舍不得此地的一些朋友，很有惜别之意。

11月30日　胡适过天津时，张蜀川来接。平津车上遇见江翊云、施秉之、胡光庶、沈篲基夫人等。12点5分抵北平，胡成之夫妇来接，即到米粮库四号新寓。晚间，傅斯年宴请胡适，同席有罗常培等。(据《日记》)

11月　李青崖将其所译莫泊桑著《珍珠小姐》赠送胡适，并有题记：适之先生：此集在目前，为出版之最后者，译者固愆期，印者则更慢，日后未印成的印成了的时候，再当奉寄求教罢。(《胡适藏书目录》第1册，494页)

12月

12月1日　胡适整理留存北京的信札等文件。（据《日记》）

同日　天津《大公报》报道：清华学生会前晚开会，以报载教育部拟委钱昌照为该校校长，决予反对。并再电教育部，请于胡适、周诒春、赵元任三人中择一任命。

12月2日　胡适到中基会，见到张子高、孙洪芬、余上沅。是日访客有赵元任、余上沅、周霭梅、谢刚主、江宝苍。与罗尔纲整理北京存书。（据《日记》）

12月3日　熊佛西来谈剧事，劝胡适编新剧，胡云：自己在这一方面也只是"提倡有心，实行无力"。陈百年来访。何海秋来访不遇。夜与江冬秀同去看江宇澄夫妇，同看陶孟和、沈性仁夫妇。见钱端升、张奚若。胡适评论新公布的《出版法》：

报载新定《出版法》的全文，此又是胡汉民等人的"防民"政策的一种法子。最可怪的是第十九条"意图破坏中国国民党或三民主义者"的规定。（据《日记》）

12月4日　傅东华复函胡适，云决先翻译 Tom Jones。（《胡适来往书信选》中册，33页）

同日　国民政府令：任命蒋梦麟为北京大学校长。

12月5日　余上沅邀吃午饭，见着许多熟人。与陈衡哲同赴 Phi Beta Kappa 茶会，在福开森家。胡适感叹于茶会上有人读诗、唱歌，乃评论道：此种社会只有北京可有，上海决不可得。与朱继圣、周诒春、陈衡哲同在德国饭店吃饭，谈留学时代旧事。（据《日记》）

12月6日　新接办《北平晨报》的陈博生，于丰泽园邀宴胡适等。（据《日记》）

> 按，顾颉刚日记记出席宴会的客人名单：胡适、林宰平、陈寅恪、张亮丞、冯友兰、容庚、黄子通、陆志韦、杨开道、邱大年、徐祖正、熊佛西、陈衡哲、许仕廉（以上客），张东荪、吴文藻、陈博生、张奚若（以上主）。（《顾颉刚日记》第二卷，466页）

同日 下午，历史语言研究所举行茶会，欢迎胡适。日记有记：

> 孟真致辞欢迎我，我也答了几句话，大致说，我一生"提倡有心，实行无力"。生平抱三个志愿：①是提倡新文学；②是提倡思想改革；③提倡整理国故。此三事皆可以"提倡有心，实行无力"八个字作我的定论。在整理国故的方面，我看见近年研究所的成绩，我真十分高兴。如我在六七年前根据渑池发掘的报告，认商代为在铜器之前，今安阳发掘的成绩足以纠正我的错误。

傍晚，胡适探视弥留之际的朱我农。旋到六国饭店，赴扶轮社年宴，主宾男女200人，"欢欣笑舞"。（据《日记》）

12月7日 上午，北大哲学系学生举行茶会，欢迎胡适。胡适答谢词云："我希望少年学哲学的人能训练自己做思想家，想想当前的活问题。哲学家的店也许像我从前说的，要关门了；但思想家的饭碗是永远保得住的。"与张真如小谈。到陈衡哲家吃晚饭。探望朱我农之母，吊朱我农之丧。晚，丁文江、傅斯年与胡适长谈至深夜。（据《日记》）

> 按，顾颉刚日记记出席陈衡哲宅晚宴客人名单：胡适夫妇、张子高夫妇、金岳霖情侣、丁文江夫妇、顾颉刚夫妇。（《顾颉刚日记》第二卷，466页）

同日 顾颉刚致函胡适，告因病无法为胡适写寿序，亦无法为40岁生日文丛撰文。赠纱灯，以贺新居。（《胡适遗稿及秘藏书信》第42册，419～420页）

12月8日 马立勋致函胡适，谈及拜托别人查考蒲松龄生卒年月，又

谈及蒲松龄著作出版办法。(中国社科院近代史所藏"胡适档案",卷号732,分号2)

12月10日　胡适复函张元济,云:

> 每念及在上海三年之寄居,得亲近先生与梦旦先生,为生平最大幸事,将来不知何时得继享此乐事,念之怃然。近想尊体日即康强,至念至念。新年过后,我仍须南来赴一月九日文化基金董事会之常会,在上海开会,届时当趋谒先生,敬候起居。惟望先生服从医生之禁约,停止校书工作,摆脱一切,一心静养,以慰许多敬爱先生者的渴望。

(《张元济蔡元培来往书信集》,219页)

同日　胡适致函袁同礼:前晚承赏饭,感谢感谢。珍本经籍刊行合股,先缴一股,俟安居后有余力当续缴一二股。另送上十元零二角,为购刊之4种书之价,其书已收到了。两项共六十元零二角,合开支票一纸奉上。(雷强:《胡适中文书信集》的七封佚信及其他》,《上海书评》,2019年)

12月14日　钱玄同日记有记:"魏〔建〕功谓适之十七日四十大庆,中央研究院诸公有寿序,顾撰而毛子水书。拟国语会与西北科学考查团合送一文,拟魏作钱写(凡十二人:白涤洲、马隅卿、缪金源、丁仲良、黎劭西、黄仲良、钱玄同、徐旭生、周启明、庄慕陵、孙子书、魏建功)。"次日日记又记:"午后建功来,将寿序做来,有二千余字,用平话体,题为《胡适之寿酒米粮库》,拟定用高丽卷纸书之。五时至戴月轩购笔墨,晚七时写起,至十二时毕。"(《钱玄同日记》中册,776页)

12月15日　顾颉刚函介李安宅拜访胡适。(《胡适遗稿及秘藏书信》第42册,421页)

同日　陶行知作《贺胡适先生四十岁》一诗:

> 明于考古,
> 昧于知今:
> 捉着五个小鬼,

1930年　庚午　民国十九年　39岁

放走了一个大妖精。

流落他乡客，

围炉谈适之。

各凭不烂舌，

吹毛而求疵。

彼今四十岁，

我当进寿辞。

不遑论功罪，

献此逆耳诗。（方明主编:《陶行知全集》第7卷，四川教育出版社，2009年，316页）

12月17日　上午9时，北京大学成立32周年纪念大会在北大第三院举行，胡适出席。此次纪念会由北大学生会发起，陈大齐主持，来宾有陈访先、牛明恕，以及其他机关学校的代表，共达千余人。主席致辞毕，来宾演说，清华大学代表冯友兰、协和医院校长葛策因氏、省党部代表陈访先等相继演说，再次为教授讲演。出席者计为胡适、刘复、何基鸿、陈启修4人，最后由学生会代表夏次叔向来宾等致答辞。迄12时摄影散会。胡适演讲曰：

今天是我的生日（按，昨日为胡适之生辰）与北大三十二周年纪念。年年在一天，我比北大大八岁。过去的历史，已然过去，成了陈迹。还记得民国十七年因为校名同学在南京请愿，没有成功。当时我主张名称没大关系，狗也好，猫他[也]好，只要能把真正的精神保持着。可是现在复名北大了，将来是否只守着北大两个字去老大自守，或者去找新的道路呢？我觉得做生意的人要到年底结账，但是做学生的到了学校纪念，不要只搭个台唱几出旧剧就算完事。如何要真对得住这个纪念，必须再找一笔新账算算。在今天说就是找三十三年的北大，应当如何刷新？我们应当打今天下决心，不要把这一年空空的混过去。我常说三十二年不能算多，英国剑桥大学、牛津大学，都有九百年的

历史。欧洲列强所以有今日，也是全仗着有七百年或八百年历史的大学，继续不断的造人才。各大学多半从中古传下来的，北大在中国虽然是老大，也不过三十二岁。有五千年历史的中国，只有这么三十二年的一个大学，请问人才打那里造起？所以国家才到这样。最要紧的希望是要望远处看，不要顾虑往后，更不要只搭台唱唱戏就了事。北大今天三十二周年纪念是一个有意义的纪念。听说蒋梦麟先生二十二日要到校来了，蒋先生在政治上的事，因为碰过许多钉子，不作官了，专来干北大。这不是一个很好的机会么？等到蒋先生来的时候，不要用军乐队吹吹打打去欢迎，要和他一同去除旧留新的去建设北大。各系的同学要仔细想想，究竟三十三年的北大是怎样的，这个机会要是错过去，依然还是这样，房子也旧，人也旧，那么明年只在家里去过生日，不到这儿来过生日了。（北平《世界日报》，1930年12月18日）

同日 晚，胡适在寓所招待前来祝寿之亲朋。

按，是日来祝寿的，据次日北平《世界日报》报道，有陈大齐、陶孟和、余上沅、陈衡哲等百余人。

又按，钱玄同本日日记："下午因前日所书平话中两处有错字，因割下重写三分之二，二—四时写毕。晚五时顷去拜寿，见有研究院诸公所赠泥金寿屏，元任作，子水书，大开玩笑。胡夫人赠以戒指与适之，刻'止酒'二字。吃得半中晦，他受戒了。我过去看看，被胡夫人推为'证戒人'。"（《钱玄同日记》中册，777页）

再按，是日朱希祖函贺胡适40岁生日，并送寿礼。（《胡适遗稿及秘藏书信》第25册，323页）

再按，是日沈步洲致函胡适：以生病不能到胡府祝寿为憾，送寿仪6元。（《胡适遗稿及秘藏书信》第27册，21页）

再按，是日张慰慈、丁绪贤、陆侃如等多人联名致电胡适，贺胡适夫妇40双寿。梅兰芳发来贺电。24日 George E. Sokolsky 发来贺函。（中国社科院近代史所藏"胡适档案"，卷号1251，分号7；卷号1792，分

号 3；卷号 E-346，分号 1）

再按，抄录有关寿联、贺诗如下：

汤尔和赠寿联：何必与人谈政治，不如为我做文章。(当日天津之《大公报》《申报》)

汤尔和赠诗：大声唱破千年梦，绝世奇才胡适之。只有两端吾反对，新诗无韵信中医。(《胡适遗稿及秘藏书信》第 36 册，499 页)

丁文江赠：凭咱这点切实功夫，不怕二三人是少数；看你一团孩子脾气，谁说四十岁为中年。(《地质论评》第 2 卷第 1 期，1937 年，98 页)

张元济赠：我劝先生长看着贤阃戒指，从今少喝些老酒；你做阿哥好举了小弟壮大，享个无限的退龄。(《胡适遗稿及秘藏书信》第 34 册，99 页)

孙洪芬赠：用白话作文，振亿兆人之聋聩；新青年不老，以八千岁为春秋。(《胡适遗稿及秘藏书信》第 32 册，449 页)

张子高赠：时势造英雄？英雄造时势；神奇化腐朽！腐朽化神奇！

张子高又改丁文江联：莫道二三人是少数，待咱下够了工夫，造成那簇新新的中国；谁说四十岁算中年，看你这等儿模样，还是个活泼泼的小孩。(《胡适遗稿及秘藏书信》第 34 册，9~11 页)

再按，赵元任撰《胡适之先生四十正寿贺诗》：

最先人们说白话只能用来写小说；慢慢的承认它也可以用来写论文，做诗；但是要用它来作"寿诗"，可总还觉得有点"困难"。其实这是因为人们不会作的缘故；假如能做到好处，那比文言可就妙多了。不信，您看看下边这篇寿诗。这是去年胡适之先生 40 正寿的时候，中央研究院的同仁们送给他的。这是谁的大手笔，您总会猜得出来，假如您一个人猜不出来，咱们一块猜，来："一，二，三：'赵元任博士'。"对咯！

适之说不要过生日，
生日偏偏到了。
我们一班爱起哄的，

又来跟你闹了。

今年你有四十岁了都，

我们有的要叫你老前辈了都；

天天儿听见你提倡这样，提倡那样，

觉得你真是一点儿对了都：

你是提倡物质文明的咯，

所以我们来吃你的面；

你是提倡整理国故的咯，

所以我们就都进了研究院；

你是提倡白话诗文的咯，

所以我们就啰啰唆唆的写上了一大片。

我们且别说带笑带吵的话，

我们也别说胡闹胡稿的话；

我们并不会说很妙很巧的话，

我们更不会说"倚少卖老"的话；

但说些祝颂你们康健美好的话——

这就是送给你们一家子大大小小的话。

拜寿的是谁呐？

一个叫☆刘复，一个叫☆丁山；

一个叫☆李济，一个叫☆裘善元。

一个叫☆容庚，一个叫☆商承祚；

一个叫☆赵元任，一个叫☆陈寅恪。

一个叫☆徐中舒，一个叫☆傅斯年；

一个叫☆赵万里，一个叫☆罗莘田。

一个叫☆顾颉刚，一个叫☆唐擘黄。

一个叫毛子水，一个叫李方桂。

（有星儿的夫妇同贺，没星儿的非常惭愧！）（北平《世界日报》，1932年1月9日）

罗尔纲作贺寿诗：
吾师今年刚刚过四十岁的生辰，
吾师的功绩，
早已千秋。
天涯地北，
万流同钦。
这，何须我细数。
这，更何须我歌颂。
我只敬祝吾师康健长寿，
万岁千秋，
多饮些牛乳鸡汤，
少喝几杯黄酒，
只有年年岁岁的今天，
是个例外，
吾师须要对酒高歌，放怀痛饮，
庆贺这人人欢欣的生辰。（《胡适遗稿及秘藏书信》第 41 册，376～378 页）

同日 胡适复函黄秋岳：

谢谢你的信。集词联两幅都佳，请您有工夫时，写了赏给我。请勿用红色纸，白色黄色都好。

第一联的上联真是好极了；下联也好，但没有上句的浑成。

我也曾试集联句，但不敢试集词。曾集《楚辞》自赠云：

吾方高驰而不顾；
夫孰异道而相安？

友人储皖峰曾集《胡适文存》中句云：

大胆地假设，小心地求证；
少说些空话，多读些好书。

此联颇为吾侪所喜。

匆匆草此，敬谢厚意。(《北京画报》第 4 卷第 152 期，1931 年 2 月 6 日）

12 月 19 日　丁文江致函胡适，不满意参加太平洋学会的论文，已经建议陈衡哲请外国人加以修改，但陈未允，丁拜托胡适便中向陈说项。(《胡适遗稿及秘藏书信》23 册，160～162 页）

12 月中旬　徐志摩致函胡适，云：

北京对你们的欢迎是可想而知的，上海少了适之，就少了狠多，平社比方说就不曾开过会。笔会这星期日开会，沈雁冰、达夫等都允到，你在北京亦可着手组织。……说起《诗刊》第一期，定于年内出版，你赶快寄东西来，还赶得上。我狠想你加入，因为一来助兴，二来你是前辈英雄，不可不到。……（陈建军、徐志东编：《远山——徐志摩佚作集》，商务印书馆，2018 年，163～164 页）

12 月 20 日　胡适复函钱玄同，讨论《春秋》的性质：

……我以为董狐、齐史，都在孔子之前；史官的威权已经成立了，故孔子自认窃取史官"书法"的意义，而建立正名的思想。

……所谓"孔子作《春秋》"者，至多不过是说，孔子始开私家学者作历史的风气。……

……孔门的后人不能继续孔子以私家学者作史的遗风，却去向那部比断烂朝报高明不多的《春秋》里寻求他老人家的微言大义。于是越钻越有可怪的议论发现。……

……我们在今日无法可以证实或否证今本《春秋》是孔子作的；也不能证明此书是否荀子一派人作的。……（《鲁迅博物馆藏近现代名家手札》〔三〕，189～193 页）

按，钱玄同来书载《胡适遗稿及秘藏书信》第 40 册，402～406 页。

1930年　庚午　民国十九年　39岁

12月21日　胡适致函胡政之，云：

……在你的《新都印象记》（二）中有见胡展堂的谈话，其中他说："近有人对取消不平等条约，在外报上表示怀疑，此直越乎言论自由之范围，殊为不当。本人近有一文，论'所谓言论自由'，即为此而发。"

他对你谈这话时，可曾说起我的姓名？他在那篇《所谓言论自由》里，很明白地影射着我，说我在伦敦《太晤士报》发表文章。我写了信去请他指出那一天的《太晤士报》有我的文章，他至今不曾回信。

我读了你的《印象记》，很想知道胡展堂曾否对你指出那"在外报上表示怀疑"的人的姓名。请你看一个被诬蔑的同宗小弟弟的面上，把当日的真相告诉我。（《胡适遗稿及秘藏书信》第19册，252～253页）

按，12月25日，胡政之复函胡适云：

展堂确对弟提及大名，谓多数人努力之国是，不应由一个哲学博士随便发发议论来打消（大意如此，原话记不清了）。当时虽谓先生在外报发表文章，却未说出何报。弟以废话甚多，亦未及详问，只知彼《所谓言论自由》一文，系对大作而发耳。……（《胡适来往书信选》中册，36页）

12月23日　胡适作《四十自述》第三章。（据《日记》）

同日　胡适复函梁实秋，谈翻译《莎士比亚全集》的事：

编译事，我现已正式任事了。公超的单子已大致拟就，因须补注版本，故尚未交来。顷与Richards谈过，在上海时也与志摩谈过，拟请一多与你，与通伯、志摩、公超五人酌翻译Shakespeare全集的事，期以五年十年，要成一部莎氏集定本。此意请与一多一商。

最要的是决定用何种文体翻译莎翁。我主张先由一多、志摩试译韵文体，另由你和通伯试译散文体。试验之后，我们才可以决定，或决定全用散文，或决定用两种文体。

报酬的事，当用最高报酬。此项书销路当不坏，也许还可以将将

来的版权保留。

我很希望知道你和一多对此事有什么批评。金甫、太侔，也请一商。我另有信给志摩、通伯了。（梁实秋：《看云集》，台北皇冠出版社，1984年，手迹插页）

12月24日　蔡元培复函胡适，云：

中公目前马先生业已积极维持，无待校董会正式委托；董事长如未得校董会同意，个人亦无正式表示之权；尊属弟未敢遵行，云五、南陔两兄亦同此观察；尚希鉴凉［谅］。至此校解决方法，拟俟大驾到沪后，召集校董会推诚商讨而后定。梦麟兄想已到北平，北大事当与先生商及，希望有一永久之计划，循序渐进，以造成理想中之北大也。

常务董事一层，已询过南陔兄，渠允于先生不在沪而渠留沪时作代表，弟当然同意……（《胡适来往书信选》中册，36页）

12月25日　胡适作完《从拜神到无神》，此为《四十自述》的第二节。

12月30日　钱玄同日记有记：与梦麟商，不庵遗著拟由北大编印，即作为北大丛书，拟组织一"单不庵教授遗著编印会"，以幼渔、叔平、梦麟、子民、百年、旭生、适之、玄同、逖先、公铎等任之。（《钱玄同日记》中册，779页）

12月　《胡适文选》由亚东图书馆出版。

是年　胡适赠同乡柯莘麓小联：刚自取折，柔自取束；居知所为，行知所之。（王光静：《联赠乡人情谊浓——胡适为故乡撰写的对联拾零》，《胡适研究通讯》2012年第2期，2012年5月25日）

是年　清人皮锡瑞撰《师伏堂笔记》三卷由长沙杨氏积微居刻行，杨树达题赠胡适："适之先生惠存，树达敬赠。"（《胡适藏书目录》第2册，1489页）

是年　蔡尚思著《孔子哲学之真面目》由启智书局出版。蔡氏题赠胡适："忘固陋，敢寄呈！不见弃，乞赐评！"（《胡适藏书目录》第1册，210～211页）

1931年　辛未　民国二十年　40岁

> 是年，胡适执教北京大学，着力推动北大改革。年初，积极谋划中基会资助北大革新案。
>
> 是年，胡适积极推动中基会编译委员会的编译工作。
>
> 是年，胡适在上海出席太平洋学会第四次会议。
>
> 9月18日，日本关东军突袭中国沈阳东北军驻地北大营，是为九一八事变。

1月

1月1日　松筠阁送来《精忠演义说本全传》抄本，胡适有札记。（据《日记》）

按，本年引用胡适《日记》，据《胡适的日记》手稿本第10册，以下不再特别注明。

1月2日　胡适夫妇贺余上沅夫人陈衡粹30岁生日。到Hussy家访顾维钧夫人。（据《日记》）

同日　胡适复函金九经，云：自己很佩服铃木大拙的楞伽研究，但有些地方，不能完全同意。铃木未曾见敦煌石室中保存的净觉撰《楞伽师资记》，而此书使我们知道楞伽宗即是后世所谓"北宗"，神秀一支尚是北宗正统。后起之"南宗"乃是一支革命军，虽自附于达摩，实不是楞伽宗。本想作《楞伽宗考》，俟定居后，当续成。不知铃木对自己《禅宗小史》有何评论？等等。

（柳田圣山：《胡适博士与中国初期禅学史之研究》，载《胡适禅学案》，台北正中书局，1975年，10～11页）

1月3日　胡适改写《四十自述》第三章。（据《日记》）

1月4日　胡适出席哲学评论社的聚餐会，席上劝是日到平的徐志摩回北大。丁文江邀晚饭，同席有丁士源、金仲藩等，胡适劝丁士源将熟知的北京政治掌故写出来。（据《日记》）

1月5日　胡适复函梁实秋，告可以来青岛，时间初步定在一月的十七八日，又向梁及杨振声、赵太侔、闻一多、宋春舫诸友人贺年。（梁实秋：《关于莎士比亚的翻译》，载《略谈中西文化》，50～51页）

同日　胡适复函钱玄同，极赞同单不庵遗著之征集，也愿附名发起。又提出发起人中似可列入钱稻孙、张阆声、潘尊行。又云："……不庵的著作，最后的一部分为在研究院图书馆所编宋元本书目，有很精到的，当请子民先生令人写副本。"（《鲁迅博物馆藏近现代名家手札》〔三〕，196～197页）

按，本年1月1日钱玄同致函胡适云，鉴于单不庵身后已无家可言（子夭折，妾不能守），拟编印单之遗著遗文。近来与蒋梦麟等商议，拟作为北大丛书之一种。先在北大设"单不庵教授遗著编印会"，用会的名义征求单之著作，将来整理编印，均由此会负责。请问胡适对此议之意见。并请胡适加入此会（拟议的此会名单是：蔡元培、蒋梦麟、陈大齐、胡适、徐旭生、乌以锋、马裕藻、马衡、朱希祖、钱玄同）。又谈及单之妹丈蒋觐圭去夏曾向单之妾索得一包遗稿事等。（《胡适遗稿及秘藏书信》第40册，407～410页）

又按，同日胡适又致函张宗祥（阆声），又约张在自己南下返平后取去自己收藏的单氏手札。（《胡适中文书信集》第2册，237～238页）

同日　为出席中基会第五次常会，胡适登车赴沪。过天津时访郭泰祺与王徵。同行的有陈衡哲、孙洪芬、张纳川、王启常、赵元任。与陈衡哲讨论爱情观：

……她说Love是人生唯一的事；我说Love只是人生的一件事，只是人生许多活动的一种而已。她说："这是因为你是男子。"

其实今日许多少年人都误在轻信Love是人生唯一的事。（据《日记》）

1月7日 胡适在浦口与前来接曹诚克的曹诚英小谈。晚11点，胡适抵上海，任鸿隽来接。任已与Greene谈过北大补助案，他也很同情。（据《日记》）

1月8日 胡适与蒋梦麟谈，大家都劝蒋主张北大也拿出20万元来，使以后别机关不容易借口，蒋允，胡适很高兴。汪敬熙来访，"他不愿在中山大学受气了"，胡适劝其回北大"努力造一个好的心理学实验室"。胡适访Greene，会见国际联盟代表团之Mr. Zilliacus。遇吴贻芳、Dr. Stuart。与Greene同访徐新六。与马君武、潘光旦、罗隆基、全增嘏、董任坚谈。下午访曹诚英。蔡元培请晚饭。（据《日记》）

1月9日 胡适在沧洲饭店出席中基会第五次常会。到会者有孟禄、司徒雷登、贝克、顾临、蔡元培、蒋梦麟、任鸿隽、赵元任与胡适共9人。通过北大补助案，讨论了基金投资问题。晚间蔡元培在中研院宴请与会董事。（据《日记》）

1月10日 胡适访张元济。访高梦旦。见李拔可、王云五。访Zilliacus，见到Dr. L. Rajchman。拟发表北大补助案之谈话稿子。（据《日记》）

1月11日 胡适与Dr. Rajchman吃早饭。到中研院访丁西林、李四光。周鲠生来谈。1点到笔会的宴会，见到戈公振、蔡元培、邵洵美、杨亮功、寿椿、郑振铎、赵景深、张资平（初见）、盛成、虞岫云女士、杨晢子等人。访汪亚尘夫妇。平社在禹九家聚餐。（据《日记》）

1月12日 胡适见客甚多。杨亮功、张慰慈、刘英士邀在中社吃饭，有丁庶为夫妇。饭后与颜任光打台球。列席"新月"董事会议。李孤帆邀饭，遇陈启天，陈谈湘鄂赣三省红军情形。与金井羊商量光华大学与罗隆基的事。与任鸿隽夫妇话别，遇赵志道。（据《日记》）

同日　张元济致函胡适，感谢前日"枉临存问"。赠胡适寿联一副。傅增湘借阅四川志乘已请东方图书馆先选百数十册，明日送至胡适寓，以便胡带北平转交傅。(《胡适遗稿及秘藏书信》第34册，97～99页)

　　1月13日　胡适阅报知教育部给光华大学电令撤换罗隆基的消息，乃访金井羊，托金向陈布雷说项，"罗事系个人负责的言论，不应由学校辞退他，更不应由教育部令学校辞退他"。胡适并表示，如陈布雷愿意和胡面谈此事，胡可亲自拜访陈。凌舒谟来访，说马君武已更换教务长，疑心两广学生200余人签名攻击凌君系马之手段。胡适力辩马君武不至如此卑劣，但也认为马君武换教务长是不好的，不先和凌君商量，尤为不当。胡适为此事，特访马君武，怪其鲁莽，马允即日访凌。(据《日记》)

　　同日　胡适日记粘贴《时事新报》报道中基会名誉秘书胡适就该会资助北大革新事业之谈话如下：

　　　　此次常会中，美国董事顾临君提议，自民国二十年度起，由基金会每年提出国币二十万元，赠与国立北京大学，以五年为期，专作设立研究讲座及专任教授之用。其条件大旨如下：

　　　　(一)基金会与北京大学每年各提出二十万元，共四十万元，作为特别款项，以五年为期。

　　　　(二)此款之用途有五项：甲、设立研究讲座，每座年俸自六千元至九千元；乙、设立专任教授，每座年俸自四千八百元至六千元；丙、每一讲座教席各附有相当之书籍设备费；丁、设立助学金额，以援助苦学之高材生；戊、设立奖学金，为奖励研究有成绩之学生，在国内或国外作高深研究之用。

　　　　(三)上项研究讲座及专任教授，皆须以全力作学术研究及指导学生作学术研究，不得兼任校外有给或无给之教务或事务。

　　　　右议案经北大新校长蒋梦麟君同意后，即提出本会第五次常会，蒋董事因避嫌自清［请］退席。经过长时间之讨论后，全体一致通过下列议案："右提议与北大合作设立研究讲座及专任教授一案之原则通过，交由本会执行委员会与北大校长拟定详细办法及契约条文，提出下届年会正式决定。"上项合作办法之用意，在于指定一个有历史地位之大学，试办大学教育之根本救济。今日之大学教育有三层最大困难，一为教授俸给太低。国立大学之教授月俸，尚不如政府各部之一科长。北大教授最高月俸只有三百元，故人人皆靠兼差以自给。二为学校经费不固定，贫士不敢倚赖一校之俸给以为生活。三为学校经费十之七八用在薪俸，无余财以购置书籍仪器，故虽有专门学者，亦不能专力作高深之学术研究。上项办法，意在提高教授俸给，担保经费之固定，并充分扩充书籍仪器之设备，一举而三层困难皆可解除。

依原提案人之估计，此案成立之后，可设立：

（一）九个平均年俸七千元之研究讲座；

（二）十五个平均年俸五千四百元专任教授；

（三）十五个每年二百元之助学金额；

（四）十五个每年六百元之奖学金额；

（五）二个每年一万元之留学研究生额。

…………

……试办虽限于北大一校，其影响所及，必将提醒全国各大学急起直追，与北大为学术上之竞争，可断言也。

1月14日　胡适终日在汪孟邹家写字，共写43件。陆侃如来访。致函马君武，云，中公近来最失同情的有三事：马氏所写校史；《中公学生》态度之嚣张；中公学生代表团以960人的名义上教育部的呈文。（据《日记》）

按，16日，马君武复函胡适，认其"校史"是写事实，又责备中公校董会，并云自己不能制止学生的言论自由等。胡适认为这是断送中公的态度。（据1月16日《日记》）

同日　金井羊致函胡适，谈向陈布雷疏通罗隆基事。陈布雷云，罗隆基前次既经保释，又复发表同样文字，因此大动国民党内公愤，甚至迁怒

而及蔡元培，故撤回命令殊属难能。"末后弟曾以阁下息事宁人之意告之，并谓有必要时阁下亦愿来京一行。渠谓请公来京万不敢当，惜日内无闲，否则必来沪与公面谈。观其状似极愿与公面洽者。如能拨忙来京，则一切进行自较便利，不知公意以为如何。"（据1月15日《日记》）

1月15日　胡适到张慰慈家吃饭。与颜任光、刘英士、张慰慈等打牌。夜，致函陈布雷：

> ……大部电令光华大学辞退罗隆基君一事，实开政府直接罢免大学教授之端；此端一开，不但不足以整饬学风，将引起无穷学潮。……
> …………
> 光华之事，完全与罗隆基君无关……今所以罪罗君者，只因他在《新月》杂志作文得罪党部及政府而已。《新月》在今日舆论界所贡献者，惟在用真姓名发表负责任的文字。此例自我提倡出来，我们自信无犯罪之理。所谓"负责任"者，我们对于所发言论，完全负法律上的责任。党部与政府如认为有不当之处，可以用书面驳辩，或令作者更正。如有干犯法律之言论，亦宜有法律的手续，向法庭控诉。凡法律以外的干涉似皆足以开恶例而贻讥世界。
> 罗君所作文字，一一可以复按，其中皆无有"恶意的"诋毁，只有善意的忠告而已。此类负责的言论，无论在任何文明国家之中，皆宜任其自由发表，不可加以压迫。若政府不许人民用真姓名负责发表言论，则人民必走向匿名攻讦或阴谋叛逆之路上去。《新月》同人志在提倡这种个人签名负责的言论自由，故二年以来，虽不蒙党国当局所谅解，我们终不欲放弃此志。国中若无"以负责任的人说负责任的话"的风气，则政府自弃其诤友，自居于专制暴行，只可以逼人民出于匿名的、恶意的、阴谋的攻击而已。
> 政府对《新月》，不取公开的辨正，又不用法律的手续，只用宣传部密令停止其邮寄，已为失当之举动。至于因个人在校外负责发表的言论，而用政府的威力，饬令学校辞退其学术上的职务，此举尤为错

1931年　辛未　民国二十年　40岁

误。私人发表的言论，只负法律上的责任，不应影响其在学术上的职务。教授在学校内，只须他能尽他的教授的职务，皆应受相当的保障。在法庭未判决他有罪以前，他是一个公民，应该享受职业上的自由。学校方面对他在校外发表的言论，皆不应加以干涉。学校只求他能担任他所任的教授任务而已。

…………

往年北京大学教授中，有筹安会之刘申叔，也有曾做张勋复辟时代伪官之辜鸿铭，学生不以为怪，社会亦不能逼蔡孑民先生逐去此种教授。惟其能容刘申叔与辜鸿铭，故北大当日能容民党人物如王宠惠、陈独秀、石瑛诸人，而学生亦不以为怪，社会与政府亦不能用威力逐去他们。

这种风气，在大学以内，谓之"学术上的自由"（Academic Freedom）；在大学以外，谓之"职业之自由"（The Right of Profession）。在大学以内，凡不犯法的言论，皆宜有自由发表的机会。在大学以外，凡个人负责发表的言论，不当影响他在校内的教授的职务。

以上皆就原则立论。至于罗君之事，更有宜特别注意之点。第一，蒋主席在十八年十二月廿七日不曾通电请国人"尽情批评"党事与国事吗？第二，罗君所作文字，无一篇不在大赦政治犯之前。政治犯皆有实际行为，尚可教育，岂有负责任的言论独不蒙政府允许吗？

…………

……大部之意岂不在整顿学风？然此种事件，适足以掀起很大的波澜；其影响所波及，必不止于光华一校。罗隆基一人之事易了，而此事所引起的波浪决不易了。……

…………

此事在大部或以为是关系一个人的小问题，然在我们书生眼里，则是一个绝重要的"原则"问题。……今日若误认为一个人的小问题，他日必有悔之无及之一日。（据《日记》）

按，17日，陈布雷回信，对胡适的见解，"未能苟同"，此事部中既决定，当不能变更，"但大函因此而论及一般的问题，如能谈论出一个初步的共同认识来，亦为甚所希望的事"。希望能与胡适在南京见面等。（据胡适1月18日《日记》）

1月16日 刘崇杰邀胡适吃饭，座上有梅兰芳、姚玉芙、马连良。到英美烟公司，把16年前做的《易卜生主义》英文原稿交 A. T. Henckendorff 带给他的夫人看。到《字林西报》，访 Haward 不遇。访 Davis，稍谈。访索克思不遇。访顾季高，小谈。访唐腴胪，小谈。访李祖法夫妇，见着阿瑛。马君武与欧元怀来谈，胡适颇怪马君武信的态度不好，几至吵嘴，言明以后不再过问中公的事。（据《日记》）

1月17日 胡适为罗隆基事访张寿镛，张允为罗事向蒋介石说项。访高一涵。到同兴楼吃饭，姚达人约。到颜任光家中吃饭，张慰慈夫妇在座。为同乡程庸熙医生被捕事，访杨仲瑚，不遇。访 Mrs. Bernardine Solty Fritz，谈甚久。到周烈忠家吃饭，见着盘斗寅、马君武、岑德彰、苏明藻诸人。胡适劝马君武不要久在中公，应早筹退步。（据《日记》）

1月18日 高梦旦、李拔可、王云五来访。胡适安慰因改革而受气的王云五：前有王莽、王安石，今有王云五，都因改革而挨骂，可称"三王"。访客甚多。胡耀楣与戴君亮、罗隆基来，要胡适挽留凌舒谟。欧元怀约吃饭，同席的马君武也要胡适挽留凌舒谟。在 A. T. Henckendorff 家吃饭。致函挽留凌舒谟。（据《日记》）

同日 胡适复函陈布雷：

> 鄙意"一个初步的共同认识"必须建筑在"互相认识"之上。故托井羊先生带上《新月》二卷全部及三卷已出之三期，各两份，一份赠与先生，一份乞先生转赠介石先生。《新月》谈政治起于二卷四期，甚盼先生们能腾出一部分时间，稍稍流览这几期的言论。该"没收焚毁"（中宣部密令中语），或该坐监枪毙，我们都愿意负责任。……
>
> 我本已答应十六十七日在青岛大学讲学……恐怕不能来南京面承

教益了。……(《胡适遗稿及秘藏书信》第 20 册，36～38 页)

同日 汪敬熙致函胡适，告：关于回北大事，已经想过。列出回北大所需要的仪器、房屋、助手、经常费等条件，请胡适看后再与蒋梦麟商酌。(《胡适遗稿及秘藏书信》第 27 册，614 页)

1 月 19 日 胡适为罗隆基事访金井羊。陈钟凡、吴东初邀胡适吃饭。到兴业银行，见着叶揆初、陈叔通诸人。到罗隆基家中，见着潘光旦、王造时、全增嘏、董任坚。胡适认为，罗事只有三条办法：

> ……先由教部承认了我们的原则，后由张寿镛去呈文，让教部自己转圜。然后罗辞职。
>
> ……教部已说不通了，可由张寿镛发表一个谈话，说他不能执行部令。如此，罗也可辞职。
>
> ……教部与张君皆不认此原则，则由罗自己抗议而去，声明为顾全光华而去。

胡适约张寿镛来谈，并带上了给蒋介石的密呈，胡适改了两处，得了他同意，又电约罗隆基来谈，罗亦同意。

胡适对来劝其去南京的金井羊说："共同的认识"必须有两点：①"负责的言论绝对自由"；②"友意的批评"，政府须完全承认。无此二项，没有"共同认识"的可能。

张慰慈来。徐新六来。(据《日记》)

1 月 20 日 胡适阅报知行政院查办马君武的命令后，慨叹："一个全胜的官司，自己毁了，又连累及学校，真是何苦。"胡适约徐新六来谈《时事新报》事。高梦旦来访。为同乡程庸熙被拘事，致函杨仲瑚(汪孟邹与胡昌之、汪乃刚、汪原放等力求)。沈从文为营救胡也频来谈甚久，但胡适"无法援助"。(据《日记》)

1 月 21 日 胡适访石世磐(开美术照相馆)，并拍照。到瑞生和及老胡开文谈家中学堂事。访国际联盟代表团之 Mr. Konni Zilliacus。林语堂来谈，

胡适劝他回北大。陈荩民来谈。萧克木来谈《新月》事。杨仲瑚来谈。

同日 胡适致函王云五：

> 今天见报纸所载，知前日我的戏言大有成为事实之势！你竟成了"社会之公敌"，阔哉阔哉！！
>
> 我很盼望你不要因此灰心；但也盼望你不要因此趋向固执的态度。凡改革之际，总有阻力，似可用"满天讨价，就地还钱"之法，充分与大众商量，得一寸便是一寸的进步，得一尺便是一尺的进步。及其信用已著，威权已立，改革自然顺利。这个国家是个最 individualistic 的国家，渐进则易收功，急进则多阻力；商量之法似迂缓而实最快捷，似不妨暂时迁就也。
>
> 中公之事，昨报所记，果然政府有干涉之举。此实意中之事，挽救不易，全赖校董会出来挡一阵，想一个和平解决方法。
>
> ……中公之事，只希望你和蔡、刘诸公设法救济。鄙意此事只宜请第三者出来做校长，或南陵，或经农，皆可救济。……
>
> 我对君武先生，虽曾劝告数次，然皆已太晚了……我昨日想来想去，想不出我可以帮忙之处。……（《胡适遗稿及秘藏书信》第19册，1～2页）

1月22日 张寿镛来，谈为罗隆基事见蒋介石情形。高梦旦来访。胡适访汪惕予，谈他家讼事。访律师张镕西，访龚礼南。看望陆小曼。访陆仲安。访邓镜寰，吊其母丧。到徐新六家打牌。（据《日记》）

1月23日 廖茂如来访。罗隆基来，林语堂来。潘公展来谈上海修志事。马君武来，胡适力劝他向校董会辞职。致函蔡元培，谈中公事，主张推朱经农长中公。致函蒋梦麟，谈北大事。到骨科医院探视胡思敬。在沈昆三家吃饭。访徐新六。（据《日记》）

1月24日 胡适登"奉天丸"赴青岛。汪孟邹、汪乃刚、汪原放来送。读陈梦家的诗集，评价甚高。读新出的《诗刊》第一号。日记有记：

新诗到此时可算是成立了。我读了这几位新作者的诗,心里十分高兴,祝福他们的成功无限!他们此时的成绩已超过我十四年前的最大期望了。我辟此荒地,自己不能努力种植,自己很惭愧!这几年来,一班新诗人努力种植,遂成灿烂的园地,我这个当年垦荒者来这里徘徊玩赏,看他们的收获就如同我自己收获丰盈一样,心里直高兴出来。

又读顾仲彝译的《威尼斯商人》,"颇可读,也算一成功"。读《山月余痕》二册。(据《日记》)

1月25日　胡适与同船的顾净缘谈佛法,"颇可谈"。12时,抵青岛,杨振声、闻一多、梁实秋、杜光埙、唐家珍医生来接。在顺兴楼吃饭,饭后访宋春舫。在杨振声寓中大谈,谈北大事,谈逻辑事,谈翻译莎士比亚作品事。晚饭仍在顺兴楼,加邓仲纯、秦素美、方令孺、陈季超、周钟麒、蒋右沧、谭声传诸君。日记有记:"我同一多从不曾深谈过,今天是第一次和他深谈,深爱其人。"

1月26日　杜光埙来谈。下午闻一多、梁实秋来谈,与他们谈莎士比亚事。应约为人写对子、单条。晚上到顺兴楼吃饭。应杨振声之约,明日讲"文化史上的山东",略作准备。(据《日记》)

"文化史上的山东"共讲四个问题:第一,齐文化是原有的东部民族的文化。第二,鲁文化是西来的文化。"周公"是一个东征总司令,"周礼尽在鲁矣"。鲁文化在孔子以前已是很发达的。第三,鲁学,孔学所以盛行,一因孔子授徒甚众;二因孔门研究古文献,操教育上的重要工具;三因孔学是一种"左倾的中派",一面重视历史的文化,而一面又有怀疑与革新的精神,故能得多数人的信仰。鲁文学,有韵的文学自然以"三百篇"为老祖宗,而"三百篇"的提倡,似乎也是孔子的功劳。第四,齐学,势力比鲁学更大,内容比鲁学更光怪陆离,三大流派:阴阳家,神仙家,黄老之学(道家)。黄帝是山东人造出来的,"黄老之学"也是山东人造出来的。"黄帝"不过是传说里的一个古帝王,事实既不可靠,哪有著作可说?无论是鲁是齐,左右都是山东。"支配中国二千多年的文化的,简单说来,只有

儒、释、道三大宗教。佛教来自印度，但鲁学的儒、齐学的道，都来自山东。山东人支配了中国二千多年，阔哉！"（《胡适遗稿及秘藏书信》第8册，265～276页）

1月27日　李锦璋与李汉屏来谈。蒋右沧来谈。有电报局中两个职员姚、张两君来访。到顺兴楼吃饭。下午3点访青岛市长胡若愚。下午4点在青岛大学讲"文化史上的山东"，说"齐文化"与"鲁文化"之区别，并指出"齐学"的重要。"晚上先在金甫家与实秋、一多、金甫谈。金甫肯回北京大学，并约闻、梁二君同去。所踌躇者，青岛大学不易丢手。我明天到济南，当与何思源兄一商。"晚饭又在顺兴楼吃，主人为周钟麒及杜光埙两君。散席后，即上火车。"杨、闻、梁、周、杜、周夫人，方、秦二女士，蒋右沧、谭教曾皆来送行。"（据《日记》）

1月28日　早8点30分到济南，何思源与刘次箫来接，在何家吃早饭。到教育厅小坐。参观年内在龙山发掘谭国古城的成绩：发掘只到6米而止，花钱不过1000元，而成绩满一屋。陶器中有黑陶，薄而细，似为此地所独有。"豆"最多，盖当时不是祭器，只是有脚的碗而已。有二片骨，有灼卜之痕甚多，而无一点文字。

在东鲁饭庄午饭。饭后在寓所见到蒋伯诚。4点30分，到女中，为教育厅同人演讲"文化史上的山东"。讲完即上车。阅报知中公又生风潮。（据《日记》；次日之《申报》）

同日　徐志摩致函胡适，谈及"为我自身言，至愿北迁"，"况又承兄等厚意，为谋生计，若弗应命，毋乃自弃，然言迁则大小家庭尚须疏通而外，迁居本身亦非易易。在平未得相当居处，移费不赀，亦绝无眉目。且俟回沪见家人后，再行定夺"。又为《诗刊》向胡适邀稿。（《胡适研究》第三辑，479页）

1月29日　胡适返抵北平。与王徵谈甚久。傅斯年来谈甚久，不以杨振声回北大为然。得中公来信，知风潮之详情，颇怪怨马君武。（据《日记》）

同日　胡适在叶尔恺撰《狄室汪观定夫人墓志铭》作有题记："此志也可以表今日所谓士大夫的头脑，故存之。"（《胡适藏书目录》第2册，1171页）

1931年　辛未　民国二十年　40岁

1月30日　胡适到中基会,与任鸿隽、翁文灏同饭。蒋梦麟来谈,为北大事,"他今天决定用院长制,此是一进步。但他仍要敷衍王烈、何基鸿、马裕藻三人,仍是他的弱点。晚上我与孟真谈,请他劝梦麟努力振作"。写信劝丁西林、徐志摩回北大。(据《日记》)

1月31日　胡适拟了翻译《莎士比亚全集》的计划。与任鸿隽夫妇同饭。读《列女传》。顾颉刚来访,说燕大图书馆内发见崔东壁的《知非集》抄本。(据《日记》)

1月　美国《论坛》刊登胡适的"What I Believe"。

2月

2月1日　朱经农致函胡适,谈及:

> 大学中应有讲学之自由,不应为一党所把持,亦不应受一二人之操纵。大学校长应为终身职,非有过失……不宜更动。大学教授,亦应为终身职,非有过失……亦不应更动。至于裁并一科一系,尤非由评议会通过不可。……所有上海报纸都是某党、某派所支配,所以除了党派的言论,我们看不见多少公道话。……
>
> 现在中国的政客,看见教育界有一种潜势力,所以都想来操纵教育。前年政学系之于北京农大、法大,研究系之于上海中国公学、自治学院等,都是想做"一色清一番"。现在国民党如果想党化国立大学,也未必有好结果。大学校不是军队,不能不容许学者思想自由与讲学自由。若排除异己,则除善阿谀者外皆不能自安。现在报纸发表的文字,把一个校长弄得乃圣乃神、乃武乃文……总觉得有点肉麻。(《胡适遗稿及秘藏书信》第25册,609～611页)

2月7日　赵太侔来访,他不愿杨振声到北大。与温源宁谈北大英文系的事,胡适劝其不可自己毁了自己(温有"身兼三主任、五教授"之名)。(据《日记》)

同日　胡适致函蒋梦麟，云：

上学期百年先生与真如先生要我担任北大的《中国中古思想史》，我允于这学期讲两点钟。当时我曾说明这两点钟，我不愿受薪俸：一来是因为我在文化基金会是专任，不应另受薪俸；二来是北大为两点钟而送我教授半俸，殊属浪费，此例殊不可开，即有此例，我也不愿受。所以我很诚恳的请求先生许我不受薪俸。倘不蒙允许，我宁可不教书了。……（据胡适3月8日《日记》）

同日　徐志摩复函胡适，感谢胡屡屡邀自己赴北大任教，但又详述这边学校、家庭等方面的诸种困难。又云自己实愿意去北大，但希望知道教授什么课程、薪水多少，请告知后再"让我切实计算一下"。（《胡适研究》第三辑，479～481页）

同日　陈寅恪致函胡适，向胡适推荐浦江清译 Ovid 的 *Metamorphosis*，推荐朱延丰译西洋历史著作。（《胡适遗稿及秘藏书信》第35册，409～410页）

2月8日　访客有李子平（均邦）、张真如。赴黄仲良饭约，因人甚多，未入席即离去。到 Madame Varalda 家吃饭。到王徵处喝茶，与林徽因、梁思成、张奚若谈。校读顾颉刚送来的崔述《知非集》。（据《日记》；《顾颉刚日记》第二卷，492页）

同日　蒋梦麟致函胡适，云：

文学院院长问题，我仔细考虑过，承认你的见解是对的。现在一个问题是：三学院同时发表呢，还是先发表理法两院，稍缓再发表文学院？因为文院我已承认自兼了，要转湾过来，须经过以下的步骤实较稳当：

1. 发表文学院未觅得妥人以前暂行兼代，理法两院为某某。
2. 两院长都就任以后一二月内即发表现在已觅得某某为文院长。

你以为何如？（此函见胡适2月9日《日记》）

1931年　辛未　民国二十年　40岁

按，是日前后，胡适致函杨振声，谈与何思源、傅斯年、蒋梦麟、周炳琳谈请杨来北大的情况。又云蒋梦麟拟请陈大齐任文科院长，但陈始终未允，胡适希望杨振声任文科院长。(《胡适遗稿及秘藏书信》第20册，158～160页)

2月9日　叶公超谈北大英文系的情形。胡适与任鸿隽谈北大和基金会合作的事。杨宗翰约胡适等吃饭，会见杨钟羲（雪桥）、杨鉴资。胡适致函顾颉刚，论新发现的崔述《知非集》抄本。（据《日记》）

同日　胡适复函陈梦家，论其诗：

这一次我在船上读你的诗集和《诗刊》，深感觉新诗的发展很有希望，远非我们提倡新诗的人在十三四年前所能预料。我们当日深信这条路走得通，但不敢期望这条路意［竟］在短时期中走到。现在有了你们这一班新作家加入努力，我想新诗的成熟时期快到了。

…………

你要我批评你的诗集，我很想做，但我常笑我自己"提倡有心，实行无力"，故愿意赏玩朋友的成绩，而不配作批评的工作。自己做了逃兵，却批评别人打仗打的不好，那是很不应该的事。

…………

你的诗有一种毛病可指摘，即是有时意义不很明白。……我深信诗的意思与文字要能"深入浅出"，入不嫌深，而出不嫌浅。凡不能浅出的，必是不会深入的。

…………

你若寄一册诗集给我，我可以把我的校读标点本送给你看看我标点校勘错了没有。(《新月》第3卷，第5、6号合刊，1931年7月)

按，2月6日，陈梦家致函胡适云："关于我的诗，我盼望你能写一封信批评一下。"（此函见胡适2月9日《日记》）

又按，2月13日，陈梦家又复函胡适。(《胡适遗稿及秘藏书信》

第 35 册，501～505 页）

2月10日　胡适到中基会。在 Hardy Jowett 家午饭。重回北大后第一次上课，讲中国思想史，听者约 300 人。访王克敏。在周作人家吃饭，客有马幼渔、蒋梦麟、刘半农等。（据《日记》）

2月12日　胡适阅报知教育部接管中国公学后，评论道：

> 中国公学的结局如此。此中错误，一言难尽。君武之不明大体，实难辞咎。然十一二月中，学生叫嚣之势已成，非有大决心，不能制裁他们了。本年一月中，学生旧领袖虽已悔悟，而大局已无可挽救了。君武实不肯走，错过机会，遂至于不可收拾。我自愧当日但为自己设想，急于求去，而不曾为学校谋安全。但我万想不到君武有这样大的短处。知人之难，真使我戒惧。

与蒋梦麟谈。与何廉谈。到葛利普家吃午饭。到江宇澄家祝寿。到齐如山家吃茶，客人有 Dr. Lessing & Dr. Schierliz 及梅兰芳。在汤尔和家吃饭，遇刘崇佑、黄节、马夷初、陈仲骞诸人。（据《日记》）

2月13日　与蒋梦麟谈，由蒋去电再劝李四光任理科院长。（据《日记》）
同日　张颐致函胡适，请胡适尽快就任北大文学院院长：

> 孟麟决挽足下帮忙，担任院务。当此国难期间，欲救危亡，大学教育实为根本。……北大现值风雨飘摇之中，文学院事孟麟实难照料周到，此翻［番］相挽，足下实义不容辞，务望早日到院视事。……（《胡适遗稿及秘藏书信》第 34 册，28 页）

2月14日　阅田继琮译的 De Morgan 的《史前的人》，错误很多。胡适记道："此君似很用功，然成绩如此之坏，都由于言语文字的程度太低。译书不可勉强，必须有很可自信的语言文字程度，方可试译。"冯友兰、周炳琳、傅斯年、任鸿隽等人来谈。顾颉刚来谈。在萧恩承家吃饭。读 Hulme 的 *Middle Ages*。（据《日记》）

同日　冯文炳（废名）致函胡适，劝胡不要就任北大文学院院长："先生不应该担任文学院长之职，天下人之事让天下人去做，若大人者自己来做事，则一怒应该天下惧，那怕是一件小事也要关系十年的大计也。"等等。（《胡适遗稿及秘藏书信》第36册，586～589页）

　　2月15日　胡适读 Hulme 的 *Middle Ages* 一百页。胡适认为此书写得很好，用其师 Prof. George Lincoln Burr 的"大纲"作纲领，故条理极好。（据《日记》）

　　同日　胡适出席中国科学社北平社友会迎春聚餐会，出席的社友还有孙学悟、任鸿隽、丁文江、蒋梦麟、陶孟和等40余人。（次日之天津《大公报》）

　　同日　胡适看到邵力子接任中公新校长的报道后，深感痛心。胡适认为这是马君武、罗隆基等人不明大体，使校董会被迫将中公送给教育部与党部的。当日致函王云五、刘南陔，云：

　　　　中公之事，至如此下场，言之痛心！

　　　　我在南方时，已料到此事必至不可收拾，曾妄想有所挽救，但终无丝毫效果。……

　　　　一月廿三日，我劝君武辞职……君武不肯真心辞职，便不能与校董会合作，不能镇压风潮。以后的悲剧，都由于这一点不觉悟。……

　　　　君武回校以后，不图赶紧结束风潮，解散代表团，物色继任者，而但逞意气，负气要把中公办好，这是他的大错误。他不但不制裁学生，还纵容学生，又不设法宽容当日反马的学生，这是第二大错。他性燥急，不肯考虑一事的结果，竟于不安宁的时期任意更动校中重要教职员，以致教职员解体，这是第三大错。他不悟私立学校不能完全离开校董会而存在，故对于校董会不但认为不能和他合作的机关，竟视为完全恶意的团体，这是第四大错。君武不知大体，想把光华退出的几个教员拉回中公，而这几位先生也不通人情世故，竟贸然肯来。此一事不但引起校中分离，并引起校外敌视，这是第五大错。

　　　　此校以后成了一个党员吃饭机关，只苦了几百真正好学的青年男

女。……但我自愧对不住这许多学生,对不住学校,故今天已写信给蔡先生辞去校董职务了。

……近年的经验没有比这三个月的中公事件使我更灰心的。(《胡适遗稿及秘藏书信》第19册,4～8页)

按,20日,王云五复函胡适,云:

自你离沪后,教部便派人来此查办。因为查办员中有和我及南陔认识的,我们便私下商量处置中公的善法,一方面想维持私立学校的精神,由校董会自行负责处置,以免由政府派人接管或停办。一方面又想取得马先生的同意,由他向学生解释,免再生误会。查办各员均认此办法很妥当。我们并力恳蔡先生,如果马先生同意,把学校交由校董会暂行接管,那时候须请蔡先生暂以董事长名义行使校长职权,而以南陔为蔡先生的实际上代表,一面从教员中选聘两位中立的人暂任总务长和教务长。这样一来,风潮便可平稳地过去,然后照章推选第三者为校长,从董事会手上接替,便不至再有其他风潮。我们以为这真是爱护学校和顾全马先生的最好办法。我们便向马先生交涉。经过长时间讨论后,他便答应了。……想不到马先生竟给我们一封出乎意外的信,就是取消了从前应许的办法,说学生有种种误会。蔡先生若来维持,必受反对。……我们为着这封信,只好明白告诉蔡先生。那时候蔡先生已被学生代表麻烦到不堪,一再留言誓死反对第三者。这当然含有反对蔡先生暂行校长职权的意义在内。蔡先生至此,始提起辞校董职的意见。我和南陔也因为无法维持……以后事完全不问。想不到教育部一方面派员接管,一方面还不许我们脱离。所以我们在万不愿意之中,暂时复职。又因想在可能范围内维持原来办学的方针,所以硬把经农拉出来,请他担任副校长。……现在的结果虽然绝对不是我们所期望,但是有经农出来,便希望有几分对得住几百真正好学的青年男女。……

王函又云:王与刘南陔力请辞去校董职,但新校长邵力子极力挽留。王、刘因为蔡元培的力劝，后来才把常务校董辞掉了做条件，答应暂时不辞。"至于你的辞职，也经校董会决议挽留，正式致函，盼望你也能取消辞意。"（此函粘贴于胡适2月23日日记中）

同日　尹延汉致函胡适，请胡适为其补助费事帮忙。（中国社科院近代史所藏"胡适档案"，卷号834，分号2）

2月16日　胡适与叶公超谈翻译事；得梁实秋信，谈译莎士比亚作品事。与陶孟和、张子高谈译事。与罗尔纲谈治学事。（据《日记》）

2月17日　旧历元旦，仍有课，到第二院上课。读《中古史》。傅斯年来谈。读他的《新获卜辞写本后记跋》，胡适认为，傅文以新获卜辞论"楚之先世""殷周的关系"，都是极大贡献。（据《日记》）

2月18日　胡适与江冬秀访任鸿隽等，访丁文江。晚，傅斯年来谈古史，罗尔纲在座：

> 孟真原文中说："每每旧的材料本是死的，而一加直接所得可信材料之若干点，则登时变成活的。"此意最重要。尔纲此时尚不能承受此说。（据《日记》）

2月19日　蒋梦麟来谈北大事。在任鸿隽夫妇家吃饭，下午同游厂甸，购得《二郎宝卷》。（据《日记》）

同日　俞平伯赠其著《燕知草》二卷与胡适。（《胡适藏书目录》第3册，1672页）

2月21日　胡适草拟翻译《莎士比亚全集》的计划。顾颉刚带来《知非集》原抄本，并洪煨莲与赵贞信新跋。为靳宗岳、张挽华证婚。（据《日记》）

同日　容庚来访。（《容庚北平日记》，238页）

同日　冯致远致函胡适，感谢胡适借给他100元。帮姜立夫看数学报告，每月薪水10元。理科学会将请孙洪芬演讲，如果胡适见到孙请帮忙劝驾。文科学会欲请胡适演讲。（中国社科院近代史所藏"胡适档案"，卷号858，分号6）

2月22日　孙多钰请胡适等吃饭。游厂甸，见初刻本《恕谷后集》，未买得。买得一部合信氏《全体新论》与赫胥黎的《体用十章》。访刘崇佑，久谈。访朱毅农不遇。（据《日记》）

同日　胡适作成《跋〈知非集〉抄本》，主要讨论《知非集》的重抄本与原抄本的问题，最后说：

> 凡作者自己删定诗文集，以严为贵；但后世史家搜集传记材料，却以多为贵，故未删的原料比删胜［剩］的作品更可宝贵。此本保存的诗词，必有许多不见于后来定本的。定本可以见东壁先生五十以后的文学见解，而这个学生习字本却可以表现他五十以前"忧乐之情，离合之变，居游之所"，将来定本出现之后，此本仍是有传记资料的大价值的。（《胡适遗稿及秘藏书信》第12册，245～265页）

2月23日　胡适访顾维钧夫人。胡适夫妇到丁文江寓，贺丁夫人生日。（据《日记》）

同日　胡适复函刘大白，论《诗经》：

> 你的批评，有许多我很佩服的，但也不能完全同意。如说"灼灼其华""有蕡其实"的"其"字是一个形容词的语尾，与"格"字有祖孙的关系，此说甚可通。但此等"其"字，属下作名词前的主有形容词，似也可通。……
>
> 如说苯苢和胚胎也许有关系，也富有暗示性。如说"螽斯羽"与"有兔斯首"同例，也很值得比较研究。但有三点，我不敢苟同。
>
> （一）维字，我也曾拟作"这个"解。但后来见"维此文王"（《大明》）、"维此王季"（《皇矣》）等例，我不能不放弃此说。……
>
> （二）言字我终认为没有"我"字之意。……
>
> （三）我最不赞成"某字无义，不过用以足句"之说。"义"字应该看的宽一点。凡有文法上的作用的，皆可说是有义，而文法却不一定是我们今日所惯用的文法。……（《胡适论学近著》第一集卷五，

588～589页）

按，刘大白原函作于2月16日，载《胡适遗稿及秘藏书信》第39册，613～620页。5月11日，刘大白又复函"答辩"，刘函载《胡适遗稿及秘藏书信》第39册，601～612页。

同日　刘文典致函胡适，告沈德符《万历野获编》末尾曾详言《金瓶梅》。又拜托胡适推荐许骏斋的《吕览集解》与商务印书馆。（《胡适遗稿及秘藏书信》第39册，732页）

同日　杨鸿烈致函胡适，告中国公学被教育部查封，且未被李清崖续聘，已彻底失业，请胡适代为寻找职业。（《胡适遗稿及秘藏书信》第38册，252～253页）

2月24日　徐志摩来北平，与胡适畅谈中国公学的事和《新月》的事：

中公的事，我已略知大概，但尚不知隆基玩了许多笨拙的把戏，而君武同他一样见识，遂闹到不可收拾。

《新月》的事，将来总须把重心移到北方来。南方人才太缺乏，所余都是不能与人合作的人。志摩狠有见地，托邵洵美与光旦照料《新月》，稍可放心。（据《日记》）

同日　王造时致函胡适，告自己正在撰写《中国问题》，待书写成后请胡适作序、指教，又希望参加中基会译书的工作等。（《胡适遗稿及秘藏书信》第24册，255～259页）

同日　朱经农致函胡适，谈中公事。（《胡适遗稿及秘藏书信》第25册，702～703页）

2月25日　胡适得杨振声信，说"去青大已有决心，就北大是另一问题"。与蒋梦麟、傅斯年谈北大事。（据《日记》）

同日　胡适复函蔡元培，谢2月20日信，并及中国公学、北京大学及编译会事；另为蔡曾营救胡也频事致谢。（蔡建国编：《蔡元培画传（1868—1940）》，上海人民美术出版社，1988年，92页）

按，蔡原函云：沈从文持胡适嘱营救胡也频之介函来，即作两函，托张群设法，然至今尚未开释。编译委员会想已开办。北大讲座人选由胡适各方接洽，必无才难之叹，但欲拉丁燮林、李四光，不免使研究院为难，务请与蒋梦麟从长计议，使各方面均过得去为妙。中公事闹到自己等无办法，一辞了事；然教育部派员接收后，为举出校长计，除丁礅音外，诸人又不能不复职。十九日开会，胡适、王云五、刘南陔之辞职书，均不为全体校董所接受，胡之辞函璧还，并仍请担任常务校董。（此函粘贴于胡适 2 月 24 日日记中）

同日　胡适复函闻一多、梁实秋，云：叶公超大体赞成梁实秋所拟翻译莎士比亚作品的计划，自己对梁拟计划做简要添改，徐志摩赞成。今将这个修改的计划寄上，请闻、梁二人审查、决定。计划内容如下：

（一）拟请闻一多、梁实秋、陈通伯、叶公超、徐志摩五君组织翻译莎翁全集委员会，并拟请闻一多为主任。

（二）暂定五年全部完成。……

（三）译稿须完全由委员会负责。每剧译成之后，即将译稿交其他四人详加校阅，纠正内容之错误，并润色其文字。每人校阅一剧，不得过三月。

（四）于每年暑假期内择地开会一次，交换意见，并讨论一切翻译上之问题。

（五）关于翻译之文体，不便详加规定，但大体宜采用有节奏之散文。所注意者则翻译不可成为 Para Phrase 文中难译之处，须有详细注释。

（六）为统一译名计，每人译书时，宜将书中地名人名之译音，依原文字母分抄译名表，以便汇交一人负责整理统一。

（七）关于经费一项，拟定总数为〇〇元，用途有三项：

①稿费暂定每剧报酬〇〇元，包括一人翻译四人校阅之报酬。合计共〇〇元。

②书籍约〇〇元。

③杂费包括稿纸、年会旅费、委员会费用等项,约〇〇元。

(八)预支稿费,每月每人不得过〇〇元。如半年内不能译完一剧,以后即不能预支。

(九)译书之时,译者可随时用原本作详细之中文注释,将来即可另出一部详注的莎翁戏剧读本。此项读本之报酬与出版办法另定之。

(十)委员会以外,若有人翻译莎翁戏剧,愿交与委员会审查者,委员会得接受审查。如有良好译本可由委员会收受校阅出版,并酌定报酬办法。

(附记)全集应如何分配,可于第一次年会决定。现为进行便利计,先每人认定一种,立即试译。现假定每人认译一种如下:

徐志摩　*Romeo and Juliet*

叶公超　*Merchant of Venice*

陈通伯　*As You Like It*

闻一多　*Hamlet*

梁实秋　*Macbeth*(梁实秋:《关于莎士比亚的翻译》,载《略谈中西文化》,51～53页)

同日　汪孟邹致函胡适,述程庸熙案的后续情况,请胡适再致电杨仲瑚,以使程能保外就医。(《胡适遗稿及秘藏书信》第27册,424～430页)

2月26日　曹缠蘅邀胡适等吃饭,席上有柯凤孙、郑苏戡、江叔海、杨钟羲诸老人,以及《大公报》主持人吴达权,"吴君是一个最能干的人,我久想见他,屡次相左。今日始初次见他"。读《中古史》。(据《日记》)

同日　曹辛汉致函胡适,谈及中国公学风潮,又拜托胡适为曹凤池在商务印书馆谋职。(中国社科院近代史所藏"胡适档案",卷号1756,分号1)

3月

3月1日　上午会客。逛厂甸,买得《恕谷后集》《冷庐杂识》。(据

《日记》)

同日 竺可桢致函胡适，云：《林长民遗墨集》将出；俞珊女士已到青岛，将来青岛大学成立戏剧系定有增色。又揄扬胡若愚，请胡适赞助之。预计于四五月至北平。(《胡适遗稿及秘藏书信》第29册，409～410页)

3月4日 胡适校印 *My Credo and Its Evolution* 单行本，预备分送给朋友。与任鸿隽邀刘半农同参观辅仁大学。(据《日记》)

3月5日 胡适在中基会与蒋梦麟、任鸿隽、傅斯年、翁文灏商量北大问题。复电耶鲁大学的 Howland: Regret Cannot Come Yale 1932。晚，与徐志摩谈 T. S. Eliot 的诗：

> 志摩说，这些新诗人有些经验是我们没有的，所以我们不能用平常标准来评判他们的作品。我想，他们也许有他们的特殊经验，到底他们不曾把他们的经验写出来。

> 志摩历举现代名人之推许 T. S. Eliot，终不能叫我心服。我对他说："不要忘了，小脚可以受一千年的人们的赞美，八股可以笼罩五百年的士大夫的心思！"

> 孔二先生说：知之为知之，不知为不知，是知也。这是不可磨灭的格言，可以防身。(据《日记》)

同日 晚，司徒雷登等宴请胡适于东兴楼。顾颉刚日记有记：

> 今晚同席：蒋梦麟、胡适之、沈尹默、徐炳昶、李圣章、王烈、何基鸿、朱逷先、张亮丞、裘开明、钱玄同、魏建功、马叔平、马幼渔、陈寅恪、赵元任、李济之、傅孟真、唐擘黄、冯芝生、王捷侠……（以上客）司徒雷登、刘廷芳、博晨光、洪煨莲、马季明、郭绍虞、黄子通、容希白、陈援庵、黄孝可、候宪、予（以上主）。(《顾颉刚日记》第二卷，503页)

同日 清华大学举行全体学生大会，议决：选派代表到教育部请愿，请求：拒绝罗家伦返校，请教育部从学生会公举之赵元任、周诒春、胡适三人

中择委一人为校长。倘教育部任命周、赵、胡三人外之人员时，须电征同意。（天津《大公报》，1931年3月5、10日）

同日　张云伏致函胡适，谈道："三年努力之中公，完矣"，自己已脱离中公。"前曾与先生谈及北大中美文化基金留学额一事，先生力承相助，无任感铭。"希望胡适能帮忙，又谈自己研究情况，"……留学事倘不能速成，亦拟转地任教，合并乞为留意。师生之谊既深，重劳当非所厌"。(《胡适来往书信选》中册，53页)

3月6日　钱玄同致函胡适，希望借看《恕谷后集》中李塨的画像，若有颜习斋的画像，也希望一并阅看。(《胡适遗稿及秘藏书信》第40册，411页)

同日　汪原放致函胡适，已经办妥江冬秀要的剪具。一切待来平后细谈。(《胡适遗稿及秘藏书信》第27册，602～603页)

3月8日　见客：谢刚主、刘盼遂、黎昔非、徐凌霄、徐一士、邱大年、郑介石、郑天挺、严恩棫。黎昔非欲作《诗经学史》，持细目请教于胡适，胡适与其谈汉儒所以曲说《诗经》的背景。与邱君谈英国思想的历史，颇相投。（据《日记》）

3月10日　上课。看朱毅农。在周作民家吃饭。胡适劝他们（改组派）不必再想挟武力作革命。（据《日记》）

3月11日　Pettus & Long 来访，胡适辞谢了 The University of Southern California 的讲学之邀。拟"北大与中基会合作研究特款办法"，成草稿。杨四穆（廉）来谈。（据《日记》）

3月12日　胡适写成"北大与中基会合作计画"，晚上请任鸿隽、翁文灏、傅斯年阅看后，又略有修改。（据《日记》）

同日　胡适作成《明成祖〈御制佛曲〉残本跋》（收入《胡适论学近著》第一集卷五）。

3月13日　胡适将"北大与中基会合作计划"交蒋梦麟、任鸿隽、孙洪芬看后，付抄写。新月书店萧克木自上海来访，胡适与徐志摩、余上沅都怪他鲁莽，不应辞职。邵洵美有长信给志摩说《新月》改组计划。是日

在余上沅家谈此事。(据《日记》)

同日　张颐复函胡适，告：关于北大哲学系聘任事，所聘印度人非给以基金讲座不可；汤用彤、陈大齐非给以基金讲座不来。至于自己，能得固所心愿，不得亦只有听之。(《胡适遗稿及秘藏书信》第34册，26～27页)

3月14日　胡适到中基会，与余上沅、张子高谈。到顾临家吃饭，同席有 Prof. & Mrs. Robert H. Fifk of Columbia，饭后与顾临谈北大计划，彼甚满意。到金岳霖家吃茶、闲谈，客人有 Miss Jones、Mrs. Swan、Prof. & Mrs. Jameson。众人谈英美的新诗。荷兰公使欧登科送胡适一部 Motley 的 The Rise of the Dutch Republic。(据《日记》)

3月15日　叶公超来谈。胡适与任鸿隽夫妇同游西山，到玉泉山、秘魔崖各处。(据《日记》)

同日　胡适作成《跋〈销释真空宝卷〉》，指出：《销释真空宝卷》抄本和宋、元刻的西夏文藏经同在宁夏发现，故有人据此定为元抄本，这个证据是不够的。胡适起初疑心此本是晚明的本子。该跋就是论证此卷是晚明的本子。(《北京图书馆馆刊》第5卷第3号，1931年)

同日　胡适有《跋〈四游记〉本的〈西游记传〉》，指出：《四游记》中的《西游记传》是一个妄人硬删吴承恩本编成的节本，决不是吴本以前的古本。(《北京图书馆馆刊》第5卷第3号，1931年)

同日　邓春膏致函胡适，欲向中基会请款筹设学院，请胡适帮忙。(中国社科院近代史所藏"胡适档案"，卷号839，分号8)

3月17日　下午上课。访朱毅农。(据《日记》)

同日　胡适读《燕京学报》载钱穆的《关于老子成书年代之一种考察》，乃写长信与钱，认为其根本立场甚难成立：

> 此文的根本立场是"思想上的线索"。但思想线索实不易言。希腊思想已发达到很"深远"的境界了，而欧洲中古时代忽然陷入很粗浅的神学，至近千年之久。后世学者岂可据此便说希腊之深远思想不当在中古之前吗？又如佛教之哲学已到很"深远"的境界，而大乘末流

沦为最下流的密宗,此又是最明显之例。……

…………

先生对于古代思想的几个重要观念,不曾弄明白,故此文颇多牵强之论。如天命与天志当分别而论。天志是墨教的信条,故墨家非命;命是自然主义的说法,与尊天明鬼的宗教不能并存。……

当时思想的分野:老子倡出道为天地先之论,建立自然的宇宙观,动摇一切传统的宗教信仰,故当列为左派。孔子是左倾的中派,一面信"天何言哉?四时行焉,百物生焉"的自然无为的宇宙论,又主"存疑"的态度,"知之为知之,不知为不知","未能事人,焉能事鬼",皆是左倾的表示;一面又要"祭如在,祭神如神在",则仍是中派。孔孟的"天"与"命",皆近于自然主义;"莫之为而为,莫之致而致",皆近于老、庄。此孔、孟、老、庄所同,而尊天事鬼的宗教所不容。墨家起来拥护那已动摇的民间宗教,稍稍加以刷新,输入一点新的意义,以天志为兼爱,明天鬼为实有,而对于左派、中派所共信的命定论极力攻击。这是极右的一派。

思想的线索必不可离开思想的分野。凡后世的思想线索的交互错综,都由于这左、中、右三线的互为影响。荀卿号称儒家,而其《天论》乃是最健全的自然主义。庄子蔽于天而不知人,其《大宗师》一篇已是纯粹宗教家的哀音,已走到极右的路上去了。

《老子》书中论"道",尚有"吾不知其名,字之曰道,强为之名曰大"的话,是其书早出最强有力之证。这明明说他初得着这个伟大的见解,而没有相当的名字,只好勉强叫他做一种历程——道——或形容他叫做"大"。

这个观念本不易得多数人的了解,故直到战国晚期才成为思想界一部分人的中心见解。但到此时期——如《庄子》书中——这种见解已成为一个武断的原则,不是那"强为之名"的假设了。

我并不否认"《老子》晚出"之论的可能性。但我始终觉得梁任公、冯芝生与先生诸人之论证无一可使我心服。若有充分的证据使我心服，我决不坚持《老子》早出之说。(《胡适论学近著》第一集卷一，128～130页)

3月18日　北京大学举行演说预赛会，20人参加，由蒋梦麟、胡适、樊际昌担任评判员。(《北京大学纪事（1898—1997）》，229页)

同日　胡适完成《四十自述》的第三节"在上海（一）"。

同日　胡适日记有记：

蒋廷黻君发愿要借国民会议选举作一个模范选举的运动，他托公超致意，要我作北平候选人，他愿作选举总干事。我感于他的热诚，已应允了。今天叔永、在君为此事劝阻我，他们的好意也甚可感，我仔细想想，写了一信给蒋、叶二君，辞候选事，理由有四：

（1）我原赞成五十人的约法会议，不赞成几百人的国民会议。（罗隆基君与我主张稍不同）

（2）约法现忽成时髦了，我可以不管了。以后应由专家去研究起草。

（3）我不热心跟一班党老爷去胡混。

（4）我在政治场外比在政治场内更有用。

3月19日　下午，胡适到陈衡哲处吃茶，客为 Miss M. G. Jones。Prof. Shotwell 来信要胡适预备一篇专文，论中国的法律观念和制度与西方所以不同者何在。(据《日记》)

3月20日　校完"My Credo and Its Evolution"。胡适认为洪煨莲订正其《跋知非集与二余集》甚精确。在东兴楼吃饭，客为 Miss M. G. Jones。饭后与徐志摩、郑颖孙同到东安饭店的白宫舞场看跳舞。(据《日记》)

按，3月18日，顾颉刚将洪煨莲文数篇函寄胡适，又谈到自己编《东壁遗书》事，到北大执教事以及拟宴请胡适等。(《胡适遗稿及秘藏书信》第42册，422～426页）。此前，顾颉刚又有复胡适函，赞成胡作《知非集》跋文的说法。(《顾颉刚书信集》卷一，472页)

1931年　辛未　民国二十年　40岁

3月21日　胡适在任鸿隽家吃饭。饭后到公园看中国营造学社举办的圆明园遗迹及文献展览。遇朱启钤、阚铎、江瀚、洪煨莲、钱稻孙、洪有丰、方壮猷、朱希祖、尹炎武等数人。李济、丁山来访,大谈。孙云铸请胡适等在东兴楼吃饭,客人有葛利普及德日进等。(据《日记》;《容庚北平日记》,233页)

同日　胡适有函与梁实秋,谈莎士比亚作品的翻译问题,又重点谈了请梁实秋来北大英文系,请闻一多来北大中文系事:

> 北大请你来英文学系,那是不会有困难的事。我当初的原意是要拉一多也来北大。而一多应当在中国文学系,于该系及一多都有益。但中国文学系是不容易打进去的,我又在忧谗畏忌之中,不愿连累北大及梦麟先生,故我当初即想请金甫来办文科,由他把你和一多拉来。现在金甫的问题,梦麟尚未敢正式决定。故一多来中国文学系的事,我不能进行。
>
> 此事我始终在意,但须相机行事。
>
> 英文系大致是温源宁,徐志摩,你和公超,共四人。拟请Middleton Mully来作讲座教授。温已同意。基金会之教授,拟设三十五人,第一年拟留一些空额,故英文系决不能得五个。现在我提议,"北大经费有困难时,合作研究特款顾问委员会得将准备金之一部分借与北大为发给教员薪俸之用。"此议已通过。如此则北大一切教授皆得此合款的保障,月薪可无问题了。待遇也一律提高,与基金会所设教授相等。详细办法大概本月可以定妥。
>
> 一多在武大及青大所教授的学科,乞你便中开一单子给我,以备需用。
>
> 我始终主张中国文学教授应精通外国文学;外国文学教授宜精通中国文学。故我切望一多能来北大国文系。但此事须有金甫来,始有此魄力整顿中国文学系。梦麟与孟真皆主张把中国文学系让给一班老人,使我急煞!

此信请与金甫、一多一阅。(《看云集》)

3月22日　顾颉刚与郭绍虞、钱穆来谈。钱穆力辨《老子》不会出于战国以前：

……他问，《老子》已说"礼者忠信之薄"，似是很晚的一证。我说，《论语》不曾说有林放问礼之本吗？此问与孔子所答正足证其时"礼"已发生疑问了。

他又说，"功成名遂身退天之道"，似也是很晚的证据。有退必有"进"，那时贵族政治之下，有什么个人进退？我说，这又错了。《诗三百》篇里已可看出私人的入政治场中，《论语》里已有家臣同升之事，吴越杀功臣不是春秋末年的事吗？再上去，周公居东，祭仲、管仲都不是先例吗？

他又问，散文夹韵文是否散文成立以后的事？我说，韵文成立最早，纯粹散文在后，而《老子》的文体应在过渡时代。

下午，朱清华偕张树森来大谈。(据《日记》)

同日　《北平晨报》报道：北京大学演说会，明日决赛，评判员除胡适、樊际昌仍旧聘请外，又增聘刘半农、陈达、杨子余三教授。该会奖励优胜者之奖品甚为丰富，第一名为20元……校长蒋梦麟及胡适、樊际昌、刘关农三教授，为提倡学生演说起见，亦备有精美之奖品，将给中选人员，以资鼓励。

3月23日　工读互助团团员白棣致函胡适，望来胡适身边做抄写工作。(《胡适遗稿及秘藏书信》第24册，700～701页)

3月25日　蒋梦麟为次日评议会提出实行政府颁布的《大学组织法》及《大学规程》案事，请评议员吃晚饭，出席者有胡适、马幼渔、刘半农、贺之才、王仁辅、夏元瑮、樊际昌、王烈、何基鸿。胡适赞成采用政府颁布的法令，"有些法令原文不够用之处，可用施行细则补充"。(据《日记》)

同日　胡适复函韦莲司小姐，很惭愧长久没写信，但"从未忘记过你"。

又云：

……回国以来，所以一直没有写信给你是因为我们国家动荡不安的政局，而我也不确定自己的立场是什么，因此……谈任何事情都是很困难的。……我把自己投入了《中国白话文学史》的写作。我以为，这在我身边没有自己的藏书，无法继续中国哲学史写作的时候，〔白话文学史〕是最容易写的一本书。……我花了10个月的时间，写完了上卷，共20万字。我有一个坏习惯，在我从事一件重要的工作的时候，我会放下其他所有的事情。在写作文学史的当中，我硬是勉强自己分身，为比尔德教授（Professor Beard）所编《人类往何处》（*Whither Mankind*）那本书，写了一章。

1928年秋初，我发表了一系列评论当前政治问题的文章，这让我和执政党有了公开的冲突。1928年5月我就任中国公学校长，到1930年5月，马君武博士接任这个工作为止。我对〔国民〕党和〔国民〕政府的批评并没有吓走学生，到1930年，学生人数已经从300人增加到了1100人。

然而，我的心并不在政治上，而我那几篇相当温和的文章，实在不值得受到如此的注意。那几篇文章只是沙漠中的一个声音，却引起了空前的轰动。我觉得有些尴尬，在对我的攻击平息之后，我准备辞职，我接受了耶鲁大学的邀请，这也正是我辞去〔中国公学〕校长最好的藉口。

……去年夏天，一个翻译的计画酝酿起来了。作为一个最初的倡议者，我被迫接受了翻译委员会主席的职务……

……在那四年之中，我浪费了许多时间在自己并不真感兴趣的事情上，这多少也是为形势所逼。在不止三年半的一段时间里，我没有固定的收入，靠版税和卖文为生，以保持自己的独立，而不依傍政党和政府。在那样的情况下，很难有好的心情，写封令人满意的信，给在绮色佳的好朋友。……

在这么长的一段前言之后，我该从那儿说起呢？……1927年我到达〔美国〕西岸的时候，我收到了一通上海朋友由中基会转给我的电报，劝我展缓归期。……我毫不犹豫的回了一个电报，我如期回国。

我是1927年4月12日启航的，这一天正是著名的国民党和共产党在上海分裂的日子。我到达日本的时候，上海方面的函电纷至，要我在日本稍待。但那是不可能的。

我回到中国，决定在大家似乎都已失去方向的时候，尽我自己的一点责任……你问我何不去〔美国〕？我觉得，第一，此时我在海外很受欢迎，而在国内是众矢之的……则有如一个逃兵。第二，我从去年（1930）3月开始写中国哲学史的第二、第三册，估计至少需要两整年的时间才能完成初稿。由于形势上的需要，从1930年6月到1931年1月，我往返京沪之间9次，这打断了我的写作。

我已搬回北京……我渴望重新开始工作，希望离开中国，到海外作稍长居留之前，完成这部大著作。《中国哲学史》上卷出版的时候，我才26岁，如今我已过39岁了；现在正是我还愿出下册的时候了。

……我在中国远比在美国有用得多。……

那个翻译的计画占用了我一部分的时间……目前我正在协助重整国立北京大学……北京大学曾经是中国文艺复兴的诞生地，而今已成了一个无足轻重，名存实亡的机构。我希望在九月份新学年开始的时候，北大可以成为全国最好的大学。……

我的健康很好，工作也相当努力。……（《不思量自难忘：胡适给韦莲司的信》，171～174页）

3月26日 胡适出席中基会执行委员会会议。出席北大评议会，是胡适1930年回到北大后第一次出席评议会，通过"本校各项组织及各项办法，自本年七月一日起，遵照《大学组织法》及《大学规程》改定。自四月一日起开始筹备"。（据《日记》）

同日 胡适致函周叔迦，佩服周著《牟子丛残》，梁启超的《辨伪》，未免太粗心，又云：

> ……《理惑论》文字甚明畅谨严，时时作有韵之文，也都没有俗气。此书在汉魏之间可算是好文字。任公大概先存伪书之见，不肯细读耳。先生考得交州牧为朱符，因证明原序中"牧弟豫章太守为笮融所杀"即是朱隽之子朱皓，这是一大发现。……至于原序是谁所作，先生断为苍梧太守所作，似不然。原序是牟子自述，似不用疑。鄙意以为原书旧题大概是"苍梧牟子博传"，而后人误加"太守"二字。先生驳任公的几点，我皆赞同。只有第二点或有可讨论之处。王度说汉魏皆禁汉人不得出家，此语不应无所据。鄙意以为《理惑论》中所说"沙门"，皆不曾明说是中国人。所说"被赤布，日一食"，固像印度人；而"取贱卖贵，专行诈绐"，必是指印度商人。大概南方海道来的"沙门"，不限于受戒的僧侣；而"好酒浆，畜妻子，取贱卖贵"的印度商人，在中国人看来，也都叫做"沙门"；而不知这种人虽皈依佛教，却和那些"日一食，闭六情"的和尚大不相同。
>
> 或者极南方的中国人先有出家做沙门的，而王度所说只指北中国而言。（《胡适论学近著》第一集卷二，151～152页）

3月27日 罗隆基致函胡适，云：

> 《丛书》已进行。著作者已十之六七答应。……
>
> 有几位作者，我们直接去请，怕请不来，只好把信寄给先生，请你转请。……
>
> 《丛书》整个计划，先生和志摩兄有修改处，书和作者的增减，请随时通知编辑部。
>
> 原来计划每个题目是一篇论文，所以我们请先生写篇《人文主义》。如今每个题目成本小书，先生《人文主义》是否扩充成书，抑另找题目，这层亦请先生早日告诉编辑部。（《胡适遗稿及秘藏书信》第41册，325～327页）

同日　潘光旦致函胡适，催写太平洋国际学会前提请胡适撰写的《中国人对于接受西洋文化之态度》一文。(《胡适遗稿及秘藏书信》第 39 册，50～52 页)

3 月 28 日　任鸿隽、蒋梦麟宴请北大新聘的理学院长刘树杞(楚青)和胡适等吃饭，饭后刘与蒋梦麟谈理院教授人选，"不到两点钟，整个学院已成形了。院长制之效如此"。(据《日记》)

同日　李长之致函胡适，请胡适推荐中国历史和西方思想史的书目，询问是否有训练思想的书。(《胡适遗稿及秘藏书信》第 28 册，210 页)

3 月 29 日　胡适夫妇偕胡祖望、胡思杜到顾颉刚寓吃午饭，同席有谢冰心、吴文藻、钱穆、郭绍虞诸人。访刘廷芳，谈教会中职司名称的译法。(据《日记》;《顾颉刚日记》第二卷，512 页)

同日　胡适致函钱玄同，向钱请教:《史记·封禅书》所引《周官》，是什么《周官》？"祀天于南郊"，有可信的秦以前记载否？"如果《封禅书》是刘歆们取《郊祀志》来充数的，那么，他们为什么删去此段引《周官》的话呢？"(《鲁迅博物馆藏近现代名家手札》〔三〕，199～200 页)

3 月 31 日　上课。讲西汉经学，"我现在渐渐脱离今文家的主张，认西汉经学无今古文之分派，只有先出后出，只有新的旧的，而无今古文分家"。(据《日记》)

3 月　《国立同济大学校附中毕业纪念刊(民国二十年)》印行，刊有胡适题词：只有学问可以救国，此外绝对没有捷径。

4 月

4 月 1 日　夜，胡适作有《周官》一文，说道：

我假设一个解释：大概司马迁的时候有一部《周官》，是当时的伪古书的一种，其性质与文帝令博士所作《王制》差不多，同是一种托古的建国大纲。依《封禅书》所引看来，那部《周官》的文字似很浅近，不很像一部古书。后来便有两种《周官》改本出现。一部是节本《周官》，即是《古文尚书》里的《周官》篇，也是一部简单的建国大纲。一部即是后来王莽立于学官的《周官经》六篇，我们叫做《周礼》。

《周礼》屡说祀五帝，其为汉人所作之书，似无可疑。其中制度似是依据《王制》而大加改定的。刘歆等曾颂王莽"发得《周礼》"，书中用古文字，也很像王莽的仿古风格。我们说《周礼》是王莽用史迁所见的《周官》来放大改作的，似乎不算十分武断。但我们不能因此便说刘歆遍伪群经。(《胡适遗稿及秘藏书信》第5册，457～462页)

4月2日　胡适阅报知教育部电令北平师范大学斥退教授余家菊、邱椿，与徐志摩谈此事同一叹。晚，胡适与任鸿隽夫妇在北海赏月，劝精神上感觉无聊的陈衡哲补完其《西洋史》，一面用功读点文学书。(据《日记》)

4月5日　因连续两日破酒戒，右脚有几块红痛。会客：冯沅君、罗静轩(叔举)、孔希白、陈聘丞、杨丙辰、高乐宜、江绍原夫妇、邱大年、新町德之(关西大学法文学部教授)等。与英国人Mr. Elliott Felkin(国际联盟代表)吃夜饭，大谈。(据《日记》)

4月9日　胡适到Lucile Swan家请她继续塑像。在中基会出席北大合作研究款委员会议，提议增加研究教授得往国外研究一条。办法全文正式通过。傅斯年提议减低教授月俸，胡适最反对。(据《日记》)

同日　龙冠海致函胡适，云：

> 中国之所以糟糕是糟在中国人思想的错误。以后我们最重要的工作，是在于改正中国人的思想。我们必须多多的鼓吹合乎科学的思想，必须多多的讲求怎样在现在的世界上好好地为人的思想。凡是合乎科学、合乎正当的为人和人生的思想，我们应当想法子把它民众化了。……
>
> …………
>
> 中国人若是想得到世人的敬仰，必须讲求健全的思想，必须于科学界有所贡献。没有科学，中国永远不能在国际上站得住脚。

……………

  我觉得你的怀疑态度是可佩服的，你的批评态度是可尊敬的。但是谈到孙中山这个人来，我觉得你说话时就应当小心了，你可不必吹毛求疵过度了（我并非国民党党员）。我并不是说孙中山是神圣不可侵犯，我也不是叫人奉他为上帝；不过从我们的国运看来，从我们民众的信仰有所归宿，和社会心理向导的统一方面看来，中国的民众有了孙中山，这是一件极荣幸、极贵重的事体。你若是出来把他的人格、道德、学问、行为……尽量的任你主观的批评，任你理智的分析，使民众和你一样的起怀疑，这是一件很危险的事体。因此，我希望你小心些。（《胡适来往书信选》中册，57～59页）

  同日 胡适在清人魏熙元撰《儒酸福传奇》二卷作一题记："这也是一本变相的《儒林外史》。《酸梅》一折内颂扬鸦片烟，可见作者自写他的时代的实相，无意中自为后世留下史料了。"（《胡适藏书目录》第2册，1464页）

  4月10日 蒋廷黻来谈。日记记道："他有一句话最精警：学社会科学的人，回国之后，应该先做研究，然后开始教授。历史、法律、政治、经济、社会学、哲学、等等，皆在这通则之内。"高乐宜来给胡适画像。胡适到德国饭店，遇丁文江、徐新六、顾湛然。（据《日记》）

  4月12日 胡适日记有记：

  一九二七年此日，我在 Seattle 上船回国……匆匆已四年了。四年之中，我的成绩很少，回想很可惭愧。

  见客：黎昔非、严济慈、靳宗岳、雍克昌、黄绍谷、徐新六。

  刘叔雅邀吃饭，谈许维遹君所编《吕氏春秋集证》的事。我劝许君把正文及注均加标点。凡整理古书，所以为人也，当以适用为贵。我主张五项整理：一校勘，二标点，三分段，四注释，五引论，缺一皆不可。

  晚上读罗振玉的《增订殷虚书契考释》三卷……

1931年　辛未　民国二十年　40岁

同日　徐志摩致函胡适，因母病无法北返，商量请人代课事等。(《胡适研究》第三辑，481页)

4月13日　顾颉刚致函胡适，谈自己在河北大名调查崔述史迹事等。(《胡适遗稿及秘藏书信》第42册，427～428页)

4月17日　上午10时，艺文中学校举行6周年纪念大会，校长薛培元主席，胡适出席并有演讲。次日之《京报》报道：

>……对于道尔顿制和教育，我是外行。虽看过一点教育书，但是不敢谈教育。……现在的中学课程标准，定得不好。一年可以学完的功课，因为班级制的关系，二三年还不能学完。如果实行道尔顿制，学生有了文字基本的练习，二年的功课，一年可以学完；一年的功课，数月可以学完；教员给了学生一个标题，学生可以在二三天内看了二三本参考书，养成阅书的习惯，便发生了无限的兴趣。讲到中学国文教员，有些人知道了一点国文，便去教学生，简直看不起学生……现在中学生读了四五年的历史，尚比不上从前十二岁的学童看了一部《通鉴》。我们基本知识不够，请教员看看知识缺乏的原因，指示出来，便可救济。读书必须刻苦。新教育家说读书须有兴趣，如看《情书一束》《少年日记》有兴趣，自然科学没有兴趣，鼓励兴趣，造成新的兴趣，才可以造成新的习惯。……我小时算数学最喜欢，如将代数作完，就能跳两班。在暑假就做完了，没有时间的时候，便在夜内偷着做。在中国公学的时候，因病返里，乃喜念诗，病好回校后，日本人给我们讲数学，我们偷着去作诗，不做数学了。于是我被兴趣引着我走了这条路了。我当时做数学的兴趣如此之浓，后来由做诗兴趣之更浓，便跑到文学路上。我们须想法怎样开这兴趣的路……我们要去征服假兴趣，去改变假兴趣，养成独立求学的习惯，智识才能增加。

同日　梅汝璈致函胡适，告已经答应罗隆基邀约撰写胡适主持的《现代文化丛书》中的《现代法学》一书，可以按时交稿。但现在未收到催稿函，故询问丛书编写计划是否已经取消。(《胡适遗稿及秘藏书信》第33册，

304～305页）

4月19日　胡适将《印空宝卷》及为该书所作跋寄与赵万里，请赵校正此跋文。又云，此卷中小曲有极好的，若能影印或排印出来，也是一大堆文学史料。又谈及自己想编一部《佛教韵文》，但"不知何日能动手"。（中国社科院近代史所藏"胡适档案"，卷号117，分号5）

同日　汪原放、胡鉴初自上海来，住胡适家。胡适曾介绍其二人到协和医院查体。胡适时常与他们谈出版图书事，汪原放记下的有以下多种：《红楼梦》古本、《四湖二集》、《三宝太监下西洋演义》、《西湖拾遗》、《龙图耳录》、《清平山堂》、《中国古代思想史大纲》、《诗经新解》、《藏晖室札记》、《我的信仰》、《文选》、《诗选》、《聊斋志异》、《醒世姻缘传》、《杂剧西游记》、《蒲松龄散曲》、《缀白裘》、《十二楼》、《文木山房集》、《四十自述》。（汪原放：《回忆亚东图书馆》，152～153页）

4月21日　胡适日记有记：

读王符《潜夫论》的《实贡》篇有："求马问马，求驴问驴，求鹰问鹰，求騹问騹。"我常喜为人写对联用"种瓜得瓜，种豆得豆"之句，但下联或用"跟好学好，跟衰学衰"，或用"靠水吃水，靠山吃山"，皆不满意。今后可用王符的话作对。上联要人造因收果，下联要人尊重事实。

同日　胡适致函钱穆，讨论五德始终的问题，并附上《周官》杂记请指教：

我以为廖季平的《今古学考》的态度还可算是平允，但康有为的《伪经考》便走上了偏激的成见一路，崔觯甫的《史记探源》更偏激了。

现在应该回到廖平的原来主张，看看他"创为今古学之分，以复西京之旧"是否可以成立。不先决此大问题，便是日日讨论枝叶而忘却根本了。

至于秦祠白帝之三畤，以民俗学眼光去看，绝无可疑。……

畦畤在栎阳，汉属左冯翊。雍四畤皆在雍，汉属右扶风。两地相去甚远，故举"雍四畤"自不包雍以外的二畤。况白帝已有鄜畤，自不必并存余二畤了。

白帝有三畤，正可证白帝本是这民族的大神。少昊之神自无可疑。太昊是仿少昊而作的，乃是后起的。崔觯甫作茧自缚，颉刚也不免大上其当。实则崔氏已不能自圆其说。他见《淮南·时则训》无少皞等五帝，则信为真；见《天文训》有此五帝，则说"是后人窜入"！他说："不然，何以此篇（《时则》）与之异？"其实这全是成见作怪。我们何不问他："何以后人窜入《天文训》而不窜入《时则训》？"此等论断，全凭主观，毫无学者治学方法，不知颉刚何以会上他的大当？（《胡适遗稿及秘藏书信》第20册，271～274页）

按，4月24日，钱穆复函胡适，表示欢迎胡加入今古文问题的讨论，又云："窃谓西京学术真相，当从六国先秦源头上窥。晚清今文学承苏州惠氏家法之说而来，后又屡变，实未得汉人之真。即以廖氏《古今学考》论，其书貌为谨严，实亦诞奇，与六译馆他书相差不远。彼论今古学源于孔子，初年晚年学说不同。穆详究孔子一生及其门弟子先后辈行，知其说全无根据。又以《王制》《周礼》判分古今。其实西汉经学中心，其先为董氏公羊，其后争点亦以左氏为烈，廖氏以礼制一端划今古鸿沟，早已是拔赵帜立汉帜，非古人之真。"又详列自己在《国学概论》中对此问题的见解。(《胡适遗稿及秘藏书信》第40册，244～246页)

4月22日 周鲠生函告胡适，因武汉大学正处于草创时期，无法离开武大北上任教。(《胡适遗稿及秘藏书信》第30册，98～100页)

4月24日 胡适在中基会会所出席第三十六次财政委员会联席会议，会议通过"北京大学与中华教育文化基金会合作研究特款办法"。

同日 储皖峰致函胡适，云：已阅胡适《诗经新解》数过并改正其中误字，对胡适所解，"觉得新颖可爱"，仅对《葛覃》篇的"维"字、《汉广》

篇的"南"字提出异议。(《胡适遗稿及秘藏书信》第41册，25～34页)

4月27日　胡适致函朱经农，谈中公的几件账目，希望邵力子、朱经农及校董会特别注意。(《近代史资料》第69号，1988年8月)

同日　周诒春、章元善致函胡适，希望胡适为拟办的河北农村信用合作社流动书库开列书目。(《胡适遗稿及秘藏书信》第30册，76～77页)

4月28日　马君武致函胡适，云：其子马保之得基金会补助，因工作尚未完成，希望继续一年，已向基金会请求。任鸿隽来函云，审查委员会不能通过，希望胡适向任等有关人士说项，以便能继续补助其子一年。(《胡适遗稿及秘藏书信》第31册，586页)

4月30日　胡适复函伍光建，告已收到译稿，寄上支票2250元。又谈及译稿中的标点问题，请伍注意。(《胡适中文书信集》第2册，263页)

5月

5月1日　徐一士致函胡适，告王照嘱将《方家园杂咏纪事》《小航文存》转致胡适，改日当与前借之《书舶庸谭》一并奉上。(《胡适遗稿及秘藏书信》第32册，1～2页)

5月2日　陈源致函胡适，向胡适约稿：不论哲学史、文学史方面的东西，只要寄来都欢迎，10000字左右的更欢迎。又通过胡适向徐志摩约稿。凌叔华拟6月初即去平。(《胡适遗稿及秘藏书信》第35册，107～108页)

5月3日　胡适复函陈寅恪，告：《鸣沙余韵》之书款，已送去。欢迎朱延丰翻译史书，不知他是否愿意翻译 Breasted 的 *Ancient Times*。"谢刚主说你说孙行者的故事见于《大藏》，我狠盼望你能告诉我。"又盼陈能为裱好的《降魔变文》写一跋文。(《胡适研究通讯》2017年第1期，封二，2017年3月25日)

5月4日　胡适作有《赵万里校辑〈宋金元人词〉序》(收入《胡适论学近著》第一集卷五)。

同日　胡适作有《公墓启》，认为最文明的葬法是火葬，又云：

1931年　辛未　民国二十年　40岁

但我们在这个时代，多数人还做不到这种最文明的葬法，只好在土葬上想出比较方便的公墓办法。公墓的办法是选定公共墓地，做好坟墓，由私家备价分葬，每棺只许占一定的地。这个办法有几层好处：第一，可免去私家寻地做坟的困难；第二，可以立时安葬，免得停丧不葬；第三，可以破除风水的迷信；第四，可以省地；第五，可以省费；第六，可以稍稍讲究建筑的壮丽，墓树的培养，而不必由私人独力担负重大的费用；第七，看守照应可由公家担任，可不愁损坏了无人过问。

徽州是风水之学的中心，所以坟墓也特别讲究。徽州的好山水都被泥神木偶和死人分占完了。究竟我们徽州人民受了风水多少好处呢？我们平心想想，不应该及早觉悟吗？不应该决心忏悔吗？(《胡适遗稿及秘藏书信》第13册，316～317页)

同日　蔡元培复函胡适，告朱经农辞职书理由甚正大，开会时当提出。(《胡适遗稿及秘藏书信》第39册，253页)

5月5日　胡适作有《给北大哲学系毕业生纪念赠言》，认为，"一个哲学系的目的应该不是教你们死读哲学书，也不是教你们接受某派某人的哲学"。哲学教授的目的也只是要"造出几个不受人惑的人"。"拿证据来！"是努力做一个不受人惑的一件小小法宝。强调："没有证据，只可悬而不断；证据不够，只可假设，不可武断；必须等到证实之后，方才可以算做定论。"必须自己能够不受人惑，方才可以希望指引别人不受人惑。(中国社科院近代史所藏"胡适档案"，卷号132，分号10)

同日　罗隆基致函胡适，谈翻译诸事，又云：

前日上海《民报》——据云左派报，汪常有文章在此报发表——登一文，说中国目前三个思想鼎足而立：(1)共产；(2)《新月》派；(3)三民主义。想不到《新月》有这样重要。民会开会词，政治比较一段，攻击自治民主主义，上海小报认为是指《新月》派。(《胡适遗稿及秘藏书信》第41册，330～332页)

5月6日 胡适复函吴晗,很高兴吴作《胡应麟年谱》,又说吴考定胡死在万历三十年,与当初自己推断胡应麟"死时年约五十岁"相差甚微。但吴信说将万历三十年注作"1562"是大错,应是1602。又云:"你的分段也甚好,写定时我很想看看。星期有暇请来谈。罗尔纲君住我家中。"(《胡适遗稿及秘藏书信》第19册,172~173页)

按,吴晗原函作于5月5日,载《胡适遗稿及秘藏书信》第28册,455~456页。

5月7日 胡适致函周叔迦,告周氏《牟子丛残》说交州刺史朱符是朱隽之子,或是他的侄子,今又为此论寻得一条新证据。(《胡适全集》第24卷,103~105页。)

5月8日 胡适日记有记:

今早C. N. 来我家,我未起床,冬秀见她。她说了许多疯话,要到我家中来住,做什么都可以。她提了一个提包来。

后来我起来了,下楼见她,她问我有什么路子给她走。我说,我没有。她立起来便走。我叫汽车送她,她已飞跑出去了。我们赶出门来,她回头说:"我顶多只有一死。"她提了皮包飞跑出去了。

一个早晨我都感觉不快。

同日 胡适作有《后生可畏》一文,指出:天津《大公报》经过几年的改组革新,就成了"中国最好的报纸",其理由有二:登载确实的消息,发表负责任的评论。又提请该报注意三条:

第一,在这个二十世纪里,还有那一个文明国家用绝大多数人民不能懂的古文来记载新闻和发表评论的吗?

第二,在这个时代,一个报馆还应该倚靠那些谈人家庭阴私的黑幕小说来推广销路吗?还是应该努力专向正确快捷的新闻和公平正直的评论上谋发展呢?

1931年　辛未　民国二十年　40岁

第三，在这个时代，一个舆论机关还是应该站在读者的前面做向导呢？还是应该跟在读者的背后随顺他们呢？（《胡适遗稿及秘藏书信》第12册，95～99页）

5月9日　顾颉刚致函胡适，谈自己在河南、陕西、山东等地旅行，得到许多历史见解，又云："……要作一部《中国通史》，非把全国游历一周不可，俟周游之后再去读史，自然感得亲切的意味，然后再可作史。"（《胡适遗稿及秘藏书信》第42册，429～431页）

同日　郑振铎送他所辑的《清人杂剧初集》一部与胡适。（《胡适藏书目录》第2册，1443页）

5月10日　朱经农复函胡适，感谢胡适不辞校董。又长谈中国公学相关事项。（《胡适遗稿及秘藏书信》第25册，706～707页）

同日　欧阳予倩函请胡适为广东戏剧研究所的二周年纪念刊题词。（《胡适遗稿及秘藏书信》第42册，598页）

5月11日　华夏大学校长兰金致函胡适，介绍该校景况，希望胡适能"慨然解囊相助"。（《胡适遗稿及秘藏书信》第42册，799～800页）

5月13日　刘半农复函胡适，告胡适函寄刘万章剪报对刘半农所译《茶花女》的评论是闭眼胡说。又谈及近期拟写的文章，以及暑期中拟完成《中国文法讲话》的中、下二卷。（《胡适遗稿及秘藏书信》第40册，45～47页）

5月15日　潘大逵致函胡适，请胡适为其兄潘力山的遗文（潘大逵收集）作一序，并附上目录。（《胡适遗稿及秘藏书信》第30册，179页）

> 按，同日，孟寿椿亦为此事致胡适一函。（《胡适遗稿及秘藏书信》第30册，178页）

5月17日　钱穆致函胡适，请胡为其《先秦诸子系年》作序，并介绍于北平学术机关为之刊印。（《胡适遗稿及秘藏书信》第40册，241～243页）

5月19日　晚，北大国语演说比赛由评判员蒋梦麟、何基鸿、胡适3人评定结果，共取纪清漪等3人，备取一名胡君美。（《北京大学日刊》第

147

2632号，1931年5月20日）

5月20日 晚，太平洋国际学会假香港路银行俱乐部举行会议，讨论第四届大会出席人选诸问题。到会者有钱新之、赵晋卿、余日章、刘湛恩、黄炎培、王云五、周作民、陈立廷等10余人，推举颜惠庆、胡适、余日章、丁文江、马寅初、刘大钧、张公权、陈光甫、王云五、汤尔和、郑毓秀等41人出席大会，并决定大会代表先至南京谒中山陵，即在南京举行开幕典礼，再赴杭州开会。（《申报》，1931年5月22日）

同日 罗隆基致函胡适，谈及：与张舜琴协议暂离6个月；讨论《新月》及《现代文化丛书》的出版诸事；有天津的报纸邀请为主笔，至今尚未答应。（《胡适遗稿及秘藏书信》第41册，333～338页）

同日 陈源致函胡适，向胡适及徐志摩邀稿。又告凌叔华将于6月初赴北平，自己则将于7月赴北平。（《胡适遗稿及秘藏书信》第35册，107～108页）

5月21日 王云五复函胡适，云：

各国留学文既不易措词，可即作罢。现拟改请大笔作一篇《三十五年来之新文学运动》，并请于六月五日前将稿赐掷……此次敝处筹印三十五周纪念册，颇拟汇集教育名家论著，伟为大观，倘无鸿文，殊觉缺憾。（《胡适遗稿及秘藏书信》第24册，339～340页）

同日 胡适作有白话诗《答叔鲁先生》。（《胡适手稿》第10集卷4，396～398页）

5月27日 胡适在《小航文存》四卷上作有题记："朋友朋友，说真的吧！卷三，页三八。胡适敬题。"（《胡适藏书目录》第3册，1627页）

5月31日 胡适作有《〈王小航先生文存〉序》。序文高度赞佩王之肯说老实话。指出王文中"朋友朋友，说真的吧！"8个字可代表王氏40年来的精神，可以代表王氏文存四卷的精神，很受感动。又说，说真话其实最不容易。最后，有感于王氏之30年不忘普及教育，再问问我们的政府诸公，究竟我们还得等候几十年才可有普及教育？（《胡适论学近著》第一集

卷四，468～470页）

同日　胡适复函王小航，认为王之集子中以《行脚山东记》为最佳，此外，戊戌二折、字母各篇及书后一篇，及《答丁文江书》等篇，皆是历史原料，关系甚大。胡序只论王文的思想大旨，不能遍论诸篇，甚以为歉。（《胡适遗稿及秘藏书信》第18册，28～30页）

同日　顾颉刚来访。（《顾颉刚日记》第二卷，532页）

同日　葛祖兰致函胡适，补正胡适《四十自述》中"在上海（一）"的三处史实。又询胡适的《中国哲学史大纲》何时能完成。今年乃澄衷学堂30年，询胡适可否写一篇纪念文字，并出席庆典。（《胡适遗稿及秘藏书信》第37册，678～679页）

6月

6月2日　陈乃乾日记有记："姚叔达将往北平，为作札介绍见胡适之、袁守和。"（《陈乃乾日记》，44页）

6月9日　《北京大学日刊》第2648号刊出胡适的《中古思想史试题》，内容如下：

下列七题，任择一题，作论文一篇，于六月二十二日交到注册部。……论文请以三千字为限。

（一）试证明秦以前无"道家"，"道家"即是战国末年齐国新起的一个混合学派，又称黄老之学。

参考《史记·乐毅传》及论，又《曹相国世家》，又《太史公自序》，又《汉书·艺文志》。

（二）汉承秦制，祠祀五个上帝，后来到武帝元封五年（前一〇六）始亲祠太一，用高祖配上帝。《汉书·武帝纪》大书曰："祠高祖于明堂，以配上帝。"这个变迁是否含有恢复上帝一尊的古宗教的意义？是否还有借此建立儒教为国教的意义？

参考《汉书·郊祀志》，又《孝经》第九章，又《春秋繁露》的《郊语》以下七章。

（三）试述西汉儒生所建立的天人感应的宗教的根本思想。

参考《汉书·董仲舒传》，《五行志》上，及《汉书》卷七五全卷。参看《汉书》八四记翟方进之死。

（四）《汉书》的《货殖传》全采《史记》的《货殖传》的材料，而评论完全不同。司马迁很替商人辩护，而班固大攻击商人阶级。司马迁主张放任，而班固主张法度制裁。试比较这两传，作一个简明的研究。

参考《经济学季刊》二卷一期胡适《司马迁辩护资本主义》。

（五）试述王充的思想及方法。

参考《论衡·变动》《感应》《治期》《变虚》《异虚》《谴告》《物势》《自然》《雷虚》《论死》《自纪》《佚文》《对作》等篇。

（六）试用六祖《坛经》作底本，参考神会的遗集，述南方顿宗一派的根本思想。

参考书：《坛经》《神会和尚遗集》。参看胡适《坛经考》之一（武汉大学《文哲季刊》第一期）。

（七）试用宗杲的《宗门武库》及《正法眼藏》二书作材料，看看禅宗的和尚是否有个方法？

《宗门武库》有单行本；又《续藏经》二编乙，十五套，第五册。《正法眼藏》在《续藏经》二编廿三套，第一册。

同日　郑宗海致函胡适，"……敝校请求文化基金讲座及设备研究等补助事，蒙允鼎力相助，公私均深感荷"。又特别请求教育心理一席之黄翼先生，"尤恳特别加意，鼎力助成，至为感荷"。（《胡适遗稿及秘藏书信》第39册，160～163页）

同日　王小航致函胡适，抄示《白门杂感》10首，并请胡适勿示于人（因原藏者嘱王勿示人也）。（《胡适遗稿及秘藏书信》第23册，548～550页）

1931年　辛未　民国二十年　40岁

6月10日　《青年界》第1卷第4号刊登胡适的《〈周南〉新解》。

同日　包赉致函胡适，提到根据吴荣光《历代名人年谱》等史料，高鹗未必是殿试三甲第一名等。（《胡适遗稿及秘藏书信》第24册，713～720页）

6月14日　顾颉刚来访不遇。（《顾颉刚日记》第二卷，536页）

6月16日　章衣萍致函胡适，云：由明耀五翻译胡适英文著作 *What I Believe* 的译稿，已由大东书局收购作为英汉对译丛刊之一。章已看过译文并略改数处，但有的地方非胡适亲自校改不可，兹寄上译稿。又询支付稿酬的办法等。（《胡适遗稿及秘藏书信》第33册，170～172页）

同日　任鸿隽致胡适一明信片，抄示游山海关之二郎庙诗一首，又抄示和胡适、徐志摩诗一首。（《胡适遗稿及秘藏书信》第26册，618～619页）

6月17日　胡适致函舒新城，希望中华书局出版北大钟作猷的《基本英文典》时，不要用一次支付稿酬500元的办法，而改用抽版税的办法。（《中华书局收藏现代名人书信手迹》，中华书局，1992年，157页）

同日　刘公任致函胡适云：马君武主张其要进北京大学研究院，请胡适帮忙。朱经农所处环境不好。（《胡适遗稿及秘藏书信》第40册，24～25页）

6月18日　王世杰致函胡适，觉得胡适的"不朽"说和孙中山的"大事"观，都可以鼓励平常人努力，和尼采的"超人"说恰是相反的。重点是谈希望胡适、任鸿隽、蔡元培能在中基会方面支持武大的建筑。（《胡适遗稿及秘藏书信》第23册，552～553页）

同日　胡适作有《悼叶德辉》，1956年2月16日又有修改。（《胡适手稿》第10集卷4，399～400页）

6月19日　胡适致函周作人，抄示题叶德辉遗札册页的3首白话诗。（《胡适来往书信选》中册，73页）

6月21日　胡适致函梁实秋，谈翻译莎士比亚作品译者聚会的时间问题，因译者各有私事，多没有着手翻译，"不如等大家暑假中有点成绩时再定期开会"。（梁实秋：《关于莎士比亚的翻译》，载《略谈中西文化》，54页）

6月26日　胡适在中基会会所出席该会第七次董事年会。

151

7月

7月5日 邵洵美复函胡适，谈《白话文学史》中卷版税预支问题，又谈及《白话文学史》上卷重版的印制办法，提出三条：将上卷分作两册，以32开纸印，每册售洋9角或8角5分。询问胡适是否同意。(《胡适遗稿及秘藏书信》第30册，183～184页)

7月6日 罗隆基致函胡适，感谢胡适夫妇在北平的招待。新月书店7月间可出新书三四种。现正预备暑期中出书10种。催胡适将《淮南子》稿及代买的五言诗稿早日寄来，以便付印。上海同人对胡适加股千元感到高兴，请胡适尽快致信代垫股款的邵洵美等二人，以清债款手续。《现代文化丛书》，大部分可在暑假期中或暑假期后交稿，请胡适及早动手《现代文化总论》一书。(《胡适遗稿及秘藏书信》第41册，339～341页)

7月7日 胡适作成《科学的古史家崔述》之后记，叙及1923年因生病不得不中断已经开始了的崔述年谱撰著工作。其后七八年间，顾颉刚寻得了《二余集》，洪业发现了《知非集》，增添了不少崔述的传记材料。顾颉刚近年整理崔述的全部著述，功力最勤，对于崔述的了解也最深，胡适曾提议请顾颉刚将崔述年谱补完，但顾因生病不得不放弃此事，而将此事转请赵贞信来从事。又说：

> 我的旧稿有一个妄想：我想在《年谱》里作批评的工作，在崔述的每一部书写定或刻成之年，就指出这部书的贡献和他的缺点。这件工作是不容易的，《年谱》的中间搁置，这也是一个重要原因。赵贞信先生续成的部分也采用这个方法，他评论诸书的得失，我认为都很有见地。承他的好意，仍用我的口气补作这未成的部分；但我不敢掠夺他的成绩，所以在这里声明一句，并且谢谢他的好意。(顾颉刚编：《崔东壁遗书》，亚东图书馆，1936年)

同日 胡适致函伍光建，谢赠译著《俾斯麦》。又认为伍译吉朋书第

一卷,译笔似不如平日译书之流畅可读,又详述需伍覆核酌夺的几条意见。又希望伍亲自覆校该书的以后各卷。又云:

> 敝会译书的宗旨在于为国中读者求得几十部得以流传久远的定本,故决不想求速成。先生来书有夏秋间"程功较慢"之语,似有误会;我们只希望此书成为吉朋书的唯一定本,使后人皆谓此是伍先生晚年的最大成功,那就使敝会也"与有荣焉"了。所以我们决不存"计日程功"之想,千万请先生从容从事,一年成一册亦不为迟慢。(《胡适中文书信集》第2册,269~271页)

按,伍光建于7月19日复函后,胡适又于7月24日复函伍。(《胡适中文书信集》第2册,271~272页)

同日　何炳松致函胡适,催促胡适尽快校完冯祖荀《科学发达史》一书,以便印行,若实在无暇校阅,则请将原稿退还。(《胡适遗稿及秘藏书信》第29册,49页)

同日　周予同复函胡适,感谢胡关心其武汉大学教职事,又告,他对此教职迟疑有3个理由:自己学问不足,不愿意离开上海,家庭的原因。(《胡适遗稿及秘藏书信》第29册,484~485页)

7月8日　胡适校改《崔述年谱》全稿。应徐志摩之请,胡适为陆小曼画大幅山水题诗:

> 画山要看山,画马要看马。闭门造云岚,终算不得画。
> 小曼聪明人,莫走这条路。拼得死工夫,自成真意趣。(据《日记》)

按,台北胡适纪念馆收有此诗抄稿,胡适亲笔将"莫走这条路"的"这条"改作"错了"。(《胡适手稿》第10集卷4,401页)

同日　北京大学布告:北大已聘定何基鸿为教务长,王烈为秘书长,刘树杞为理学院院长,周炳琳为法学院院长,文学院院长一职由校长暂行兼管。(《北京大学纪事(1898—1997)》,230页)

7月9日　顾颉刚来访，遇徐志摩。(《顾颉刚日记》第二卷，544页)

7月11日　晚，胡适去看北平小剧院公演的赵元任译《软体动物》，认为此剧空前成功。胡适专门写有《〈软体动物〉的公演》一文。(据《日记》)

7月15日　朝鲜人金九经邀胡适等吃午饭，客有太虚、柏林寺方丈台源、太虚弟子法舫等。日本人笠井重治（I. KaBai）邀吃晚饭，有市长周大文等。日记有记："My Credo and Its Evolution 印的很好，销路不恶。"又记有关《醒世姻缘传》的材料：

《舶载书目通览》第九册（故宫藏杨氏本编第六册）"享保十三年书目校阅写"之下有

《醒世姻缘传》一百回　十八本

环碧主人弁语

西周生辑著　然藜子较定　凡例七则

东岭学道人题

7月16日　徐志摩致函胡适，谈及蔡元培、朱家骅、徐悲鸿、陆小曼、罗隆基、梁宗岱等人近况。(《胡适遗稿及秘藏书信》第32册，105～111页)

7月20日　胡适与王徵、何亚农、张慰慈同游西山，访王金钰（字湘汀，武城人），长谈。(据《日记》)

同日　夜，胡适作有《新锲〈孔圣宗师出身全传〉跋》，认为此书之刻，"至早在正德时，也许更在正德以后"，又认为此书意在通俗，文字不高明等。(《浙江图书馆馆刊》第4卷第3期，1935年6月30日)

7月21日　汤用彤来访，谈《四十二章经》的有关问题。(据《日记》)

7月22日　丁迪豪（顾颉刚介绍）来访，渠作文要证明《离骚》是太初元年以后的作品。胡适说：

少年人千万不要作这种无从证实，又无从否证的考据。既无从证实，则是非得失终不能得定论，至多有个"彼善于此"而已。此如韩非所说"后死者胜"也。此种工作，既不能得训练，又不能做学问，

1931年　辛未　民国二十年　40岁

毫无益处。(据《日记》)

7月25日　徐志摩致函胡适，谈自己身体状况，又谈到张慰慈、王徵、徐新六等友人。又谈到唐腴胪之惨死。又催胡适为《诗刊》撰文等。(《胡适遗稿及秘藏书信》第32册，112～117页)

同日　顾颉刚来访。(《顾颉刚日记》第二卷，549页)

7月26日　顾颉刚来访。同日又致函胡适，告拟宴请朱家骅，请胡适与傅斯年作陪等。(《顾颉刚日记》第二卷，549页;《胡适遗稿及秘藏书信》第42册，432页)

7月27日　胡适出席中基会执行委员会议。读吴汝纶的文集，胡适认为吴很有见地，有不可埋没之处。李释戡邀胡适等吃饭，同席有梅兰芳及余上沅、熊佛西诸人。胡适说:

　　北京可设一国立剧场，用新法管理，每周开演二三次，集各班之名角合演最拿手的好戏，每夜八点半到半夜止。每人有固定的月俸;其余日子不妨各自在别处演戏卖艺，但此剧场例定开演日子他们必须来。其余日子，剧场可借作新剧试演及公演场。(据《日记》)

同日　胡适读《吴汝纶文集》，完。Dean Fitk带领美国西岸的几个学生，要求会见胡适，胡适当晚在华文学校与他们谈了3小时。同日日记中有一《太平洋国际学会第四届大会出席人名单》，包括胡适等共46人。(据《日记》)

7月30日　早8点警察搜查新月书店，拘去店员二人，并搜去《新月》第2卷第8号几百册。胡适即托汤尔和去问局长鲍毓麟，并亲自写信给鲍。下午2时，拘去二人皆释回，店仍照常营业。(据《日记》)

7月31日　美国人Alfred M. Bingham来谈政治，胡适有记:

　　……他问，现在大家都不满意于代议政治，有何补救之法?应用何种政制代替?

　　我说，今日苏俄与意大利的一党专制是一种替代方法。但也许可

用"无党政治"来代替。无党政治并非绝不可能。试用孙中山的五权来做讨论的底子：

（1）考试制度应该绝对无党：考试内容可以无党，试后有保障，升迁有常格，皆可无党。

（2）监察制度也应该无党。

（3）司法制度也应该无党。

（4）立法机关也可以做到无党。选举可用职业团体推选候选人，以人才为本位，任人自由选举。选出之后，任人依问题上主张不同而自由组合，不许作永久的政党结合。

（5）如此则行政部也可以无党了。用人已有考试，首领人才也不妨出于考试正途。况且行政诸项，向来早已有不党的部分。如外交，如军事，本皆超于党派之上。何不可推广此意？……

……………

下午与周梅荪长谈，也关政治。……（据《日记》）

8月

8月2日　上午会客，客人有孙楷第、郑侃、周学英、罗文柏、靳宗岳。读《曾文正文集》三卷完。黄文弼来谈。访汤用彤，谈佛教史。（据《日记》）

8月4日　姚名达致函胡适，谈及：已把章学诚遗像放入《章实斋先生年谱》的增补本，还想把内藤湖南的章氏墨迹照片放入，不知是否有妨碍。希望胡适把章氏之哲学、史学思想理出个系统来。自己准备去美国国会图书馆帮助编目，希望胡适给该馆馆长写信时能提到姚。自己已把史学史研究作为终身事业。（《胡适遗稿及秘藏书信》第31册，93～96页）

8月5日　"北大中基会合作研究特款顾问委员会"开第一次正式会，蒋梦麟、任鸿隽、翁文灏、陶孟和、傅斯年、孙洪芬、胡适出席。推定蒋梦麟为委员长，孙洪芬为秘书。通过聘请汪敬熙等15人为研究教授。胡适

访陈源夫妇，谈沈步洲的翻译。得史济瀛来信，告丁文江催胡适前往秦皇岛避暑。（据《日记》）

同日　胡适致函司徒雷登，云：

It gives me pleasure to inform you that at the suggestion of Mr. Roger S. Greene, the following corrections are to be made in the minutes of the Seventh Annual Meeting of the Board.

1. On page 2 where reference is made to the appointment of auditors, the wording should be:

"That auditors be appointed for the years 1930—1931, and for the year 1931—1932, with the understanding that a continuous audit be provided for the year 1931—1932."

2. On page 3, paragraph 3 dealing with the appointment of auditors should read as follows:

"That Messrs. Lowe, Bingham and Matthews of Tientsin and Dr. Shu-lun Pan of Shanghai be appointed auditors of the Foundation for 1931—1933, with the understanding that the audit by Messrs. Lowe, Bingham and Matthews shall be a continuous audit, conducted from time to time during the year."

Hoping these corrections are acceptable to you.（《胡适全集》第40卷，276页）

8月6日　胡适偕胡祖望乘火车去秦皇岛。抵后，即由丁文江接上去丁之租屋。火车上胡适曾与Herbert Little谈法律观念的沿革。胡适说：

……近代法律变迁，似乎在status & contract之上还有一个更根本的观念在：即乐利主义者所谓"最大多数的最大幸福"。

…………

……乐利主义者是倾向个人主义的，故此公式的原义似乎是偏重

个人的自由发展与个人的享受，即此就是最大多数的最大幸福。但此公式也可作更广泛的解释，也可解作社会主义的。此公式的好处正在其可以因时制宜。如在今日中国，即前一说似更重要。（据《日记》）

同日　罗隆基致函胡适，寄来译稿，又盼知道新月书店北平分店近情。又云，当局检查讨论约法的文章，是作法人犯法，"法治绝望！"又告，徐志摩、邵洵美等为维持月刊营业计，主张《新月》今后不谈政治。自己不以为然。"《新月》的立场，在争言论思想的自由。为营业而取消立场，实不应该。"催胡适《四十自述》第五章的稿子和研究《淮南子》的稿子。（《胡适遗稿及秘藏书信》第41册，342～344页）

8月7—16日　胡适在北戴河，住在丁文江租屋里消夏，时常与丁文江唱和，胡适作有《恭颂赤脚大仙》《丁先生买帽》《夜坐》等。（据《日记》）

8月7日　顾子刚致函胡适，请胡适校改其受德国普鲁士学会之托所写胡适英文传略。（《胡适遗稿及秘藏书信》第41册，601～602页）

按，此稿上有胡适的亲笔校改。

8月12日　徐志摩致函胡适，谈到胡到北戴河避暑事，自己与父亲已相当和解，又提及王徵、陆小曼等。又提到孙大雨翻译《哈姆雷特》颇见笔力，拟先译《李耳王》，可否先支用200元译费等。（《胡适遗稿及秘藏书信》第32册，118～124页）

8月19日　胡适致函翁文灏、张子高，告今年清华录取的新生中，吴晗是一个很有成绩的学生，但此人家境甚贫，希望能给他找一个工读的机会。（《胡适之先生年谱长编初稿》第三册，986～987页）

同日　徐志摩致函胡适，谈及张慰慈、罗隆基等，又谈到新月社将开股东会及该社扩充招股事等。（《胡适遗稿及秘藏书信》第32册，118～124页）

8月22日　胡适复函钟国梁，云：

1931年　辛未　民国二十年　40岁

从前有人问我的儿子祖望："不孝有三，无后为大；还有那两种不孝是什么？"我听见他回答："小说上常说：'三十六计，走为上计。'请问还有那三十五计是什么？"真问题多着呢！别费脑力去猜谜。（天津《大公报》，1931年10月8日）

同日　邵洵美致函胡适，向胡适催《四十自述》的稿件；又告《新月》第四卷第一期欲出特大号，请胡适赐稿；向胡适催《现代文化总论》。（《胡适遗稿及秘藏书信》第30册，185～186页）

8月23日　胡适作有《答和在君》：

乱世偷闲非易事，良朋久聚更艰难。

高谈低唱听涛坐，六七年来无此欢。

无多余勇堪浮海，应有仙方可黑须。

别后至今将七日，灵丹添得几丸无？（据《日记》）

8月25日　徐志摩致函胡适，告张慰慈决计不去北大以及《新月》招股等事，又谈到罗隆基得悉胡适夸他甚为高兴，又做了一篇论法治的文章等。（《胡适遗稿及秘藏书信》第32册，125～129页）

8月27日　徐志摩致函胡适，告张慰慈决计不去北大，陈巨来刻了一个图章送给胡适，自己病已好等。（《胡适遗稿及秘藏书信》第32册，130～132页）

8月28日　胡适看完《中古思想史》试卷。（据《日记》）

8月29日　胡适致函陈寅恪云，从陈著《支愍度学说考》得益不少。又云：

你用比较法证明"心无"之为误读，固甚细密。但"心无"似即是"无心"，正如"色无"即是"无色"；在文句中可用"无心""无色"，而单用作术语，则换作"色无义""心无义"。似未必是由于误解《道行般若》？愍度既创立"合本"之法，又著《传译经录》，岂不知参校此经的各种译本？《楞严》《净名》尚有他的参校合本，"心无心"一

159

语若果是他的学说所自出,岂可不参校互勘,而遽依误文为说?

心无之义,当依肇论"无心于万物,万物未尝无"之说,元康谓此语是"先叙其宗",是也。《世说新语》注释此义为"种智之体,豁如太虚;虚而能知,无而能应,居宗至极,其为无乎?"此皆不否认万物之存在,但谓心虚能应物无穷而已。

攻此说者,拘守万法皆空之义,故否认心无论之无心而有物。肇论所谓"失在于物虚",是也。

故心无之义,可说是"格义",似不可说是误读译文而不成名词。……

尊著之最大贡献,一在明叙心无义之历史,二在发现"格义"之确解,三在叙述"合本"之渊源。……(《胡适遗稿及秘藏书信》第20册,42～45页)

8月31日　徐志摩致函胡适,告:张慰慈决定就北大之聘,"像你这样的赤心与至诚,为朋友也为学校,我们如何能不感动!"又告:萧恩承今晚北上。(《胡适遗稿及秘藏书信》第32册,133～135页)

9月

9月3日　胡适再为中国公学债务问题致函蔡元培和中国公学校董会。(《近代史资料》第69号,1988年8月)

9月4日　陶行知在《申报》发表《胡适捉鬼》一文,指出:胡适整理国故,最有见地;他的《中国哲学史大纲》已是不朽之杰作。但他所撰时论,多不中肯要。去年他提出五鬼说,而对于帝国主义之侵略,竟武断地将它一笔勾销。除了外国帝国主义之外,国内还有一个"大妖精"也被胡适忽略了。这个"大妖精"便是多福多寿多男子的多生主义。

同日　北京大学图书馆收藏的吴敬梓著《文木山房集》四卷(亚东图书馆,1931年)题注:"此书系胡适之先生赠与北京大学图书馆。二十,九,

四。"(《胡适藏书目录》第4册，3007～3008页）

9月5日 胡适作成《辨伪举例——蒲松龄的生年考》，指出：蒲松龄生于崇祯十三年（1640）庚辰，死于康熙五十四年乙未正月二十二日（1715年2月25日），享年76岁。（《胡适论学近著》第一集卷三，323～332页）

同日 周予同复函胡适，对胡适奖许《经学历史注释》，"不胜惭愧"。完全赞同胡适对今古文的意见，近年来"觉古文自有其取胜之道"。又云《经学通史》限于学力、时间、财力等因素"仍在计划中"。近来颇想从民俗学及比较宗教学方面做点基础功夫来研究《三礼》等。（《胡适遗稿及秘藏书信》第29册，483页）

同日 朱希祖致函胡适，云：谢兴尧拟留北大研究所国学门继续从事研究，因个人生活不能维持，甚望胡适能为其设法争取研究生补助金。（《胡适遗稿及秘藏书信》第25册，321页）

9月7日 顾颉刚致函胡适，说及：

> 连上数函，迄未得覆，甚为惶恐。未知是我有所开罪于先生呢，还是有人为我飞短流长，致使先生起疑呢？如有所开罪于先生，请直加斥责，勿放在肚里，因为在我们的交谊上是不该放在肚里的。如有人为我飞短流长，则请徐察之。去年有人告我，刘半农先生说我骂他，这真正是想不到的事。但因我和他的交谊浅，觉得不必申辩，听之而已。如果先生亦听见同样的话，那我不敢不"垂涕泣而道之"。如有暇闲，愿详告我。（《胡适遗稿及秘藏书信》第42册，436～437页）

> 按，顾颉刚得胡适复函后，于9日又复函胡适云："这数年来，受的无聊的攻击和离奇的谣言太多了，逼的我对于人间社会多所疑虑。兹承先生示知，自当释然，幸见恕之耳。"（《胡适遗稿及秘藏书信》第42册，438页）

9月9日 顾颉刚日记有记：振铎告我，谓沪上流言，北平教育界有三个后台老板，一胡适之，一傅孟真，一顾颉刚也。噫，如予之屏息郊外，

乃亦有后台老板之资格耶？可怕！（《顾颉刚日记》第二卷，561页）

9月11日　胡适将1925年的演讲"谈谈《诗经》"改定，指出:《诗经》是世界最古的有价值的文学的一部。《诗经》不是一部经典，孔子并没有删《诗》，《诗经》不是一个时代辑成的。又详论《诗经》的解释与研究。（《胡适论学近著》第一集卷四，577～587页）

9月12日　胡适复函吴晗，云：

> 蒋先生期望你治明史，这是一个最好的劝告。秦、汉时代材料太少，不是初学所能整理，可让成熟的学者去工作。材料少则有许多地方须用大胆的假设，而证实甚难。非有丰富的经验，最精密的方法，不能有功。
>
> 晚代历史，材料较多，初看去似甚难，其实较易整理，因为处处脚踏实地，但肯勤劳，自然有功。凡立一说，进一解，皆容易证实，最可以训练方法。
>
> 你问的几项，大致可以解答如下：
>
> ①应先细细点读《明史》；同时先读《明史纪事本末》一遍或两遍，《实录》可在读《明史》后用来对勘。此是初步工作。于史传中之重要人的姓名、字、号、籍贯、谥法，随笔记出，列一表备查，将来读文集杂记等书便不感觉困难。读文集中之碑传，亦须用此法。
>
> ②满洲未入关以前的历史有人专门研究，可先看孟森（心史）《清开国史》（商务）一类的书。你此时暂不必关心。此是另一专门之学。谢国桢君有此时期史料考，已由北平图书馆出版。……
>
> ③已读得一代全史之后，可以试作"专题研究"之小论文（Monographs），题目越小越好，要在"小题大做"，可以得训练。千万不可作大题目。
>
> ④札记最有用。逐条必须注明卷册页数，引用时可以复检。许多好"专题研究"，皆是札记的结果。
>
> ⑤明代外人记载尚少，但如"倭寇"问题，西洋通商问题，南洋

问题，耶稣会教士东来问题，皆有日本及西洋著述可资参考。蒋廷黻先生必能指导你，我是全外行。……

…………

……治明史不是要你做一部新明史，只是要你训练自己作一个能整理明代史料的学者。你不要误会蒋先生劝告的意思。(《胡适遗稿及秘藏书信》第19册，174～177页)

9月13日　顾颉刚来访。(《顾颉刚日记》第二卷，562页)

9月14日　北京大学开学。有3位教授讲演，胡适是其中之一。胡适说：北大前此只有虚名，以后全看我们能否做到一点实际。以前之"大"，只是矮人国里出头，以后须十分努力。

是日访客有傅作义、章士钊、丁西林、刘树杞。蒋梦麟与周炳琳皆苦劝胡适任北大文学院院长，胡适不曾答应。读潘德舆《养一斋词》三卷，颇喜之，有札记。(据《日记》)

9月16日　胡适复函罗尔纲，云：

我看了你的长信，我很高兴。我从前看了你做的小说，就知道你的为人。你那种"谨慎勤敏"的行为，就是我所谓"不苟且"。古人所谓"执事敬"就是这个意思。你有此美德，将来一定有成就。

你觉得家乡环境不适宜你做研究，我也赞成你出来住几年。你若肯留在我家中，我十分欢迎。但我不能不向你提出几个条件：

(一)你不可再向你家中取钱来供你费用。

(二)我每月送你四十元零用，你不可再辞。

(三)你何时能来，我寄一百元给你作旅费，你不可辞。如此数不敷，望你实告我。

我用了这些"命令辞气"，请你莫怪。因为你太客气了，叫我一百分不安，所以我很诚恳的请求你接受我的条件。

你这一年来为我做的工作，我的感谢，自不用我细说。我只能说，你的工作没有一件不是超过我的期望的。(罗尔纲：《师门五年记》，建

设书店，1944年，14～15页）

按，9月15日，罗尔纲致函胡适，述数年来自己对胡适的仰慕，感谢胡适对自己的栽培。希望明春能再来胡府，追随胡适3年，希望在胡适家中一天至少有半天的工作等。(《胡适遗稿及秘藏书信》第41册，379～393页）

9月17日　胡适得宋子文、Rajchman请其担任国家财政委员会成员的电报，复电云：

Highly appreciate honor but fully conscience of ignorance. Kindly send details work & time required. Thanks Rajchman Telegram.（据《日记》）

9月18日　日本关东军突袭我沈阳东北军驻地北大营，是为九一八事变。

9月19日　胡适知日军袭攻沈阳消息后，记道：

此事之来，久在意中。八月初与在君都顾虑到此一着。中日战后，至今快四十年了，依然是这一个国家，事事落在人后，怎得不受人侵略！（据《日记》）

同日　胡适有《题唐景崧先生遗墨》（陈寅恪嘱题）：

南天民主国，回首一伤神。黑虎今何在？黄龙亦已陈。
几枝无用笔，半打有心人。毕竟天难补，滔滔四十春！（据《日记》）

按，9月23日，陈寅恪致函胡适云：

昨归自清华，读赐题唐公墨迹诗，感谢感谢。以四十春悠久之岁月，至今日仅赢得一"不抵抗"主义，诵尊作既竟，不知涕泗之何从也。（据胡适9月23日《日记》）

9月21日　下午5时，蒋梦麟主持召开平津学术团体对日联合会第一次常务委员会。其中，北京大学报告起稿人员担任宣传事宜。起稿人为胡适、白经天、李圣章、傅斯年、丁文江、周炳琳、徐旭生、袁守和。又议决议案多项。(《北京大学史料 第二卷 1912—1937》第 3 册，2779 页)

9 月 23 日　胡适、陶孟和同访颜惠庆，同发一电：

> Viewing Japanese military occupation Manchuria & believing common ground impossible for fruitful deliberation Sino-Japanese Relations, suggest Council consider postponement conference.(据《日记》)

9 月 24 日　北京大学在三院大礼堂举行抗日运动宣传大会，由胡适、燕树棠、陈启修、何基鸿、陶希圣、徐德恒等讲演。

北大停课一天，上午 10 时，由胡适及学生等讲演，全体教职员学生均到会，并开大会讨论抗日工作。(《北京大学纪事(1898—1997)》，234 页)

9 月 25 日　太平洋学会第四次会议的美国代表有 E. E. Carter、Prof. Chamberlain、W. J. Abbott、Mrs. Slade、Fred. V. Field，胡适与陶孟和邀他们及中国的代表颜惠庆、徐淑希、丁文江、陈衡哲同午饭，谈甚久。早晨，胡适发一电给上海：Carter & other American & Chinese Delegates advise no postponement. Will wire later.

下午，胡适等 6 人又同发一电：

> Consider conference good opportunity presenting Chinas case, but realize serious difficulties as hosts, urge earliest meeting and decision of Pacific Council. Stop. Should Council decide holding conference, personal security and foreign members and attendance Chinese members imperative.(据《日记》)

9 月 26 日　上午 10 时，胡适与 Carter、Chamberlain、Field、Barnes、Mrs. Slade、丁文江、陶孟和、徐淑希、陈衡哲继续开会。胡适与张子高邀一班物理学者餐叙，谈翻译物理学书的事，出席者：丁西林、叶企孙、吴正之、萨本栋、王守竞、严济慈、丁绪宝。相谈甚好，6 个人(除丁绪宝)都允担任译书。(据《日记》)

同日　胡适复电宋子文：Kindly permit me decline appointment Economic Commission. Will come Nanking as soon as possible.

按，宋子文昨日来电云：Both because of the National Economic Commission and the present crisis, l strongly urge you come down at once to Nanking. Please reply.（据《日记》）

同日　胡适复函周作人，谈及：王维做梵志体，可见梵志时代确很早，又可见他的影响很大。又说自己的"没落"是一日千丈。又抄示《题唐景崧先生遗墨》。（《胡适来往书信选》中册，83页）

9月30日　俞平伯致函胡适，认为北平宜有一单行之周刊，其目的有二：治标方面，如何息心静气，忍辱负重，以抵御目前迫近之外侮；治本方面，提倡富强，开发民智。精详之规划，以强聒之精神出之；深沉之思想，以浅显之文字行之，期于上至学人，下逮民众，均人手一编，庶家喻户晓。换言之，即昔年之《新青年》，精神上仍须续出也。救国之道莫逾于此，吾辈救国之道更莫逾于此。……先生以为如何？如有意则盼大集同人而熟商之。大锣大鼓，发聋振聩，平虽不敏，愿从诸先生之后。（《胡适遗稿及秘藏书信》第31册，31～33页）

10月

10月9日　胡适有《十月九夜在西山》。（《胡适手稿》第10集卷3，269页）

10月11日　罗隆基致函胡适，告自己决意与妻子张舜琴离婚，若张来见胡适，拜托胡劝其离婚。又谈到胡适天津演讲的时间可改等。（《胡适遗稿及秘藏书信》第41册，358～360页）

10月21日　胡适于太平洋学会第四次会议开幕礼上演讲。胡适说，这次开会在破碎中得了成功，全仗会中的一般会员忍耐的、智慧的、哲学的和政治才能的帮忙。这次会议，是永远可以纪念着的。但还有许多棘手的问题，等我们去分析和解决。这些问题是各国和各民族的问题，我们的工作是为这些国家和民族着想，为了一个民族或为了许多民族着想。这是最神圣的信托，但也是最危险的工作。我们在此，不是来教导，只是来互相换意见，只要我们有和谦的精神，去求真理，然后如有小小的成功，可以达到。(《民国日报》，1931 年 10 月 22 日)

在此次太平洋会议上，胡适曾经发表两篇英文演讲："Religion and Philosophy in Chinese History"；"The Literary Renaissance"。前一篇大要是：

> Philosophy, in China as well as elsewhere, has been a handmaid, a defender, a critic, or an opponent, of religion. In any one of these roles, philosophy is seen always together with religion as her partner, her client, or her antagonist. Even in the most radical thinkers, there lingers the ghost of religion...
>
> ...
>
> In the following paragraphs, I shall try to present a brief historical survey of the interplay between religion and philosophy in China.
>
> I
>
> Two great religions have played tremendously important roles throughout Chinese history. One is Buddhism which came to China probably before the Christian era but which began to exert nation-wide influence only after the third century A. D. The other great religion has had no generic name, but I propose to call it Siniticism. It is the native religion of the Chinese people: it dates back to time immemorial and includes all such later phases of its development as Moism, Confucianism (as a state religion), and all the various stages of the Taoist religion...
>
> ...
>
> Such was what I have termed Siniticism in its simplest elements. This religion of ancient China contained these elements: (1) the worship of a Supreme God, (2) the worship of the spirits of the dead, (3) the worship of

the forces of nature (from among which Tien, or Heaven, in all probability, was differentiated and developed into the Supreme God), (4) a belief in the idea of retribution of good and evil, and (5) a very general belief in the efficacy of divination in various forms.

II

...

Three great leaders, Lao Tze, Confucius, and Mo Ti, arose within the brief space of less than two hundred years (about 570-420 B. C.,) and laid the foundation of Chinese philosophy for all the centuries to come. All of the three can only be best understood in their respective relation to the tottering Sinitic religion and to the critical and sceptical atmosphere of their times. Broadly speaking, Lao Tze stood at the extreme Left in the attitude towards the old religion; Confucius occupied the Centre with a strong leaning towards the Left; and Mo Ti, founder of the Mo sect, represented the Conservative Right. Lao Tze was a rebel in religion and a revolutionary in philosophy; Confucius was a humanist and an agnostic; and Mo Ti was a religious leader who sought to save the old Sinitic religion by purifying it and giving it a new significance.

...

III

This great trio, —Lao Tze, Confucius, and Mo Ti, —founded the Schools of Laoism (as distinguished from Taoism), Confucianism and Moism, which, because they continued to exert influences upon one another, gave rise in turn to other new schools of thought in the fourth and third centuries B. C....

...

IV

Thus was established the state religion of the Han Empire under the disguise of Confucianism... in the name of this new religion, the Confucianist statesmen of the age braved the anger of emperors and powerful ministers, and wrung from them not a few social and political reforms in the interest of the people.

...

...The period of the Three Kingdoms (220 to 280) and the Chin Dynasty (265 to 420) was known in history as the age of naturalism and nihilism in thought. The heavy and clumsy theological commentaries of the Han scholars on the Confucian Classics were being replaced by the free and naturalistic commentaries on Lao Tze and Chuang Tze and Lieh Tze...

...

V

But a new age had come through the introduction of Buddhism into China, and its gradual spread during the first three centuries of the Christian Era. By A. D. 65 it was already embraced by a Prince of the Imperial Family; and by 165, it was accepted by the Emperor Huan Ti. By 200, we find it was defended by one of the native scholars in southern China. By 300, it was talked about by all Chinese intellectuals as the greatest system of philosophy ever invented by the genius of man.

...

VI

After several centuries of bewilderment and submission, China began to resent this national subjection to the religion of India. What was to be done in order to free China from the yoke of Buddhist domination? There were three roads open: persecution and boycott; imitation and substitution; and, lastly, transformation and absorption. China tried all three methods and at last won her War of Independence. These words sum up the history of the Chinese Renaissance and Reformation.

...

Neither persecution nor slavish imitation was sufficient to achieve the overthrow of Buddhism in China. Buddhism was all the time undergoing internal evolution and transformation under the influence of the Chinese environment and tradition...

...

Zennism, which was no Buddhism at all, was the result of centuries of internal evolution within Buddhism itself...

VII

After four centuries (700 to 1100) of such intellectual discipline, China was ready to go a step further and to replace Zen with the Rational Philosophy of Neo-Confucianism...

The movement of Neo-Confucianism was an entirely secular movement led by men of scholarship and political activity...

...

The significance of the Neo-Confucianist Movementl ies in this attempt to reconstruct the Classical past as a new foundation for a secular philosophy, a secular education, and a secular civilization to take the place of the Buddhist-Taoist civilization of Mediæval China...

But Rational Confucianism, though highly successful in its mission to replace the mediæval religions, was itself the product of mediæval China, and was never entirely free from the powerful influences of those religions.

...

...Some great thinkers arose in the 17th and 18th centuries and sought to check this unfruitful tendency and revolt against Rational Philosophy...

I think the story I have thus sketched is sufficient to show how closely religion and philosophy have been associated in the history of the cultural development in China...（台北胡适纪念馆藏档，档号：HS-NK05-199-006）

按，"外研版"《胡适英文文存》第2册收入此文时，编者所加中文提要说：胡适认为，中国人是充满宗教情感的民族，中国哲学也受宗教发展的制约。按照胡适的观点，中国历史上有两大宗教：佛教和包括墨家、儒教、道教等在内的中国本土宗教。胡适在《中国历史上的宗教与哲学》中对其思想渊源、宗教观点和演变过程等作了历史比较的阐述和分析，来论述宗教和哲学与中国文化的发展紧密相连。（该书113页）

又按，关于第二篇演讲，"外研版"《胡适英文文存》第1册收入时，编者所加中文提要说：

关于中国语言文字的问题，存有两派观点。一派认为：中国的书面语言（文言文）已经是濒死的语言，不能产生活的文学。小说使用的口头语言（白话文），是中国文学未来发展的希望。另一派则认为：大量古籍都是用文言文写成的；并且，文言文是唯一一种全国知识阶层都可以理解的语言，是诗歌、散文的语言，比小说的语言更为优雅。

胡适在《文学的复兴》中回顾中国新文化运动有关文字改革、文学革命的历程，引证欧洲文艺复兴时期各国国语形成的典故，并追溯中国白话文学的悠久历史，来论述白话文之所以成为现代中国国语的原因。

10月24日 胡适对记者发表谈话称：在对日问题上仍坚持"不撤兵决不交涉"的主张。又重申学术救国。认为此说似迂腐，其实是最切实的道理。又以普法战争后，科学家巴斯德（Pasteur）埋首试验室改良法国的酒业和蚕丝，发明治疗及预防牛、羊瘟疫的方法为例，说明这都是真正永久的富

国大功业。我们今日所需要的，决不是口号标语的工作，而是无数的巴斯德和爱迪生。(《民国日报》，1931年10月25日)

10月30日 郑宗海致函胡适，拜托胡适为其翻译的《小妇人》"加以揄扬"。(《胡适遗稿及秘藏书信》第39册，164～165页)

10月 由姚名达帮忙增补的《章实斋先生年谱》由商务印书馆出版。

按，此书书前有姚名达《序》，述及自己因读胡适《章实斋先生年谱》而走上章实斋研究之路的经过。详叙胡适拜托他增补此书等情：

十五年春，再读《章氏遗书》，随手把《章实斋年谱》补了些新史料上去。六月二十日，初见适之先生，问他怎么办；适之先生说：请你拿去一本《年谱》去，把她补好了寄给我……

九月十九这天，适之先生谈时提起那小本子，说"我的事忙竟使我不曾完结这点工作，现在请你拿去代我增补好吗？"当时就商定了增补的体例，再过二周就成功了这本书——《增补章实斋年谱》。

…………

适之先生这书有一点是我所最佩服的，就是体例的革新：打破了前人单记行事的体裁；摘录了谱主最重要的文章；注意谱主与同时人的关系；注明白史料的出处；有批评；有考证；谱主著述年月大概都有了。她不但令我们明白章实斋整个的生平和重要的学说，而且令我晓悟年谱体裁的不可呆板。最少，我是受了她的影响的一个。我因看了她才去研究章实斋，才跑进史学这条路，才得著学问的乐趣，才决定终身的事业；我又因看见了她才敢创制许多图表加进邵念鲁年谱，才敢扩充谱前谱后到前后数十年数百年。对于个人的彻底研究，她是史学史上的第一页了。

若问我对于她有没有些微不满意，也有。这是适之先生自己说的，初期的白话文不能纯粹，颇有文语混淆的毛病。其次便是偶然的错误也有几处；更次便是批评，考证和记述的文章似乎有不曾分开的遗憾……

……下文我便把增补这本书的条例，略为说明几句：

一、极力尊重适之先生的原文，除非有新的证据可以改变他的记载，否则决不删改或修移。

二、适之先生解释章先生主张的话，尤其特别尊重；虽然有一二条和我的意见不同，但我在这增补本里绝对不说一句话。我要说的话尽在拙著《章实斋的史学》里说；若在这里，恐有鱼目混珠之讥。

三、凡适之先生所遗漏的，当时尚未发现的史料，我都按照年月，分别插补入原文，并不说明谁是新补，谁是原文。

四、合于下列的资格的史料，都收在这增补本里：A.谱主有意识的行动（全录）；B.谱主最重要的著述（节录）；C.可显谱主真性的小事；D.谱主被人轻视的轶事；E.谱主理论文章的著述年月（不关紧要的记述文章虽知作年亦不录）；F.谱主关于一已学术的自述自评；G.谱主与时人时风时事的接触；H.谱主不为人所知的事迹著述经我考出来了的；I.与谱主极有关系的人的生平。

11月

11月1日　陈叔通致函胡适，云：太平洋学会会议完毕，公速北返，绝无痕迹之好机会，可以保留独立发言之地位。爱公或无如弟者，唯形迹稍疏耳。（《胡适遗稿及秘藏书信》第35册，362～363页）

11月8日　容肇祖致函胡适，提出：倘周桂笙《新庵笔记》卷三的记载可信，则《官场现形记》之序非李宝嘉所作（而胡适认为，此序乃李所作）。（《胡适遗稿及秘藏书信》第31册，120～122页）

11月11日　国民党中央执行委员会临时全体会议通过财政委员会组织大纲及委员人选。委员包括：蒋介石、林森、于右任、宋子文、何应钦、李石曾、邵元冲、张学良、徐永昌、韩复榘、荣宗敬、刘鸿生、范旭东、虞和德、张公权、李馥荪、吴达诠、周作民、顾孟馀、胡适、马寅初、朱家骅、杨杏佛，蒋介石为委员长。13 日，国民政府正式发布任命令。(次日及 14 日《申报》；中国社科院近代史所藏"胡适档案"，卷号 2386，分号 1)

同日　胡适日记有记：

宋子文来一电，张公权来一电，皆劝我就财政委员会。财政委员会之设是要监督财政，实行预算。此时谈不到此事，但子文意在借财委会作一种挡箭牌，如此会能行使职权，亦可稍稍制裁军人的浪费。

我复一电云：Willing accept. Much prefer appointment made after united government.

同日　住在胡适家的徐志摩自北平南下。(《徐志摩全集》第一卷，66 页)

11 月 12 日　胡适复电蒋介石：北归后即病，15 日财政委员会会议不能出席。(据《日记》)

11 月 13 日　胡适与丁文江同赴 General Crozier 的晚餐，饭后同听 Heifetz 的提琴独奏。(据《日记》)

11 月 14 日　太平洋会议会员 W. J. Abbott 很替日本辩护，司徒雷登与 Mrs. Slade 皆曾对胡适提醒 Abbott 偏袒日本的态度，胡适因会中事忙无法与该人多谈，深以为憾。(据《日记》)

同日　北平《世界日报》刊登署名"穹"的一篇《致出席太平洋会议的中国代表》一文。胡适有一致该报的残函，内容如下：

今天《明珠》栏外有位"穹"先生写了一篇《致出席太平洋会议的中国代表》，说起今年太平洋会议在中国开会"简直没有人提起"。这话很奇怪。会议期中（十月廿一日至十一月二日），上海的各报无日不有详细的记载，"穹"先生似乎全没有看见。"穹"先生最好先看看这两星期的报纸，再来发议论罢。(《胡适遗稿及秘藏书信》第 20 册，368 页)

同日　《申报》刊登一条假新闻："丁文江、胡适来京谒蒋，此来系奉蒋召,对大局有所垂询。国府以丁、胡卓识硕学,拟聘为立法委员,俾展其所长,效力党国,将提十四日中政会简任。"对此,鲁迅作有《知难行难》一文,大意谓:

> 中国向来的老例,做皇帝做牢靠和做倒霉的时候,总要和文人学士扳一下子相好。……
>
> 当"宣统皇帝"逊位逊到坐得无聊的时候,我们的胡适之博士曾经尽过这样的任务。
>
> 见过以后,也奇怪,人们不知怎的先问他们怎样的称呼,博士曰:"他叫我先生,我叫他皇上。"
>
> ……而在上海,又以"蒋召见胡适之丁文江"闻:
>
> …………
>
> ……现在没有人问他怎样的称呼。
>
> 为什么呢?因为是知道的,这回是"我称他主席……"!
>
> ……这"大局"也并无"国民党专政"和"英国式自由"的争论的麻烦,也没有"知难行易"和"知易行难"的争论的麻烦,所以,博士就出来了。
>
> …………
>
> 代表各种政见的人才,组成政府,又牺牲掉政治的意见,这种"政府"实在是神妙极了。但"知难行易"竟"垂询"于"知难,行亦不易",倒也是一个先兆。(《鲁迅全集》第4卷,人民文学出版社,2005年,347~348页)

> 按,《申报》之报道,实乃一条假新闻,并无其事。

11月15日　胡适作有《〈楞伽师资记〉序》(收入《胡适论学近著》第一集卷二)。

11月17日　上海爱国女校校长季通致函胡适,请胡适为该校30周年纪念册题字。(《胡适遗稿及秘藏书信》第29册,428页)

11月18日　顾颉刚来访不遇。(《顾颉刚日记》第二卷，582页）

11月20日　胡适得徐志摩昨日飞机失事罹难之确息。为徐志摩死讯来胡家的友人有梁思成林徽因夫妇、张奚若、陈雪屏、孙大雨、钱端升、张慰慈、陶孟和、傅斯年等，"皆相对凄惋"。(据《日记》）

同日　胡适致电中国银行何先生以及朱经农：

航空公司转中行何先生及朱校长：摩殁事乞中行电张公权转询徐申如。此间同人意摩死状太惨，似不必待家人到，先从丰殓；奚若、慰慈明早到济。适。(中国社科院近代史所藏"胡适档案"，卷号581，分号6）

同日　胡适致电徐新六转徐申如：

徐新六转申如丈，志摩惨死，平友至恸。已电托朱经农料理殓事。奚若、慰慈、思成廿一晨到济。有尊示，乞电济中行转。适。(中国社科院近代史所藏"胡适档案"，卷号581，分号6）

同日　胡适致电杨振声：

青岛大学杨金甫，志摩飞回惨死济南，已电托经农料理。奚若等明早到。适。(中国社科院近代史所藏"胡适档案"，卷号581，分号6）

同日　朱经农致函胡适，谈得悉徐志摩噩耗后所作善后接洽工作，询胡适对后事处理的意见。若胡适能来济南料理，固所深愿。(《胡适遗稿及秘藏书信》第25册，708～710页）

11月21日　刘驭万函询胡适："一、关于［太平洋会议］中文报告书的大概计画。二、大会论文中那几篇据你看是应该翻成中文编入报告书内的？"(《胡适遗稿及秘藏书信》第40册，129～134页）

同日　陈梦家致函胡适，惊闻徐志摩坠机，不胜哀恸。欲帮忙整理徐志摩遗作，询胡适可否将徐存平诗稿、文件检出寄下。(《胡适遗稿及秘藏书信》第35册，506～507页）

1931年　辛未　民国二十年　40岁

11月23日　胡适作有"Introduction to Artist Teng-hiok Chiu's Book",为介绍艺术家周廷旭。(中国社科院近代史所藏"胡适档案",卷号E-6,分号25)

同日　余上沅致函胡适,提出一种纪念徐志摩的方式:出一本单行本由新月社印赠,不作卖品,就此商之于胡适。(《胡适遗稿及秘藏书信》第29册,126～127页)

同日　陶孟和致函胡适,提议待张奚若回平后召集几位与徐志摩要好的朋友讨论其身后之事,一为陆小曼,一为纪念徐志摩。(中国社科院近代史所藏"胡适档案",卷号1680,分号10)

11月24日　《申报》刊登胡适复保君建电:

马电敬悉,已分发表,此间友朋,虽痛志摩惨死,亦知他久欲飞行之意,见诸诗文,济南不幸,适逢其会,遂使全国失一人才。深盼航空事业,能更谋安全,更盼国人勿因志摩惨祸而畏惧航空。

同日　沈从文致函胡适,提议购置一部分的坠机残骸纪念徐志摩,又告青岛大学因为中日关系而不甚安宁。曾与梁思成商量徐志摩追悼会事:到平后与胡适商量在上海、南京、济南、青岛、北平、武昌各地同时开追悼会。照日前情形来看,势须稍迟。(《胡适遗稿及秘藏书信》第27册,113～116页)

11月28日　胡适出席北京大学入学试验标准委员会第一次会议。出席者还有汤用彤、马裕藻、曾昭抡、傅斯年、樊际昌、温源宁(胡适代)、杨廉。会议由樊际昌主席。议决考试科目等案。又委托樊际昌、曾昭抡起草"原则实行起草委员会所拟定之办法"。(中国社科院近代史所藏"胡适档案",卷号2251,分号1)

11月29日　胡适作有《怎么好?》,为燕树棠题冯玉祥画的人力车夫。(据《日记》)

同日　胡适在徐志摩所赠的《猛虎集》扉页上写一题记:"一九三一年九月十九日志摩来北京,送我这本诗集。两个月之后——十一月十九日——

他死在飞机上。今夜读完此册，世间已没有这样一个可爱的朋友了。"胡适并在此页上抄录徐志摩诗句："你已飞度万重的山头，去更阔大的湖海投射影子。"(《胡适研究通讯》2010年第2期，封四，2010年5月25日)

同日　陈梦家复函胡适，寄上吊徐志摩诗一首。闻一多请其与胡适一起整理徐志摩诗全集。又谈《诗刊》出版徐志摩纪念专号的办法等。(《胡适遗稿及秘藏书信》第35册，510～511页)

11月30日　胡适致函A. Eustace Haydon，云：

...I most heartily appreciate the honor which you and the authorities of the University of Chicago have conferred on me in thrice asking me to lecture on the Haskell Foundation.

I most profoundly regret that I cannot leave this country in the year 1932 and therefore cannot accept your kind invitation. I have started a number of projects for work in this country and cannot leave off without first winding up these things. Moreover, I am under moral obligation to do some lecturing in a number of American universities which have extended to me repeated invitations during the last few years, so that I shall have to plan for spending at least one year abroad. This makes it more necessary for me to wind up my Chinese affairs before leaving the country. (《胡适全集》第40卷，第277页)

同日　胡适在徐志摩所赠的《翡冷翠的一夜》题名页上写一题记："此集内好诗甚少，今天重读了颇失望。"(《胡适研究通讯》2015年第2期，封四，2010年5月25日)

12月

12月1日　丁西林致函胡适，谈及：徐志摩遇难，听说胡适拟了几种纪念他的计划，但凡可以安慰他的灵魂的，我们必能尽力做去。前曾托胡适催促进行我们的译书计划，赶紧将名词字典印出，并请寄稿纸。又谈及

中研院物理所向中基会申请建筑费、设备费，随时请胡适等帮忙。（《胡适遗稿及秘藏书信》第 23 册，291～293 页）

同日　陈梦家致函胡适，请胡适转交吊志摩诗给徐志摩追悼会。（《胡适遗稿及秘藏书信》第 35 册，508 页）

12 月 3 日　胡适作有《追悼志摩》一文，指出徐的为人整个的只是一团同情心，只是一团爱。徐的人生观是一种"单纯信仰"，里面有三个大字：爱、自由、美。徐罹难前几年的生活是失败的，他的失败是一个单纯的理想主义者的失败。（《新月》第 4 卷第 1 号，1932 年 8 月 10 日）

12 月 4 日　胡适作有悼徐志摩的白话诗《狮子》（"狮子"是徐志摩住胡适家时最喜欢的猫）。（《大公报·文学副刊》，1931 年 12 月 14 日）

同日　北京大学教职员在第二院大礼堂举行全体会议。蒋梦麟、周炳琳、胡适、陈启修、燕树棠等 70 余人出席。周炳琳主持。许德珩提议召集市民大会举行示威，然大家为慎重计未通过。燕树棠提议组织代表团赴南京向政府质问六事，会议一致通过。胡适提议组织对日问题研究会，亦经通过。（次日之《晨报》）

同日　张慰慈致函胡适，告曾与王徵去看陆小曼两次，鸦片与小报是她唯一的消遣；假如胡适划策得当，陆得感动，或者将来不至堕落。徐志摩20 日开吊，然后灵柩回里。自己将辞北京大学教职在家中译书。（《胡适遗稿及秘藏书信》第 34 册，418～420 页）

12 月 5 日　丁声树致函胡适，述不同意《先秦名学史》《中国哲学史大纲》（卷上）的六条意见，如指出孔子 42 岁的小注，"定五年，西历前五一一年。……"实为"昭三十一年"，西历前 511 年孔子 41 岁，等等。（《胡适遗稿及秘藏书信》第 23 册，307～314 页）

同日　土耳其人赖毅夫致函胡适，希望到北平研究中文和中国文化，希望胡适能在经费方面帮助其完成此愿。（《胡适遗稿及秘藏书信》第 42 册，788～789 页）

同日　罗隆基致函胡适，云：我们已决定将《新月》第 4 卷第 1 号改成徐志摩纪念号，就根据胡适的意见请徐志摩的朋友每人写一篇"我认识

的志摩"，埠外的朋友自己已写信和他们征求稿件了，现已得着他们的允诺。北平方面的稿件要请胡适帮忙汇集。当然最要紧的是胡适自己的，还有林徽因、张慰慈、凌叔华、张奚若、叶公超、冰心、吴文藻、余上沅。稿件请于本月15号左右寄下，以便开年1月出版。徐志摩的后事，此间友人组织了治丧处，秉承徐申如的意思办理一切，大约在本月20号举行公祭并开会追悼，坟地已确定在他家乡硖石。志摩的遗著将由新月编印《志摩全集》，此事暂由邵洵美负责进行，徐志摩一切版税自应设法妥为保管，以为陆小曼生活用度。不过胡适上次所提出每年可得3000元，恐无此数，因为版税若以15%计，那徐志摩的书籍每年须售出20000元始敷此数。此间偶然提到版税，究有多少，以后当有归结。（《胡适遗稿及秘藏书信》第41册，345~351页）

12月6日　顾颉刚来访。（《顾颉刚日记》第二卷，587页）

12月9日　胡适在一封早前未写完的给徐志摩的信上略志数字，这封未写完的信内容如下：

　　我读了《诗刊》第一期，心里很高兴，曾有信给你们说我的欢喜。我觉得新诗的前途大可乐观，因为《诗刊》的各位诗人都抱着试验的态度，这正是我在十五年前妄想提倡的一点态度。只有不断的试验，才可以给中国的新诗开无数的新路，创无数的新形式，建立无数的新风格。若抛弃了这点试验的态度，稍有一得，便自命为"创作"，那是自己画地为牢，我们可以断定这种人不会有多大前途的。

　　实秋给你的信……我读了颇有一点意见……

　　实秋说"新诗实际就是中文写的外国诗"，又说我"对于诗的基本观念大概是颇受外国文学的影响的"。对于后一句话，我自然不能否认。但我是有历史癖的人，我在中国文学史上得着一个基本观念，就是：中国文学有生气的时代多是勇于试验新体裁和新风格的时代；从大胆尝试退到模仿与拘守，文学便没有生气了，所以我当时用"尝试"做诗集的名称，并在自序里再三说明这试验的态度。

但我当时的希望却不止于"中文写的外国诗"。我当时希望——我至今还继续希望的是用现代中国语言来表现现代中国人的生活、思想、情感的诗。这是我理想中的"新诗"的意义——不仅是"中文写的外国诗",也不仅是"用中文来创造外国诗的格律来装进外国式的诗意"的诗。

所以我赞成实秋最后的结论:"唯一的希望就是你们写诗的人自己创造格调","要创造新的合于中文的诗的格调"。他说:"在这点上我不主张模仿外国诗的格调……用中文写 Sonnet 永远写不像。"其实不仅是写的像不像的问题。Sonnet 是拘束很严的体裁,最难没有凑字的毛病。我们刚从中国小脚解放出来,又何苦去裹外国小脚呢?(《胡适遗稿及秘藏书信》第 19 册,363～367 页)

同日 罗尔纲致函胡适,为天津事变恐波及北平及胡适寓所而挂念。希望明春早日回到胡宅。阅《申报》惊悉徐志摩因飞机失事逝世,很是痛心。(《胡适遗稿及秘藏书信》第 41 册,394 页)

同日 曹平明、曹镜明致函胡适,述其长兄曹芳名殁后萧条情形,请胡适帮忙,并抚养其子。(中国社科院近代史所藏"胡适档案",卷号 1754,分号 8)

12 月 10 日 杨树达复函胡适,讨论丧服之制。(《胡适遗稿及秘藏书信》第 38 册,181～184 页)

同日 陈叔通致函胡适云,阅报悉胡适组织"对日让步研究会",至为钦佩。又提到将来拟请丁文江担任东三省行政长官等事。(《胡适遗稿及秘藏书信》第 35 册,366～367 页)

同日 陈源致函胡适,主要谈纪念徐志摩为其编文集事,评论徐的诗、翻译,及当下不适合为其写传等。又为《文哲季刊》向胡适催稿。又代雷海宗向胡适借《哲学史》的中古部分的稿子。(《胡适遗稿及秘藏书信》第 35 册,109～114 页)

同日 凌叔华致函胡适,主要谈她曾经为徐志摩保存的文件:

志摩一九二五年去欧时曾将他的八宝箱（文字姻缘箱）交我看管，欧游归，与小曼且结婚，还不要拿回，因为箱内有东西不宜小曼看的，我只好留下来，直到去上海住，仍未拿去。我去日本时，他也不要，后来我去武昌交与之琳，才物归原主。……今年夏天从文答应给他写小说，他所以把他天堂地狱的"案件"带来与他看，我也听他提过……不意人未见也就永远不能见了。他的箱内藏着什么我本来知道，这次他又告诉了我的。前天听说此箱已落徽音处，很是着急，因为内有小曼初恋时日记二本，牵涉是非不少（骂徽延［音］最多），这正如从前不宜给小曼看一样不妥。我想到就要来看，果然不差！现在木已成舟，也不必说了。只是我觉得我没有早想到说出，有点对志摩不住。现在从文信上又提到"志摩说过叔华是最适宜料理'案件'的人"，我心里很难过，可是没有办法了……请你不必对徽音说，多事反觉不好。不过内中日记内牵涉歆海及你们的闲话（那当然是小曼写给志摩看的），不知你知道不？这也是我多管闲事，其实没有什么要紧吧。

有好几人已经应允把志摩信送来编印，我已去信约了潘贞元抄写一半月看看。我想如果你存的信件可以编好同时出书不好吗？这是你说的散文的新光芒，也是纪念志摩的好法子。……（中国社科院近代史所藏"胡适档案"，卷号1628，分号4）

12月12日　沈从文致函胡适，谈及：把徐志摩留下的稿件中不适合给林徽因看的检出后再交给林徽因；徐志摩曾言最适合保存其稿件的人是凌叔华；谈论徐志摩的"百宝箱"以及当年徐志摩的计划。(《胡适遗稿及秘藏书信》第27册，117页）

12月13日　胡适作成《〈醒世姻缘传〉考证》，主要观点是：《醒世姻缘传》的作者是蒲松龄。(《胡适论学近著》第一集卷三，333～389页）

12月14日　凌叔华复函胡适云，未见所谈杨振声函二页；愿意奉上日记，请派人来取。（中国社科院近代史所藏"胡适档案"，卷号1628，分号3）

同日　顾颉刚日记有记：北平图书馆购书委员会为下列诸人：陈援庵

1931年　辛未　民国二十年　40岁

（主席）、胡适之、陈寅恪、傅孟真、袁守和、任叔永、赵万里、徐森玉、予。（《顾颉刚日记》第二卷，590页）

12月15日　胡适致函周作人，感谢周为《新月》做纪念徐志摩的文字，那是再好没有的了，稍迟无妨。（《胡适来往书信选》中册，91页）

同日　罗隆基致函胡适，告自己在参加徐志摩的公祭后即北上开始《益世报》的工作，请胡适先从编译处预支300元偿药费及川资。（《胡适遗稿及秘藏书信》第41册，352～353页）

12月16日　胡适在 The People's Tribune 第3卷第10期发表"The Way to National Unification"一文。

同日　毛子水致函胡适，云：因病在医院，无法前来向胡适祝贺生日。从何海秋处知悉蔡元培被学生殴辱。"二十年来卤莽灭裂的教育真叫人寒心。"（《胡适遗稿及秘藏书信》第24册，610页）

同日　于世琦致函胡适，告自己希望为徐志摩作传或编年谱，请胡适提供资料，亦请胡适编纂徐之全集。（中国社科院近代史所藏"胡适档案"，卷号727，分号3）

12月17日　胡适在 An Introduction to the Industrial and Social History of England（by Edward P. Cheyney，纽约，1920年）一书上题记："在旧书摊上买的此书，送给我自己做生日的礼物。适之，一九三一，十二，十七。"（《胡适藏书目录》第4册，2385页）

同日　吴其昌致函胡适，送上寿联：

> 加紧继续千百世以后的文化运动；
> 切莫误会四十岁便过了青年时期。

又云：

> 我相信不是整个新文化产生，中国的乱源是永远不会消灭。五四运动，才是新文化的种子的拆甲，像五四运动那样的运动，不断的努力继续五十年或一百年，真正的中国的第四次的新文化产生，中国或

者有最后的希望。这样先生真正是中国的"文父"了,现在似乎刚开头而便夭折,则"文父"之颂,似乎未也,因这样的文化运动,而先生被人嫉妒放逐,我们真正十二分的为先生致贺。……(《胡适遗稿及秘藏书信》第28册,383~387页)

同日　黄秋岳致函胡适,集二联为胡适贺寿:

刘伶元自有贤妻,乍可停杯强吃饭;郑贾正应求腐鼠,看来持献可无言。

扶摇下视,屈贾降旗,闲管兴亡则甚?岁晚还知,渊明心事,不应诗酒皆非。(《胡适遗稿及秘藏书信》第37册,37~38页)

同日　罗尔纲致函胡适,送上生日祝福。又述近况,希望早日回到胡适左右。(《胡适遗稿及秘藏书信》第41册,395~397页)

12月18日　黄秋岳复函胡适,主要论旧诗之佳处等。(《胡适遗稿及秘藏书信》第37册,40~42页)

12月19日　胡适致函李石曾,表示不愿加入华北政务委员会,又云:

我所希望的,只是一点思想言论自由,使我们能够公开的替国家想想,替人民说说话。我对于政治的兴趣,不过如此而已。我从来不想参加实际的政治。这并非鄙薄实际政治,只是人各有能有不能,我自有我自己的工作,为己为人都比较有益,故不愿抛弃了我自己的工作来干实际的政治。此次华北政务委员会似是一种委员制的行政组织,我自信最不适宜,所以不愿加入。(《胡适遗稿及秘藏书信》第19册,149~151页)

12月20日　陈梦家复函胡适,告:收到胡适的诗文,《狮子》或易《悼志摩》编入《诗刊》;自己已经编成《徐志摩诗集》的第四集等。(《胡适遗稿及秘藏书信》第35册,509页)

同日　徐诚函请胡适尽快汇学费与其弟徐惊百。(中国社科院近代史所

藏"胡适档案",卷号1709,分号6)

12月22日　蒋梦麟致函胡适、傅斯年,告:决定离开北大,抱怨学生背着爱国的招牌跋扈无理。(《胡适遗稿及秘藏书信》第39册,495～496页)

12月23日　韦素园致函胡适,云:韦丛芜欲卖译稿,盼胡适多多努力。又询胡之《文学史》和《哲学史》何时定稿等。(《胡适遗稿及秘藏书信》第30册,445页)

同日　赵迺抟赠其所著 Richard Jones: An Early English Intitutionalist 与胡适。(《胡适藏书目录》第4册,2561～2562页)

12月25日　唐钺致函胡适,云:关于翻译杜威的《哲学之改造》,已经函询何炳松,但未得回信。自己想知道胡适当初如何与何商定翻译事宜的,自己是否可以现在就着手翻译等。(《胡适遗稿及秘藏书信》第31册,419页)

同日　陈源复函胡适,谈译书事。又介绍石民、徐仲年从事翻译工作。(《胡适遗稿及秘藏书信》第35册,97～103页)

12月26日　陆小曼复函胡适,谈及自己遭遇了人生最痛苦的事。徐志摩的全集当然不能由自己一个人编,但希望编徐之书信和日记,并加上小注。别的遗文希望给自己看了再付印,日记更不要随便给人家看。孙大雨欠徐志摩300元,拜托胡适代催。(《胡适遗稿及秘藏书信》第34册,538～541页)

12月28日　胡适致函凌叔华,索要徐志摩的半册日记:

昨始知你送在徽音处的志摩日记只有半册,我想你一定是把那一册半留下作传记或小说材料了。

但我细想,这个办法不狠好。其中流弊甚多。第一,材料分散,不便研究。第二,一人所藏成为私有秘宝,则余人所藏也有各成为私有秘宝的危险。第三,朋友之中会因此发生意见,实为最大不幸,决非死友所乐意。第四,你藏有此两册日记,一般朋友都知道。我是知道的,公超与孟和夫妇皆知道,徽音是你亲自告诉她的。所以我上星期

编的遗著略目，就注明你处存两册日记。昨天有人问我，我就说："叔华送来了一大包，大概小曼和志摩的日记都在那里，我还没有打开看。"所以我今天写这信给你，请你把那两册日记交给我，我把这几册英文日记全付打字人打成三个副本，将来我可以把一份全的留给你做传记材料。

如此则一切遗留材料都有副本，不怕散失。不怕藏秘，做传记的人就容易了。

请你给我一个回信。倘能把日记交来人带回，那就更好了。

我知道你能谅解我的直言的用意，所以不会怪我。……（中国社科院近代史所藏"胡适档案"，卷号267，分号1）

同日　孙大雨致函胡适，谈及陆小曼愿编《徐志摩全集》，自己认为这是很适宜的。又谈及翻译莎士比亚著作等事，愿听从胡适的意见。(《胡适遗稿及秘藏书信》第32册，423～424页）

同日　北京大学第七次校务会议议决：加推胡适、樊际昌南下挽劝蒋梦麟回校。（中国社科院近代史所藏"胡适档案"，卷2246号，分号1）

12月30日　胡适在北京大学演讲《中国文学的过去与来路》，大意谓：中国文学有四个来源：实际的需要、民间、国家所规定的考试、外国文学。其中，民间文学占一个重要的位置。民间文学所以不被士大夫重视，是因为：它们来路不高明，出身微贱；写的是民间细微的故事，思想简单，体裁幼稚；传染，如民间浅薄、荒唐、迷信的思想互相传染；为不知不觉之所以做，无一人专心致意的来研究文学。新文学的来路，也有两条：

一、就是民间文学，如现今大规模的搜集民间歌谣故事等；帮助新文学的开拓，实非浅鲜。

二、除印度外，即为欧洲文学，我们新的文学，受欧洲的影响极大。欧洲文学，最近二三百年如诗歌、小说等皆自民间而来，第一流人物把这种文学看作专门事业，当成是一种极高贵的极有价值的终身职业。他们倡导文学的是极有名的人，如华茨华斯（William Wordsworth,

1770—1850)、莫泊霜（Maupassant, 1850—1893）等等都是倡导文学的第一等人材，他们的文学并非由外传染，而是由内心的创造，他们是重视文学的，有这种种原故，所以才能产生出伟大的作品。我们的新文学，现在我们才知道有所谓自然主义、浪漫主义、写实主义、象征主义、心理分析……种种派别之不同，并非小道可比，这是我们受了西洋文学的洗礼的结果。（天津《大公报》，1932年1月5日）

同日　毛子水致函胡适，提到基金会资助北大图书馆款项，虽由会计课经管，但应绝对独立等。（《胡适遗稿及秘藏书信》第24册，611页）

同日　萧克函谢胡适为其写介绍信给瞿君，承他帮忙已被介绍到营造学社担任了一部分工作。（中国社科院近代史所藏"胡适档案"，卷号1778，分号1）

12月31日　傅斯年将商妥的史语所与中基会合作翻译高本汉《汉语语音学》的办法函寄胡适。（《胡适遗稿及秘藏书信》第37册，406页）

同日　陆小曼致函胡适，详述丧夫之痛并且希望胡适能够给予经济上的协助。徐志摩还有不少书信、日记在北京，希望胡适寄下，不要给别人看。又感谢凌叔华归还信件等。（《胡适遗稿及秘藏书信》第34册，527～537页）

12月　胡适著《淮南王书》由新月书店出版。

是年　胡适在天津的美国大学妇女会演讲"Woman's Place in Chinese History"。大意谓：中国妇女尽管受到传统的压迫，还是能够树立起自己应该享有的地位的；而我们也应把这一行为看作是正义的、高尚的。即使在中国，压迫妇女也是办不到的。中国的女子没有被排除在政治生活之外。在国家漫长的历史上，她们曾经起过不可忽视的作用。在非政治生活领域中，中国的女子也同样有着卓越的令人仰慕的成就。在学术文化界，中国女子也常有重大的贡献。中国女子曾竭尽全力反抗一切桎梏，为自己在家庭里、在社会上、在历史中争得一席之地。她们曾经管理过男子和统治过王朝帝国；她们曾经收集编纂过丰富的文献和优秀的艺术品；尤其重要的是她们曾教导和塑造自己的子女应该怎样做人。如果她们没有更多的贡献，这可能是

由于国家曾经对她们不公平，没有给予她们应得的关注。（英文本收入《胡适英文文存》第 1 册，远流版，413～427 页；这里据韩荣芳教授的译文，载《胡适研究》第一辑，365～376 页）

是年　胡适有"Newly Discovered Materials for Chinese History"一文，指出：最新发现的材料对于新的历史知识及历史事实的建立有帮助，对于中国历史的再书写有极大的贡献。文章说：

> ...
>
> I shall briefly pass over the new materials for pre-history in China, which include three main groups:
>
> （1）The Neolithic cultures:
>
> a. The Yang-shao（Honan）Culture.
>
> b. The Hsi-ying-tsun（Shansi）Culture.
>
> c. The Black Pottery Culture of Cheng-tsun-yai（Shantung）
>
> （2）The Palaeolithic Cultures:
>
> a. In the North West.
>
> b. Along the Yellow River, between Shensi and Shansi.
>
> c. Near Chou-kou-tien.
>
> （3）The "Peking Man" of Chou-kou-tien, near Peking.
>
> ...
>
> There are six main sources of new materials for the historical periods:
>
> （1）The Anyang remains of the Yin-Shang Dynasty.
>
> （2）The newly discovered Bronzes.
>
> （3）The Tun-huang Manuscripts of Medieval China.
>
> （4）Chinese historical materials preserved in Japan and Korea.
>
> （5）The Chinese Archives recently opened to scholars.
>
> （6）The search for Manuscripts and for Prohibited and neglected Books.

（中国社科院近代史所藏"胡适档案"，卷号 E-6，分号 26）

1932年　壬申　民国二十一年　41岁

> 是年，胡适仍执教北京大学，2月15日接任文学院院长。
> 是年，胡适仍主张对日直接交涉，认同国联调查团对日寇侵占中国东北的《报告书》。
> 2月，于协和医院治疗盲肠炎。
> 5月，与北平学界友人共同创办《独立评论》。
> 11月下旬，胡适应蒋介石之邀前往武汉与之晤谈。

1月

1月1日　吴世昌致函胡适，告：凌叔华赞赏其《哭志摩》，故引至其家，给她看徐志摩的信。又谈及友人拟收集徐氏遗札并付印事。吴向胡表示：胡适主张此事最力，也只有胡适能担当主编的责任。并希望此事能早日成功。（《胡适遗稿及秘藏书信》第28册，388～389页）

同日　林徽因致胡适二函，详述凌叔华藏有徐志摩《康桥日记》以及自己索阅凌氏收藏的徐氏文件的经过，对凌之"说瞎话"深表不满。（中国社科院近代史所藏"胡适档案"，卷号1414，分号5）

> 按，这之后不久，林徽因又致胡适一函，希望能看到胡适从硖石带回的徐志摩日记。

1月3日　祝世德函谢胡适复信；又述自己投稿所遇坎坷，谈其《杨妈》的写作，又自述个人景况。（中国社科院近代史所藏"胡适档案"，卷

号1482，分号1）

同日　《科学月刊》编辑方乘致函胡适，告《科学月刊》已出3年，但因经费无着面临停刊，希望胡适能于中基会项下设法，以便续刊。(《胡适遗稿及秘藏书信》第23册，434～435页）

同日　刘万章致函胡适云：拟在广东办一个民俗刊物，拜托胡适题签封面。(《胡适遗稿及秘藏书信》第40册，163～165页）

同日　燕京大学附中杨多癖致函胡适，告：拟编纂中国旧神话，询问胡适能否出版，需要参考何书，哪些古书收神话最多。并希望拜访胡适。（中国社科院近代史所藏"胡适档案"，卷号1183，分号5）

1月5日　罗尔纲复函胡适，告拟于元宵节后北上随侍胡适。请胡适千万不要寄旅费来。已遵胡适嘱代向家人问好。寄上特产。(《胡适遗稿及秘藏书信》第41册，398～401页）

1月6日　青岛市立中学学生张思源复函胡适，感谢胡适介绍书籍并教其写日记。（中国社科院近代史所藏"胡适档案"，卷号1237，分号3）

1月8日　上午9时，中基会在上海礼查饭店举行第六次常会。出席者为贝克、贝诺得、赵元任、蒋梦麟、顾临、胡适、司徒雷登、伍朝枢、任鸿隽诸董事。因蔡元培卧病，会议由副董事长蒋梦麟主持。议决通过接受名誉秘书报告等各案。（中国社科院近代史所藏"胡适档案"，卷号2296，分号2）

1月9日　林语堂致函胡适，替《论语》半月刊向胡适邀稿。(《胡适遗稿及秘藏书信》第29册，364页）

按，是年向胡适邀稿的还有王屏南等。（据中国社科院近代史所藏"胡适档案"不完全统计）

1月12日　国民政府主席林森聘胡适为全国财政委员会委员。（中国社科院近代史所藏"胡适档案"，卷号2260，分号1）

按，1932年1月7日《申报》报道：1月5日，行政院第二次会议决议：依据上海和平会议议决案，修正财政委员会组织大纲，并聘任孙科、陈铭枢、何应钦、胡适、王云五等为财政委员会委员。

1月13日　徐新六来函告自己当选上海浙江兴业银行董事。(《胡适遗稿及秘藏书信》第32册，247页)

1月14日　胡适致函江冬秀，告美国美术家贺福曼夫妇来替胡适塑像。程惠平曾来探访胡适。徐志摩家事维持每月250元等。(《胡适遗稿及秘藏书信》第21册，408～409页)

1月15日　胡鉴初致函江冬秀，告胡至晚后日北返。蒋梦麟可回北大。(中国社科院近代史所藏"胡适档案"，卷号1552，分号10)

同日　罗尔纲致函江冬秀，询问江冬秀是否需要帮忙由香港带东西。又致函胡祖望、胡思杜，询问他们是否要帮忙带东西。(中国社科院近代史所藏"胡适档案"，卷号1433，分号5、分号6)

1月16日　陈廷璠致函胡适，告：在广东成立中国国民救国会，现已迁至上海。蒙胡适答应题中基会译书，请胡适将书目示下。(中国社科院近代史所藏"胡适档案"，卷号1286，分号5)

1月17日　郑阳和致函胡适，谈及：任鸿隽已答应就任。又请胡适代为谋职。(《胡适遗稿及秘藏书信》第39册，198页)

> 按，是年请求胡适帮忙谋职的还有胡昭望、胡道惟、崔培仁、万人俊、吕世湘、邵在方等。(据中国社科院近代史所藏"胡适档案"不完全统计)

同日　东莞平民图书馆致函胡适，请胡适赠送著作。(中国社科院近代史所藏"胡适档案"，卷号2283，分号1)

1月18日　矢野春隆致函胡适云，读了胡适的《请大家来照照镜子》后才知道上冈先生误读胡适对日本文化的态度，知道胡适不轻视模仿。(《胡适遗稿及秘藏书信》第42册，616页)

同日　祝世德复函胡适，告：夏留仁是假名且意有所指。又云：

《杨妈》诗的第六章，得先生的指示，已经改好，兹特寄上。希望先生看后，能抽闲再批评我一下子！……

先生在上一信里说，"此篇有可修正之处——"不知可否详告诉我是些什么地方？再，凌叔华女士对那诗的批评如何？我也很想知道。

年来还写了不少的短诗，常常抱恨得不着一个懂诗的人的指教，不知先生可否教我，或在朋辈中为我介绍一位义务的老师？（中国社科院近代史所藏"胡适档案"，卷号1482，分号2）

同日 广东东莞人袁洪铭致胡适一明信片，述仰慕之意，希望得到胡适的指教，并请胡适寄赠《四十自述》以及《白话文学史》中卷。（中国社科院近代史所藏"胡适档案"，卷号1639，分号2）

1月21日 胡适复陈登原一函，不同意见面。

按，早前，陈登原致胡适一函，叙自己受胡适影响及治学经历，并向胡适请教。（《胡适遗稿及秘藏书信》第35册，497～500页）

同日 行政院公布国难会议参会人员名单，共189人，胡适榜上有名。（次日国内各大报纸）23日，国民政府主席林森给以上人士发出聘书。（国民政府文官处印铸局印行：《国民政府公报》第985号，1932年1月25日；中国社科院近代史所藏"胡适档案"，卷号2261，分号1）

1月22日 胡适收到徐志摩的半册日记，在自己日记中抄录徐氏《康桥日记》中的一段：

Some 70 years ago, Macauley observed in his diary the following:

"How little the all-important art of making meaning pellucid is studied now! Hardly any popular writer, except myself, thinks of it. Many seem to aim at being obscure. Indeed they may be right enough in one sense; for many readers give credit for profundity to whatever is obscure, and call all that is perspicuous, shallow. But Coraggio! and think of A. D. 2850. Where will your Emersons be then? But Herodotus will still be read with delight. We must do

1932年　壬申　民国二十一年　41岁

our best to be read too."

又评论道:"这一条我最同意。可惜志摩不能回来和我重提这个我们不常常同意的问题了!"因保存此册日记的某小姐截去4页,令胡适"真有点生气",乃写信去讨这些脱页。

同日　胡适读顾颉刚所编《古史辨》第三册,认为专门讨论《周易》与《诗》的此册,较第一、二册更有精彩。(据《日记》)

> 按,本年引用胡适1—2月《日记》,均据《胡适的日记》手稿本第10册;引用11—12月《日记》,均据《胡适的日记》手稿本第11册。

同日　朱经农复函胡适,寄示悼徐志摩诗8首。(《胡适遗稿及秘藏书信》第25册,711～714页)

1月24日　钱玄同受李景全大夫之托,请胡适题写"陆学传人"四字横幅,并做几句跋说明,拜托胡在一两日内写好送来。(《胡适遗稿及秘藏书信》第40册,412～413页)

> 按,是年拜托胡适题字、题签的还有启知中学、安徽大学民国二十一年级校友会年刊编辑委员会等。(据中国社科院近代史所藏"胡适档案"不完全统计)

同日　王徵致函胡适,询胡适是否就北大文学院院长一职,又谈及梦缘的画蒙刘海粟嘉奖。(《胡适遗稿及秘藏书信》第23册,522页)

1月25日　胡适作有白话诗《水仙》。(《胡适手稿》第10集卷4,407页)

1月26日　下午2时,中基会第四十六次执行、财政委员会联席会议在该会会所举行,胡适、顾临、金绍基、周诒春、任鸿隽等出席,任鸿隽主持。(中国社科院近代史所藏"胡适档案",卷号2296,分号2)

同日　胡适收到一无名贺卡,贺胡适的生日,邮印模糊,似是"济南城站",署名为"One whom you know",字迹与前一日寄花人相同。胡适猜不出是何人所为。(据《日记》)

同日　陆小曼致函胡适，希望胡适能在2日前将2月的钱寄来，并且向胡适借钱过年。徐志摩之父不让陆小曼至徐志摩灵前。过年后将要搬家。(《胡适遗稿及秘藏书信》第34册，542～544页)

同日　何家槐致胡适一明信片，谢胡适为其作品题签。开学时将抄录数封徐志摩的信给胡适。(《胡适遗稿及秘藏书信》第29册，65页)

同日　胡洪开致函胡适，请胡适代为介绍上海教职给易熙吾。(中国社科院近代史所藏"胡适档案"，卷号1527，分号2)

同日　胡适的侄媳苑霞致函胡适，请胡适夫妇帮忙大洋100元，并尽快寄来。(中国社科院近代史所藏"胡适档案"，卷号1556，分号9)

同日　一位素不相识的广州中学生寒松致函胡适，述读胡适著作及对胡钦仰之意，并希望能转到北大高中，请胡适帮忙。(中国社科院近代史所藏"胡适档案"，卷号1808，分号4)

1月27日　胡适与丁文江、翁文灏设宴招待参加国难会议的北方熟人，到者有周作民、王克敏、汤尔和、蒋廷黻、徐淑希、陈博生、傅斯年、周寄梅、任叔永、林宰平、李石曾共14人。大家交换意见，都以为这会议不当限于讨论中日问题，但也不应对国民党取敌对态度。当以非革命的方法求得政治的改善。(据《日记》)

1月28日　日寇入侵上海闸北、吴淞一带，十九路军奋起抵抗。

同日　胡适草拟了一个办周报的计划，送给聚餐会的朋友们。蒋廷黻也拟了一个大政方针，分三项：一内政，二外交，三人生观。胡适认为"这方针不甚高明"。(据《日记》)

同日　应美公使N. T. Johnson夫妇饭约，同席者为Jnlian Arnold。胡适日记记：

> 英代使Ingram与美使都很悲观，他们都以为满洲是丢定的了。我却不能这样悲观。难道是感情蔽了我的理智吗？我到今天还以为直接交涉可以挽救不少。

同日　杨真江致函胡适，请胡适介绍教职或翻译工作机会。(中国社科

院近代史所藏"胡适档案",卷号1197,分号6)

1月30日　吴晗致函胡适,谈国民党及其政府卖国行为以及由此带来的苦痛,盼望胡适能提出解决的方法,"并指示一条应走的路"。(《胡适遗稿及秘藏书信》第28册,484～488页)

同日　陈大齐致函胡适,转告胡适关于《西游记》"施善昌"的资料。(《胡适遗稿及秘藏书信》第35册,254～256页)

1月31日　欧美同学会举行1931年度大会,并照章选举新干事3人,胡适当选,任期至1935年1月。

1月　《烟台张裕葡萄酿酒公司四十周年纪念册》印行,有胡适题词:

葡萄美酒,爱国血诚。酒人之友,国货之精。

张裕公司四十年纪念

胡适敬祝

同月　中外学术研究社出版之《近代名人言论集》收入胡适《思想革命与思想自由》。此讲演说:

建设时期中最根本的需要是思想革命,没有思想革命,则一切建设皆无从谈起。而要完成思想革命,第一步即须予人民以思想的自由。

……建设与革命,皆除旧布新之谓,无建设不是革命,无革命不能建设,思想革命与建设的本旨是并不违反的。

思想何以须革命呢?

(一)因为中国的传统思想,有许多不合于现代的需要,非把它铲除不可。(二)因为传统的思想方法和思想习惯亦不合于现代的需要,非把它改革不可。

又指出中国传统思想不适合于现代环境的有:无为、无志、高谈性理、无思无虑、不争不辩、知足。(《胡适全集》第21卷,453～455页)

同月　胡适等拟订的陆小曼给养办法,自本月开始实行:

（一）自民国廿一年一月起，小曼月费二百五十元，由舍间嘱托浙江兴业银行办理，由小曼于每月二十日凭折向银行支取。

（二）志摩生前著译出版之书，版权归其继承人所共有，版税暂归小曼一人收用。

（三）小曼倘另行结婚，以上办法概作为无效。（中国社科院近代史所藏"胡适档案"，卷号581，分号8）

2月

2月1日　罗隆基致函胡适，提出组织国防政府，"造成无党政治局面"等。（《胡适遗稿及秘藏书信》第41册，354～355页）

同日　周益湘致函胡适，希望得到翻译经济史相关机会。（中国社科院近代史所藏"胡适档案"，卷号1469，分号4）

同日　崔思让致函孙洪芬，请孙转告胡适：以译书费太过廉价，所以决定不卖。请将原稿赐还。（中国社科院近代史所藏"胡适档案"，卷号1804，分号10）

2月2日　冯致远致函胡适，告已为胡祖望在南开中学报名，又谈及宿舍难以解决等情。（中国社科院近代史所藏"胡适档案"，卷号0858，分号7）

2月5日　张学良、王卓然致函胡适，请胡代为撰拟说帖第十八项，以送交国联调查团。（《胡适遗稿及秘藏书信》第34册，512～513页）

2月7日　萧友梅致函胡适，提及因东方图书馆商务印书馆被炸被烧丧失版税收入，希望能作中基会的编译工作，翻译德国人作的《音乐史》。（《胡适遗稿及秘藏书信》第41册，148～149页）

2月8日—5月13日　胡适作有有关佛教史的札记四则。（《胡适遗稿及秘藏书信》第9册，188～207页）

2月8日　冯致远致函胡适，希望胡适补助其30元。（中国社科院近代

史所藏"胡适档案",卷号858,分号8)

同日 姚名达致函胡适,告东方图书馆被烧,商务印书馆损失惨重。若我军失败,打算从事政治及社会运动;若胜利打算仍旧作史学的研究。请胡适为其谋职。(《胡适遗稿及秘藏书信》第31册,97页)

2月9日 胡适致电罗文干:国联调查团将到,部中要档应较详备,深盼早整理备用。在南京的王世杰、周鲠生均可相助。(《胡适中文书信集》第2册,290页)

2月13日 独立社在清华俱乐部聚餐,胡适出席,是日日记有记:

……谈内政问题,方式为"怎样建设一个统一的国家",结论大致是:

1. 应渐渐由分权的名义上的统一做到实质上的统一。
2. 应努力做到物质上的统一的基础:完成干线的铁路网。
3. 应有健全的政府组织,从"革命的政治"走上法治的轨道。
4. 应做到全国和平不打内战。

吴宪君问,政权应如何分配?讨论的结果是:

1. 应取消"党内无派",使国民党自己分化成政党。
2. 应取消"党外无党",使国民党以外能有政党发生。
3. 国民党此时的专政,是事实上不能避免的。

周炳琳君对于国民党的前途甚悲观;其余皆非党员,却承认党外的政治团体更无希望。(据《日记》)

同日 胡适作有白话诗《猜谜》。(《胡适手稿》第10集卷4,408页)

同日 张元济复函胡适云:

商务印书馆诚如来书,未必不可恢复。平地尚可为山,况所覆者犹不止于一篑。设竟从此澌灭,未免太为日本人所轻。兄作乐观,弟亦不敢作悲观也。所最望者,主持国事、皈依三民主义之人,真能致民于生,而不再致民于死,则吾辈或尚有可措手之处。否则,摧灭者岂仅一商务印书馆耶！报称国难会员已在北平集会，我兄必有纾难之策，甚愿闻知。近人好以党国并称，弟窃怒二字不能并存，且恐并亡。未知卓见以为何如？（《张元济全集》第2卷，549页）

2月14日　深夜，胡适患病。（据《日记》）

2月15日　上午，胡适抱病到北京大学文学院，接收院长办公室并文学院图章。（据《日记》）

按，2月13日《北平晨报》报道：北大昨接校长蒋梦麟自沪来电，聘请胡适之为文学院长该校接电后，函达胡氏，请其十八日到校视事矣。

又按，2月29日，北京大学校长蒋梦麟签署聘书，聘胡适为北大文学院院长。（中国社科院近代史所藏"胡适档案"，卷号2321，分号1）

同日　上午10点，胡适到协和医院，请Dr. Hall诊视。旋出席协和医学校的董事会执行委员会，开会一个半小时。午，到东兴楼赴刘、周两院长及王霖之、刘半农等之约。（据《日记》）

同日　D. R. Sze函介Miss Ruth F. Woodsmall与胡适，并随函附上Miss Ruth F. Woodsmall信的副本以及Miss Ruth F. Woodsmall致D. R. Sze的信。Miss Ruth F. Woodsmall的报告对美国人之于中国的观点是有影响力的，因此期望胡适能给Miss Ruth F. Woodsmall尽可能的帮助。（中国社科院近代史所藏"胡适档案"，卷号E-355，分号1）

2月16日　袁洪铭复函胡适，以胡适在《四十自述》中不写恋爱经历为憾。以胡适的《中国哲学史大纲》《白话文学史》未续完为憾。向胡适索取《白话文学史》《词选》及个人照片。（中国社科院近代史所藏"胡适档案"，卷号1639，分号3）

2月18日　张伯苓致函胡适，推荐南开大学毕业生王文光在中基会编译委员会从事翻译工作。（《胡适遗稿及秘藏书信》第34册，206页）

同日　熊佛西函候胡适的病。（《胡适遗稿及秘藏书信》第38册，642页）

1932年　壬申　民国二十一年　41岁

2月20日　陈垣将田农《西洋史表解》4册函寄胡适，询此书是否有出版价值。(《陈垣来往书信集（增订本）》，204页)

同日　汪孟邹电询胡适病状。(中国社科院近代史所藏"胡适档案"，卷号1115，分号9)

2月23日　胡祖望禀胡适，问疾。(中国社科院近代史所藏"胡适档案"，卷号677，分号4)

同日　郭子雄致函胡适，谈及：得徐志摩死讯非常伤心；日本在上海的暴行令人愤慨，连罗素与狄更生都来信表示同情。希望胡适能为其在北大谋职。(中国社科院近代史所藏"胡适档案"，卷号1590，分号4)

2月24日　胡祖望禀胡适，问疾。(中国社科院近代史所藏"胡适档案"，卷号677，分号2)

2月　蔡元培致函胡适，云：

……日人破坏一切，毫无顾忌，平民生命财产，固已损失不赀，而对于文化机关，尤肆摧毁，如东方图书馆所搜集之方志，不少孤本，尽付一炬矣！商务印书馆有多数受训练之人物，有三十年之信用，复兴非无望，但短时期内当然停顿，编译所中学者多患失业。前日周鲠生兄谈及，可否请先生于编译委员会中，酌量扩张，吸收一部分学者，如李圣五……之类，弟深题其议，谨以贡献于左右。(《蔡元培全集》第12卷，24页)

2月下旬或3月初　孙楷第致函胡适，寄呈释元曲"兀的"二字的文章一篇，又云在日本所阅小说题记已完成，请胡适赐序等。(《胡适遗稿及秘藏书信》第32册，568～571页)

3月

3月1日　罗隆基致函胡适，云：参加救国会的王造时因学校欠薪，希望在胡适的编译委员会里担任翻译。(《胡适遗稿及秘藏书信》第41册，

356～357页）

3月3日　袁昌英致函胡适，提到武汉大学的几十位女子亲手赶做棉背心1000件，以接济义勇军，请求胡适亲自在北平打听一个寄交的处所。（《胡适遗稿及秘藏书信》第31册，652～654页）

同日　北平师大物理系学生严德炯致函胡适，请教在国难一天危急过一天的时候，硬着心理头读书，在道理上说得过去吗，在"爱国"二字上讲得过吗；若做些爱国的事情，做什么好。（中国社科院近代史所藏"胡适档案"，卷号1145，分号8）

3月4日　陈正谟致函胡适，希望胡适向王世杰和陈源推荐其入武汉大学教授西洋哲学等课程，并详述自己履历。（《胡适遗稿及秘藏书信》第35册，295～299页）

3月8日　徐旅人致函胡适云，1928年曾呈上采集之《武夷山采茶歌》，蒙胡适称赏，除允为其介绍出版外，并送20元作为去日本旅费的补助，至今感激。希望面见胡适，询《武夷山采茶歌》的消息，并探视胡适的病。又请胡适介绍译书的机会。（中国社科院近代史所藏"胡适档案"，卷号1724，分号13）

3月9日　日寇在长春建立所谓"满洲国"。

3月10日　裔寿岳致函胡适，请胡适出任中国公学校长，又谈及1月28日日军侵略上海之情形。（中国社科院近代史所藏"胡适档案"，卷号1884，分号3）

3月12日　王造时函寄章太炎、张君劢、张伯苓等26人具名的"国难会议建议案"一份与胡适。（中国社科院近代史所藏"胡适档案"，卷号2265，分号3）

同日　郭璨然致函胡适，告自己拟编《中国新文学概观》的计划，以及自己从事国文教学的详情。又希望胡适暑假能来山西演讲等。（《胡适遗稿及秘藏书信》第33册，270～277页）

3月14日　伍光建致函胡适，提到上海在战火中的情形，希望能提前拿到翻译费用。（《胡适遗稿及秘藏书信》第26册，103～104页）

3月15日　J. Wong-Quincey致函胡适,云:昨日探视您之后想到您的出院后疗养问题。西山自然是您的首选,但因为宾馆条件简陋等不便,希望您到清华的敝宅来休养,可以为您提供卧室、单独的卫生间和会客室,可以在餐饮方面提供方便,等等。(中国社科院近代史所藏"胡适档案",卷号E-387,分号3)

3月16日　顾颉刚致函胡适,介绍燕大毕业生赵泉澄,希望胡适能在中基会之编译会为其谋一工作。(《胡适遗稿及秘藏书信》第42册,439～440页)

3月18日　王世杰函邀胡适于4月15日惠临武汉大学,"对于敝校同人未来工作予以指示,对于学生赐以教言"。(《胡适遗稿及秘藏书信》第23册,554～555页)

3月19日　傅斯年为《独立评论》立案事,草拟一函与王卓然,请胡适具名发出。(《胡适遗稿及秘藏书信》第37册,407～408页)

　　按,胡适还为此事致函北平市公安局局长鲍毓麟。(《胡适遗稿及秘藏书信》第20册,278页)

同日　蔡元培致函胡适,介绍商务印书馆陈岳生到中基会编译委员会担任译务。(《胡适遗稿及秘藏书信》第39册,309～316页)

同日　北平市政府函邀胡适出席4月1日在洛阳召开的国难会议。(中国社科院近代史所藏"胡适档案",卷号2264,分号4)

3月20日　郭璨然致函胡适,致赠铭贤学校部分校刊请胡适指导。又邀请胡适为山西学生暑期夏令会演讲。(《胡适遗稿及秘藏书信》第33册,278～279页)

3月21日　胡祖望生日,特意买鲜花赠送父亲,并祝父亲早日出院。(中国社科院近代史所藏"胡适档案",卷号677,分号3)

3月22日　胡祖望禀胡适,告今日看到丁文江给赵松岩的信说父亲病已好,又得妈妈信也说胡适病已好,很快活。(中国社科院近代史所藏"胡适档案",卷号677,分号4)

3月23日　胡适、丁文江、傅斯年、翁文灏、陶孟和、任鸿隽、李济联名致电国联秘书长，揭露日人宣传伪满洲国真相：

  吾人抗议日方不断的宣传，称所谓伪满洲国系代表满洲人民之自决。查满洲人民极大多数均为汉人，伪国名义上之领袖溥仪，以前从未至满。凡参加此项组织者，均为性质可疑之以前官僚与军阀，受恫吓与贿赂之胁迫，成为日人之傀儡。伪行政院系受日人熊井操纵，每部均聘有日本顾问。自伪国成立以来，各地义勇军战事愈益增加。以日方之傀儡，视作中国人民之代表，不仅为一种损害，且为侮辱。希望国联调查团能不受日人及其傀儡之干涉或操纵，使用独立方法，以证明中国人民之真正志愿。幸甚。（《战地摄影》，1932年第1期；又载《申报》，1932年3月30日）

3月24日　陈源致函胡适，谈凌叔华译书以及自己的译书方法诸事。又谈及：你同叔永都说国难会议后，可以来看看武大的新校舍。这里的朋友听了，都非常的高兴。学校已有正式的公函请你们来参观了。希望无论如何，拨冗一行。仲揆、楚青也可以来。如有别位朋友高兴同来，我们无不欢迎。（《胡适遗稿及秘藏书信》第35册，104～106页）

3月27日　山西学生夏令会函邀胡适于7月1日来汾阳演讲"青年的出路与中国"。（中国社科院近代史所藏"胡适档案"，卷号2284，分号1）

3月29日　罗尔纲致函胡适，惊闻胡适住院，恳请胡适静养休息，因为胡适的身体和事业都不仅属于胡适，而是全人群的。本拟元宵节后北上随侍胡适，但因战争阻住行程，待战事平定即北上"侍奉吾师"。（《胡适遗稿及秘藏书信》第41册，408～409页）

  按，同日，罗尔纲还致江冬秀一函，请江劝胡适好好静养。（中国社科院近代史所藏"胡适档案"，卷号1433，分号9）

3月30日　H. W. Peters致函胡适，云：The Cornell Board of Trustees将举行选举，Mary M. Crawford是候选人，请您投票给她。若Mary M. Crawford获选,将是The Board of the Cornell Medical College的唯一女性代表。(中国社科院近代史所藏"胡适档案",卷号E-316,分号6)

3月　胡适在平津国难会议委员会中领衔提出《国难期中一致御侮案》(罗隆基起草)。主要内容:争取的目标是收回东北失地,肃清淞沪敌踪。达此目标之前,一切政党停止争政权的活动,国民党机关亦停止干涉一切政务。在不违上下目标的前提下,一切政治结社自由。(耿云志:《胡适年谱》,福建教育出版社,2012年,164页)

同月　孙楷第致函胡适,谈《列国志》等旧小说。(《胡适遗稿及秘藏书信》第32册,572～574页)

4月

4月4日　胡适致函蒋梦麟,因病不能出席国难会议,请代向汪精卫等解释。又详述不能担任北大校长之理由,又劝蒋梦麟不要抛开北大:

> 北大的事,我深感吾兄的厚意。但我决不能接受这种厚意。……我是不客气的人,如北大文学院长的事,我肯干时,自己先告诉你,不等你向我开口。但我那番举动,只是要劝告吾兄回北大,只是要使维持北大的计划可以实现;只是要在这几个月计划明年的改革。不料我到北大的第一日就病倒了;直到今日,什么事都没有做。当日的动机,只达到了请吾兄回北大一事。今若并此一事也办不到,若吾兄先丢开北大,我也没有继续担任文学院院长的义务了。
>
> 我现在担任文学院事,既不受薪俸,又不用全日办公,这是"玩票"式的帮忙,来去比较自由。北大校长的事,就大不同了。中基会的董事,编译会的委员长,都发生了问题,我自己的生活与工作两项也根本上发生问题。自由将变为义务,上台容易,下台就很难了。
>
> 无论我大病之后,决不能担任,在几年之内我决不自投罗网。……如果你丢开北大,或者政府发表我长北大,我只好连那"玩票"式的

院长职务一并辞去——这不是闹脾气，实在是因为一来我本说的是帮你的忙，二来我还没有算得我的一场大病。

……为吾兄计，似亦不宜抛开北大。一月八日之中基会，去年只有三个月；当时吾兄面许回到北大任事，似不宜匆促丢开。况且此时教育部长非少年有胆气肯作恶人者不能胜任愉快。如平、津高等教育问题，吾兄将如何应付？若一切无办法、无计画，岂可贸然担任？教育部事，最好能选一位与北大无历史关系的少年人去干一两年。吾兄以为如何？北大有许多真心爱护的朋友，"无所为"的尽心帮忙，即此一点，应该可以有为，吾兄舍此苦吃苦做，可以有为的小局面，而另投入一个毫无把握而可以预料其一无可为的政治漩涡，似非我们做朋友的应该劝驾的。《胡适之先生年谱长编初稿》第三册，1021～1022 页）

4月8日　赵泉澄致函胡适，感谢胡适延见并给以批评和忠告。述自己笃志向学之经历。感谢胡适答允为其留意适当的位置，自己希望在史语所读研究生或在图书馆做编目这样的职位。（中国社科院近代史所藏"胡适档案"，卷号1504，分号3）

4月9日　吴俊升致函胡适，谈抵美后情形，又谈到下半年不拟担任教育系主任，另荐陈大年继任。（《胡适遗稿及秘藏书信》第28册，490～491页）

4月10日　王造时致函胡适，询问所拟翻译之书是否合意。又云：

此间不出席国难会议同人已发起民宪协进会（《我们到什么时候才有宪法》一文至今已发生实际影响矣！），用和平的方法来要求民主的宪政。先生以为如何？（《胡适遗稿及秘藏书信》第24册，260～261页）

4月15日　上午10时，中基会第五十次执行、财政委员会联席会议在该会会所举行，胡适、顾临、金绍基、任鸿隽等出席，任鸿隽主持。（中国社科院近代史所藏"胡适档案"，卷号2296，分号2）

同日　储皖峰致函胡适，述自己在1月日军入侵上海时的损失。又提

及陈漱琴、汪静之、刘大白、姚名达、顾颉刚等人近况。(《胡适遗稿及秘藏书信》第41册，39～44页)

4月17日　胡适函寄丁文江一稿，请丁切实批评。又云："总觉得此次办报没有《努力》时代的意兴之十分之一！"(《胡适遗稿及秘藏书信》第18册，3页)

同日　Laymen's Foreign Missions Inquiry 的主席 William Ernest Hocking 函谢胡适寄赠著作，对 Symposium on Chinese Culture 一书极感兴趣。现正拜读大著 The Development of Zen Buddhism in China，并希望保留这个单行本。寄上拙著 Types of Philosophy。希望在离平之前能再度会晤胡适。(中国社科院近代史所藏"胡适档案"，卷号 E-238，分号5)

4月18日　周作人日记有记："七时往西板桥，应幼渔之约，见太炎先生。逖先、玄同、兼士、平伯、半农、天行、适之、梦麟，共十一人。十时回家。"(《周作人日记》下册，227页)

4月19日　张元济致函胡适，主要为其子张树年撰写有关东三省自建铁路论文搜集材料事请胡适帮忙。(《胡适遗稿及秘藏书信》第34册，101～103页)

4月21日　下午2时，中基会第五十一次执行、财政委员会联席会议在该会会所举行，胡适、金绍基、周诒春、任鸿隽等出席，任鸿隽主持。(中国社科院近代史所藏"胡适档案"，卷号2296，分号2)

4月24日　吴晗致函胡适，请教《明史》的有关问题等。(《胡适遗稿及秘藏书信》第28册，469～475页)

4月25日　陈梦家致函胡适，自述在青岛大学的现况。请教胡适对《诗刊》是否停办的意见。(《胡适遗稿及秘藏书信》第35册，512～513页)

4月26日　王赓致函张歆海、胡适，感谢张、胡"种种地方招呼小曼"，并要张、胡转告陆"好好安心调养"。(《胡适来往书信选》中册，110～111页)

4月27日　下午2时，中基会第五十二次执行、财政委员会联席会议在该会会所举行，胡适、金绍基、周诒春、任鸿隽等出席，任鸿隽主持。(中国社科院近代史所藏"胡适档案"，卷号2296，分号2)

同日　胡适答杨尔璜，论历史观：

我不赞成一元论的史观，因为我没有见着一种一元史观不走上牵强附会的路子的。凡先存一个门户成见去看历史的人，都不肯实事求是，都是寻事实来证明他的成见。有困难的时候，他就用"归根到底"的公式来解围。可是"归根到底"，神的一元也可成立，心的一元也可成立，岂但经济一元而已？

要知经济条件的变成历史上重要因子，不过是最近几百年间的事。在经济生活简单的时代，往往有许多别种因子可以造成极重大的史实。史家的责任在于撇开成见，实事求是，寻求那些事实的线索，而不在于寻求那"最后之因"——那"归根到底"之因。那个"最后之因"，无论是宇宙论里的上帝，或是史学上的经济条件，都是不值得我们的辛勤的，因为太简单了。……（《胡适遗稿及秘藏书信》第20册，168～169页）

按，4月26日，杨尔璜致函胡适，与胡适辩论唯物史观问题，杨函云：

先生说：为甚么在一个经济环境中产生各种思想？这个问题，初看起来，好像能打倒唯物史观似的，其实这是对于唯物史观尚未彻底通晓所发生的问题。马克斯说："由物质的生产之一定形态，第一产出社会的一定编制，第二产出人类对于自然的一定关系。国家的形态和精神的见解，都是由这两件来规定的。"又说："这些生〔产〕关系的总和，形成那社会之经济构造，即形成法制的政治的上层建筑所依以树立，和一定社会的意识形态与他相适应的真实基础。物质的生活之生产形式，是决定社会的政治的和精神的生活过程一般的条件。不是人类的意识规定他们的存在；反之，乃是人类之社会存在规定他们的意识。"唯物史观并不是主张一个经济环境，就产生同一的时代思想，因为在阶级社会里边，虽然都在一个经济组织之下，也因支配与被支配，剥削与被剥削，压迫与被压迫的不同，所以他们的学术思想不同，不是代表支配阶级，便是代表被支配阶级；不是保守，便是改造或革命。虽然有种种学术潮流，还是逃不出那时的社会经济环境。比如说春秋战国时代，正是社会变革的时候，所以产生各种各样的学术思潮，以便应付环境，解决问题；但只能产出孔子呀、老子呀、墨子呀，以至于法家、杂家等种种派别。不能产出卢梭，不能产出马克斯，为甚么呢？物质条件限制的缘故呀。再比如……十五世纪时候的欧洲人没有飞机的意识；现代人顶远的理想只是社会主义、共产主义，以至无政府主义。几千年甚至几万年以后，究竟有甚么物质文明，怎样的社会组织，我们现代人无论如何是想像不到的。所以一切的学术派别，终极的原因，总是脱不了该时社会经济的圈子。

其次，先生不赞成历史的一元观，而主张多元的历史观，认为历史现象，经济固然是一个因子，而政治、法律、宗教、道德等等都是历史的因子，唯物史观也承认政治、法律、宗教、道德都互有影响，不过我们要问这政治、法律、宗教、道德等的东西，又是从哪来的？换句话说，这些因子的因子又是甚么？在唯物史观看来，仍然是社会的经济组织。所以马克斯说："教育者自身必须受教育的事情"，那意思就是说一切归根到底，还是要受经济所左右的。不过这篇文章内所说的经济，得加以注释，以免误会……（《胡适遗稿及秘藏书信》第20册，170～172页）

又按，胡适档案中有一通复杨函之残稿，续论此问题：

我看了你的第二信，知道你的成见已很深，我本不愿继续作无益的讨论了，只不忍不指出这几点：

第一，凡求"最后之因"的，都往往忽略当前的事实，甚至于抹煞事实来自圆其说。

第二，你说你们"寻得了支配历史的规律"，我要请你注意，没有"规律"可以"支配历史"。信唯物史观的人更不应说这话。

第三，研究历史的人应该多研究历史，然后谈"史观"。

第四，多元论不是成见，因为多元论的精神在于……（《胡适遗稿

及秘藏书信》第 20 册，173 页）

5月

5月2日　何家槐致函胡适，告暴日侵沪，中国公学损失惨重。最可惜徐志摩给自己的 53 封信件亦付之一炬。又请胡适题字。(《胡适遗稿及秘藏书信》第 29 册，66～69 页）

5月4日　任鸿隽致函胡适，告为美款事曾去见汪精卫，汪氏看到朱家骅的信之后，即自动写信给宋子文要宋照办。在《时代公论》上看到程其保讨论庚款的文章，似应公开答复一下，自己写了一文可否刊登《独立评论》？柳诒徵在《时代公论》上撰文，也开始用白话文了。(《胡适遗稿及秘藏书信》第 26 册，621～622 页）

5月9日　张元济复函胡适，感谢其为张树年提供论文材料和建议。商务印书馆事，近两月以来完全对付工会等。(《胡适遗稿及秘藏书信》第 34 册，104～105 页）

5月10日　胡适致函钱玄同，云：

> 颉刚的信使我很高兴，姚立方的遗著的发现，是近代学术思想史上的一件重要事，不单是因为姚氏的主张有自身的价值，并且这事可以表示近年中国学术界的一个明显的倾向。这倾向是"正统"的崩坏，"异军"的复活。在思想方面，李觏、王安石、颜元、崔述、姚际恒等人的抬头，与文学方面的曹雪芹、吴敬梓的时髦是有同一意义的。(《鲁迅博物馆藏近现代名家手札》〔三〕，201～202 页）

同日　受朋友邀约，胡适、丁文江、陶孟和与来访的费正清（J. K. Fairbank）在北平东兴楼饭庄餐叙。

〔美〕费正清著《费正清自传》：

> 我未来的岳父卡侬博士写信把我介绍他所认识的北京协和医学院

的生理学家。……1932年5月10日,他的介绍有了效果,他的熟人邀请我到东兴楼饭庄会见一些我应当认识的名人……

我发现,在座间等候我的人们中多半都是中国问题研究方面的精英。他们中有胡适(1891—1962年),北京大学校长;陶孟和(1887—1960),北京社会研究所所长;丁文江(1887—1936),中国地质调查所研究员。他们看上去都很年轻,不过四十来岁。他们都能讲一口流利的英语。胡适曾留学于康乃尔大学、哥伦比亚大学;陶孟和曾留学伦敦大学;丁文江曾留学格拉斯哥大学。然而,他们都受过良好的中国古典教育。他们也都扮演着全能的角色:学者、行政官员、当代政策问题的研究者、作家、劝谏统治者的传统士人。

现在回想起来至为遗憾,由于当时的初出茅庐,没能认识到他们的重要价值……(黎鸣、贾玉文等翻译,黎鸣校:《费正清自传》,天津人民出版社,1993年,55~56页)

同日 北平大学法学院经济系教授侯玉枢致函胡适,自荐翻译马克思的《剩余价值学说史》。侯函介绍此书内容:一部经济思想史,为国人不知者,量与质与《资本论》相若。《资本论》犹哲学概论,《学说史》犹哲学史,后者为研究前者之必要知识。(中国社科院近代史所藏"胡适档案",卷号1579,分号3)

5月13日 胡适致函《探讨与批判》编辑,谈该刊发表的《国立各校罢课问题与庚款》:

(一)此文的作者发问:"难道国立各校的同学们没有担负一切学费,如私立学校的同学们一样么?"作者何不费半日工夫去调查各校的实情?北平国立各校的学宿等费本来就是最轻微的,然而实际上能收到学宿费的有几个学校呢?北京大学每年预算九十万,但全校学费……只有一万二千元,只占千分之十三而已。

先生,我们没有做到免费的小学教育,可是已快做到完全免费的大学教育了。岂不是开世界风气之先吗?

（二）此文作者又发问："为什么胡适、任鸿隽等可以支配中美庚款补助留学生及其他文化事业？为什么中美庚款只补助清华大学？为什么这一切一切的庚款用途等等大小账目至今未有一次公诸社会？为什么一切庚款的保管者、支配者，到今天没有听到更换过？"

先生们既然要讨论这些问题，最好先调查一点事实，作讨论的根据。胡适、任鸿隽等是正式保管中美庚款的董事，他们的权限是有明文规定的，他们的任期是有一定的长短的，董事的按期改选是每年公布的——最近一月八日蒋梦麟、赵元任两董事辞职，改选周诒春、徐新六两君，作者难道没有看见报纸上的公布？

至于一九〇八年第一次退还的中美庚款专用于清华大学，这事的历史已有二十四年之久了，作者难道也不曾听见过？

至于中美庚款的"用途等等大小账目"，中华教育文化基金董事会每年印有详细报告，都有中外会计师的审查报告的证明，国内外的公共图书馆都藏有此项报告书，作者只须向南长街二十二号函索，就可以得一全份。（《胡适遗稿及秘藏书信》第20册，382～385页）

同日　北平《世界日报》刊登胡适、刘复、周作人、谢冰心、韦丛芜、章廷谦、台静农、俞平伯为打击盗版而致北平市长的公开信：

窃查著述品之多少，出版业之盛衰，关系一国文化至深且钜。东西各国，著述出版两业之发达，什百倍于我华，良由其政府提倡保护，不遗余力，或加损害，无不严重取缔，故能收今日之效。鄙人等从事著述有年，所有作品，均分交各书局出版，各书局亦多能以福利社会为怀，不斤斤于利益之厚薄，故近年以来，幼稚之出版界，始稍有蓬蓬勃勃之气象。乃萌芽甫茁，摧折横来，迭据报告坊肆奸商，大肆其翻版手段，渐由上海蔓延平津。稍有价值之书，靡不有翻印伪本，托乌有之店名，劣低廉价，以助销售，考其内容，则割裂拼凑，不复成文，亥豕鲁鱼，讹误百出，著述本旨荡然无存，甚或以反动思想，混杂其中，于以窃售其传播邪说之毒计，其为危害不可胜言。鄙人等版权之被侵,各书局血本之受损,犹其余事,贵市长维护文化,凤具热忱,深望对此著述出版两界之蠹贼,特加注意,除分函教育、公安、社会各局,并由各书局随时侦查举发外,特此函恳严饬取缔云云。……

同日　胡适赠胡思杜《格林童话集》上册(世界书局,1931年)。(《胡适藏书目录》第1册,95页)

5月15日　兰金致函胡适,请胡适想办法补助华夏大学。(《胡适遗稿及秘藏书信》第42册,799~800页)

5月16日　胡适作有《宪政问题》一文,指出:宪政和议会政治只是政治制度的一种方式,不是资产阶级所能专有,也不是专为资本主义而设的;议会政治与宪政不是反对"民生";我们不信"宪政能救中国",但深信宪政是引中国政治上轨道的一个较好的方法。(《独立评论》第1号,1932年5月22日)

同日　胡适作有《上海战事的结束》一文,指出:三个月的淞沪事件发现了我国民的抵抗力,提高了民族自信心;引起了政府负责任的态度。(《独立评论》第1号,1932年5月22日)

同日　唐庆诒致函胡适,请胡适将其介绍给英国罗克斯培教授,以取得中英庚款委员会资助的赴英演讲之席。(中国社科院近代史所藏"胡适档案",卷号1619,分号4)

5月19日　夜,胡适的"中国中古思想史"的提要脱稿。

同日　李宗吾致函胡适,请胡适指正其著作。(中国社科院近代史所藏"胡适档案",卷号1164,分号2)

同日　胡适在明人李贽评、李春芳叙《新镌全像武穆精忠传》八卷(清代三让堂刻本,1函7册)题记:"李春芳本《精忠传》是明人的本子,与后来改作的大不相同,故可宝贵。此本缺卷四。价肆元。一九三二,五,十九。胡适。"(《胡适藏书目录》第3册,1636页)

5月20日　余勋绩致函胡适,谈中国公学自胡适去后校长更迭及毁于战火事,又谈及四川军阀割据、土匪遍地等情。又云,据报载胡适将长北大,

拟于下学期转学北大等。(《胡适来往书信选》中册，113～115页)

同日　董时进致函胡适，感谢胡适答允介绍出版社，函寄书稿有关目录等文件，希望胡适介绍的书局版税不在15%以下。(中国社科院近代史所藏"胡适档案"，卷号1843，分号12)

5月22日　《独立评论》创刊。该刊《引言》称：

> 我们八九个朋友在这几个月之中，常常聚会讨论国家和社会的问题，有时候辩论很激烈，有时候议论居然颇一致。我们都不期望有完全一致的主张，只期望各人都根据自己的知识，用公平的态度，来研究中国当前的问题。所以尽管有激烈的辩争，我们总觉得这种讨论是有益的。
>
> 我们现在发起这个刊物，想把我们几个人的意见随时公布出来，做一种引子，引起社会上的注意和讨论。我们对读者的期望，和我们对自己的期望一样：也不希望得着一致的同情，只希望得着一些公心的，根据事实的批评和讨论。
>
> 我们叫这刊物做《独立评论》，因为我们都希望永远保持一点独立的精神。不倚傍任何党派，不迷信任何成见，用负责任的言论来发表我们各人思考的结果：这是独立的精神。

翁心鹤、翁心钧整理《翁文灏自订年谱初稿》：

> ……东北沦陷，极为震惊，且日本进侵方兴未艾，在北平更常见日军行动，日机飞行，深恐大好河山，竟归破裂，向来安心研究，受艰苦而不辞者，至此则为国局前途，忧从中来，难安寤寐。
>
> 其时在平友人，多同此感，因与胡适、丁文江、周炳琳(北京大学)、蒋廷黻、吴景超(清华大学)、傅斯年(中央研究院)、吴宪(协和医院)、竹垚生(浙江银行)诸君共同印行《独立评论》周刊。对于当时大局，重在唤起人心，共保国土，决不可轻中日本传言，半壁自安，放弃北部。对于国家前途，则主张实行民主政治，经济建设，发扬国力，

保国疆围。对于日本，则以地处近邻，不宜隔阂，节叙概要以为绍介。(《近代史资料》第88号，62页）

同日　胡适致函徐新六，云：自己在兴业银行有两批押款，一批是用商务股票20股作保证，一批是以徐借给自己的地契作保证。两笔款现在大概都到期了。请徐代为cash附呈的美金支票两纸（$375.97+$13.00），共美金$388.97，或即照市价卖给贵行。此款尚不敷还清两项借款，请代为先还一笔，取出徐借的地契奉还；其余用商务股票作保证之款，乞代展限一期。（中国社科院近代史所藏"胡适档案"，卷号611，分号3）

5月25日　《北京大学日刊》第2841号刊登《公告》：本校教育学系主任一职，已由校长聘请文学院院长胡适先生兼任，特此通告。

5月28日　刘公任致函胡适，告知近况，问候胡适病情。希望看到《独立评论》。(《胡适遗稿及秘藏书信》第40册，31～33页）

5月30日　下午2时，中基会第五十三次执行、财政委员会联席会议在该会会所举行，胡适、金绍基、周诒春等出席，周诒春主持。（中国社科院近代史所藏"胡适档案"，卷号2296，分号2）

5月　胡适的《中国中古思想小史》出版。

同月　傅斯年赠清人杨守敬绘《历代舆地沿革险要图》一卷（1906年，宜都杨氏刻本）与胡适，有题记："民国十七年八月，上海。斯年记"，"多了一本，便送给适之先生，斯年。二十一年五月"。(《胡适藏书目录》第2册，1353页）

上半年　王云五致函胡适，述商务印书馆因为一·二八国难损失惨重情况，现力谋复兴，请胡适予以指导并交著作由商务出版：

敝馆不幸，惨遭国难，三十六年来对于文化事业之贡献一时几完全停顿……敝馆虽经此巨创，以感于所负使命之重大，且不愿贻我民族以一蹶不振之诮，数月以来，收拾余烬，并与种种阻力奋斗，以维持此不绝如缕之事业。现当总馆复业之始，不能不仰赖全国著作界念其已往之成绩，悯其遭遇之困难，加以扶掖指导。……惟是学术之进步日新月异，旧出版物固当重排，新著作亦宜广印。……拟于最近期内每日出版新书一种，顾兹事体大，非集全国著作界之力，不足以期成。敝馆夙有编译所之组织，现改设编审委员会，一切计划咸属草创，组织亦较前简单，意在集合全国著作家之作品，而不专赖馆内同人之著作。因之今后出版方针之如何决定，出版业务之如何兴革，非集全国著作界之意见不足以臻完善。凤仰先生学术湛深，著作宏富，爱护敝馆尤不遗余力。务祈时赐南针，匡我不逮。如承以大作委托印行，当视能力所及，次第出版。……（《胡适来往书信选》中册，146～147页）

6月

6月2日　李青崖致函胡适，寄上译作《俘虏》，请胡适指正。（《胡适遗稿及秘藏书信》第28册，208～209页）

6月3日　包赟致函胡适，请胡适帮忙介绍暑期住处。（《胡适遗稿及秘藏书信》第24册，721页）

同日　冯致远致函胡适，从胡思猷处得知胡适下学期不再供思猷上大学，为其说项。又谈及自己的饭碗问题。因毕业在即，酬酢多，胡适前寄来的30元已经用完，可否再补助30元？（中国社科院近代史所藏"胡适档案"，卷号858，分号9）

6月5日　胡适在《独立评论》第3号发表《废止内战大同盟》一文，希望废止内战运动应努力做到：要求那些表示不参加内战的军人参加这个运动；忠告国民党在党内建立"和平方式改换政权"的制度；提倡裁兵；督促政府早日实行宪政。

同日　郑阳和致函胡适，告自己受段锡朋的排挤被迫去职。若任鸿隽来，希望胡适能推荐自己为会计主任。（《胡适遗稿及秘藏书信》第39册，195～197页）

6月7日　王世杰致函胡适，告，昨日在南京汪精卫对渠云：拟予于暑

1932年　壬申　民国二十一年　41岁

假开始之时，约胡适及傅斯年、陶孟和、李四光等来南京小聚，商东北问题。蔡元培亦允届时必到，并可于文化基金会闭会时邀胡适一同南下。切盼汪函到时，胡适不再以脚软不能行路而拒绝南行。又谈及请中基会补助武汉大学事等。(《胡适遗稿及秘藏书信》第23册，558～560页)

同日　姚士鳌、梁颖文、赵懋华3人联名致电傅斯年转胡适，"闻被选普鲁士学院会员，东亚人与选自先生始增民族令誉，敬贺"。(中国社科院近代史所藏"胡适档案"，卷号1582，分号2)

同日　丁文江致函胡适云，梁启超的内侄婿作了一篇书评，原书就不高明，也许不得体，认为不能发表。请胡适定夺。(《胡适遗稿及秘藏书信》第23册，163页)

6月8日　下午2时，中基会第五十四次执行、财政委员会联席会议在该会会所举行，胡适、金绍基、周诒春、任鸿隽等出席，任鸿隽主持。(中国社科院近代史所藏"胡适档案"，卷号2296，分号2)

6月9日　凌叔华致函胡适，告陈源的病好多了，但身体很疲弱。希望半个月后去北平，能在协和医院彻底诊察一下。(《胡适遗稿及秘藏书信》第31册，528页)

同日　郑寿麟函贺胡适被选为普鲁士科学院会员。(中国社科院近代史所藏"胡适档案"，卷号1394，分号3)

6月10日　洪业致函胡适，告：哈佛燕京学社理事会于4月11日在波士顿举行的年度会议上，决定在中国任命两名顾问委员。今代哈佛燕京学社的行政秘书博晨光通知您：您获任命为顾问委员之一，期望您能接受此任命。(中国社科院近代史所藏"胡适档案"，卷号E-238，分号5)

6月12日　中国公学校董会开会，推王云五等为常务董事，并设立复兴委员会，推王云五、胡适等18人为委员，担负中公复兴之责。(《申报》1932年6月12日)

同日　何廉复函胡适云：很遗憾无法为 The Weekly 撰文，但拟写 China Economic: Today 的系列文章，第一部分是"Land and Population"，今天将写好，明天寄给您。The Weekly 在南开销售极佳，并已在 The Nankai Cooperative Store 售卖。(中国社科院近代史所藏"胡适档案",卷号 E-226,分号 1)

6月13日　胡适作有《论对日外交方针》一文,呼吁南京政府早日制定外交方针,又提出直接与日本交涉、收复东三省主权、在东三省不驻兵等 10 条具体建议。(《独立评论》第 5 号,1932 年 6 月 19 日)

> 按,6 月 18 日,张季鸾、吴鼎昌曾致函胡适,赞同此文。又表示"以后或尚有机会,当随同先生努力"。(《胡适遗稿及秘藏书信》第 34 册,452～453 页)

同日　顾颉刚来访。(《顾颉刚日记》第二卷,648 页)

同日　陈光甫致函胡适,告国际问题研究会推胡适担任该会研究组筹备委员,请胡适"慨允担任"。(《胡适遗稿及秘藏书信》第 35 册,333～339 页)

6月14日　张奚若复函胡适云:为《独立评论》作文,本属应尽义务,"不过近年来政治问题日趋复杂,立言颇觉不易。同时个人勇气与年俱减,遇事先见其难处,结果更难下笔"。又谈及前所借《努力》千元,"今承兄慨允每月归还廿五元的轻而易举的办法,衷心非常感激,请即自本月起实行……"(《胡适遗稿及秘藏书信》第 34 册,296～297 页)

同日　林徽因致函胡适,为上次胡适来访而不在感到可惜。江冬秀请林徽因帮忙在西山留意房子,现正洽商中。感谢胡适送来《独立评论》。又告梁思成去宝坻考察古建。(《胡适遗稿及秘藏书信》第 29 册,384～387 页)

6月16日　北京大学公布《国立北京大学组织大纲》,自 7 月 1 日起实行。《大纲》规定:施行学院制,改文、理、法三科为文、理、法三学院,各学院置院长一人,商承校长综理各院院务,由校长就教授中聘任之;各学系置系主任一人,商承院长主持各系教学实施之计划,由各院院长商请校长聘任之;设研究院,其组织另定之;设课业处;原总务处改为秘书处;取消原来的评议会,设校务会议,由校长、秘书长、课业长、图书馆长、各院院长、各系主任及全体教授、副教授选出之代表若干人组成,以校长为

主席。(《北京大学纪事（1898—1997）》，246～247页）

同日 何廉致函胡适云：收到太平洋国际学会昨日来电，要求下周寄上 Banff 会议的发言要点及行程等。因不知如何回复，决定为此事前往北平与您会商。6月19日到平后再与您联系。还有，自己也要和 Mr. Dennery 讨论向东北的移民问题。(中国社科院近代史所藏"胡适档案"，卷号 E-226，分号1)

6月17日 胡适致函亥曼，云：

> 前承贵国驻华公使转来六月二日的尊函，敬悉普鲁士学院选举我为哲学史学部通讯会员。这是在世界学术界的最大的荣誉之一种，我这个浅学的人，很少贡献，这回接受贵会这样的奖掖，真使我十分感谢，又十分惶恐。
>
> 在敝国的历史上有一个大政治家羊祜，曾对客称赞他的一只能舞的鹤，但是这只鹤见着他的客人却不肯舞了。我很盼望这回接受贵会的奖励能鼓舞我努力在学术上多做出一点有价值的贡献，免得在贵会里做一只不舞之鹤，有玷贵会知人之明。(《胡适遗稿及秘藏书信》第19册，45～46页)

> 按，6月2日，德国普鲁士国家学院致函胡适，聘胡适为该院哲学史学部通讯会员，该院聘请中国人为会员，尚属第一次。

同日 林语堂致函胡适、傅斯年，告游欧返国已到院正常办公。华文打字机已成功制造，询问胡适欲得中基会补助应有何种报告。告知目前的工作计划。(《胡适遗稿及秘藏书信》第29册，369～371页)

6月18日 晚，蒋梦麟、陶曾谷在德国饭店结婚，胡适证婚，并致辞云，"极佩服其勇敢"。(次日之《申报》)

同日 王云五复函胡适，译书事承胡适按月预支300元，甚感。现已开始翻译，请将译费月底前汇往王寓。(《胡适遗稿及秘藏书信》第24册，345页)

同日　汪精卫函邀胡适于暑假入都。汪函云：

> 国家多故……际此剥复之交，非急起从事于物质上精神上之建设，无以支危难而济民生。……拟自七月五日为始，以两周之时日，会集海内名宿，对于内政外交诸问题切实加以讨论。(《胡适遗稿及秘藏书信》第 27 册，234～235 页）

按，6 月 28 日，唐有壬又为此事致函胡适、陶孟和，促其早日南下入都。(《胡适遗稿及秘藏书信》第 31 册，447～449 页）

同日　刘英士致函胡适，为《图书评论》事，向胡适邀稿，向独立评论社的作者们邀稿。(《胡适遗稿及秘藏书信》第 40 册，63～65 页）

6 月 19 日　陆侃如夫妇宴请胡适等，同席有马幼渔、钱玄同、刘半农、刘叔铭、徐炳昶、郭绍虞、郑振铎、劳君展、顾颉刚、冯友兰等。(《顾颉刚日记》第二卷，651 页）

6 月 20 日　高梦旦致函丁文江、胡适，告喜爱傅斯年发表在《独立评论》上的两篇文章。寄上关于邮政的文章。(《胡适遗稿及秘藏书信》第 31 册，335 页）

6 月 21 日　燕京大学举行第十六届毕业典礼，胡适应邀演讲。演讲毕，胡适即应顾颉刚之邀赴顾宅午宴。同席有江冬秀、钱玄同、容庚、郭绍虞、顾廷龙、赵肖甫、黄子通夫人等。胡适在此席上初识顾廷龙，顾氏以所撰《吴愙斋年谱》请正。胡适告他的父亲铁花公与吴氏通好，家中有吴氏手札。次日，顾氏即从胡适处借得吴大澂致胡传手札一册。10 月 10 日，顾廷龙为此手札作一跋文。(《顾颉刚日记》第二卷，652 页；《胡适遗稿及秘藏书信》第 41 册，604～607 页；《容庚北平日记》，269 页）

同日　何家槐致函胡适，请林徽因带宣纸与胡适，拜托胡适为自己题字。(《胡适遗稿及秘藏书信》第 29 册，70 页）

6 月 22 日　胡适致函孙洪芬，云：

> 新六不来，Quorum 甚可虑。能否请兄复电，告以不能代表出席

之情形。弟不知惯例应如何措词，乞代拟电，用我的名字或叔永之名拍出。

Bennett & Baker 可来否？（《胡适中文书信集》第 2 册，299 页）

6月23日　胡适、江冬秀复函胡近仁，因"对于会馆的事实不接头"，故不能为思恭堂题序。又谈托石原皋为胡近仁带药事。（《胡适家书手迹》，176～177 页）

6月24日　胡适作有《所谓教育的"法西斯蒂化"》。（《独立评论》第 8 号，1932 年 7 月 10 日）

同日　周鲠生致函胡适，为胡适不能参加武汉大学新校落成典礼感到遗憾，希望秋季仍来看看武大。又云武大建筑只成功一半，图书馆及科学设备尚需文化基金会援助，希望胡适在中基会鼎力帮助。甚佩《独立评论》之伟论等等。（《胡适遗稿及秘藏书信》第 30 册，101～103 页）

同日　赵纫兰致函胡适，希望胡能为李大钊薪水事与学校当局交涉一下，能多增发若干元才好等。（《胡适遗稿及秘藏书信》第 28 册，297～298 页）

同日　杨鸿烈致函胡适，希望胡适能在北平为其谋职，最好能津贴旅费二三百元。（《胡适遗稿及秘藏书信》第 38 册，259～260 页）

6月27日　上午 10 时，中基会第五十五次执行、财政委员会联席会议在该会会所举行，胡适、金绍基、周诒春、任鸿隽等出席，任鸿隽主持。（中国社科院近代史所藏"胡适档案"，卷号 2296，分号 2）

同日　胡乐丰致函胡适，报告离校后动向。请胡适将其推荐给叶元龙。又询《中国哲学史大纲》中、下册何时出版等。（中国社科院近代史所藏"胡适档案"，卷号 1515，分号 5）

同日　贝琪致函胡适，请胡适指正作品，并且报告写作计划。（中国社科院近代史所藏"胡适档案"，卷号 E-842，分号 2）

同日　上海浙江兴业银行致函胡适，请速清前账。（中国社科院近代史所藏"胡适档案"，卷号 2282，分号 1）

6月　胡适函谢江绍原赠送《鞭策》第 16 期的论文，感谢改正"迷忌"的解说，盼江之《吉祥说》早日写成。（《胡适全集》第 24 卷，133 页）

夏　孙楷第致函胡适，谈新发现的有关《西游记》的材料。（《胡适遗稿及秘藏书信》第 32 册，575～576 页）

7月

7月 1—2 日　中基会第八次年会召开，会前准备的文件提出，关于中基会与北大合作研究特款，尽管北大已经无力支付，但中基会仍照旧按期拨付。（中国社科院近代史所藏"胡适档案"，卷号 2296，分号 2）

7月 2 日　朱企霞致函胡适，谈又读到胡适在《语丝》上翻译的哈代的一首小诗有不妥之处，将自己的译本寄上，请胡适指正。（《胡适遗稿及秘藏书信》第 25 册，294～298 页）

7月 3 日　《独立评论》第 7 号发表《赠与今年的大学毕业生》，大意谓：

你们毕业之后，可走的路不出这几条：绝少数的人还可以在国内或国外的研究院继续作学术研究；少数的人可以寻着相当的职业；此外还有做官、办党、革命三条路；此外就是在家享福或者失业闲居了。第一条继续求学之路，我们可以不讨论。走其余几条路的人，都不能没有堕落的危险。堕落的方式很多，总括起来，约有这两大类：

第一是容易抛弃学生时代的求知识的欲望。……

第二是容易抛弃学生时代的理想的人生的追求。……

要防御这两方面的堕落，一面要保持我们求知识的欲望，一面要保持我们对于理想人生的追求，有什么好法子呢？……有三种防身的药方是值得一试的。

第一个方子只有一句话："总得时时寻一两个值得研究的问题！"问题是知识学问的老祖宗；古今来一切知识的产生与积聚，都是因为要解答问题——要解答实用上的困难或理论上的疑难。所谓"为知识而求知识",其实也只是一种好奇心追求某种问题的解答,不过因为那种问题的性质不必是直接应用的,人们就觉得这是"无所为"的求知识了。……如果没有一个两个值得解答的疑难问题在脑子里盘旋,就很难继续保持追求学问的热心。……如果你有了一个真有趣的问题天天逗你去想他,天天引诱你去解决他,天天对你挑衅笑你无可奈何他……没有书,你自会变卖家私去买书;没有仪器,你自会典押衣服去置办仪器;没有师友,你自会不远千里去寻师访友。你只要能时时有疑难问题来逼你用脑子,你自然会保持发展你对学问的兴趣,即使在最贫乏的智识环境中,你也会慢慢的聚起一个小图书馆来,或者设置起一所小试验室来。所以我说:第一要寻问题。脑子里没有问题之日,就是你的智识生活寿终正寝之时!……

第二个方子也只有一句话:"总得多发展一点非职业的兴趣。"……为糊口而作那种非"性之所近而力之所能勉"的工作,就很难保持求知的兴趣和生活的理想主义。最好的救济方法只有多多发展职业以外的正当兴趣与活动。一个人应该有他的职业,又应该有他的非职业的顽艺儿,可以叫做业余活动。凡一个人用他的闲暇来做的事业,都是他的业余活动。往往他的业余活动比他的职业还更重要,因为一个人的前程往往全靠他怎样用他的闲暇时间……

第三个方子也只有一句话:"你总得有一点信心。"……

一个国家的强弱盛衰,都不是偶然的,都不能逃出因果的铁律的。我们今日所受的苦痛和耻辱,都只是过去种种恶因种下的恶果。我们要收将来的善果,必须努力种现在的新因。一粒一粒的种,必有满仓满屋的收,这是我们今日应该有的信心。

我们要深信:今日的失败,都由于过去的不努力。

我们要深信:今日的努力,必定有将来的大收成。

佛典里有一句话:"福不唐捐。"唐捐就是白白的丢了。我们也应该说:"功不唐捐!"没有一点努力是会白白的丢了的。在我们看不见想不到的时候,在我们看不见想不到的方向,你瞧!你下的种子早已

生根发叶开花结果了！

………………

……在你最悲观最失望的时候，那正是你必须鼓起坚强的信心的时候。你要深信：天下没有白费的努力。成功不必在我，而功力必不唐捐。

7月4日　胡适致函唐有壬，谈因胡思杜患猩红热以及《独立评论》事不能南下参加汪精卫召集的谈话会。就外交、内政、教育略谈自己的想法。对日外交方面，胡适仍主张对日交涉，然日本方面已采强硬态度，但是：

（1）对日外交，为今日最吃紧问题。……

鄙见以为我们不应如此悲观。此时应该由政府正式宣布愿意依据去年十月中日本所提出的五项原则，开始交涉。此项正式表示，愈早愈妙，决不可再延迟。其理由如下：①三月间政府所提议，世人未知，日本方面至少国民舆论界未知，故无有反响。此时应亟令世界与日本知道我们愿意交涉，以打破一僵局，或可以帮助斋藤内阁中的稍稳健的主张，而稍稍抑制军人的狂妄行为。②今日承认伪国，已成为日本政局中的公开口号，其实行似已不过是时间问题，我们必须先发制人，以愿意交涉为阻止伪国承认之第一步，以外交上直接解决东北问题为废除伪国之第二步。这个地步不站住，则伪国之事或有急转直下之恶趋势。将来斋藤内阁一变而为陆军人内阁，我们更无一点希望了。③此时国联调查报告延期，正是最好机会，我们正可趁此时机打开一个新局面，决不可静待国联九月间的大会。我们此时宣布愿意交涉，与国联调查毫无妨碍，并且于国联很有利益。此举也是为国联僵局开一条新路：我们愿意在国联周旋之下直接交涉，既可以替国联指出一条国联最可以效劳的路子，又可以防备国联大会时或大会前日本因反抗国联而先承认伪国作成"既成事实"的僵局。④国联自白里安死后，无有重心，又无有领袖。九月大会时，对中日问题恐未必有去年秋冬间的局面。中国此时必须觉悟国联之根本无办法，务须觉悟：中国若不为国联开一新路，国联必不能替中国开一先路。

（2）内政问题，千头万绪，鄙意以为此次汪先生邀了许多学者到京，第一步应该请他们先行参观各中央机关，细细调查他们的组织与成绩。……第二步应请他们忠实的批评讨论。第三步应该请他们集中注意于几个提纲挈领的大问题，议一个内政改革法案的底子。……今日的问题，以鄙见言之，有这些扼要问题。

①中央与地方的关系：怎样树立一个分治合作的统一国家？

②教育人才与任用官吏的关系：怎样使考试制度科学化，及使考试任官制度普遍化？

③政府与人民的关系：怎样树立民意机关，由限制的选举到逐渐推行的民治？怎样造成一些真正含有代表全国的意义的机关？

④筹款与用款的关系：怎样使预算与审计制度可以实行？怎样可以使财政部变成一个不仅仅作收税借债的走狗机关？

⑤军队与国家的关系：今日大家似乎忘了军队是为什么用的了！诸君似乎可以替国家想想，究竟国家养这么多的军队，不能御侮，不能守土，不能剿匪，是为什么的？有没有一个解决的方案？

（3）教育问题，我以为政府能做到的不过这几项：

①教育经费绝不再拖欠：此一层若办不到，学校之整顿无法可施。

②特别注意校长之选择。

③特别注意教育厅及教育局的人选。

④实行考试任官，实行各机关用人必须经过考试；地位愈卑，尤宜公开考试，其地位高者，必须依据学业成绩为任用标准。今日学生在校成绩之高下，与其毕业后的出路毫无关系，故相率而从事于"活动"。

⑤宜宣布学校为"非党"的机关，不得设立任何政党的区党部分部。今日各校公然悬挂国民党第几区党部第几分部的招牌，如此尚欲禁止他种政党在学校内作政治活动，是"只许州官放火，不许百姓点灯"，岂能服人？……

⑥宜宣布高级学校为思想自由之地，但人人必须负思想言论之责任。凡用真姓名负责之言论与出版，皆可受学校的保障。凡匿名之言论与出版，皆所不许。

⑦宜研究学生组织之民治方式，制为法令，要在使一校之多数学生有合法的代表机关，使少数人不得操纵全体，而尤在使人人能得着有教育功用的组织训练。（《胡适全集》第24卷，137～141页）

同日　中华基督教青年会会长傅若愚函邀胡适于8月17日在第六届中华基督教青年会干事会议期间以"国难"为题演讲。（中国社科院近代史所藏"胡适档案"，卷号1870，分号4）

7月5日　商务印书馆善后办事处致函胡适，为告突遭国难，印刷所及总栈房均被炸毁，以致《中国哲学史大纲》（上）、《词选》、《戴东原的哲学》、《章实斋先生年谱》等书的底版亦遭殃，存书亦悉付一炬。已尽力筹划恢复，前三书力图在本年10月以前出版，最后一种亦努力争取早日出版。（中国社科院近代史所藏"胡适档案"，卷号2255，分号1）

同日　国立编译馆致函胡适，请胡适列出应编译的西洋文书及注释之书。（中国社科院近代史所藏"胡适档案"，卷号2284，分号4）

7月6日　千家驹致函胡适，谈自己研究中国金融、财政问题的计划，并提出希望翻译《资本论》第二、三卷的问题。（《胡适遗稿及秘藏书信》第23册，402～409页）

同日　陈澧荷复函胡适，答应胡将其女陈漱琴许配给储皖峰。（中国社科院近代史所藏"胡适档案"，卷号1320，分号1）

7月8日　顾维钧复函胡适，云：胡适的信及靳宗岳的说帖均收到，靳之议论甚为精辟，询胡此件是否由靳径行致汪精卫，还是需要顾代转，请胡示之。（《胡适遗稿及秘藏书信》第41册，640页）

7月9日　胡适在北平青年读书互助会上讲演"治学方法"，指出治学最重要的工具就是自己的能力，包括语言文字，还要有基本的设备，如辞典、表册、图书馆等。此外，要养成好的习惯：不懒惰、不苟且、不轻易相信，

要怀疑等。(北平《世界日报》，1932年7月10—12日)

同日　胡适送还江绍原原稿，并有短笺：

> 承允为《新月》作短著，多谢多谢。
>
> 《独立》仍盼赐稿。现在我们都想发展"非政治"的方面，大概不能久持"不过考据瘾"的暂时办法。你来替我们开路最好。(《江绍原藏近代名人手札》，206页)

> 按，江绍原当日原函云，听闻《新月》复刊事，欲取回《谣俗》那篇笔记，俟《新月》出现再做短著。另询胡思杜何时出院。(《胡适遗稿及秘藏书信》第25册，61页)

胡适又于当日复江云：

> 大作《谣俗殆即由俗欤？》一篇，至今还未能登出，十分抱歉。
>
> 《独立》的性质 so far 还是偏于事实的叙述与评论；虽有几个有考据癖的人，至今还不得一个过瘾的机会。《谣俗考》迟迟未发表，正由于此，此意想能蒙原谅。
>
> 近日叶公超兄与我们商议把《新月》月刊在北平复活，专作文艺思想的刊物。我想求你许我把此文转赠《新月》，可以吗？乞示知。
>
> 小儿子病猩红热，至今已两星期，昨日尚有变化，虽似已无大险，终不能使一家子安心。昨日下午热稍退。有一个时期，令侄女调在传染病部，甚蒙她照应。(《江绍原藏近代名人手札》，205页)

7月10日　胡适作有《论学潮》，分析了学潮产生的原因及自己的三条建议。(《独立评论》第9号，1932年7月17日)

7月12日　胡适作有《英庚款的管理》一文。(《独立评论》第9号，1932年7月17日)

同日　汤尔和致函胡适，谈对《独立评论》各文之看法，正面评价颇多。(《胡适遗稿及秘藏书信》第36册，500～501页)

7月14日　姚士鳌致函胡适，恭喜胡适被普鲁士学院选举为通讯会员。

介绍佛郎克教授（Prof. Otto Franke），又告佛郎克教授非常推重胡适，尤其推重胡适的《中国哲学史大纲》。又论欧洲汉学对中国学术的诠释。（中国社科院近代史所藏"胡适档案"，卷号 1582，分号 3）

同日　Howard G. Kraus 函寄 John H. Dietrich 已经发表的几篇演讲（包括 Living Philosophies 的书评）与胡适。（中国社科院近代史所藏"胡适档案"，卷号 E-259，分号 4）

同日　台湾籍人士赵心佛致函胡适，自述学业、经历，以及因日本人迫害他及其家人而造成的窘状，希望胡适帮忙为其介绍职业。在介绍职业前愿意接受胡适的测验。（中国社科院近代史所藏"胡适档案"，卷号 1489，分号 2）

7 月 18 日　顾颉刚复函胡适，问候胡思杜的病，又告已遵嘱将北大实情转告王君，又希望胡适尽快将《东壁遗书》的序写成。（《胡适遗稿及秘藏书信》第 42 册，441～442 页）

同日　何炳松致函胡适，告已决意离开商务印书馆；决定专心作三四年翻译工作，请胡适给予译书的机会。（《胡适遗稿及秘藏书信》第 29 册，50 页）

同日　程法正复函胡适、江冬秀，报告近况；又询胡思杜患猩红热是否病愈等。（中国社科院近代史所藏"胡适档案"，卷号 1856，分号 8）

7 月 21 日　胡适致函江绍原，送上杂凑的《胡适文存三集》一部。又谈及："吉祥受福"，诚如尊论，书抄本似较好。又询"灵星之尸"作何解等。（《胡适全集》第 24 卷，142 页）

同日　丁文江致函胡适，请胡适给江苏泰兴黄桥中学图书馆邮寄《独立评论》，并给庄士敦邮寄有关英庚款的文章。（《胡适遗稿及秘藏书信》第 23 册，165 页）

同日　谷春帆致函胡适，希望其文章能刊登于《独立评论》之上。（《胡适遗稿及秘藏书信》第 28 册，580 页）

同日　钱实甫致函胡适，请胡适指定一本书让其翻译。又向胡适借钱还债。（中国社科院近代史所藏"胡适档案"，卷号 1700，分号 6）

7月22日　何炳松致函胡适，告：受王云五态度感动决定留下续任。前信所言翻译生活仍是理想，希望以后有机会胡适仍然能给译书的机会。（《胡适遗稿及秘藏书信》第29册，51～53页）

同日　陈正谟致函胡适，告：曾持胡适介函到武汉大学，但未见到陈源，又悉武大薪俸太少，故不拟就武大职。请胡适向中央大学校长李仲揆推荐其为注册组主任。（《胡适遗稿及秘藏书信》第35册，300～303页）

7月24日　胡适作成《〈日本东京所见中国小说书目提要〉序》（收入《胡适论学近著》第一集卷三）。

是年夏，翁文灏应邀赴庐山为蒋介石讲学，翁氏乘机向蒋进言：国家必须建设，建设须有目标，标的既定，则力能集中而功效加速，方法适当，则进行顺利，绩效可期。翁氏还向蒋推荐了胡适、丁文江、蒋廷黻、蒋梦麟、吴鼎昌、卢作孚、顾振、徐新六等科学教育界、实业界杰出人士。（翁心鹤、翁心钧整理：《翁文灏自订年谱初稿》，《近代史资料》第88号，63页）

7月27日　孙楷第函谢胡适为其编著的《日本东京、大连图书馆所见中国小说书目提要》所作序，又抄示陈光蕊戏文，谈沈伯英曲律等。（《胡适遗稿及秘藏书信》第32册，581～584页）

7月29日　赵元任致函胡适，告：从 J. H. Woods 教授获知，哈佛燕京学社将补助自己的语言学研究，又详谈相关事宜。（中国社科院近代史所藏"胡适档案"，卷号E-151，分号17）

7月30日　吴文祺致函胡适，告自己已来北平求学。又详述自己深受胡适影响等情。（《胡适遗稿及秘藏书信》第28册，351～374页）

7月31日　朱企霞致函胡适，请求胡适让其复学至英文系三年级，希望得到中基会的补助翻译《战争与和平》。（《胡适遗稿及秘藏书信》第25册，299～300页）

8月

8月1日　高梦旦致函胡适，谈友朋近情等，又询胡祖望病情。（《胡适

遗稿及秘藏书信》第 31 册，333 页）

8月2日　罗尔纲致函胡适，为不能时时给胡适请安感到不安：

……父母的深恩，既使我不得不归来，而吾师恩遇的深情，别后更时在我的心头苦忆，我这个藐小的人生，便在这"亲""师"两重恩爱之下负担着。"可怜寸草心，难报三春晖"之句，正道着了我此时的心境啊！

又叙及回桂一年来因家事不能回平追随，希望寒假时能重回胡适门下。又谈到自己在这里做中学教员时：

……本着吾师的思想态度去指导他们，也曾改正了不少的颓废了的学风：教他们不苟且的"实事求是"的去做人；教他们懂得应用"拿证据来"的科学态度；教他们明白中国人所信仰的"名教"观念的无意识；教他们知道达摩东来访寻的故事等等。至于在国语和历史方面，"建设的文学革命论"和"古史怀疑论"的理论，这班青年直到今天才在课堂上听到，这虽然是可悲的现象，然而还胜于他们老在古文笔法的文学理论和古胜于今的历史观念中打圈子呢。

又给胡适提供有关《醒世姻缘》的一段笔记，又谈到看见顾颉刚的《中国学术年表及说明》，自己希望照这个表去做分析史料的工作，并请胡适指示方略，等等。(《胡适遗稿及秘藏书信》第 41 册，410～420 页）

按，胡适有复函，曰：

你的发现最有用处，因为邓文如说是听缪筱珊说的，这是很晚近的人了。你寻出了他的娘家。杨复吉生于一七四七，死于一八二〇，与鲍廷博正同时，又是朋友，这就把这一段话提到十八世纪晚年去了。杨鲍相会，可考的是《琐笔》所记的乾隆壬寅（一七八二）一次，其时去蒲留仙死时（一七一五）不过六十多年，这就很可宝贵了。我已写了一编［篇］《后记》，附在序文之后。现在我要特别谢谢你！

1932年　壬申　民国二十一年　41岁

> 你的两段笔记都很好，读书作文如此矜慎，最可有进步。你能继续这种精神——不苟且的精神，无论在甚么地方，都可有大进步。古人所谓"子归而求之，有余师"，真可以转赠给你。
>
> 我们自然盼望你能来，但你的家庭情形既然有不能远离的情形，你决不可于此时北来。近几十年中的最可悲叹的现象，是内地学生学成之后，不肯回内地去服务。你在内地可以做许多有益于家乡的事业，万不可轻易抛弃；除非我能给你一个比现在更可以发展的机会，我也不应该邀你出来。（罗尔纲：《师门辱教记》，桂林建设书店，1944年，18～19页）

同日　郑寿麟复函胡适，告：因家计，不能应聘。（中国社科院近代史所藏"胡适档案"，卷号1394，分号4）

8月4日　邱昌渭复函胡适，认为自己的文章以不发表为好。对胡适的替邱设想，"甚感关护之切"。自己并不是拥护蒋介石，但与汪精卫比，"蒋还算上乘"。又赞佩丁文江之《中国政治之出路》一文。（《胡适遗稿及秘藏书信》第29册，434～436页）

8月7日　胡适致函张学良，劝张"决心求去"：

> 我的私意以为先生此时应该决心求去，以示无反抗中央之意，以免仇视先生者利用这个局面为攻击先生之具。难进易退，为大丈夫处世的风度；而在不得已时整军而退亦正是军人的本领。先生此时自不应"拂袖而去，而危及治安"；然而如此撑持下去，恐舆论将疑先生为恋栈，恐世界将谓先生为反抗政府，而中国果然不成一个统一的国家。此真千钧一发之时，先生下半世的令名与功业均系于此时的一个决断。先生已宣示"个人身家性命，均早经置之度外"了；此时所顾虑者，内则治安的维持，外则东北与热河的抗敌工作之继续。此时先生若能决然声明下野，而一面将军事政治付托向日最可信任的人，并且声明这个态度完全是出于维护一个统一的国家的血诚——倘先生能出此上策，则国人与外人皆将原谅先生的苦心，并且钦敬先生的高风雅度。倘先

生能以维护统一国家的意旨勉励所属将领、兵士及行政人员，并且声明情愿以在野之身襄助继任者维持华北的治安与对外的御侮工作，如此则此二点皆可不成问题了。(《胡适遗稿及秘藏书信》第19册，456页）

按，8月11日张学良复函胡适云，"高论同愚见甚相符合，非素日爱良之深者，安能出此诚恳之言论"，并希望与胡适再做进一步之谈，"拟于今晚或明日过贵宅一访"。(《胡适遗稿及秘藏书信》第34册，515～516页）

同日 胡适在《独立评论》第12号发表《领袖人才的来源》，大意谓：

……欧洲的传记文学发达的最完备，历史上重要人物都有很详细的传记，往往有一篇传记长至几十万言的，也往往有一个人的传记多至几十种的。这种传记的翻译，倘使有审慎的选择和忠实明畅的译笔，应该可以使我们多知道一点西洋的领袖人物的嘉言懿行，间接的可以使我们对于西方民族的生活方式得一点具体的了解。

中国的传记文学太不发达了，所以中国的历史人物往往只靠一些干燥枯窘的碑版文字或史家列传流传下来；很少的传记材料是可信的，可读的已狠少了；至于可歌可泣的传记，可说是绝对没有。……

但是传记文学的贫乏与忽略，都不够解释为什么近世中国的领袖人物这样稀少而又不高明。领袖的人才决不是光靠几本《士大夫集传》就能铸造成功的。"士大夫"的稀少，只是因为"士大夫"在古代社会里自成一个阶级，而这个阶级久已不存在了。……

…………

……凡成为领袖人物的，固然必须有过人的天资做底子，可是他们的知识见地，做人的风度，总得靠他们的教育训练。一个时代有一个时代的"士大夫"，一个国家有一个国家的范型式的领袖人物。他们的高下优劣，总都逃不出他们所受的教育训练的势力。某种范型的训育自然产生某种范型的领袖。

这种领袖人物的训育的来源，在古代差不多全靠特殊阶级（如中国古代的士大夫门阀，如日本的贵族门阀，如欧洲的贵族阶级及教会）的特殊训练。在近代的欧洲则差不多全靠那些训练领袖人才的大学。欧洲之有今日的灿烂文化，差不多全是中古时代留下的几十个大学的功劳。近代文明有四个基本源头：一是文艺复兴，二是十六七世纪的新科学，三是宗教革新，四是工业革命。这四个大运动的领袖人物，没有一个不是大学的产儿。中古时代的大学诚然是幼稚的可怜，然而意大利有几个大学都有一千年的历史；巴黎、牛津、康桥都有八九百年的历史；欧洲的有名大学，多数是有几百年的历史的；最新的大学，如莫斯科大学也有一百八十多年了，柏林大学是一百二十岁了。有了这样长期的存在，才有积聚的图书设备，才有集中的人才，才有继长增高的学问，才有那使人依恋崇敬的"学风"。至于今日，西方国家的领袖人物，那一个不是从大学出来的？即使偶有三五个例外，也没有一个不是直接间接受大学教育的深刻影响的。

在我们这个不幸的国家，一千年来，差不多没有一个训练领袖人才的机关。贵族门阀是崩坏了，又没有一个高等教育的书院是有持久性的，也没有一种教育是训练"有为有守"的人才的。五千年的古国，没有一个三十年的大学！……这些新起的"大学"，东钞西袭的课程，朝三暮四的学制，七零八落的设备，四成五成的经费，朝秦暮楚的校长，东家宿而西家餐的教员，十日一雨五日一风的学潮——也都还没有造就领袖人才的资格。

…………

领袖人物的资格在今日已不比古代的容易了。……在今日的中国，领袖人物必须具备充分的现代见识，必须有充分的现代训练，必须有足以引起多数人信仰的人格。这种资格的养成，在今日的社会，除了学校，别无他途。

……国家与民族的生命是千万年的。我们在今日如果真感觉到全国无领袖的苦痛，如果真感觉到"盲人骑瞎马"的危机，我们应当深

刻的认清只有咬定牙根来彻底整顿教育，稳定教育，提高教育的一条狭路可走。如果这条路上的荆棘不扫除，虎狼不驱逐，奠基不稳固；如果我们还想让这条路去长久埋没在淤泥水潦之中——那么，我们这个国家也只好长久被一班无知识无操守的浑人领导到沉沦的无底地狱里去了。

8月8日　胡适作有《汪精卫与张学良》一文，希望汪精卫打消辞意，赞赏张学良辞职。(《独立评论》第13号，1932年8月14日)

8月14日　徐新六复函胡适，谈及近期不能为《独立评论》写稿等事，关心胡思杜的病情，并谈及友人丁文江、任鸿隽等。(《胡适遗稿及秘藏书信》第32册，248～249页)

同日　胡道惟函请胡适能给予其译书的机会。(中国社科院近代史所藏"胡适档案"，卷号1548，分号4)

8月15日　旅汴北京大学毕业学生致函胡适，告将创办公立郑州中学，已列胡适为赞成人。(中国社科院近代史所藏"胡适档案"，卷号2287，分号8)

8月16日　顾颉刚日记有记：

> 九时，适之先生、在君先生夫妇及史小姐同来，导观全庵及朝阳院。……
>
> 适之先生来山中小憩，今日步行到此甚累。观妙峰香会会帖，谓无一通者，而甚有味，因约于下星期一坐轿往游，游伴为在君先生及履安。(《顾颉刚日记》第二卷，676页)

同日　李四光复函胡适，谈及汪精卫的辞职，又谈到自己辞去中大之事，"我虽然摆脱，学校的问题还在那里。今天大家讨论的结果，除了请梦麟来干，别无办法。北大的事当然又要麻烦你了"。(《胡适来往书信选》中册，131页)

同日　汤尔和致函胡适，赞佩胡《汪精卫与张学良》一文，尤其是胡之"学学先进国的领袖过日子"一语,"真是至理名言,对于朋友赤心的忠告,佩服得了不得"。又不满意胡适大段引用报纸已经广为发表的文电等。(《胡适遗稿及秘藏书信》第36册,502～504页)

8月18日　胡适父子与丁文江一家同游秀峰寺。顾颉刚日记有记:

> 与履安到秀峰寺,晤在君先生一家及适之先生父子,谈话,留饭。

(《顾颉刚日记》第二卷,676页)

同日　神州国光社编译所致函胡适,请胡适填写杜威与詹姆士的基本数据。(中国社科院近代史所藏"胡适档案",卷号2284,分号6)

8月21日　顾颉刚日记有记:得适之先生信,悉在君先生因病入协和医院,妙峰之游作罢矣。(《顾颉刚日记》第二卷,677页)

8月23日　江绍原赠其所编译之《现代英吉利谣俗及谣俗学》一册与胡适,并有题签:"适之先生教正,最近才晓得'谣俗'有作鯀俗中文者,实即'由俗'。我另有考,惜不及印入矣。"(《胡适藏书目录》第1册,422页)

8月26日　周作人致函胡适,谈:李大钊长女李星华告知李家拟售卖其父遗书,而蒋梦麟曾提议由大家集款买下寄赠图书馆以作纪念,请胡适向蒋梦麟一说,早点想一办法以了此事;请赐还涂序碹译稿。为不能为《独立评论》投稿表示遗憾。(《胡适遗稿及秘藏书信》第29册,590～592页)

8月29日　胡适作有《内田对世界的挑战》一文,指出日本外相内田8月25日的演说,是蛮横的外交。指出:

> 我们不能倚靠他人,只可靠自己。我们应该下决心作一个五年或十年的自救计画,咬定牙根做点有计画的工作,在军事、政治、经济、外交、教育的各方面都得有个"长期拼命"的准备。无论国际政局如何变化,一个不能自救的民族是不会得人的同情与援助的。幸运满天飞,飞不到那不自助的懒人的头上! (《独立评论》第16号,1932年9月4日)

8月30日　顾颉刚来访。(《顾颉刚日记》第二卷,680页)

8月　胡适作有《读了鹫峰寺的新旧碑记，敬题小诗，呈主人林行规先生》（又题《读秀峰寺新旧碑记敬题小诗呈斐成先生》）。(《胡适手稿》第10集卷3，274页；卷4，409页）

9月

9月4日　《独立评论》第16号刊登胡适《英庚款的管理——答杭立武先生》一文。

9月5日　胡适作有《中国政治出路的讨论》一文，回应丁文江、季廉对此问题的看法。(《独立评论》第17号，1932年9月11日）

9月7日　胡适答孟森，论六经不够作领袖人才的来源（发表于《独立评论》第17号，1932年9月11日）。

9月10日　胡适在唐景崧撰《请缨日记》十卷作一题记：

廿一年八月买得此书，因为此书有史料价值，又因为此是台湾刻书的一种，故我颇宝贵之。书中原有夹笺评语，称作者为"吾乡人杰"，似是广西人，其言亦有可供考证的。(《胡适藏书目录》第2册，1446页）

9月11日　胡适作有《惨痛的回忆与反省》，提出要实现民族自救，必须建立一个社会重心，而这个可以用人力建立的社会重心，必须具有这些条件：

第一，必不是任何个人，而是一个大的团结。

第二，必不是一个阶级，而是拥有各种社会阶级的同情的团体。

第三，必须能吸收容纳国中的优秀人才。

第四，必须有一个能号召全国多数人民的感情与意志的大目标：他的目标必须是全国的福利。

第五，必须有事功上的成绩使人民信任。

第六，必须有制度化的组织使他可以有持续性。(《独立评论》第

18 号，1932 年 9 月 18 日）

9月13日　陆侃如、冯沅君函请胡适写介绍信引见伯希和。(《胡适遗稿及秘藏书信》第 34 册，637 页）

同日　周作人日记有记："下午得尤君送来《讲演录》三十册，即寄与废名、觉之各一册，适之一册。"(《周作人日记》下册，303 页）

9月15日　胡适致函罗文干，仍力主对日直接交涉：

……我至今还以为中日问题应该直接交涉，六月间你们说是不可能，此时似又有直接交涉的可能了。不知道你们此时有何对付之策。我的意思以为，此时如果有人敢作直接交涉，其所得之条件必可较任何国际处理所能得之条件为更优。日本自币原下台以后，所争在直接处理远东事件而不受第三方面之干涉。观上海协定所争之日军撤退期限一点，我方代表让步至四个月，至六个月，而卒不能将此条列入协定。及至我方受 Lampson 之暗示而不争将此条列入协定，签字之日，日本政府即下令于一个月之中撤完。此一前例，可耐人寻思。

我以为我国必须决定一个基本方针：究竟我们是否有充分的自信心决定和日本拼死活？如真有此决心作拼命到底的计画，那自然不妨牺牲一时而谋最后的总算账。

如果我们无此自信力，如果我们不能悬知那"总算账"究竟有多大把握，那么，我们不能不早早打算一个挽救目前僵局的计画。

说的更具体一点，我们的方式应该是："如果直接交涉可以有希望达到（1）取消"满洲"国，（2）恢复在东北之行政主权之目的，则我们应该毅然决然开始直接交涉。"此方式既定，可使有吉知之，亦可使全国人知之，可使世人知之。我六月间所谓政府应宣言愿意交涉，即此意也。……(《胡适遗稿及秘藏书信》第 20 册，289～290 页）

按，9 月 19 日，罗文干复函胡适云：

你来函反复争论直接交涉问题，我以为此办法是对的，惜去年初

出事时未办，现在日本正在得意时候，我们亦不必急急，总要在国际有些变化时候，或日满更倒霉，则交涉尚易开口，彼此尚有价可讲。目前我们最重要的，是不好将我们的气馁下去。国民的抵制，义勇军的捣乱，拿笔杆的口诛笔伐（外部在内）；最好拿枪杆的不要看命看得太重（但是最难）；有钱的拿钱接济义勇军；守土者总要学学做狗，贼来不咬一口，亦要吠两声；果能如此，坚持一二年，不怕小鬼不来请我们交涉。可怜我现在说的是醉话，现在的人不要钱，不要命，是没有的事。国可亡，家可破，钱同命是舍不得的。以此种民族，焉有天天不受人侮辱呢？（《胡适来往书信选》中册，135～136页）

9月17日 祝世德致函胡适，告自己的小说《杨妈》第六章已照胡适的意见改写，希望胡适再度为其审稿。（中国社科院近代史所藏"胡适档案"，卷号1482，分号3）

同日 程法正致函胡适、江冬秀，寄南腿及黄鱼骨给胡祖望及胡思杜补身。目前没学校读也没工作，请胡适代为谋职。（中国社科院近代史所藏"胡适档案"，卷号1856，分号9）

9月18日 中国公学成立复校会，维持中公，并准备请胡适、王云五等设法援助。（《申报》，1932年9月18日）

9月19日 胡适作有《究竟那一个条约是废纸？》，此文系针对日本承认"满洲国"，签订《日满议定书》而作。再度指出：日本是赤裸裸地向世界舆论挑战，抹煞一切国际条约的束缚，毫无忌惮地实行武力侵略。（《独立评论》第19号，1932年9月25日）

9月25日 刘海粟致函胡适，邀请胡适参观其画展。拜托胡适为其写序。（《胡适遗稿及秘藏书信》第40册，99～100页）

9月27日 胡适作成《四十自述》的《我怎样到外国去》。

9月30日 雷承道函催胡适尽早为其书写好序言寄下。（中国社科院近代史所藏"胡适档案"，卷号1885，分号4）

按，11月4日，雷又函催。（《胡适遗稿及秘藏书信》第38册，

336～337页)

同日　罗家伦致函《图书评论》编辑部，云：

> 昨天接到胡适之先生一封信，中间有几句话，关系我在贵刊第一期发表的文章，兹摘抄如下：
> "前读你在《图书评论》里的文章，很感痛快。你引我的话中的德国鞋匠，即是狄慈根（Dietzgen）。"
> 我很谢谢适之先生将原名考据出来告诉我。我将他的国籍误作美国，合亟更正。至于皮匠与鞋匠，在外国自有分别，但在工业不完备的中国，是常常通用的，所以也不必更正了。你不常听到说"叫一个皮匠来上鞋子"吗？（《图书评论》第1卷第3期）

10月

10月3日　北京大学研究院举行第二次筹备委员会会议。出席者有：胡适、周炳琳、樊际昌、蒋梦麟、王烈、陶孟和、刘复、李四光（丁文江代）。会议通过议案多项；议决组织考试委员会委员名单等。（中国社科院近代史所藏"胡适档案"，卷号2247，分号1）

10月4日　胡适作有《一个代表世界公论的报告》一文，赞佩李顿调查团的公平的判断，认为其为国际谋和平的热心，值得我们感谢和敬礼。赞赏对九一八事变的结论：不能视为是合法的自卫的办法，是"一种精密预备的计划"。认可报告书对事件解决的原则和办法。最后提出："如果这样严重的全世界公论的制裁力在这个绝大危机上还不能使一个狂醉了的民族清醒一点，那么，我们这个国家，和整个文明世界，都得准备过十年的地狱生活！"（《独立评论》第21号，1932年10月9日）

> 按，方之桢、郑螺生、林有壬联名致函胡适，严词批评并质问胡适在此文中的观点和主张。（《胡适遗稿及秘藏书信》第23册，

443～453页）

又按，外交部官员吴南如10月15日致函胡适，高度赞佩胡适用平心静气的态度，持论平允，不激不随。又说，文章中涉及外交部译文的地方，所指出的两点错误，都完全同意。（中国社科院近代史所藏"胡适档案"，卷号1344，分号1）

再按，罗文干亦于10月16日致函胡适表示钦佩此文，又希望胡适南下，"可多谈，多研究，大胆做下去"。（转引自《胡适年谱》，169～170页）

同日 路透社电讯称，胡适3日晚对记者表示：彼对李顿报告书感觉满意，认为颇属公允，尤以关于沈阳事变之责任与缘起以及设立傀儡政府之第四及第六两章为最。彼对于报告书中所列圆满解决中日纠纷之原则10项，亦表同意。彼唯一反对之点，为关于顾问会议建议之组织比例，感觉此种建议办法，稍迁就日本军阀去岁在满造成之情势。关于反对组织特别制度治理东三省事，彼认此项计划无须严重反对，彼信此项计划可代表李顿等三委员之理想。……（次日之天津《大公报》）

10月5日 太平洋国际学会美国代表处的秘书兼财务长Edward C. Carter致函胡适云：去年洛克菲勒基金会在欧洲的副主席Selskar Michael Gunn曾经旅行途经中国，对于中国与中国问题极感兴趣，曾写一备忘录给洛克菲勒基金会，促动洛克菲勒基金会任命适当的人来中国从容观察中国社会科学研究的动态。虽然Gunn赞赏北平协和医学院，但他感到基金会有一天会找到除医学教育以外的支持领域。下个月Gunn可能会来天津和北平，期望您与何廉、徐新六能有机会让Gunn了解到太平洋国际学会中国代表处的需要。我不知道您和何廉、徐新六以及中国代表处的核心成员有没有意向在明年向Gunn提交一个关于洛克菲勒基金会资助中国图书馆和研究的提案。（中国社科院近代史所藏"胡适档案"，卷号E-146，分号1）

同日 Edward C. Carter又致函胡适云，上函的副本也寄给何廉，但并未寄到上海总部。如果胡适认为此事不合适的话，可以终止此事。（中国社

科院近代史所藏"胡适档案",卷号 E-146,分号 1)

10月15日 《外交月报》第1卷第4期(《国联调查团报告书专号》)印行,书前有《序文——胡适之先生对于报告书之简评》,内容如下:

> 二千五百年前,有位古人对他的国君说:
>
> 既不能强,又不能弱,所以毙也。
>
> 在那个时代,有一位二等强国的君主也说:
>
> 既不能令,又不受命,是绝物也。
>
> 我们现在讨论国联调查团的报告书,不可不先想我们自己应取的态度。
>
> 我们若是"能强",自然我们可以命令人,还怕谁的侵略?我们若有别的法子可以达到收回失地、恢复主权的目标,我们自然不用求助于国联或他种国际的调处。我们既然走上了国联调处的路子,此时考虑这个报告,只应该平心讨论报告书中提出的办法是不是可以帮助中国达到这个"收回失地,恢复主权"的目标。
>
> 依我个人的观察,这个报告书在大体上是很公平的,其中提出的方案虽然未免有牵就事实的地方,大致都是慎重考虑的结论。当作国际调处的方案,我认为是可以接受的。其中当然有应该保留之点,例如东三省自治新制应该规定试行年限及将来改变的手续。

10月19日 晚,胡适、任鸿隽宴请高梦旦、唐钺、陈衡哲之父、孙洪芬、丁文江、余上沅、傅斯年、翁文灏、顾颉刚。(《顾颉刚日记》第二卷,700页)

10月20日 胡适到车站迎接来平之伍朝枢。(次日之天津《大公报》)

10月21日 路透社电讯,华洋义赈总会于下午4时假欧美同学会举行欢迎茶会,欢迎来平之纽约中国灾赈协会主席白树仁。各方被约参加者,有朱庆澜、胡适、宁恩承、陶孟和、周作民、吴达诠、美使约翰逊、福开森、梅兰芳等50余人,由章元善、周诒春等招待。(次日之天津《大公报》)

同日 胡适、丁文江、任鸿隽、顾颉刚、傅斯年、唐钺等委托翁文灏致电蒋介石:

陈独秀君在革命史上颇有相当功绩，虽晚节多谬，然尚不肆暴力破坏同科，且久为彼辈所深恨。此次被捕，务恳大力主持法律审判，公平处置。不胜盼祷。（台北"国史馆"藏"蒋中正'总统'文物"，档号：002-080200-00600-087）

按，陈独秀是10月15日在上海被逮捕的。

又按，10月22日，蒋介石复电翁文灏并转胡、丁、任、顾、傅、唐诸先生：陈独秀案已电京移交法院公开审判矣。（中国社科院近代史所藏"胡适档案"，卷号1824，分号2）

同日　胡适为营救陈独秀，将拟好致宋子文的电报发给傅斯年，请傅删改后发给宋子文。此电曰：

仲甫事，此间朋友均极盼公主持营救，能商请刘崧生、汪子建为主持辩护否？（王汎森：《史语所藏胡适与傅斯年往来函札》，《大陆杂志》第93卷第3期）

10月25日　胡适在南开大学讲演"中国问题的一个诊察"，重申其《我们走那条路》一文所述中国5种病状：贫穷、积弱、愚昧、贪污、纷乱。又说，中国的病，不是可以枝节救济的。关于治理愚昧，办教育是一途。办教育可以注意的几点是：①宗教。宗教是无知识者的教育，中国的宗教教育，仅有道德的制裁力。②文化基础。中国文化本根枯朽，几经淘汰，占有势力的是儒家，不能作为文化的基础。③传记文学。中国向无传记文学，因此未尝有伟大人格遗传下来为后人的楷模。④母教。妇女占民族的一半，然而即连做人的资格也给剥夺了，一向对待女人，视同牛马，且更缠足以困之。⑤通俗文学。中国一向对通俗文学不太注意，殊不知它是影响民众心理最甚的东西。现在，应该从这些基本原因上去求根本的改革，从宗教各项去设法补救。不要责人，只要责己，分析各种病症，不会白费，模仿不是耻辱。中国的病症，也许要在这种态度上求治。（《南开大学周刊》第134期，1932年11月10日）

1932年　壬申　民国二十一年　41岁

10月27日　唐有壬致函胡适云：大家都主张汪精卫出国养病，同意胡适对调查书的观点，又托人带上一本密码等。(《胡适遗稿及秘藏书信》第31册，439～442页）

同日　陈立廷致函胡适云：我有 Chas F. Loomis 给您信的副本，此信要求您指定一个中国人到美国筹备下年度的会议，不知您是否有推荐的人选，我建议的人选是刘驭万，并详述理由。无疑，您将会考虑适合这一职位的其他人选，我只是建议刘能作为您考虑的众多人选之一。(中国社科院近代史所藏"胡适档案"，卷号 E-153，分号 23）

10月29日　胡适在北京大学国文系讲演"陈独秀与文学革命"，指出陈与新文学运动"有三点是很重要的背景"：他有充分的文学训练；受法国文化的影响很大；陈是一位革命家。关于第三点，胡适特别指出：

> 他想到文学改革，但未想到如何改革，后来他知道工具解放了就可产生新文学，他做了一篇《文学革命论》，我的诗集叫《尝试》，刊物叫《努力》，他的刊物叫《向导》，这篇文章又是《文学革命论》！他的精神于此可见。他这篇文章有可注意的两点：（一）改我的主张进而为文学革命；（二）成为由北京大学学长领导，成了全国的东西，成了一个严重的问题。他说庄严灿烂的欧洲是从革命来的，他高张文学革命军大旗，为中国文学开辟一个新局面，他有三大主义：（1）推倒雕琢的阿谀的贵族文学，建设平易的抒情的国民文学；（2）推倒陈腐的铺张的古典文学，建设新鲜的立诚的写实文学；（3）推倒迂晦的艰涩的山林文学，建设明了的通俗的社会文学，他愿意拖了四十二生的大炮为之前驱，打倒十八妖魔：明之前后七子和归、方、姚、刘！这就是变成整个思想革命！

胡适在最后归纳出陈独秀对于文学革命的三个大贡献：

一、由我们的玩意儿变成了文学革命，变成三大主义。
二、由他才把伦理道德政治的革命与文学合成一个大运动。

三、由他一往直前的精神，使得文学革命有了很大的收获。（北平《世界日报》，1932年10月30、31日）

11月

11月1日　北京大学布告，公布校务会议当然会员名单，胡适、蒋梦麟等19人大名在列。（《北京大学周刊》第10号，1932年11月5日）

同日　周作人赠胡适《看云集》一册。（《胡适藏书目录》第1册，204页）

11月2日　中国国布团总部函寄简章等文件，并希望胡适发表支持的谈话。（中国社科院近代史所藏"胡适档案"，卷号1062，分号2）

11月3日　段锡朋复函胡适，告：蔡元培来函称汪有龄律师愿为陈独秀辩护。但陈独秀云：辩护事已委托章行严及另一位彭先生等。（《胡适遗稿及秘藏书信》第40册，668页）

11月4日　太平洋国际学会的Chas F. Loomis致函胡适，云：本函所附11月1日致各位委员的信是一通例信。但对作为The International Program Committee主席的您来说，我们热望您能出席1933年8月7日在加拿大Banff举行的太平洋国际学会会议。您的行期定下之后，请务必尽快告知我们。（中国社科院近代史所藏"胡适档案"，卷号E-277，分号5）

按，11月1日Chas F. Loomis致包括胡适在内的各位委员的信说：期望您早日回复是否要参加1933年8月7日开始、在加拿大Banff举行的太平洋国际学会会议。若您无法参加，也请您将替代人选的姓名与地址提供给我们。又告胡适所乘轮船的行程表等。（中国社科院近代史所藏"胡适档案"，卷号E-277，分号5）

11月9日　王实味致函胡适，欲索回前寄译稿。（《胡适遗稿及秘藏书信》第24册，419页）

11月15日　胡适作有《侮辱回教事件及其处分》一文，谴责了娄子匡关于"回教"的言论,认为这一事件应以法律手段解决,而不应由政府在未得法律解决之前遽然下查封的处分。(《独立评论》第27号,1932年11月20日)

按,此文发表后,引来江绍原的异议。作为回应,12月4日的《独立评论》第29号发表胡适的《敬答江绍原先生》一文,文章说:"我很感谢江先生的指教。我更感谢他说明娄子匡先生的作文的动机只是'忠实的记载那个故事'和那种故事的影响。我很诚挚的向娄先生道歉。"12月18日《独立评论》第31号又发表胡适的《附答江绍原先生》。

同日 蒋介石致电翁文灏,询问胡适的健康状况,并盼其来叙。(台北"国史馆"藏"蒋中正'总统'文物",档号:002-010200-00073-014)

同日 张锦城致函胡适,自述近况,拜托胡适为其弟向翁文灏推荐谋职。(《胡适遗稿及秘藏书信》第34册,505～507页)

同日 赵作雄致函胡适,请胡适在北京为其谋一中学教职,又谈及欲花10年研究中国诗学等。(中国社科院近代史所藏"胡适档案",卷号1499,分号4)

11月16日 晚,以亨在德国饭店宴请胡适、顾颉刚、汪敬熙、杨亮功、毛子水等。(《顾颉刚日记》第二卷,710～711页)

11月19日 罗隆基致函胡适,告阅报悉今日在米粮库四号有举办追悼徐志摩的纪念会,因知道得晚,不能赶去参加。又详告梦见徐志摩事。(《胡适遗稿及秘藏书信》第41册,361～363页)

11月21日 胡适作有《统一的路》一文,斥责日本对李顿报告的意见书是一篇很蛮横无理的对世界公论的挑战书,斥责日本注重的"中国不成一个有组织的国家"和"中国自民国以来迄今日系近于无政府的状态"是日本的军阀政客"药死了人然后补开脉案,绞死了人然后搜求证据"。但我们应该思考:怎样建立一个统一的国家,怎样组织一个可以肩负救国大任的统一政府?又回应汪精卫8月29日关于统一的演讲,并归纳出4条原则:

（一）从近处下手，先造成一个模范的中央政治区。

（二）发展交通，以造成统一国家的物质的基础。

（三）中央与地方均权，以造成共治的统一。

（四）建立民意机关，以造成超越割据局面的"全国的"最高统治权，以造成统一国家的政治的基础。(《独立评论》第28号，1932年11月27日)

11月23日　丁文江分别致函胡适和罗文干，谈到从朋友处被告知这样一种传言：罗文干"怕负责任，不敢和日本交涉"。(《胡适遗稿及秘藏书信》23册，166页)

11月26日　全国经济委员会筹备处函聘胡适为教育专门委员会委员。(中国社科院近代史所藏"胡适档案"，卷号2262，分号1)

11月27日　胡适抵达武汉。何竞武、王世杰、陈源、胡光廷等接站。在皮皓白家吃饭，见到杨振声、唐钺、周鲠生、王星拱、刘南陔诸人。住武大招待所。(据《日记》；次日之《申报》、天津《大公报》)

11月28日　王世杰、皮皓白陪同胡适参观武汉大学。

雪艇诸人在几年之中造成这样一个大学，校址之佳，计画之大，风景之胜，均可谓全国学校所无。人说他们是"平地起楼台"；其实是披荆榛，拓荒野，化荒郊为学府，其毅力真可佩服。

看这种建设，使我们精神一振，使我们感觉中国事尚可为。

下午，与王世杰、邵逸舟游东湖。下午7时，在蒋介石寓内晚餐，"此是我第一次和他相见。饭时蒋夫人也出来相见。今晚客有陈布雷、裴复恒"。住太平洋饭店。张慰慈来谈。(据《日记》)

同日　朱经农复函胡适，云："兄既到鄂，无论如何，必须拨冗来湘一行。"并托刘廷芳亲至汉口迎接，为湖南青年讲演几次。另，湖南省主席何键亦甚盼胡适能来，务必莅湘，以不使这边人士失望。(《胡适遗稿及秘藏书信》第25册，719～720页)

1932年　壬申　民国二十一年　41岁

11月29日　上午访客有：陈立夫、张慰慈、萧济时、陈布雷、裴复恒、潘贞元。与张慰慈到何竞武家吃午饭。晚，黎琬（公琰）来，同去蒋介石宅晚饭。"同席者有孟馀、布雷、立夫。今晚无谈话机会，我送了一册《淮南王书》给蒋先生。"

晚，写信给顾孟馀，论代表民意机关选举原则：

1. 以法团为预选机关，选出候选人。

2. 预选会在选举期前三个月。候选人二倍于应选出之名额。候选人名单发表后，一千个选民签名盖章的请愿书亦可推出一个候选人，呈请选举监督与预选当选人同列入选举票上。此项请愿须选举期一个月前。

3. 全省应出之议员（或代表），由全省选民于候选人名单内投票选举。不分区支配。

信未写完，顾孟馀来长谈。（据《日记》）

11月30日　在杨端六家午餐。2点，出席附设小学欢迎会。胡适与唐钺、杨振声都有短演说。3点30分，出席文学院茶会。下午6点，胡适讲演"中国历史的一个看法"。晚8点，武汉大学校长及各院院长在王世杰家中公宴胡适。罗文干电邀胡适往南京。陈立廷来电邀往上海。复电说可以绕道京沪北去。朱经农来电说何键派刘廷芳来汉迎接前往长沙。（据《日记》）

同日　北京大学第一次校务会议通过重要议案多项，校长提出之各委员会名单修正通过，胡适担任图书馆委员会委员长、财务委员会委员长。（《北京大学周刊》第14号，1932年12月3日）

12月

12月1日　上午见客。在蒋思道家吃午饭。会见专程前来迎接前往长沙的湖南市政府代表刘廷芳、雷铸寰（孟疆）。会见刘英士。3点在武大大礼堂讲演"谈谈中国政治思想"。晚饭在刘南陔家。（据《日记》）

"谈谈中国政治思想"之大意：一、天与人，即自然与人。自然是无为的，因此又涉及无为与有为。二、本与末。传统历来以农为本，以商为末，重农抑商。三、法与人。即法治与人治。古代法治思想一派本有虚君宪政的理想。但君主有为，必导致专制，必归于人治一条路。四、君与民。中国古代有重民的思想，但并无民权的思想。（杜春和、韩荣芳、耿来全编：《胡适演讲录》，河北人民出版社，1999年，137～141页）

同日　胡适在武汉大学讲演"中国历史的一个看法"，将中国历史分为五幕：老英雄建立大帝国；老英雄受困两魔王；老英雄死里逃生；老英雄裹创奋斗；老英雄病中困斗。(《胡适作品集》第24册，125～133页）

同日　《图书评论》第1卷第4期刊登胡适为《华年》（潘光旦主编）的题词："说老实话，介绍有用的书，《华年》真是我们的好朋友。"

同日　陈独秀致函胡适，谈在狱中近况。又请胡适帮忙找书（英文《原富》、英文李嘉图的《经济学与赋税之原理》、英文马可波罗的《东方游记》、崔适《〈史记〉探源》、关于甲骨文的著作），又谈及自己存于胡适处的拼音文字稿的出版问题，又云：

> 先生著述之才远优于从政，"王杨卢骆当时体，不废江河万古流"，近闻有一种传言，故为先生诵之，以报故人垂念之谊。(《胡适遗稿及秘藏书信》第35册，588～593页）

12月2日　刘英士邀往教育学院讲演，陈叔澄邀往华中大学讲演，均辞谢。在陈源家吃饭。3点30分，在武大讲演"中国文学史的研究"。晚，应蒋介石饭约。日记有记：

> 六点下山，过江。蒋先生的秘书黎琬君来迎，到蒋宅吃饭。
> 我本来以为这是最后一个谈话机会，故预备与他谈一点根本问题。但入门即见昨见的雷孟疆先生，后来吃饭时杨永泰先生又来了。二客皆不走，主人亦无法辞客。所以我也不预备深谈了，只随便谈了一会；十点即辞出。

我至今不明白他为什么要我来。今日之事，我确有点生气，因为我下午还托雪艇告知他前日之约我一定能来。他下午也还有信来重申前日之约。

席上他请我注意研究两个问题：

（1）中国教育制度应该如何改革？

（2）学风应该如何整顿？

我很不客气的对他说：教育制度并不坏，千万不要轻易改动了。教育之坏，与制度无关。十一年的学制，十八年的学制，都是专家定的，都是很好的制度，可惜都不曾好好的试行。经费不足，政治波动，人才缺乏，办学者不安定，无计画之可能……此皆教育崩坏之真因，与制度无关。

学风也是如此。学风之坏由于校长不得人，教员不能安心治学，政府不悦学，政治不清明，用人不由考试，不重学绩……学生大都是好的；学风之坏决不能归罪学生。

今之诋毁学制者，正如不曾试行议会政治就说议会政治决不可用。

按，据胡适5日追记，蒋介石曾同胡适谈哲学，示之以其著《力行丛书》。对此，胡适在日记中也略有评议。

又按，蒋介石对胡适主张教育制度宜持久，强调"利不十，不变法"之意，"甚以为然"，并认为胡适其人"似宜交也"。（据蒋当日日记）

同日　周缵武致函胡适，报告来天津扶轮中学的原因以及未来计划。（中国社科院近代史所藏"胡适档案"，卷号1474，分号2）

12月3日　到华中大学，见陈叔澄。在该校讲演"个人主义的人生观"。到教育厅访夏浮筠不遇。到高级女中讲演"个人主义的人生观"。到高级中学讲演"科学救国"。决计不东下绕道京沪了，请王世杰分别致电陈立廷、罗文干，说明北归之意。下午3点，在雷孟疆、刘廷芳陪同下前往长沙。

同日　陈世棻（东原）致函胡适，请胡指正其所办《学风》杂志。又云该刊所载自撰《中国教育史》，"纯是先生启示的，不知可用得否"。又就

撰写计划等请教胡适。又请胡适为《学风》题字。(《胡适遗稿及秘藏书信》第35册，307～308页)

12月4日　早7点40分，抵长沙，朱经农来接。访湖南省政府主席何键。到湘雅学校讲演"宗教在中国思想史上的地位"。午饭在何键宅中，同席有黄士衡、凌舒谟。下午3点，在中山堂讲演"我们所能走的路"。参观国货陈列馆。到刘廷芳家吃茶。朱经农与刘廷芳邀吃晚饭，同席有张开琏。饭后与朱经农长谈。(据《日记》)

12月5日　上午，胡适在中山堂举行的湖南全省纪念周上演说"中国政治的出路"，何键主持。中山堂演说毕，即在凌劲松、朱经农陪同下前往湖南大学，演讲"我们必应认清文化的趋势"。下午，胡适在杨华一、唐艺菁、凌劲松、林和民、曾昭权等陪同下游岳麓山。张开琏邀胡适吃晚饭。饭后，到何键公馆看电影。(据《日记》)

12月6日　胡适在张开琏、朱经农陪同下参观"煤气发生炉驶汽车"，又同去游览长沙的"要塞"。胡适参观宝华公司，见其创办人箫泽(丽生)，甚感叹该公司的成绩，日记有记：

……萧君一家人用全力经营，不浪费一钱，而各场所条理很好。全厂机器用三十匹马力，每日耗煤只有一百五六十斤。

我对柳先生说："五千三百元的开办费，若归官办，还不够一位总办的全年薪俸呢！"

因此我想起郭筠仙论湖南办矿的话。今日之事与郭氏所说正无大异！政府只可与民休息，除害而已，安民而已，民人自能发展各种事业。今日所谓"建设"，大半皆是害民之政。

何键来话别。又赠送胡适他的著作、菊花砚、湘绣、湖南笔等。到唐艺菁家吃饭，同席的有罗君毅、朱经农、石一参(广权)、彭施滌、宾步程(敏介)、黄士衡、杨华一。下午4点车行赴武汉，刘廷芳同行。(据《日记》)

12月7日　胡适返回武汉。在邵逸舟家午饭，与王世杰、周鲠生、王星拱、杨端六、陈源、皮皓白等话别。王星拱赠胡适送行诗，有"珍重文场开国史，当年四海称陈胡"之句。到华中大学讲演,题为"我们所能走的路"。讲演毕,由韦作民校长陪同参观华中大学,印象极佳。(据《日记》)

12月8日　无锡《锡报》主笔吴观蠡致函胡适,向胡适邀稿。(中国社科院近代史所藏"胡适档案",卷号1338,分号3)

12月17日　晚,胡适宴请丁文江、余上沅、傅斯年、顾颉刚、胡筱溪、顾毓琇、罗隆基、江绍原等。(《顾颉刚日记》第二卷,721页)

同日　孙伏园致函胡适,希望将胡适在汉口的演词编成一个平民读物。想为最重要的思想家如梁启超、胡适、孙中山出传记,最好是自传,如胡适《介绍我自己的思想》。若胡适不想写,可代写一篇,请胡适修改。(《胡适遗稿及秘藏书信》第32册,439～440页)

同日　罗尔纲致函胡适,祝胡适生日快乐。(《胡适遗稿及秘藏书信》第41册,421～422页)

12月19日　胡适作有《国联新决议草案的重大意义》一文,赞赏国联处置中日问题的办法是"调解"等。(《独立评论》第32号,1932年12月25日)

同日　李孤帆函催胡适为其书作序。(《胡适遗稿及秘藏书信》第28册,46页)

12月22日　胡适在培英女中演讲"中国文学史的一个看法",大意谓:

> 文学史是有两种潮流,一种是只看到上层的一条线,一种是下层的潮流。下层潮流,又有无数的潮流,这下层的许多潮流,都会影响到上层去,上层文学是士大夫阶级的,他是贵族的、守旧的、保守的、仿古的、抄袭的,这种文学,我们就是不懂也没要紧……凡是历代文学之新花样子,全是从老百姓中来的,假使没有老百姓在随时随地的创作文学上的新花样,早已变成"化石"了。
>
> 老百姓的文学是真诚朴素的,它完全是不加修饰的,自由的,从内心中发出各种的歌曲……
>
> ……所谓文学潮流的新花样的形成,是经过四个时期:

第一时期是老百姓创作时期，与上层是毫无关系，在创作时期，是自由的，富于地方个人等特别风味，他是毫不摹仿，而是随时随地的创作时期。

第二时期是从下层的创作，转移到上层的秘密过渡时期……

第三时期则因上等作家对新花样文学之采用，遂变成了正统文学中之一部分。

第四时期则为时髦时代，此时已失去了创作精神，而转为专尚摹仿，因之花样不鲜，而老百姓却又在创作出新的……（次日之《北平晨报》）

12月25日 天津《大公报》报道：中华民众教育协进会于昨日举行成立大会，聘请蔡元培、李石曾、张继、易培基、许世英、熊希龄、任鸿隽、胡适等多人为董事，推蔡元培为董事长。

12月26日 孟森函谢胡适寄赠《独立评论》，又云：

大贤持论，动为今之从政者张目，涪翁诗云：万言万当，不如一默，敢为先生诵之。兴灭继绝，大义自在天壤，取乱侮亡，恒训亦在简编。自处于绝灭而待人之兴与继，何如自悔其乱亡，而勉力求为不可取、不可侮，以尽其在我者耶。苦海无边，回头是岸。必欲有言，无急于此。若虑转喉触讳，此亦明哲之常，幸勿假他途以阿世。（《胡适遗稿及秘藏书信》第30册，160页）

按，28日，孟森又复函胡适云：

……君子之心非可一端测之，救世之旨固与救国无背，足以关羊舌肸之口，亦不斥肸之妄议刑书，尤感。窃谓帝国主义之呼声宜有提醒，打倒之伧气宜有潜移，自是一大事，但与中日事少并为一谈，免作今之从政者口实。至乱亡之悔，亦不敢望，灌灌不已，言之无效，不如他求，以救世之心推之，可救待救正多也。（《胡适遗稿及秘藏书信》第30册，161页）

12月30日　下午1时，法国公使馆为欢迎伯希和，邀中法名流举行盛大宴会，中国方面出席者有傅增湘、蒋梦麟、翁文灏、李书华、胡适、沈兼士、马衡、袁同礼、梅贻琦、李蒸、张星烺、李宗侗、黄文弼等50余人。(天津《大公报》，1933年1月3日）

> 按，关于此次宴会，顾颉刚在日记中亦有记，并列出不完全之名单。(《顾颉刚日记》第二卷，725页）

1933年　癸酉　民国二十二年　42岁

是年，胡适仍执教北京大学并任文学院院长、教育系主任。

1月30日，胡适出席中国民权保障同盟北平分会成立会。作为北平分会主脑，以与同盟总部政见不合，被"开除"会籍。

2月，东北热河后援协会成立，胡适任理事。

6月18日，胡适自上海赴美。7月，应芝加哥大学之邀，为该校的Haskell Lectures讲演六次。

8月，赴加拿大Banff出席太平洋国际学会第五次大会。

1月

1月1日　胡适改定《评论近人考据老子年代的方法》，大意谓：

近十年来，有好几位我最敬爱的学者很怀疑老子这个人和那部名为《老子》的书的时代。我并不反对这种怀疑的态度；我只盼望怀疑的人能举出充分的证据来，使我们心悦诚服的把老子移后，或把《老子》书移后。但至今日，我还不能承认他们提出了什么充分的证据。……

…………

……在论理学上，往往有人把尚待证明的结论预先包含在前提之中，只要你承认了那前提，你自然不能不承认那结论了：这种论证叫做丐辞。……

…………

还有许多所谓证据，在逻辑上看来，他们的地位也和上文所引的几条差不多。我现在把他们总括作几个大组。

第一组是从"思想系统"上，或"思想线索"上，证明《老子》之书不能出于春秋时代，应该移在战国晚期。梁启超、钱穆、顾颉刚诸先生都曾有这种论证。这种方法可以说是我自己"始作俑"的，所以我自己应该负一部分的责任。我现在很诚恳的对我的朋友们说：这个方法是很有危险性的，是不能免除主观的成见的，是一把两面锋的剑可以两边割的。你的成见偏向东，这个方法可以帮助你向东；你的成见偏向西，这个方法可以帮助你向西。如果没有严格的自觉的批评，这个方法的使用决不会有证据的价值。

…………

思想线索是最不容易捉摸的。如王充在一千八百多年前，已有了很有力的无鬼之论；而一千八百年来，信有鬼论者何其多也！……中国古代的先秦思想已达到很开明的境界，而西汉一代忽然又陷入幼稚迷信的状态；希腊的思想已达到了很高明的境界，而中古的欧洲忽然又长期陷入黑暗的状态；印度佛教也达到了很高明的境界，而大乘的末流居然沦入很黑暗的迷雾里。我们不可以用后来的幼稚来怀疑古代的高明，也不可以用古代的高明来怀疑后世的堕落。

最奇怪的是一个人自身的思想也往往不一致，不能依一定的线索去寻求。……

我们明白了这点很浅近的世故，就应该对于这种思想线索的论证稍稍存一点谨慎的态度。寻一个人的思想线索，尚且不容易，何况用思想线索来考证时代的先后呢？

第二组是用文字、术语、文体等等来证明《老子》是战国晚期的作品。这个方法，自然是很有用的，孔子时代的采桑女子不应该会做七言绝句，关羽不应该会吟七言律诗，这自然是无可疑的。又如《关尹子》里有些语句太像佛经了，决不是佛教输入以前的作品。但这个方法也是很危险的，因为（1）我们不容易确定某种文体或术语起于何

时；（2）一种文体往往经过很长期的历史，而我们也许只知道这历史的某一部分；（3）文体的评判往往不免夹有主观的成见，容易错误。……

…………

……同一个时代的作者有巧拙的不同，有雅俗的不同，有拘谨与豪放的不同，还有地方环境（如方言之类）的不同，决不能由我们单凭个人所见材料，悬想某一个时代的文体是应该怎样的。……

…………

至于摭拾一二个名词或术语来做考证年代的标准，那种方法更多漏洞，更多危险。……

…………

我已说过，我不反对把《老子》移后，也不反对其他怀疑《老子》之说。但我总觉得这些怀疑的学者都不曾举出充分的证据。我这篇文字只是讨论他们的证据的价值，并且评论他们的方法的危险性。中古基督教会的神学者，每立一论，必须另请一人提出驳论，要使所立之论因反驳而更完备。这个反驳的人就叫做"魔的辩护士"（Advocatus diaboli）。我今天的责任就是要给我所最敬爱的几个学者做一个"魔的辩护士"。魔高一尺，希望道高一丈。我攻击他们的方法，是希望他们的方法更精密；我批评他们的证据，是希望他们提出更有力的证据来。

至于我自己对于老子年代问题的主张……我至今还不曾寻得老子这个人或《老子》这部书有必须移到战国或战国后期的充分证据。在寻得这种证据之前，我们只能延长侦查的时期，展缓判决的日子。

怀疑的态度是值得提倡的。但在证据不充分时肯展缓判断（Suspension of judgement）的气度是更值得提倡的。（《胡适论学近著》第一集卷一，103～127页）

同日　胡适作有《国民参政会应该如何组织》一文，指出：现在的统治者对于人民参政的问题始终抱着怀疑和畏惧的心理。就国民参政会的组织办法提出7条建议：国民参政不应该有政府延聘的代表，应该全由选举产生；参政会人数不必过多，至多不应该过100人；参政会代表的选举应以省为选举区单位，每省的代表皆代表全省，皆由全省选民投票选举出来；选举办法用选民直接选举方法；直接选举法应有一个"预选"的机关，推出加一倍或二倍"候选人"来，由人民从那些"候选人"里用无记名方法投票选出他们的代表；为防范预选机关把持预选起见，可以参用选民签名请愿补选候选人之法；完全用无记名投票。(《独立评论》第34号，1934年1月8日)

同日 《涛声》第2卷第1期刊有胡适复黄秋岳函，谈对黄著《悲志摩》的感想：

> 此诗叙交情极清楚，末四句尤悲——但我总觉得旧诗束缚太甚，不能达意。凡旧诗所能叙述，皆极浮泛迷离。人所已知，但稍稍隐括成有韵脚之歌诀而已。若人所未知之事与情，旧诗往往不能表现，如大作"御风"四句，在已知此者自然能懂；若本不知此事者，地〔此〕数句就非注不能懂了。
>
> 能作新诗者，于此种情事，皆不复叙述，故剪裁为胜。

1月7日 胡适在 Man and Medicine: An Introduction to Medical Knowledge（by Henry E. Sigerist）一书上题记："一九三三年一月七日，重到商务印书馆发行部，虽有沧海桑田之感，但同时很感觉中兴新气象，故我买了几部书做纪念，这一册医学小史是其中的一部。"(《胡适藏书目录》第4册，2433页)

同日 顾颉刚日记有记：卢季忱来，承适之先生之嘱，见示驳我们《老子》说之文，留饭。(《顾颉刚日记》第三卷，2页)

1月9日 中国民权保障同盟致函胡适，告执委会已通过其为会员（并附寄宣言）。(中国社科院近代史所藏"胡适档案"，卷号2288，分号6)

1月11日 王实味致函胡适云，寄上译稿已90日，请胡适回应。(《胡适遗稿及秘藏书信》第24册，420页)

1月14日 李辰冬致函胡适，详列自己《红楼梦研究》的提纲（共9章），并请胡适指教。李函云："现在只要我们提到《红楼梦》，立刻就联想到了您，

要是研究《红楼梦》，更少不了您的指导，这是当然的事实。"李辰冬请胡适指教他的研究方法是否行得通，又请胡适指示关于康熙时代社会、教育、思想、政治、家庭等的材料。(《胡适遗稿及秘藏书信》第 28 册，178~181 页)

1 月 16 日　胡适作有《国联调解的前途》一文，指出：日本有在山海关的军事行动并窥伺热河的侵略行径，而中国也不会接受日本的城下之盟，故国联调解必失败。胡适呼吁国联做到以下几点：

第一，明白宣布此次调解失败应该完全由日本负责任。

第二，应即由行政院缮具报告书，接受李顿调查团报告书前八章的事实部分，声明满洲事件的发生及满洲伪国的造成完全由日本负其责任。

第三，应即由国联大会正式否认满洲伪国，并声明日本破坏国联盟约、巴黎公约及九国条约的责任。

第四，应即由行政院依据盟约第十五条第四项，采取李顿报告书第九章的原则，提出国联认为公允适当的解决方案。(《独立评论》第 36 号，1933 年 1 月 22 日)

1 月 17 日　陈垣致函胡适，认为胡适《蒲松龄年代考》考定蒲松龄的生年及年岁"精确不可移易"，但又云："唯先生所下判决书，断定全集皆系捏造，愚见颇为被告抱冤。……希望能撤销原判或延缓判决，再事侦查。"(《胡适遗稿及秘藏书信》第 35 册，8~12 页)

1 月 18 日　陈垣致函胡适，云："石印本《聊斋文集》有王士禛序，及《曹大妄传》《明湖泛舟》等篇，均为孔氏本所无，先生以年代证其谬，甚善甚善。大著评近人考据方法……获益不浅。"又向胡适索"中国思想史"的讲稿。(《胡适遗稿及秘藏书信》第 35 册，13~14 页)

同日　萧济时致函胡适，感谢胡适帮忙向沈士远介绍科学实验馆事，但因沈卸职，此事搁置。现在夏浮筠接任，请胡适再向夏关说。(中国社科院近代史所藏"胡适档案"，卷号 1778，分号 7)

1 月 19 日　王云五致函胡适，寄上《大学科目草案（附说明与统计）》，

1933年　癸酉　民国二十二年　42岁

聘胡适为商务印书馆大学丛书委员会委员，并询问是否有成稿可供出版。（《胡适遗稿及秘藏书信》第24册，352～353页）

1月20日　下午3时，张学良在私邸招待平市各界代表，报告平市治安及救济问题，胡适出席。出席者还有李书华、吴雷川、梅贻琦、蒋梦麟、周作民、朱庆澜、熊希龄、载涛等多人。（次日之天津《大公报》《申报》）

同日　丁文江在欧美同学会设宴招待黄炎培，同席有胡适、翁文灏、任鸿隽夫妇、傅斯年、蒋廷黻、周炳琳、竹垚生、吴宪。（《黄炎培日记》第4卷，149页）

1月21日　单绍良致函胡适，谈到汉口后考察当地文化教育情形：

> 此间秩序虽称安宁，而社会早成凋敝。文化方面除武汉大学外，殆无可言者。承介绍见王雪艇先生、周鲠生先生，王先生已去京，周先生不在家。惟晤见其他教授，探问武大情形颇详。该校各项设备，堪称完善，与我北大相较，并无逊色，后起之秀，实足畏也。各教授皆信报纸谣传北平各大学学生逃尽，教授避难，榆关事变更不知演至何种地步……生向彼等解释北平教授并无避难之事，学生虽有离校者，亦系寒假惯例，并不足怪，且平津在种种关系上日人亦断难急攻，教育界为社会之表率，断无如此张皇之理，外间谣传，不足置信。至湖南社会，闻近年来颇多变化。生到湘见胡、朱诸位后，再当奉告。（《胡适来往书信选》中册，157页）

1月22日　胡适为陈受颐、李怀才证婚。（《胡适中文书信集》第2册，317页）

同日　胡适在"庚辰本"《石头记》书后写了如下题记："此是过录乾隆庚辰定本《脂砚斋重评石头记》，生平所见，此为第二最古本石头记。民国廿二年一月廿二日胡适敬记。"下钤"胡适之印"。

同日　胡适作有《跋乾隆庚辰本脂砚斋重评〈石头记〉钞本》。大要是：这确是一个很值得研究的本子。以此本缺64、67两回，胡适断定此本应在高鹗所见各本之前。有正书局已不缺此两回，当更在后了。此本是乾

隆庚辰秋写定本的过录本，其第二、三两册又转录有乾隆己卯至丁亥的批语。这是此本的性质。此本的底本出于戚本之前，除甲戌本外，此本在今日可算最古本了。脂砚斋即那位爱吃胭脂的宝玉，即曹雪芹自己。原本有作者自加的评注。此本有一处注语最可证明曹雪芹是无疑的《红楼梦》作者。第五十二回末页写晴雯补裘完时，"只听自鸣钟已敲了四下"。胡适在文末说：

> ……此本比我的甲戌本虽然稍晚，但甲戌本只剩十六回，而此本为八十回本，只缺两回。现今所存八十回本可以考知高鹗续书以前的《红楼梦》原书状况的，有正石印戚本之外，只有此本了。此本有许多地方胜于戚本。如第二十二回之末，此本尚保存原书残缺状态，是其最大长处。其他长处，我已说过。现在我要举出一段很有趣的文字上的异同，使人知道此本的可贵。……（《胡适论学近著》第一集卷三，403～414页）

1月24日　千家驹致函胡适，为胡适主持民权保障同盟分盟感到欢欣鼓舞，并提出意见三条，又询自己可否有资格加入等：

> ……近数年来，国民党执政之结果，青年之冤死于莫须有之"反动"罪名下者不可以数计。……民权同盟的成立，在消极方面是援助这一般呻吟于人间地狱下的青年学生；在积极方面是争取法律所赋与人民身体、言论、出版之自由保障……北平分盟更得先生鼎力主持，其收效之宏与造福之大，更可预卜。……爰有意见数则……
>
> （一）在《独立评论》上，先生最好能立刻提出保障人民身体、言论、出版自由的主张来，在法律范围内，得有集会结社之自由，不依司法手续，不得任意由党部命令逮捕。
>
> （二）我们要提出释放一切政治犯（不问他是共产党或非共党）的主张来，要是真有所谓"扰乱社会治安"行动，亦应交由司法机关审理，否则一律省释。

（三）北平分盟应立刻开始工作，对狱中青年作有效的援助。(《胡适遗稿及秘藏书信》第23册，412～413页)

同日 商承祚函请胡适向外长罗文干推荐曹明栋。(《胡适遗稿及秘藏书信》第33册，224～225页)

1月25日 孙大雨致函胡适，陈述到北京大学英文系的原由，述蒯叔平屡屡与自己为难，向胡适请辞。(《胡适遗稿及秘藏书信》第32册，425～427页)

1月26日 国防设计委员会秘书厅致函胡适，告现在正调查国内专门人员，请胡适将文化方面学有专长、经验宏富者择优列表送交该会。(中国社科院近代史所藏"胡适档案"，卷号2285，分号4)

1月27日 中国民权保障同盟致函胡适、李济，告同盟为营救中国大学教授马哲民而采取的种种行动，请胡等"在平以本会名义，相机进行"。(《胡适来往书信选》中册，157页)

1月28日 林语堂致电杨杏佛、胡适、傅斯年："顾祝同枪决刘煜生案，可否联络在平学者，拥护监察院主张，彻底查办，平沪两方同时进行。"(《胡适遗稿及秘藏书信》第29册，372页)

1月30日 下午4时，中国民权保障同盟北平分会在南河沿欧美同学会举行成立大会。胡适、蒋梦麟、梅贻琦、任鸿隽以及同盟总部之杨杏佛、李济等40余人出席。会议由胡适临时主持并首先致辞，继由杨杏佛报告，次许德珩报告前被捕经过，旋讨论、决议：以总会所定分会章程作为北平分会章程；宣告北平分会今日成立；主张《危害民国紧急治罪法》应即废止；请本会执行员营救平津各地被非法拘捕监禁之一切政治犯；要求政府将擅杀刘煜生之江苏省府主席顾祝同免职。最后选举分会执行委员，胡适、成舍我、陈博生、徐旭生、许德珩、任鸿隽、蒋梦麟、李济、马幼渔9人当选。

天津《大公报》报道胡适致辞：

……现在国家已经有基本法律，但仍来讲保障人权，实令人难为

情。……所谓法制习惯，就是有一点权利都不肯放松。在三百年前，有一位犹太的哲学家，他叫斯宾诺沙，他为了遗产的问题和他的姊妹来诉讼，结果胜诉了，但是他不要遗产，他所争的是权利。一个哲学家为了自己的权利，来和亲属相争，可见人权之重要。现在中国有人被当局非法逮捕以后，常常求私人人情去营救，很少拿法律来应用，可见一般人都缺乏法律的习惯。我们成立此会目的有三：一、帮助个人；二、监督政府；三、彼此了解法律习惯的应用。此次当局要杀陈独秀和牛兰，我们要营救他，此外一切被压迫的人士也要设法保护云云。

同日 胡适对记者表示：不赞成迁移古物。原因：一、在国际人士监视下，未必有人敢破坏文化古物。二、故宫古物数量极巨，迁移非易，途中定有损失，或万一再遇如临城劫车案时，则责任谁负？三、京沪均无适当地方存储，非万不得已，不应轻移，否则事先应有充分准备，最好在京沪先筹备两个博物院，将故物重复者迁移京沪两院陈列，若全部迁移，则不可。（次日之《申报》、天津《大公报》）

1月31日 胡适复函陈垣，云：

……关于佛教史，鄙见稍有异同。佛教盛行之最大原因，一为老庄之学可以作初期解释佛教义的基础；二为其教义仪式确有为中国古宗教所无者，如轮回，如因果，如神像崇拜，如庄严祠宇，皆可以震动世俗；三为帝王贵族之提倡；四为经济原因，包括募化制度，徭役赋税之免除，等等。

先生所举三事，其中至少有二事为佛教盛行的结果而非其原因。文学之佛化与禅化乃是后期的事。……美术亦是如此……（《陈垣来往书信集（增订本）》，206～207页）

同日 韩麟符致函杨杏佛、胡适，述自己的革命经历及在狱中惨状，并就"据我们能想到的一些办法"，贡献给杨、胡：

（1）凡爱国学生及嫌疑犯和判刑已久者，请求当局释放，俾得共赴国难。

（2）重病者（现在有二十余人）可保因病假释。此种办法亦有前例。

（3）读书看报写作，在不犯禁限度内准与自由。

（4）改良饮食，添加运动，准与随时接见亲友。

（5）下镣以重人格人命。(《胡适遗稿及秘藏书信》第40册，564～566页)

同日　凌叔华、陈源致函胡适，谈徐志摩墓碑题字，拟写"我悄悄的来，正如我悄悄的去"。又谈及徐志摩早年的译稿《何侃新与倪珂兰》等。(《胡适遗稿及秘藏书信》第31册，521～525页)

2月

2月1日　史沫特莱致函胡适，谈及她受宋庆龄与林语堂之请，附寄民权保障同盟给北平分会文件一份，请胡适和北平分会及时处理，云：

……您考虑能否立即召集在北方的会员开一个会讨论这个问题。我们请求您迅速采取措施，防止使这个敢于送给我们这份呼吁书的罪犯受到迫害。我个人认为您应指派一个委员会立即去见负责官员，提出最强有力、最坚决的抗议，要求他们立即采取措施，并要求有权进入陆军反省院与犯人会晤，并监督他们立即实行改革，对那些虐待犯人负有罪责的人员必须立即撤换。

我们已将这一报告书全文公布了，这就意味着，除非你们分会迅即采取步骤，那些犯人将要重行受到虐待。(《胡适来往书信选》中册，169页)

同日　李明宣致函胡适，对胡适关于民权保障之界限略有异议：

想民权保障同盟之意义，当系凡属民权，若被赃吏非法毁灭或故滞行使，均当于贵会保障之列方佳，佐以得到合法行使与存立之果，

不应有所界限。按今阁下电谈，似乎凡关司法之件，即出贵会保障之外。但不悉司法者亦常有违背法令而故行加害于民权者，较他更厉。……但愚所求入会者，是因法权无效，明明司法官违背法规，侵及民权，且其力大，又官官相护，虽达渎职之地而惧不敢诉，恐诉之不得，反被其诬。总之，北平法院愚若何据法有理，预终难逃其官势之下。故而向贵会求入，乞谋得本身不致被非法拘禁，并依国定之法律对民即妥。如法院不法之处，贵会能以佐助愚人声请中央以争法权，而取得真实终结即可。愚刻下仅争法权与真实，非争财产之为也。……（《胡适来往书信选》中册，172页）

2月2日　民权保障同盟全国委员会（有史沫特莱签名）致函胡适并转北平分会，通报昨天民权保障同盟全国执行委员会和上海分会为抗议杀害刘煜生事件，邀集新闻界代表开会情形。又通报对北平陆军反省院中一群犯人递来的呼吁书所做处置，并请北平分会也采取行动：

……预料中文本明天将在《申报》发表，发表后我们将把文件印张送给你们和北方报界。我们将以英文本分送国外的各国际组织，要求发表，并把此事造成一个国际问题。……中国政府对于外国的意见，往往比对于中国人的意见远为重视。至于这群囚犯，我们认为你们应立即采取措施保护他们，使他们不致因向我们提出呼吁之故而受到进一步的虐待。

我们以极大的兴趣读了北平分会成立的通告，我们也欢迎为刘煜生案件而采取的行动。

你们如果有关于黄平于12月间在北平被当作一个共产党而被捕的任何消息，请即告诉我们。据我们所知，他曾经写过信给他的在北京大学任教授的哥哥，你们能否将此信或此信的抄件寄给我们？你们是否知道黄教授有未得到进一步的消息？我们坚信，报纸上以黄平名义发表的谈话完全是假造的。……

如果你们能将以前和现在被捕的学生和教授的情况见告，我们将

会感到高兴。(《胡适来往书信选》中册，169～171页)

同日　杨韶秀致函胡适，述自己因政治嫌疑被捕，被严刑加身，且既不开放，又不送至反省院等苦情，"幸有诸先生及代表孙夫人之代表来所慰问……愉快极矣。又闻杨先生杏佛言，北平市人权保障会业已成立，今后对于政治犯当设法营救……故不揣冒昧，以国民资格恳请慈念远方学生离家遥远，求学不易，代为请求早日释放，或早至反省院，藉得到较多自由，则不胜迫切待命之至！"(《胡适来往书信选》中册，173页)

同日　蔡晓舟致函胡适，告友人王慰三被人暗杀，而尸旁10余名宪兵有重大的共同谋杀嫌疑，并列出3条疑点。又提出：

一、由民权保障同盟呈请行政、司法两院暨军政、司法两部，迅将该宪兵等解除武装，送交法院侦察。

二、如有人袒护宪兵，即应呈请监察院提出弹劾案。

请你替我介绍，把这封信送到民权保障同盟北平分盟，作为一个紧急提案！(《胡适来往书信选》中册，174页)

2月4日　胡适就国民党北平市党部认为民权保障同盟北平分会不合法等情况对记者发表谈话。

天津《大公报》报道：

人权保障同盟，系根据中华民国之约法而组织，若谓此为非法，则法将何解。至如危害民国紧急治罪法出版法与民众团体登记条例等等，吾人则认为皆系急应废止之法律。余所办之《独立评论》，在去年四月间曾以极合法之手续向本市机关呈请立案，至今将届一年，仍未批准，我们若遵行今日之所谓法律，岂非至今尚不能出版？人权保障同盟北平分会若俟登记之后再组织，则不知将候至何时？在此种情形之下，吾人既非违法分子，当然只有依据根本大法，照常推进会务……

同日　胡适致函蔡元培、林语堂，告收到宋庆龄签名的英文信和英文

的《北平军委会反省院政治犯 Appeal》一篇,并要求北平分会立即向当局提出严重抗议,废除反省院中种种私刑。孙夫人函中并要求"立即无条件的释放一切政治犯"。胡适对此表示失望,并云:

> 反省院是我们(杏佛、成平、我)三人前几天亲去调查的。有须[许]多犯人和我们很详切的谈话;杏佛当能详告你们诸位。他们诉说院中苦痛,最大者为脚上带锁,与饭食营养不足二事。但一人说及有何种私刑吊打,如孙夫人所得 Appeal 中所说的。谈话时,有一人名刘质文,是曾做苏联通信社翻译的,他与我英文谈话甚久。倘有此种酷刑,他尽可用英语向我诉说。依我的观察,反省院都已决犯中必无用此种私刑拷打之需要。
>
> 此种文件,我前也收到过。孙夫人的文件,乃是一种匿名文件:信中明说是外人代写,而信封上偏写明寄自某某监狱。岂可不经考查,遽然公布于世?
>
> 上海总社似应调查此种文件的来源,并应考据此种文件的可信程度。若随便信任匿名文件,不经执行委员会慎重考虑决定,遽由一二人私意发表,是总社自毁其信用,并使我们亲到监狱调查者,蒙携出或捏造此种文件的嫌疑,以后调查监狱就不易下手了。
>
> 此函请两位先生与杏佛同看后,与孙夫人慎重一谈。千乞赐覆。如有应由总社更正,或救正之处,望勿惮烦,自行纠正,以维总社的信用。(《胡适遗稿及秘藏书信》第 20 册,237~239 页)

同日 周默秋致函胡适,详述自己受何键资助来北平后被捕、受严刑拷打之事,请求胡适写信告知何键,并将此信转何键,请何打电报来保释自己;又请求胡适向张学良请保;等等。(《胡适来往书信选》中册,175~178 页)

按,胡适接此函后有函复周。有 2 月 26 日周氏复函为证:

> 拜读手示后,我是多么感激而快乐啊!生命将要在茫然的沙国中

被救了。……我底时代之父！我感谢你！我永远以自勉的精神来报答你！你不要失望，我不会灰心，我是有为的，"自信"即是"天才"，努力是天才之发展……

芸公如有回信，请仍由西安门大街路北……转我一读。大陆将沉，全国茫然，先生其何以领导之？（《胡适来往书信选》中册，192～193页）

2月5日 胡适致函蔡元培、林语堂，告前信未发，今早的英文《燕京报》刊登宋庆龄以中国民权保障同盟的全国执行委员会名义发表的信和Appeal，《大陆报》亦已发表此文。张学良的秘书王卓然也已打电话质问此文的来源。又云：

我现在可以告诉两位先生那篇Appeal是有意捏造的。此间有人专做这种事。今天《世界日报》社送来一信，信封上写的是从我的家中"米粮库四号"发出的。内容是：

敬启者：兹由胡适之先生交下"河北第一监狱政治犯致中国民权保障同盟北平分会函"稿一件。盖以内容颇关人道，嘱肇致函贵报。祈垂念人道，予以刊登，不胜盼祷之至。……

此稿乃是长文一篇，详述第一监狱中的种种"摧残压迫之惨毒，虐待酷刑之残很"。作伪的人，知道我看过反省院，故改为"第一监狱"。他胆敢造我的住址，信内签名捏称住在我家中，并称稿是由我交下的。

此种文件与孙夫人所收的Appeal同一来源，同是捏造的。孙夫人不加考察，遽信为真，遍登各外国报纸，并用"全国执行委员会"的名义发表，这是大错。

我认为此等行为大足以破坏本会的信用。应请两公主持彻查此行[项]文件的来源，并彻查"全国执行委员会"是否曾经开会决议此种文件的翻译与刊布。

如果一二私人可以擅用本会最高机关的名义，发表不负责任的匿名稿件，那么，我们北平的几个朋友，是决定不能参加这种团体的。

(《胡适遗稿及秘藏书信》第 20 册，240～242 页）

按，同日胡适致函成舍我、李济、陈博生，云：

顷得一航空快信，中有英文文件三种。我看了很失望，已作长信致蔡孑民、林语堂两先生。原件及我的信送呈三位大鉴。倘蒙同意，请舍我兄留一副稿，将原信快邮寄出。如三位认为应召集执行委员会讨论，乞示知。(《胡适遗稿及秘藏书信》第 19 册，170 页）

又按，2 月 9 日，林语堂以私人名义复函胡适，云：

得来札，知道北平监狱调查报告出于捏造，此报告系由史沫特烈交来，确曾由临时执行委员开会传观，同人相信女士之人格，绝不疑其有意捏造，故使发表。不幸事实如先生来函所云。接信后蔡、杨及弟皆认为事情极其严重，须彻查来源，弟个人且主张负责纠正。大约明日开紧急会议，恐会议上即将发生重要波折。但以弟观察，现此临时组织极不妥当，非根本解决不可。此事尤非破除情面为同盟本身之利益谋一适当办法不可。

所幸此报告中文原文因某种关系尚未发表，否则更难补救。(你来函态度之坚决，使我们更容易说话）(《胡适遗稿及秘藏书信》第 29 册，367～368 页）

同日　胡适致函《燕京新闻》编辑部，云：

我在今天的《燕京新闻》上读到"中国民权保障同盟全国执行委员会"所发的表面上由孙逸仙夫人签名的关于北平陆军反省院非人道情况的文章，甚为惊诧。此文附有北平陆军反省院内一群政治犯的呼吁书，此文的内容就是以这篇呼吁书为依据的。

请允许我指出，这个反省院是我于上月三十一日同杨铨、成平两先生一同访问、视察过的三处监狱之一。我们曾和关押在那里的政治犯当中的三分之一以上的人谈过话。其中有些人是用英语和我谈话的，因而他们当时是处在一种可以畅所欲言而不怕被狱官们察觉的地位的。

他们当中没有一个人提到上述呼吁书所描绘的那些骇人听闻的酷刑。他们所有的人都诉说带脚镣和伙食太坏。其中有些人诉说他们虽可以读书，却不准看报。我们看见每个监房里都有一堆书，而且狱方已答应我们以后将允许他们看报。

也正是今天早晨，我收到了一封这个反省院中一个监犯寄来的有真实签名的信，他在信内提出了改善监狱的五项建议，可是并没有提到那些酷刑的事。在一个完全不需要逼供的反省院里，要施行如呼吁书所提到的这些酷刑，看来是不能置信的。

我认为，送交孙夫人的那封呼吁书十分可能是一封伪造的匿名信，而她又没有采取实地调查的步骤来加以核实。仅只两天之前，有一封同样的文件，据称是"北平姚家井河北省第一监狱全体政治犯"发出的，寄给本市一家中文日报的编辑要求发表。信封上的地址是我的寓所米粮库四号，信件本身由一个名叫肇音的署名，他写下这个地址以表示他住在我家里，并且在信中说这个文件是胡适博士交给他发表的！显然，孙夫人收到的文件，也是这类东西。

…………

……我写这封信，并没有意思认为此地监狱的情况是满意的。民权保障同盟北平分会将尽一切努力来改善那些情况。然而我不愿依据假话来进行改善。我憎恨残暴，但我也憎恨虚妄。（《胡适来往书信选》中册，182～183页）

同日　胡适对记者谈：本人意见，对政府逮捕政治犯，并不是无条件的反对。但必须有四个原则：逮捕前必须得有确实证据；逮捕后须遵守约法于24小时内移送法院；法院侦查有证据者即开审判，无证据者即令取保开释；判罪之后，必须予以人道的待遇。（次日之《申报》、天津《大公报》）

同日　天柱子致函胡适，云：

兹阅《益世报》五日……载市党部驳胡适之先生谈话一则，未免过于自是。查《训政约法》第十四条规定，集会结社曾予人民以充分

自由权。如于成立之后，欲停止或限制之，则必须于法律上有所根据，始得执行……设谓集会结社必须依照法律上规定之程序始能成立，则《约法》第十四条即应如下规定："人民依法律有集会结社之权"。兹则"依法律"三字既规定在下段，是明明予吾人以自由组织之特权，在稍具常识者皆能知之。而市党部则谓本分会必须依照现行单行法规办理，吾不知所谓单行法规者果曾经过法定手续否也。纵经过立法院法定程序而成为一种法律，如该项法律与《约法》第八十四条相抵触，仍不能妨害本分会之自由。况市党部所主张者，乃系未曾经过立法手续之一种条例案，则依《法规制定标准法》第四条规定，更无援用之余地。吾人固无法律常识，请精通法律之名宿，其有以教我来。(《胡适来往书信选》中册，183～184页)

2月6日 周炳琳致函胡适，云：

《独立评论》立案事，昨得朱云光兄复信谓早已办出，望差人到市府一询。……

关于党部误谓民权保障同盟北平分会非法事，琳今天在党部纪念周讲演"党治与法治"，有所辩正。讲演稿如今晚送到琳处时间尚早，当专差送上。望　先生勿再对记者发表谈话，琳生怕尤其是某报记者兴风作浪也。　先生试忆如有记者为党部昨日辩驳　先生前日谈话，曾找　先生征询意见，而先生亦曾表示意见，望即电话嘱付勿予发表。(《胡适来往书信选》中册，184页)

2月7日 胡适作有《民权的保障》一文，大意谓：

先进的民族得着的民权，不是君主钦赐的，也不是法律授予的；是无数的先知先觉奋斗力争来的，是用血写在法律条文上去的，是时时刻刻靠着无数人的监督才保障得住的。没有长期的自觉的奋斗，决不会有法律规定的权利；有了法律授予的权利，若没有养成严重监护自己的权利的习惯，那些权利还不过是法律上的空文。法律只能规定我们的权利，决不能保障我们的权利。权利的保障全靠个人自己养成不肯放弃权利的好习惯。

"权利"一个名词是近三十多年来渐渐通用的一个新名词。……"权利"的本义只是一个人所应有，其正确的翻译应该是"义权"，后来才变成法律给予个人所应享有的"权利"。中国古代思想也未尝没有这种"义权"的观念。……

…………

……中国人所以不爱护权利，不但是长久受了不争与吃亏的宗教与思想的影响，其中还有一个更重要的原因，就是中国的法制演进史上缺乏了一个法律辩护士的职业。我们的老祖宗只知道崇拜包龙图式的清官，却不曾提倡一个律师职业出来做人民权利的保护者。……

西洋人的权利思想的发达同他们的宗教信条正相反。……罗马不但遗留下了《罗马法典》，更重要的是她遗留下的法学与辩护制度。……

…………

我是赞成这个民权保障运动的。我承认这是我们中国人从实际生活里感觉到保障权利的需要的起点。从这个幼稚的起点，也许可以渐渐训练我们养成一点爱护自己权利并且尊重别人权利的习惯，渐渐训练我们自己做成一个爱护自己所应有又敢抗争自己所谓是的民族。要做到这种目的，中国的民权保障运动必须要建筑在法律的基础之上，一面要监督政府尊重法律，一面要训练我们自己运用法律来保障我们自己和别人的法定权利。

但我们观察今日参加这个民权保障运动的人的言论，不能不感觉他们似乎犯了一个大毛病，就是把民权保障的问题完全看作政治的问题，而不肯看作法律的问题。这是错的。只有站在法律的立场上来谋民权的保障，才可以把政治引上法治的路。只有法治是永久而普遍的民权保障。离开了法律来谈民权的保障，就成了"公有公的道理，婆有婆的道理"，永远成了个缠夹二先生，永远没有出路。前日报载同盟的总会宣言有要求"立即无条件的释放一切政治犯"的话，这正是一

个好例子。这不是保障民权,这是对一个政府要求革命的自由权。一个政府要存在,自然不能不制裁一切推翻政府或反抗政府的行动。向政府要求革命的自由权,岂不是与虎谋皮?谋虎皮的人,应该准备被虎咬,这是作政治运动的人自身应负的责任。

我们以为这条路是错的。我们赞成民权应有保障,但是我们以为民权的唯一保障是法治。我们只可以主张,在现行法律之下,政治犯也应该受正当的法律保障。我们对于这一点,可以提出四个工作的原则:

第一,我们可以要求,无论何种政治犯,必须有充分证据,方可由合法机关出拘捕状拘捕。诬告的人,证实之后,必须反坐。

第二,我们可以要求,无论何种政治犯,拘捕之后,必须依照约法第八条,于二十四小时之内送交正式法庭。

第三,我们可以要求,法庭受理时,凡有证据足以起诉者,应即予起诉,由法庭公开审判;凡无犯罪证据者,应即予开释。

第四,我们可以要求,政治犯由法庭判决之后,应与他种犯人同受在可能范围之内最人道的待遇。

这都是关于政治犯的法律立场。离开了这个立场,我们只可以去革命,但不算是做民权保障运动。

以上所说,不过是举政治犯一个问题做个例,表示我个人对于这个运动的见解。除了政治犯之外,民权保障同盟可以做的事情多着哩。如现行法律的研究,司法行政的调查,一切障碍民权的法令的废止或修改,一切监狱生活的调查与改良,义务的法律辩护的便利,言论出版学术思想以及集会结社的自由的提倡……这都是我们可以努力的方向。(《独立评论》第38号,1933年2月19日)

2月10日 下午4时,北京大学在第二院会议室召开第五次校务会议,胡适等出席,讨论捐助前方将士问题,通过决议多项。(《北京大学纪事(1898—1997)》,251页)

同日　杨杏佛致函胡适，云：已经读过胡适致蔡元培、林语堂函。见《大陆报》，亦甚诧异，曾告会中诸人，"文中所云，即使有之，必在入反省院前，不能笼统便加入反省院也"。至此事如何处理，明日将开会决定，以后发表文件自当审慎。又请将平会出席总会之三人名单函告总会，以后速组织北平分会执委会。(《胡适遗稿及秘藏书信》第38册，85～89页)

2月13日　胡适复函林语堂，告：自己绝对信任史沫特莱的人格，她不会捏造此种文件。但，"此文发表在外国报纸上，我真不明其用意所在"。并剪寄 Peking and Tientsin Times 的社论一篇，以证此件所造的恶果。又说，史沫特莱是个天生的"仗义者"，"但她的成见太深，不可不劝告她"。(《胡适全集》第24卷，152～153页)

同日　蔡元培、林语堂复函胡适，告以此事关系太大，非开会议彻查不可。又云：

> 昨午后开会，提出尊函；同人等以为李肇音一函，此间均不知为何人所发，其冒充尊寓等荒谬之行为，请先生就近彻查为便；彼所称"河北第一监狱政治犯致中国民权保障同盟北平分会函稿"，尤以由北平分会彻查为善也。至"北平军委会反省院政治犯 appeal"一篇，确曾由史沫特列女士提出会议；在史女士确认为自被拘禁人展转递出之作；而同人亦以此等酷刑，在中国各监狱或军法处用之者，本时有所闻，故亦不甚置疑；当开会时尚未得有先生及杨、成二君调查北平反省院之消息，因亦不想到先询其确否于先生等，即由会中委托史女士写英文缘起，陈彬龢君写中文缘起，分别送寄中西文各报登载。但中文本因有新闻检查处之阻力，均未登出；而英文报则间有采载者。故此文若不宜由本会发表，其过失当由本会全体职员负责，决非一二人之过，亦决非一二人擅用本会名义之结果也。务请勿念。至尊函称有人专做捏造的文稿，我等尚是创闻，如将来再收到此种文件，自当审慎考核，不轻发表。史女士已有一函速递尊处……(《胡适遗稿及秘藏书信》第39册，326～330页)

同日　王卓然复函胡适，云：

先生笃念时艰，抒发伟议，审微见远，良殷心倾。所提各节然即向汉公商办，冀能一一实现，不负先生苦心。至反省院政治犯绝食之说，然询之该院，并无其事，外传非实。(《胡适来往书信选》中册，186～187页）

同日　陈垣函邀胡适与伯希和、陈寅恪、柯凤荪、杨雪桥次日午间吃谭家菜。(《胡适遗稿及秘藏书信》第35册，7页）

2月14日　杨杏佛致函胡适，云：

昨日同盟执委会议讨论兄来函历二小时，史沫特列女士甚为焦急，详述此项文件发表之经过，最后结果以实在情形由蔡、林两先生向兄解释。闻史女士昨夜彻夜不眠，草长函答兄……此事于监狱调查当然添不少阻力，然只可设法补救及以后加意审慎，望兄千万勿消极，在京、平市党部开始压迫本会之时，内部自当精诚团结也。项查各项记载，此项监犯来件，由史女士于一月廿五日交会议……二月一日招待新闻记者席上，由孙夫人签字交报馆发表。《大陆报》于二月二日登出，其余各报因检查未登。我等视察反省院在一月卅一日，弟离平在二月二日，视察监狱在会议收件后六日，交报馆发表在视察监狱后一日……故由我等携带或捏造之嫌疑完全可以反证。蔡先生等嘱将此点说明，故详言之，余续告。(《胡适遗稿及秘藏书信》第38册，82～84页）

2月16日　下午4时，东北热河后援协会在北平外交大楼举行成立大会。公推张伯苓主席，首由黄炎培报告组织动机，继由宋子文、张学良相继致辞。出席者有朱庆澜、王树翰、周作民、张伯苓、熊希龄、蒋梦麟、米春霖、徐诵明、胡适、周诒春、李组绅、邹泉荻、汤国桢、沈能毅、周象贤、王卓然、张嘉森、章元善、查良钊、杨朗川、胡若愚、王化一、阎宝航等多人。会议决议通电全国，呼吁团结御侮，奋起援助前方作战。成立会结束后，理事会即举行第一次会议，推举胡适等45人为理事，又从中推举常务理事9人，计为蒋梦麟、廖奉献女士、周作民、熊希龄、胡适、张伯苓、朱启钤、丁文江等，并公推朱庆澜为常务理事会主席。(次日之天津《大公报》《申报》)

同日　晚，熊希龄邀宴黄炎培、张伯苓、胡适、丁文江、周诒春、朱启钤等人，"商协会进行方针"。(《黄炎培日记》第4卷，155页)

2月21日　胡适作有《国联报告书与建议案的述评》一文，高度评价此报告书与决议案，但日本在热河的军事行动已经答复了这个报告书与决议案。呼吁："我们希望今日开会的国联大会不但通过这个正义的报告与建议案，并且立即宣告日本的战争行为已足够构成盟约第十六条所规定的犯罪行为……并应即采取有效的步骤，计画此种制裁方法的实施。"又云："今日之事已不仅是中国与日本的冲突了，今日之事乃是日本与世界正谊的作战。国联的责任是要使人类在这世界可以安全！"(《独立评论》第39号，1933年2月26日)

2月22日　《字林西报》发表胡适就政治犯问题的谈话：宋庆龄信中作为依据的陆军反省院政治犯所写的控诉书，显然是伪造的；对于酷刑的严重指控，已经引起公众的极大震惊，但是，就他审慎调查所得的情况，无法得出曾经使用过这些酷刑的丝毫证据。上海民权保障同盟曾在《大陆报》发表了另一封信说，在同盟准备视察监狱之前几天，监狱当局已经得到消息，因而预先作了布置，把真实情况掩盖起来，这样，委员会的视察自然徒劳无功而一无所得了。胡适指出，这个声明是完全不符事实的。胡适认为，民权保障同盟处理政治犯的待遇问题，应以下列几项原则为指导：

1. 逮捕政治嫌疑犯必须有充分确切的证据。证告应予依法治罪。

2. 政治嫌疑犯被捕后，应遵照约法第八条规定，于二十四小时内移送该管法院。

3. 应由法院起诉的政治犯，必须进行公平和公开的审讯；不需起诉的应立即释放。

4. 拘留和关押的犯人，应予以合理的人道待遇。

胡适说:"民权保障同盟不应当提出不加区别地释放一切政治犯,免予法律制裁的要求,如某些团体所提出的那样。一个政府为了保卫它自己,应该允许它有权去对付那些威胁它本身生存的行为,但政治嫌疑犯必须同其他罪犯一样,按照法律处理。"(《胡适来往书信选》中册,189~191页)

同日　中国民权保障同盟致电胡适:"本日沪《字林西报》载先生谈话,反对本会主张释放政治犯,并提议四原则,与本会宣言目的第一项完全违背,是否尊意?请即电复。"(《胡适遗稿及秘藏书信》第28册,19页)

2月23日　杨杏佛复函胡适,云:

> 请先简单答复二月七日之长文中关于弟之谈话。因原文为英文……打字后送来修正,嫌其过长,乃决定请语堂与史女士删短后再校阅送出。是晚大家皆忙,而又急于送稿,遂将宣传委员会章送史女士处,请删短后即发,而忘却全文尚未经详阅校正。及登出乃发现兄所指之两错误。(一)"在几日前"实为"几小时前";(二)一室七铺位坐十六七人,乃在陆军监狱,误为反省院;(三)其他语气间之出入。但因关于弟之谈话,时时有记错更正之事,不特人见之麻烦,弟亦厌恶过问,且所错尚不甚重要,故遂置之,此弟当自认疏忽之罪者也。至关于"本会目的乃在一切政治犯之释放"之句,乃为更正《大陆报》二月七日所载"本会目的'只'在改良监狱与援助某种政治犯"之"只"字与"某种"两字之易滋误会,尤在英文"political criminal"之"criminal",故根据会中宣言目的第一项加以更正,兄作书时或未想及宣言也。至关于监犯狱中书之真伪,系另一问题,但发表此文确经执委会通过……故无论如何应由全执委会负责,非一二人所擅发也。二月廿一日《字林西报》载兄谈话,对会中发表监犯书指为伪造及反对会中主张释放政治犯,执委会特开会讨论,极以如此对外公开反对会章,批评会务,必为反对者张目,且开会员不经会议,各自立异之例,均甚焦灼,已由会电询谈话真相,甚望有以解释,勿使此会因内部异议而瓦解也。……在中国谋团结,真如穿无孔珠。北方战事紧急,准

备如何，至为系念。(《胡适遗稿及秘藏书信》第 38 册，89~95 页)

2月24日　北京大学在第二院会议室召开第六次校务会议，蒋梦麟、胡适等出席，蒋梦麟报告本校同人创办国民伤病医院情形，讨论、通过教职员捐款办法。(《北京大学纪事（1898—1997）》，252 页)

2月25日　下午2时，胡适应河北省府政务学术研究会之邀，讲演法治之意义，省主席于学忠及各厅长均到。(次日之《申报》)

同日　柯莘麓致函胡适，谈及自己在乡拒毒及法律诉讼之相关问题。又请胡适为其父柯泽舟医案做序。(《胡适遗稿及秘藏书信》第 30 册，600~604 页)

2月28日　胡适函谢刘英士寄来陆海藩《沈译胡校的〈林肯〉》，又告评者的苦学自修。陆所指出的错误，大致都是应该改正的，当然，陆也有错误。又云：

> ……《林肯》一剧，我改动的地方确是不少，但改翻译好像古人说的"校书如扫落叶"，不会扫的干净的。我特别留意后面最重要的几段长篇对话，改动的最多；其余的部分就不免有疏忽之处，这是我应该负责的，也是我应该感谢陆先生的改正的。
>
> 在十二年前，翻译的风气与今日大不同，直译的风气还未曾开……我们当时注重译本的可读，往往不很严格的拘泥于原文的文字。况且这是一本戏剧，太直译了无法演做，这也是此书翻译比较自由的一个原因。这两点我不是用来文过，只是说明十几年前的文字背景。
>
> …………
>
> ……我在上文指出陆先生的误点，不是有心反驳，只是引伸他好学深思的热诚，同他商榷一个更妥帖的修改而已。(《胡适全集》第 24 卷，153~155 页)

同日　宋庆龄、蔡元培致电胡适："养电未得尊复。释放政治犯，会章万难变更。会员在报章攻击同盟，尤背组织常规，请公开更正，否则惟有

自由出会，以全会章。"(《胡适遗稿及秘藏书信》第 28 册，19 页)

同日　晚，张学良在顺承王府约见热河后援会理事胡适、蒋梦麟、朱启钤等，谈前方军事布置及后方民众应援工作等。(次日之《申报》、天津《大公报》)

3月

3月1日　胡适、王云五分别代表中基会编译委员会与商务印书馆签署合印翻译书籍、合印教科参考用书的契约。(中国社科院近代史所藏"胡适档案"，卷号 2256，分号 1，分号 2)

同日　林一鸣致函胡适，云：

……民权保障同盟成立至今，既无工作，亦少成绩。今据调查：有许多政治犯，他们是毫无证据，可说是无罪的，但仍押在各处，须具保方能释放，他们多是一些困苦的孤零者，所以我们民权保障同盟，应当调查一番，负起这份责任，才能成为民权保障的组织，不然，那同盟将成为统治阶级的傀儡，一味的欺骗罢了！

先生既是民权保障同盟的发起人，就要厉行盟约，言行一致，不要迟疑不决，以免被人贻笑！(《胡适来往书信选》中册，203 页)

3月2日　胡适与陈受颐同陪梁宗岱夫人去访律师林行规，林允为她离婚出力。到东北热河后援会。到中基会开执委会。晚上到张学良宅吃饭，他要后援会派人去做点宣传工作。日记有记：

我忍不住对他说：事实的宣传比什么都更有力。我们说的是空话，人民受的苦痛是事实，我们如何能发生效力？最后是你自己到热河去，把汤玉麟杀了或免职了，人民自然会信任你是有真心救民。

我对他说天津朋友看见滦东人民受的痛苦，人民望日本人来，人心已去，若不设法收回人心，什么仗都不能打。

1933年　癸酉　民国二十二年　42岁

丁在君也说：汤玉麟的虐政，人民自然要记在张汉卿先生的账上。张将军只能叹气撒谎而已。

国家大事在这种人手里，那得不亡国？

十几年前，我曾说："中国不亡，世无天理。"今日之事，还有何说！

按，本年引用胡适《日记》，据《胡适的日记》手稿本第11册，以下不再特别注明。

3月3日　胡适到北大，见着Mr. Harold Acton。到中基会，校读顾谦吉译H. E. Sigerist的 Man and Medicine: An Introduction to Medical Knowledge。到后援会，众人皆知凌源失守。下午傅作义来访，"他极愤慨"。Mr. Petters来谈，述加利福尼亚大学要胡适去教一年书，年俸7000美金。（据《日记》）

同日　胡适、丁文江及翁文灏商谈后联名致电蒋介石：

热河危急，决非汉卿所能支持。不战再失一省，对内对外，中央必难逃责。非公即日飞来指挥挽救，政府将无以自解于天下。（据《日记》）

按，3月5日蒋介石复电翁文灏转告胡适：适之先生电已接悉，诸事北上后面谈，并代约丁文江一晤。（台北"国史馆"藏"蒋中正'总统'文物"，档号：002-080200-00071-001）

又按，翁心鹤、翁心钧整理《翁文灏自订年谱初稿》称，蒋介石阅电后"甚惊"，当即致电阎锡山、冯玉祥，必须一致保国，愿意共同商谈，并即专车北行，驻保定，邀约平津著名人士前往面叙，自言保全国土，责无旁贷，必当尽力为之，并派中央军队北上，以图守御。（《近代史资料》第88号，64页）

同日　中国民权保障同盟临时中央执行委员会开会，议决：开除胡适会籍。原因：胡氏在中外各报所发表关于保障民权之根本原则，与该同盟会

章不符，且胡氏曾对该同盟作毫无根据之攻击。（次日之《申报》）

3月4日　胡适在日记中粘贴民权保障同盟开除其会籍的剪报后又记：

此事很可笑。此种人自有作用，我们当初加入，本是自取其辱。子民先生夹在里面胡混，更好笑。

今日下午三时，在后援会得知日兵已入承德，汤玉麟不知下落，人民欢迎敌军。

自朝阳到承德凡二百英里，日兵孤军深入，真如入无人之境。今天张学良对周作民说此消息，尚说他还有办法！有办法何至于此！

下午在我家中开民权保障同盟会北平分会执委会。此会是三月一日召集的。我自然不愿再和上海那班人辩争，陈博生、成舍我、任叔永诸君要写信去质问总会，我也无法阻止他们。

3月5日　胡适日记有记：

昨日进承德的日本先锋队只有一百廿八人，从平泉冲来，如入无人之境！

到后援会，人人皆感觉奇惨。

心绪极恶，开始写一文，拟题为《全国震惊以后》。

3月6日　下午6时，胡适出席东北热河后援会议。晚，胡适到美使馆 Spiker 先生家晚餐，讨论他们所编《中国新名词用法》（胡适曾替他们看过改过）。（据《日记》）

同日　胡适作有《全国震惊以后》，指出：热河事件给我们的第一个教训是敌人的胜利真是疾风扫落叶，丝毫不费劲；中国的失败是摧枯拉朽的失败。热河事件证明一个事实：九一八的惨败也是一种摧枯拉朽的溃败，当日的不抵抗只是无有抵抗的能力。热河大溃败的主要原因有：军队没有科学的设备，没有现代的训练；军队的贪污堕落；地方政治的贪污腐败；张学良应负绝大的责任；中央政府也要负绝大的责任。胡适呼吁国人彻底反省，"养成虚怀愿学的雅量，要准备使这个民族低头苦志做三十年的小学生"，胡适

认为这是自救的唯一活路。(《独立评论》第41号，1933年3月6日)

同日 《申报》发表署名"干"之《王道诗话》，文末为讽胡适诗，中有句"文化班头博士衔，人权抛却说王权。朝廷自古多屠戮，此理今凭实验传"。

3月7日 胡适到北大，到中基会，到后援会。胡适将丁文江和胡适两文的原稿向印刷所取回后，送交张学良，附一信云：

> 热河事件真使人人震惊。汤玉麟免职查办的命令已下来了。现在政府的谴责虽不曾到先生身上，但我观察全国舆论无不责难先生。明察如先生，岂不知此理？……
>
> 去年夏间曾劝先生辞职，当时蒙复书表示决心去职。不幸后来此志未得实行，就有今日更大的耻辱。然先生今日倘能毅然自责求去，从容交卸，使闾阎不惊，部伍不乱，华北全部交中央负责，如此则尚有自赎之功，尚有可以自解于国人世人之道。若不趁蒋、何、黄诸公在此之时决心求去，若再恋栈以自陷于更不可自拔之地位，则将来必有最不荣誉的下场，百年事业，两世英名，恐将尽付流水了。……(据《日记》)

3月8日 《申报》报道：立法院增聘胡适、张君劢为宪法起草委员会顾问。

3月9日 胡适因"实在闷不过"，点读《晋书》第三十卷《刑法志》，有札记。(据《日记》)

3月10日 胡适日记有记：

> 到后援会，只有章元善与周寄梅先生和我三人吃午饭，此会等于星散了。饭后，邹泉荪来、方石珊来、刘子楷来。子楷说南方报上载我的谈话主张对日绝交，可怪。
>
> 上课后，得后援会电话，说张学良将军决定要走了，要我们去作最后一谈。六点，我与在君、梦麟同去，梅月涵也在，等了好久。七

点始见他。他明说蒋介石先生要他辞职,他就辞了。已决定先到意大利,次到瑞士。我们同他告别,就退出了。

…………

晚上《独立》聚餐,因戒严,大家早散。

按,3月3日《申报》报道胡适谈话:

国联大会通过报告书,国际形势得一大转机,此时我国急宜撤回驻日公使,方为我国坚决表示。至援用盟约第十六条,在我方无论政府与人民均宜准备最大牺牲,因此事匪特我与日关系,即列国亦必与日断绝各种商业上经济上之关系。而在我国,无论政府与民众,均宜与日断绝往来。日需要我之原料,必蒙重大损失。对热河战事无论旧新阵线,余希冀抵抗,万勿不战而退。

同日　顾颉刚日记有记:晨梦适之先生以健常寄彼之两函见示,嘱为作覆。予思彼有两函而我不得其一,惆怅之甚,因自作函与之。此盖由于健常上次来函中谓曾寄函适之先生而未得覆,故感而为梦也。(《顾颉刚日记》第三卷,22页)

3月12日　胡适作有《日本人应该醒醒了!》,高度评价日本自由主义者所说的"只要日本人停止侵略中国"就能解决中日问题的主张。文章说:

……中国民族还是不会屈服的。中国民族排日仇日的心理只有一日深似一日,一天高似一天。中日问题的解决只有越离越远的。

……因为中国的民族精神在这种血的洗礼之下只有一天一天的增长强大的;也许只有在这种血的洗礼之下我们的民族才会真正猛烈的变成日本的永久的敌人!

…………

萧伯纳先生(George Bernard Shaw)在二月二十四日对我说:"日本人决不能征服中国的。除非日本人能准备一个警察对付每一个中国人,他们决不能征服中国的。"……

我那天对他说："是的，日本决不能用暴力征服中国。日本只有一个法子可以征服中国，即就是悬崖勒马，彻底的停止侵略中国，反过来征服中国民族的心。"

…………

日本军阀在中国的暴行所造成的仇恨到今天已是很难消除的了。但这一个仇恨最烈最深的时候，也许正是心理转变最容易的时候，九世之仇，百年之友，都在这一点觉悟与不觉悟的关头上。

日本的自由主义者已大胆的宣言了："日本人停止不侵略中国就行。"

我们也可以回答日本的自由主义者："只有日本人彻底忏悔侵略中国，是征服中国的唯一的方法。"（《独立评论》第42号，1933年3月19日）

3月13日　胡适与翁文灏、丁文江、刘崇杰同去保定，下午5点与蒋介石晤谈两小时：

他自认实不料日本攻热河能如此神速。他估计日本须用六师团人，故国内与台湾均须动员。"我每日有情报，知道日本没有动员，故料日本所传攻热河不过是虚声吓人而已。不料日本知道汤玉麟、张学良的军队比我们知道清楚的多多！"

这真是可怜的供状！误国如此，真不可恕。

我们问他能抵抗否，他说，须有三个月的预备。

我又问：三个月之后能打吗？

他说：近代式的战争是不可能的。只能在几处地方用精兵死守，不许一个人生存而退却。这样子也许可以叫世界人知道我们不是怕死的。

其实这就是说，我们不能抵抗。

我们又说：那末能交涉吗？能表示在取消"满洲国"的条件之下与日本开始交涉吗？

他说，我曾对日本人这样说过，但那是无效的。日本决不肯放弃"满洲国"。

他声明他决不是为了保持政权而不敢交涉。

最后他要我们想想外交的问题。（据《日记》）

按，蒋介石是日日记有记：与丁、胡谈话，彼等理想，皆不研究敌情，而以主观定策也。

3月14日 上午，薛培元来约胡适等参观河北农学院。下午，搭罗文干的专车回平，车上与罗谈。日记有记：

车上与钧任谈甚久，他主张此时决不能交涉，但他不是不愿意在取消"满洲国"的条件之下交涉，只是日本此时决不会承认这个先决条件。

钧任的主张很彻底。他说，这个民族是没有多大希望的；既不能做比利时，又不能做普法战后的法兰西。如果我们能相信，此时屈伏之后，我们能在四十八年内翻身，我们也不妨此时暂且屈伏。但我（罗）是没有这种信心的。

这种人生观与我的正相反。我曾说：一个强盗临刑时，还能把胸膛一拍，说："咱老子不怕！二十年后又是一条好汉！"我们对于我们国家的前途，难道没有这点信心吗？

现在钧任老实说：我没有这点信心。

我细细想来，恐怕他是对的，我是错的。

是的，此时的屈伏，只可以叫那些种种酣嬉无耻的分子一齐抬头高兴，决不能从此做到兴国的目标。

这个国家这三十年来完全在国际局面之下苟活，而我们自以为是我们自己有幸存之道！国难的教训才使我们深深感觉国际局面的重要。我们此时若离开国际的局面而自投于敌人手下，不过做成一个"第二满洲国"而已。以后这个"第二满洲国"永远不能脱离日本的掌握了。

钧任对于国际局势，较有信仰！（据《日记》）

3月15日 《清华周刊》第39卷第1期开始连载李长之的《红楼梦批判》一文，指出：

> 胡适作考证《红楼梦》的新材料，把他六年前的《红楼梦考证》更加确定了。他把红学打得一扫而空，他把作者的生活，背境，给人作出一个确然的轮廓。他只是"拿证据来"，于是一切没有证据的，或者证据不可靠的，便都敛迹了。
>
> 胡适在《红楼梦考证》里说过一句似是而非的话是："《红楼梦》只是老老实实的描写这一个坐吃山空、树倒猢狲散的自然超［趋］势。因为如此，所以《红楼梦》只是一部自然主义的杰作。"
>
> 含混不清的意思，说了比不说还糟。在这里，所谓自然主义是什末意思，因为是"自然趋势"便是自然主义吗？还是因为是"老老实实"便是自然主义呢？说《红楼梦》只是一部自然主义的杰作，又是什么意思，《红楼梦》并没有理想吗？并没有浪漫蒂克的情调吗？处处是自然主义吗？可是有几部分是自然主义呢？（此文后半部分刊载于该刊4月26日出版之第7期）

3月16日 胡适复电芝加哥大学：同意前往讲学，请告确切日期。出席中基会执委会第六十八次会，见到Mr. Julian Grande、周诒春、王卓然、燕召亭、唐钺、何海秋。（据《日记》）

同日 《论语》第13期刊登胡适为李孤帆著《招商局三大案》题词：公开检举是打倒黑暗政治的唯一武器。光明所到，黑暗自销。

同日 傅作义致函胡适，恳请胡适为抗日牺牲的五十九军将士作纪念碑文，并详述五十九军血洒疆场的英雄事迹。（《胡适遗稿及秘藏书信》第37册，319～324页）

3月19日 《北平晨报》报道：北平学术界胡适、丁文江等组织之东北热河后援协会，已有相当之成绩。

3月21日　日本法学博士泷川政次郎（中央大学教授）与日本早稻田讲师福井康顺来谈。得蔡元培17日来函：

> 奉四日惠函，知先生对民权保障同盟"不愿多唱戏给世人笑"，且亦"不愿把此种小事放在心上"，君子见其远者大者，甚佩甚感。弟与语堂亦已觉悟此团体之不足有为，但骤告脱离，亦成笑柄；当逐渐摆脱耳。承关爱，感何可言？（据《日记》）

同日　天津《大公报》报道，北京大学校长蒋梦麟夫人陶曾谷偕同该校各教授夫人（包括胡适夫人、马裕藻夫人等）为前线伤病赶制棉被400床。

3月22日　上课，讲禅学。Mr. William Martin 来访。夜往听 Mr. Grande 讲演 "The League of Nations at Work"，"大失望"，"此人妄人也"。夜，读陶弘景《真诰》，在其《甄命授》第二篇中，胡适发现了他抄袭《四十二章经》凡十九章，"此书中只有此十九章可读，不意全是偷来的"。（据《日记》）

3月27日　胡适作有《我们可以等候五十年》一文，指出：

> ……交涉的目标是要取消满洲伪国，恢复中国在东三省与热河的领土及行政主权的完整；除了这种条件之外，中国决不能和日本开始交涉。
>
> …………
>
> ……我们不应该抛弃国联。……
>
> …………
>
> ……我们现在至少要有这样的信心："现在全世界的正谊的赞助是在我们的方面，全世界的道德的贬议是在我们敌人的头上，我们的最后的胜利是丝毫无可疑的！"（《独立评论》第44号，1933年4月2日）

1933年　癸酉　民国二十二年　42岁

4月

4月1日　陈垣致函胡适，认为胡适信《四十二章经》为汉译，"似太过"。又谈及佛之初译"浮屠""浮图"问题。(《胡适遗稿及秘藏书信》第35册，15～17页)

4月3日　胡适作有《四十二章经考》一文，指出："《四十二章经》的真伪是曾经成为问题的"。列述梁启超的观点：其作者在东晋之中晚期。又指出汤用彤不赞同梁之观点，并提出："梁氏断定汉代未有《四十二章经》之翻译，则似亦不然。"胡适认为汤之说大致不误，不怀疑《四十二章经》有汉译本，也不怀疑现存之本为支谦改译本。(《胡适论学近著》第一集卷二，177～186页)

同日　胡适作有《跋蒋廷黻先生的论文》，指出：国联已经不是几个大国所能操纵的了，它要顾及小国的志愿，又要顾及非会员的强国的趋向；列强中有些国家对中国没有侵略的野心；一个现代化的成功的中国才可以根本解决远东问题。(《独立评论》第45号，1933年4月9日)

同日　罗尔纲复函胡适，云：

> 拜读赐书至"梭格拉底说'知识是道德'，荀子也说人的大患在于'陋'。训练人格当侧重有用的知识，能鼓舞奋发的知识"这几句话，学生才如梦初醒。……到入中公后，受了吾师的感化，这几年来，知识学力自然还是幼稚的很，然而那种给人拉着鼻子走的蠢事，自信是永永不会再有啊。学生自身虽然有了这样严重的人生教训，但是如果不给吾师一言道破，还是不会反省出"知识是道德"这个教训的意义的。此后学生不但把吾师的教训做实施训育的原则，而且自己还要现身说法去警戒那些后起的少年们。
> ……敢请求吾师在今年吾师在加拿大开太平洋学术会议回国后，再准许学生到北平去随侍吾师：有事时，在后方尽自己的能力去做救

国的工作，无事时，埋头伏案在师指导之下做点学问的工作。

又将《虞初近志》里吴沃尧的《李伯元传》及李葭荣的《我佛山人传》抄寄胡适，并详述此二传的史料价值。最后云：

> 在这个国事危急的时候，学生只看着吾师奔走救国，而自己却在南方安居来做这不急的文章来扰吾师的清神，师纵见恕，我也不能自恕的！所以学生在最后的一句话里，还是说希望在今年吾师开会归来后，再准许学生去随侍吾师这一句心里急迫要说的话的！（《胡适遗稿及秘藏书信》第41册，423～426页）

4月5日　胡适致函陈垣，云："前上短文中，有一段论现存后汉佛经均不称佛为浮屠、浮图，我提出三个解释：一、此诸经皆非汉译？二、皆是汉译而已经后人改正？三、后汉佛徒已渐渐一致用'佛'之名？三说之中，我取其第三说，甚盼先生教正。"又从刘勰《灭惑论》引当时道士所作《三破论》的材料指出：浮屠之称虽久为佛徒所废弃，而教外人偏要沿用旧名，其中往往含有恶意的诋毁，如《三破论》所说。并以此请陈垣指教。（《胡适遗稿及秘藏书信》第20册，8页）

> 按，当日陈垣复函胡适云：关于浮屠、佛之称谓，后汉之魏中叶，纯用浮屠，三国末至晋初，浮屠与佛参用，东晋至宋，则纯用佛。并依此断定：后汉之有译经，可信；襄楷所引为汉译佚经，可信。《牟子理惑论》，及现存汉译诸经，皆不能信为汉时所译撰。不同意胡适的"佛之名词，在汉已成立"之说。（《胡适遗稿及秘藏书信》第20册，12～19页）

4月6日　胡适复函陈垣，佩服陈垣对汉译《四十二章经》等问题之意见。又云：

> 先生结论谓"后汉有《四十二章经》译本，亦或可信；现存之《四十二章经》为汉译，则绝对不可信"，又谓"襄楷所引为汉译之

《四十二章经》，亦或可信；襄楷所引为即现存之《四十二章经》，则绝不可信"。右二点皆与鄙见无冲突。……

……先生上次来示提出"范蔚宗所搜集之《后汉》史料，实未见有'佛'之名词及记载"一条结论，此点至今我还不能完全赞同。……

…………

……"三国末至晋初，浮屠与佛参用。"鄙意以为此说亦尚有可议。

第一，凡一名词之成立，非短时期所能做到，在古代书籍希少时尤是如此。我们追考古史，似不宜根据一二孤证即可指定一二十年的短时期为某一名词成立的时期。"三国末至晋初"的规定似嫌缺乏根据。

第二，鱼豢与陈寿、司马彪略同时……《魏略》不说佛，而寿与彪则同时用浮屠与佛，此可见某一名词之用与不用由于个人嗜好者居多，恐未必可用来证明某名词出现或成立的先后。

第三，先生谓鱼豢不但八称浮屠而不称佛，且历举"桑门"之异译，而亦不及沙门，"是鱼豢所见之《浮屠经》尚未有沙门之译也"。然《魏略》本文说"浮屠属弟子别号合有二十九，不能详载，故略之如此"。本文所举仅二十九名中之七种而已，我们岂可遽然断定其时无有沙门之译？桑门一名而有这许多种异译（其中"比丘""伊蒲塞"等应除外），可见译经之多！我们若没有强有力的证据，似不宜断定其时无"佛"之名称及记载。

第四，鱼、陈、司马与范皆是教外史家，其用浮屠而或不用佛，或偶用佛，皆未必即可证明其时佛徒尚未用佛为通称。试观韩退之生于几百年之后，其时已是先生所谓"纯用佛"之时代了，然而他在"送浮屠文畅师序"里，凡七称"浮屠"而不一称"佛"。若万一不幸退之其他文章与同时文献皆遭劫火，独此序存留于世，后世考古家岂可即据以定退之之时无有"佛"之译名乎？鄙意以为先生过信此等教外史家，而抹杀教中一切现存后汉译经及《牟子》等，似乎未为平允。

…………

先生说："现存汉译诸经及《牟子》均在被告之列，在某本身讼事未了以前，没有为人作证的资格。"

这话可见先生方法的谨严。然而先生所用的三个"标准"是否讼事皆已了，已有作证人的资格了吗？先生用的其实只有一个标准："后汉至魏中叶，尚纯用浮屠。"这个标准必须先否认一切现存之汉译诸经及《牟子》，然后可以成立。现在先生不曾先证明现存汉译诸经及《牟子》为伪，却用此待证的标准来断定"《牟子理惑论》及现存汉译诸经皆不能信为汉时所译撰"，这就成了"丐词"了。

此是方法论的紧要问题……

《牟子》一书，经周叔迦与我的证明，其为后汉末年之著作，似已无可疑。至于现存汉译诸经之考订，决非一二名词即可断案……至于此等汉译是否全已"经过后世佛徒的改窜"，我不敢断定无此可能。然而有一疑问：假令后汉译经中真无"佛"与"沙门"之译名，那么，陈寿、司马彪诸人用的"佛"字又是从何处得来的？

此一疑问亦是方法论的一个紧要问题，即是我近年提倡的历史演变的观点。……《牟子》作者当汉末大乱时，尚在壮年，他与笮融同时，大概死在三国中期。其时鱼豢已仕宦，而陈寿、司马彪皆已生。若依鄙说，则后汉佛徒已渐渐一致用佛之名，故汉末三国时佛教信徒如《牟子》已一律用佛之名，而教外史家如陈寿等亦不能不采用佛字了。如此说法，似稍合于渐变之旨，诚以新名词之约定俗成决非一二十年所能为功也。(《胡适遗稿及秘藏书信》第20册，20～29页)

按，4月8日，陈垣又复函胡适，对胡函中所述有所辩难。(《胡适遗稿及秘藏书信》第35册，18～22页)

4月8日 胡适复函汪精卫，详述不加入政府之理由，又荐王世杰任教育部长：

……我终自信我在政府外边能为国家效力之处，似比参加政府为更多。我所以想保存这一点独立的地位，决不是图一点虚名，也决不

1933年　癸酉　民国二十二年　42岁

是爱惜羽毛，实在是想要养成一个无偏无党之身，有时当紧要的关头上，或可为国家说几句有力的公道话。一个国家不应该没有这种人；这种人越多，社会的基础越健全，政府也直接间接蒙其利益。……我很盼望先生容许我留在政府之外，为国家做一个诤臣，为政府做一个诤友。……

其次，是我个人在学术上负的旧债太多，哲学史与文学史皆有头无尾……近年研究兴趣尚甚浓，深想趁此精力未衰、见解稍成熟之时，在一二年中将十余年来积下的材料整理成书。一犬不能同时逐两兔，又积习已深，近年稍任学校行政，每苦毫不感觉兴趣，只有夜深人静伏案治学之时始感觉人生最愉快的境界。以此种厌恶行政的心理，即使我勉强入政府，也不过添一个身在魏阙而心存江湖的废物，于政事无补，而于学问大有损失。……

……此次夏间出国……六月十八日即须从上海起程。当此国耻重重之日，出国真无颜开口说话，亦无颜抬头见人。出国本非所愿，我不过借此行摆脱学校行政之事，回来后拟即专心著述，了我十五年的学术旧债。即已与国外有成约，就不容再作他种计画。……

教育部长一缺……翁君有治学的天才，实不宜使他离开学术研究。……先生何不试与王雪艇先生一商，请他告假来京暂任此职？雪艇办学成绩极好，又平日对政治甚有见地，教部在此时虽无大可为，然他在政府定可为先生，为政府，添一个有识力的助手。（《胡适遗稿及秘藏书信》第19册，124～129页）

按，3月31日，汪精卫致函胡适，请胡适任教育部长。（《胡适遗稿及秘藏书信》第27册，187～188页）

又按，4月23日，汪精卫复函胡适，感谢胡适推荐王世杰出任教育部长。抄示胡适讨论中日问题的密电并请转示汤尔和。又云："先生意中有李鸿章其人没有呢？先生既不置身于现政府，可否物色预备一班人才，以免届时青黄不接。"（《胡适遗稿及秘藏书信》第27册，

189～191页）

4月10日　陈垣致函胡适云，《真诰考》在《道藏》从未有人理会，一经胡适开采，即发见至宝，可贺。又云胡适绝顶聪明，是不可及的。胡适的研究态度及方法是亟当师法，而"苦材力不逮"。希望胡适能时时赐教督促。（《胡适遗稿及秘藏书信》第35册，24～25页）

4月11日　胡适作有《我的意见也不过如此》一文，指出：

我不能昧着我的良心出来主张作战。……我自己的理智与训练都不许我主张作战。

我极端敬仰那些曾为祖国冒死拼命作战的英雄，但我的良心不许我用我的笔锋来责备人人都得用他的血和肉去和那最惨酷残忍的现代武器拼命。（《独立评论》第46号，1933年4月16日）

4月13日　胡适致函马裕藻，谈国文系缩减事：

前日与梦麟兄谈文学院各系预算事。我们都感觉国文系的课程似宜尽力减少，教员亦宜减少。……有三原因：①讲授课程太多，实不能收训练上的好效果。②一系占预算太多，而总预算又不能扩张，则他系受其影响。③教员名额都被占满，无从随时吸收新人，则不易有新血脉的输入。

鄙意国文系课程改组，似可试作下列的减缩：

（1）第三组决定删去。

（2）语言文字学一组作有系统的安排，其关于中国文字学声韵学的一部，似可设法裁并。……

（3）文学组似须分文学史为数期，隔年讲授二三段。其"词""曲"等皆列入各段。其太专门之科目，如"鲍参军诗"之类，似可删除。

鄙意以为如此改组，讲师或可去三分之二以上，教授亦可减少二三人，至少可减少一二人。……现在之一百多点钟实在太多，似可减到六十点左右。……（《胡适遗稿及秘藏书信》第19册，245～247页）

4月14日　钱玄同归还10余年前所借胡适的《孟邻堂文钞》等书多种。(《胡适遗稿及秘藏书信》第40册，429～432页)

4月16日　顾颉刚来访不遇。(《顾颉刚日记》第三卷，35页)

4月17日　丁文江致函胡适与任鸿隽，言翁文灏以事不遂心，坚求辞职，而将地质调查所交中央研究院了事。丁认为这样做于地质调查所前途未必有益，恳请胡、任二人务必伸出援手，挽救维持该所业务。(《胡适遗稿及秘藏书信》第23册，167～169页)

4月20日　蒋伯诚致电蒋介石：……昨夜汤尔和、王叔鲁请敬公及张伯苓、胡适之、朱桂莘、蒋梦麟、丁文江、翁文灏、于孝侯、周作民等商外交办法。结果，推张伯苓在津请华商会转请英商会向英使兰普森商办法，推蒋梦麟以私人资格向兰普森商办法，推汤尔和向日方探意见，如有眉目，再密向中央建议，得中央默许后再作进一步办法。(台北"国史馆"藏"蒋中正'总统'文物"，档号：002-080200-00077-163-002)

4月24日　Florence H. Chen 函询胡适是否已读完其研究哈姆雷特的文章，即便胡尚未读，也请寄还，因为他理解胡适一直很忙。又询胡适是否确实前往美国。又询北平是否安好，很多北平的人迁居到上海，自己认为即使不迁居，北平也不会有麻烦。(中国社科院近代史所藏"胡适档案"，卷号E-153，分号9)

4月25日　国民政府聘任胡适为农村复兴委员会委员。(《胡适年谱》，176页)

4月26日　胡适到燕京大学演讲"痛苦的反省"。午间，顾颉刚设宴招待胡适，同席有高君珊、黄子通、郑振铎、顾廷龙等。(《顾颉刚日记》第三卷，38页)

4月28日　汪精卫致函胡适，请胡适出任驻德公使。(《胡适遗稿及秘藏书信》第27册，194～198页)

5月

5月1日 胡适作有《从农村救济谈到无为的政治》一文，指出农村的救济有两条大路，一条是积极的救济（兴利），一条是消极的救济（除弊除害）。在现时的状态之下，积极救济决不如消极救济的功效之大。兴一利则受惠者有限，而除一弊则受惠者无穷。举出"消极救济"的四项实例：裁减官吏与机关；停止一切所谓"建设"事业；努力裁兵；减轻捐税。认为此时中国所需要的是一种提倡无为的政治哲学。(《独立评论》第49号，1933年5月7日）

5月4日 下午5时，中德文化协会筹备委员会在德国使馆举行茶会并开成立大会，到会者有蒋梦麟、梅贻琦、丁文江、袁同礼、周昌芸、杨辰、刘钧、贺麟、吴屏、鲍鉴清诸人。德方除德国公使托德曼外，则有洪涛生、石坦安、谢理士、卫德明、艾克、曲赉宝、蓝道福斯、西门诸人。由德使托德曼主持，公推卫德明报告筹备经过，并通过章程，决定定名为"中德文化协会"，推定下列诸人为董事，组织董事会。董事为丁文江、胡适、蒋梦麟、梅贻琦、傅斯年、俞大维、胡庶华、马君武、翁之龙、蒋作宾、蔡元培、颜惠庆、罗家伦、顾孟馀、朱家骅、王荫泰等17人。此外并推举教育部长朱家骅及德国公使托德曼为名誉会长。（天津《大公报》，1933年5月7日）

5月8日 胡适作有《制宪不如守法》一文。(《独立评论》第50号，1933年5月14日）

同日 罗尔纲致函胡适，告：从黎昔非来信得知胡适健康，感到欣慰，又闻胡适即将赴美，特此请安。(《胡适遗稿及秘藏书信》第41册，427～428页）

5月10日 傅作义复函胡适，悉胡适代撰抗日阵亡将士公葬碑文业已将次脱稿，无任感谢，又函复胡适所询以下数据：所葬将士为203人，领回原籍者86人，确认阵亡而无从检获遗体者78人；怀柔战役阵亡367人，受

伤284人。(《胡适遗稿及秘藏书信》第37册,325～327页)

5月15日　胡适作有《独立评论的一周年》一文,重申办刊宗旨:提倡"独立的精神""反省的态度""工作的人生观"。(《独立评论》第49号,1933年5月7日)

5月17日　天津《大公报》刊登"冀省宪法草案研究会全体会员题名录",胡适大名在列。

5月28日　日本宪兵军曹竹下胜二,带通译马上清次郎来访问本月20日刺伤日本兵之赵敬时事。(据《日记》)

5月29日　胡适作有《保全华北的重要》一文,指出:

> 我们所处的局势是这样的:第一,整个的中日问题,我国政府在这时候决无解决的能力,也没有解决的办法。……
>
> ………
>
> 怎样应付这平津与华北的问题,这一点上至少有两种根本不同的主张。一种主张是准备牺牲平津,准备牺牲华北,步步抵抗,决不作任何局部的妥协,虽有绝大的糜烂,亦所不恤。还有一种主张是暂时谋局部的华北停战,先保全华北,减轻国家损失。……
>
> 我个人是赞成这第二个主张的。……华北停战是一种不得已的救急办法,我们应该可以谅解,同时应该监督政府,使他不得逾越局部救济的范围,不可因谋局部的保全而放弃整个问题的奋斗。
>
> 我所以主张华北停战,有几层理由:
>
> 第一,我认为这是为国家减轻损失。……
>
> 第二,我们必须充分明白平津与华北是不可抛弃的。……
>
> 第三,平津与华北的保全在国际上的意义是避免战事的扩大而不可收拾。……(《独立评论》第52、53号合册,1933年6月4日)

5月30日　胡适致电蒋介石、汪精卫:此时国际国联决无余力顾及远东,而自家抵抗万不可能,华北万不可失。吾人若能保全华北,不但为国家减低损失,保全元气,而避免局势扩大,当亦为国联、国际所渴望。此

时千钧一发，稍纵即逝，华北谈判在一定大范围中应有全权应付，迫切上陈。(台北"国史馆"藏"蒋中正'总统'文物"，档号：002-080200-00092-091-002)

同日　胡适致函王实味，退稿。(中国社科院近代史所藏"胡适档案"，卷号558，分号6)

5月　胡适作有白话诗《无题》。(《胡适手稿》第10集卷4，410页)

6月

6月4日　胡适在《独立评论》第52、53号合册发表《胡适启事》：我定于6月18日在上海起程赴美国，从本周起，《独立评论》的编辑事务由蒋廷黻先生负责担任。一切稿件均请直寄北平清华大学蒋廷黻先生收。

同日　顾颉刚来访，遇孟森、江泽涵等。(《顾颉刚日记》第三卷，54页)

同日　叶达仲复函胡适，云：对于史禄凿渠之事，自己颇怀疑。因秦朝的势力好像没有到达广西，即使到达，那时广西有多大的经济利益可使秦皇感到这伟大工程之必要？请胡适指正这些疑点。(《胡适遗稿及秘藏书信》第37册，197～198页)

6月6日　钱玄同致函胡适，将与黎锦熙、孙楷第在6月9日为胡适饯行。又谈自己对日寇入侵的态度等。(《胡适遗稿及秘藏书信》第40册，323～328页)

同日　刘学濬致函胡适，向胡适索还译稿。(《胡适遗稿及秘藏书信》第40册，176页)

6月7日　胡适为卢逮曾的《西洋现代史》作一序言，指出："史家有两重责任：一面要搜求史料，审慎的评判史料的真伪，这是科学的工作；一面他又要能把整理过的材料用明白而有趣味的文笔写出来，使人感觉历史的真实，使人从他的书里可以想像往事与古人的实在状态，这是艺术的工作。"又说："写历史要能使谨严的史实变化成灿烂的有光有热的文学。"赞此书用西洋材料化作明白流利的中国白话文，这种成功是可称颂的。(《胡适遗稿及秘藏书信》第12册，266～268页)

1933年　癸酉　民国二十二年　42岁

同日　The Canadian Institute of International Affairs 的 Toronto 分部主席 N. W. Rowell 致函胡适，云：该研究所将于 8 月 14 日 Banff 会议开幕日晚上举行一个晚宴，晚宴后将进行简短的演讲，以阐述会议的主题。得知您是中国代表团的主席，期望邀请您于晚宴上演说。若您不接受此邀约，请您安排贵团一位演讲。其他演讲的人选还有：Newton D. Baker、Inazo Nitobe 与 Herbert Samuel。这些演讲将通过加拿大或者美国进行广播。（中国社科院近代史所藏"胡适档案"，卷号 E-331，分号 6）

6 月 11 日　晨，胡适登车去沪赴美。前来送行的有周诒春、陈垣、马叔平、蒋梦麟夫妇、任鸿隽、孙洪芬、余上沅、伯遵、Mon Reclus、卢逮曾、胡筱溪、胡道继、江绍原、胡成之夫妇等。江冬秀送胡适到天津。到天津后，罗隆基、王右家、马彦祥、胡祖望来接。在罗隆基家吃饭，同席有何康夫妇、张锐君、徐敦璋夫妇、丁妩（余上沅夫人）。下午吴达诠来谈。日记有记：

　　……他们都颇批评我的"无为"论，但也不能不承认这是"对症下药"的一种办法。子产有言："吾以救世也。"说话除了"对症下药"，尚有何法？

6 月 12 日　早 9 点，胡适过济南。车站上见到朱经农夫人。途中读贾凫西鼓词，认为"此人颇有点见地"。（据《日记》）

6 月 13 日　早 8 点，胡适抵浦口，张慰慈、杨亮功、张歆海来接站。船过江，见段锡朋、汪敬熙、蒋慰堂。到铁道部，遇王世杰。到中大农学院，见到邹树文院长、Professor H. H. Love、曹诚英。午前到中央研究院，见到李四光、傅斯年。日记有记：

　　孟真为了我最近的文字（"保全华北"），大生气，写了一封信来，说他要脱离《独立评论》。但他希望主张的不同不至于影响到私交。其实他当时不曾见我的原文，只见了日本新联社发出的"摘要"，其中有一段是原文没有的，又是最容易使人生气的！……

　　今天孟真说，他见了我的原文，他的气平多了。

午间，王世杰在教育部设宴招待胡适，同席的有石蘅青、郑弗庭、朱家骅、段锡朋、罗家伦、何思源、彭浩徐、杭立武等。

午后，胡适偕段锡朋、张慰慈、何思源到看守所看望陈独秀。

胡适与王世杰同到铁道部访汪精卫，谈华北停战事。日记有记：

……我说：此事有三点可注意：

（1）表示中国政治家还有一点政治的勇气；

（2）此事与上海协定都足以证明"汪蒋合作"的政策是不错的。若没有一个文人的政府当正面的应付，蒋介石先生的困难更大。

（3）河北（尤其是天津）的保全，于学忠颇是一个重要分子；若去年汪先生不同张学良吵那一场，于学忠未必调到河北；若王树常仍当天津之冲，恐局面大坏，津必难保。此次板垣用巨款运动军队，于学忠的部下正式军队都买不动，故板垣只能用便衣队。经过两次暗杀的尝试，于学忠还能镇定不动。用一个好人就有一个好人之用，此是一种有意义的教训。

汪先生说，日本形势似有小变动，其间似有和平势力渐渐抬头的可能。他盼望我特别注意。

关于"归政国民"所以展缓，他说这是对西南的一种让步。他希望我们能谅解。

按，此次胡适访汪，是应约而往。（《胡适遗稿及秘藏书信》第27册，199～200页）

下午5点，王世杰邀胡适、傅斯年、张慰慈同游郊外，日记有记：

此次与孟真长谈的结果，他的误会全消了。我说：

（1）凡出于公心的主张，朋友应相容忍，相谅解。

（2）凡立一说，我们岂能因为此说或被外国人翻译去而就不发表吗？我们只应对症下药，而不应太顾虑到外国人如何重视（？）我们的方子。我们的责任是对我们自己人说真话；岂可因为怕外人听见就不敢说真话？

（3）"独立"诚有太和平之处，你们何不多说你们不和平的话，使"独立"稍稍减轻其太和平的色彩？

晚，朱家骅宴请胡适。（据《日记》）

6月14日　罗文干邀胡适去谈话。英使馆参赞Ingraim、汪精卫在座。日记有记：

>　　我与他［按，指罗文干］近几个月往来函件甚多，多谈外交政策。主张虽不同，但我能谅解他的观点。外间人都责难他，军人尤不能谅解他。其实有他在外部，自是一重镇；他的主张强硬，可以补救一班军人的太软弱。
>
>　　…………
>
>　　精卫先生也来了。在他带来的文件里，我见了一些重要文件。其中有一件是钧任拟的新外交方针，是华北停战以后的新说帖。其中的内容和平多了。钧任粗中有细，不是完全不顾现状的；外人因此说他会作官，则殊不公道。
>
>　　然而他确也不是一个理想的外长。他太固执己见，不肯平心考虑别人的思想；他的天资见得到处，他可以不顾一切做去；然而，他见不到处，他也任性孤行，则甚危险。及至他见到时，已误事误国不少了。
>
>　　他太rude，又太crude，皆似有意学李鸿章与伍廷芳，亦足以引起不必有的反感。

午饭在朱家骅宅。饭后，王世杰再请胡适出游，到体育场、游泳池、谭延闿墓、中山陵。王世杰邀胡适出任拟议筹办的上海大学校长：

>　　雪艇又想以上海交通大学为中心，将中大的医学商学两院并入，再添一个良好的文理学院，即可成一个国立上海大学。他问我愿不愿作上海大学的校长。我说，可以考虑。

6点15分，见孙科，谈宪法：

我说，此次吴经熊君的宪法草案使人失望，因为太示人以不宽大，条文也太繁。宪法第一要精神宽大，第二要有弹性；第三，如嫌弹性太大，可郑重修正之手续，使有永久性。

但最要的是要能利用过去的经验，尤其是这几年（1926—33）的经验。

这一点甚重要，试举数例：

①现行制度以中央政治会议为最高权力机关，宪法中宜如何使用此种机关？完全丢了它吗？还是变成一种元老院，或枢密院呢？或参议院呢？

②蒋介石作国民政府主席时，主席权太大。今日林森主席，又成了一个太无权的虚名了。……

我提了三个名字给哲生，请他添聘为宪法顾问：林行规、董康、孟森。

晚，罗文干邀胡适吃饭，汪精卫、孙科均在座。

晚10点30分，胡适登车赴沪。来送行的有罗文干、郑弗庭、傅斯年、张歆海、湘眉、朱家骅、段锡朋、罗家伦、Dr. Fischer。张慰慈伴送胡适到上海，途中遇谢树英，"谈甚快"。（据《日记》）

6月15日　胡适抵上海，黄少榆来接，住张慰慈寓。电约陈立廷来谈，与他同到金城银行，见周作民。到商务印书馆，与王云五谈。到亚东图书馆，见章铁岩。午后造访中研院，见到徐韦曼。访蔡元培夫妇于其寓。见同乡本家多人。黄少榆夫妇约吃饭。到钟桂丹夫人家出席便餐会，与董显光、徐新六久谈。Nitobe自东京来电，约胡适22日在东京分会吃饭，胡适复电允之。（据《日记》）

同日　胡适为梁遇春、袁家骅译康拉德（Conrad）小说《吉姆爷》作一编者附记，内容如下：

1933年　癸酉　民国二十二年　42岁

梁遇春先生（笔名"秋心"）发愿要译康拉德（Conrad）的小说全集，我极力鼓励他作此事。不幸梁先生去年做了时疫的牺牲者，不但中国失去了一个极有文学兴趣与天才的少年作家，康拉德的小说也就失去了一个忠实而又热心的译者，这是我们最伤心的。梁先生生前交给我的清稿只有十五章。梁先生死后，他的朋友检点遗稿，寻出草稿自第十六章至第二十三章，由他的同学朋友袁家骅先生整理之后，我们请叶公超先生校看过。此下的各章，即由袁先生继续译完。我们现在将全稿整理付印，即作为梁遇春先生的一种纪念。我们希望他的翻译康拉德全集的遗志仍能在他的朋友的手里继续完成。（梁遇春、袁家骅译：《吉姆爷》，商务印书馆，1934年）

按，关于此书之翻译，1932年叶公超致函胡适云：

听说洵美要来北平，你有关于他来的消息没有？月刊经费还没寄来。你的自传动手没有？梁遇春的翻译初稿有十二万字之多，想必有未及誊清者。请您查一查他交到何处，最好请把最后几句抄寄给我，假使有已译出而未交来者，我可以负责抄来给你。至于继续这件工作的人，我想举荐北大英文系助教袁家骅君，袁君英文程度还不坏，中文笔下亦还清楚，且对于康拉德原有相当兴趣。我已叫他先译出几千字来给你看看如何。他前天译了一千多字，拿来给我看过一次，我叫他再多译几千字拿来给您看看成不成。此人读书做事都还仔细。我已动手译 Vanity Fair 了，想先译成三四万字再请斧政［正］。（《胡适遗稿及秘藏书信》第37册，160～162页）

同日　章希吕日记有记：……午时3时同原放、鉴初雇了辆汽车去看他［胡适］。他此次带来有《短篇小说》第二集及《四十自述》原稿，都交亚东出版。（颜振吾编：《胡适研究丛录》，生活·读书·新知三联书店，1989年，246页）

同日　汪精卫致函胡适，送上密码一纸。（《胡适遗稿及秘藏书信》第27册，201～203页）

6月16日　访客甚多。王云五来久谈,把胡适带来的译稿十稿带去付印。杨杏佛来访:

> ……此为二月初我在北平见他之后第一次见他。为了民权保障同盟事,我更看不起他,因为他太爱说谎,太不择手段。我曾于三月四日写信给蔡先生说,"我所耿耿不能放心者,先生被这班妄人所包围,将来真不知如何得了呵!"蔡先生回信说,"弟与语堂稍迟当退出同盟。"他不提及杏佛,其意可想。我在南京时,听孟真说起蔡先生已退出民权同盟。昨日我听文伯说,杏佛打电话来说蔡先生要同他来看我,故我下午即先到研究院看他们。见蔡先生时,他不提及同盟事,我也不谈。今日见杏佛,我约他同去李拔可家吃饭,他答应了。

李拔可宴请胡适,同席有王云五、杨杏佛、高梦旦、张元济、沈昆三、徐新六。

晚,新月书店及太平洋国际学会两处的朋友在银行俱乐部宴请胡适,同席有邵洵美、林语堂、潘光旦、光迥、朱少屏、陈立廷、董显光、徐新六、沈昆三、刘季陶、董任坚、陆品琴、余楠秋、林幽诸人。

胡适到亚东住宅,见着汪原放、汪乃刚、汪协如、胡鉴初、洪安与胡惠平。(据《日记》)

同日　夜,章希吕来谈。(《胡适研究丛录》,246页)

6月17日　访客甚多,有陈立廷、陈受颐、温源宁等。顾季高约吃饭,见着孙章甫(多钰),胡适劝他许顾季高到 Banff 作一个太平洋会议的代表,孙允。访 Bernardine Fritz。出席颜任光夫妇结婚 10 年的宴会。赴 A. T. Henckendorff 的晚餐。(据《日记》)

同日　下午3时,胡适在上海香港路四号银行俱乐部四楼出席东方图书馆复兴委员会第二次会议。出席者还有蔡元培、张元济、王云五、英国人张雪楼、美国人盖乐(Gale)、法国人李荣(Lion)、德国人欧德曼(Othmer)、Mr. Chancellor。张元济主持。胡适提议修改章程第三条"本委员会设委员十人至二十人,由复兴委员会就中外学术界实业界中聘任之"为"本委员会设委员三人至十五人，由复兴委员会就中外学术界实业界中聘任之"，议决通过。胡适提议表决全案（Mr. Gale 附议），全案通过。胡适同意 Mr. Gale 所提东方图书馆与商务印书馆之界限，并表示：东方图书馆尽可自成为一独立机关，而商务印书馆因其历史上及经济上之关系，得享特别权利。张雪楼、胡适提议（王云五附议），由本委员会具函商务印书馆董事会，请其正式声明对于东方图书馆捐募之一切财务，商务印书馆决不认为已有财产之一部，并请其筹议适当办法将所有非由商务印书馆捐助之书籍另以一合法机关负保管之责。议决通过。关于组织国外各地赞助委员会事，胡适认为，此事似应分别委托本会委员分头接洽，然后将所拟各地赞助委员会名单提交本委员会通过后聘请之。（中国社科院近代史所藏"胡适档案"，卷号2275，分号1）

6月18日　胡适约 S. Matsumoto（松本）来吃早饭，谈中日问题：

> 他说，今年大会最好能少谈过去，多考虑将来。他说，如日美战争之可能性，是最值得讨论的。他从前不信日美战之可能，现在真不能不信了。
>
> 我对他说，将来怎样全靠现在怎样应付补救。而现在怎样又都是历史的产儿。我们怎能不谈过去呢？如日美战的有无，不在将来，而全看现在之能不能挽救已往的错误。
>
> 他又说，日本支会的地位甚困难，中国支会的朋友应该特别体谅。
>
> 我对他说，中国支会的地位岂不困难？两个会应该彼此互相体谅。

张元济、高梦旦来访。访陈叔通。看望丁文江夫人。在徐新六家得悉杨杏佛遇害消息，日记有记：

> 此事殊可怪。杏佛一生结怨甚多，然何至于此！凶手至自杀，其非私仇可想。岂民权同盟的工作招摇太甚，未能救人而先招杀身之祸耶？似未必如此？
>
> 前日我尚与杏佛同车两次，第二次他送我回寓的车即是今日被枪

去的车。人世变幻险恶如此！

  我常说杏佛一生吃亏在他的麻子上，养成了一种"麻子心理"，多疑而好炫，睚眦必报，以摧残别人为快意，以出风头为作事，必至于无一个朋友而终不自觉悟。我早料他必至于遭祸，但不料他死的如此之早而惨。他近两年来稍有进步，然终不够免祸！

  ……［杨杏佛］颇有文学天才，作小词甚可诵。当嘱其同事保存其诗词稿。

下午5点，胡适到码头，来送行的有郑莱、胡宣明、陈立廷、钟桂丹夫妇、康选宜、陈梦家、何家槐、Sakamoto、汪静之、章铁民、汪原放兄弟、徐新六、沈昆三、张慰慈、卓镛、卓林兄弟、程洪安父子等。Sakamoto坚请胡适谈中日问题，胡适说：

  国际关系逃不出四个基本条件：①利害，②感情，③历史，④政策（有意的安排）。前三者皆是无意识的因子，其势力最大。只有大政治家的作为，能使前三者改变仇雠为朋友。空谈何益！政治家不能造新因，终亦不能期望收新果。（据《日记》）

6月19日 晚，胡适与Dr. & Mrs. Grant同餐。（据《日记》）

6月20日 胡适准备在芝加哥大学演讲的提纲。（据《日记》）

6月21日 胡适过神户。泽村代表每日社邀胡适到大阪去午餐，日华学会的高桥邀胡适到东京演讲，均辞谢。《日本记事》编辑人Mr. A. Morgan Young来，同午餐。（据《日记》）

6月22日 胡适过横滨，*Japan Advertiser*记者来访问。Uramatsu（浦松）与Takaki（高木八尺）来接胡适去东京，到东京帝国旅馆，会见"太平洋问题调查会"的会员。日记有记：

  席上谈论，都是大家说酬应话。席后坐定，我正式开言，新渡户博士先答话，佐藤与高柳、鹤见亦发言，此诸人皆属于旧派中年人，处处回避本题的要点。

少年人如茂木、蜡山则公然赞成我的意见。横田不开口，高木、浦松亦不开口，此皆可信其为赞成我的。

我的主旨是：以前到会的日本代表总是规避满洲问题，甚至于正式请求将此问题避开；而中国代表则处处拉入此问题。所以可说是一种"捉迷藏"的把戏。我说，中日问题是太平洋问题的中心问题，无法可以规避，不如老实承认此问题，大家开诚讨论，也许可以想出一个解决方法。

我提议两种方式：①由中日两团各推若干人，开特别会议，研究解决方案。②由太平洋理事会推出一个"中日问题特别委员会"，于各国代表团推出若干公正学者组织之，开特别会议；此项委员会或于大会期中报告，或可长期存在，大会完后，仍可继续研究，俟有结论时报告于理事会。

鹤见、高柳提起京都（Kyoto）大会时的中日两团的小组会商，后来毫无结果。我问此会议的历史，因事隔四年，大家都记不清了。大致是提议组织①中日两国调查或仲裁委员会，处理东三省中日间的争端事件；②太平洋理事会另组特别委员会研究两国间的基本解决方案。新渡户说当日小组会议的方案所以无效果，似是因为币原不赞成。其实此事颇复杂，不如此简单也。

此种小组会议的人，不曾有两代表团的正式推举，皆是自告奋勇，其中有不满人意之人，如鲍明钤之流，所以中国代表方面颇多烦言。

此种非正式的小组会商，可说是我提议的①②之外的第③种方式。

高木问，何以不可以于中日代表之外，加入三四个中立国代表？他看不出有什么害处，他以为只有利而无害。

我说，此则可说是第④种方式。

总结起来，有四种会商方式：

①中日两团各推若干代表会商，不加外人。

②太平洋理事会推出特委会，其中可有中日代表。

③中日两团中人非正式的作小组会议，如京都大会时办法。

④中日两团各推代表若干人，并推他国学者三四人加入。

他们的旧人都主张③或①；对于②则怕变成第二个 Lytton 调查团。我说，我对于日本人士对 Lytton 报告的态度，认为甚可惋惜。我老实认此报告甚公道。中国舆论，除我一人发表公开主张，称为"代表世界公论"之外，余人皆不满意；日本人亦不满意，此可证其公平。他们相顾不语，似有愧意。

佐藤力言"满洲国"的 Status 决不可有变更。其余都可以谈。我告诉他，如此则无话可商谈。

我说：大会屡次失败，都由于中日两团到会时，皆自居于中日两国代表，而不居于太平洋学会的会员。如此则会议不如不见面不会议。会议必无结果。我引新渡户前年大会最末次的话：

When we are at the conference, we speak as members of the national delegations. But we go out from this conference, we should speak as members of the institute.

我说，此正是一种"乡曲小见"（provincialism），是大会所以失败的基本原因。我们必须反其道而行之，必须在大会中先自己认清是太平洋学会的会员，而不仅仅是各国代表团员。

例如佐藤所说，"满洲国"的地位不容变动，此不过是日本国民（？）的一个立场，可称为"A"。中国国民的立场则是要完全收回失地，赶出日本人，此可称为"B"。"B"说固不能做到，"A"说则完全忽略了四万万人的 Irredentist 心理，亦不是解决之道。我们所期望于讨论的，是要看看是否能在"A""B"之外想出一个"C"案来，或者"C"与"D""E"案来。此所谓"C"等案，必不是"A"，亦不是"B"，但必是跳出"A""B"之外，有进一步的解决。

佐藤说，此等方案，日本现在决无有政治家敢做。

我说，我们不希望内田外相即能接受；但也许将来有比内田或斋藤更伟大的政治家出来，可以接受我们的方案。政府的寿命是短促的，我们的学会的生命一定比任何政府长的多！

茂木与蜡山都主张讨论经济关系，自然会有结果。茂木是左倾的。……

高柳则主张讨论将来，我说将来的救济，关键在现在；现在的救济，根据在研究过去（历史）。他们无语。

我们从六点多谈起，直到十一点始散。浦松与高木又到我房中小谈。他们说，"你今晚的谈话非常重要，尤其是态度问题一段话，最中我们的毛病。你的话一定有影响"。

6月23日　胡适为高木题写"功不唐捐"四字。高木送胡适回横滨上船。文访苏邀胡适吃中国饭，邀总领事郭则生来同餐。饭后久谈，同游三溪园。3点回船，重启行。日记又记：

很可怪的是今早的 *Japan Advertiser* 不曾登出我的谈话，亦不提我昨日到此。他们特别派人赶出海上来访问，而今日不提一字，岂不可怪？

6月24日　胡适在船上读宋恕《六斋卑议》，认为宋受颜元、黄宗羲、戴震影响最大，他应列入"戴学"。（据《日记》）

6月25日　胡适与 Mr. Roy W. Howard 闲谈，Howard 说，"日本的朝野现在似乎只认得武力，其余的话都听不懂！"胡适日记有记：

他的观察和我很接近。但我说，应在扩张美国军备之外，主张美国加入国联。他说，此一事大概无效，Roosevelt 一定只主张站在国联之外作国联的有力的声援。

他说，我的观察两点（中国的"失地恢复"运动必与时俱进，愈久愈烈，又距满洲愈远而愈烈），他绝对赞同。

晚9时，胡适看电影，*A Hysterical Night*。（据《日记》）

6月27日　胡适为《四十自述》作一自序，大意谓：自己感于中国传记文学的缺乏，常劝老辈朋友们写自传，如林长民、梁启超、梁士诒，但都以失望告终。自己还劝过蔡元培、张元济、高梦旦、陈独秀、熊希龄、叶景葵等人写自传。《四十自述》乃胡适"传记热"的一个小小的表现。该书的体例,"……本想从这四十年中挑出十来个比较有趣味的题目,用每个题目来写一篇小说式的文字……因为这个方法是自传文学上的一条新路子,并且可以让我(遇必要时)用假的人名地名描写一些太亲切的情绪方面的生活。但我究竟是一个受史学训练深于文学训练的人,写完了第一篇,写到了自己的幼年生活,就不知不觉的抛弃了小说的体裁,回到了谨严的历史叙述的老路上去了"。又说,该书还未写完,旧友郭沫若、李季的自传都已出版了,"自传的风气似乎已开了",很盼望这几部三四十岁人的自传可以引起一些老年朋友的兴趣,可以添出无数可读又可信的传记来。(《胡适论学近著》第一集卷五,626～628页)

同日 胡适为《短篇小说第二集》作一序。(胡适译:《短篇小说第二集》,亚东图书馆,1933年9月)

6月29日 胡适过檀香山。Dr. Sinclair of the Univ. of Hawaii, Don Burdick, Miss Elizabeth Green 及中国学生会、中国大学会、各机关的代表等来接。与 Miss Green 同车到 I. P. R. 的事务所,"谈了一点钟的公事"。到 Miss Green 家中,见其母 Mrs. Green。中午到 Young Hotel,赴 I. P. R. 与 Chinese University Club 的午餐,Dr. Anderson 主席,胡适有短演说。饭后与 Burdick 同赴 Mr. Walter Dillingham 家中小坐。2 点 45 分,赴此间大学公开讲演,题为"Chinese Renaissance",讲不到 3 点 40 分,即匆匆停止,赶船。Miss Green、张仲述等来送行。(据《日记》)

6月 《清华学报》第8卷第2期发表胡适为柳诒徵《中国文化史》所写的书评。胡适说,柳著是中国文化史的开山之作,佩服作者的勇气与毅力,感谢他为中国文化史立下了一个草创的规模,替一般读者搜集了一些很方便有用的材料。也因系开山之作,此书不免有一些可指摘的地方,包括:详于古代而太略于近世;10余年来发掘的新材料未能充分运用;因作者未曾接受近代史学训练,故对史料的估价、材料的整理,都不很谨严。最后指出,此书虽有疵漏,然不失为一部很方便的参考书。中国文化史在今日本无法写成，良好的中国文化史必有待于较远的将来。柳著的论断也许有许多是我们不能赞同的，但他的方法是一种"纲目"法，纲是他的论断，目是他的材料；此法的用意是每下一句论断必须引用材料作根据。读者若能了解这种方法的好处，然后考虑作者的论断是否都有可靠的依据，那才是能得着此书的好处。

7月

7月1日　汪原放致函胡适，谈及：《四十自述》与《短篇小说》正排版中，向胡适催此二书的序言；认为《四十自述》前应有胡适的照片；又谈及为胡适寄版税等事。（《胡适遗稿及秘藏书信》第27册，604～606页）

7月4日　早8点，胡适抵Victoria，有C. P. R.公司派的司徒庬君招待；有温哥华的Sherwood Lett来接。下午3点，船到温哥华，Y. M. C. A.的Stanley Brent来接，中国领事吴建业与华侨代表朱广炜同来接。住Vancouver Hotel 832。朱广炜带了加拿大的移民律四十三条来谈，盼胡适帮忙。C. I. I. A.邀胡适晚餐，到者皆会员。Pullem & the Scott brothers邀胡适看风景，到Stanley Park、Little Mountain Park，又访Dalton夫妇。（据《日记》）

同日　胡适致函韦莲司小姐，告知行程：将去芝加哥大学，为Haskell Lectures讲6次"Cultural Trends in China"（7月12日至24日），讲演之后，还有4天的研讨会，也被邀参加讨论。7月22日将飞纽约，主持一个由太平洋关系协会所属国际项目委员会的会议。最晚，在8月7日到Banff。很希望能去绮色佳看韦小姐及其母亲，俟确知自己之计划后，再电报告知。假如去绮色佳，不希望作公开演讲或谈话，因为劳累。"当然，我觉得有义务说话，但在（现在）这种时候，不说话可能比较聪明，也比较善辩。在我听了日本友人新户部博士和鹤见先生以及其他人在这个国家所发表的谈话以后，我对谈时事的问题，深感鄙视。然而，我也许会被拉进去做这件事。但是我会尽量避免。"（《不思量自难忘：胡适给韦莲司的信》，175～176页）

按，次日韦莲司小姐复函胡适，热诚欢迎胡适来绮色佳。如果能在此间的暑期班作个讲演，他们会感到荣幸。（中国社科院近代史所藏"胡适档案"，卷号 E-381，分号 1）

7月5日　中华商会在华侨酒楼宴请胡适，略作演说。访领事馆，写了几幅字，匆赴火车站。2点45分，车行。送行者有朱炜庭、吴建业、司徒尪、Lett 等。次日过落基山脉。（据《日记》）

同日　胡适致电韦莲司小姐：周六抵芝加哥作 Haskell Lectures，之后往 Banff 参加 8 月份 Pacific Relations Conference。（《不思量自难忘：胡适给韦莲司的信》，177 页）

7月7日　胡适到 North Dakota 的 Portal，入美国境。（据《日记》）

7月8日　夏晋麟致函胡适，云：欢迎您来到美国！在接到 Mr. Seto 的电报后，我即到国务院拜托霍恩贝克博士带您到 North Dakota 的 Portal 办理入境手续，希望您在移民局没有遇到什么麻烦。M. T. Z. Tyau 来函说他将在 Banff 会议之后来到华盛顿，想知道您的行程是如何安排的。（中国社科院近代史所藏"胡适档案"，卷号 E-234，分号 2）

7月10日　韦莲司小姐复函胡适，告知自己的母亲于 1932 年 4 月去世，因为怕惊动胡适，故未写信告知。母亲去世后，就把房子出租出去，自己也保住了大学图书馆的工作。希望胡适至少在一段时间内不要接受太多的演讲。希望胡适能保留 7 月 28 日至 8 月 1 日这段时间彻底休息，并拟驾车陪胡适到乡间休息等。（中国社科院近代史所藏"胡适档案"，卷号 E-381，分号 1）

同日　施肇基复函胡适：收到您 7 月 5 日来函，而在此之前已收到 Sito More 的来函。在我的请求下，国务院已请劳工部致电移民局为您入境美国给予一切帮助。我计划 8 月 2 日前往欧洲，期望 8 月 1 日晚之前能在华盛顿与您会面、畅叙，之后会在伦敦一直停留到 9 月。如果您在 9 月前来伦敦，我会请您住在我儿子的房间里。（中国社科院近代史所藏"胡适档案"，卷号 E-355，分号 4）

1933年　癸酉　民国二十二年　42岁

7月11日　加州大学伯克利分校副校长 Monroe E. Deutsch 致函胡适，云：加州大学邀请您担任 1933—1934 年度的访问教授，遗憾您无法接受此邀约，但仍期望当您从芝加哥或 Banff 过旧金山时，能有机会与您当面讨论东方语言文学系的问题。（中国社科院近代史所藏"胡适档案"，卷号 E-174，分号 10）

7月12日　胡适在芝加哥大学开始其 Haskell Lectures 的 6 次讲演，讲演的总题目是 "Cultural Trends in China"。是日乃第一讲，题目是 "Types of Cultural Response"。其他五讲的题目分别是："Resistance, Enthusiastic Appreciation, and the New Doubt: Changes in Chinese Conceptions of Western Civilization" "The Chinese Renaissance" "Intellectual Life, Past and Present" "Religion in Chinese Life" "Social Disintegration and Readjustment"。这 6 次讲演，于次年 5 月由芝加哥大学出版社冠名以 *The Chinese Renaissance* 结集出版。1933 年 10 月 5 日，胡适曾为该书写一 Preface。胡适说道：

> These lectures are primarily historical. They are intended to describe, in the first place, how certain phases of Chinese culture have been changed; and, second, to explain how those changes have taken the particular course and form they have taken. Both the description and the explanation are historical. If I have any thesis to present, I want my readers to understand that cultural changes of tremendous significance have taken place and are taking place in China, in spite of the absence of effective leadership and centralized control by a ruling class, and in spite of the deplorable necessity of much undermining and erosion before anything could be changed. What pessimistic observers have lamented as the collapse of Chinese civilization, is exactly the necessary undermining and erosion without which there could not have been the rejuvenation of an old civilization. Slowly, quietly, but unmistakably, the Chinese Renaissance is becoming a reality. The product of this rebirth looks suspiciously occidental. But, scratch its surface and you will find that the stuff

of which it is made is essentially the Chinese bedrock which much weathering and corrosion have only made stand out more clearly—the humanistic and rationalistic China resurrected by the touch of the scientific and democratic civilization of the new world.

这里，将该书之精要部分摘引于下：

I

The problem of China, however multifarious and complicated it may seem at first sight, is in reality one of cultural conflict and readjustment. It is the problem of how to bring about a satisfactory adjustment in a situation where an ancient civilization has been forced against its own will into daily and intimate contact with the new civilization of the West; where the old civilization has clearly proved itself hopelessly inadequate in solving the pressing problems of national existence, economic pressure, social and political disorder, and intellectual confusion; and where, for reasons hitherto never fully understood, the new invading civilization has not yet succeeded in either grafting itself upon the traditional culture or being extensively adopted in working out a new cultural equilibrium on a national scale.

...

East Asia is the meeting point of all the three routes of this aggressive civilization. Thus far it has met with no serious resistance. It is in East Asia that the grand finale of this drama of world-conquest is to be staged. For it is here that the civilization of the West is brought into direct contact and conflict with the two principal centers of the civilization of the East: the continental empire of China and the island empire of Japan. Upon the final Westernization of these two empires depends the completion of the world-conquest of this new civilization.

It has been generally observed by all students of contemporary history that China's reaction to Western civilization is radically different from that of Japan. The difference is so great that it has shaped and conditioned the entire history of these two countries during the last seven decades. After 250 years of successfully enforced seclusion, Japan suddenly found herself impelled to adopt almost in toto the new ways of the Western invader in order to save herself from the imminent danger of national humiliation and, possibly, subjugation. This task of nation-wide Westernization has been undertaken with such rapidity and vehemence that in the brief course of little more than half a century Japan not only has become undoubtedly a pastmaster of all the arts and weapons with which the West once threatened to overpower her, but is now actually threatening to out-Herod the Herods of the Western world in industrial and commercial expansion as well as in military and naval rivalry. On the other hand, China has wasted fully a century in futile resistance, prolonged hesitation, spasmodic but incoherent attempts at reform, and disastrous wars of revolution and internal strife, and today she is still displaying to the world the most pathetic spectacle of a once great nation helplessly struggling to stand on its own feet again, and groping desperately to find ways and means for the solution of her numerous and pressing problems created and complicated by the impact of the irresistible civilization of the West.

This sharp contrast between the responses of China and Japan to a more or less similar situation of cultural conflict, together with the vastly different outcome in the destinies of these nations, is so striking that one is tempted to pause and speculate whether a comparative study of such differences in the cultural responses may not reveal some useful clue to a better understanding of the problems of cultural control. May we not expect that, from such a comparative study, some generalization may be reached as to the essential factors or conditions which may account for successes or failures, rapidity or slowness, in any given situation of cultural control? ...

...

...there were three factors which contributed most substantially to the success of Japan's Westernization. First, the existence of a powerful ruling class from which have come all the great leaders of the movements for reform and modernization. Second, the fact that this ruling class was a specially privileged and highly trained military caste, made it possible for Japan to adapt herself easily to one particular phase of Western civilization which the other oriental nations have found most difficult to learn... And third, the peculiar political development of Japan for over a thousand years has bequeathed to her a suitable and stable basis for a new political framework...

...

...in all these years of cultural contact, there has been undeniably a slow penetration of the influences of the Western civilization into almost every phase of Chinese life and institutions; and in some cases there has been a conscious cultural transformation...

The disadvantages of such diffused processes of cultural penetration are numerous: they are slow, desultory, sometimes blind and indiscriminate, and often wasteful because much undermining and erosion are necessary before anything can be changed. And the most apparent defect is that, without centralized control, such big undertakings as militarization, political reformation, and industrialization on a large scale, cannot be easily achieved. But there are also undeniable advantages. They are voluntary; that is, a new idea or usage must first convince the people of its distinct superiority in utility or convenience before it can acquire general acceptance. They are evolutionary and gradual: the changes often come about by almost imperceptible replacement or modification of the old by the new...

...all of our ideas and beliefs and institutions have been freely allowed to come under the slow contact, contagion, and influence of the Western civilization, and undergo sometimes gradual modifications and sometimes fairly rapid and radical changes. If anything is retained of the old, or any of the old things are thrown overboard, both the conservation and the change have been voluntary and probably practical and reasonable. We have not concealed anything, nor have we dogmatically withheld anything from this contact and change. It is, in short, the type of cultural change through "long exposure" and slow permeation. In this way China has also succeeded in bringing about a cultural transformation, which, though painfully slow and piecemeal, and often lacking co-ordination and coherence, may yet culminate in solving some of our pressing and basic problems of life and culture, and achieve a new civilization not incompatible with the spirit of the new world.

II

...In the absence of the exceptionally favorable conditions for effective control of cultural adaptations such as were found in transitional Japan, the cultural readjustment in China has taken the form either of unconscious modifications through long contact with Western civilization, or of conscious reforms led by private advocates and achieved through persuasion and education. In some cases it has been necessary to undermine and destroy the old obstacles and vested interests in order to accomplish a change; in such cases, the conscious movement amounts to a revolution and often requires long periods of persuasion and propaganda. In other cases old ideas and institutions are rejuvenated by suggestive influences from the West, and reforms are brought about peacefully and without serious break with the past. In still other cases long association with the new culture has made certain new ideas and practices so self-evident and so natural that they are quietly adopted and old institutions are modified or replaced without much ado.

In such diffused changes of culture two factors are necessary: contact and understanding. Understanding and appreciation presuppose contact or association, or at least originate from people who have had opportunity to come into intimate contact with the new culture. A happy contact invariably leads to appreciative understanding and insight. And much of the early resistance of the non-European peoples to the Western civilization is explainable by historical experiences of unfortunate first contacts.

...

III

"THE RENAISSANCE" was the name given by a group of Peking University students to a new monthly magazine which they published in 1918. They were mature students well trained in the old cultural tradition of the country, and they readily recognized in the new movement then led by some of their professors a striking similarity to the Renaissance in Europe. Three prominent features in the movement reminded them of the European Renaissance. First, it was a conscious movement to promote a new literature in the living language of the people to take the place of the classical literature of old. Second, it was a movement of conscious protest against many of the ideas and institutions in the traditional culture, and of conscious emancipation of the individual man and woman from the bondage of the forces of tradition. It was a movement of reason versus tradition, freedom versus authority, and glorification of life and human values versus their suppression. And lastly, strange enough, this new movement was led by men who knew their cultural heritage and tried to study it with the new methodology of modern historical criticism and research. In that sense it was also a humanist movement. In all these directions the new movement which began in 1917 and which was sometimes called the "New Culture Movement", the "New Thought" movement or "The New Tide" was capturing the imagination and sympathy of the youth of the nation as something which promised and pointed to the new birth of an old people and an old civilization.

...

IV

...

The period of Chinese scientific activity did not begin until the first years of the Republic. The older reformers had only introduced a book knowledge of the sciences, without fully understanding their intellectual significance, without adequate equipment for laboratory work, and without adequately trained leaders to organize the studies and researches. Most of the textbooks on science were translated by men who admired science most sincerely but who had only a very superficial book knowledge of the subjects in the Japanese schools, and never did real laboratory work or undertook field expeditions. The schools were beginning to have classroom experiments in physics and chemistry, and botanical and zoological specimens; but they were as bookish as the textbooks, and were useless for the training of scientific workers.

But the increase of young students in the American and European universities brought many of them into well-equipped scientific laboratories and under the leadership of able scientists. The thorough training they received abroad enabled them, on their return to China, to become leaders of the new sciences, builders of modern laboratories, and founders of new institutes of scientific research...

...

While these important advances were being made in the various branches of the natural sciences, a great change was coming over the study of the humanities and the historical sciences. These studies had long been the exclusive fields of Chinese scholars trained in the critical tradition of the last three hundred years of native scholarship. No modern and foreign-trained students were supposed to have sufficient training and qualification to intrude into the sanctuary of the older scholars. But, from 1917 on, young scholars trained in the American and European universities began to invade this sacred realm of old learning and to become professors of Chinese philosophy, literature, and history. They brought with them not only the new and more fully developed technique of historical criticism and research, but also new points of view which saw the old problems in a totally different and sometimes revolutionary light. Many of the old problems which had perplexed generations of old scholars became quite intelligible in the hands of the modern trained workers. Philological studies were greatly facilitated by the aid of the comparative technique perfected by the philologists of the West. Historical researches were revolutionized by the new insistence on the evidence, not merely of books and documents, but of real objects and monuments unearthed by archaeological excavations. The old methodology, critical and scientific though it was, had to be supplemented and made more conscious by the modern developments. In the course of less than twenty years a complete revolution has been brought about in almost all the fields of historical research once monopolized by the old scholars.

...

V

...

It is true that the Chinese are not so religious as the Hindus, or even as the Japanese; and they are certainly not so religious as the Christian missionaries desire them to be. Practically all the prominent leaders of thought in China today are openly agnostics and even atheists. And the young men are even openly anti-religious. Although the fierce anti-religious movements of a few years ago have now subsided, it cannot be denied that the educated people in China are indifferent to religion and that the whole intellectual tendency there is not favorable to any religious movement or revival.

But I wish to point out that it is entirely wrong to say that the Chinese are not religious. No people is really incapable of religious life or experience. But there is always a difference in the definitions. And there is always a vast difference in the degree of religiosity or piety, varying from the modern churchgoer to the medieval saint. In the eyes of the medieval saint no one in this audience who listens patiently to a "heathen" lecturing on comparative religion can be said to be religious! Similarly, a people who may not have cultivated such habits as church-going, grace-saying, hymn-singing, and praying, and who may take no interest in the problems of the second person in the trinity, of transubstantiation, of the proper degree of submergence in baptism—such a people may have their own religion which may not necessarily be worse than that of any other people.

...

VI

...

...the story is true of practically every article of modern invention and mass production.

...

It is true that not all these material transformations have touched the vast hinterland of China; they have taken place only in the cities. But three great events have helped to make the effects of these changes spread far and wide: the rapid migration of people to the cities; the founding of the new schools; and the political revolution.

The city is always the center of radiation of the forces of change and progress...

...

...the political revolutions made possible many of the intellectual and social changes which would have been impossible in the old days of the empire...

The most important effect of the political revolutions on social change lies in the fact that the conservative gentry in the various localities was swept aside by the overthrow of the old political power... Radical social revolutions are made possible by the removal of the forces which were once the bulwarks of the institutions and usages of the old society.

The most conspicuous change in Chinese society has been the rearrangement in the social classes...

The same is true of the rise of the soldier class...

Many other new professions have accelerated the change in the social strata...

...

Another very important change is the breakdown of the old family...

...

The new changes, therefore, are on the whole for the better. They release the individual from the collective responsibility of the whole family, and recognize in him the new rights and duties of an independent member of a large society. The old framework has gone to pieces, not because of external attacks or criticisms, but because it was incapable of holding itself together in the face of the new forces which claim its members, men or women, for the school, the factory, the shop, and the world at large.

7月13日　胡适和戴秉衡到车站迎接前往华盛顿参加国际地质大会的丁文江与德日进，并安排丁等住进芝加哥大学附设的国际宿舍。（丁文江：《苏俄旅行记·楔子》，《独立评论》第103号）

1933年　癸酉　民国二十二年　42岁

同日　William Crozier 复函胡适：很高兴收到您 8 日来信。我们将于 7 月底回到华府，与在此间出席国际地质大会的丁文江会面。很期望您于参加完 Banff 的会议之后能访问华府。又提到 Perkins、霍恩贝克以及 Mrs. Crozier 等的近况。可能丁文江在去东部的路上会见到您，我将从他那里得到您的消息。（中国社科院近代史所藏"胡适档案"，卷号 E-168，分号 2）

7月15日　胡适复函韦莲司小姐，云：昨晚讲了第二回。在成打的日本飞机飞临北平的时候，用外文来作任何严肃的写作，是不可能的。现在的演讲是"写一篇，说一篇"。听到韦母和 Guerlac 教授过世的消息，非常难过、伤心。目下的行程计划是：22 日不飞纽约，直接由芝加哥转温尼培格（Winnipeg）去班福。8 月 26 日回到东部，在去纽约之前，先去看韦小姐。计划把回中国的行程延后两三星期。转达 C. C. Chen 和张彭春对韦小姐的问候。（《不思量自难忘：胡适给韦莲司的信》，178～179 页）

同日　Mrs. William S. Monroe 致函胡适云：我的儿子亨利来函说，您在来美国之前曾与亨利以及我的姐妹 Mrs. Calhoun 道别。亨利也提到您和 Owen Latimere 一家坐同一船。诚挚邀请您来我的农场休息，也期待在星期二的 The Friends of China Dinner 上见到您，聆听您星期三在 The Council of Foreign Relations 的演讲。（中国社科院近代史所藏"胡适档案"，卷号 E-301，分号 7）

7月24日　Maurice T. Price 致函胡适，云：此时到了在调查中国共产主义问题上进行真正学术合作的时机。若您来华盛顿且访问国会图书馆，期望能与您见面。东方部主任恒慕义能帮助您与我或任何中国学生取得联系。（中国社科院近代史所藏"胡适档案"，卷号 E-321，分号 7）

7月27日　胡适致电韦莲司小姐：确定 9 月 1 日能来，周一午夜离芝加哥转温尼培格赴班福。（《不思量自难忘：胡适给韦莲司的信》，180 页）

8月

8月1日　胡适致函韦莲司小姐，昨天在芝加哥给韦小姐函寄了讲稿，现正在经温尼培格去班福的道上。"这次在芝加哥,我真是受了一次体能上的折磨。我差不多每天都得工作到天明,再加上有几天热的不得了。我一直到昨天才看到那个展览会,从39街走到第12街,我走了8哩路,从上午10点到下午4点半。"希望9月1、2日能到绮色佳。(《不思量自难忘:胡适给韦莲司的信》,181页)

同日　蒋梦麟校长签署聘书,聘胡适为北大教育学系主任,任期一年。(中国社科院近代史所藏"胡适档案",卷号2321,分号2)

8月9日　William Arthur Deacon 赠送胡适其所著 *My Vision of Canada*(多伦多,1933年)一部,并在扉页题记:"To: Dr. Hu Shih, the author begs to use this opportunity of your being on Canadian sail to bring to your attention his strong belief that Canada's hope of future greatness lies in the closest of friendly relations with China. This book was written for the Canadian reader, and may deal with matters in which you are not interested; but the insistent plea for Canada to make China the pivot of her foreign policy is repeated again and again. The author believes that China's goodwill and active help are vital to the success of his own country——Canada.Sincerely——William Arthur Deacon, Toronto, August 9th, 1933."(《胡适藏书目录》第4册,2467页)

8月11日　王大桢致函胡适,述《田中奏折》"的确是真的"。(《胡适来往书信选》中册,218页)

8月18日　韦莲司小姐复函胡适,告知胡适几种入境美国的选择。请明白告诉自己如何做方能使胡适得到最好的休息。又告知胡适:母亲并没有生胡适的气,她会谅解胡适的。"你的来访,对我而言,有如饥者之于食。"(中国社科院近代史所藏"胡适档案",卷号E-381,分号1)

8月25日　北京大学开学。各院长、系主任、教授、助教等均已聘定,胡适仍任文学院院长。

8月29日　胡适致函傅斯年,谈及:丁文江过芝加哥时曾细谈一天,略知中研院在杨杏佛遇刺后之情形。在芝加哥遇黄汝琪。与戴秉衡盘桓最久,此人性情甚好,对于所治之学,颇能明其方法与相关科学。此人正研究有鸦片吗啡嗜好者的心理与环境的关系,此人思想甚成熟,治学应有成绩。梁庆椿专治农业经济与统计,成绩极好。(《胡适中文书信集》第 2 册,332 页)

9月

9月13日　胡适在 The Dorset 旅馆(纽约西 54 街 30 号)致函韦莲司小姐,为告昨晚休息得不错,并及遇到 Kimbale 院长事;另及自己行程排定后再告知。(《不思量自难忘:胡适给韦莲司的信》,182 页)

同日　韦莲司小姐致函胡适,云:

> 我整好了我们那个小得可怜的床,我坐在东边向阳的这个窗前……我想要告诉你的都是一些琐事。昨晚我要睡哪个床都觉得很难。我有意地从你的房间走到我的房间。最后,我总不能老靠着门柱子站着啊,我把你床上那条粗重的被子,拿到我的床上。装满了热水瓶就钻进了被子里。让人不解的是,最难堪的时间是早上近六点的时候。……
>
> 我想念你的身体,我更想念你在此的点点滴滴。我中有你,这个我,渴望着你中有我。……我是受过严格学校训练的,但此刻,我却无法忘怀在车门见到你那苍白的脸。你把我评价得过高了——虽然我们有平等理性的对话,但我找不到自己有任何内涵,可以和你相提并论……

(周质平:《在爱慕与矜持之间:胡适与韦莲司》,华文出版社,2013 年,87 页)

9月14日　胡适在 The Dorset 旅馆致函韦莲司小姐,谈及:

> 昨天我相当忙,修订我的日程。晚上和纽约大学的 Gustave Noback 教授(康奈尔大学,1915 级)共度,他在解剖学界已是一个重要的人物。(《不思量自难忘:胡适给韦莲司的信》,183 页)

同日　韦莲司小姐致函胡适，云：

　　我们俩是多么奇怪的人啊！我想你写了地址的一个空信封也能给我一个宁静的片刻……

　　毫无疑问的，有许多新的讲演的邀请等着你。要是你能用现成的材料，又能厘清人们的思想，激发人们的意志，我怎么好叫你不说呢？——但是，请务必别苛待自己。（《在爱慕与矜持之间：胡适与韦莲司》，87 页）

9 月 15 日　胡适在 The Dorset 旅馆致函韦莲司小姐，云：

　　……昨天有几个团体给了人数不多去班福的中国代表团一个热烈的接待会。昨天晚上，中基会的职员和主任请我们吃晚饭。但是今天的大事是我看到了约翰·杜威博士……他看起来极健康，极有精神。又极慈祥，极快乐！

　　今天中午，我和外交政策协会的人员见面，今晚则参加了由国际教育研究所举办的有关教育的讨论。我坐在哥伦比亚教育学院院长 Russell 的旁边，我们的谈话转到了 Becker 的新书。他（Russell）对那本书热心极了，认为这本书的风格代表最佳的英文写作。

　　我正试着取消加拿大之行，但将去旧金山和西雅图。在我坐火车去芝加哥之前，很有可能再去一趟绮色佳。……

　　在我写给邓肯（Duncan）的信里，建议他星期二（19 日）到旅馆来看我。……（《不思量自难忘：胡适给韦莲司的信》，183～184 页）

9 月 18 日　胡适在 The Dorset 旅馆致函韦莲司小姐，云：

　　我星期四去耶鲁看看，不作演说；周五回来。

　　……我把周日保留给了绮色佳。

　　邓肯来信，他明天（19 日）来。

　　附上绮色佳的照片，拍得都很好！Riddle 夫人近况如何？代我问候。

要是方便的话，请帮我问一下校友会，E. Eugene Barker（康奈尔，1912级？）现在的地址，并请告知。

我没去华盛顿，Sze博士还在欧洲，要到10月中才回来。我还没决定去不去华盛顿。

Burr教授近况如何？我希望我们的野餐没让他身体不适。(《不思量自难忘：胡适给韦莲司的信》，185页)

9月19—20日　胡适致函韦莲司小姐，主要谈其与邓肯的会面：

邓肯3点来，坐到5点过后才走……他精神好极了。我们谈了许多事。我从未见过他谈得如此自由自在。他如你所说，成熟了也有了长进。他说话很清楚，我真喜欢他说的话。我说到你的时候，他默不作声。可是，我想，他显然很高兴得知，你曾热情的谈到过他和他的工作。……我给他看Riddle夫人拍的照片，并请他在其中一张的背面签名。他写了"一定要常来！"并签了字。我真高兴他来了。……

要是我不再发电报给你，我星期日早上会到里海（Lehigh）火车站，晚上10：29离开绮色佳……(《不思量自难忘：胡适给韦莲司的信》，186页)

9月22日　韦莲司小姐致函胡适，云：

在我一生之中，有一种苦行僧的倾向，对于我自己非常渴望的东西，我宁可全部放弃，也不愿意仅取其中的一小部分。……

为什么我们不能就把这一天当做一份礼物，在仅有的几个小时里，享受共处的时光，把它加在我们并不太多的回忆里？

凡事都还能忍受——人的承受能力是如此惊人。我的结论是：要是我们能好好安排这一天一夜，并予珍惜，那是值得再忍受一次别离之苦的。我们也许再不会有这样重逢的机会了。……(《在爱慕与矜持之间：胡适与韦莲司》，88页)

9月23日　晚11点15分，胡适搭车自纽约前往绮色佳，访韦莲司小姐，次日晚间回纽约。9月25日胡适在 The Dorset 旅馆致函韦莲司小姐云：

星期天美好的回忆将长留我心。昨晚我们在森林居（Forest Home）所见到的景色是多么带有象征的意味啊！

那象征成长和圆满的新月，正在天际云端散发出耀人的清辉，美化了周遭。月光被乌云所遮，最后为大风暴所吞吃。风暴过去，而新月终将成为满月。(《不思量自难忘：胡适给韦莲司的信》, 187 页)

9月25日　韦莲司小姐致函胡适，云：

胡适，我爱你！我不喜欢悄悄地这么说，我怎么能以此为荣呢？我是个很卑微的人，〔但是〕你应该爱我——有时，你的爱就像阳光中的空气围绕着我的思想（见不到踪影，但我必须相信它的存在）。我们如何能将〔这件事〕公诸于世，而不引起别人的嫌恶？要是我们真能完全生活在一起，我们会像两条溪流，奔赴同一山谷。……

你是你，我是我，你生活在一个大世界里，我活在一个小天地中，任人去人来……

这次新的交会，也并非不可能放出光芒来！当我看到你的嘴角，你那半闭的眼神，我是个温柔的女人。对你的思念总是压抑了我，也强化了我！那个新的你突然在我心中绽放，我还能说什么？(《在爱慕与矜持之间：胡适与韦莲司》, 89～90 页)

9月26日　上午，胡适与陈衡哲在车站会合，一起前往瓦沙学院（Vassar College），下午在该校演讲，当晚离开。

陈衡哲《回到母校去》：

九月二十六日的上午，我与胡先生在车站会齐了，一同乘车到柏城去。……

…………

吃过中饭之后，马校长又导胡先生参观学校，我也陪着同去。……

本日下午是胡先生给学校讲演，大大的一个学生厅是都占满了。……

……晚饭后，胡先生回纽约去了。……(《独立评论》第77号，1933年11月19日)

当日胡适在 The Dorset 旅馆致函韦莲司小姐：

刚从普济布施（Pough Keepsie）镇回来，在逼人的炎热天气里，我给了一个演讲。我讲了1小时多一点儿，讲得浑身大汗。晚饭以后下雨了，在我上火车时，雨还没停。

这次演说主要是任陈衡哲夫人安排的。今早她与我同行……她将经过加拿大与我同船……

今晚我开始装箱。明天启程往华盛顿，计画在加州大学柏克莱分校的国际学舍做客3天（10月2日至4日）。10月6日到温哥华……10月7日启航。(《不思量自难忘：胡适给韦莲司的信》，187～188页)

9月27日　胡适在 The Dorset 旅馆致函韦莲司小姐，云：

……上个星期，我真是累坏了。我在新港（New Haven）的时候，有天下午在雨中走回来，左脚很痛，肿起来了一块，骨头和肌肉都很疼。肿块很小，并未扩散；但这使我想起了一个老毛病，至今医生无法诊断解释。我太累了，或喝了太多中国米酒，〔这病〕就会复发。

这次去绮色佳看你之后，这病竟不药而愈。现在我很忙，但身体还不错。我一回到上海就要做体格检查。(《不思量自难忘：胡适给韦莲司的信》，188页)

同日　韦莲司小姐致函胡适，云：

你塑造了一个幻象中的女子——亲爱的适，让我们继续穿着这身正式的外衣吧，否则你所喜爱的这个幻象中的女子就会死去。我是如此平凡的一个凡人，一旦你整个了解我的时候，失望会让你伤心的，而在你我之间具有重大意义的激励和启发也将随之死去。

〔现在〕这件正式的外衣已经褪到地板上了——你已经全然地了解了我，胡适——你是不是更喜欢那个幻象中的女子呢？她也许很美妙，但她毕竟是我，那个胸部扁平而又不善于持家的我，那个头脑不清而又不得体的我，是这个我触摸到了你的身体和眼睛。我简直不能相信，你竟爱上了这么一个可怜的东西，然而，你的爱却裹住了我。

看了我从前写的关于你的札记，我突然领会到你的内涵远比我所知道的更丰富——真不敢相信，你我曾经共度过一段岁月——我们同游，同乐……这是何等甜美——对我们童年少得可怜的人来说，这是第二个童年。但愿我们能快快乐乐地白头偕老！……

没想到，我会如此爱你……胡适，丰富的人生正等着我们去探索，我觉得另一个人生是该我们的——我是多么的愚蠢啊！我崇拜你超过所有的男人……

如我跟你所说的，一堵高不可测的石墙，只要我们无视于它的存在，它在一时之间就能解体消失。我无视横亘在我们之间的时空距离……（《在爱慕与矜持之间：胡适与韦莲司》，84～85页）

同日　胡适在 New Popular Webster Dictionary 一书的扉页题记："在纽约买的，价十分。1933年9月27日。"（《胡适藏书目录》第4册，2475～2476页）

9月30日　胡适在奥马哈（Omaha）致韦莲司小姐一明信片，告在华盛顿一天极忙。与艾格顿（Edgerton）在芝加哥火车站相会两小时，书稿留给了海登教授（Prof. Haydon）。代问候瑞德夫人（Mrs. Riddle）和翟兴博士（Dr. Zeising）。（《不思量自难忘：胡适给韦莲司的信》，189页）

同日　胡适在奥马哈火车站致函韦莲司小姐：

……我考虑了你的建议把这次演讲分成两部分……我决定把讲稿分成四节……

（1）经济变化与政治革命；

（2）社会阶级的重划；

（3）家庭的分化；

（4）妇女的地位，再加一个结论。

我请海顿（Haydon）教授采用《中国的文艺复兴》(*Chinese Renaissance*) 作为小册子的书名。

我从华盛顿给艾格顿（Edgerton）和海顿发了电报请他们到芝加哥火车站来会面。艾格顿来了，稍后海顿夫人和我们一块儿吃了午饭。艾和我谈了两个半小时。

过去两晚休息得很好。……两天以后（10月2日至4日），我又将在旧金山大忙。在纽约的最后几天和在华盛顿的那一天，我非常累，同时也非常热。中西部的天气凉爽宜人，我休息得很好。

……代我多谢翟兴博士（Dr. Zeising）和瑞德夫人（Mrs. Riddle）。……（《不思量自难忘：胡适给韦莲司的信》，190页）

10月

10月1日　胡适前往绮色佳看望韦莲司小姐，在那里住了4天。

10月5日　胡适在Cascade致函韦莲司小姐，告："此刻我在西雅图CPR码头，等去温哥华的轮船，是我在美国最后的几分钟。"（《不思量自难忘：胡适给韦莲司的信》，191页）

10月7日　胡适在温哥华"加拿大皇后"号上致电韦莲司小姐："怀着最深情的回忆启航。寄上最佳祝福，再会。"（《不思量自难忘：胡适给韦莲司的信》，192页）

同日　北京大学公布出席校务委员会当然代表名单，胡适作为文学院院长，大名在列。(《北京大学周刊》第60号，1933年10月9日)

10月12日　胡适与陈衡哲抵檀香山，有Miss Elizabeth Green、李绍

昌、Mr. Chas F. Loomis、中国领事梅景周、华侨代表李（Peter Lee）等来接。Loomis 与李教授送胡适游览市外风景，此地海与山景接近，一霎是海水苍茫，一霎是山容嫩翠。到 President Grawford 家中晚饭。到夏威夷大学讲演"人生观"，听众甚拥挤。讲演后，李君与梅君送胡适到领事馆与侨民中一班少年人谈话。他们都很注意中国的情形，忧虑太平洋的战祸。住夏威夷大学的 Atherton House。（据《日记》）

10 月 13 日　当地 I. P. R. Group 邀胡适早餐，胡适谈对于班福大会的感想：

1. 因为地点关系，Banff 大会的英，美，加拿大三国代表多有专家，人才之盛超过以前各次大会。

2. 个人友谊上的接触最有价值。我曾说此次我到 Canada 的结果是我的 Discovery of Canada……

3. 中国代表团的工作也使我们得着绝好的经验。如与加拿大代表谈华人禁例；与日本代表谈中日问题。

4. 经济问题的讨论，使我们格外明了太平洋各国及世界的危机。此种讨论虽不曾有良好的解决方案提出，确有极大的教育作用。

早 9 点 30 分回船，来送行的有 Loomis, Miss Green, Mr. Peter Lee, Prof. S. C. Lee 等。（据《日记》）

同日　北京大学本年度第一次校务会议，通过议案多项，由校长提出的本年度各委员会名单亦公布，其中胡适为图书馆委员会委员长、财务委员会委员长。(《北京大学周刊》第 62 号，1933 年 10 月 1 日）

10 月 17 日　胡适在海轮上致函韦莲司小姐，云：

在大海轮上轻松休息真是不错，过去 10 天来我没写任何东西。

读了许多书，非常喜欢 Grierson；读了一部分 Donne 的书。读了 O'Neil 的 *Mourning Becomes Electra* 和 Lincoln Steffens 的自传。读了铃木〔大拙〕的禅宗论文集（*Essays on Zen Buddhism*）（第二集）。我对

Steffens 的自传最有兴趣，我很开心的读完了整本书 875 页。使我对你的国家和人民有了更多的了解。

铃木打电报到船上来，要在横滨访问我。所以，我在见到他以前，一定得先看他的书。他的书让我失望。要是康奈尔图书馆有《中国社会及政治学报》，我希望你能看看我关于禅宗的文章……在未来几年中，我也许会再写一些有关这个题目的文章。

……我在夏威夷大学给〔作〕了一个《人生哲学》的演讲。……晚间演讲以后，我会见了年轻的中国人，和他们谈到午夜。我睡在大学宿舍里。第二天早上，一大早 7 点半吃了早饭以后，我和班福（Banff）研讨会上的人讲了话。船早上 10 点启航。

张彭春现在〔夏威夷〕大学教书……他似乎觉得在一个外国的学术中心〔工作〕比在中国更舒坦。

陈衡哲（Sophia Chen）也有同样的问题：他觉得跟美国人和欧洲人（尤其是女人）在一起，比跟中国人在一起要自在些。他在中国并不受欢迎。

有些人总是〔与环境〕扞格不入。虽然受的训练是要他们勇于作梦，然而他们却缺少一种博大的悲悯胸怀，这点悲悯的胸怀可以让他们在一个需要他们同情对待的不利环境中觉得自在。

海上的生活平静而舒畅。船上每天发布一份"广播新闻"，让我们知道世界上发生了什么事。……

…………

有关中国、日本和整个世界，我有一些不切实际的想法。这些想法还太模糊，无法告诉你。在海上做长途旅行是胡思乱想最好的时机：问题是〔船上〕的生活太舒服了，我反而没法严肃而有系统的思考了。

当然，我是经常的想到你。我还是觉得这两次去绮色佳看你，给了你许多麻烦。我真诚的希望你能回复到平静的生活。（《不思量自难忘：胡适给韦莲司的信》，193～194 页）

按，1933年10月胡适访美归国时，途经日本，与铃木大拙会面。1934年胡适回忆："去年十月我过日本横滨，会见铃木大拙先生，他说及日本有新发现的北宋本《六祖坛经》。后来我回到北平，不久就收到铃木先生寄赠的京都堀川兴圣寺藏的《六祖坛经》的影印本一部。此本为昭和八年安宅弥吉所印行，共印二百五十部。附有铃木大拙先生的《解说》一小册。"（《胡适论学近著》第一集卷二，304页）

10月25日 胡适抵沪。（次日之《申报》）

章希吕日记：

到新关码头去接适之，原放、乃刚、士范、慕侨、鉴初已先在那里，七点半始接着。吾们遂同到古益轩吃夜晚，士范作了东。（《胡适研究丛录》，247页）

10月27日 上午，胡适访宋子文。（次日之《申报》、天津《大公报》）

10月29日 胡适北返。章希吕日记有记：早到沧洲饭店去看适之，谈了半个钟头同士范回到他家里吃中饭。适兄今夜回北京。（《胡适研究丛录》，247页）次日过南京时，王世杰设午宴招待。（次日及31日《申报》）

11月

11月2日 胡适复函陈独秀，谈《资本论》翻译及《国语稿本》等事：

《资本论》，此间已托社会调查所吴半农、千家驹两君合译，已脱稿的第一册有三分之二了。第一分册已在四月前付商务排印。此二人皆极可靠，皆能用英德两国本子对勘。其第二册中 Rent 的一部分也已译成。此间与社会调查所已订有契约，不便再约季子重译。季子译书能力，自然能胜任此书。但我听说中山文化馆有约季子译此书之说。如此则季子另译一本，已有着落。如不归商务发行，则两书并无冲突。如两本均归商务印行，则商务不能不因此间契约关系，继续接受此间吴、千二君之译本。

"国语稿本"，已于四月前亲交商务。项晤云五先生，他说，稿本字太小，不便影印。排印则有许多困难。他已与馆中商如何排印之法。迟印之因在此。

此次过京，匆匆不能来省视吾兄，十分失望。两个月后南下，当来奉看。(《回忆亚东图书馆》，170～171页)

按，10月10日，陈独秀致函胡适云：

我现在要求你两件事：(一)李季拟翻译《资本论》，但所用时间必须很长，非有可靠生活费，无法摆脱别的译稿而集中力量于此巨著。兄能否为此事谋之商务或庚子赔款的翻译机关？我知道李季的英德文和马氏经济学知识以及任事顶真，在现时的中国，能胜任此工作者，无出其右。(二)我前后给你的拼音文字草稿，希望商务能早日付印，免得将原稿失去，且可了结兄等对商务的一种悬案；并且我还痴想在这桩事上弄几文钱，可不必是实际的钱，而是想一部百衲本二十四史。(《中国人民大学学报》2012年第1期，32页)

同日　傅作义致函胡适云，胡适为怀柔抗战牺牲将士所作碑文，"一定能把将士们慷慨杀敌，为民族争光荣的精神，传之久远"。附上公墓揭幕典礼的照片。(《胡适遗稿及秘藏书信》第37册，328～329页)

11月6日　胡适在日记中节录张佛泉之《民元以来我国在政制上的传统错误》之要点，认为这是近年政论中最有见地之文。

11月7日　孟森来访，日记有记：孟森引陆逊封侯之后还要举茂才，以证科举在当日已是社会所公认为"正途出身"的了。孟森大谈"民无信不立"之要。"其说与我向来所说建国须有种种无形的制度维系人心，同一用意。"孟森很恭维明太祖，颇值得注意。

11月9日　顾颉刚日记有记：与绍虞同到清华，听适之先生演讲。(《顾颉刚日记》第三卷，108页)

11月11日　郑鹤声致函胡适，针对《独立评论》上君羽《对于〈四库

全书〉舆论之评论的读后感》，再就影印《四库全书》库书及善本事发抒意见。(《胡适遗稿及秘藏书信》第39册，204～215页）

11月12日　胡适致函陈受颐，云：今晚会见香港大学副校长 Sir William Hornell，渠告他们欲聘中文教授，至今未聘定。胡适对他说，此事最好与陈受颐商量，因陈最熟悉粤港方面的需要，又在北方两年，深知北方或南方有何人可聘。故，他"甚盼能和你一谈"，请你告知一个时间，以便通知他会面。(《胡适中文书信集》第2册，335页）

11月15日　晚，北平各界在欧美同学会举办欢送英使蓝溥森茶会，胡适主持。出席者还有黄郛夫妇、何应钦夫妇、何其巩夫妇、王正廷、熊希龄、陶孟和、李四光、蒋梦麟等。胡适代表全体致辞，赞蓝使在华7年间，使中英邦交日臻敦睦，希望蓝氏将来为英国驻华第一任大使云云。继由蒋梦麟致辞，蓝致答辞。(次日之《申报》）

同日　胡适复函胡近仁，谈《绩溪县志》编纂诸事：

（一）关于县志体裁，我因为有些意见一时决无法实行，所以不愿高谈空论。今略举一二点：

1. 地图必须用新式测量，决不可用老式地图；应有地质地图，与地势高下图。此似无法行的。但应与省志局商量，如省志局有分县新图，总比旧法地图为佳；如他们有测量专员，县志局亦可略加补助，请他来测量。上海中央研究院地质研究所叶良辅先生曾调查安徽地质，县志局亦可请教他。

2. 县志应注重邑人移徙经商的分布与历史。县志不可但见小绩溪，而不看见那更重要的"大绩溪"。若无那大绩溪，小绩溪早已饿死，早已不成个局面。新志应列"大绩溪"一门，由各都画出路线，可看各都移殖的方向及其经营之种类。如金华、兰溪为一路，孝丰、湖州为一路，杭州为一路，上海为一路，自绩至长江一带为一路……其间各都虽不各走一路，然亦有偏重。如面馆业虽起于吾村，而后来成为十五都一带的专业；如汉口虽由吾族开辟，而后来亦不限于北乡。然通州自是仁里程家所创,他乡无之;"横港"一带亦以岭南人为独多。

3. 有一事必不可不奉告的:县志必须带到上海排印,千万不可刻木版。

我藏的《万历志》《康熙续志》《乾隆志》,当托便人带到城里交诸公参考。《嘉庆志》似可不必奉寄了。

将来若有余资,似可将此四部志与罗氏《新安志》中绩溪的部分,合并付排印,托亚东办理此事,作为新志的附录。可惜《正德志》无法寻觅了。

(二)先人传状,久想做一篇,但若作新式传,则甚不易下手。若作短传,当试为之。先人自作年谱记至四十一岁止,其后有日记二十万字,尚未校好。其中甚多可贵的资料。

诗只有一册,文集尚未编定,约有十卷。

先人全稿已抄有副本,未及校勘标点。连年忙碌,无力了此心愿,甚愧甚愧。

我收集的绩溪人著述,并不很多,便中当开单奉呈供诸公参考。(《胡适家书手迹》,179～183页)

11月16日　下午5时,华洋义赈会为筹赈黄灾发起各地举行募捐运动,假欧美同学会开会,讨论进行办法,到会的有黄郛、王正廷、章元善、艾德敷、蒋梦麟、周作民、胡适等百余人,王正廷主持,报告募捐运动意义后,次由黄郛致辞,嗣由章元善、胡适、周作民等相继报告。(次日之《申报》)

11月19日　章希吕搬入胡适家中,开始担任胡适助手。章氏日记有记:

早打了电话给适兄,适之嫂接着,叫搬到她家里去住。九点出旅馆,雇了两辆车,到适兄家。

适兄今天客人多,会了四个钟头客,下午他又出去应酬了。夜里和他谈关于《文存四集》如何编法的事。(《胡适研究丛录》,248页)

按,上月30日,汪原放要章希吕住进北平胡适家中,以便向胡适

催书，胡适也希望章希吕能来。(《胡适研究丛录》，247页）

同日　胡适在《独立评论》第77号发表《建国问题引论》一文，指出：

……我们这几十年的革新工作，无论是缓和的改良运动，或是急进的革命工作，都犯了一个大毛病，就是太偏重主义，而忽略了用主义来帮助解决的问题。……"现代化"也只是一个问题，这个问题的明白说法应该是这样的："怎样解决中国的种种困难，使她在这个现代世界里可以立脚，可以安稳过日子。"中国的现代化只是怎样建设起一个站得住的中国，使她在这个现代世界里可以占一个安全平等的地位。……

…………

近两年的国难，似乎应该可以提醒一般人的迷梦了。今日当前的大问题依旧是建立国家的问题：国家有了生存的能力，政府有了捍卫国家的能力，其他的社会经济问题也许有渐渐救济解决的办法。国家若陷入了不能自存的地步，外患侵入之后，一切社会革命的试验也只能和现存的一切政制同受敌人铁蹄的蹂躏，决不会有中国亡了或残破了，而某地的赤色革命区域可以幸免的。

……大家应该用全副心思才力来想想我们当前的根本问题，就是怎样建立起一个可以生存于世间的国家的问题。这问题不完全是"师法外国"的问题，因为我们一面参考外国的制度方法，一面也许可以从我们自己的几千年历史里得着一点有用的教训。……

11月20日　胡适作有《世界新形势里的中国外交方针》一文，指出：

……人说"弱国无外交"，这是大错。因为国弱，所以更需要外交。外交不仅是应付目前，是要把眼光放的远一点，认清国际的趋势，决定一个国家民族的朋友和敌人，并且努力增加朋友，减除敌人。……

……政府与国民只顾得应付日本，敷衍日本，而忘了我们在世界局势里的地位与责任。对付华北的局面，不过是外交问题的一个部分，决不是外交的全部。日本之外还有苏俄，还有欧美，还有个整个的世界。……

……日本军阀的欲望是不能满足的：把整个的中国做他们的保护国，他们也不会满足的。一个国家的生存自不能依靠一个狼贪虎噬的强邻，何况这个强邻的横暴行为又正在替他自己树立四围的仇敌，替他自己掘坟墓呢？

无论在平时或在急难时，中国的外交必须顾到四条路线：一是日本，二是苏俄，三是美国，四是国联（代表西欧和英帝国）。……

…………

……我们必不可抛弃那国联国际的大路。……今日军阀统制之下的日本，决不是我们的朋友。……

…………

……我们不能断言太平洋上的战祸可以完全避免，但我们可以预料今后的国际外交必将有重大的新发展。苏俄的国际理想主张与新大陆的国际理想主义，加上国联的国际理想主义，这三大集团的结合，应该可以有一种有力的国际和平的主义出现。这种理想的形成，如果可以不流血而有效，那是人类的大幸福。如果此种理想必经过一次大牺牲才可实现，那是人类的愚蠢所招致，虽深可惋惜，然其结果也许可以真做到十五六年前的哲人梦想的"用战争来消灭战争"的境界。（《独立评论》第78号，1933年11月26日）

11月21日　章希吕日记有记：

到适兄书房里谈了一些关于《文存四集》及《藏晖室札记》编印的事。他实太忙，谈了不满半个钟头，他又因事出去了。

绩溪共有五部志，适兄已得其四。嘉庆志是我送他的，乾隆志是我替他在志明处买来的，万历志、康熙续志是他在北京大学图书馆抄来的，尚有正德志他还未觅得。他想把已觅得的四部志重印，约了字数非二千元不可。（《胡适研究丛录》，248页）

11月22日　汪精卫复函胡适，云：

先生有一句话最扼要："世界大战如果在不久即爆发，我们应如何？大战如能展缓两三年，我们又应如何？"我现时的一切思想行动，全集中于此一点。

············

但是我国的经济大势，百余年来，由北移南，通商以来，更移于沿海沿江。如今战争，是经济战争。以现在我国的军队，若无经济供给，留驻于沿海沿江吗？必然成为无数的傀儡政府。退入西北内地吗？必然成为无数的土匪。换句说话，绝不能做比利时，因为没有他那么纯粹简单。……

然则怎么样呢？要使我们在军事财政上做成比利时的资格，无论大战爆发之迟早，我们不可不努力做成。我的外交，便是求适应于此一点。

然现在情形，是不能做比利时的，上头已经说过；然现在及将来，不可不做到比利时，上头又已经说过……我们现在除了努力预备做比利时，更无第二条路……

先生替我想出一个替人，我真是感激，但这人不能做我的替人。……

············

……先生，请你再替我想一个替人罢。（《胡适遗稿及秘藏书信》第27册，204～211页）

11月23日　章希吕日记有记：……上半年北平因倭寇有来攻之耗，适兄把重要稿件存入银行保险库，今天取出，检出些文稿，预备编入《文存四集》。（《胡适研究丛录》，248页）

11月24日　唐有壬致函胡适，谈道：

我总觉得在最近的将来，日本对于我国，将有一种表面上好看，而骨子里极严重的压迫相加，而且这种压迫的后面当然是武力，是不必说的。……美国的空气是我们生存的要件。在将来十年后，我国的农产发达后，也许和我们发生经济上的冲突，但是在最近的几年，总可以保持完善的关系的，丝毫没有冲突纷纠可以发生于其间的。所以中美之间，只要能维持而且增进一种良善的友谊，已足为我们的大助，用不着许多折冲的麻烦。但是甚么人能够维持而且增进这种良善的空气呢？雪艇、鲠生和一班相知的人，都认为除先生以外，没有第二个人，施肇基太不行了，别人也不起作用。……希望先生给我们以一个好意的考虑。……（《胡适遗稿及秘藏书信》第31册，443～446页）

11月27日　胡适作有《福建的大变局》一文，指出：在这个时候，无论打什么好听的旗号来推翻政府，都有危害国家的嫌疑，危害国家得不着大多数人的同情。又云：

　　……这个政府已够脆弱了，不可叫他更脆弱；这个国家够破碎了，不可叫他更破碎。"人权"固然应该保障，但不可搞着"人权"的招牌来做危害国家的行动。"取消党治"因〔固〕然好听，但不可在这个危急的时期借这种口号来发动内战。今日最足以妨害国家的生存的，莫过于内战；最足以完全毁坏国家在世界上残留的一点点地位的，莫过于内战。无论什么金字招牌，都不能解除内战的大罪恶！（《独立评论》第79号，1933年12月3日）

11月28日　章希吕日记有记：《文存四集》目录初稿编完，约42万字，但适兄意欲删去不中意文章约有10万字。如分订四册，又嫌薄了。（《胡适研究丛录》，248页）

12月

12月3日　北平市长袁良在颐和园设午宴招待意大利无线电发明家马

可尼侯爵，胡适与意公使鲍斯克里·巴理地及蒋梦麟、任鸿隽、王曾思、蔡元培等作陪。（次日之天津《大公报》）

同日　胡适作成《逼上梁山——文学革命的开始》一文。

12月4日　正午，北平教育界名流蒋梦麟、梅贻琦、李蒸、徐诵明、袁同礼、胡适等40余人假欧美同学会举行宴会欢送即将离平赴京之马可尼，由胡适致欢迎辞，马答辞。（次日之《申报》、天津《大公报》）

12月6日　顾颉刚来访。（《顾颉刚日记》第三卷，118页）

12月11日　胡适作有《建国与专制》一文，认为：第一，建国固然要统一政权，但统一政权不一定要靠独裁专制。第二，我们今日要谈的"建国"，不单是要建设一个民族的国家。中国自从两汉以来，已可以算是一个民族国家了。我们所谓"建国"，"只是要使这个中国民族国家在现代世界里站得脚住"。胡适提出，开放政权、实行法治不论对执政的国民党还是对整个中国政治社会的发展都有好处。他认为，如果"树立一个或多个竞争的政党"来"监督"执政的国民党，就会"改良国民党自身"。政权一旦开放，"政权有个可以被人取而代之的可能，国民党的政权也许可以比现在干得更高明一点"。他还认为，"眼前决不会有第二个政党可以同国民党抗衡"，因此国民党开放政权、实行宪政只会因其名义正人心顺而使其统治基础更加稳固。（《独立评论》第81号，1933年12月17日）

12月13日　胡适复函孙长元，云：

你的文章有一个毛病，就是喜欢用许多不曾分析过的抽象名词。此是时代病，我不希望北大的同学也走上这条死路。

如"封建势力""国际帝国主义""民族资本"等等，在我读此文时，我毫不懂得这些名词在这文里代表什么东西，更不懂得他们与定县有何关系。此外，如"最后的原因""根本的解决""温情主义"等等，也属于这一类。

即使有人承认你的"最后的原因"为不错的，你对于定县有何"根本的解决"？

我们有一个妄想，就是要提倡一点清楚的思想。我们总觉得名词只是思想上的一种工具，用名词稍不小心，就会让名词代替了思想。

你是学教育的人，更应该注意此点。(《胡适遗稿及秘藏书信》第19册，406～407页)

12月14日　胡适复函吴奔星，云：每星期日上午9点到12点总在家里见客，吴若能来，很欢迎。重点是谈对投稿不刊的意见：

第一，许多大名家的稿子也曾屡次被退回：英国女小说家Jane Austen的一部小说曾被书店压了十余年；周作人先生有一部译稿也曾在商务印书馆坐了十年的冷宫。我们大可不必生气。

第二，虽然有时是主笔先生瞎了眼，但我们自己总以自省和自责为最有益的态度。受一回挫折，应该加一番功夫，总要使我们自己的文学和思想都有长进。不可但责人。你的文字还缺少磨练，还芜杂不干净，还有许多浮辞不扼要的话。求人不如求己。世间无有"登龙术"；若有，只是这一句话。(《胡适遗稿及秘藏书信》第19册，182～183页)

按，12月12日吴奔星致函胡适，拜托胡适给其介绍一个刊物以便投稿，又希望拜访胡适。(《胡适遗稿及秘藏书信》第28册，413～420页)

12月16日　胡适复函陈登原，谈其《习斋哲学思想述》一书：

"及门弟子"之说，不知从何而来，请先生千万不要再提，使我不安。

大著搜集材料甚勤，似嫌稍繁，反使读者感觉述颜学太少。

所收材料，亦有条理次第不甚好之处。如"清初学风"一章，其中谈"清初"的甚少，全部分与"清初学风"均不相干。……

第二章已是"清初朱陆异同论"，而第二十一章又是"清初菲薄王学论"。二章似可合。

凡书中论时势与学术背景诸章……皆太繁复，皆宜并合为一章……

其述颜学诸章，亦有可议者：如一五章说"动的哲学"，一九章又说"斥静"，这如何可分？后面又有二八章与二九章，所讲仍是同一事。此皆可合，合之则条理分明，分开则杂乱了。

先生作文也时时有可议之处。今人作古文多太不用心，甚足为古文诟病。如尊作第四章，开端就说："曷言乎仅拟荀卿之不足以尽习斋也？"然而下文几千字中更无一字说明这"曷言乎"的道理。此种浮辞似亦可删。

我因见尊作尚未装订，也许有可以改动的机会，所以大胆略贡鄙见。英国古时文人为了改一个标点符号，不惜跑几百里路。如有可以缓印而使此书更可读之法，似不宜匆遽出版。……

养秋先生要我作序，请先生代为道谢。以上所说，万一有可供采择之处，不胜于作序吗？……《几个反理学的思想家》一文，其中有一章论习斋，先生曾见吗？

习斋反对理学，而他的"小心翼翼昭事上帝"的每日功课都是理学家的陋态。……颜李实皆不能完全脱离理学家"主敬"的老套。

先生注中有菲薄袁枚的话，袁枚是当时的一个思想大家，未可轻易抹煞。

四存学会印有《颜李全书》，比《畿辅丛书》所收为多。先生曾见之否？（《胡适遗稿及秘藏书信》第20册，63～67页）

同日　胡适复函杨盈昂，云：

你的白话文是很漂亮的，但你这份译稿可是不很可读。原文是很漂亮的文章，你的译文实在不能传达原文的神气。

…………

我现在试译了第一节，送给你看看，是不是稍有风趣一点。你试拿去请从文看看这两种译法有何不同。

你现在还不能译这一类文学批评的书；你必须用一番苦功，先增加了解原文的能力，然后求翻译的正确。最要养成细心和不苟且的习惯。……

我翻看此稿，还发现许多不应该错的错误。如页五上"在他们出众上他比他们更高；他们的特色，他完全没有"。原文是"Certain of their excellences he has in a much higher degree than them; certain of their excellences he has not at all"，你译的全错了。应说："他们所有的长处，有些他不但也有，而且比他们更高；另有一些长处，他却完全没有。"

…………

译书决不可粗心，决不可潦草。(《胡适遗稿及秘藏书信》第20册，161～165页)

12月17日　胡适42岁生日，朋友来贺者，约有50人。(据《日记》)

同日　章希吕日记有记：今天为适兄四十三岁生日，男女来客很不少，如蒋梦麟夫妇、丁文江夫妇、任叔永夫妇、陶孟和夫妇、江绍原、江泽涵、傅斯年、汪敬熙、梅贻琦、周寄梅等，中饭吃面，夜有酒四席。今天非常热闹，玩牌的有五桌。(《胡适研究丛录》，249页)

12月18日　胡适在日记中抄录周麟之《论禁小报》的材料，认为这是"中国报纸的最早文献"。(据《日记》)

12月19日　胡适与蒋梦麟、任鸿隽同去为江叔海（瀚）贺寿，看小翠花的《鸿鸾禧》，李香云的《辕门射戟》。(据《日记》)

12月20日　胡适读清华大学教授R. J. Jameson论"基本英文"(Basic English)的文章，认为"此文不佳，译本更坏"。读梁启超的全集，"其中也很有可细读之作"。(据《日记》)

同日　胡适复函汪精卫云，自己与汪所说"外交要为军事财政全盘情形而办外交"与自己决无异议。又云：

我所要陈说的只是：外交要顾到世界的局势，而不可限于一隅的局势；外交要顾到国家百年的大计，而不可限于一时的利害。……我

以为美俄携手之后,"如果日本的浪人不闯出惊人的事件,世界战争的爆发也许真可以展缓一两年",因为这两个大国的互助,"应该可以使野心的军阀国家稍稍敛戢他的野心"。看这一个月的事实,看广田的外交方向,似乎我的观察不为大谬。

复次,比利时所以亡而复存,只是因为它能抓住协约国,只是因为它坚持一种信心。我们要学比利时,我们就不能不培养一点信心——一点对于将来一个比较稍稍像个样子的世界组织的信心。所以我说,"我们的将来,无疑的,必须倚靠一个可以使丹麦、瑞士和英吉利、法兰西同时生存的世界组织。我们必须有这种信心,然后可以决定我们的外交政策"。我们若先疑虑乙、丙、丁来瓜分或共管,那么,除了投到甲国的怀抱里去做朝鲜,还有何路可走呢?

……这三十年来,世界的国际关系确有趋向理想主义的事实。……

日本的暴行只是一种倒行逆施,其反响不是令欧美苏俄"尤而效之",恰是令欧美苏俄以及无数弱小国家更感觉那个理想主义的趋势是不错的,是应该维持培养的。……

先生说,外交态度的改变只是由"鸣钲求救"而转为"默守待援"。此意我也完全能了解。我所希望的是要政府诸公明了世界的新局势并不是抛弃了我们"因其默守而以为不必赴援"。世界的新局势,依我的看法,只是由无力的喊声渐渐转到有力的备援。我们切不可因其不喊了,而就认为是无心援助我们了。

……《独立》论外交一文,一半仍是为国人陈说此义,一半是对外国人说的,所以让路透社作英文提要发出去。

当举国唱高调之时,我不怕唱低调;今日举国好像要唱低调了,我不敢不唱一点高调。此非立异,实是出于不得已。……

前函所荐"替人",亦是本于此意。华北停战之事,他不赞成先生的主张,我也知道。但人各有所宜,而时移则备变。当日我赞成先生所行,正为其时应有此委曲求全之举,以挽救一个危局。今日之危局与五六月间不同。今日所需不在能继续软下去,而在能委婉的硬起来。

故当日不能与先生合作的人，也许正是先生今日需要的替人。此其一也。

先生以政府领袖首当外交之冲，甚非所宜。而先生的助手（有壬兄）在五六月间为最有用，在今日则似不甚相宜。所以然者，他对于甲国虽有认识，而对于先生所谓乙、丙、丁等则甚不了解，且甚怀疑。我为国家前途设想，故不避嫌疑，为先生进言。然想到替人，我也深感困难。颜、顾、郭等皆在此时甚惹人猜忌，而余人实不够分量，不得已才想到那位朋友身上去，因为他是个比较最有分寸的人，也没有鲜明的色彩可以引人注意，而其人或可做拾起那乙、丙、丁各条将坠的路线的工作，此其二也。

我所以如此不避嫌疑，正因为深信先生是个"能待援"的人，而此君或能在此时助先生做"待援"的工作。"使功不如使过"，古人有明训，甚可深思。

以上两三段，只是解释替人之荐，并非要重提前议。但一时还想不出什么人来。(《胡适遗稿及秘藏书信》第19册，133～142页）

按，12月25日，汪精卫复函胡适，对胡适的相信"将来会有一个比较像个样子的世界组织"，便是完全同情。再拜托胡适帮忙觅替人。(《胡适遗稿及秘藏书信》第27册，216～221页）

同日　顾颉刚日记有记：到北大上课二小时……晤适之先生等。(《顾颉刚日记》第三卷，124页）

12月21日　到协和医院拔牙。访客有罗隆基、杨盈昂，日记有记：

罗君自认因父受国民党的压迫，故不能不感觉凡反对国民党之运动总不免引起他的同情。此仍是不能划清公私界限。此是政论家之大忌。

……[杨盈昂]译了一书送给我看，我上星期作长书给他，指出他的许多错误。他得书大受刺激，终夜不能睡。沈从文力劝他来看我，我劝他不要因此灰心。当努力训练自己。最好是选一短文，翻译一次，

放下隔几时再校改，又隔几时再校改，自有进步。

同日 章希吕日记有记：编《藏晖室札记》目录，约17卷，有30万字。起自民国元年，终六年上半年。(《胡适研究丛录》，249页)

同日 丁声树致函胡适，讨论否定词"弗""不"二字。(《胡适遗稿及秘藏书信》第23册，354～356页)

12月22日 胡适在编译会校读张恩裕译的 Tess of the D'urber Villes，"此译甚用功"。上课，讲先秦思想后期。与 Lyons 谈，日记有记：

……他说，在济南时，听舒舍予（老舍）谈中国现代思想可分四期：

（1）浪漫主义时代（五四以后）。

（2）爱国思想时代（北伐时期）。

（3）幻灭时代（Disillusionment）（南京政府成立以后），亦是普罗文学时代。

（4）潜伏思想（Veiled thoughts）时代（今日）。

我说，此是茅盾的说法，其实仅指文学方面而言。此皆十几年中时事，不配划分什么时代。何况所谓"普罗"作者，多不会说"普罗"的话，其势力甚有限。

如必须划分，我想可分两期：

（一）维多利亚思想时代，从梁任公到新青年，多是侧重个人的解放。

（二）集团主义（Collectivism）时代，一九二三年以后，无论为民族主义运动，或共产革命运动，皆属于这个反个人主义的倾向。

昨夜寻得我的1911年日记一小册，所记虽简短，然可以看当时的学生生活。请章希吕兄代为抄出，作为《藏晖室札记》的第一卷。今夜校读已抄成的部分，加注一两条，颇感兴趣。

同日 章希吕日记有记：

适兄昨夜又寻得一册宣统三年在美的日记，亦加入《藏晖室札记》

里，作为卷一。因是袖珍本，字太小，为之另抄一份。

全日为适兄抄《札记》，里面有些西文，译起来有点吃力。(《胡适研究丛录》，249页)

12月23日　胡适续校读张恩裕译的 Tess。致函程衡，论翻译："……古人说翻译如嚼饭哺人，嫌其失原味；但婴孩与病人不能下咽，咀嚼而哺之，虽失原味，还有救饿之功德。今不加咀嚼，而以硬锅巴哺人，岂不更失翻译原意了。"访 John Haylo。《益世报》总编辑刘豁轩来访。(据《日记》)

同日　汤用彤致函胡适，云：

……汉晋间引用《四十二章经》者似有下列数处：

(一)《牟子》有三条，其一有疑问。

(二)康僧会《安般守意经序》，祐录六。

(三)《法句经序》，祐录六。

(四)道安《十二门经序》引用革囊众秽一章，但有疑问。

(五)郗超《奉法要》、《弘明集》人命在几间一章。

郗超所引与现行丽本文不同。两相比较，丽本文较朴质……郗超所引或堪称为"文义允正，辞旨可观"……故弟现意，不但江南有二本流行已有确证，而且现行之本是否实为吴时译，尚为疑问也。弟于此尚踌躇未决，希兄有以教之也。……(据《日记》)

12月24日　访客有张真如、张奠亚、谢兴尧、吴文祺、Mr. & Mrs. Farrington、范净宇等。到致美楼开南开大学董事会。整理《独立评论》稿子。校看章希吕抄的胡适1911年日记。(据《日记》)

同日　胡适在《独立评论》第82号发表《再论建国与专制》一文，讨论"我们今日的建国事业是不是还得经过一度的新式专制"这一问题，胡适指出，此问题只是20多年前《新民丛报》和《民报》讨论的"开明专制"问题的旧事重提而已。

12月25日　预备作"传记文学"讲演。整理《独立评论》稿件。王维

诚来访,谈起漳州黄贞有一部《国朝破邪集》,是崇祯时攻击利玛窦诸人的文章。胡适未见过此书。略作《汉书》中《张骞传》及颜师古所作注的札记。重读汪辉祖《病榻梦痕录》,认为"此为中国传记文学中第一部自传"。(据《日记》)

同日　吴奔星致函胡适,送上文章,"请稍加润色,发表于《独立》第八十三号吧"。又向胡适请教民间文学问题。(《胡适遗稿及秘藏书信》第28册,409～410页)

12月26日　胡适在北平南长街中基会会所出席北大、中基会合作研究特款顾问委员会会议。出席委员还有翁文灏、陶孟和、蒋梦麟、任鸿隽、孙洪芬。(中国社科院近代史所藏"胡适档案",卷号2299,分号2)

同日　下午,胡适在北大史学会讲演"中国的传记文学",大意谓:

中国的传记文学分两大类:

(Ⅰ)他人做的传记

1. 小传

2. 墓志……

3. 碑记……

4. 史传……

5. 行状……

6. 年谱……

7. 言行录……

8. 专传……

(Ⅱ)自己做的传记

1. 自序(自纪)的小传……

2. 自传的诗歌……

3. 游记……

4. 日记……

5. 信札……

6. 自撰年谱……

我说中国传记文学不发达的原因有五：

（1）没有崇拜伟大人物的风气……

（2）多忌讳……

（3）文字上的障碍……

（4）材料的散乱缺失……

（5）不看重传记文学，故无传记专家……

……二千五百年中，只有两部传记可算是第一流：

（1）汪辉祖的《病榻梦痕录》及《梦痕余录》……

（2）王懋竑的《朱子年谱》……

其次则是：

（3）蔡上翔的《王荆公年谱考略》。

（4）慧立的《慈恩大法师传》。（据《日记》）

12月27日　中基会有人提议作一个全国科学状况的调查，故请了一些生物学家来谈，有秉志、胡先骕、林可胜、李顺卿。上课，讲荀子。到 Dr. F. R. Dienaide 家吃饭，有德国公使夫妇与顾临（Roger S. Greene）夫妇，与顾临久谈。（据《日记》）

12月28日　胡适读清道光时人金溪李元复（登斋）的《常谈丛录》，有札记。读钱陈群的年谱，"不感觉兴味"。到燕京大学赴一个委员会。到福开森家吃饭。（据《日记》）

同日　胡适致函周作人，谈道：前日在北大讲演"传记文学"，说二千多年的传记，可读的只有汪辉祖的《病榻梦痕录》及王懋竑的《朱子年谱》，不知周以为然否。此二书拟由亚东图书馆标点翻印。以汪为绍兴人，询周能否为作一序。（《胡适年谱》，179页）

12月29日　上课。陈受颐来访，长谈。新买汽车（Ford V8 De Luce）是日送达，费美金1090元。（据《日记》）

12月30日　胡适出席燕京大学国文学系同学会年终聚餐会，出席者还

有顾颉刚、郭绍虞、郑振铎、马季明、谢冰心、俞平伯、沈从文、巴金、靳以、沉樱、杨振声等。下午到吴文藻、冰心夫妇寓喝茶。为庆祝结婚16周年，邀江泽涵、蒋圭贞、毛子水、史济瀛诸人来聚餐。辅仁大学校长陈垣来谈，请胡适担任辅仁大学董事，又谈"清代朴学方法的来历"。日记又记：

> 今天听说，《大公报》已把"文学副刊"停办了。此是吴宓所主持，办了312期。此是"学衡"一班人的余孽，其实不成个东西。甚至于登载吴宓自己的烂诗，叫人作恶心！

同日　北京大学研究院院长蒋梦麟致函胡适，请胡适担任北大研究院文史部中国语言文学类研究生黄谷仙（研究中国文学史）、许汝骥（研究"词"一科）之指导，希胡适惠允并请对于该生工作之进行随时与文史部主任刘复接洽。（中国社科院近代史所藏"胡适档案"，卷号2248，分号1、2）

同日　蒋梦麟致函请胡适担任北大研究院文史部历史学类研究生郝瑞桓（研究"中国思想史"）、李光信、王维诚、焦步青（以上三人研究"中国哲学史"）之指导，希胡适惠允并请对于该生工作之进行随时与文史部主任刘复接洽。（中国社科院近代史所藏"胡适档案"，卷号2248，分号3、4、5、6）

同日　蒋梦麟致函请胡适担任北大研究院文史部中国语言文学类研究生张桂芳（研究"中国哲学史"）之指导，希胡适惠允并请对于该生工作之进行随时与文史部主任刘复接洽。（中国社科院近代史所藏"胡适档案"，卷号2248，分号7）

12月31日　中国驻海参威总领事许渭滨（熊章）君来谈。卫礼贤之子Hellmut Wilhelm来访，他把胡适的《哲学史》上卷译完，已付印，要胡适作一序文。胡适和孙洪芬两家在胡适家中设宴，宴请新婚的王启常夫妇，林伯遵、章元美、张丽门三夫妇作陪。孙楷第与傅惜华来谈。重读叶天寥（绍袁）的《年谱》，"仍不能读下去"。张蜀川来游北平，住胡适家中，谈起东北能员高纪毅的贪污等。（据《日记》）

是年　谈丹崖（荔孙，1880—1933）逝世，《谈丹崖先生纪念册》有胡

1933年　癸酉　民国二十二年　42岁

适题词：

　　丹崖先生遗像

　　鞠躬尽瘁而死

　　肝胆照人如生

1934年　甲戌　民国二十三年　43岁

> 是年，胡适仍执教北京大学并兼任文学院院长、中国文学系主任。
> 是年，胡适仍主编《独立评论》。
> 是年，胡适作有《说儒》《校勘学方法论——序陈垣先生的〈元典章校补释例〉》等论文。
> 11月，胡适代表北京大学赴南京出席全国考铨会议。

1月

1月1日　胡适致电韦莲司小姐："新年快乐。"（《不思量自难忘：胡适给韦莲司的信》，195页）

同日　胡适续读叶绍袁的年谱，认为此谱的最早部分很不佳，浮辞甚多，骈体尤可厌。但后来所记，文字上大有进步。"可算是一部好的自传"，其优长为：写明末士大夫的风气很可供史料；写明朝名士思想之陋，迷信之深，皆有史料功用。（据《日记》）

按，此读书笔记胡适发表在1934年4月20日刊行之《人间世》第2期。

又按，本年引用胡适《日记》，1934年1—5月部分，据《胡适的日记》手稿本第11册；1934年6—12月部分，据《胡适的日记》手稿本第12册。以下不再特别注明。

同日　《大公报》在该报的"特别启事"中公布邀请担任撰述"星期论

文"学者名单，胡适大名在列。除胡适外，还有丁文江、翁文灏、陈振先、梁漱溟、傅斯年、杨振声、蒋廷黻。

1月2日 胡适与张蜀川、章希吕、胡铁岩游西山。到西山饭店、灵光寺、秘魔崖、香山、双清、甘露旅馆、十八盘、玉泉山等处。又到万安公墓李大钊夫妇墓凭吊，"两坟俱无碑碣。当嘱梦麟补立一碑"。读施邦曜的《遗集》七卷。（据《日记》）

章希吕是日日记：

……九点半乘了他新买来的汽车出阜城门，十点二十分到西山。西山离城约四十里，有"八大处"最出名，尤以灵光、证果两寺为最。吾们今天在西山只游了这两处。……中饭在西山饭店吃西餐，吾们四人之外，还有两位小姐，她们是前天来的，一个姓应，名谊；一个姓蒯，名叔平，都是北京大学的教授。吃后她们别去，吾们乘车到香山，离西山约五里。……香山左近有个万安公墓，规模很大，是三四年前几个开通人士新创，已葬下去的有百余棺，李大钊夫妇亦葬在里面。由公墓出来约五里，有个玉泉山，此处要门票，每人半元，今天半价，也进去玩了一趟。因天快黑，只看了一看泉水，水清洁的可爱，大冻不结冰。旁有"天下第一泉"大碑一块，尚有乾隆御笔亦不少。因天已晚，只看了这一处，其余的地方都没有看。时已五时余，吾们遂乘汽车由西直门进城，六时半始达适兄家。计适兄今天约花了二十余元，汽车费用尚未算在内。来回约百里以外。（《胡适研究丛录》，250～251页）

1月3日 上午访客甚多。黄齐生谈最久。下午赴北大新年茶会。晚赴沈肃文饭约。校《独立评论》第84号。读《老学庵笔记》。（据《日记》）

1月4日 余嘉锡（季豫）来访。（据《日记》）

1月5日 胡适作有《报纸文字应该完全用白话》一文。

同日 上课，讲"齐学"。中基会开第八十次执行委员会。（据《日记》）

1月6日　中基会新年聚餐。读叶绍袁的《甲行日注》八卷。冯自由来访，谈及陈济棠在广东的贪污等情。(据《日记》)

　　同日　胡适为《清季外交史料》作成一序，主要是表彰编纂者王彦夫、王希隐父子搜集、保存、整理史料的工作。(《图书馆学季刊》第8卷第3期，1934年9月)

　　同日　胡适当选为中国太平洋国际学会执行委员会委员。

　　　　按，中国太平洋国际学会执行委员到1933年底满任。经按章提名，寄请各会员改选。票数最多者15人为当选委员，票数次多者为备选委员。入选委员按票数多少依次是：胡适、周诒春、徐新六、陈立廷、陈光甫、张伯苓、丁文江、刘大钧、刘湛恩、陶孟和、何廉、吴鼎昌、刘鸿生、张公权、吴贻芳。(《中华民国史档案资料汇编》第五辑第一编《文化(二)》，876～877页)

　　同日　章希吕日记有记：

　　　　看《藏晖室札记》卷三，以前两卷是日记，三卷起是札记，须编标题，较费事。

　　　　想将《札记》卷一二先寄上海付排，以后续寄，但适兄近日事务又忙起来，夜去到他房间里想和他谈此事，看见他正为《大公报》赶文章，不便多谈，故未得结果。(《胡适研究丛录》，251页)

　　同日　蔡元培致函胡适，述中国公学经济窘状，拜托胡适与胡石青商量，仍请中原公司续行补助中公。(《胡适遗稿及秘藏书信》第39册，320～322页)

　　1月7日　会客。读刘源渌编《近思续录》。编《独立评论》第85期。(据《日记》)

　　同日　胡适作有《武力统一论》，不同意蒋廷黻、吴景超的武力统一论，认为武力统一是走不通的。(《独立评论》第85号，1934年1月14日)

　　同日　胡适复函伦明：

拙著《醒世姻缘考证》，承先生印可，我很高兴。又承钞示李葆恂笔记，甚感。李君在当时能如此推崇此书，不可谓非先觉。《般阳诗萃》中有蒲留仙诗百四十首之多，我竟不知有此书。

昨托余季豫先生带去石印本蒲集一套，又三种蒲集目录互勘对照表一册，倘蒙先生一校之，当可添不少佐证材料。如先生需用其他两种钞本，亦乞示知。

小航先生死时，我正将去国，不及往吊唁。今读先生挽诗，追念此老殷勤见访之厚意，不胜感慨之至。他的世兄现在北大，我前曾嘱以搜集小航先生材料。他说，许多烂纸都给老人家病中"擤"鼻涕用掉了！……（《胡适遗稿及秘藏书信》第19册，359～360页）

同日　钱玄同复函胡适，送上遵嘱所题的两种著作封面。对于亚东图书馆为钱印文集事，表示不愿意，理由是："几篇浅薄无聊的摇旗呐喊文章，时过境迁，便当扔下字纸篓……"又云：胡适今日《大公报》上的文章说《时务报》和《清议报》都没有圈点，却说得不对。这两种杂志都是断句的，《时务报》用圈点，《清议报》用圈。又说梁启超"终是吾侪同志，且为时代之先驱者也"。（《胡适遗稿及秘藏书信》第40册，435～438页）

1月8日　北京大学研究院院长蒋梦麟函请胡适担任该院文史部历史学类研究生王国亭（研究"中国哲学史"）之指导，希胡适惠允并请对于该生工作之进行随时与文史部主任刘复接洽。（中国社科院近代史所藏"胡适档案"，卷号2248，分号8）

1月9日　读《近思续录》。出席葛利普64岁生日宴会。同席：美公使夫妇、福开森父女、Davidson Black、Pierre Teilhard、Hardy Jowett、任鸿隽夫妇、丁文江、翁文灏等。（据《日记》）

1月11日　下午，胡适到辅仁大学讲演"考证学方法的来历"。此讲演的主要之点是反驳"清朝汉学考证之方法是受了耶稣会教士带来西洋科学的影响"之说，认为此说毫无根据。提出：考证之风大概是从刑名之学来的。（据《日记》）

按，1957年7月16日，胡适又在此日记下批注：

这是我二十多年前的一个讲演纲要。许多年来，我很相信我的"中国考证之学出于刑名之学"的说法。但我现在的看法根本不同了。我近来觉得两千多年的文史之学——经学，校勘本子异同之学，文字训诂之学，史事比勘之学——本身就是一种训练，就是一种方法上的学习与训练。王充、张衡、郑玄、刘熙、杜预、郭璞，都是经生，都是考证学的远祖。试看杜预《春秋释例自序》，"优而柔之，使自求之，餍而饫之，使自趋之，若江海之浸，膏泽之润，涣然冰释，怡然理顺，然后为得也"——这已是考证学的方法与精神了。（据《日记》）

1月12日　胡适与张恩裕谈翻译。上课，讲秦汉间的思想。《独立评论》社员聚餐。改定《中古思想史》第一期目次如后：

（1）齐学。

（2）秦学（商君与李斯）。

（3）秦汉之间的思想状况。

（4）淮南王书。

（5）统一帝国的宗教。

（6）儒生的有为主义。

（7）董仲舒与儒教。

（8）王莽时代的儒教。

（9）王充。

（10）批评精神的尾声。

①清议与党锢；

②曹魏与孙吴的校事（政治特务）；

③清谈（玄谈）。

（11）佛教的输入与道教的兴起。（据《日记》）

同日　北平邮政管理局致函独立评论社，寄往如皋、盐城、太仓、南京、金山、仪征、昆山、海门、扬中、阜宁、黄渡等地的《独立评论》被首都宪兵司令部查扣，特此通知寄件人。（中国社科院近代史所藏"胡适档案"，卷号551，分号1）

1月13日　胡适邀中基会同人吃午饭。访王克敏。读《朱子语类》。在唐宝超太太家吃饭，会见法国人Jean Herbert。（据《日记》）

1月14日　访客有千家驹，蒋介石秘书黎琬。访陈受颐、陈受康兄弟。访张奚若夫妇。编《独立评论》第86期，为《科学种子》写一跋。（据《日记》）

1月15日　应约与顾临谈清华留美学生需人指导事，他拟有计划。贺周寄梅生日。周叔迦来访。（据《日记》）

1月16日　德国公使邀胡适吃饭，与德国前政府阁员Erwin Planck谈。出席中基会执行委员会会议。读程廷祚《青溪文集》。（据《日记》）

同日　胡适作有《政治统一的途径》，不同意蒋廷黻、吴景超的武力统一论，认为：

> 我所设想的统一方法，简单说来，只是用政治制度来逐渐养成全国的向心力，来逐渐造成一种对国家"公忠"去替代今日的"私忠"。
>
> …………
>
> ……今日必须建立一个中央与各省互相联贯的中央政府制度，方才可以有一个统一国家的起点。（《独立评论》第86号，1934年1月21日）

1月17日　读吴晗所作考证《金瓶梅》的长文，认为此文甚好。上课（本学期最后一课）。读完程廷祚《青溪文集》。十七军军长徐庭瑶（月祥）来谈华北问题。（据《日记》）

同日　顾颉刚日记有记：到北大……晤适之先生及季茀。（《顾颉刚日记》第三卷，151页）

同日　胡适有《和苦茶先生打油诗》：

> 先生在家象出家，虽然弗着袈裟。

能从骨董寻人味，不惯拳头打死蛇。

吃肉应防嚼朋友，打油莫待种芝麻。

想来爱惜绍兴酒，邀客高斋吃苦茶。(《胡适来往书信选》中册，231页)

1月18日　改订北大的中国文学系及哲学系课程。与路透社记者 Mac-Donald 同饭，谈华北问题。夜，陈受颐来谈，商北大改课程事。(据《日记》)

同日　胡适有《再和苦茶先生的打油诗》：

老夫不出家，也不著袈裟。

人间专打鬼，臂上爱蟠蛇。

不敢充油默，都缘怕肉麻。

能干大碗酒，不品小钟茶。(《胡适来往书信选》中册，231～232页)

1月19日　考"中国哲学史"。丁文江到胡适家吃午饭并欢谈，胡适赞扬丁"是一个最好的教授，对学生最热心，对教课最费工夫，每谈起他的学生如何用功，他真觉得眉飞色舞"，又说，"我对他常感觉惭愧"。(据《日记》)

1月21日　访客有应谊小姐与 Dr. Planck & Messrs. Acton & Sigman。《大公报·文艺副刊》邀午饭，同席有饶子离、巴金、闻一多、周作人等。(据《日记》)

同日　访客有蒋梦麟、傅斯年、陶孟和、陈受颐、程万里。胡适记与程万里谈话：

我说宋子文办国税，如卷烟税等，皆与各省商量，使各省取消同样省税，由中央津贴其损失；如已纳税之货品至各省时仍被征税，则财政部依其税单偿还商人。此法甚可推行：凡中央欲收回某项权力，当给各省他项权利，逐渐行之，可得一个统一制度。程说：你知其一，不知其二。中央财政部所许补偿之损失，初尚实行，久之就不实行了。

如河北、北平之卷烟税,中央津贴今皆不来了。又如崇文门税关之撤消,中央所许贴补,今皆不来了。北平市教育费五万元,原出于崇文门税收,今日闹到如此地步,即因中央食言背信。今北平市不但不能得中央津贴,反增加每月分担五万元之华北军费!

编《独立评论》第87期。(据《日记》)

1月22日　胡适撰有《"旧瓶不能装新酒"吗?》一文,提出:我们今日需要的是新政治,即是合适于今日中国的需要的政治。我们要学人家"干新政治",不必问他们用的是新的或旧的名词。(《独立评论》第87号,1934年1月28日)

1月23日　陈受颐夫妇为庆祝结婚一周年,假胡宅宴请出席婚礼的人,计有胡适夫妇、陈夫人之母与傅斯年、毛子水、汪敬熙。读徐世昌《颜李师承记》。(据《日记》)

同日　胡适复函杨盈昂,谈论翻译文字的时代更迭。又谈到若研究《旧约》《新约》,当备稍好的本子。(《胡适遗稿及秘藏书信》第20册,166～167页)

同日　胡适复函江绍原:

你的信讨论《淮南子·主术训》"零星之尸,俨然玄默,而吉祥受福"一条,好极了!

"吉祥"一句当据《北堂书钞》引作"翱而受福"。"俨然"与"翱而"为对偶。或改为"翱详",转讹为"吉祥"。

"玄默"当与庄子之"渊默"比看,文字不误。意义则当如尊说。尸故玄默,龙故翱翔。

…………

"零星"当即是"灵星",似无可疑。……

…………

尊说"彼象龙,以之喻君,最为恰当",甚有理。但鄙意以为"灵星之尸"所以独被举为喻者,必有他故。家人祭祀用尸,其仪节当甚

简单平常,不足为喻。灵星之祠遍于"郡、国、县","常以岁时祠以牛",则是最普遍又最隆重之祀典。当时建此议之人说:"周兴而邑郡,立后稷之祠,至今血食天下"。此可见汉立灵星祠,上承那千年来"血食天下"之旧俗。因其最通俗,又最热闹,故举以为喻,人人皆晓。殊不知后世此俗逐渐废止,竟无人知晓,竟劳江礼部费如许心力去考据呵!此意吾兄以为何如?

又"灵星之尸"当是扮作龙形,故其静止时则俨然渊默,及其动作则翱翔而受福。我所谓"尸故渊默,龙故翱翔",即尊说"尸龙合为一个"之说。灵星之尸即龙之尸也。(《胡适遗稿及秘藏书信》第19册,39~44页)

按,1月22日,江绍原致函胡适,讨论《淮南子》问题。(《胡适遗稿及秘藏书信》第25册,67~71页)

1月24日 商震军队的一个秘书李遇之来谈,说察哈尔"已非吾有"等。(据《日记》)

1月25日 沈昆三来谈山西近况。读程瞳《新安学系录》。(据《日记》)

1月26日 《独立评论》聚餐。读崔述《考信录提要》。(据《日记》)

1月27日 同胡祖望、胡思杜去看电影 Road to Life,认为这部反映"做工是教育,是生路"的片子"很动人,有力量"。(据《日记》)

1月28日 下午到清华大学,见到蒋廷黻、吴景超、叶公超、钱端升,畅谈。到燕京大学访顾颉刚。到樊际昌家吃饭,与陈受颐、郑天挺、蒋梦麟谈北大文科改革事。(据《日记》)

同日 胡适复函沈秉钺,回答标点问题:

……今将亚东图书馆的条例一则钞来答你:

凡引号之上有冒号(:)或点号(,),则句号(。)在引号之内;否则须在引号之外。问号与惊叹号句子同此。

(例一)韩子云是熟悉上海娼妓情形的人;颠公说他"与某校书最

昵，常日匿居其妆阁中"。(《胡适文存三集》，页718）

（例二）上不能行，济曰："事急矣。"（同上，页920）

（例三）黛玉道："早知他来，我就不来了。"

右述条例，虽然近于机械的，在实用上颇方便。但也偶有不能完全包括之处。如《独立评论》八十六号页16有这样一句话：

（例四）适之先生如已返国，尚冀其对于六八至六九号所载"我们还需要提倡无为的政治哲学吗？"一文作答。

此处问号（？）应在引号内，其理甚明。但此例实与上述原则不违背，因此处之问号并非主句之尾，并不与断句的句号相混，故本不成问题。（《胡适遗稿及秘藏书信》第19册，107～108页）

1月29日　评阅哲学史试卷。（据《日记》）

1月30日　胡适登车南下，赴南京、上海出席中基会常会及中国太平洋国际学会执行委员会会议。同行者有金叔初、王启常、沈肃文。（据《日记》）

同日　章希吕日记有记："适兄动身往南京开文化基金会，早七时同适嫂、铁兄送他往车站，在车上送他的人很多，有蒋梦麟夫妇等。"（《胡适研究丛录》，252页）

1月31日　下午抵浦口，张慰慈、杨亮功来接，住惠龙饭店。访任鸿隽夫妇及孙洪芬。见到周诒春与司徒雷登。郭有守邀胡适出席北大同学会为蔡元培举办的欢迎会，有演说，"颇讥弹滥发荐书的人，主张应回复到古代荐举制度，荐人须加考语，荐状皆可公布，荐状皆须声明被荐人如有渎职犯法的行为，荐举人情甘同坐。此等公开负责的荐举制度可补今日考试制度不普及的弊病"。晚9时到汪精卫的官舍，大谈外交内政问题，在座有吴达诠、张季鸾、任鸿隽夫妇、唐有壬、曾仲鸣。回寓后又与吴达诠谈到夜深。（据《日记》；又参次日之《申报》）

同日　Jean Herbert致函胡适，谈及：很遗憾在北平无法再度与您晤面。我已完成了继续调查的中国小学教育问题。同在北平一样，南京和上海的当局也给我的调查工作很多便利。我现在把报告发给您，请您看看能否

在《独立评论》发表，抱歉没有将其翻译成中文。您当然有对其修改、删削的权利。如果您认为不能发表，请邮寄给 M. Monestier，请其找一个合适的刊物或报纸发表。(中国社科院近代史所藏"胡适档案"，卷号 E-224，分号 12)

2月

2月1日　在旅馆见客：赵述庭（乃抟）、蒋复璁、Marian Heath。访竺可桢。赴杨芳（宗白）饭局。访丁燮林、徐韦曼、李济。晚与丁文江谈。(据《日记》)

2月2日　上午9时，中基会第八次常会在南京中央研究院总办事处举行，胡适出席。出席者还有蔡元培、李石曾、任鸿隽、周诒春、金绍基、徐新六、贝克、贝诺德、司徒雷登及外部代表刘师舜等10余人。蔡元培主持。讨论要案：接受名誉秘书、名誉会计、执委会干事长等报告；董事伍朝枢逝世，改选丁文江继任；第十次年会定6月29日在北平举行；本年度因美金低落，预算不敷23万元，决定分5年在经常费内撙节弥补；凡请求补助案件，照章移请下届年会讨论。午应王世杰宴。下午4时各董事复分组会议，讨论会务及投资等事。胡适认为，此次会议议案无甚重要，但讨论投资政策甚关重要。(中基会第八次报告；又可参考《蔡元培日记》《胡适日记》)

胡适是日日记又记：会毕，与王世杰谈，与段锡朋谈，与蔡元培谈。访钱昌照。听徐新六、Bennett、金叔初诸人谈投资事；朱家骅请吃晚饭。与郑天锡谈。(据《日记》)

2月3日　胡适与陈剑翛、郭有守、熊文敏谈；与唐有壬谈外交事。与杭立武谈。赵述庭（洒抟）邀饭。与任鸿隽夫妇游中山陵。到杨亮功寓，见到杨千里先生、高曙青（鲁）、田云青（炯锦）。到世界饭店，见到姚文采、洪范五。到郭有守家晚饭，同席有罗家伦、陈立夫、杨亮功、张慰慈、陈剑翛。晚搭夜车赴沪，张慰慈、徐新六、丁文江同行。(据《日记》)

2月4日　下午，胡适在上海八仙桥青年会出席中国太平洋国际学会

1934年度执行委员会会议。出席会议的还有丁文江、徐新六、刘鸿生、陈光甫、周诒春、刘大钧、陈立廷、吴贻芳（王国秀代）、张公权（徐新六代）、陶孟和（徐新六代）。会议由胡适主持，首由刘驭万报告1933年执行委员会会议记录等6项内容；次由胡适报告本年度本会新选职员：委员长胡适，副委员长徐新六；最后通过1933年度本会经济报告等5项议案。(《中华民国史档案资料汇编》第五辑第一编《文化（二）》，875～876页)

同日　胡适约程沧波来下榻的沧洲饭店谈南京政治，记道：

> 南京政治的大病在于文人无气节，无肩膀。前夜我对精卫老实说，武人之横行，皆是文人无气节所致。今天我对沧波谈，也如此说。他也同意。
>
> 中国政治要上轨道，必须走这三步：
>
> 第一，文治。
>
> 第二，法治。
>
> 第三，民治。（据《日记》）

2月5日　是日访客有黄伯樵、汪乃刚、汪原放、胡铁岩。"到瑞生和号，见楚善兄、以坎弟，谈家乡毓英学堂事；到老开文，见祥钧叔。"徐新六邀饭。孙科邀谈话，胡适有记：

> ……他谈国民党近年领袖不合作的经过，直谈到最近他的提案的失败。我对他说："几个老一辈的领袖不能合作，难道几个后起的少年领袖就无法出头撇开他们，另打开一个新局面吗？你谈的都是汪蒋合作，胡蒋合作……等等，何不进一步撇开他们人的问题，另想想制度的问题呢？
>
> "现在有许多缺陷都是制度不完备之过。稍加补缀，便可增进效能。如中央政治会议，名义上为最高机关，实则全仰一个人的鼻息。究竟中政会能制裁军事委员会否？能制裁行政院否？中政会开会时，有何制度可以使会议中人人能表现其意志？此皆无有规定，又无有确实可

行的手续，故一人的专制可以操纵一切机关；虽人人皆认为不当，而无法可以使抗议发生效力。

"今日军事委员会的设施简直是绝对无限的。万一此中有一重大过失，中政会如何制止挽救他？

"行政院万一有一件大过失，国府主席有拒绝签字之规定否？中政会有否决权否？

"例如宋子文被迫辞职事，蒋介石赶来开中政会，他主持，精卫报告，全会无一人敢发言讨论，亦无人敢反对。你们一班文治派何以这样不中用？何不造作一种制度使人人得自由表示良心上的主张？何不规定'无记名投票'？无记名投票即是保障弱者使他不受强者威吓利诱之最有效方法。

"总之，今日政治制度皆是不懂政治的人所制定，止有空文，而无实施手续，所以彼此之间全无连络，又无有相互制裁的办法。"

访张元济。到小万柳堂，访李济、罗常培、丁声树、赵元任。到中研院吃晚饭，早退后又应沈昆三的饭局，见到高梦旦、叶恭绰、黄旭初等。（据《日记》）

2月6日　胡思猷来，程法正来。访 Dr. L. Rajchman。到 N. S. Brown 家吃饭。打电话给邵洵美、林语堂、Bernardine Fritz，邵洵美与谢次彭（寿康）来谈。为孙大雨、孙月波证婚。到赵元任家吃饭，饭后与李济、赵元任、唐钺等长谈。（据《日记》）

同日　L. Carrington Goodrich 函邀胡适来哥大演讲：McBain 院长授权我，以大学的名义邀请您前来担任 1935—1936 年冬季学期（1935 年 9 月至 1936 年 1 月）的访问演讲者。大学将为您提供 4000 美元的薪资。期望您能做两方面的演讲，一是关于"The History of Chinese Thought"（在历史系和哲学系），一是关于"The Chinese Novel and Short Story"。希望您能接受此邀约。并希望您在此能有时间和材料从事英文的《中国哲学史》的研究与写作。（中国社科院近代史所藏"胡适档案"，卷号 E-210，分号 6）

按，2月9日，Curtin C. Ereus致函胡适，云：得知L. Carrington Goodrich最近函邀您在1935—1936年冬季学期来演讲，期望在此时能与您多多见面。这一请求虽然是"自私"的，但也表明在哥伦比亚，远东问题是何等受关注。请您来演讲，是真正理解远东的文明和人民的最好的方式。（中国社科院近代史所藏"胡适档案"，卷号E-210，分号6）

2月7日　盘珠祁、马名海来吃早饭，谈颇久；王徵来谈。吴铁城邀吃午饭。王云五、李拔可邀吃饭，在座有张元济、高梦旦、沈昆三。访宋子文。访Bernardine Fritz。访徐新六。到汪原放家吃饭，见到章士钊。（据《日记》）

2月8日　胡适在胡洪安、胡思猷陪同下前往川沙探望侄女胡惠平，胡惠平备办盛馔款待胡适。张福运（景文）、王徵来访。胡适劝张福运研究今日政治制度的如何施行，及如何互相维系。访王造时。到林语堂家吃饭，同席有Mrs. Pearl Buck及Asia杂志编者Mr. Walsh。晚9点，陈光甫、刘鸿生、王晓籁在百乐门招待胡适、徐新六等，客人还有：宋春舫、夏小芳、秦通理、黎锦晖；胡蝶女士、徐来女士（黎锦晖夫人）、王洁女士（秦夫人）、谈雪卿女士、张蕴芳女士、张素珍女士。（据《日记》）

按，胡适是日日记又记长兄胡耕云后人情况：

惠平是我大哥的女儿；大哥生二子，思明死在上海，思齐幼时得病，变成聋哑。惠平嫁程治平，刻苦成家，稍能自给。她痛念父母无后，为思齐娶一妻，生一子一女。齐不肯安居，时时出走，流落在上海。其妻住家中，前年走回母家（杭州乡下）。惠平追去，把她的儿子追回，自己抚养。去年冬天，此儿（育德）传染着白喉，死在川沙。惠平甚悲恸，大病了一场。我曾写长信劝她，这回特去看她。她生了七个儿子，我劝她把一个儿子出嗣为大哥之孙，由我担负其学费。

又按，胡惠平是否将其儿子出嗣与胡思齐不得而知，惟胡思齐后又续娶。2008年笔者访问上庄，见到胡思齐长子胡育凯先生，胡先生告其出生于1948年，其名字乃胡适所取。1953年胡思齐又生一子，名育箐。育凯、育箐兄弟均各有子嗣。

2月9日　与 John & Tony Keswick 同早饭，与钱昌照、罗常培谈。访蔡元培，蔡夫人曾要胡适领养一女孩，但后来仍由其亲生父母领回抚养而作罢。到现代书局看洪雪帆，谈《独立评论》代派事。到新雅，潘光旦、全增嘏、李青崖、邵洵美、林语堂都在座。《独立评论》在新月寄售之款，屡索不还，胡适对邵洵美颇不满。到商务，见王云五、李拔可、傅纬平等，参观东方图书馆。张福运、王徵、余育三在杏花楼请吃饭，同席有孟禄、颜任光夫人、李祖法夫妇、郑莱。饭后他们送胡适登车赴宁。汪原放、汪乃刚、胡铁岩、程士范也来送。（据《日记》）

2月10日　为胡思敬生病事，胡适决定在南京住一日。张慰慈来，刘英士来，饭后同去地方法院看守所访问陈独秀，有记：

独秀有肠病，他又好吃，所以近日有肚痛病，脸色甚黑，精神稍不如前。

他要写《自传》，有信给原放，要我先疏通叶楚伧等人，使此书可出版。我劝他放手写去，不必先求早出版。若此时即为出版计，写的必不得不委曲求全，反失真相。不如不作出版计，放手写去，为后人留一真迹。他颇以为然。

中公旧学生胡钦甫夫妇来，胡适对他说：

你教政治，无论怎样负责任，都不过是书本上的政治。你讲英国政治，你看见过英国的政治没有？你讲美国政治，你看见过美国的政治没有？你还是肯用功的人；你编了讲义，交给二十五个政训教官去讲，他们讲的更隔膜了！

张慰慈与 Michon（曹诚英）同来吃晚饭，饭后王世杰来谈，冯泽芳来谈，程沧波来谈。王、程谈到半夜始去，胡适对他们说：

我在南京的观察，可用四字来包括："野无遗贤！"今日稍有才能的人，谁不有事做？往往还是用过其长。国家的致命伤也就在此四字。人才实在不够用。

现在的最大危险，就在一些人"求治太急"。一些人不满于现状，想要痛快干一下。他们如何干得了！此时第一要务在安定。

雪艇说，他也主张安定，但方向不可不认清。必须要有计画有进步的安定。（据《日记》）

2月11日　钱天鹤来访。胡思敬来，胡适与之详谈其抑郁症。登车北上，同行有周寄梅、王孟群、王子文、王化一、王士达等。王化一来谈张学良、张作霖诸事。（据《日记》）

2月12日　晚，抵北平。知舅母故去。（据《日记》）

同日　章希吕日记有记：今早得适兄由徐州来电报，说今夜到平。夜饭后8点钟，同适嫂到车站去迎接。（《胡适研究丛录》，253页）

2月13日　到中基会。午饭在欧美同学会，有两局：一为陶孟和、傅斯年为袁守和饯行；一为余上沅宴请梁实秋，同席有杨振声、闻一多、吴世昌、陈梦家、叶公超、林伯遵诸人，"商量办一个月刊，为《新月》的继承者。杂志的名字，讨论甚久，公超提议《环中》，吴世昌提议《寻常》，一多提议《畸零》，我也提了几个，最后决定《学文月刊》"。晚上到美国使馆吃晚饭，除美使詹森外，还有苏俄参赞Barkov夫妇、美参赞Young等。（据《日记》）

同日　胡适在清人颜元、李塨撰《颜李丛书》写有题记，说："旧装卅六，今改装为廿四册。"（《胡适藏书目录》第3册，1666页）

2月14日　甲戌年元旦，在胡适家过春节的有江绍原夫妇、江绍原的太夫人、傅斯年的太夫人、应谊女士、丁文江夫人、史济瀛姐妹、石原皋、毛子水等。是日日记又记：

偶检北归路上所记纸片，有中公学生丘良任谈的中公学生近年常作文艺的人，有甘祠森（署名永柏、或雨纹），有何家槐、何德明、李辉英、何嘉、钟灵（番草）、孙佳讯、刘宇等。此风气皆是陆侃如、冯沅君、沈从文、白薇诸人所开。

北大国文系偏重考古，我在南方见侃如夫妇皆不看重学生试作文艺，始觉此风气之偏。从文在中公最受学生爱戴，久而不衰。

大学之中国文学系当兼顾到三方面：历史的；欣赏与批评的；创作的。

同日　章希吕日记有记：早10点起来，今天为废历元旦，适兄家中照家乡俗例，早起有攒盒吃茶，并吃莲子鸡子。上午来客很多，中午有几碗几盆并铁锅吃饭，一圆桌人。(《胡适研究丛录》，253页)

2月17日　胡适阅报悉翁文灏在浙江武康出车祸受重伤，甚伤感；致电竹垚生，请他设法延医疗护翁。到协和医院探视丁文江，"[因翁事]对我无言，双泪齐堕，我也甚感伤"。(据《日记》)

同日　胡适致函汪精卫，谈及：惊悉翁文灏在京杭道中遇险后十分焦虑，"此种不世出之天才，学问品行都是人间希有，不仅仅是一国之瑰宝而已"。重点是代达丁文江所托之事（地质调查所所长人选问题）：

[丁文江]在病榻不能作书，要我代达先生：倘詠霓万一有生命危险，或伤重须静养，万望先生敦嘱公博兄不可随便派人来做地质调查所长。在君之意以为谢家荣君……资格最适宜，如有必要时，可以代理地质调查所所长，在君甚望先生以此意转告公博兄。此所为在君、詠霓两人二十年心血所寄，故在君拳拳系念，其意甚可感，故代为转陈。(《胡适遗稿及秘藏书信》第19册，130～132页)

同日　胡适作成《郭绍虞〈中国文学批评史〉序》，指出此书的长处：搜集材料最辛勤；能抓住几个大潮流的意义，使人明了这一千多年的中国文学理论演变的痕迹，等等。也指出此书短处。但此序写成后，胡适又致函作者表示能不用最好。郭回信赞成不用，而将序末二段收入自序中。(《胡适遗稿及秘藏书信》第12册，269～276页)

同日　胡适复函李乃治，劝其不要急于出国留学。(《胡适遗稿及秘藏书信》第19册，145～148页)

1934年　甲戌　民国二十三年　43岁

2月18日　胡适到协和医院探视丁文江。编《独立评论》。读《罗壮勇公年谱》,有摘记,有评论:"书中大体用白话,文字甚朴素,在自传中为第一流作品。"又说:"书中记官兵之腐败,战事杀戮之惨,都是重要史料。"(据《日记》)

按,此读书笔记又发表在1934年5月5日刊行之《人间世》第3期。

同日　章希吕日记有记:"午饭后同适兄嫂去玩土地庙,里面全是卖线装书的,适兄买了二十余元。适兄遇着熟人很多,中有一人所谓全国闻名,即疑古玄同先生是也。此人行动诚大异常人,大怪物一个也。后游厂甸,次游火神庙,三处游人都很多。途中遇见江泽涵、傅斯年,五时同乘汽车返。"(《胡适研究丛录》,253页)

同日　胡适游厂甸时购得《二程全书》、《诗经传注》八卷。(《胡适藏书目录》第2册,1193～1194、1491页)

同日　天津《大公报》报道,国立北平图书馆自是日起举行戏曲音乐展览会(为时3天),胡适所藏蒲松龄著戏曲抄本亦被借展。

2月19日　与张季鸾、王芸生、杨振声、沈从文同午饭。他们商议改良《国闻周报》,胡适劝他们参考 Manchester Guardian, London Times。晚饭在 Dr. Grant 家,会见 Dr. Rajchman & Mon. Monnet,并告诉他们"无为政治"的意见。(据《日记》)

同日　胡适有《再论无为的政治》一文,再申:目前中国需要的是一种提倡无为的政治哲学。(《独立评论》第89号,1934年2月25日)

2月20日　上午到燕京大学讲演"中国的传记文学",高君珊主持。顾颉刚来谒。午饭在司徒雷登寓,同席有冰心、容庚、顾颉刚。(据《日记》;《顾颉刚日记》第三卷,162页)

次日之《平西报》(燕京大学新闻系的实习报纸)对胡适讲演的内容报道如下:

传记文学资料当求之于历史

所谓传记文学，系某人之事，由其长辈同学或小辈撰而为文，以资流传。今人提倡"传记教"，即欲补救人格教育之缺乏。此种资料，不能在抽象名词中求之，如孝悌忠信等。亦不能在教科书中求之。而实常于历史中择死而实不死之人格以为模范。中国历史中实少此种传记，若西人之崇信基督教者，以《圣经》为其模范。而非教徒亦自能有其崇信。昔波塔特氏曾著有《亚力山大及凯撒合传》，其注重点均在二人之人生，叙述灵魂所显示之精神，较诸记述争城夺池之事，实胜一筹也。反观中国，此种传记文学实付阙如。

传记文学影响于人生者颇巨

须知传记文学影响人生颇巨……继又勉人寻求作传记文学（研究）之新途径，谓今人之从事考据事业，应放弃以古代事物为目标此种考据，除难得证明或否证，且徒将时间荒废，实属不值。胡氏继又将中国传记文学大概分为两大类……

传记文学第一种为他人所作

传记文学第一种，为他人所作传记。此项又可分为——1. 小传——多为友人所作，于该人之事迹，夹述该人之风趣事。此种文多简短，实不能予以全部概念。2. 墓志铭——此类多刻于墓石，文简意少，更无文学价值。3. 碑——文字可长，亦刻石上，惟多谄媚之词，亦少价值。4. 史传——凡人物志、县志皆当取材于人[物]传记中。5. 行状——某人去世，家人常延人代撰行状，以为史馆修史作墓志之用，故文字自可甚长。此为传记最早稿本，未经后世文人之胡乱点窜，故多佳作。欧阳、东坡二人文集中，多此类作品。6. 言行录——此类或为生徒对其师尊，或为子孙对其亲长平日所记载之言行，自《论语》始，此类佳作甚多。7. 年谱——某人去世，将其一生重要事迹分年排列，谓之年谱。宋人即有编唐人年谱者。此本为传记之草稿，其后中国甚为发达。8. 专传——此类作品，古即少见。有玄奘法师弟子所著玄奘法师传。近有张季直先生传记。

传记文学第二种为本人所作

第二种为本人所作传记。此项又可分为——1. 自叙——此类文皆不长,如《史记·太史公自序》《论衡·王充自记》。又陶渊明《五柳先生传》,亦变相之自叙传。2. 自传——过去生活之追述,包括旅行、赋诗作文等。3. 游记——作者之游历记载。4. 日记——私人往来信札,多能记载某人事迹及心情等。5. 自编年谱——此为本人自编年谱。胡氏演说至此。已将中国传记文学类别述明。

中国传记文学不发达之原因

继又谈及中国传记文学不发达之原因。略谓第一系国人多不崇拜英雄。在专制政治之下亦无法收集此种资料。第二,传记多忌讳,此殆为言论不自由所致。第三,文字阻碍。活文字始能记述活生活,而我国一向皆用死文字。第四,系国人一向轻视传记文学。故亦少传记文学专家。胡氏最后希望能有一二有兴趣[者],努力提倡传记文学云云。

下午在胡适家开北平图书馆委员会,会毕为袁守和饯行。(据《日记》)

同日　章希吕日记有记:北平图书馆馆长袁同礼君日内起程出洋考察,适兄在家为他饯行。席中有傅斯年、任叔永、刘半农、周寄梅、陈垣诸先生。(《胡适研究丛录》,253页)

2月21日　新学期第一次上课。讲"科学概论"的第一讲。又上"哲学史"课。日记有记:

"科学概论"的引论,我讲科学方法只是常识的方法,只是受制裁的常识。所谓"受制裁"者(controlled),只是处处注重证据。我举三类的例:(1)折狱。(2)考证。(3)科学思考。(据《日记》)

同日　刘尊棋致函胡适,提供其妻取保的材料。(《胡适来往书信选》

中册，234～236页）

2月22日　蒋梦麟劝胡适回任北大文学院院长，胡不肯。Miss Ida Chamberlain 邀喝茶。苏俄大使馆宴请颜惠庆大使，胡适为陪客之一，同席有莫德惠、刘哲等。（据《日记》）

2月23日　上课。赴法国贝熙业医生茶约。访 Harold Acton。（据《日记》）

2月24日　燕召亭来谈。他颇注意中国法律发达的历史，但苦材料太多无从下手。胡适以为研究中国法律史当注意：①法典的演进，②法律思想的演变，③司法制度的沿革，④"刑名"幕友的职业的发生与演变。得竹垚生信，说翁文灏精神不安定，即持此函访丁文江、李四光、傅斯年，谈颇久。（据《日记》）

2月25日　见客，有 Harold Acton、Mr. Sitwell、Mr. Horner、Mr. A. G. Robinson、李云亭（蒸）、赵廉澄诸人。傅斯年请 Mr. Hughes 吃饭，约胡适、陈寅恪、陈受颐、董作宾、钱穆诸人作陪。整理《独立评论》稿子。与傅斯年谈北大文学院事。（据《日记》）

2月26日　北京大学研究院院长蒋梦麟致函胡适，请胡适担任北大研究院文史部中国语言文学类研究生林玉福（研究"汉代的哲学"）之指导，希胡适惠允并请对于该生工作之进行随时与文史部主任刘复接洽。（中国社科院近代史所藏"胡适档案"，卷号2248，分号9）

2月27日　胡适读孟森《明元清系通纪》前编一册，认为此书"有许多极有趣味又极重要的史实"。（据《日记》）

同日　胡适作有《国际流言中的一个梦想》一文，指出"满洲国"的存在是割断了中日两国之间的一切连锁，使两国成为不解的仇敌。想寻求一个比较合理的解除将来无穷惨祸的方法，除非日本有一种决心悔祸的具体表示。今日世界的战祸与和平，锁钥全在日本。日本若无根本悔祸之心，世界迟早不能避免一场空前浩劫。（《独立评论》第90号，1934年3月4日）

2月28日　校读胡道维译的 Leslie Stephen 的 *The English Utilitarians* 的绪论一章。上课。与德国教员洪涛生谈，他译《琵琶记》为德文，故来谈中国戏剧的演变。（据《日记》）

3月

3月1日　校看外来译稿。中基会开执行委员会会议。阅《周必大全集》。日记有记：

今日"满洲国"称帝号，政府竟无一点表示！

同日　胡适在《全上古三代秦汉三国六朝文作者韵编》五卷题字："傅孟真送给我的。"（《胡适藏书目录》第2册，1451页）

3月2日　胡适日记有记：

上课，讲西汉儒教起于两种需要：用古经典作那新宗教的依据，用古经典作教育运动的教材。这个儒教虽然陋的可笑，但也有历史上的重大意义：

（1）它用古经典来范围那乌烟瘴气的民间宗教，实有去泰去甚之功。（至匡衡、韦玄成诸人，而宗教大肃清。）

（2）含有"屈民而伸君，屈君而伸天"的政治意义，有稍稍制裁那无限君权之功。

（3）含有一个社会改革的大运动，从贾谊、晁错以至董仲舒、王莽，代表一个不断的社会运动。

（4）代表一个有为主义的思想，从贾生的攻击"无动""无为"，至董生的主张"强勉"，主张"变政"，以至王莽的"不能无为"，都是孔子、荀子、李斯的有为精神。

夜间《独立》聚餐，很零落，只有蒋廷黻、吴景超、周炳琳、吴宪、任叔永夫妇与我，共七人。

3月3日　胡适与张子高谈。与张恩裕谈翻译。读《周必大全集》。王克敏约吃饭，有周作民、朱启钤、汤尔和诸人。胡适谈自传事，劝朱启钤写自传。（据《日记》）

同日　胡适有《国府主席林森先生》一文，高度赞佩林森的谦退无为。认为林之绝大功劳在于把"国府主席"的地位实行做到一个"虚位"，而让行政院长的地位抬高到实际首领的地位。（《独立评论》第91号，1934年3月11日）

3月4日　与杨佑之（琦）谈。与吴文祺谈《辞通》事。与叶公超、闻一多谈《学文月刊》事。与傅斯年谈外交问题，他很愤慨。胡适发一电给汪精卫："伪国僭号，政府至少宜向各国正式申明吾国向来立场。"（据《日记》）

同日　胡适在《大公报》发表《公开荐举议——从古代荐举制度想到今日官邪的救正》一文。

同日　蒋介石致电钱昌照：4月初请胡适、丁文江、蒋廷黻同时来赣谈话。（台北"国史馆"藏"蒋中正'总统'文物"，档号：002-070100-00033-050）

3月5日　胡适得汪精卫复电："已于东日电各驻使通告矣。"编《独立评论》第91期。读《周易》一遍。读陈垣《元秘史中"原作伯""原作别"及其他译音用字》一文稿本。细读《宪法初稿》。又得周作人打油诗：

半是儒家半释家，光头更不著袈裟。
中年意趣窗前草，外道生涯洞里蛇。
徒羡低头咬大蒜，未妨拍桌拾芝麻。
谈狐说鬼寻常事，只欠工夫吃讲茶。

胡适又和一首：

肯为黎涡斥朱子，先生大可著袈裟。
笑他制欲如擒虎，那个闲情学弄蛇？
绝代人才一丘貉，无多禅理几斤麻。
谁人会得寻常意，请到寒家喝盏茶。（据《日记》）

同日　章希吕日记有记：

1934年　甲戌　民国二十三年　43岁

> 前几天我问适兄嫂皮货店何家为最货真价实，拟为吾父办皮筒之事告之，乃今天适兄嫂以四十五元去买了一件来送赠，推辞再三，而适兄嫂之意甚坚，只得收下。想我来平数月，适兄嫂相待之厚，已感不安。今天以贵重之物相赠，诚令我不知何以为谢。
>
> 午后志新以黄叔鸾致适兄荐事书来转交适兄。我劝他不见，因适兄平时最怕的是托他荐事，黄君书由我为他转。(《胡适研究丛录》，254页)

同日　朝鲜《每日申报》开始连载梁建植专门介绍胡适的文章《胡适》(次日刊登完毕)。

3月6日　胡适读冯承钧(子衡)译多桑《蒙古史》第一卷。读宋郑克的《折狱龟鉴》，作有札记。陶曾谷约谈艺文中学事。(据《日记》)

3月7日　上课，讲道家。应河北省立法商学院之邀，赴天津该校讲演，杨佑之(琦)接站。约罗隆基谈：

> 他们现在要办一个行政研究所，我劝他用全力去研究几个县政府，而不要做什么书本上的行政研究。努力[生]志不在此，此所恐无大成绩。
>
> 我们又谈他的政治计画，他还想组织政党。努生是天生的一个政客，应该朝这一方面做去。(据《日记》；次日之《申报》)

同日　章希吕日记有记：傍晚适兄赴天津应美国大学妇女会讲演。(《胡适研究丛录》，254页)

3月8日　胡适与《大公报》记者吴砚农谈。赴扶轮社午餐，演讲"Types of Cultural Response"。与杨佑之同到河北省立法商学院，演讲"做学问的方法"。李达(宏章)先生来访。应梁大夫与梁女士饭约，同席有何廉、柳无忌夫妇、黄子坚夫妇、徐敦璋夫人、马□□心女士、梁家兄妹3人、钱端升。晚9时一刻，在新学书院为美国大学妇人会讲"Social Disintegration & Readjustment in Modern China"。(据《日记》)

373

3月9日 李达邀早饭,会见杨豹灵、李书田、钟秉锋诸人。访颜惠庆。到南开中学,见喻传鉴,见胡祖望。到大华饭店,赴胡政之、张季鸾饭约,会见《大公报》与《国闻周报》的年青朋友,第一次见张佛泉。下午访罗隆基。次日返北平。(据《日记》)

3月12日 Cyrus Peake 来谈。得哥伦比亚大学中国部 L. C. Goodrich 信,要胡适去讲学半年。动手作朱丹九的《辞通》的序文。修改陈受康为《独立评论》所作文。(据《日记》)

3月13日 胡适校读向达译稿。访客有 Hughes、郭有守、刘英士、唐兰等。与 Miss Ida Chamberlain 同访郑颖孙,见着 Miss N. Mata 与陈衡哲。写毕《〈辞通〉序》。(据《日记》)

同日 胡适致函沈从文,云:

> 你是认得何家槐的。现在有人说他偷别人的作品,并且牵涉到你的名字。
>
> …………
>
> 如果你认为家槐是受了冤枉,我很盼望你为他说一句公道的话。这个世界太没有人仗义说话了。(《胡适遗稿及秘藏书信》第 19 册,112 页)

同日 胡适致函吴奔星,云:

> 此种问题,你若没有新证据,最好不要参加。何家槐君是我认得的,他不是偷人家的东西的人。韩君所说,文理都不通,其中所举事实也不近情理。如说:
>
> 我(转蓬)有一篇文章先拿给从文修改,改了很多,而发表出来则变了何家槐的名字。
>
> 谁"拿给从文"呢?谁"发表"呢?难道从文帮家槐"偷"吗?又如:
>
> 也有先投给《现代》和《新月》的文章,写着是我的名字,而既经拿回来,在另外杂志上发表,又变了名。

这又是谁"拿回来",谁"在另外杂志上发表"呢?

你若要"烛照奸邪",最好先去做一番"访案"的工夫。若随口乱说,诬蔑阮元、张之洞、丁福保诸人,你自己就犯了"道听途说"的毛病,那配"烛照奸邪"?(《胡适遗稿及秘藏书信》第19册,184～185页)

同日　钱昌照致电蒋介石:"适之、廷黻二兄已去函,约其于下月初来赣。在君兄因咏霓兄病南下,现尚在京,拟于二十日后偕照来赣进谒,未识便否,乞赐覆。"(台北"国史馆"藏"蒋中正'总统'文物",档号:002-080200-00154-015-002)

3月14日　胡适校读张慰慈译的Abbott的 *The Expansion of Europe*。同任鸿隽到张慰慈家吃饭,与陈衡哲谈。上课,讲道家。拟作《原儒》一文。发一电给《东方》:"今日不能寄稿,甚歉。"(据《日记》)

同日　陈衡哲赠其 *The Chinese Woman and Four Other Essays* 一册与胡适。(《胡适藏书目录》第3册,2206页)

3月15日　改向达译稿。探视张奚若的病。开笔作《说儒》。到Mr. Sitwell家吃饭,与Harold Acton和Mr. Honnor谈。(据《日记》)

同日　胡适为介绍金陵大学中国文化研究所所长徐养秋拜访王云五(为该所书稿在商务印书馆出版事),写一介绍函:

金陵大学的中国文化研究所,原系"哈佛燕京中国学院"补助的一个学术机关。近年美国经济萧条,美金低落,所以这个研究所也受其影响,所中积有书稿均未付印。其中如商承祚先生的《甲骨文编》及《七家金文图录》都是考古学的重要工具,若任其搁置,殊属可惜。此项书籍,非有精美印刷术不能承印,故以贵馆为最适宜。闻研究所诸先生之意,但求此项书籍可以出版,不指望此外的报酬,只要保留"某书为金陵大学中国文化研究所丛书"的名义,及每一种书印出后,赠送研究所及作者若干册而已。所以我盼望贵馆能考虑此事,与以印刷发行上相援助。兹敬介绍研究所所长徐养秋先生(则陵)奉访先生……(《出版史料》2011年第2期,43页)

3月16日　胡适校张慰慈译稿。到协和医院看牙。上课。讲"道家"到东汉。《独立评论》聚餐。（据《日记》）

3月17日　胡适听说 Dr. Davidson Black 因心脏病暴死，为之伤感不已。到协和礼堂追悼金韵梅女医士。续作《说儒》。晚在周寄梅家吃饭，打牌。（据《日记》）

3月18日　下午3时，胡适到协和医院出席步达生的追悼仪式。（次日之天津《大公报》）

同日　章希吕日记有记：夜和适兄谈家乡造公路，适兄想让我写点实情登入《独立评论》，因笔拙实写不出来。（《胡适研究丛录》，254页）

3月20日　孙伏园、瞿菊农来谈。傅斯年来谈，"他昨晚送来他的旧稿《周东封与殷遗民》诸文，于我作《说儒》之文甚有益。已充分采用。今天我们仍谈此题"。（据《日记》）

3月23日　上课，讲魏晋思潮。盛成陪美国人 F. G. Hoover 夫妇来吃茶。（据《日记》）

3月24日　陈翰笙来谈。刘驭万来谈，胡适陪他访陶孟和。晚，到东站接罗尔纲。（据《日记》）

3月25日　上午见客10余人，有邵可侣（Reclus）夫妇、朱仲梁（彬元）、卜德（Bodde）、方欣黄诸人。中午，在清华同学会开太平洋国际学会的研究委员会，何淬廉主持。到者：刘驭万、陈翰笙、陈达、陶孟和、梁庆椿。到 Miss Ida Hoyt Chamberlain 家茶会，与郑颖孙同去。家中请何淬廉及南来诸人吃晚饭。8点15分到 Lening Sweet 家，为一个"星期讨论会"谈中国的道德教育。整理《独立评论》来稿。（据《日记》）

同日　胡适在《大公报》发表《为新生活运动进一解》一文，指出：我们不可太夸张这种新生活的效能；新生活运动应该是一个教育的运动，而不是一个政治运动；生活的基础是经济的，物质的。

同日　章希吕日记有记：

罗尔纲先生由广东来，住适兄家中。罗先生前几年曾帮适兄抄抄稿，随适兄问问学。前年他家乡有个中学聘他去当教员，今年他辞去教员仍来从适兄，可见罗先生之好学。人甚诚恳可亲。

夜适兄请客，席中只陶孟和先生夫妇、任叔永先生夫妇及傅斯年先生见过，余都不认识。(《胡适研究丛录》，255页)

3月26日 任鸿隽夫妇邀胡适陪刘驭万、陈翰笙诸人吃饭。阅薛福成的《出使日记》。(据《日记》)

同日 胡适作有《建设与无为》，反对盲目的和害民的建设。(《独立评论》第94号，1934年4月1日)

3月27日 作打油诗一首，和刘半农的《自题画像》。竹垚生来，谈翁文灏病状。张国淦来谈。马幼渔来谈。(据《日记》)

同日 胡适将从竺可桢处抄来的第二批庚款留美学生榜文抄寄梅贻琦，并希望在《清华周报》刊出。(《清华校友通讯》第4卷第1、2、3期合刊，1937年3月1日)

同日 丁文江致函胡适，详谈翁文灏病情，"恐怕总是凶多吉少"。(天津《大公报》，1934年3月31日)

3月28日 金仲藩偕革心社之《革心编》来访，胡适即函革新社之中心人物雍剑秋，谈其《革心篇》，云：

……天并不曾将世界交与人掌管，这掌管世界的权利是人(聪明才智的人)自己用两只手一个脑袋奋斗出来的。天理也只是聪明才智的人从经验里寻出来的一些行为的规矩，并不是上帝昭示人们的。

……我觉得先生教人节制情欲，节省精力，尽可以从生理卫生的常识上去立论，大可不必从那些神学或玄学的大前提上去求根据。神学与玄学的立场，上不能使识者心服，下不能使一般民众了解，徒然引起无谓的论争而已。若从生理卫生与经济生活上劝人做一点最低限度的"人的生活"，则一切争论都可以避免了，大家都可以站在常识上同做一点生活改善的工作。生活改善是可能的，革心是很渺茫的。……
(《胡适遗稿及秘藏书信》第20册，144～145页)

上课，讲佛教。唐桂梁（蟒）邀吃饭，有张远伯、危道丰、陈博生等。又同到美仙园喝啤酒，同席有湖南杨昭隽等。（据《日记》）

3月29日　胡适在家中邀宴刘英士、郭有守、陈可忠、郝更生等。（据《日记》）

同日　章希吕日记有记："昨晚适兄在外饮酒十二时回来，大有醉意，寻人谈话，和他乱谈到二时始睡。"（《胡适研究丛录》，255页）

3月30日　胡适致函金仲藩，请金代转28日致雍剑秋函，又云：

> 雍先生的议论都是神学者的滥调，甚多不能得常识认可的话。西洋人自有神学的遗风，学者往往不觉得此种话的奇怪。中国人本无此种风气，故此种话写成中文就觉得很刺眼了。如说"心是人欲的代表"，此种话毫无常识的依据，也无学理的依据。人除了心之外，除了那能思考的心之外，还有什么东西可以叫做"灵"？把这心送给人欲，岂不是把世界全交给魔鬼了。
>
> 鄙见以为用人功改革社会，是脚踏实地去做的事；一切神权神学都可以不用。否则"上帝的万能是如何的不可思议"，上帝就应该不让恶存在了。何以还需要雍先生来努力革心呢？
>
> 劝人学好是可以赞成的；但因为要劝人学好，就不择手段，甚至用一些不曾分析的神学议论，使人头脑子更糊涂，那是很不好的。（中国社科院近代史所藏"胡适档案"，卷号596，分号6）

同日　天津《大公报》报道，燕京大学决于中国劝募基金，邀请社会各界人士为该校赞助人，现已得多人允许，胡适大名在列。

4月

4月2日　胡适作有《今日可做的建设事业》一文，提出这样的建设标准：有了专家计划，又有了实行的技术人才，这样的建设可以举办；凡没有专门学术人才可以计划执行的事业，都应该先用全力培养人才；在创办新事业之先，应该充分利用专门技术人才，改革已有的建设事业，使他们技术化，使他们增加效率。(《独立评论》第95号，1934年4月8日)

同日　钱昌照致电蒋介石："廷黼兄七日下午可抵南昌晋谒，适之先生因北大适有事一时不克南来。"(台北"国史馆"藏"蒋中正'总统'文物"，档号：002-080200-00158-067-002)

4月3日　叶浩吾死后周年，北大同人设祭。赴英使馆，见着新公使Cadogan。到张丽门家吃饭。(据《日记》)

4月4日　危芭滨(道丰)来谈。蒋廷黼来访，写信托蒋廷黼带去给蒋介石：

> ……信中只谈一事，劝他明定自己的职权，不得越权侵官，用全力专做自己权限以内的事，则成功较易，而责任分明。成功易则信用日增，责任明则不必代人受过。今日之事，适得其反。名为总揽万几，实则自"居于下流，天下之恶皆归之"。(据《日记》)

4月5日　安徽水利委员会裴君来访。在钢和泰家吃饭，同席有丹麦公使等。(据《日记》)

同日　胡适改定《〈坛经〉考之二：论北宋本的〈六祖坛经〉》。(山东大学《文史丛刊》第1期，1934年5月)

4月6日　校改张恩裕译的《苔丝》自序。与孙洪芬、刘复到图书馆商议馆中事务。程砚秋约吃饭，同席有刘英士、郭有守、陈可忠，饭后与三人谈北方教育情形。(据《日记》)

4月8日　与霍俪白(坚)谈梁宗岱夫妇讼事，胡适与霍俪白均劝梁宗岱夫人全权委托陈受颐与胡适代为调节。整理《独立评论》。Harold Acton邀吃饭。(据《日记》)

4月9日　日本京都帝大的石川教授等来访。是日日记又记：

> 近几个月来，《独立》全是我一个人负责，每星期一总是终日为《独立》工作，夜间总是写文字到次晨三点钟。冬秀常常怪我，劝我早早

停刊。我对她说："我们到这个时候，每星期牺牲一天作国家的事，算得什么？只不过尽一分心力，使良心上好过一点而已。"

同日　胡适作有《论〈宪法初稿〉》一文。(《独立评论》第96号，1934年4月15日)

4月10日　胡适与张恩裕谈翻译。与陈受颐、章希吕、罗尔纲、翁席东同到东兴楼吃饭谈话。到税务学校讲演"传记文学"。(据《日记》)

4月11日　胡适出席协和医学校董事会年会。(据《日记》)

同日　章希吕日记有记：适兄说《新旧约》是一部奇异之书，得暇当看一遍。(《胡适研究丛录》，255页)

4月12日　胡适续写《说儒》。梁思永来访。申尚贤(寿生)来访，日记有记：

> 申尚贤来谈，此人是一个廿三岁的少年，贵州人，在此预备进大学。他为《独立》作了几篇文字，我收了三篇，署名"寿生"。我看了他的第一篇文字，就知道他有文字的天才；上星期他又送一篇来，果大有进步。
>
> 今天我劝他写稿子要写的清楚，不可潦草。他的稿子很难读；若不是我用心看，几乎看不下去。我对他说，程明道说，"吾作字时甚敬，非欲字好，即此是学"，此言甚有理。

4月14日　胡适复函杨遇夫，表示甚佩服杨著《形声字声中有义略证》的见解与方法。又说，此方法来源本甚古，但古人往往滥用此法，从声上附会抽象名词之意义，合于自己脾胃则被采用，否则又舍声求形，别寻合于自己脾胃之义。高本汉之《中国字分析字典》，早已用此法。又云：

> 因声孳衍，一切语言都是如此，此乃自然之理，与"祖宗制作之精"全无关系。此理在用音标文字的国家，人人皆知，为查字典的一种常识；而在吾国，须等待最近百余年始有人稍知此理。此无他故，正以祖宗制作不精，字形千变万化，声音反被蒙盖忽略了。倘使无字形之累，

何至于此？（《胡适全集》第 24 卷，191 页）

4月15日　胡适应林行规夫妇之邀，偕江冬秀、胡思杜、章希吕、罗尔纲游秀峰山，览黑龙潭、大觉寺、秀峰寺等地。（据《日记》）

同日　章希吕日记有记：

> 早七点半起床。八点半同适兄嫂、小三、丁文江太太内侄史济方、罗尔纲先生，同乘汽车出西直门，赴秀峰寺（鹫峰寺）、大觉寺、黑龙潭看杏花。先到黑龙潭，里面有高士奇一个碑。潭水碧清到底，游玩了一刻钟出来。次到大觉寺，离城有七十余里了。寺内游人不少，遇见余上沅夫妇、郭君夫妇、丁太太。适兄所认得的朋友尤多。何应钦将军亦去游玩，出摄影器为适兄在玉兰花下拍了一个照。那株玉兰花正盛开，每朵有碗那样大，很是好看。据说该寺内有辽碑一个，但吾们遍寻无得。由大觉寺出来，直往秀峰寺，寺在山上，吾们到山脚下时，林行规律师已派人及轿夫来接。吾们都是步行上去，让小三坐轿。该寺是明朝一个交南和尚创立的，房屋倒败已久，林先生费去数千元买入，全山种树造林，颇费一番经营。林先生在半山中造了几间房屋（改造），境甚清幽。吾们就在他家中饭，吃西菜。同吃的共有三十余人，西人亦不少，都是来游山的。吃后大家去游山顶，从山脚到山顶有一千三百尺，坐轿的有一半。顶上有个庙，旁有几间房。山很高，像绩溪之遥遥频频。旁有大村，名曰杨河。四时下山，丁太太为吾们拍了一个照。又吃了点点心，五时起身回来，七时到家。……（《胡适研究丛录》，255～256 页）

同日　傅斯年致函胡适，谈及此间朋友对胡适在《独立评论》上所做的文章均极佩服，"是此时稀有的一个道德力量"，"颇对政府外交政策有好影响"。又云此间一切读书的朋友对蒋廷黻的文章极不满等。又谈丁文江请傅帮忙的事，简直累死人等等。（《胡适遗稿及秘藏书信》第 37 册，417～419 页）

4月16日　胡适读郑珍《巢经巢文集》。与陈东原、徐中舒谈。(据《日记》)

同日　胡适复函林损，云：

今天读手书，有"尊拳毒手，其寓于文字者微矣"之论，我不懂先生所指的是那一篇文字。我在这十几年中，写了一两百万字的杂作，从来没有一个半个字"寓"及先生。胡适之向来不会在文字里寓意骂人。如有骂人的工夫，我自会公开的骂，决不用"寓"也。

来信又说，"顷闻足下又有所媒蘖"，这话我也不懂。我对人对事，若有所主张，无不可对人说，何必要作"媒蘖"工夫？来函又有"避贤路"之语，敬闻命矣。(《胡适遗稿及秘藏书信》第19册，201～202页)

4月18日　校改译稿。梁宗岱婚变案，在胡适、陈受颐调停下达成协议。上课，讲禅宗。(据《日记》)

同日　胡适复函钱玄同，同意钱对其文章的指正，又认为《庄征君文集》可证成三事：

(1)此公与《儒林外史》的关系。

(2)此公的确知道"吾乡戴东原"，可证我前几年的假设不误。

(3)此公虽不敢公然"以颜李之书示人"，虽不免留情传注诗文，稍背颜李之学风，然而他的确还是一个颜李学信徒。(《胡适遗稿及秘藏书信》第20册，275～277页)

按，钱玄同4月18日原函云：

……(1)您说"托名用(2)标识"其实只是"同声用(1)通写"，这话自然是言之成理的，但与朱骏声之原意却不相合，因朱氏是认假借八用之中，(2)—(8)都是"本无其字"的，而(1)则是"本有其字"的。您的意思既与朱氏不同，似宜再加几句说明，或可使读者免得误会。

(2)您称"仁者人也"，"王有五科"等为"同声相释"，又称之为"同声互训"，似不甚妥。我以为这些训释虽然差谬的狠多，但它是有方法的；其方法是以动词形容词释名词，以表示某名词有某种作用或某种性质。故可言"礼，履也"，"王，往也"；却不可言"履，礼也"，"往，王也"。所以不能说它们是"相释"与"互训"。鄙意似以仍用旧称"以声为训"或简称为"声训"为宜。……

……"庄征君"之学，实是清初"实事求是"一流，我说他是李恕谷加顾亭林，非惠定宇、孙渊如诸迂儒主张"凡古皆真，凡释皆好"者可比，我狠希望您有雅兴去表彰他也。（《胡适遗稿及秘藏书信》第40册，439～442页）

同日　邓之诚日记有记：

北大蒋、胡数易马幼渔及黄、林诸人。公铎遂先起辞职，与书痛诋蒋、胡，腾诸报章，看来此事必有大波澜也。前三年，蒋之逐朱逷先，意即在孤马之势，特马不知耳，然尚能免撑三年之久，马亦倔强哉。（邓之诚著，邓瑞整理：《邓之诚文史札记》，凤凰出版社，2012年，36页）

4月19日　章希吕日记有记：为安徽第四中学代求适兄写了"科学实验室"5字，联对无工夫，未求得。（《胡适研究丛录》，256～257页）

4月20日　刘半农日记有记：

到马幼渔处小谈，梦麟已决定辞退林公铎、许守白二人，并以适之代幼渔为中国文学系主任，幼渔甚愤愤也。（刘小蕙：《父亲刘半农》，上海人民出版社，2000年，264页）

4月21日　访客有加拿大的 Calgary 商会会长 Mr. Patrick、苏俄新参赞 Ivan Spilwanek、芝加哥 *Daily News* 访员 Smothers。读《敏求轩述记》。（据《日记》）

同日　胡适手抄王安石《梦》。（《胡适手稿》第10集卷1，35页）

4月23日　胡适作有《"协和外交"原来还是"焦土外交"》一文，指出 4 月 17 日日本外务省的非正式声明有三种作用：威吓中国、警告国联、警告美国。指出该声明的四个要点：

第一，日本向世界宣言，东亚和平秩序的维持应由日本单独负担。

第二，中国若想利用他国来排斥日本，日本必须用全力反对。

第三，各国若采"共同动作"来帮助中国，无论是财政的援助，或技术的合作，日本不能不反对。

第四，各国若不采共同动作，而仅单独的、各个的与中国贸易交通，在不妨碍东亚和平的范围以内，日本可以不干涉；但如"对华售卖军用飞机，设置飞机场，派遣军事教官顾问，或借与政治借款"等事，日本也不能不反对。

又指出：到了今日，我们必须明白我们已无求得强邻谅解的可能，也无求得谅解的必要。最后说：

日本已明目张胆的对全世界人宣言："这半个世界是我独霸独占的了！"日本掷下了这只铁手套，世界人接受不接受，世界人何时接受，如何接受，都和日本的命运有关；也都和全人类的文明的前途有关。日本还是真变成一个二十世纪的成吉思汗帝国呢？还是做欧战后的德意志呢？还是做殖民大帝国失败后的西班牙呢？这个世界还是回到前世纪的弱肉强食的丛莽世界呢？还是继承威尔逊的理想主义变成一个叫人类可以安全过日子的人世界呢？——这是这个广田谈话的世界的意义。(《独立评论》第 98 号，1934 年 4 月 29 日)

同日　章希吕日记有记："绩溪拟设一蚕桑学校，适兄于本月十五日曾又致一书给安徽教育厅长杨廉，今天得其回信，说兴蚕桑不如改良皖南之茶之理由，却也有道理。大约蚕桑改良推广处，或者可以通过设立。"(《胡适研究丛录》，257 页)

4 月 24 日　徐淑希与梁士纯来谈，他们想办一个通信社，要胡适做一个赞成人。看 Vinceng Hundhansen 译的《琵琶记》的德文本的公演，略记之。

1934年　甲戌　民国二十三年　43岁

（据《日记》）

　　同日　胡适手抄杨万里《化工》。(《胡适手稿》第10集卷1，74页）

　　4月25日　胡适到车站迎接太平洋国际学会总会秘书长Edward C. Carter夫妇（渠奉会长之命，遍访国际学会之各国分会，讨论各重要问题，如第六届大会之开会地点等事）。与Hardy Jowett谈。到六国饭店与Carter诸人谈太平洋国际学会事。读《范文正公年谱》。（据《日记》；次日之天津《大公报》）

　　同日　胡适手抄杨万里《秋雨》。(《胡适手稿》第10集卷1，75页）

　　4月26日　胡适与张奚若、陈岱孙诸君谈国事。邀Carter夫妇、Miss Mitchell、Mr. Holden吃饭。读Pacific Affairs中的Arnold Toynbee的"The Next War"。（据《日记》）

　　同日　胡适手抄杨万里《初夏午睡起》。(《胡适手稿》第10集卷1，76页）

　　同日　胡适致函梁实秋，谈及自己想整顿北大文学院，最苦的是一时不容易寻得相当的帮忙的人。很希望梁来北大做一个外国文学系的研究教授，希望梁和朱光潜等一班兼通中西文学的人能在北大养成一个健全的文学中心。又云：

> 北大旧人中，如周岂明先生和我，这几年都有点放弃文学运动的事业了，若能有你来做一个生力军的中心，逐渐为中国计画文学的改进，逐渐吸收一些人才，我想我们这几个老朽也许还有可以返老还童的希望，也许还可以跟着你们做一点摇旗呐喊的"新生活"。
>
> 你有意思来吗？请你回我一信。（梁实秋：《怀念胡适先生》，载《看云集》，49页）

　　同日　章希吕日记有记："原放来信给适兄，因去年向浙江兴业银行借的两千元将到期，请适兄写信给兴业当局徐新六再转期半年或四个月。适兄为写一信由我快函寄去。函中附致昌之一信，因今年他有一信来，复之也。"（《胡适研究丛录》，257页）

4月27日　胡适手抄杨万里《观物花》。(《胡适手稿》第10集卷1，77页)

4月28日　写《说儒》。读杨万里的《文集》。(据《日记》)

同日　胡适手抄杨万里《早行》。(《胡适手稿》第10集卷1，78页)

同日　胡适作有《一个民族的自杀——述一个英国学者的预言》，转述英国学者 Arnold J. Toynbee 的观点，日本会向美国挑战，走上自杀之路。又指出：

> 四月十七东京外务省发表了一篇谈话式的声明，震动了全世界。远东的暴行，自从去年热河失守以后，久已变成了一个局部的中日问题，现在又忽然第二次世界化了。这个问题今回骤然变成全世界的问题……全靠日本军阀和军阀卵翼之下的政客的无忌惮的向世界挑战。在这一只铁手套掷下之后，第一个牺牲者当然是我们自己。但我们在准备受最大最惨的摧毁的时刻，终不能不相信我们的强邻果然大踏步的走上了"全民族切腹"的路。我们最惭愧的是，我们不配做这切腹武士的"介错人"……只配做一个同归于尽的殉葬者而已。(天津《大公报》，1934年4月29日)

同日　傅斯年致函胡适，云：在上海见北大国文系事之记载为之兴奋，今日看到林损之文，为之愤怒，今日上蒋梦麟一书，解聘林损。(《胡适遗稿及秘藏书信》第38册，586页)

4月29日　写《说儒》。丁文江邀午饭，同席有李拔可、陈伯庄、魏子脉等。(据《日记》)

同日　胡适在《独立评论》第98号的《编辑后记》中记道：

> 近来提倡国医国拳，反对考古发掘，提倡读孝经……的先生们，在二十年前何尝不是最新的革命党？今日许多开倒车的举动，根本原因只在一个"陋"字，只在不能认清这个新鲜世界所能贡献给我们的神奇法术。苏俄的革命领袖认清了这个新世界的最伟大的工具是科学

与工艺，此外都不足爱惜，所以他们肯把俄皇所藏的一部世界最古的圣经写本卖给伦敦博物院，卖了十万金镑，拿来购买最新的机器。不知道戴传贤、焦易堂、邹鲁诸公看了这一宗交易，作何感想！

同日　胡适手抄高骈《王子晋》。（《胡适手稿》第10集卷1，26页）

4月30日　编《独立评论》。到德国使馆Dr. Fischer处吃中饭。到孙洪芬家晚饭，为其子孙骥题生日纪念册。（据《日记》；《胡适手稿》第10集卷1，44页）

同日　胡适手抄苏轼《赠刘景文》。（《胡适手稿》第10集卷1，45页）

同日　胡适作有《今日的危机》，指出：我们切不可妄想日本会改变其政策，不可妄想太平洋的世界大战即有爆发的可能。又指出：

>　……世界大战不是一两篇非正式谈话能引起来的。必须我们的强邻，极力模仿他的德国老师，错上加错，侵害上加侮辱，方才有全世界第二次卷入地狱的可能。
>
>　所以我们在今日切不可妄想四月十七日的霹雳已过去了，也不可妄想世界的大国在这个时候听见了我们的几个外交官的喊叫，就会拼死命来替我们打退强盗，救出这哭喊的婴孩。
>
>　我们要彻底明白中国今日的局势是一个空前最严重的局势。日本的军人已下了绝大决心了，已宣言要绝对拥护四月十七日宣布的政策，并且用实力促进其具体化了！在很近的将来必定就有很严重的事件发生，其严重性必定比二十一条还更严重，也许比九一八以来的任何事件还更可怕。我们今日的地位也许比一九一四年八月的比利时还更危险。
>
>　我们要彻底明白：四月十七日的宣言的主要意义就是不许我们准备做比利时。我们现在究竟有做比利时的决心没有？我们若有这种决心，我们应该做怎样的准备？（《独立评论》第99号，1934年5月6日）

5月

5月1日　Hardy Jowett 邀吃午饭，客有英国新公使 Sir Alexander Cadogan 夫妇。晚上 Professor Birkhoff 讲演"Aesthetic Measure"，胡适主持。（据《日记》）

同日　胡适手抄苏轼《庐山》。（《胡适手稿》第10集卷1，44页）

同日　章希吕日记有记：接运中先生快信，附来其母行述，托向适兄求表扬之文……（《胡适研究丛录》，257页）

5月2日　第一天到北大文学院复任院长。对国文系的4位同学说：

（1）如果我认为必要，我愿意兼做国文系主任。

（2）我改革国文系的原则是："降低课程，提高训练。"方法有三：①加重"技术"的训练。②整理"历史"的工课。③加添"比较"的工课。

晚上，胡适宴请太平洋国际学会北平会员，欢迎 Carter、Holland 一行人，会员到者20人。（据《日记》）

同日　胡适手抄苏轼《中秋》。（《胡适手稿》第10集卷1，42页）

同日　胡适复函郑中田，谈职业和业余爱好的关系等：

……一个人应该有一个职业，同时也应该有一个业余的嗜好。一切职业是平等的；粪夫与教授，同是为社会服务，同样的是一个堂堂的人。但业余的嗜好的高下却可以决定一个人的前途的发展。如果他的业余嗜好是赌博，他就是一个无益的人。如果他的业余嗜好是读书，或是学画，或是做慈善事业，或是研究无线电，或是学算学……他也许可以发展他的天才，把他自己造成一个更有用的人。等到他的业余有了成绩，他的业余就可以变成他的主要职业了。

如果你能把你的职业不仅仅当作吃饭的苦工，如果你把他看作一个值得研究的东西，你就不会嫌他俗气可厌了。你若有文学天才，你

1934年　甲戌　民国二十三年　43岁

一定可以从那个"俗气坑"里发现许多小说材料。你若肯多读书，你一定可以设法改良他，发展他。

我从来没有福气用一个"随从"，所以我不能请你来。……

如果你在你的职业里没有长进，你跟着我也不会有长进。（《胡适遗稿及秘藏书信》第20册，194～196页）

按，这之前，郑中田致函胡适，提出作胡适的随从等。（《胡适遗稿及秘藏书信》第39册，120～121页）

5月3日　到协和医院探视翁文灏、何克之，皆留片问候，未见病人。到德国医院，探视钢和泰，未见，见到叶叔衡。访恒慕义（A. W. Hummel）未遇。贺丁文江47岁生日。到英国使馆，出席欢迎澳洲副相 The Rt. Hon. I. H. Latham 的宴会。（据《日记》）

同日　胡适手抄秦观《秋日》。（《胡适手稿》第10集卷1，47页）

同日　杨振声致函胡适，谈及昨日来谒不遇。希望借用胡适的 Dr. Kruif 的 *Microbe Hunters* 一书。又云：

又新生活运动，诚如先生所言，"应该是一个教育的运动"。想在小学书中，应用文字方面编一课开会报告书，开的便是新生活运动会。如此借应用文字，把几点重要的采纳进去。知道先生手下有一本《新生活须知》，因此也想借来一看。（《胡适遗稿及秘藏书信》第38册，123～124页）

5月4日　校看译稿。晚，独立社在胡适家聚餐，出席者有丁文江、蒋廷黻、吴景超、任鸿隽夫妇、竹垚生、周炳琳、吴宪、何廉。客人为汤尔和。（据《日记》）

同日　胡适手抄陆游《示儿》。（《胡适手稿》第10集卷1，72页）

5月5日　试写华北军第五十九军《抗日阵亡将士公墓碑》。（据《日记》）

同日　胡适手抄陆游《七月十四夜看月》。（《胡适手稿》第10集卷1，63页）

5月6日　胡适与陶孟和同车到天津赴南开大学董事会，回程车上遇司徒雷登与刘廷芳。(据《日记》)

同日　胡适手抄陆游《梅花》。(《胡适手稿》第10集卷1，68页)

5月7日　续作《说儒》。编《独立评论》。钱端升、林徽因来访。(据《日记》)

5月8日　到北大，请魏建功、蒋梦麟看碑文稿，稍有讨论。在美使馆见着 General & Mrs. Bradman，又见着 Mr. Margrand。下午博晨光陪 Mr. Margrand 访胡适。(据《日记》)

同日　胡适手抄杨万里《六月六日小集》。(《胡适手稿》第10集卷1，79页)

5月9日　晚，王重民宴请胡适等于新陆春。同席有高步瀛、伦明、刘盼遂、钱玄同、赵万里、孙楷第、刘半农、顾颉刚等。(《顾颉刚日记》第三卷，187页)

同日　胡适手抄杨万里《小池》。(《胡适手稿》第10集卷1，80页)

5月10日　到北大，请钱玄同、周作人看《阵亡将士公墓碑》文稿。出席中基会的执行委员会会议。美国使馆介绍 R. W. Anderson 来见。访法国人 Chadowrne。出席北平图书馆委员会会议。(据《日记》)

按，《中华民国华北军第七军团第五十九军抗日战死将士公墓碑》碑文为白话文，使用全副新式标点符号写刻。碑文内容主要叙述怀柔战役的经过，并作铭：

这里长眠的是二百零三个中国好男子！

他们把他们的生命献给了他们的祖国。

我们和我们的子孙来这里凭吊敬礼的，

要想想我们应该用什么报答他们的血！(《胡适遗稿及秘藏书信》第13册，323页)

5月11日　出席协和医学校董事会执行委员会会议。因翁文灏生病，胡适被举为执行委员。与 Roger S. Greene 谈成都华西大学牙科之事，乃有如下感言：

> 凡能集中精力专办一件事，必有好成绩，其势力自然放射出来，不可压抑。成都之牙科与北平的协和医校，是其二例。天津之《大公报》亦是一例。（据《日记》）

同日　钱玄同复函胡适，详谈对胡适所撰碑文的意见。又表示自己很愿意书写这篇碑文，不但因为是胡适的大文，更因为它是白话文，而且用标点符号也。（《胡适遗稿及秘藏书信》第40册，443～448页）

5月12日　作为美国大学同学会（American College Club）的会长，胡适出席在颐和园举行的年会，邀陈受颐、陈受康兄弟两对夫妇同去。胡适在会上略述颐和园的历史。（据《日记》）

同日　胡适手抄苏轼《惠崇画》。（《胡适手稿》第10集卷1，43页）

5月13日　读叶昌炽《缘督庐日记抄》。（据《日记》）

同日　胡适手抄杨亿《愧儡》。（《胡适手稿》第10集卷1，27页）

5月14日　编《独立评论》。（据《日记》）

同日　胡适复函周作人，函寄巴人《和周作人先生五十寿诗原韵》。（《胡适来往书信选》中册，240～243页）

同日　胡适手抄范成大《春日田园杂兴》。（《胡适手稿》第10集卷1，57页）

5月15日　胡适手抄范成大《晚春田园杂兴》。（《胡适手稿》第10集卷1，58页）

5月16日　陈垣致函胡适，问候胡适健康，"因居庐未满百日"而不能亲往探视，又赠胡《名理探》。（《胡适遗稿及秘藏书信》第35册，30～31页）

同日　胡适手抄范成大《夏日田园杂兴》。（《胡适手稿》第10集卷1，60页）

5月17日　胡适复函梁实秋，为其来信感到高兴。研究教授事，已与蒋梦麟商量过，当无问题；现在因"北大、中基会合款顾问委员会"尚未开会，故未正式通过。然个人会员之中已无问题。又云：

我感觉近年全国尚无一个第一流的大学文科,殊难怪文艺思想之幼稚零乱。此时似宜集中人才,汇于一处,造成一个文科的"P. U. M. C.",四五年至十年之后,应该可以换点新气象。(《胡适全集》第24卷,199～200页)

同日　胡适手抄范成大《秋日田园杂兴》。(《胡适手稿》第10集卷1,61页)

同日　章希吕日记有记:夜和适兄谈亚东情形,他赞成改股东店。恐亚东的东家现尚不肯放弃。(《胡适研究丛录》,258页)

5月18日　毛子水约吃午饭,同席有陈三立。上课,讲伊川与程门。E. R. Hughes来谈香港大学中文讲师事。胡适写一信与Sir William Hornell,荐陈受颐与容肇祖两人去考察一次,然后作计划。汤尔和邀吃饭,会着日本使馆代办若杉君等。(据《日记》)

同日　胡适手抄范成大《秋日田园杂兴》(另一首)。(《胡适手稿》第10集卷1,62页)

5月19日　北大研究院会商初试事。与蒋梦麟、叶玉虎谈。《独立评论》在竹垚生处聚餐。写完《说儒》,约有46000字。(据《日记》)

《说儒》乃胡适本年,亦是20世纪30年代最重要的论文,他在年末总结说:

在学问方面,今年的最大成绩要算《说儒》一篇。这篇文字长约五万字,费了我两个多月的工夫才得写成。此文的原意不过是要证明"儒"是殷商民族的教士,其衣服为殷衣冠,其礼为殷礼。但我开始写此文之后,始知道用此"钥匙"的见解,可以打开无数的古锁。越写下去,新意越多,故成绩之佳远出我原意之外,此中如"五百年必有王者兴"的民族悬记,如孔子从老聃助葬于党巷之毫无可疑,皆是后来新添的小钥匙,其重要不下于原来掘得的大钥匙。

这篇《说儒》的理论大概是可以成立的。这些理论的成立,可以使中国古史研究起一个革命。

………

无论如何，我写《说儒》的两个月是很快活的时期。有时候从晚上九点直写到次日的早上三四点，有时候，深夜得一新意，快活到一面写，一面独笑。依文字论，这篇有几段文字是我很用气力做的，读起来还不坏。（胡适:《一九三四年的回忆》，载《胡适的日记》手稿本第12册之1934年的年末）

《说儒》大要：

一、问题的提出。

二、论儒是殷民族的教士；他们的衣服是殷服，他们的宗教是殷礼，他们的人生观是亡国遗民的柔逊的人生观。

三、论儒的生活：他们的治丧相礼的职业。

四、论殷商民族亡国后有一个"五百年必有王者兴"的预言；孔子在当时被人认为应运而生的圣者。

五、论孔子的大贡献：（一）把殷商民族的部落性的儒扩大到"仁以为己任"的儒；（二）把柔儒的儒改变到刚毅进取的儒。

六、论孔子与老子的关系；论老子是正宗的儒。附论儒与墨者的关系。

………

一

………

……［章太炎］是第一个人提出"题号由古今异"的一个历史见解，使我们明白古人用这个名词有广狭不同的三种说法。太炎先生的大贡献在于使我们知道"儒"字的意义经过了一种历史的变化，从一个广义的，包括一切方术之士的"儒"，后来竟缩小到那"祖述尧舜，宪章文武，宗师仲尼"的狭义的"儒"。这虽是太炎先生的创说，在大体上

是完全可以成立的。……

但太炎先生的说法，现在看来，也还有可以修正补充之处。他的最大弱点在于那"类名"的儒（其实那术士通称的"儒"才是类名）。他在那最广义的儒之下，另立一类"六艺之人"的儒。此说的根据只有《周礼》的两条郑玄注。无论《周礼》是否可信，《周礼》本文只是一句"儒以道得民"和一句"联师儒"，这里并没有儒字的定义。郑玄注里说儒是"有六艺以教民者"，这只是一个东汉晚年的学者的说法，我们不能因此就相信古代（周初）真有那专习六艺的儒。何况《周礼》本身就很可疑呢？

太炎先生说"儒之名于古通为术士"，此说自无可疑。但他所引证都是秦汉的材料，还不曾说明这个广义的儒究竟起于什么时代，他们的来历是什么，他们的生活是怎样的，他们同那狭义的孔门的儒有何历史的关系，他们同春秋战国之间的许多思想潮流又有何历史的关系。……

若如太炎先生的说法，广义的儒变到狭义的儒，只是因为"周之衰，保氏失其守"，故书算射御都不从儒者传授出来，而孔子也只好"自诡鄙事，言君子不多能，为当世名士显人隐讳"。这种说法，很难使我们满意。……

太炎先生又有《原道》三篇，其上篇之末有注语云：

儒家、法家皆出于道，道则非出于儒也。

若依此说，儒家不过是道家的一个分派，那么，"儒"还够不上一个"类名"，更够不上"达名"了。若说这里的"儒"只是那狭义的私名的儒，那么，那个做儒法的共同源头的"道"和那最广义的"儒"可有什么历史关系没有呢？……

…………

二

…………

……我们要研究这些儒是什么样的人。

我们先看看"儒"字的古义。……

凡从需之字,大都有柔弱或濡滞之义。……

…………

从儒服是殷服的线索上,我们可以大胆的推想:最初的儒都是殷人,都是殷的遗民,他们穿戴殷的古衣冠,习行殷的古礼。这是儒的第二个古义。

我们必须明白,殷商的文化的中心虽在今之河南——周之宋卫(卫即殷字,古读殷如衣,郼韦古音皆如衣,即殷字)——而东部的齐鲁皆是殷文化所被,殷民族所居。……

…………

从周初到春秋时代,都是殷文化与周文化对峙而没有完全同化的时代。最初是殷民族仇视那新平定殷朝的西来民族,所以有武庚的事件,在那事件之中,东部的薄姑与商奄都加入合作。……

…………

所以在周初几百年之间,东部中国的社会形势是一个周民族成了统治阶级,镇压着一个下层被征服被统治的殷民族。……

但殷民族在东土有了好几百年的历史,人数是很多的;虽没有政治势力,他们的文化的潜势力是不可侮视的。……

殷周两民族的逐渐同化,其中自然有自觉的方式,也有不自觉的方式。不自觉的同化是两种民族文化长期接触的自然结果,一切民族都难逃免,我们不用说他。那自觉的同化,依我们看来,与"儒"的一个阶级或职业很有重大的关系。

…………

……殷商的智识分子——王朝的贞人、太祝、太史,以及贵族的多士——在那新得政的西周民族之下,过的生活虽然是惨痛的奴虏生活,然而有一件事是殷民族的团结力的中心,也就是他们后来终久征服那战胜者的武器——那就是殷人的宗教。

我们看殷虚［墟］（安阳）出土的遗物与文字可以明白殷人的文化是一种宗教的文化。这个宗教根本上是一种祖先教。祖先的祭祖在他们的宗教里占一个很重要的地位。丧礼也是一个重要部分。……

…………

大概周士是统治阶级的最下层，而殷士是受治遗民的最上层。一般普通殷民，自然仍旧过他们的农工商的生活……

柔逊为殷人在亡国状态下养成的一种遗风，与基督教不抵抗的训条出于亡国的犹太民族的哲人耶稣，似有同样的历史原因。……

…………

三

…………

我们现在要看看"儒"的生活是怎样的。

孔子以前，儒的生活是怎样的，我们无从知道了。……

…………

孔子的时候，有"君子儒"，也有"小人儒"。我们先说"小人儒"的生活是怎样的。

…………

……他们的生活有几个要点：第一，他们是很贫穷的，往往"陷于饥寒，危于冻馁"；这是因为他们不务农，不作务，是一种不耕而食的寄生阶级。第二，他们颇受人轻视与嘲笑，因为他们的衣食须靠别人供给；然而他们自己倒还有一种倨傲的遗风，"立命，缓贫，而高浩居"，虽然贫穷，还不肯抛弃他们的寄食——甚至于乞食——的生活。第三，他们也有他们的职业，那是一种宗教的职业：他们熟悉礼乐，人家有丧祭大事，都得请教他们。因为人们必须请他们治丧相礼，所以他们虽然贫穷，却有相当崇高的社会地位。……第四，他们自己是实行"久丧"之制的，而他们最重要的谋生技能是替人家"治丧"。他们正是那殷民族的祖先教的教士，这是儒的本业。

从这种"小人儒"的生活里，我们更可以明白"儒"的古义：儒是殷民族的教士，靠他们的宗教知识为衣食之端。

其实一切儒，无论君子儒与小人儒，品格尽管有高低，生活的路子是一样的。他们都靠他们的礼教的知识为衣食之端，他们都是殷民族的祖先教的教士，行的是殷礼，穿的是殷衣冠。在那殷周民族杂居已六七百年，文化的隔离已渐渐泯灭的时期，他们不仅仅是殷民族的教士，竟渐渐成了殷周民族共同需要的教师了。

....

以上记"儒"的生活，我们只用那些我们认为最可信的史料。有意毁谤儒者，而描写不近情理的材料，如《庄子》记"大儒以诗礼发冢"的文字，我们不愿意引用。如果还有人觉得我在上文描写"儒"的生活有点近于有心毁谤孔门圣贤，那么，我只好请他平心静气想想孔子自己说他的生活……

....

四

....

……儒是殷民族的礼教的教士，他们在很困难的政治状态之下，继续保存着殷人的宗教典礼，继续穿戴着殷人的衣冠。他们是殷人的教士，在六七百年中渐渐变成了绝大多数人民的教师。他们的职业还是治丧、相礼、教学；但他们的礼教已渐渐行到统治阶级里了，他们的来学弟子，已有周鲁公族的子弟了（如孟孙何忌、南宫适）；向他们问礼的，不但有各国的权臣，还有齐鲁卫的国君了。

这才是那个广义的"儒"。儒是一个古宗教的教师，治丧相礼之外，他们还要做其他的宗教职务。……

....

但这个广义的，来源甚古的"儒"，怎样变成了孔门学者的私名呢？这固然是孔子个人的伟大成绩，其中也有很重要的历史的原因。

孔子是儒的中兴领袖，而不是儒教的创始者。儒教的伸展是殷亡以后五六百年的一个伟大的历史趋势；孔子只是这个历史趋势的最伟大的代表者，他的成绩也只是这个五六百年的历史运动的一个庄严灿烂的成功。

这个历史运动是殷遗民的民族运动。殷商亡国之后，在那几百年中，人数是众多的，潜势力是很广大的，文化是继续存在的。但政治的势力都全在战胜的民族的手里，殷民族的政治中心只有一个包围在"诸姬"的重围里的宋国。……

但在那殷商民族亡国后的几百年中，他们好像始终保存着民族复兴的梦想，渐渐养成了一个"救世圣人"的预言，这种预言是亡国民族里常有的……

…………

这样一个人，正因为他的出身特别微贱，所以人们特别惊异他的天才与学力之高，特别追想到他的先世遗泽的长久而伟大。所以当他少年时代，他已是民间人望所归了；民间已隐隐的，纷纷的传说："五百年必有圣者兴，今其将在孔丘乎！"甚至于鲁国的贵族权臣也在背后议论道："圣人之后，必有达者，今其将在孔丘乎！"

我们可以说，孔子壮年时，已被一般人认作那个应运而生的圣人了。……

……孔子壮年以后在一般民众心目中已成了一个五百年应运而兴的圣人，这些话就都不难懂了。因为古来久有那个五百年必有圣者兴的悬记，因为孔子生当殷亡之后五百余年，因为他出于一个殷宋正考父的嫡系，因为他那出类拔萃的天才与学力早年就得民众的崇敬，就被人期许为那将兴的达者——因为这些原故，孔子自己也就不能避免一种自许自任的心理。……

…………

后世儒者用后世的眼光来评量这两件事，总觉得孔子决不会这样看重两个反叛的家臣，决不会这样热中。……

…………

　　孔子的故事也很像这样的。殷商民族亡国以后，也曾期望"武丁孙子"里有一个无所不胜的"武王"起来"大糦是承"，"肇域彼四海"。后来这个希望渐渐形成了一个"五百年必有王者兴"的悬记，引起了宋襄公复兴殷商的野心。这一次民族复兴的运动失败之后，那个伟大的民族仍旧把他们的希望继续寄托在一个将兴的圣王身上。果然，亡国后的第六世纪里，起来了一个伟大的"学而不厌，诲人不倦"的圣人。这一个伟大的人不久就得着了许多人的崇敬，他们认他是他们所期待的圣人；就是和他不同族的鲁国统治阶级里，也有人承认那个圣人将兴的预言要应在这个人身上。和他接近的人，仰望他如同仰望日月一样；相信他若得着机会，他一定能"立之斯立，道之斯行，绥之斯来，动之斯和"。他自己也明白人们对他的期望，也以泰山梁木自待，自信"天生德于予"，自许要作文王周公的功业。到他临死时，他还做梦"坐奠于两楹之间"。……

五

　　孔子所以能中兴那五六百年来受人轻视的"儒"，是因为他认清了那六百年殷周民族杂居，文化逐渐混合的趋势，他知道那个富有部落性的殷遗民的"儒"是无法能拒绝那六百年来统治中国的周文化的了，所以他大胆的冲破那民族的界限，大胆的宣言："吾从周！"……

　　这就是说，夏殷两个故国的文化虽然都还有部分的保存——例如《士丧礼》里的夏祝商祝——然而民族杂居太长久了，后起的统治势力的文化渐渐湮没了亡国民族的老文化，甚至于连那两个老文化的政治中心，杞与宋，都不能继续保存他们的文献了。杞国的史料现在已无可考。就拿宋国来看，宋国在那姬周诸国包围之中，早就显出被周文化同化的倾向来了。最明显的例子是谥法的采用。……

　　…………

　　孔子的伟大贡献正在这种博大的"择善"的新精神。他是没有那

狭义的畛域观念的。……

他认定了教育可以打破一切阶级与界限，所以曾有这样最大胆的宣言：

有教无类。

这四个字在今日好像很平常。但在二千五百年前，这样平等的教育观必定是很震动社会的一个革命学说。……

孔子时时提出一个"仁"字的理想境界。"仁者人也"，这是最妥贴的古训。"井有仁焉"就是"井有人焉"。"仁"就是那用整个人类为对象的教义。……

…………

……仁就是做人。用那理想境界的人做人生的目标，这就是孔子的最博大又最平实的教义。……

"儒"本来是亡国遗民的宗教，所以富有亡国遗民柔顺以取容的人生观，所以"儒"的古训为柔懦。到了孔子，他对自己有绝大信心，对他领导的文化教育运动也有绝大信心，他又认清了那六百年殷周民族同化的历史实在是东部古文化同化了西周新民族的历史——西周民族的新建设也都建立在那"周因于殷礼"的基础之上——所以他自己没有那种亡国遗民的柔逊取容的心理。"士不可以不弘毅：任重而道远"，这是这个新运动的新精神，不是那个"一命而偻，再命而伛，三命而俯"的柔道所能包涵的了。……

…………

六

…………

关于孔子见老子的传说，约有几组材料的来源：

一、《礼记》的《曾子问》篇，孔子述老聃论丧礼四事。

二、《史记·孔子世家》记南宫敬叔与孔子适周问礼，"盖见老子云"一段。

三、《史记·老庄申韩列传》，"孔子适周，将问礼于老子，老子曰……"一段。

四、《庄子》中所记各段。

我们若依这个次序比较这四组的材料，可以看见一个最可玩味的现象，就是老子的人格的骤变，从一个最拘谨的丧礼大师，变到一个最恣肆无礼的出世仙人。最可注意的是《史记》两记此事，在《孔子世家》里老子还是一个很谦恭的柔道学者，而在《老子列传》里他就变做一个盛气拒人的狂士了。这个现象，其实不难说明。老子的人格变化只代表各时期的人对于老子的看法不同。作《曾子问》的人绝对不曾梦见几百年后的人会把老聃变成一个谩骂无礼的狂士，所以他只简单的记了老聃对于丧礼的几条意见。这个看法当然是最早的；因为，如果《曾子问》真是后世"老庄之徒所作"，请问，这班"老庄之徒"为什么要把老子写成这样一个拘谨的丧礼专门大师呢？若如姚际恒所说，《曾子问》全书是"老庄之徒所作无疑"，那么，这班"老庄之徒"捏造了这五十条丧礼节目的讨论，插入了四条老聃的意见，结果反把老聃变成了一个儒家丧礼的大师，这岂不是"赔了夫人又折兵"的大笨事吗？——这类的说法既说不通了，我们只能承认那作《曾子问》的人生在一个较早的时期，只知道老子是一位丧礼大师，所以他老老实实的传述了孔子称引老聃的丧礼意见。这是老孔没有分家的时代的老子。

…………

总之依我们的新看法，老子出在那个前六世纪，毫不觉得奇怪。他不过是代表那六百年来以柔道取容于世的一个正统老儒；他的职业正是殷儒相礼助葬的职业，他的教义也正是《论语》里说的"犯而不校""以德报怨"的柔道人生观。古传说里记载着孔子曾问礼于老子，这个传说在我们看来，丝毫没有可怪可疑之点。儒家的书记载孔子"从老聃助葬于巷党"，这正是最重要的历史证据，和我们上文说的儒的历史丝毫没有矛盾冲突。孔子和老子本是一家，本无可疑。后来孔老的分家，也丝毫不足奇怪。老子代表儒的正统，而孔子早已超过了那正统的儒。老子仍旧代表那随顺取容的亡国遗民的心理，孔子早已怀抱着"天下宗予"的东周建国的大雄心了。老子的人生哲学乃是千百年的世故的结晶，其中含有绝大的宗教信心——"常有司杀者杀"，"天网恢恢，疏而不失"——所以不是平常一般有血肉骨干的人所能完全接受的。孔子也从这种教义里出来。他的性情人格不容许他走这条极端的路，所以他渐渐回到他所谓"中庸"的路上去，要从刚毅进取的方面造成一种能负荷全人类担子的人格。这个根本上有了不同，其他教义自然都跟着大歧异了。

那个消极的柔儒要"损之又损，以至于无"；而这个积极的新儒要"学如不及，犹恐失之"，"学而不厌，诲人不倦"。那个消极的儒对那新兴的文化存着绝大的怀疑，要人寡欲绝学，回到那"无知无欲"的初民状态；而这个积极的儒却讴歌那"郁郁乎文哉"的周文化，大胆的宣言："吾从周！"那个消极的儒要人和光同尘，泯灭是非与善恶的执着；而这个刚毅的新儒却要人"无求生以害仁，有杀身以成仁"，要养成一种"笃信好学，守死善道"，"造次必于是，颠沛必于是"的人格。

在这个新儒的运动卓然成立之后，那个旧派的儒就如同满天的星斗在太阳的光焰里；存在是存在的，只是不大瞧得见了。可是，我们已说过，那柔道的儒，尤其是老子所代表的柔道，自有他的大过人处，自有他的绝坚强的宗教信心，自有他的深于世故的人生哲学和政治态度。这些成分，初期的孔门运动并不曾完全抹煞：如孔子也能欣赏那"宽柔以教，不报无道"的柔道，也能尽量吸收那倾向自然主义的天道观念，也能容纳那无为的政治理想。所以孔老尽管分家，而在外人看来——例如从墨家看来——他们都还是一个运动，一个宗派。……

我们在这里，还可以进一步指出老子、孔子代表的儒，以及后来分家以后的儒家与道家，所以都不能深入民间，都只能成为长袍阶级的哲学，而不能成为影响多数民众的宗教，其原因也正在这里。

…………

……这个五百年应运而兴的中国"弥赛亚"的使命是要做中国的"文士"阶级的领导者,而不能直接做那多数民众的宗教领袖。他的宗教只是"文士"的宗教,正如他的老师老聃的宗教也只是"文士"的宗教一样。他不是一般民众所能了解的宗教家。……

…………

民众还得等候几十年,方才有个伟大的宗教领袖出现。那就是墨子。

墨子最不满意的就是那些儒者终生治丧相礼,而没有一点真挚的尊天信鬼的宗教态度。……这个人正是儒家的绝好代表:他一面维持他的严格的理智态度,一面还不能抛弃那传统的祭祀职业。这是墨子的宗教热诚所最不能容忍的。所以他驳他说:

执无鬼而学祭礼,是犹无客而学客礼也,是犹无鱼而为鱼罟也。懂得这种思想和"祭如在"的态度的根本不同,就可以明白墨家所以兴起和所以和儒家不相容的历史的背景了。(《胡适论学近著》第一集卷一,3~81页)

按,胡适又有"Origin of the Ju and Their Relation to Confucius"一文(藏中国社科院近代史所"胡适档案",卷号 E-9,分号 32),可与本文中有关部分对看。

同日　胡适手抄欧阳修《画眉鸟》。(《胡适手稿》第10集卷1,28页)

5月20日　上午访客有傅斯年、汪敬熙、林之棠。下午到北大会商研究院事。保君建、周雍能约吃饭,会见汤尔和、王叔鲁诸人。编《独立评论》。(据《日记》)

同日　胡适手抄范成大《瓶花》。(《胡适手稿》第10集卷1,56页)

5月21日　孙洪芬来商谈北平图书馆预算。傅斯年来谈其身世。编《独立评论》。(据《日记》)

5月22日　胡适探视翁文灏,为其恢复良好感到高兴。杨振声来访。(据《日记》)

同日　胡适作有《解决中日的"任何悬案"？》一文，针对新任驻华公使提出解决中日之间悬案的说法，胡适说：日本真有诚意解决"任何悬案"吗？"满洲国"问题不解决，都不能铲除两国之间的恶感。我们对日本，对世界，决不可回避这个问题。我们必须时时刻刻提出这个问题，天天谈，日日谈，站在屋角上大喊，决不可因敌人忌讳而就忽略了这3000万人民所在的失地，让他们去任日本军阀的随意宰割！（《独立评论》第102号，1934年5月27日）

同日　胡适手抄朱熹《观书有感》。（《胡适手稿》第10集卷1，73页）

5月23日　上课。与吴俊升谈。徐新六来谈I.P.R.会务。（据《日记》）

同日　顾颉刚致函胡适，函介王守真投稿《独立评论》。（中国社科院近代史所藏"胡适档案"，卷号1664，分号3）

同日　胡适手抄王守仁《睡起偶成》。（《胡适手稿》第10集卷1，93页）

5月24日　中基会宴请徐新六，胡适在座。恒慕义来访。（据《日记》）

5月25日　上课，讲南宋各学派。为陈明庵画《仿石田山水卷》题诗："系艇岩边垂钓，携琴江上看山。写出梦中境界，人间无此清闲。"（据《日记》）

同日　胡适手抄赵翼《论诗》。（《胡适手稿》第10集卷1，97页）

同日　胡适手抄王安石《题张司业诗》。（《胡适手稿》第10集卷1，31页）

5月26日　胡适与丁文江、徐新六、竹垚生、杨珠山同游长城。（据《日记》）

5月27日　胡适与蒋梦麟商量北大事。到王克敏家吃饭。饭后与丁文江、徐新六同去看团城的西北古物展览。编《独立评论》。（据《日记》）

同日　胡适手抄王安石《江宁夹口》。（《胡适手稿》第10集卷1，32页）

5月28日　胡适与梁实秋、李济会面。是日日记又记：

　　冬秀甚怪我不应如此糟塌身体，我对她说："我七天之中，把一天送给《独立评论》，不能说是做了什么有益的事，但心里总觉得这一天是我尽了一点公民义务的一天。所以我每到两三点钟上床时，心里总觉得很好过；若是那一天做了一篇比较满意的文章，心里更快活了。"

同日　晚7时，北京大学在该校大礼堂举行演说竞赛决赛，蒋梦麟、胡适、张忠绂担任评判员。（次日之《晨报》）

同日　胡适手抄王安石《鱼儿》。（《胡适手稿》第10集卷1，36页）

同日　胡适作有《信心与反省》一文，大要是：

……凡富于创造性的人必敏于模仿，凡不善模仿的人决不能创造。创造是一个最误人的名词，其实创造只是模仿到十足时的一点点新花样。古人说的最好："太阳之下，没有新的东西。"一切所谓创造都从模仿出来。我们不要被新名词骗了。新名词的模仿就是旧名词的"学"字："学之为言效也"是一句不磨的老话。……懒人不肯模仿，所以决不会创造。一个民族也和个人一样，最肯学人的时代就是那个民族最伟大的时代；等到他不肯学人的时候，他的盛世已过去了，他已走上衰老僵化的时期了。我们中国民族最伟大的时代，正是我们最肯模仿四邻的时代……

……我们不可轻视日本人的模仿。……

……我们的固有文化实在是很贫乏的，谈不到"太丰富"的梦话。……我们的周秦时代当然可以和希腊、罗马相提比论，然而我们如果平心研究希腊、罗马的文学、雕刻、科学、政治，单是这四项就不能不使我们感觉我们的文化的贫乏了。尤其是造形美术与算学的两方面，我们真不能不低头愧汗。我们试想想，《几何原本》的作者欧几里得（Euclid）正和孟子先后同时；在那么早的时代，在二千多年前，我们在科学上早已太落后了！……从此以后，我们所有的，欧洲也都有；我们所没有的，人家所独有的，人家都比我们强。试举一个例子：欧洲有三个一千年的大学，有许多个五百年以上的大学，至今继续存在，继续发展：我们有没有？至于我们所独有的宝贝，骈文、律诗、八股、小脚、太监、姨太太、五世同居的大家庭、贞节牌坊、地狱活现的监狱、廷杖、板子夹棍的法庭……虽然"丰富"，虽然"在这世界无

不足以单独成一系统",究竟都是使我们抬不起头来的文物制度。……

……

可靠的民族信心,必须建筑在一个坚固的基础之上,祖宗的光荣自是祖宗之光荣,不能救我们的痛苦羞辱。何况祖宗所建的基业不全是光荣呢?我们要指出:我们的民族信心必须站在"反省"的唯一基础之上。……

今日的大患在于全国人不知耻。所以不知耻者,只是因为不曾反省。一个国家兵力不如人,被人打败了,被人抢夺了一大块土地去,这不算是最大的耻辱。一个国家在今日还容许整个的省分遍种鸦片烟,一个政府在今日还要依靠鸦片烟的税收——公卖税、吸户税、烟苗税、过境税——来做政府的收入的一部分,这是最大的耻辱。……

真诚的反省自然发生与真诚的愧耻。……

……

反省的结果应该使我们明白那五千年的精神文明,那"光辉万丈"的宋明理学,那并不太丰富的固有文化,都是无济于事的银样蜡枪头。我们的前途在我们自己的手里。我们的信心应该望在我们的将来。我们的将来全靠我们下什么种,出多少力。"播了种一定会有收获,用了力决不至于白费":这是翁文灏先生要我们有的信心。(《独立评论》第103号,1934年6月3日)

同日　陈垣复函胡适,云:

董事任期应俟下届开会时增入。咏霓先生函,遵属送地质调查所。惟事前未有机会与翁先生接洽,欲请先生为之先容也。(《胡适遗稿及秘藏书信》第35册,32页)

5月29日　胡适与日本人小畑熏良谈,对他说:

中国固然不得了,日本也走上了很危险的路,无法可以自救。只有一种"灵迹"可以救日本,可惜我们都不能相信灵迹了!

到协和医院探视翁文灏，又见熊希龄。（据《日记》）

同日　北京大学毕业考试委员会成立，胡适为委员之一。（《北平晨报》，1934年5月30日）

5月30日　商定北大文学院旧教员续聘人数。上课，讲"近世思想史"。（据《日记》）

同日　胡适手抄元稹《过东都别乐天》（二首）。（《胡适手稿》第10集卷1，20页）

同日　傅乐焕、邓广铭致函胡适，谈编纂中国通史的想法。（中国社科院近代史所藏"胡适档案"，卷号837，分号1）

5月31日　出席中基会执委会会议。与梅贻琦谈艺文中学事。到长春亭，赴日本人小畑熏良约。赴王曾思夫妇约，陪宴苏俄大使鲍格莫洛夫，胡适与其谈苏俄教育。（据《日记》）

同日　胡适手抄卢仝《村饮》。（《胡适手稿》第10集卷1，19页）

6月

6月1日　上课，讲阳明学派。访陈光甫。《独立评论》聚餐。（据《日记》）

同日　胡适手抄杜甫《绝句》。（《胡适手稿》第10集卷1，7页）

6月2日　胡适手抄张灵《醉歌》，并有记：

1925年夏天一个早晨四点钟时残月未落，晨光已来，亡友汪鹿园（曦芝）为我诵此诗。别后两年，他已死了。廿三，六，二。在北海，叔永提起此诗。（《胡适手稿》第10集卷1，94页）

同日　天津《大公报》登载南京电讯称：英笔会选举陈三立、胡适为名誉会员。

6月3日　胡适手抄陈与义《中牟道中》。（《胡适手稿》第10集卷1，48页）

同日　胡适在唐释法海撰《六祖大师法宝坛经》二卷作有题记：

一九二六年，我在巴黎中国使馆见着此本，曾借读一遍。从此以后，我到处访求此本，历八年之久，到今年才被朱经农兄在长沙周稼生（大备）先生家里寻得此本，寄来送我。八年访求之愿，至此始偿。（《胡适藏书目录》第 2 册，1367～1368 页）

6 月 4 日　胡适出席北京大学研究院院务会议。（《北平晨报》，1934 年 6 月 5 日）

同日　胡适作有《看了裁军会议的争论以后》一文，呼吁苏联加入国联。（《独立评论》第 104 号，1934 年 6 月 10 日）

同日　为香港大学中文部事，发两电，一与 Sir Wm. Hornell，一与容肇祖。（据《日记》）

同日　胡适手抄陈与义《清明》。（《胡适手稿》第 10 集卷 1，49 页）

6 月 5 日　胡适到北大，与王小航之子谈一个半小时。作编译会下半年报告。孟森送来其《清世宗入承大统考》，要胡适题字。

同日　胡适复函孟森，盛赞其《清世宗入承大统考》一文可成为定谳，认为孟著"认定隆科多为主要人物，详考其家世，并指出他当日掌握京城兵权，故能一手拥立新君，而人不敢谁何：此为最重要之论断，次则钩稽雍正先后各谕，指出其支离矛盾之点，以证成雍正帝之作伪心劳日拙：此亦是大贡献"。又给予新式标点等建议。（《胡适遗稿及秘藏书信》第 19 册，230～233 页）

同日　胡适手抄陈与义《春日》。（《胡适手稿》第 10 集卷 1，50 页）

同日　章希吕日记有记：夜饭后，适兄教吾们查《辞通》的方法，并讲解字的平上去入。吾觉得吾们对于字音错读的很多，绩溪土音也读不准，所以对于平上去入分起来不免有错误。那些饱学的老先生对于古音亦难读准。广东人辨音尚近于古音。适兄说了有两个钟头。（《胡适研究丛录》，258 页）

同日　唐兰致函胡适，谈读《说儒》的感想：《多方》上所说的"四国"，似乎和《汉书》所说不同；认同胡适所说齐鲁都封在成王时一说；又替胡适

找到"奴隶传播文化"的一条证据等。(《胡适遗稿及秘藏书信》第31册，427～434页)

6月6日 下午有三个讲演：讲"科学概论"的最后一讲；讲"王学"；到北平美国学校作毕业讲演，讲"择业"。(据《日记》)

胡适"科学概论"大要：每一种科学的发达，全靠方法的进步；方法的进步与器械的进步有密切的关系；科学的进步是逐渐继长增高的，有持续性的学术机关，保存已知的知识、方法、技术、工具，始能有继续的改良与进步；东方与西方之学术发展途径，在很古的时代已经分道扬镳；科学方法只是不苟且、不躲懒、肯虚心的人做学问的习惯。(《胡适遗稿及秘藏书信》第9册，539～546页)

同日 顾颉刚来访。(《顾颉刚日记》第三卷，196页)

同日 胡适手抄陈与义《秋夜》。(《胡适手稿》第10集卷1, 51页)

同日 彭基相将其所译笛卡尔著《方法论》(商务印书馆，1934年)题赠胡适："敬赠适之师，学生基相，六月六日。"(《胡适藏书目录》第1册，83页)

6月7日 胡适复函梁实秋，为梁不能来北大感到遗憾，因为实在找不到好的替人来。希望梁能向山东大学请假一年，"等于北大向山大借你一年"。(《看云集》，50～51页)

同日 胡适手抄杜牧《秋夕》。(《胡适手稿》第10集卷1, 23页)

6月8日 胡适手抄杜牧《山行》。(《胡适手稿》第10集卷1, 24页)

6月9日 访 Mr. Roger S. Greene。探视翁文灏的病，又去看张奚若的儿子的病。铃木大拙(贞太郎)来访，赠胡适敦煌本《神会语录》、敦煌本《坛经》、兴圣寺《坛经》、佛光国师年表塔铭、*Essays in Zen Buddhism*（Third Series）等书。故胡适作了一些札记。(据《日记》)

同日 胡适手抄苏轼《澄迈驿通潮阁》。(《胡适手稿》第10集卷1, 46页)

6月10日 钱稻孙、陈伯庄、顾颉刚来谈。访 Mrs. Everett。与竹垚生、丁文江、汪伯桑同打牌。(据《日记》)

同日　胡适手抄南宋无名氏《陶渊明故居》。(《胡适手稿》第10集卷1，55页)

6月11日　胡适作有《再论信心与反省》，指出：

> 所以我十分诚挚的对全国人说：我们今日还要反省，还要闭门思过，还要认清祖宗和我们自己的罪孽深重，决不是这样浅薄的"与欧美文化接触"就可以脱胎换骨的。我们要认清那个容忍拥戴"小脚、八股、太监、姨太太、骈文、律诗、五世同居的大家庭、贞节牌坊、地狱的监牢、夹棍板子的法庭"到几千几百年之久的固有文化，是不足迷恋的，是不能引我们向上的。那里面浮沉着的几个圣贤豪杰，其中当然有值得我们崇敬的人，但那几十颗星儿终究照不亮那满天的黑暗。我们的光荣的文化不在过去，是在将来，是在那扫清了祖宗的罪孽之后重新改造出来的文化。替祖国消除罪孽，替子孙建立文明，这是我们人人的责任。(《独立评论》第105号，1934年6月17日)

6月12日　胡适手抄郑燮《题画竹石》。(《胡适手稿》第10集卷1，96页)

同日　施肇基函介即将前来中国的美国名作家Stephen Bonsal会见胡适。施云，自己与此人认识多年，并对其非常赏识，相信胡适也将会非常乐意见他。(中国社科院近代史所藏"胡适档案"，卷号E-355，分号4)

6月13日　拟考试题目。出席艺文中学董事会。桥川时雄宴请铃木大拙，约钱稻孙、汤用彤、徐森玉与胡适作陪。桥川送胡适一部常盘大定的《宝林传之研究》，附有日本出现的《宝林传》第六卷复印件。(据《日记》)

同日　胡适手抄元好问《论诗》。(《胡适手稿》第10集卷1，88页)

6月14日　胡适出席北京大学校务会议。会议通过研究院组织规程，又讨论招考等事宜。(《北平晨报》，1934年6月15日)

同日　胡适手抄杜甫《春水生》。(《胡适手稿》第10集卷1，18页)

6月15日　考学生的"中国哲学史"。独立评论社聚餐，蒋廷黻谈国际形势。作英文的《辞通》短评一篇。(据《日记》)

同日　胡适手抄杜甫《江畔独步寻花》。(《胡适手稿》第10集卷1, 8页)

6月16日　胡适手抄杜甫《江畔独步寻花》(另一首)。(《胡适手稿》第10集卷1, 9页)

同日　胡适致函罗家伦,谈及杨鸿烈不愿在河南大学,询罗家伦是否能在中央大学或中央政治学校为其谋一个工作机会。(罗久芳编著:《五四飞鸿:罗家伦珍藏师友书简集》,百花文艺出版社,126页)

6月17日　胡适整理《独立评论》稿子。彭基相来谈,说他要与俞大缜离婚,托胡适作主。(据《日记》)

同日　胡适手抄杜甫《绝句漫兴》。(《胡适手稿》第10集卷1, 10页)

6月18日　整理《独立评论》稿子。俞大缜来谈,同胡适商定与彭基相的离婚条件。但最后,彭要取消前议,不离婚。(据《日记》)

同日　周先庚致函胡适,介绍郑沛嶛的文章给胡适,希望能刊登在《独立评论》上。(《胡适遗稿及秘藏书信》第29册,517页)

同日　胡适手抄杜甫《绝句漫兴》(另一首)。(《胡适手稿》第10集卷1, 11页)

6月19日　彭基相太太来访。到清华,出席毕业考试委员会。到Dr. Hannon家,访Buffalo城的Museum of Science主任Mr. Hamlin。到华文学校晚餐,会见University of California副校长Dr. von KleinSmid,与美公使谈。(据《日记》)

同日　胡适手抄杜甫《绝句漫兴》(另一首)。(《胡适手稿》第10集卷1, 12页)

6月20日　下午出席北大、中基会合款顾问委员会会议,会后与蒋梦麟、陶孟和、傅斯年、任鸿隽、孙洪芬同去探视翁文灏。叶石荪(麐)结婚,胡适前往道贺。后与傅斯年、俞大綵前往北京饭店吃饭。(据《日记》)

同日　胡适作《打油诗》,讽傅斯年因恋爱而"发病"。(《胡适手稿》第10集卷4, 416页)

同日　胡适手抄杜甫《绝句漫兴》(另一首)。(《胡适手稿》第10集卷1, 13页)

6月21日　中基会董事聚餐，研究下年款项分配之事。因金价下跌，故下年甚不够分配。（据《日记》）

同日　胡适手抄杜甫《绝句漫兴》另一首）。（《胡适手稿》第10集卷1，14页）

同日　钱玄同致函胡适，为傅作义部下段观海、马秉仁来催写碑文而不送纸来不悦。而后若再来催促，则将回绝不写也，请胡适代达此意。（《胡适遗稿及秘藏书信》第40册，449～452页）

6月22日　胡适到清华大学作毕业讲演。到浙江兴业银行为傅斯年办借款事。出席北平图书馆委员会会议，讨论年度预算。彭基相太太来谈。到 Mr. Hamlin 家吃饭，同席有北大地质教授葛利普等。（据《日记》）

同日　胡适手抄杜甫《绝句漫兴》另一首）。（《胡适手稿》第10集卷1，15页）

6月23日　胡适到汇文中学作毕业演说。到中基会。访客有黎锦熙、钱玄同、汤用彤、钱穆。到辅仁大学作毕业演讲。与 Dr. Fischer 谈怎样提倡德文事。（据《日记》）

同日　胡适手抄杜甫《绝句》。（《胡适手稿》第10集卷1，17页）

6月24日　胡适在天津《大公报》发表《赠与今年的大学毕业生》。

按，此文发表后，曾引起不同的意见。7月4日、8日的《大公报》曾连载徐梅《读胡适先生〈赠与今年的大学毕业生〉文后》。胡适又发表《写在徐梅女士的文章后面》予以回应。

又按，7月8日丁声树致函胡适云，读此文后非常感动，将恪遵胡适所指出的途径，以避免将来的坠落。又因此想到为学与致用的问题等。（《胡适遗稿及秘藏书信》第23册，373～374页）

同日　胡适手抄道潜《临平道中》。（《胡适手稿》第10集卷1，52页）

6月25日　胡适作有《三论信心与反省》。（刊于《独立评论》第107号，1934年7月1日）

6月26日　胡适致函孟森，谈读《太后下嫁考实》的感想：

……至佩先生不轻置信之精神。惟读后终不免一个感想，即是终未能完全解释"皇父"之称之理由。《朝鲜实录》所记，但云"臣问于来使"，来使当然不能不作模棱之语，所云"今则去叔字"，似亦是所答非所问。单凭此一条问答，似仍未能完全证明无下嫁之事，只能证明在诏敕官书与使节辞令中无太后下嫁之文而已。鄙意决非轻信传说，终嫌"皇父"之称似不能视为与"尚父，仲父"一例。下嫁之传说已无证据可凭，而"皇父"之称自是史实。后之史家于此事只能说，据殿试策与红本及《朝鲜实录》，摄政王确改称"皇父"，而民间有太后下嫁之传说，但无从证实了。(《胡适遗稿及秘藏书信》第19册，236～237页)

同日　胡适手抄白居易《桂华曲》。(《胡适手稿》第10集卷1，21页)

6月27日　胡适手抄贺知章《柳枝》。(《胡适手稿》第10集卷1，2页)

6月28日　胡适手抄贺知章《回乡偶书》。(《胡适手稿》第10集卷1，3页)

6月29日　胡适在北平出席中基会第十次常会。出席会议的董事还有周诒春、丁文江、任鸿隽、贝诺得、司徒雷登、李石曾、金绍基、贝克等9人，教育部、外交部以及美国使馆的代表列席了会议。会议由周诒春主席，议决：(一)接受各项会务、财务及事业报告；(二)本年度因美金跌价、经费不敷之数，实行紧缩后，至年度终，估计约6万余元，此数决暂行记账，俟下年度内如有盈余，再行扣除；(三)下年可支配款项，将由170万减至一百三四十万，其中自办及合办事业，预算约占92万余元，继续补助费占40余万元；(四)因经费减少，凡新来请款机关及二次庚款机关联席会议提出，均不置议；(五)改定每年常会于10月举行，年会于4月举行；(六)改选任满董事、职员，董事施肇基、徐新六、胡适，满任均连任；董事长蔡元培，副董事长孟禄、周诒春，名誉秘书胡适，名誉会计贝诺得、金绍基均连任，执委顾临、周诒春、金绍基均连任。(次日之《中央日报》、天津《大公报》)

同日　胡适手抄王维《鹿柴》。(《胡适手稿》第 10 集卷 1, 4 页)

6 月 30 日　胡适手抄李白《客中行》。(《胡适手稿》第 10 集卷 1, 6 页)

6 月　胡适为朱起凤的《辞通》所作英文书评发表,文中说:

The publication of Mr. Chu Ch'i-feng's 朱起凤 Tz'ū-t'ung by the Kaiming Book Company in Shanghai was a great event in the book world of China this year. The book is in two volumes, the second of which will be issued in the autumn. The present volume contains 1,623 pages of the text.(《中国书目简报季刊》第 1 卷第 2 期,1934 年 6 月)

7月

7 月 1 日　胡适写定《〈西游记〉的第八十一难》。文前有记:

十年前我曾对鲁迅先生说起《西游记》的第八十一难(九十九回)未免太寒伧了,应该大大的改作,才衬得住一部大书。我虽有此心,终无此闲暇,所以十年过去了,这件改作《西游记》的事终未实现。前几天,偶然高兴,写了这一篇,把《西游记》的第八十一难完全改作过了。自第九十九回"菩萨将难簿目过了一遍"起,到第一百回"却说八大金刚使第二阵香风,把他四众,不一日送回东土"为止,中间足足改换了六千多字。因为《学文月刊》的朋友们要稿子,就请他们把这篇"伪书"发表了。现在收在这里,请爱读《西游记》的人批评指教。(《胡适论学近著》第一集卷三,425 ～ 436 页)

按,1962 年 1 月 17 日,胡适对秘书胡颂平说:"我当中国公学校长时,住在上海极司斐尔路,蔡先生住在隔壁。有一天,杨杏佛在一个中央什么会上大骂我。杨杏佛是我的学生。隔了几天,蔡先生带杨杏佛到我家来道歉。我告诉他们,《〈西游记〉的第八十一难》,我觉得原文写得太寒碜了。我想把它改写过。唐僧取经回来,还少一难。他出去时，在路上被他的三个弟子打死的许多冤魂冤鬼，这时都来报仇了，唐僧承愿舍身，把他的肉一块一块的割下来喂给一班冤魂冤鬼。他们吃了唐僧的一块肉，可以增长一千岁。我来舍身，使他们可以超生，可以报账。"胡适又说："那篇文章是在那件事以后写成的。"（《胡适之先生晚年谈话录》，289页）

同日　胡适手抄李白《静夜思》。（《胡适手稿》第10集卷1，5页）

7月2日　胡适手抄杜甫《漫成》。（《胡适手稿》第10集卷1，16页）

7月3日　胡适手抄李德裕《登崖州城作》。（《胡适手稿》第10集卷1，22页）

7月4日　胡适作有《胡运中母周太夫人墓铭》。（据《章希吕日记》，载《胡适研究丛录》，258页）

同日　胡适手抄张光弼《绝句》。（《胡适手稿》第10集卷1，92页）

7月5日　胡适手抄虞堪《题赵子昂苕溪图》。（《胡适手稿》第10集卷1，90页）

7月6日　晚，高君珊宴请胡适夫妇、顾颉刚等。（《顾颉刚日记》第三卷，209页）

7月7日　钱玄同致函胡适，告自己书写五十九军阵亡将士碑文之格式，又建议将"涿州"改为"涿县"，并请胡适复示。又请胡适转告段观海，"叫他千万勿再以电话相催，至要至要！！！如此逼迫，我实在不能容忍了。我与彼方素昧平生，写碑又是狠吃力的事，那里有这样再三催促的道理！"（《胡适遗稿及秘藏书信》第40册，336～338页）

7月8日　胡适在《独立评论》第108号发表《从私立学校谈到燕京大学》，提出：凡是好的学校，都是国家的公益事业，都应该得到国家社会的热心赞助。学校只应该分好坏，不应该分公私。又谈到燕京大学在教会学校中具有新领袖的地位。

7月9日　胡适作有《所谓"中小学文言运动"》，大意谓：

……若要使白话运动成功，我们必须根本改变社会上轻视白话的

态度。怎样下手呢？……我们下手的方法，只有用全力用白话创造文学。白话文学的真美被社会公认之时，标准化的国语自然成立了。

我当时的主张，一班朋友都还不能完全了解。时势的逼迫也就不容许我的缓进的办法的实行。白话文学运动开始后的第三年，北京政府的教育部就下令改用白话作小学第一二年级的教科书了！民国十一年的新学制不但完全采用国语作小学教科书，中学也局部的用国语了！这是白话文学运动开始后第五年的事！这样急骤的改革，固然证明了我的主张的一部分：就是白话"文学"的运动果然抬高了社会对白话的态度，因而促进了白话教科书的实现。但是在那个时代，白话的教材实在是太不够用了，实在是贫乏的可怜！中小学的教科书是两家大书店编的，里面的材料都是匆匆忙忙的搜集来的……

所以我们回头看这十几年出的教科书，实在不能否认这些教科书应该大大的改良。但这十几年的中小学教科书的不满人意，却也证明了我十七年前的忧虑。我当时希望有第一流的白话诗、文、戏本、传记等等出来做"真正有功效有力量的国语教科书"。但十七年来，白话文学的作品虽然在质上和量上都有了进步，究竟十七年的光阴是很短的，第一流的作家在一个短时期里是不会很多的。何况牟利的教科书商人又不肯虚心的、细心的做披沙拣金的编纂工作呢？今日社会上还有一部分人对于白话文存着轻蔑的态度，我们提倡白话文学的人不应该完全怪他们的顽固，我们应该责备我们自己提倡有心而创作不够，所以不能服反对者之心。

老实说，我并不妄想"再请政府来彻底的革一下命"。我深信白话文学是必然能继长增高的发展的，我也深信白话在社会上的地位是一天会比一天抬高的。在那第一流的白话文学完全奠定标准国语之前，顽固的反对总是时时会有的。对付这种顽固的反对，不能全靠政府的"再革一下命"——虽然那也可以加速教育工具的进步——必须还靠第一流白话文学的增多。(《独立评论》第109号，1934年7月15日)

1934年　甲戌　民国二十三年　43岁

7月10日　胡适手抄王安石《飞来峰》。(《胡适手稿》第10集卷1,34页)

同日　胡适将他的 The Chinese Renaissance: The Haskell Lectures, 1933 (芝加哥,1934)题赠北京大学图书馆。(《胡适藏书目录》第4册,3008页)

按,北京大学图书馆还收藏有胡适题赠的他与唐擘黄合译的杜威的《哲学的改造》(商务印书馆,1934)、《胡思永的遗诗》(亚东图书馆,1924)以及《西游记考证》抽印本。

7月12日　中基会第八十七次执行、财政委员会联席会议在北平中基会会所举行。胡适报告本会推出之政治学会图书馆管理委员会委员丁文江因南下主持中央研究院事务,声请辞职。按照本会与政治学会所订合作办法,本会应另推选一人继丁文江之任。议决:推选孙洪芬继丁文江之任,为政治学会图书馆管理委员会委员。(中国第二历史档案馆藏中基会档案,全宗号:484;案卷号:49)

7月13日　钱玄同复函胡适,告碑文已写成,"连原稿,傅纸(二张)与格(一张),胡纸(二张)一并送上"。又说明三点:"故都"似不应加私名号;"第八师团"似应加私名号;"我狠荒谬,竟在本文之第十六行(全碑第十九行)多写了一个字,又少写一个字,如别纸所列。……因已写成,无法改动,故请转达前途,刻时应照另纸所说改正"。又希望刻成后,他们能致送几份拓本。(《胡适遗稿及秘藏书信》第40册,453～454页)

7月14日　到刘半农寓所探视刘,劝痛恨协和医院的刘半农住进协和医院。托代理院长 Dr. Frazer 邀 Dr. Marlow 到刘家探视,提出刘必须入院治疗。下午刘半农去世,即邀蒋梦麟前往。刘半农夫人与其弟都对胡适责怪协和,"我安然受之,不与计较"。(据《日记》)

7月15日　胡适手抄姜夔《过垂虹》。(《胡适手稿》第10集卷1,87页)

7月16日　刘半农遗体在协和医院入殓。胡适、蒋梦麟、樊际昌等均前往照料。(次日之《申报》、天津《大公报》)

同日　胡适有《所谓"东欧洛加诺协约"》一文。(《独立评论》第110号,

1934 年 7 月 22 日）

  同日 顾颉刚致函胡适，谈这两年未为《独立评论》写稿的原因，又谈自己在学问方面的志趣，又谈旅行途中深刻感受到国家、民族的危机等。（《顾颉刚书信集》卷一，480～485 页）

  7 月 17 日 丁文江复函胡适，详谈与任鸿隽在合并事宜上的分歧：任鸿隽最先提出社会调查所和社会科学研究所两所合并，得到丁文江同意，并谈妥条件。但两所真正合并时，任氏又推翻原议的条件，这令丁文江和陶孟和极为不满。丁文江仍坚持：任鸿隽必须按原来谈妥的条件拟定二所合作的方案，并希望胡适在合适的时候劝告任：不要反覆。丁函最后又谈到刘半农的死。（此函现存台北"中研院"近代史所，耿云志师 2007 年 5 月访台，拍摄自近代史所并提供给笔者）

  7 月 18 日 丁声树致函胡适，告校毕《说儒》，提出 6 个问题请示胡适。又寄上《释否定词"弗""不"》请指正，阅后请转沈兼士过目。忽闻刘半农过世，甚痛。（《胡适遗稿及秘藏书信》第 23 册，376～378 页）

  7 月 19 日 胡适致函任鸿隽，希望任能照"原议"处理社会调查所和社会科学研究所合并事：

    送上在君来信……我实不知道你们事前"十次以上"的讨论……当初既有"原议"，而今合并既已实行，鄙意以为最好还是照顾"原议"，免得本来是合婚好事反闹成意气之争。

    关于所长同意之权，如当初本已谈过而放弃了，此时仍以放弃为宜。我细细想过，这种保障仍是不可靠的。万一□□□〔涂去三字，似某人姓名〕来做所长或□□□〔涂去三字〕来做院长，中基会敢不敷衍他们吗？既是如是，不如一切从宽大（Liberal），以保存当日男婚女嫁的一团喜气。（台北胡适纪念馆藏档，档号：HS-NK05-016-014）

  7 月 20 日 陶孟和致函胡适，将其指责任鸿隽压迫、驱逐社会调查所的信抄示胡适。（《胡适遗稿及秘藏书信》第 36 册，323 页）

  7 月 21 日 胡适致函丁文江，斡旋丁文江、任鸿隽、陶孟和为社会调查所、社会科学研究所合并产生的分歧。

同日 陶孟和致函胡适,详述任鸿隽在社会调查所、社会科学研究所合并事宜上的种种"不是"。(《胡适遗稿及秘藏书信》第36册,327~329页)

7月22日 为追悼刘半农,由胡适、蒋梦麟在北大二院发起组织刘氏追悼会筹备委员会。(次日之《申报》、天津《大公报》)

同日 丁文江致函胡适,任鸿隽函告合办组织大纲缓送的理由和草案,丁已大体同意,但是聘任所长同意权事不能不商之于陶孟和。后来陶孟和也确实为此事大怒,并质问任鸿隽。丁屡次劝任不要固执,现在只有拜托胡适劝任让步。(《胡适遗稿及秘藏书信》23册,170~171页)

7月23日 傅斯年复函胡适,谈刘半农死后,为之流涕数次。说刘乃傅之知己,十六七年的好友;赞扬刘是友人中最努力之一位。又表示将竭力从公私方面做好刘的身后事:抚恤、捐赠、纪念。(《胡适遗稿及秘藏书信》第37册,422~424页)

7月24日 丁文江复函胡适,感谢胡从中调停,又谈道:"你初起以为我给叔永闹意见,其实是我屡次做了他和孟和的缓冲。"丁文江还逐条批驳21日任鸿隽致胡适信的内容。又说:"现在接到孟和的电报,经我力劝之结果,他同意第四条。我想还是如此较为简单。你们所说十年以后的话不必一定写明,到了十年之后再说罢。我现在把原文和你们修改的条文寄给蔡先生,请他为最后的决定。"(《胡适遗稿及秘藏书信》23册,172~179页)

同日 章希吕日记有记:

> 早饭后和适兄谈亚东的情形,他亦很为亚东一班人着急。我告知他想早南归之意。他问我去后可否为亚东想点办法。我说原放个性太强,未见得肯听吾们的话,有办法也无用。末后,他劝我不必着急,我的生活,他可为我想法,其意可感。(《胡适研究丛录》,258页)

7月26日 蔡元培、丁文江联名致电任鸿隽、胡适:社查(中基会董事会所设社会调查所)、社研(中央研究院社会科学研究所)合办法第四条,赞成新改条文。(《蔡元培全集》第13卷,386页)

7月28日　胡适作有《奥国的大政变》一文，指出：

世界今日只有两个大火药库：一个在中欧，一个在东亚。中欧的火药库万一爆发了，全欧的精力集中到那个大火场上时，东亚的火药库必然也要作第二次大爆炸，那时我们当然是首蒙其害的牺牲品了。所以我们此时最渴望的是德国能有绝大的觉悟，继续保持他最近表示的不参预奥国内乱的决心，使这回最惨事件不至于变成全欧洲和全世界的最惨事件。（《独立评论》第112号，1934年8月5日）

同日　顾颉刚日记有记：……到太平仓待绍虞，同到适之先生处，并晤子水、从吾、孟馀等。（《顾颉刚日记》第三卷，217页）

7月29日　丁文江致函胡适，称赞其《中国的文艺复兴》做得好。（《胡适遗稿及秘藏书信》23册，208页）

同日　丁声树致函胡适，《说儒》付梓前重新审阅，提出9个问题请示胡适，胡适在原信上有批答。（《胡适遗稿及秘藏书信》第23册，318～321页）

同日　下午3时，中国文化建设协会北平分会在中山公园开成立会，并选举评议员，胡适当选。（次日之天津《大公报》）

8月

8月4日　胡适致函罗香林，云：

在中大《文史学月刊》（二、5）上见大著《神秀传疏证》上半，甚喜。注中（33）说未见我的《跋曹溪大师别传》（坛经考之一），此文曾载武汉大学《文哲季刊》第一期。（《胡适研究通讯》2017年第1期，封三）

8月5日　胡适等出席傅斯年婚礼。（《顾颉刚日记》第三卷，220页）

8月6日　胡适作有《兴登堡》一文。（《独立评论》第113号，1934年8月12日）

8月7日 上午11时，德国驻平使馆举行兴登堡总统追悼大会，包括英使、美使以及何应钦、何其巩、袁良、顾孟馀、马衡、徐诵明、李蒸、梅贻琦等中外来宾共400余人出席，次日《申报》《大公报》均报道胡适亦出席。

同日 胡适致函丁声树，谈甲骨文、金文诸问题：

今天偶检郭沫若《谥法之起源》读一遍，深觉今日学者之过于大胆，敢用未认得的金文来做证据，我愧未能也。

我很佩服今日一些学者努力求认得甲骨文字与金器文字，但我总觉得，在认得文字，通其文法之前，我们不可轻易用金文作论证的根据。在这一点上，金文的危险尤大于甲骨文，因为甲骨文出土者多，其出土之地域甚小，其制作之年代相距不甚远，其材料性质又颇相同，故可以比较归纳；而钟鼎出土较少，其地域大，其时代长，其材料多孤立，故不易比较。今日去通晓此种古文字之期尚远，读法人人殊异，皆是假设而已，未足用为史实之证据。即如郭文所引诸器：

（1）《宗周钟》：若用此器，先须确定"邵王"为昭王，次须确定此器实作于昭王时。今此二点皆不能确定，至少不能有同样力量的确定。若读"鈇"为"瑕"，以为昭王自作，即须承认此铭中昭王自称"昭王"，则不但非谥法，也非尊号了。

（2）《趠曹鼎》：此处即使认"龏"字为"共"，还须证明此"共"字不是介词。

（3）郭引《大克鼎》一句中两"龏"字，其上一字即是副词。安知"龏王"字即是"共王"而不作别解？

（4）《匡卣》：此处"懿"字读法还在臆说境界，同一个字，左边从亚则为省文……

（5）关于"灵公"的二器：此处欲证灵为非恶谥，故须认《左传》楚共王一段为伪托。然同书宣十二年楚庄王语，则又可信为证据了！何也？前者于某说不利，而后者于某说有利故也！

我自然不否认谥法后起之可能，但总觉得王、郭诸君用不全认得的古器文字之方法似尚有可议耳。……（《胡适遗稿及秘藏书信》第 18 册，10～14 页）

同日　丁声树复函胡适云，拟将《说儒》四校稿寄往北平由胡适亲自审定，若有错误来函即可改正。《释否定词"弗""不"》受胡适赞赏自觉惭愧。（《胡适遗稿及秘藏书信》第 23 册，322～323 页）

8 月 8 日　胡适致函韦莲司小姐，介绍即将自费赴美留学的曹诚英，因曹需要学口语英文，"询韦能否在费用、口语两方面"给她一些帮助和引导"。又谈及自己之忙：

自从我回来后，一直没写信给你，我真该向你深深道歉。我试着减少参与的活动，但结果是不减反增。我现在是《独立评论》周刊唯一的编辑，北京大学文学院院长，中文系的代理主任。

我几乎每天都工作 14 小时，平时在凌晨两点才上床，星期一是我编〔《独立评论》〕的日子，常到四点才睡觉。但是，奇怪的是，我的健康极佳，体重增加了，食欲也很好。（《不思量自难忘：胡适给韦莲司的信》，196 页）

同日　蒋梦麟致函胡适，推荐王景槐的文章（述甘肃情形），希望能刊于《独立评论》上。（《胡适遗稿及秘藏书信》第 39 册，482 页）

8 月 13 日　胡适致函《十日谈》编者，抗议该刊《陈衡哲与胡适》一文的造谣毁谤：

（一）此文说陈女士留学美国时，与胡适"相见的机会甚多"。事实上我与陈女士留学并不同地，只有一九一七年四月七日任叔永君邀我同到她的学校，见她一次。不久我就回国了。直到三年后（一九二〇）的夏间，她和任叔永君同回国时，我们在南京才有第二次的相见，那时他们早已订婚；他们的婚约就是在那时宣布的。

（二）陈女士与任叔永君做朋友，起于一九一六年的夏间；我最初知道陈女士的文字，都是间接在任君方面看见的。后来我做了《留美学生季报》的编辑，因为向她征求文稿，才和她通信。以后一九一七年我与她第一次见面，也是任君邀我陪他去的。所以我认识陈女士完全是由任君介绍的。今"象恭"先生文中说我因为拒绝了她求婚的要求，"所以把陈女士'负责'介绍给'我的朋友'任叔永了"。这是完全与事实相反的诬辞。

（三）"象恭"先生此文中最荒谬的是说陈女士曾要求与我"结为永久伴侣"，我拒绝了，然后把她介绍给任君。在留学时代，我与陈女士虽然只见过一面，但通信是很多的。我对于她当然有一种狠深的和纯洁的敬爱，使我十分重视我们的友谊。第一，因为陈女士和我那时都在青年的理想时代（idealistic stage），谁都不把结婚看为一件重要的事，但我们便从来没有谈到婚姻的问题。第二，当时一班朋友都知道陈女士是主张不婚主义的，所以没有一个人敢去碰钉子。她与任君相识最久，相知最深，但他们也没有婚姻之约。直到任君于一九一九年第二次到美国，陈女士感他三万里求婚的虔诚，方才抛弃了她的不婚主义，和他订婚。这些事都是我们一班熟人所深知的。"象恭"先生说我拒绝了"自投送门的海外艳遇"，这是对于一位女士最无礼的诬蔑与侮辱。我不能不向贵社提出抗议，贵社对此文应该有负责的道歉。

（四）"象恭"先生此文中有许多字句显然是存心攻讦的；上文所举"自投送门"一语便是明例；又如他说胡适"把陈女士'负责'介绍给'他的朋友'任叔永"，请问他特别用引号标出的"负责""他的朋友"是什么意思？是不是有心布出疑阵，借此攻讦我？又如他在最末说"任先生夫妇的感情总还是淡淡的"，请问先生，这种文字是不是有恶意的挑拨与毁谤？我对这些，也不能不向先生抗议。（《胡适遗稿及秘藏书信》第20册，375～380页）

8月19日　胡适在《大公报》发表《教育破产的救济方法还是教育》，大意谓：

从狂热的迷信教育，变到冷淡的怀疑教育，这里面当然有许多复杂的原因。第一是教育界自己毁坏他们在国中的信用：自从民八双十节以后北京教育界抬出了"索薪"的大旗来替代了"造新文化"的运动，甚至于不恤教员罢课至一年以上以求达到索薪的目的，从此以后，我们真不能怪国人瞧不起教育界了。第二是这十年来教育的政治化，使教育变空虚了；往往学校所认为最不满意的人，可以不读书，不做学问，而仅仅靠着活动的能力取得禄位与权力；学校本身又因为政治的不安定，时时发生令人厌恶的风潮。第三，这十几年来……教育行政的当局无力管理教育，就使私立中学与大学尽量的营业化；往往失业的大学生与留学生，不用什么图书仪器的设备，就可以挂起中学或大学的招牌来招收学生；野鸡学校越多，教育的信用当然越低落了。第四……所谓高等教育的机关，添设太快了，国内人才实在不够分配，所以大学地位与程度都降低了，这也是教育招人轻视的一个原因。第五，粗制滥造的毕业生骤然增多了，而社会上的事业不能有同样速度的发展，政府机关又不肯充分采用考试任官的方法，于是"粥少僧多"的现象就成为今日的严重问题……

…………

……今日中国教育的一切毛病，都由于我们对教育太没有信心，太不注意，太不肯花钱。教育所以"破产"，都因为教育太少了，太不够了。教育的失败，正因为我们今日还不曾真正有教育。

…………

……根本的救济在于教育普及，使个个学龄儿童都得受义务的……小学教育……人人都受了小学教育，小学毕业生自然不会做游民了。

…………

今日中等教育与高等教育所以还办不好，基本的原因还在于学生的来源太狭，在于下层的教育基础太窄太小……来学的多数是为熬资格而来，不是为求学问而来。……

欲要救济教育的失败，根本的方法只有用全力扩大那个下层的基础，就是要下决心在最短年限内做到初等义务教育的普及。国家与社会在今日必须拼命扩充初等义务教育，然后可以用助学金和免费的制度，从那绝大多数的青年学生里，选拔那些真有求高等知识的天才的人去升学。受教育的人多了，单有文凭上的资格就不够用了，多数人自然会要求真正的知识与技能了。

……………

所以今日最可虑的还不是没有钱，只是我们全国人对于教育没有信心。我们今日必须坚决的信仰：五千万失学儿童的救济比五千架飞机的功效至少要大五万倍！

8月23日　顾颉刚日记有记：

适之先生来电云："吾兄望重一时，四方观礼，望痛革俗礼，以为世倡。"然今日之事权不在我，又何能从其言耶？（《顾颉刚日记》第三卷，228页）

8月26日　钱玄同复函胡适，感谢赠送裱好的钱书阵亡将士碑文。又谈及到北大兼课事，请胡适早示所教科目。（《胡适遗稿及秘藏书信》第40册，455～456页）

8月27日　胡适到北大办公。梁思永与梁启雄来访。罗隆基、张彭春来访。胡适与刘楚青代蒋梦麟做主人宴请 Professor Osfood。编《独立评论》。（据《日记》）

8月28日　到北大，到中基会。与何基（惠廉）商译 Carl Becker's *Modern History*。顾随（羡季）来访。与傅斯年商译书还债事，两人相对说穷。周寄梅宴请 Hauks Patt，胡适出席。（据《日记》）

8月29日　章希吕日记有记：

适兄和我谈，万孚因要到福建别有高就，基金会里的缺他想请罗尔纲先生去接手。如罗先生愿意往清华读英文，他每月送他一百元。

叫我将此情形告知罗先生。至于吾的事,如亚东是不可居,叫我回家后耽搁些时就到他家里帮他做事,每月送我酬劳八十元。适兄美意非常可感,但我能帮他做的事并不多,而送如此之厚的报酬,我意总过不去。(《胡适研究丛录》,259 页)

8月30日　胡适访李方桂。带胡思杜到协和验身体。钱端升来谈。美国 Detroit News 记者 Adler 来谈。陈衡哲邀胡适陪美公使詹森夫妇,有参赞 Salisbury 及其母同座。(据《日记》)

同日　胡适致函孟森,申明《说儒》一文的"立论之旨":

《说儒》一文,是数年来积思所得,所用材料皆人人所熟知,但解释稍与前人所见异耳。年来时时与友朋口说此意,终不敢笔之于书,至今年始敢写出,初意不过欲写一短文,后来始觉立异之处稍多,不能不引申为长文。尊示诸点,当日均曾思及。(一)墨家"非儒"之说,固是异派相轻,然《檀弓》《曾子问》非异派之书也。(二)孔氏身分[份]之高,是后人想像之词,在当时则"出则事公卿,入则事父兄,丧事不敢不勉,不为酒困",固是孔子自道其生活,不足诧异也。(三)三年之丧之为殷礼,本文中颇矜慎言之。但鲁侯与周王实不行此礼,见于《春秋》及《左传》,而《论语》《孟子》所记尤可发人深思。我对于此事,致思至十七年之久,近年始觉惟有三年丧制为殷人古礼之说足以解决一切疑难矛盾。凡立一说,必取能解决最多矛盾疑难之假设。《淮南》之记,不足信也。(四)五百年悬记之说,自是我的大胆妄说,但这个假设亦可解释许多疑难,故姑妄存之,以待后人之推翻。(五)相礼在当日为大事,故知礼之人在当日备受敬礼,此古书所昭示。后世礼俗渐变,赞礼之人遂成猥贱,然读古书不当以后世之眼光读之。例如卜筮之贞人筮人,在当日何等重要?今日卜人之受轻视,何妨于古代贞人之受敬礼乎?(六)古代并不轻视此种傧相儒生,我们不当以后世惰民栲房比例古之商祝殷士。世界上婚丧礼之苟且俗陋,莫如今世之中国。试看西洋人婚礼中之牧师,丧礼中之牧师,尚可想见古

代儒生相礼时的崇高地位。牧师中出一个大众仰望之圣人,有何可怪?(《胡适遗稿及秘藏书信》第19册,238~241页)

8月 《寿险界》第2卷第4期之"名人名言"刊登胡适语录:

> 自己要能独立生活,生不靠朋友,死不累子孙。
>
> 我对于子女应该负教养的责任,这是我自己的尽责不希望子女将来还债。
>
> 今天总得预备明天的事,总要使明天的景况胜似今天。

9月

9月1日　胡适手抄杨万里《郡圃晓步,因登披仙阁》。(《胡适手稿》第10集卷1,82页)

9月3日　胡适手抄陈恭尹《读秦始皇本纪》。(《胡适手稿》第10集卷1,95页)

同日　胡适作成《写在孔子诞辰纪念之后》,大意谓:

> ……现代政府的责任在于充分运用现代科学的正确智识,消极的防患除弊,积极的兴利惠民。这都是一点一滴的工作,一尺一步的旅程,这里面绝对没有一条捷径可以偷渡。……最近政府忽然手忙脚乱的恢复了纪念孔子诞辰的典礼,很匆遽的颁布了礼节的规定。八月廿七日,全国都奉命举行了这个孔诞纪念的大典。……政府中人说这是"倡导国民培养精神上之人格"的方法;舆论界的一位领袖也说,"有此一举,诚足以奋起国民之精神,恢复民族的自信。"难道世间真有这样简便的捷径吗?
>
> 我们当然赞成"培养精神上之人格","奋起国民之精神,恢复民族的自信"。但是古人也曾说过:"礼乐所由起,百年积德而后可兴也。"国民的精神,民族的信心,也是这样的;他的颓废不是一朝一夕之故,

他的复兴也不是虚文口号所能做到的。……演讲词是多出了几篇，官吏学生是多跑了一趟，然在精神的人格与民族的自信上，究竟有丝毫的影响吗？

…………

……"最近二十年"比那个拜孔夫子的时代高明的多多了。……我们废除了三千年的太监，一千年的小脚，六百年的八股，四五百年的男娼，五千年的酷刑，这都没有借重孔子的力量。……"最近"几年中，丝毫没有借重孔夫子，而我们的道德观念已进化到承认"根本纳妾蓄奴婢便是罪恶"了。

平心说来，"最近二十年"是中国进步最速的时代；无论在智识上，道德上，国民精神上，国民人格上，社会风俗上，政治组织上，民族自信力上，这二十年的进步都可以说是超越以前的任何时代。……我们可以指出这个总进步的几个大项目：

第一，帝制的推翻，而几千年托庇在专制帝王之下的城狐社鼠——一切妃嫔、太监、贵胄、吏胥、捐纳——都跟着倒了。

第二，教育的革新。……

第三，家庭的变化。……

第四，社会风俗的改革。……

第五，政治组织的新试验。……

…………

什么是人格？人格只是已养成的行为习惯的总和。什么是信心？信心只是敢于肯定一个不可知的将来的勇气。在这个时代，新旧势力、中西思潮、四方八面的交攻，都自然会影响到我们这一辈人的行为习惯，所以我们狠难指出某种人格是某一种势力单独造成的。……这二三十年中的领袖人才，正因为生活在一个新世界的新潮流里，他们的人格往往比旧时代的人物更伟大：思想更透辟，知识更丰富，气象更开阔，行为更豪放，人格更崇高。试把孙中山来比曾国藩，我们就可以明白这两个世界的代表人物的不同了。……凡受这个新世界的新文化的震撼最大的人物，他们的人格都可以上比一切时代的圣贤，不但没有愧色，往往超越前人。老辈中，如高梦旦先生，如张元济先生，如蔡元培先生，如吴稚晖先生，如张伯苓先生；朋辈中，如周诒春先生，如李四光先生，如翁文灏先生，如姜蒋佐先生：他们的人格的崇高可爱敬，在中国古人中真寻不出相当的伦比。这种人格只有这个新时代才能产生，同时又都是能够给这个时代增加光耀的。

…………

凡是咒诅这个时代为"人欲横流，人禽无别"的人，都是不曾认识这个新时代的人：他们不认识这二十年中国的空前大进步，也不认识这二十年中整千整万的中国少年流的血究竟为的是什么。

……这二十年的一点进步不是孔夫子之赐，是大家努力革命的结果，是大家接受了一个新世界的新文明的结果。只有向前走是有希望的。开倒车是不会有成功的。

……养个孩子还免不了肚痛，何况改造一个国家，何况改造一个文化？别灰心了，向前走罢！（《独立评论》第117号，1934年9月9日）

同日　丁西林复函胡适，同意胡适将其英文文法一书在北大用作教本。这部书稿已经在两周前函寄北平的王书庄先生，已经写信与王，请其将书稿送交胡。（《胡适遗稿及秘藏书信》第23册，294页）

9月4日　胡适就旅平美国汉学家义理寿编成《四库全书索引》事接受记者访问时说：

我国学者，现亦有从事该项工作者，惜尚未竟全工耳。胡氏谓：四库全书为乾隆三十七年（时在美国独立以前）下令修编者，不出十年，而全功告成。海内共抄有七套同样之四库全书。此七套，一在圆明园，一在故宫文渊阁，一在热河行宫，一在扬州，一在镇江，一在杭州，至今回顾扬州、镇江及圆明园中所藏之三套，全焚于火，杭州之一套，半焚于火，近已补全，文渊阁之一套，去岁南迁，热河之一套，于熊希龄任热河都统时，搬至北京，现存北平图书馆，而沈阳之一套，则于九一八后，落日人手中。此四库今日之情况，又据英籍汉学专家，英库款董事会董事恒慕义告记者称，美国国会图书馆汉学部，现在正集中精力，编纂是项四库总索引，而不料其功竟成之北平一私人，实令人惊讶云。……（次日之天津《大公报》）

同日　胡适作有《大众语在那儿？》一文，文中说：

大众语不是在白话之外的一种特别语言文字。大众语只是一种技术，一种本领，只是那能够把白话做到最大多数人懂得的本领。

这种技术不光靠挑用单简明显的字眼语句，也不光靠能剽窃一两句方言土话。同是苏州人说苏州话，一样有个好懂和不好懂的分别。这种技术的高低，全看我们对于所谓"大众"的同情心的厚薄。凡是说话作文能叫人了解的人，都是富于同情心，能细心体贴他的听众（或读者）的。"体贴"就是艳词里说的"换我心为你心"；就是时时刻刻想到对面听话的人那一个字听不懂，那一句话不容易明白。能这样体贴人，自然能说听众懂得的话，自然能做读者懂得的文。

…………

现在许多空谈大众语的人，自己就不会说大众的话，不会做大众的文，偏要怪白话不大众化，这真是不会写字怪笔秃了。白话本来是大众的话，决没有不可以回到大众去的道理。时下文人做的文字所以不能大众化，只是因为他们从来就没有想到大众的存在。因为他们心里眼里全没有大众，所以他们乱用文言的成语套语，滥用许多不曾分析过的新名词；文法是不中不西的，语气是不文不白的；翻译是硬译，做文章是懒做。他们本来就没有学会说白话，做白话，怪不得白话到了他们的手里不肯听他们的指挥了。这样嘴里有大众而心里从来不肯体贴大众的人，就是真肯"到民间去"，他们也学不会说大众话的。

所以我说：大众语不是一个语言文字的问题，只是一个技术的问题。提倡大众语的人，都应该先训练自己做一种最大多数人看得懂，听得懂的文章。"看得懂"是为识字的大众着想的；"听得懂"是为不识字的大众着想的。我们如果真有心做大众语的文章,最好的训练是时时想像自己站在无线电发音机面前,向那绝大多数的农村老百姓说话,要字字句句他们都听得懂。用一个字,不要忘了大众;造一句句子,不要忘了大众;说一个比喻,不要忘了大众。这样训练的结果,自然是大众语了。(天津《大公报》,1934年9月8日)

同日　胡适手抄杨万里《暮热,游荷池上》。(《胡适手稿》第10集卷1,83页)

9月5日　胡适得赵元任电,不同意李方桂至北大任教授。访客有周作人、程修滋。(据《日记》)

同日　胡适手抄杨万里《宿灵鹫禅寺》。(《胡适手稿》第10集卷1,84页)

9月6日　胡适手抄杨万里《岸沙》。(《胡适手稿》第10集卷1,86页)

同日　章希吕日记有记:

今早一起来,小三拿了电报给我看,是绩溪孟翁与运中打来的。因教育厅新近放了一个教育局长到绩溪。孟、运以积和平日办事认真,成绩不坏,地方教育局长一席,外处人实不如本地人相宜,拟托适兄拍一电报给杨厅长免于调动。适兄比即发了一电去,不知有效力否。写了一信给孟、运,将电报稿寄给他们。

原放有一快信给适兄,兴业款到期,仍托适兄担保再转四个月。适兄为去一信给徐新六,由我快函转寄原放面递徐君。

原放信上又请适兄移借五十元给我。夜,适兄摸出一百元来,另五十元是留我在北平买点零物回去送人,我辞而未收。

《文存四集》目录编定,约文九十篇,字约四十六万。(《胡适研究丛录》,259页)

9月7日　胡适得蔡元培、丁文江电报,都"来电不放方桂"。(据《日记》)

同日　胡适手抄杨万里《入城》。(《胡适手稿》第10集卷1，85页)

9月8日　胡适到北大，到中基会。致电罗常培，请其回北大任教授。出席周同庆新婚后宴会，遇饶毓泰夫妇。下午与郑秉璧、江泽涵、章希吕打牌。读俞大缜译稿。(据《日记》)

9月9日　胡适致函赵元任、丁文江、李方桂，皆谈李方桂不来北大，及改请罗常培事。函谢顾廷龙跋吴宓斋与胡适父亲的手札册子。编《独立评论》稿子。(据《日记》)

同日　胡适手抄陆游《秋夜将晓出篱门迎凉有感》。(《胡适手稿》第10集卷1，71页)

9月10日　胡适手抄陆游《观梅至花泾，高端叔见寻》。(《胡适手稿》第10集卷1，67页)

同日　章希吕日记有记：

午后适兄又将洋一百元送来，他的意思要全数作送。我在此十月，已破费了他不少钱。前日辞五十不收，今日送一百来，又何能收？而适兄意甚坚，只得暂为收下，言明到上海后汇还，因我没有百元盘费也不能动身。惟适兄这样厚待，我真不知将来何以为谢。

夜饭后和适兄闲谈世界大势及中国将来政治的出路，足足谈了两个半钟头。这是到北平后和他一个最长的谈话。(《胡适研究丛录》，259～260页)

9月11日　到北大。下午出席"一个无味的茶会"。陈垣送来其《元典章校补释例》的校样，求序。(据《日记》；又据《胡适遗稿及秘藏书信》第35册，34页)

同日　胡适复函朱企霞，退稿：

……我总觉得你写的文字不曾经过"说老实话，说平常话"的训练，使人读了起 unreal 的感觉。这篇《莲花谷》也使我感觉你有点无病呻吟的做作。《独立》向不登文学作品，我们只要一些清楚明白说平常话的好文字而已。送上《乡音》《新秀才》两篇，可以代表我们要的文字。《新秀才》一篇是一个今年考北大不取的贵州学生做的。你看了也许不能欣赏这一类的文字。但文字不从这一条路子入手，是不会做好的。（至少我的偏见如此看。）(《胡适遗稿及秘藏书信》第19册，47～48页)

9月12日 下午，胡适到怀仁堂看徐炳昶等在陕西发掘的古物。访客有俞大缜、徐炳昶。读"王韬笔记"，有札记。（据《日记》）

同日 胡适致函顾廷龙，讨论王韬入县学的籍贯及姓名等问题。胡适判断，王入学是昆山籍，或新阳籍，而不是长洲籍。关于其姓名，胡适认为：

> ……他自传中说他入学后"旋易名瀚，字懒今"，也是自讳其名字。他入学之名当是王畹，字兰君，取"余既滋兰九畹"之义。后改名瀚，而仍字兰君，有手迹可证。官名不常用，改了不为人所注意，而别号表字则友朋间通行已惯，不易改了。他上太平天国书中用"黄畹"，是他原入学的学名，以示郑重。后来他出了乱子，就永讳其名畹，但"兰君"之表字仍不易讳饰，故取音略同之"懒今"。懒今即兰君之变文，而兰君之字可证他本有"畹"之名。

又拜托顾向昆山甪直一带的旧家去访求道光二十五年（1845）的诸生籍，证明那年昆山或新阳的县学第一是否王畹。(《国立北平图书馆馆刊》第8卷第3期，1935年5、6月)

> 按，10月12日顾廷龙复函胡适云：
> ……先生于王韬学籍，推测至确，深佩……访《昆新青衿录》（光绪廿七年编刊），展卷一览，果于道光廿五年乙巳张宗师……科试新学榜中得王氏之名。榜录如后……
> 先生又疑王氏曾名畹，极为可能。字多因名而取，故作"兰君""兰卿"。观其官名屡改，表字虽多，而皆与兰字有关……惜尚无见其署"王畹"之名以一证耳。此事舍亲曾为转询。……(《国立北平图书馆馆刊》

第 8 卷第 3 期，1935 年 5、6 月）

9 月 13 日　到北大，到中基会。与研究生周国亭谈唐代道教史。出席中基会执行委员会第九十次会。访 Baroness Ungern Sternberg，遇 Comteas Lichnovskey、Miss Contag、Dr. & Mrs. Wilhelm，作长谈。到德国使馆晚餐，客人有 General Von Seetst 等。（据《日记》）

同日　陈垣致函胡适，催胡适为其《元典章校补释例》写序。（《胡适遗稿及秘藏书信》第 35 册，35 页）

9 月 14 日　胡适与北大文学院新生座谈选择科系的问题。劝告他们不要为一时的兴趣所肴，要多一些选择的余地。尤不应以社会一时的需要为自己选择的目标。最重要的是努力认清自己真正宜于做什么。（《胡适年谱》，186 页）

9 月 15 日　到北大，到中基会。读陆游的全集，认为陆虽有其可爱处，但不如万里伟大，发愿为杨编一部《杨诚斋集》的定本。（据《日记》）

9 月 16 日　上午见客。到清华大学顾毓琇家吃午饭，与任鸿隽、陈衡哲等同游玉泉山。（据《日记》）

同日　胡适手抄陆游《杂咏》（二首）。《胡适手稿》第 10 集卷 1，70 页）

同日　章希吕日记有记：夜，适兄又设宴饯行。客人除毛、郑、江太太之外，有江泽涵先生夫妇。泽涵先生又送来阿胶 2 斤。（《胡适研究丛录》，260 页）

9 月 17 日　到中基会。出席欧美同学会干事会。梁实秋约吃饭，有冯汉叔等。"章元善谈他在陕西见邵力子与杨虎城的成绩不坏，我劝他写一文表彰他们。今日大患在于无人敢赞扬人之善。我们不怕称善，也不怕扬人之恶。"（据《日记》）

同日　胡适作有《九一八的第三周年纪念告全国的青年》，大意谓：

在这个惨痛的纪念日，我们应该最诚恳的反省，应该这样自省：
第一，为什么我们把东北四省丢了？是不是因为我们自己太腐败了？是不是因为我们自己太不争气了？是不是因为我们自己事事不如我们的敌人？

第二，在这三年之中，我们自己可曾作何种忏悔的努力？可曾作何种补救的努力？可曾作何种有实效的改革？

第三，从今天起，我们应该从什么方向去准备我们自己？应该如何训练磨炼我们自己？应该怎样加速我们自己和国家民族的进步来准备洗刷过去的耻辱，来应付这眼前和未来的大危机。

我们口头和笔下的纪念都是废话，我们的敌人不是口舌纸笔所能打倒的；我们的失地也不是口舌纸笔所能收回的。

我们的唯一的生路是努力工作，是拼命做工。我们的敌人所以能够这样侵犯我们，欺辱我们，只是因为他们曾经兢兢业业的努力了六十年，而我们只在醉生梦死里鬼混了这六十年。现在我们懊悔也无用了，只有咬紧牙根，努力赶做我们必须做的工作。

努力一分，就有一分的效果。努力百分，就有百分的效果。

奇耻在前，大难在后，我们的唯一生路是努力，努力，努力！（《胡适遗稿及秘藏书信》第12册，100～101页）

同日 胡适作有《整整三年了》，指出：

……我们在这一个绝大惨痛的纪念日，只有一个态度是正当的：那就是深刻的反省。

…………

我们必须彻底的觉悟：一个民族的兴盛，一个国家的强力，都不是偶然的，都是长期努力的必然结果。我们必须下种，方有收获；必须努力，才有长进。

我们今日必须彻底的觉悟：九一八的国难，还不算最大的国难；东北四省的沦亡，还不够满足我们的敌人的大欲，还不够购买暂时的苟安！我们如果不能努力赶做我们必须做的工作，更大的"九一八"就要来到；全国沦亡的危机就在不远的将来！……

……工作是不负人的，努力是不会白费的。努力一分，就有一分

的效果；努力十分，就有十分的效果。只有努力做工是我们唯一可靠的生路。……（《独立评论》第 119 号，1934 年 9 月 23 日）

同日　胡适手抄王安石《腊享》。（《胡适手稿》第 10 集卷 1，38 页）

9 月 18 日　钱玄同函介北大研究生方国瑜前来拜谒胡适，请胡适予以接见。（《胡适遗稿及秘藏书信》第 40 册，457 页）

同日　蒋廷黻致函胡适云，已经托使馆送上两篇稿件与《独立评论》；准备开始研究帝俄时期的外交档案。（《胡适遗稿及秘藏书信》第 39 册，371～372 页）

9 月 22 日　到北大，到中基会。与张子高谈。与傅斯年夫妇及俞大缜同赴吴之椿与欧阳采薇的婚礼。见杨森的秘书长黄绶先。（据《日记》）

同日　胡适作有《跋北平图书馆藏〈王韬手稿〉七册》。（《国立北平图书馆馆刊》第 8 卷第 3 期，1935 年 5、6 月）

9 月 23 日　胡适手抄王安石《重将》。（《胡适手稿》第 10 集卷 1，39 页）

9 月 24 日　胡适致函汪精卫，分析外交现状，劝其与唐有壬退出外交部：

此次国联开会，中国竟不得当选为非常任理事，此中原因虽非简单，然我国外交太松懈，驻欧大国公使多不在任，出席日内瓦的代表团不甚得力，政府对国联也太不注意，此诸项似皆不能无关系。

去年我回国时，即向先生进言，请先生与有壬兄退出外交部。以私交论，为爱先生；以公谊论，实为国家设想。那时此意未蒙先生采纳。那时先生颇怪我不认先生为能"困守待援"之人。我以私人资格已做到了"尽言"的限度，当然不便再哓哓了。及今思之，"困守待援"之外，似乎也应该有点"雪中送炭"的工作。今日的外交局势直是一事不做，闲中不布一子，万一又有大危急，与三年前王儒堂时代的局面有何分别？为国家前途设想，我终不愿避嫌不说话，我很盼望先生再思我的老话，与有壬兄同退出外部，慎选一位能实行所谓"同时顾到外交四条路线（日、俄、国联、美）"的继任者。《独立》上曾有孟真批评外交之文，当时我们即虑到国联理事缺的落选。先生与有壬也许要否认此事的责任问题，然在野公论则异口同声要公等负此责任，但无人肯为公等尽言耳。（此函粘贴于胡适是日日记中）

  按，9月28日，汪精卫复胡适云：

  ……我无时不想退出，但至今想不出接手之人，你如果责备我何以至今尚想不出接手之人，我甘受你的责备。

  至于有壬兄，与我不同，他是一个适当的次长……

  …………

  ……先生肯责我，我知感。先生责我不通晓外国语言，不谙外交，我承受。先生责我以不懂外交的人而兼部长，以致一班老外交家都不高兴干，我承受。我低头挨骂，我狠顽钝的挨骂。

  我所希望接手的人……其条件并不苛酷，仅如下列：

  （一）精通外国语言，谙练外交；

  （二）不要为办外交而办外交，要为全国军事、经济各方面全盘打算而办外交；

  （三）须要以国家人格生命为重、以个人名誉生命为轻之精神来办外交。

  如果有这样人物，我不请他来接替，那我甘当妨贤误国的罪名。（《胡适遗稿及秘藏书信》第27册，222～226页）

同日　胡适作有《论国联大会的两件事》，指出：苏俄参加国联可以减除世人对于国联的许多误解；苏俄的参加可以使国联增加一点新的勇气，打开一个新的生命。又提请国外人应为我国不得入选国联常任理事国深刻反省。（《独立评论》第120号，1934年9月30日）

9月25日　顾颉刚复函胡适，云：

  上月奔丧南来，接诵唁电，甚感。承嘱改订丧礼，当然极合我意，但权不我操，且家父年老，不忍伤其心，故且维持旧仪，将来必有以报命耳。北大课已由谭其骧君代……谭君实在是将来极有希望的人……我很想把《禹贡》半月刊的广告登在《独立评论》上,如蒙允可,请告谭君。……得暇拟写《蒙事痛言》一篇,登入《独立评论》。……(《胡适遗稿及秘藏书信》第 42 册,444 ～ 447 页)

10月

10 月 2 日 《晨报》刊登北大校务会议委员名单,文学院院长胡适作为当然代表,大名在列。

10 月 8 日 胡适作成《校勘学方法论——序陈垣先生的〈元典章校补释例〉》,指出陈氏之书是中国校勘学的一部最重要的方法论。大意谓:

> 校勘之学起于文件传写的不易避免错误。文件越古,传写的次数越多,错误的机会也越多。校勘学的任务是要改正这些传写的错误,恢复一个文件的本来面目,或使他和原本相差最微。校勘学的工作有三个主要的成分:一是发现错误,二是改正,三是证明所改不误。(《胡适论学近著》第一集卷一,135 ～ 136 页)

按,胡适将此文视作本年最重要的论文之一,他说:

> 《说儒》之外,第二篇论学文字要数陈垣《〈元典章校补释例〉序》了。此序长八千字,实在是一篇"校勘学方法论"。(将来此文重登《国学季刊》,即改题此名。)大概中国论校勘学的方法的书,要算这篇说的最透辟的了。此文的意思是要打倒"活校",提倡"死校",提倡古本的搜求——是要重新奠定中国的校勘学。
>
> 十八年前,我回到绮色佳去看我的先生白尔(George Lincoln Burr)教授,谈起中国校勘学的成绩,他静静的听,听完了,他说,"胡先生,你不要忘了我们欧洲的文艺复兴时代有一个最重要的运动,就是古写本的搜求(the search for manuscripts)。没有古本,一切校勘考订都谈不

到"。我当时少年不更事，不能充分了解他老人家的意思。我在这二十年中，也做校勘的工夫，但都是"活校"居多，够不上科学的校勘。近六七年中，我才渐渐明白校勘学的真方法被王念孙、段玉裁诸大师的绝世聪明迷误了，才渐渐明白校勘学必须建筑在古善本的基础之上。陈垣先生用元刻本来校补《元典章》董康刻本，校出讹误一万二千余条，缺文一百余页。这是最明显的例子。所以我发愤为他写这篇长序，重新指出校勘学的方法真意。这也是我自己纠谬之作，用志吾过而已。（《胡适日记全集》第7册，156～157页）

10月9日 胡适在燕京大学讲演"究竟我们在这二十三年里干了些什么？"鉴于各报报道"都不免有错误"，胡适乃将讲演内容写成《悲观声浪里的乐观》一文，大要是：

> 悲观的人的病根在于缺乏历史的眼光。因为缺乏历史的眼光，所以第一不明白我们的问题是多么艰难，第二不了解我们应付艰难的凭借是多么薄弱，第三不懂得我们开始工作的时间是多么迟晚，第四不想想二十三年是多么短的一个时期，第五不认得我们在这样短的时期里居然也做到了一点很可观的成绩。
>
> 如果大家能有一点历史的眼光，大家就可以明白这二十多年来，"奇迹"虽然没有光临，至少也有了一点很可以引起我们的自信心的进步。进步都是比较的。必须要有历史的比较，方才可以明白那一点是进步，那一点是退化。我们要计算这二十三年的成绩，必须要拿现在的成绩来比较二十三年前的状态，然后可以下判断。
>
> ……这二十三年中，尽管在贫穷纷乱之中，也不是没有惊人的进步。（天津《大公报》，1934年10月14日）

按，此文英译本发表于 *The People's Tribune*, Vol. 8, No. 1（January 1, 1935), pp.17-24。

同日 胡适作有《"双十节"的感想》一文，指出"双十节"有两层重

大意义：种族革命和政治革命。推翻帝制后建立民主共和是历史造成的局势。帝制的推翻是五千年中国历史上的一件最大的改革。辛亥革命是后来一切社会改革的开始。(《独立评论》第122号，1934年10月14日)

10月13日　《国语周刊》第159期刊登胡适的《刘半农先生挽词》：

> 守常惨死，独秀幽囚，如今又弱一个。
> 拼命精神，打油风趣，后起还有谁呢？

10月14日　上午10时，胡适出席刘半农追悼会。追悼会由蒋梦麟主席，行礼及蒋梦麟致辞后，胡适与周作人、钱玄同、魏建功均有演说。是日，访客有日本青年学者小川、山室、目加，荷兰教授 I. G. Sleeswijk。编《独立评论》第123号。(据次日之天津《大公报》《申报》；胡适是日日记)

10月15日　天津《大公报》报道，《学文月刊》内部改组，将由胡适、梁实秋、闻一多三人任编辑，并决自第五期起扩充篇幅。

10月16日　胡适在寓所召集北京大学传记实习课程研究生谈话。(《北平晨报》，1935年10月17日)

10月21日　胡适在《独立评论》第123号发表《政治统一的意义》一文，指出：

> 政治统一全靠政治家能充分了解各部分的相互关系，用政治的制度去培植他们，巩固他们。一个国家的统一，决不能单靠武力一项把持各部分使他们不分崩。国家的统一其实就是那无数维系各部分的相互关系的制度的总和。武力统一之后，若没有那种种维系，统一还是不能保持长久的。

10月22日　胡适复函沈从文，因自己没有法子给其写文字，故推荐申高贤投稿给《独立评论》的文章；因知道申贫寒，故希望沈能将此稿买去。(《胡适遗稿及秘藏书信》第19册，113页)

同日　赵元任致函胡适，谈高本汉译文的印制地点及款式问题，又慨叹白涤洲之死等。(《胡适遗稿及秘藏书信》第38册，426页)

10月24日 北京大学本年度第一次校务会议通过重要议案多项，校长提出之各委员会名单修正通过，胡适担任财务委员会委员长、图书馆委员会常委、出版委员会委员。(《北京大学周刊》第121号，1934年10月27日)

10月26日 胡适致函《大公报》：

> 本日《大公报》"北平通信"记协和医学校代理校长顾临辞职一条新闻，有许多不确实之处。其中最奇怪的是说他"近因与某庚款董事会发生意见，表示消极"。协和医学校与各种庚款董事会毫无经济上或管理上的关系，顾临先生以个人资格被选为中华教育文化基金董事会的董事，至今多年，从未有"发生意见"之事。此外，他和别的庚款董事会更没有关系了，我疑心贵社访员误听"罗氏基金"为"庚款基金"，致有此误。我怕社会人士因此发生误会，所以请求贵报代为更正。

(次日之天津《大公报》)

10月30日 下午3时5分，胡适搭平沪车赴南京，代表北京大学出席全国考铨会议。(次日之天津《大公报》《申报》；《清华副刊》第42卷第3期，1934年11月5日)

11月

11月1日 上午9时，胡适在考试院出席全国考铨会议开会典礼，其他出席者有戴季陶、汪精卫、孙科、居正、钮永建、王用宾、林翔、叶楚伧、何应钦、王世杰、石瑛、王韬、何思源、周炳琳、齐真如、罗家伦、刘振东、陈立夫、程天放、邵元冲等300余人。戴季陶主席并致辞，吴稚晖、汪精卫、王世杰等先后致辞。10时，全体人员赴中山门外谒中山陵。下午2时，开第一次大会。(次日之天津《大公报》《申报》)

同日 汪精卫函约胡适2日晚长谈。(《胡适遗稿及秘藏书信》第27册，232页)

11月2日 上午，全国考铨会议举行第二次大会，戴季陶主持，计出

席 91 人。提案审查委员会报告选定各组之主任委员如下：考选类：一组焦易堂，二组胡适，三组白鹏飞；铨叙类：一组甘乃光，二组史尚宽，三组朝俊，四组罗鼎。讨论议案原定 43 件，继增 20 件，共计 63 案，仍照一次大会办法，咸先交提案审委会审查后再交大会讨论。主席并临时提议该会宣言是否需要问题，当经全体无异议通过，并指定胡适、罗家伦、水梓、史尚宽、朱经农、马鹤天、龙潜 7 人为宣言起草委员，由朱经农负责召集。至 9 时散会，各提案审委会即分 7 组接开审查会议，正午立法、司法、监察三院在考试院明志楼欢宴全体。下午，接开提案审委会，闻第一、二两次大会交付之提案 91 件多数均审查竣事，将提 3 日晨第三次大会讨论。晚 7 时行政院亦在外部大礼堂宴请各代表。（次日之天津《大公报》）

同日　傅作义致函胡适，告第五十九军将士公墓碑已刻成，并举行了揭幕典礼。(《胡适遗稿及秘藏书信》第 37 册，328～329 页）

11 月 3 日　全国考铨会议开第三次大会、审查会，晚间教育部宴请各代表。（当日之天津《大公报》）

按，11 月 19 日，胡适作有《记全国考铨会议》一文，发表在《独立评论》第 128 号（1934 年 11 月 25 日）。

同日　《北京大学周刊》刊登《杨莲府先生纪念助学金规章》共八条，其中一条是：请胡适、翁文灏、丁文江、竹垚生 4 人组成董事会，决定每年助学金的授予。

11 月 4、5 日　金陵女子文理学院举行成立 19 周年纪念及大礼堂图书馆落成典礼，胡适出席并发表了演讲：

我以为中国廿三年来之进步，非前人可及，一方面是教育，一方面是女子。从吴校长适才之报告，可以知之。王部长以为女子教育失败，我则以为不然。我有绰号为不可救药的乐观主义者。我以为王部长之言论确太悲观。至于生产力之远不如消耗力，女子自来如此，非从今日始也。且在此过渡时期中，吾人任何人之消耗力都胜于生产力。盖吾人所得于他人者，消耗多于生产也。社会全盘如此，不能独责女子也。

新式女子，不管如何，我以为无论持家、教育各方面，都较旧式女子好。客有从蜀中来者，言彼处组织有革新俱乐部，一切社交公开，唯禁止跳舞，以为不道德。我告之曰，不道德者，数千年来，对于女子不人道之待遇而已。处此过渡时代，欲求进步，能不予以代价耶。女子稍有不到之处，亦不当苛求，我以为教育之目的乃在使女子重回到做人也。

人或有主争女权者，我以女权之大则大矣，何须争为。在坐诸男宾，我担保无一不怕太太者，女权之大，可以想见。昔者孔圣人有七出之条，多言善妒，无一不列入；然而有三不去，从丧三年者不去，先穷而后富者不去，有所居无所归者不去，是女子之大保障也。……

综上所述，可知女权自来固未尝小，今后因争平权而愈缩减削小矣。因有知识上之平等故也。有知识上之真平等，则自有新的生产，所谓生产不必受俸禄也。家庭之儿女教育之责任，其生产也。因远在消耗力上，不当以小过便作为失败也。我以为女子之时髦，不问其已达到何种程度，然而女子自身身体之解放，便是进步，仅有身体之解放，非皆便已尽善尽美，学力知识之充实，实更重要。身体既解放，知识复已充实，生产力与道德自必提高，王部长悲观之余，乐观存焉，言之，以作补充。（《金陵女子文理学院校刊》第20期，1934年11月16日）

11月5日 上午11时，胡适应罗家伦之约，在中央大学演讲"儒家与孔子"。（次日之《申报》、天津《大公报》）

11月10日 胡适致函王云五，将他与汪乃刚、汪原放兄弟商定的亚东图书馆与商务印书馆合作办法抄寄王。他们拟定的办法如下：

一、亚东的原有生财、存书、纸版、版权、未出版之稿本与纸版等等，作为股本五万元。

二、亚东欠人约　　元，人欠约　　元，其欠人之款有六千元银行借

款及透支，应于廿三年年底还清。

三、由商务加入两万元至五万元，作为新股。其中除一部分用作还债欠外，余作为新资本。

四、旧股与新股，自新组合成立之日起，均以官利每年六厘计算。

五、还旧欠之　元于亚东股本官利项下每年拨还一部分，约当官利之一半。其旧股每年应得之红利，全数拨还此项还欠之款。此款还清之后，官利、红利均与新股一律待遇。

六、亚东原有编辑、发行两部的人员，由新旧股东协商，酌裁一部分。其留者由新组织重定其俸给与待遇办法。

七、新组织之经理与会计由新股东委任。

八、亚东已印之书有版税者，由新组织照原有版税办法订立新契约继续支付。（《回忆亚东图书馆》，179页）

同日　孟治将 Experiment in Autobiography: Discoveries and Conclusions of a Very Ordinary Brain since 1866（by H. G. Wells，纽约，1934年）题赠胡适："适之先生，深盼你赶快把你更有价值、更有意思的自述写出来给世界的人念。孟治，纽约，廿三年十一月十日。"（《胡适藏书目录》第3册，2291页）

11月12日　胡适在黄庐隐著《庐隐自传》上题道："没有内容，又不成文！"（《胡适藏书目录》第1册，230页）

11月14日　胡适返抵北平。

11月15日　陈垣函送胡适《元典章校补释例》4册，以及胡适为该书所做序言单印本12册。又谢胡适示《说儒》一文。（《胡适遗稿及秘藏书信》第35册，37～38页）

11月22日　William C. Bullitt 函谢胡适在北平赠书，并希望在不久的将来能重晤。（中国社科院近代史所藏"胡适档案"，卷号E-140，分号5）

11月24日　蒋廷黻复函胡适，谈中国外交现状，又谈及：

你和孟真都怪政府不派更得力的代表出席国联。其实少川公使所以提早回国，回国以后又坚不返任的原故之一就是要避免这个作代表

的倒霉差事。他早已知道中国绝无续任理事的希望。这是他的小聪明。(《胡适遗稿及秘藏书信》第39册，373～374页)

同日　周作人赠胡适《夜读抄》一册。(见周氏赠书题记，该书现藏北京大学图书馆)

11月26日　商鸿逵致函胡适，云："辱承教诲，感荷实深"，自己拟继续作"清代学者年表"，奉呈说明书，恳请胡适给以指导。(中国社科院近代史所藏"胡适档案"，卷号323，分号4)

11月28日　王力函寄胡适一篇讨论语言的本身的文章，希望刊登在《独立评论》上。又对胡适上次所问关于"铅"字发音问题略谈己见。(《胡适遗稿及秘藏书信》第23册，454～455)

11月　胡适为《现代英国戏剧八种》作一序言，大意谓：

现在学习外国文学的人似乎有一种通病。譬如他们口口声声赞扬莎士比亚，却从来没有好好的读过一篇莎士比亚的作品。他们甚至于自命为属于某一派，信仰某一主义，而实际上对于那些赞成或反对的派别中的作品，都只有一知半解。也许读了些文学史之类的东西，关于文学的演变摸着一个大概，于是就大谈文学的趋势，说中国需要这个语言，那个意识；但是文学史上的重要作品，他们只是无暇及此。要救治这一类的病症，除了直接了解重要的代表作品之外，难得有效的办法。

所以，我们觉得，以"现代戏剧"这个学程而论，与其只由教员用讲演的方式去叙述现代剧的流变和内容，不如由他去督责学生多读几篇现代剧本。我们不要梦想一锹就掘开了金矿，我们应当勤勤恳恳，一分一厘的积蓄。……

12月

12月2日 胡适在天津《大公报》发表《谁教青年学生造假文凭的？》一文，指出：假文凭是近年教育界的一个很严重的问题，假文凭所以发生是由于民国七八年间教育部废止了"有中学毕业同等学力者"可以投考大学的一条章程。胡适主张：专科以上的学校入学考试也应该容许"有中学毕业同等学力者"去投考。这一条规定可以断绝今日买卖假文凭的恶习。所以主张"同等学力"一条的恢复，理由有三：第一，民国十一年改革学制时，就有人主张。第二，民国十一年新学制废止大学与专校的预科，改中学为六年，原意是很好的，但当日改制的人只希望高中设在教育中心的城市，设备与人才都要比得上往日最好的大学预科。他们万不料十一年以后政治紊乱，中央与各省的教育行政机关都管不住中学，就使高中遍于各地，设备与人才都远不能比往年的大学预科。第三，考试若严，应考资格稍宽是无害的。胡适指出：若不许"同等学力"的人接受考试，那就是政府引诱青年犯罪，假文凭是不会减少的。

按，胡适此文发表后，引起较大反响，8日之天津《大公报》发表叔华《读胡适之先生〈谁教青年学生造假文凭的？〉书后》一文，认为假文凭所以泛滥，还因为"另有顾主"，因为公务员任用法业经公布施行后，充任公务员非有相当资格，是不准委用的。铨叙部必须严格审查才可以。

同日之天津《大公报》发表洪樨《为没有文凭的青年请命》一文，认为胡适以入学考试代替毕业文凭的办法固然很彻底，但这个主张和厉行会考的精神是根本冲突的。对于这种青年的救济，日本所施行的"专检"制度最为可取。胡适为此文作一短跋云：

洪先生这篇文字里提出的"专检"制度，很可以补充我的原文的缺陷。其实他的主张和我的主张都不妨碍现时"会考"的制度，因为中学会考也应该容许"有同等学力者"来应考，这就可以把会考变作"专检"的一种方法了。

12月3日 胡适作有《中国无独裁的必要与可能》一文。（《独立评论》第130号，1934年12月9日）

12月5日 下午4时，美国大学文科名誉学会华北分会在欧美同学会举行创立150年纪念会。到中美两国会员40余人，由华北分会会长福开森主持，中国会员胡适演讲"儒家之起源及其与孔子之关系"，历1小时，颇引起美籍会员之兴趣。（次日之天津《大公报》）

12月6日 天津《大公报》报道，北京大学校长蒋梦麟昨日启程赴马尼拉出席东亚高等教育会议，蒋出国一个月离平期间，校务由胡适代理。

12月9日 胡适在天津《大公报》发表《汪蒋通电里提起的自由》一文，提出：

> 第一，政府应该明令全国，凡"不以武力及暴动为背景"的结社与言论，均当予以保障而不加以防制。……
>
> 第二，政府应该明令中央与各省的司法机关从速组织委员会来清理全国的政治犯，结束一切证据不充分的案件，释放一切因思想或言论犯罪的拘囚；并且应该明令一切党政军机关不得因思想言论逮捕拘禁人民。肯思想的青年，不满意于政治社会的现状，容易受一个时代的激烈思潮的诱惑，这都是很自然的现状。不如此，就算不得有血气的青年了。……当局的人实在不明白脚镣手铐和牢狱生活决不是改善青年思想的工具。青年人嫌政治不好，你却拿脚镣手铐等等来证明政治实在不好。青年人嫌法律不好，你却拿军法审判糊涂证据等等来证明法律的确不好。青年人爱充好汉，你却真叫他们做好汉！我们参观过北平人几处的监狱和反省院，不能不感觉今日有彻底大清理全国政治犯的迫切需要。这件事不可以再缓了。
>
> 第三，政府应该即日禁止公安与司法机关以外的一切机关随意逮捕拘押人民。……

第四，政府应该明令取消一切钳制报纸言论与新闻的机关。……

第五，领袖诸公应该早日停止一切"统制文化"的迷梦。……"文化统制"不是可以轻易谈或做的事。我们此时还不曾梦见现代文化是个什么样子；拼命的多方面的发展，还怕赶不出什么文化来。若再容许一些无知妄人去挑剔压抑，文化就许真不上咱们门上来了！

按，12月8日胡政之致函胡适云：

大著痛快之至，仆擅删四字，因"共产"太刺目而"特务"尤忌讳。敝报前载北大东斋特务捕人事，几发生捣毁驻平办事处之事，其理由即责备不应用特务字样也。数月来所受干涉为二十年未经之苦，前于《于学忠适从何来》文中略发牢骚，亦引起平方不满，曾来书面警告，谓是"以示薄惩"。此事曾告蒋，并以具体改良办法告杨畅卿，然迄无何成效。大作或有反响，彼此共同负责，当无大碍，敝处日内当再为文作桴鼓之应。(《胡适来往书信选》中册，262～263页）

同日　胡适作有《一年来关于民治与独裁的讨论》一文。(《东方杂志》第32卷第1号，1935年1月1日）

同日　顾颉刚来访不遇。(《顾颉刚日记》第三卷，269页）

12月10日　孙楷第致函胡适，云：

先生此文说儒就是殷的遗民，殷亡后还为人赞礼，以此谋生，因为社会的需要，也有了儒者相当的地位，其地位作用等于阔人家的贵客，等于皇上家的太常寺史，等于现在的堪舆地师。虽然主家对他有客气的礼貌，而实在是祗候人的，孔子和他的门生、老子都作过这样的事。而孔、老二位大师，器识特宏，所以司礼为而仍不泥于礼，知道礼之本意不在形式，所以是大师。这样推阐儒的原委，似奇实正，似险实平，证据确凿，一丝不漏，真是有价值的文字。

先生从前作哲学史是以归纳方法、科学方法说明哲学的历史；这一篇鸿文是以精深的历史研究，证明了一派哲学的来历始末，虽然异曲同工，而此著尤为气魄沉雄，高视卑察，实非一般小儒所可及。章太炎先生虽然略发其端，其实他的文疏而不密，不过如诗古音之有陈第发其端，伪古文、伪经之有洪迈等发其端而已矣。以先生之忙，以先生之学有多方，而沉潜学术有如此之穷幽极杳之作，殆所谓天纵精力过绝人者耶！依我个人私见，此文在近几年谈历史、谈学派的文可为第一。据我所看的文章，最惊叹的如陈寅恪先生的《李唐蕃姓前后二考》，穿穴旧史，甚为周密详审；然陈先生所提到的问题比较单纯，其取材范围亦有一定限度，如先生此文，所取包四部之书，组织穿穴，尤难尤苦，从极复杂的头绪中理出，成了一本极正确极有条理的书，不特明儒者一家之学，亦且明殷商成周两代之事……（《胡适遗稿及秘藏书信》第32册，593～599页）

12月12日　王力复函胡适，谈语法变迁诸问题：

我所举的例，"她是我一生中最爱我的"，实在举得不好。先生所举的"无悉尔所生"，有趣多了。请先生就原稿上照改。我想在现代中国语里也可以找着模糊两可的例子，但我一时想不出。如先生偶然想得，就请添在"无悉尔所生"一例的后面，何如？

我只说语法的变迁是很难的，但并不是不可能的。……

先生说"我在北京饭店住"与"我住在北京饭店"两句话都可以用，而"我在北京饭店跳舞"不可改为"我跳舞在北京饭店"，这是事实，但这事实似乎不能证明语法发生了变化。先说，中国本来既有"我在北京饭店住"的说法，那么"我在北京饭店跳舞"自然不是一种新的语法。再说，"跳舞"与"住"，在中国语法里有一个分别，分别就在字数上头。因为"跳舞"是两个字，"住"是一个字，所以"住"字能用两式，"跳舞"只能用一式。字数影响语法，似乎不合普通文法家的理论，然而这是事实。……

…………

末了，说到先生提出的"所"字。依我个人的经验，我觉得有些

地方用了"所"字便明显些。但我不主张把"所"字输入民众的语言里，因怕他们误用了它（为的是他们没有这种语法）。（《胡适遗稿及秘藏书信》第23册，456～459页）

12月16日 午间，胡适在欧美同学会宴请林宰平、金岳霖、冯友兰、张申府、黄子通、贺麟、张东荪、顾颉刚等。（《顾颉刚日记》第三卷，272页）
同日 王力复函胡适，续讨论语法变迁问题：

字数的说法，乃是我临时的一个假设。现在经先生驳难，我承认这假设不合理，愿意取销了。

我很能体会先生的意思，上次就与佩弦兄说过，在古文里，普通只能说"我居于北京饭店"，不说"我于北京饭店居"，所以先生认"我在北京饭店跳舞"是最近的语法。如果先生的意思是如此的，那么我们的意见没有冲突，因为我承认古今文法、语法都有了变迁，不过变迁是迟缓的、零碎的。如果我们要按照某一种原则去改造某一种语言，或把某一种语言里的语法输入另一种语言里，那就发生绝大的困难。语法与语音，只能让它们自然地变，而不能用人力去改造它们。我的文章就是描准这一个鹄的而发的，在我给先生的第一封信里已经露出了这意思。

关于"散动"的位置，先生举出《红楼梦》的两种例子，令我很感觉兴趣。语言学家所谓"最近"，当然可以包括一二百年；"散动"在动词之前，的确也是语法的变迁，因为古时没有这种说法。但是，似乎可以说北方变了，而南方没有变，这也有点儿南北的关系。总之，现在我已完全承认了先生所举的语法变迁的例子，但我认为还不能影响及我的理论。因为二千年来（大约自汉至清），文法（包括语法）的变迁，仅有三五个地方，也就算是少（比较语音辞汇变迁而言）。

关于《红楼梦》的例子，我又想试来一个假使。大约说话的人着重于"散动"的动作时，就把"散动"移前，否则仍旧把"散动"放在后面。先生在"那边太太又打发人来叫"注云："今日北京人说'叫

来'，似非事实。在这情形之下，我以为今日北京人仍说"来叫"。(《胡适遗稿及秘藏书信》第30册，461～465页)

12月17日 胡适作有《国际危机的逼近》一文，指出日本的确是大踏步地走上自杀的死路。(《独立评论》第132号，1934年12月23日)

12月18日 胡适作有《答丁在君先生论民主与独裁》一文，指出：中国今日若真走上独裁的政治，所得的决不会是新式的独裁，而一定是那残民以逞的旧式专制。(《独立评论》第133号，1934年12月30日)

12月20日 胡适复函傅斯年，云：我也觉得《大公报》的"星期论文"是值得维持的，所以不但按期作了，还替别位朋友"枪替"了好几次。香港之行，势不容已。"香港大学去年要给我名誉学位，我托故辞了；今年没有法子再辞了，只好去走一趟。"廷黻论专制的文发表时，此间省市两党部中人皆大欢喜！我听了真栗然以忧。"我岂好辩哉？不得已也。"又云："汪蒋的'感'电，我充分利用来作了三篇文字，正是要'顺水推船'，导人人于水泊。我正想'趁火打劫'，岂料丁大哥出此下策，为一班妄人增加气焰不少！"(《史语所藏胡适与傅斯年来往函札》，《大陆杂志》第93卷第3期，6～7页)

> 按，12月17日，傅斯年致函胡适，建议胡不要去香港，又云冯友兰的事，似乎胡与翁文灏应该向蒋介石抗议一下。又请胡适代决是否下年仍应承《大公报》撰写"星期论文"事。(《胡适遗稿及秘藏书信》第37册，431～433页)

12月24日 木村英一函寄乃师仓石武四郎之函与胡适，并请胡适回复。(《胡适遗稿及秘藏书信》第42册，609～610页)

12月28日 蒋廷黻复函胡适，云：

> 我对独裁虽发表了不少赞成的言论，我此次出来当然不抱定主见而不加以考察。所以你的劝告我自然愿意接收。这不是说，我从此就放弃这种主张。这是说：我绝不争意气；如果我考察的结果证明我错了，

我一定认错；不然，我自应该更努力的提倡。

你对我的政治偏右不赞成，对我的经济偏左也不赞成吗？《独立》的政治主张已够灰色了，经济简直没有主张。投经济稿子的人似乎更带书气，更不敢有所主张。我们因此丧失一个很好指导舆论的机会。

下一篇，我想写欧洲的外交。……

……我想找几个留学生帮《独立》写文章。德国有许多的新变化是我们应该知道的。……（《胡适遗稿及秘藏书信》第39册，370页）

12月29日　午后3时5分，胡适搭平沪通车赴沪转轮赴港接受香港大学赠予博士学位，北大教授同人多到站欢送。离平期间，其所代理之北大校长职务，转交北大法学院院长周炳琳负责；其文学院院长本职，则托史学系主任陈受颐代理。在平、津，均对记者谈及行程：4—8日在港，9—12日在广州，然后到广西。（次日及当日之天津《大公报》）

12月30日　《私立岭南大学校报》第7卷 第8期刊登胡适来校演讲之预告：胡适定于1月9日来校演讲。"胡氏以广州为六祖说法之地，佛教遗迹特多。演讲拟特说禅宗小史云。胡博士之文章学问，久已驰誉全国，其言论影响学生界甚大。今得其来校演讲，实本校之幸也。"

12月31日　7点45分，胡适抵上海，张慰慈、汪原放、汪乃刚来接站。与汪原放弟兄谈解决亚东图书馆困难的办法。胡适访徐新六，"托他把亚东欠兴业行的二千元透支再转一期；又托他打电话给陈光甫兄，把亚东的三千元上海银行透支再转一期"。冯幼伟来，谈梅兰芳出国的事。到国际大饭店吃饭，赴张禹九和张肖梅女士的饭约，同席有张仲述、余上沅、梅兰芳、冯幼伟、徐新六。为亚东事访章士钊，胡适要求章为亚东图书馆调动2500元债款，无果。看望汪原放的母亲。访王云五，见到李拔可、傅伟平、何炳松、周昌寿、丁燮音等。访蔡元培，小谈。到沈昆三家，赴梅兰芳、冯幼伟的饭约。到百乐门，见到宋子文、顾维钧、陈光甫、李铭、夏小芳诸人。"在那个狂乐的跳舞场上，谁也不感觉空前的经济大恐慌的逼人而来，谁也不感觉国家的绝大危难即在眼前！"（据《日记》）

按，关于胡适帮助亚东图书馆渡经济难关事，汪原放有回忆：

……我和大哥等去火车站接他，同到新亚旅馆。安顿后，他到温州路我家里时，我们已经把应该转期的八千多元的表列好。他说："一会，我到各家去一去，接洽好，再请他们打电话给你去办。我明天再来。"

午后，有电话：

"你是汪某人吗？今天适之先生来过，你来转期罢，办一办手续罢。"

上海银行、浙江兴业银行，还有别家，同样来了电话。这一来，大概半年无问题了。(《回忆亚东图书馆》，181～182页)

12月 胡适在北平师大文学院演讲"中国禅学的发展"，讲演计分四次："印度禅""中国禅宗的起来""中国禅宗的发展和演变""中国禅学的方法"。大要是：

导言

…………

"中国禅学之发展"这个题目，中国从来没有人很清楚地研究过。……

凡是在中国或日本研究禅学，无论是信仰禅宗的，或是信仰整个的佛教的，对于禅学，大都用一种新的宗教态度去研究。只是相信，毫不怀疑，这是第一个缺点。其次则缺乏历史的眼光，以为研究禅学，不要注意它的历史，这是第二个缺点。第三就是材料问题：禅宗本是佛教一小宗，后来附庸蔚为大国，竟替代了中国整个的佛教，不时髦的竟变成了时髦的。不过中国现在所有关于禅宗的材料，大都是宋代以后的；其实禅宗最发达的时代，都当西元七世纪之末到十一世纪——约从唐武则天到北宋将亡的时候，这四百年中间，材料最重要，可是也最难找；正统派的人，竟往往拿他们的眼光来擅改禅学的历史。我十几年前研究禅宗，只能得到宋以后的材料，唐代和唐以前的很难得

到。我想：想得到唐以前的材料，只有两种方法：（一）从日本庙寺中去找，因为日本还保存着一部份唐代禅学。（二）从敦煌石室写本中去找，因为三十年前所发现的敦煌石室里，有自晋到北宋佛教最盛时代的佛经古写本。现在这些古写本，世界上有三个地方保存着：一部分在北平图书馆，一部分在巴黎图书馆，一部分在伦敦图书馆。……

…………

……我不是宗教家，我只能拿历史的眼光，用研究学术的态度，来讲老实话。

…………

一、印度禅

…………

在禅宗未起以前，印度便有"瑜伽"，梵文为 yoga。此字是印度文与日耳曼文的混合语，在英文中，为牛轭，引伸起来，是管束的意思。即如何才能管束我们的心，训练我们的心，使心完全向某一方面走，而能于身体上、精神上和知识上发生好的结果。

…………

佛教有三大法门：（一）"戒"，（二）"定"，（三）"慧"。"戒"是守戒，最低限度为十戒（按：根本五戒，沙弥加五为十戒），后又有和尚戒（比丘僧具足二百五十戒），尼姑戒（三百五十戒），居士戒（即菩萨戒，重十、轻四十八）等。从戒生律，于是成为律宗。所谓"定"，就是禅，也就是古代"瑜伽"传下来的方法，使我们必能定住，不向外跑。第三部分为"慧"，所讲"慧"，就是了解，用知识的了解，帮助我们去定。从表面上看，禅在第二，其实不然，禅实在能包括定慧两部分。如说禅是打坐，那禅很浅，用不着多说。因为要用慧来帮助定，定来帮助慧，所以有人合称慧定。在中国禅宗，慧包括定，慧的成分多，并且还包括戒，在印度，则定包括慧，定的成分多。

现在讲印度禅，先讲方法，后讲目的。

关于印度禅的方法，计有五种：第一个法门最浅显，便是"调息"，佛书中叫做"安般"法门……

　　…………

　　第二个法门，叫做"不净观"，所谓"不净观"，就是用智慧想到一切都不干净。……

　　第三个法门，叫做"慈心观"。所谓"慈心观"，便是训练你自己，不但要爱朋友，还要爱仇敌；不但爱人，还要爱一切物。如当不安定的时候——生气的时候，一作"慈心观"，便会不生气了。但有时还不能制止，所以又有第四种方法。

　　第四个法门，就是"思维观"，就是凭我们理智的了解力，来解决一切。常言道："无常一到，万事皆休"，由此，我们可以知道，任何物件，都是不能永久存在的；人不过是九十几种原素所凑成，将来也要还为原素的。……

　　以上均就智识略高的人说，至于智识太低的人，怎么办呢？就有一种"念佛法"，即第五个法门。

　　所谓念佛法，就是想到佛三十二种庄严相。"念"便是"想"，后来又念出声来，变成"唸书"的"唸"，从心中想到口头上唸。

　　…………

　　印度禅的境界，到底怎样呢？计算起来，略有几种：

　　第一是"四禅"，也叫做"四禅定"，即最初用种种法门帮助你消除种种烦恼欲望，到无忧无欲的境界，便是初禅；但初禅还有思想，还要用脑；再把一切觉观都除去，自然得到一种欢喜（joy），便是第二禅。但第二禅还有欢喜，连欢喜也不要，只有一种心平气和，舒舒服服的"乐"的境界，便是第三禅；到了连舒舒服服的乐都没有了，即得"不动处"，只是一种"调"，即安稳调适，便到第四禅。

　　第一禅还用思想，第二禅还要高兴，第三禅还觉舒服，第四禅则只有调和，要如何便如何，驾驭我们的心，好像马师之御良马，随所指挥，无不调适。

四禅之外，还有四种境界，即"四念处"。此四处：

（一）为"空无边"，就是想到空处。……

（二）为"识无边"。……

（三）是"无所有"，一切皆无所有了。

（四）是"非想非非想"。……

四禅是一种说法，四念处又是一种说法，并不是先经四禅，而后到四念处。

所谓四禅和四念处，都是解放人的心灵，以便得到神通。神通计有五种，合称"五神通"。所谓"五神通"：

（一）天耳通……

（二）天眼通……

（三）如意通……

（四）他心通……

（五）宿命通……

…………

……因为印度禅是要专心，不受外界任何影响；中国禅是要运用智慧，从无办法中想出办法来，打破障碍，超脱一切。印度禅重在"定"；中国禅重在"慧"。

二、中国禅宗的起来

…………

现在讲中国禅宗的起来，也有两种说法：

（一）旧说，也可以说是杀猪的说法。……

…………

（二）新说：也可以说是牧师的说法。……

……由此可见佛家连老祖宗都可以作假！

…………

如上所说，佛家对于老祖宗都可以作假，其他自可想而知。常言以为达摩未来以前，中国没有禅学，也是错误。关于古代禅宗的历史，有两部可靠的书。一是梁慧皎作的《高僧传》（止于公元五一九年），一为唐道宣作的《续高僧传》……

…………

……中国固有的宗教，向无天堂地狱之说，也没有灵魂轮回之说。不过鬼是有的，但鬼也可以饿死。印度方面，则上有三十三天，下有一十八层地狱。所以自印度佛教传入中国以后，中国人好像"小巫见大巫"，惊叹佛教的伟大，五体投地的佩服。于是大批翻译佛教经典，但经典渐渐的太多了，教义太伟大了，又觉得不能完全吞下，于是又想把佛教"简化"（simplify）起来。……

…………

现在要讲到菩提达摩的故事了。

…………

达摩的教义，有两条路：一是"理入"，一是"行入"。"理入"就是"深信含生同一真理，客尘障故，令舍伪归真，凝住壁观，无自无他，凡圣等一"。因人的本性相近，差别无多，只须面壁修行，所以"理入"又叫做"壁观"。所谓"壁观"，并非专门打坐，乃面壁之后，悟出一种道理来。……

…………

达摩一派，实为虚无宗派，因为他以为一切经谕都靠不住，靠得住的，只有一部《大乘入楞伽经》……

达摩一派，主张苦修，凡受教的，只准带两针一钵，修种种苦行，传种种苦行的教义。

达摩一派，后来就成为楞伽宗，也叫做南天竺一乘宗……

达摩一派，为一苦修的秘密宗派，当时很少有人知道，为什么后来竟成为一大禅宗呢？说来话长，且听下回分解。

三、中国禅学的发展与演变

……第一次讲的"印度禅";第二次讲的是"中国禅宗的起来",这两种禅法的区别,简单说,印度禅法是渐修,中国禅法重顿悟,二者恰恰相反:前者是从静坐、调息以至于四禅定、五神通,最合魏晋时清谈虚无而梦想走到神仙境界的心理;后者不然,是"放下屠刀,立地成佛"的办法,这是中国的佛学者力求简单化的结果。

原来在三世纪到四世纪时,中国佛学者对印度禅法已表示不满;到五世纪前半,出了革命的道生和尚,上次讲过:他是慧远的弟子,又曾从罗什受业,肯作深思,把当时输入的佛教思想,综合之,且加以考校。……

…………

到八世纪初,正当慧能在南方独唱顿悟教义时候,湖北荆州府玉泉寺有个神秀老禅师,声誉甚隆。武后派人请他到长安(约七〇一年,武后晚年)。既来之后,便往来于两京(长安和洛阳)之间,备受朝野尊崇,号称"两京法主三帝(按:谓则天帝、中宗、睿宗)国师"。他自称为菩提达摩建立的楞伽宗的嫡派。他死在纪元七〇六年(武后死的次年),谥大通禅师,当代大手笔张说为之作碑。今日我们知道他的传法世系为:

达摩→慧可→僧璨→道信→弘忍→神秀

…………

……慧能的教义可分几点说:

1. 自性三身佛……

2. 四弘誓愿……

3. 无相忏悔　永断不作,名为忏悔。

4. 摩诃般若波罗密法……

5. 反对坐禅……

…………

关于神会的思想,我不打算细讲,其教义可得而言者,约有五点:

1. 顿悟……
2. 定慧平等……
3. 无念……
4. 知……
5. 自然……

总之,神会倡言为天下学道者定宗旨,为天下道学者定是非,所以他对于神秀一系的旧法统,加以诋斥,建立起自己的新法统来。……
....

四、中国禅学的方法

....

中国的禅学,从七世纪到十一世纪,就是从唐玄宗起至宋徽宗时止,这四百年,是极盛的黄金时代。……

南宗的慧能同神会提倡一种革命思想——"顿悟",不用那些"渐修"的繁琐方法,只从智慧方面,求其大彻大悟,放下屠刀,立地成佛。在当时因为旧的方式过于复杂,所以这种单刀直入的简单理论,感动了不少的人,终于使南宗顿教成为宗禅的正统,而禅宗又成为佛教的正统,这是他们在破坏方面一大成功。可是慧能同神会都没有方法,对于怎样教人得到悟顿,还是讲不出来。到九世纪初,神会的第四代弟子宗密(没于八四一,即唐武宗会昌元年),方把"顿悟"分成四种:

(一)顿悟顿修　顿悟如同把许多乱丝,一刀斩断;顿修如同把一团白丝,一下子丢到染缸里去,红即红,黑即黑。

(二)顿悟渐修　如婴儿坠地,亦根四肢顿具,男女即分,这叫顿悟;但他须慢慢发育长大,且受教育,成为完人,这叫渐修。故顿悟之后必继以渐修。

(三)渐修顿悟　这好比砍树,砍了一千斧头,树还是矗立不动,这叫渐修;到了一千零一斧头,树忽然倒下来了,这叫顿悟。这并非此最后一斧之力,乃是那一千斧积渐推动之功,故渐修之后自可成

顿悟。

（四）渐修渐悟　如同磨镜，古时候，镜子是铜制的，先由粗糙的铜，慢慢地磨，直至平滑发亮，可以照见人影，整理衣冠。又如射箭，起初百无一中，渐渐百可中十，终于百发百中。

…………

总之，顿悟渐修，渐修顿悟，都是可能的，都是需要教学方法的；渐修渐悟更是普通的方法，只有顿悟顿修是没有教学方法的。

…………

平心而论，禅宗的方法，就是教人"自得之"，教人知道佛性本自具足，莫向外驰求，故不须用嘴来宣说甚么大道理。因此这个闷葫芦最易作假，最易拿来欺骗人，因为是纯粹主观的，真假也难证实。现存的五部《传灯录》，其中所载禅机几百分之七十怕都是无知妄人所捏造的，后来越弄越没有意义了。不过，我们也是不能一笔抹杀。当时的大和尚中，的确也有几个了不得的；他们的奇怪的方法，没［并］非没有意义的。……

禅学的方法，可归纳为四种：

（一）不说破……

（二）疑……

（三）禅机……

（四）行脚……

（五）悟……

以上所讲禅学的方法，彻头彻尾就是一个自得。总结起来，这种禅学运动，是革命的，是反印度禅打倒印度佛教的一种革命。自从把印度看成西天，介绍、崇拜、研究、选择，以至"得意忘象，得鱼忘筌"，最后，悟到释迦牟尼是妖怪，菩提达摩是骗子，十二部经也只能拿来做揩粪纸，解放、改造、创立了自家的禅宗。所以这四百年间禅学运动的历史是很光荣的。不过，这革命还是不彻底，刻苦行脚，走遍天下，弄来弄去，为着甚么？是为着要解决一个问题。甚么问题？就是

"腊月二十五"。甚么叫做"腊月二十五"呢？这是说怕腊月三十日来到，生死关头，一时手忙脚乱，应付不及。这个生死大问题，只有智慧能够解决，只有智慧，能够超度自己，脱离生死。所以火急求悟，求悟的目的也就不过是用智慧来解决一件生死大事，找寻归宿。这不还是印度宗教的色彩么？这不还是一个和尚么？所以这种革命还是不彻底。从禅学过度［渡］到宋代的理学，才更见有两大进步：（一）以客观的格物替代了主观的"心学"。如程朱子的今日格一物，明日格一物，今日穷一理，明日穷一理，辨明事物的是非真伪到后来，便可有豁然贯通的一旦。这是禅学方法转变到理学的进步。（二）目标也转移了。德山和尚教人做一个吃饭拉屎的平常人，一般禅学家都是为着自己的腊月二十五，始终只做个和尚。理学则不然。宋仁宗时，范仲淹说了"先天下之忧而忧，后天下之乐而乐"，以后理学家无不是从诚意正心修身做起，以至于齐家治国平天下。超度个人，不是最终的目的，要以个人为出发点，做到超度社会，这个目标的转变，其进步更伟大了。这两点值得我们大书特书的。总之，宋明理学的昌明，正是禅学的改进，也可说是中国中古时代宗教的余波。（《师大月刊》第18期，1935年4月10日）

是年 胡适有"Is China Making Any Progress?"一文，胡适在文章中说：...unlike other countries, China has had to devote a very considerable amount of time and energy to the negative task of destroying much that is undesirable and unhealthy in the old civilization — which destruction, being necessary conditions to progress, must be counted as positive progress... in the direction of positive progress, the Republican period（1912—34）will surely be regarded by future historians as one in which China has made the most rapid headway in all her history.（中国社科院近代史所藏"胡适档案"，卷号E-10，分号33）

是年 北京大学《国学季刊》第4卷第2期印行，胡适在该刊发表王韬手迹两页，并作说明：国立北平图书馆所藏王韬手稿7册，最可以和故宫

博物院所藏黄晼书的字迹相比较，所以我挑选了两页，影印在这里。

　　是年　臧克家著《烙印》由上海开明书店出版，作者题赠胡适："适之先生指教，克家。"（《胡适藏书目录》第 1 册，214 页）

　　是年　Karl Ludvig Reichelt（艾香德）著 *Truth and Tradition in Chinese Buddhism: A Study of Chinese Mahayana Buddhism* 由上海商务印馆印行，胡适在此书封面题记："A worthless book! H.S."（《胡适藏书目录》第 4 册，2921 页）

1935年　乙亥　民国二十四年　44岁

是年，胡适仍执教北京大学并任文学院院长。

是年，胡适仍主编《独立评论》。

1月，赴香港接受香港大学授予的名誉博士学位，是为胡适的第一个名誉博士学位。

1月

1月1日　汪原放弟兄三人来谈至凌晨3点始去。出"中国文学史"试题。张慰慈送胡适上 President Harrison 号轮，往香港。9点30分船开。在船上与熟人周廷旭同饭，交谈。（据《日记》；《胡适遗稿及秘藏书信》第21册，411页）

同日　《东方杂志》第32卷第1号发表胡适的《一年来关于民治与独裁的讨论》，就钱端升对民主政治与独裁政治的现状分析提出了批评：

> 第一，他说"欧战的结局实为民主政治最后一次的凯旋"，他固然可以举俄、意、土、德诸国作例，但历史的大趋势不能完全取证于十几年的短期事实。若把眼光放的远一点，我们也可以说欧战的终局实在是民主政治进入一个伟大的新发展的开始。这个新发展在数量的方面是民主政治差不多征服了全欧洲：从俄、德、奥、土四个最根深蒂固的帝制的颠覆，直到最近西班牙的革命和南斯拉夫专制王亚历山大的被刺，都是这一个大趋势的实例。在质的方面这个新发展的最可注

意之点在于无产阶级的政治权力的骤增，与民主政治的社会化的大倾向。前者的表现实例，有苏俄的无产阶级专政，有英国劳工党的两度执政权：这都是大战前很少人敢于想像的事。后者的实例更多了。……欧战以来十几年中，民主政治不但不曾衰颓崩溃，竟是在量的方面有了长足的进展，在质的方面也走上了一条更伟大的新发展的路。……

第二，钱先生把"经济的民族主义"认作需要统制经济的主要原因，而统制经济的要求又是独裁"无可幸免"的主要原因。……

1月4日　晨，胡适抵香港，是为"第一次看见香港"，认为"风景确是很好"。住香港大学副校长韩耐儿（Sir William Hornell）宅。（《胡适遗稿及秘藏书信》第21册，412页；胡适：《南游杂忆（一）香港》，《独立评论》第141号，1935年3月10日）

同日　下午4时，何东在香港大酒店举行茶会，欢迎胡适。7时，欧美同学会欢宴胡适。9时，到香港大学讲演"中国文艺复兴"。（据《日记》；次日之天津《大公报》）

> 胡适"中国文艺复兴"讲演主要内容：
>
> ……它包含着给与人们一个活文学，同时创造了新的人生观。它是对我国的传统的成见给与重新估价，也包含一种能够增进和发展各种科学的研究的学术。检讨中国的文化的遗产也是它的一个中心的工夫。
>
> 假如把这个运动的范围收缩到为一个文学的运动，它仍然不就是中国的言语或文学底简单化而已。我国的文字，因为采用了语体，反弄得繁杂起来，可是也因此而变为丰富了。所有的活的语文都是在滋长着的东西，所以无论如何是没法使活的语文简单起来的。现在的中国文比二十年前底丰富得许多。今日学校里的字最少比四书五经多得百倍。新的名词和语法，每日在增加着的啊。
>
> …………

中国的文艺复兴，不是徒然采用了活的文字来做教育的工具，同时是做一切的文学作品的工具底一种运动。因为白话文普遍化，大众都懂得，所以执政者，以至于共党，都利用它来做宣传的工具了。

…………

……所有的我国的真正伟大的诗歌和文学作品，都是当时的人拿当时的语言写成而不是拿死文字写成的……凡是中国的伟大的文学作品，都是由大众们产生出来，并不是由那些学者读书人们产生出来的——他们实在忙着研究那死文字哪！……

…………

中国语实在是世界上各种言语——包含了英语——中最简易的一种。……(《联合书院学报》第1卷第49期)

同日　胡适致函中山大学文学院院长吴康，希望在广州的一切讲演及约会均由吴处理，以免有关安排发生时间冲突。又告将于8日晚赴广州。(《胡适遗稿及秘藏书信》第19册，171页)

同日　袁洪铭函邀胡适来东莞演讲。(中国社科院近代史所藏"胡适档案"，卷号1639，分号6)

1月5日　香港教员协会宴请胡适，讲演"The Scientific Renaissance"。Dean L. Forster 夫妇邀胡适游香港风景，在 Forster 家晚餐，会见本地主教 Bishop Ronald Hall。(据《日记》)

1月6日　胡适访李宗仁，谈甚久。周寿臣、罗旭和、曹善允、Hon. T. N. Chau 约胡适午饭。在华侨教育会讲演"新文化运动与教育问题"，讲演毕为人签名、题字至手酸，"他们敬重我，使我心里觉得我不会说他们的话是很对不住他们的"。晚餐在 Sir Wm. Hornell 家。(据《日记》;《胡适遗稿及秘藏书信》第21册，413~414页)

按，胡适的此次讲演曾引起广东人士的强烈不满。后来胡适在《南游杂忆(一)香港》中有所说明:

第二天各华字报登出会场的笔记，我在《大光报》上读了一遍，

觉得大旨不错，我很高兴，因为这样一篇有七八成正确的笔记使我相信香港的中小学教员听国语的程度并不坏，这是最可乐观的现象……其中当然有一些听错的地方，和记述白话语气不完全的地方。例如我提到教育部王部长的广播演说，笔记先生好像不知道王世杰先生，所以记作汪精卫先生了。又如我是很知道广州人对香港的感情的，所以我很小心的说"我希望香港的教育家接受新文化，用和平手段转移守旧势力，使香港成为南方的一个新文化中心"，我特别把"一个新文化中心"说的很清楚，但笔记先生好像不曾做惯白话文，他轻轻的把"一个"两字丢掉了，后来引起了广州人士不少的醋意！又如最后笔记先生记的有这样一句话：

现在不同了。香港最高级教育当局也想改进中国的文化。

这当然是很错误的记录：我说的是香港最高教育当局现在也想改善大学里的中国文学的教学了，所以我接着说港大最近请两位中国学者来计画中文系的改革的事业。凡有常识而无恶意的读者，看了上下文，决不会在这一句上挑眼的。谁知这句句子后来在中山大学邹校长的笔下竟截去了上下文，成了一句天下驰名的名句！

……我的大意是劝告香港教育家充分利用香港的治安和财富，努力早日做到普及教育；同时希望他们接受中国大陆的新潮流，在思想文化上要向前走，不要向后倒退。可是我在后半段里提到广东当局反对白话文，提倡中小学读经的政策。我说的很客气，笔记先生记的是：

现在广东很多人反对用语体文，主张用古文；不但古文，而且还提倡读经书。我真不懂。因为广州是革命策源地，为什么别的地方已经风起云涌了，而革命策源地的广东尚且守旧如此。

这段笔记除了"风起云涌"四个字和"尚且"二字是我决不曾用的，此外的语气大致不错。我说的虽然很客气，但读经是陈济棠先生的政策，并且曾经西南政务会议正式通令西南各省，我的公开反对是陈济棠先生不肯轻轻放过的。于是我这篇最浅近的演说在一月八日广州报纸上登出之后，就引起了很严重的反对。(《独立评论》第141号，

1935年3月10日）

又按，陶行知在《生活教育》第1卷第24期（是年2月1日印行）发表《胡适的普及教育理论》，指出：

照着胡先生所指示的路线，要想办普及教育，一要有钱，二要治安好，三要接近外人。……如果是香港的记者听不懂胡先生的徽州官话因而把他的话语记错了，那末，我愿意跟着那位记者更正这段闲谈。

同日　胡适在天津《大公报》发表《新年的梦想》一文，希望中国的赋税制度能从间接税转变到直接税，从贫民负担转变到依纳税能力级进的公开原则，希望政府能充分运用关税政策和交通政策来帮助解决民食的问题，希望全国真正统一，希望全国肃清匪患，希望全国精诚一致地应付那逼人而来的绝大国际危机，希望中国学术界在这一年中有惊人的进步。

1月7日　下午4点，香港大学茶会。5点，香港大学举行授予胡适荣誉博士学位典礼。8点，港督 Sir William Peel 邀胡适晚餐。（据《日记》）

1月8日　胡适访胡汉民，谈一个半小时。到圣保罗女校参观，并谈话。扶轮社午餐，演说"Has China Made Progress During These 20 Years?" 巢坤霖约同罗仁柏（华文学校的视学）与胡适同车游九龙，"详谈此间学校用国语的问题。罗君不甚赞同国语，故巢君邀他来与我游谈，要我劝导他。我们谈的很好"。到周寿臣别墅吃茶。银行公会晚餐，郑铁如所发起。9点30分等"泰山"轮，赴广州，船上会见陈荣捷、黄骚及刘万章。（据《日记》）

同日　白崇禧、黄旭初电邀胡适访问广西。（中国社科院近代史所藏"胡适档案"，卷号889，分号9）

1月9日　晨，胡适抵广州，情形如下：

有一位老朋友托人带了一封信来，要我立时开看。我拆开信，中有云："兄此次到粤，诸须谨慎。"我不很了解，但我知道这位朋友说话是可靠的。那时和我同船从香港来的有岭南大学教务长陈荣捷先生，到船上来欢迎的有中山大学文学院长吴康先生，教授朱谦之先生，还有地方法院院长陈达材先生，他们还都不知道广州当局对我的态度。

> 陈荣捷先生和吴康先生还在船上和我商量我的讲演和宴会的日程。那日程确是可怕！除了原定的中山大学和岭南大学各讲演两次之外，还有第一女子中学、青年会、欧美同学会等，四天之中差不多有十次讲演。上船来的朋友还告诉我：中山大学邹鲁校长出了布告，全校学生停课两天，使他们好去听我的讲演。又有人说：青年会昨天下午开始卖听讲券，一个下午卖出了两千多张。
>
> 我跟着一班朋友到了新亚酒店。……我看广州报纸，才知道昨天下午西南政务会议开会，就有人提起胡适在香港华侨教育会演说公然反对广东读经政策，但报纸上都没有明说政务会议决定如何处置我的方法。（胡适：《南游杂忆（二）广州》，《独立评论》第142号，1935年3月17日）

同日 上午，胡适分别拜访广东省主席林云陔和总司令陈济棠。会见陈的情形如下：

> ……我们谈了一点半钟，大概他谈了四十五分钟，我也谈了四十五分钟。他说的话很不客气："读经是我主张的，祀孔是我主张的，拜关岳也是我主张的。我有我的理由。"……他继续说他的两大政纲：第一是生产建设，第二是做人。……他说：生产建设可以尽量用外国机器、外国科学，甚至于不妨用外国工程师。但"做人"必须有"本"，这个"本"必须要到本国古文化里去寻求。这就是他主张读经祀孔的理论。……
>
> 我静听到他说完了，我才很客气的答他，大意说："依我的看法，伯南先生的主张和我的主张只有一点不同。我们都要那个'本'，所不同的是：伯南先生要的是'二本'，我要的是'一本'。生产建设须要科学，做人须要读经祀孔，这是'二本'之学。我个人的看法是：生产要用科学知识，做人也要用科学知识，这是'一本'之学。"
>
> …………
>
> 我平心静气的对他说：五千年的老祖宗，当然也有知道做人的。

但就绝大多数的老祖宗说来,他们在许多方面实在够不上做我们"做人"的榜样。举一类很浅的例子来说罢。女人裹小脚,裹到把骨头折断,这是全世界的野蛮民族都没有的惨酷风俗。然而我们的老祖宗安然行了一千多年。大圣大贤,两位程夫子没有抗议过,朱夫子也没有抗议过,王阳明、文文山也没有抗议过。这难道是做人的好榜样?

……我不能不老实告诉他:他实在不知道中国这二十年中的科学工作。我告诉他:现在中国的科学家也有很能做有价值的贡献的了,并且这些第一流的科学家又都有很高明的道德。他问,"有些什么人?"我随口举了数学家的姜蒋佐,地质学家的翁文灏、李四光,生物学家的秉志——都是他不认识的。

关于读经问题,我也很老实的对他说:我并不反对古经典的研究,但我不能赞成一班不懂得古书的人们假借经典来做复古的运动。……
(胡适:《南游杂忆(二)广州》)

同日 中山大学校长邹鲁发出第79号布告,取消胡适的演讲。(胡适:《南游杂忆(二)广州》)

同日 下午5时,胡适出席岭南大学教职员茶会。(胡适:《南游杂忆(二)广州》)

同日 广东民众教育馆馆长黄麟书函邀胡适来该馆演讲。(中国社科院近代史所藏"胡适档案",卷号1791,分号12)

1月10—11日 胡适游览黄花冈、观音山、鱼珠炮台、中山大学新校舍(石牌)、六榕寺、镇海楼、中山纪念塔、中山纪念大礼堂、广雅书院等。(胡适:《南游杂忆(二)广州》)

1月10日 广东国民大学北大同学卢颂芳、吴升新、张景熠、陈嘉蔼赠送胡适象牙手工品。(中国社科院近代史所藏"胡适档案",卷号868,分号11)

1月11日 下午4时,胡适乘坐民航机飞抵梧州。下午7时,在广西大学演讲,题为"治学的方法"。讲演毕,到老同学谢厚藩宅喝茶长谈。(次日之天津《大公报》《申报》；胡适：《南游杂忆（三）广西山水》，《独立评论》第 145 号，1935 年 8 月 18 日）

1 月 12 日　胡适在梧州中山堂演讲"中国再生时期"。胡适说：在历史上我国发生了好几次的再生运动，从各方面表露复苏的精神。又述最近之数十年的再生运动：关于政制改革已经大功告成，而在文学改革、社会改革、学术改革诸端也如狂风怒潮逐波而来，在在都充满了希望。中华民国成立，扫荡了几千年专制政治的积污，使中国开放苏生的时代，而一切的革新运动，无论是在文学上、思想上、学术上的，才能发芽滋长。中国政制的改革，实在是一切改革的惟一条件。文学方面，白话文成为全国最通行的语言和文字，并且成为全国最良好的宣传和教育工具。社会改革方面，因新思想的介绍，而产生了思想上的革新。学术上的改革，新科学的提倡，这实在是返老还童最强而最有效力的药针，它能加强和充实新生命的血液。近二三十年，中国无论政治、文学、社会、学术各方面积极改革，我们知道中国已是再生时期的降临。这个复活时代，现在正在开始萌发，因为外在的新刺激强大，而内在的潜力膨胀，所以这个再生时期为历来所未有，最少，前途的进展，可与欧洲的再生时期的洪流相比。(《胡适遗稿及秘藏书信》第 12 册，136～139 页）

同日　下午，胡适飞抵南宁，见到白崇禧、潘宜之、邱昌渭等，白崇禧力劝胡适多在广西停留，乃将自香港回沪的船票改成 26 日。（胡适：《南游杂忆（三）广西山水》）

1 月 13 日　胡适在南宁广西省府大礼堂对中等以上教员学生演讲"治学方法"，大要是：

　　本来做学问，如果得到好的方法，自然容易与学问接近，所得的成绩也会比较的多。……

　　……治学有无成绩，有无结果，不是单靠方法就可以做得到的。……做学问是无捷径的，也无小路可走……我们应当在方法之外，先解决做学问的基本条件，依据这种基本条件以建立学问的基础，以后，治学的方法，自然而然的也就有了。……

……在做学问之前，应先有下列两个条件：第一是有博大的准备，第二是养成良好的习惯。……

一、准备做学问的准备工作，就是先要打个底子，先要积知识经验，把基础打好。基础打好了，学问的初步也就有相当的成功了。做学问的第一步工夫，先在日日探求智识，搜集材料，不要即谈方法，更不要急求成绩，智识日深，材料日多，自然有方法，有成绩了，即古人所谓开卷有益之意也。所以现在做学问不但要开卷，而且什么东西都要用，以作做学问的基础。……做学问的先决条件，不是重在先得方法，而是在先求知识，抱定开卷有益的态度，先造成广博精深的基础，然后才来做学问。……

…………

……凡是知道的事物越多，智识就越广，智识越广，就越容易做学问。……

…………

二、养成良好的习惯。上面我已经详述做学问的工夫，须要有广博的智识来做基础，但是单持有广博的智识，还是不足用，此外，还要养成二三种良好的习惯才成。通常所谓论理学或方法论，想诸位也知道其中有演绎归纳等的方法。如果以为论理学或方法论可以完全解决做学问的问题，诸位早就可以在教科书里求得了。正因做学问的工夫，并不单应在方法上考究，所以每一个人在学问上造就的深浅，都是有赖于良好习惯的养成。……

良好习惯的养成约有三种：

1. 勤（要勤快，不要懒，不怕苦。）
2. 慎（不苟且，不潦草，不随便，要负责任。）
3. 虚（不要有成见，要虚心。）

…………

……治学的态度，要像做法官做侦探一样，丝毫不苟且，虽是极

细微的地方,也要一样的注意。……

....

"虚"字就是"虚心"的意思。做学问贵能虚心,事先不为成见所入,一如法官的审案,虽搜集各种证据,都可加人罪名,但于证据中,还须再三慎重的考虑,避绝一切憎爱的成见,然后才不致于枉法。……

……凡做学问所以能有成绩的,不在方法而在勤、慎、虚。换言之,就是要笨干。所谓科学方法者,亦离不了上述这三种要件。假使具备了这三种要件,科学方法就随之而来了。

……做学问并无捷径小路可走。更没有一定的方法可受用无穷……(《胡适遗稿及秘藏书信》第12册,189～211页)

1月14日　罗文干、罗隆基如约来南宁。(胡适:《南游杂忆(三)广西山水》)

1月15日　北平《世界日报》发表"诚之"《胡适博士的"教员三昧"》一文,大要是:

要能使学生不睡觉

他说:"睡觉虽然是学生自己睡的,可是当教员也要负一部分责任,假使你说话就像做催眠术似的,怎能使学生不睡觉呢?……"

要使学生懂得你说的是什么

他说:"当教员要使学生懂得自己所说的话,假使你说的意思不能使学生领会,那么于学生有什么益处呢?当教员最好能将自己以要说的主要意思简单明了,编成一种'格言'式的话,不但学生容易听懂,而且便于笔记,用这种方法把你的意思尽量发挥出来,学生自然能听懂你说是什么了。"

要能使学生不空手回去

他说:"这点是最要紧的,就是每讲一次,要能使学生带点东西回去,这点东西是他不得不带回去,虽然不愿意要也不成的。每一个讲题不要讨论得问题太多;太多了,学生记不着;少讨论几个问题,把它都发挥尽致，使学生都听得懂，记得着，这就是教员赠给学生的东西，学生虽不想带回去，也不可能。"

1月19日　胡适等飞抵柳州，住航空署。（胡适：《南游杂忆（三）广西山水》）

1月20日　胡适飞抵桂林。桂林县长刘振平等来接，住榕湖饭店。夏威军长、韦世栋师长来访。下午广西民政厅厅长雷渭南陪胡适、罗文干、罗隆基游山，到风洞山、独秀峰。晚，胡适、罗文干、罗隆基应邀到高级中学对公务人员讲演，胡适讲"社会不朽的人生观"。讲演毕，雷渭南、良丰师范专科学校校长罗尔棻（国香）与胡适等畅谈至深夜。（据《日记》）

1月21日　刘振平县长邀胡适、罗文干、罗隆基等游月牙山。先后到象鼻山、龙隐岩、七星山、曾公岩、栖霞洞、虞山。夏威军长邀吃晚饭。晚饭后到桂林初中讲演，胡适讲"治学方法"。（据《日记》）

1月22日　胡适、罗文干、罗隆基等7人乘船同游阳朔。船行漓江，听歌妓唱山歌，胡适记下"绝妙民歌"多首。夜半抵光岩时，即游此溶洞。（据《日记》）

1月23日　下午2点，胡适等抵阳朔。罗尔棻校长与军训大队长农峻来接。乘汽车到青厄渡，泛览阳朔诸峰。罗尔棻陪胡适、罗隆基同坐小汽车先赶到良丰，胡适在设在西林公园的师范专科学校讲演"个人主义的人生观"。饭毕，罗尔棻校长陪胡适等游岩洞，胡适并为此洞命名：

我问岩洞何名，他们说："向来无名，胡先生何不代题岩名？"我笑说："此间附近有相思江，岩边又有相思红豆，何不就叫此岩为相思岩？"他们都赞成。

游毕返桂林。黄正琮来访。（据《日记》）

1月24日　胡适、罗隆基等自桂林飞抵柳州，在这里为因空难牺牲的空军飞行员曾道成写挽联一副：

报国雄心，竟成虚愿；

凌空壮志，长忆斯人！

下午，自柳州飞抵梧州，马君武与过昆源邀吃饭，大谈。是日作诗二首，一为《飞行小赞》：

看尽柳州山，看遍桂林山水，
天上何须半日，地上五千里。
古人辛苦学神仙，妄想出三界。
看我凡胎俗骨，也飞行无碍。

另一首《题良丰相思岩》曰：

相思江上相思岩，相思岩下相思豆。
三年结子不嫌迟，一夜相思教人瘦。（据《日记》）

1月25日　胡适自梧州飞抵广州机场。陈达材、黄骚、杨绰庵来接，同到黄家午餐。为刘毅夫的先人刘泽生题像赞一首，中有云：

譬如饮酒，岂在必醉？
君子作事，不期必遂，
但求尽心，即是惬意。

改昨日小诗如下：

看尽柳州山，看遍桂林山水，
天上不须半日，地上五千里。
古人辛苦学神仙，要守百千戒。
看我不修不炼，也凌云无碍。

下午乘火车抵九龙，郑铁如、巢坤霖等均来接。登胡佛总统轮。在船上与罗尔纲夫人等会合。陈博、Forster夫妇等来谈。（据《日记》）

1月26日　胡适作有白话诗《黄花冈》。（《胡适手稿》第10集卷4，422页）

1月28日　胡适抵沪。(当日《申报》；次日《大公报》)

2月

2月14日　陈独秀复函胡适，为稿费已付账事，请代向王云五致谢，又询如何交付书稿，又询拟写各书，商务是否真能接受，请胡适转达此意于王云五。又云胡适南游中，此间颇有谣言，"兄应有纪行一文公表，平心静气描写经过，实有必要……兄演词或有不妥处，然圣人之徒不过借口于此，武人不足责，可叹者诸先知先觉耳！"(《胡适遗稿及秘藏书信》第35册，594～595页)

2月15日　胡适作有《从民主与独裁的讨论里求得一个共同政治信仰》一文，同意陈之迈的观点，并指出：民主宪政最适宜于训练一个缺乏政治经验的民族。(天津《大公报》，1935年2月17日)

2月16日　胡适自厂甸购得《安道公年谱》二卷(清人陈溥撰)、《罗近溪先生语要》一卷(明人陶望龄撰)。(《胡适藏书目录》第2册，1102、1379页)

2月18日　胡适致函《大公报》，云：

> 今天《大公报》第四版登出罗琛女士的《狙击感言》一篇，我读了很感谢她的好意。但她误用了"狙击"一个名词，颇引起一些读者的误会；今天下午已有朋友来我家中慰问了！大概罗琛女士原意不过是想用"攻击"，译人误用了"狙击"，就使人疑虑我会被什么人狙击了。我很想借贵报的篇幅，说明并无"狙击轮到胡适之"的事，免得一班朋友无端为我担忧。……

2月22日　丁文江在北平立好遗嘱，胡适为遗嘱见证人之一。(宋广波编著：《丁文江年谱》，黑龙江教育出版社，2008年，432～433页)

同日　董作宾赠胡适《安阳县志》二十八卷附《金石录》十二卷(清人贵泰修)。(《胡适藏书目录》第2册，1103～1104页)

2月26日　蒋廷黻致函胡适，云已看到胡适给翁文灏的信，认为胡适劝翁退只能使其更为两难，不应劝翁消极，应劝翁积极。又谈及自己准备在政府中多试几个月等。(《胡适遗稿及秘藏书信》第39册，375～377页)

2月28日　胡适复电蒋介石：敝友罗隆基已北回，三五日内赴汉奉谒，不太迟否？电示请何部长译送。(台北"国史馆"藏"蒋中正'总统'文物"，档号：002-080200-00211-105-002)

按，2月24日蒋介石致电胡适云：尊友罗隆基先生已北来否？本月秒如能约其在汉相会更好，以下月初弟将离汉入川也。(台北"国史馆"藏"蒋中正'总统'文物"，档号：002-080200-00210-076-001)

又按，3月1日蒋介石复电胡适云：弟明日赴湘，如罗先生能于支日〔此为韵目代日的日期记法，"支日"指"4日"。〕到湘相见甚好，否则请缓来待弟回汉再约。(台北"国史馆"藏"蒋中正'总统'文物"，档号：002-080200-00212-018)次日，蒋介石又致电胡适：弟因须入川，今日起程，昨约罗先生在湘会晤之电请改期另约。(台北"国史馆"藏"蒋中正'总统'文物"，档号：002-080200-00212-039)

2月　胡适致电邕宁教育厅雷沛鸿厅长，云：

……桂省决施行两年义务教育为全国倡，最所钦佩。鄙意有二点：(一)为基础教育宜卑之无甚高论，以读写算三事为主。一切主义都暂时撇开，则师资易求而争议可免；另设三四个模范试验学校，以各方各种教育理论试验之所。(二)为广谋升学津贴，凡受过两年义务教育，成绩特别优良者，由政府免费升学，习完小学，又拔其尤优者，免费升中学；如此则天才可因国家的帮助而充分发展。此二事前已为先生及健公及渭南先生言之，兹更托毅夫兄电陈，用备考虑！(《国民基础教育丛讯》半月刊创刊号，1935年3月1日)

3月

3月10日　胡适出席黄节追悼会。(《京报》,1935年3月11日)

3月25日　《独立评论》第143号以《中日提携,答客问》为题发表胡适回答日本新闻联合社的北平访员山上正义的书面提问,节要如下:

（答）我不信中日两国关系真渐好转。因为两国间的友谊的根本阻碍至今尚未除去。此根本阻碍即是"满洲国"之存在,使日本侵害中国之铁证永永留在我们的心目中。

…………

三、情形如此相信不久得以融和中日两国民之感情而恢复两国之睦谊欤?

（答）这事全在日本国民的根本觉悟与如何使此觉悟得着事实上的表现。"解铃还须系铃人"……日本政府希望中国停止一切排日之行动。贵国人士须知,凡政治权力所能制止的排日行动,在今日已是绝无而仅有。但一个民族排日的心理,是中国政府绝对无法制止的。贵国人士至今还不能了解中国国民的心理,所以我不信两国民之感情容易融和。

…………

（答）我们当然希望日本的文治派能大有作为,矫正军部侵略政策所造成的危机。但迄今为止,我们只见日本外交家对于军部的主张未敢有根本的挽救,只是为军部弥缝过失而已。

…………

（答）我那时的"日本观",是日本已走上了"整个民族自杀"的路。我今日的"日本观",是日本还在这条"整个民族自杀"的路上,并不曾回头。一年半的观察,我很抱歉,还不能变更我的"日本观"。

…………

（答）上月察东事件，使我们相信日本军人随时可有行使武力侵略的行为。请注意，我们中国人心目中的"华北"，当然是包括东北四省与察哈尔绥远在内的。

七、相信日本对于打开中国之经济的困难得为何等协力欤？如果能之，其方法如何？

（答）我不是经济学者，不能作专家的观察。但以我的私见看来，治标之法是日本货物倾销之制止。治本方法是中日国际关系得着真正根本的解决，使中国政府在内乱削平后不必继续增加军备。

八、想以外交交涉解决满洲问题非常困难，相信依然以由外交解决为中日和好之根本条件欤？

（答）我深信"以外交交涉解决满洲问题"是中日和好之根本条件。我也深信此事有"非常困难"。但伟大的政治家不应该因畏难而苟安。况此事虽难，总比"整个民族自杀"的路容易多多了，总比"与全世界为敌"容易多多了。

九、非解决满洲问题两国民之国民的握手为绝对不可能欤？

（答）我认为绝对不可能。

十、解决满洲问题应用何方策？愿闻先生高见。

（答）鄙见以为李顿（Lytton）调查团的报告书第九章，和一九三三年二月十七日国联通过的建议案第二章，所提出的原则与办法，在今日尚值得日本政治家与国民的反省。

十一、就今日之状态先生对于日本之思想家、外交家、军部等，有否提议之处？若有之，可得而闻欤？

（答）我对他们有一个建议：他们在今日不可不慎重考虑"他们期望日本将来成一个何等国家"？东亚的英国呢？战后的德国呢？失败后的西班牙呢？悬崖勒马，此其时矣。

3月30日　胡适作成《试评所谓"中国本位的文化建设"》，对萨孟武等10位教授发表的《中国本位的文化建设宣言》"颇感觉失望"，认为其精神还是《劝学篇》的精神，又指出：

> ……十教授口口声声舍不得那个"中国本位"，他们笔下尽管宣言"不守旧"，其实还是他们的保守心理在那里作怪。他们的宣言也正是今日一般反动空气的一种最时髦的表现。时髦的人当然不肯老老实实的主张复古，所以他们的保守心理都托庇于折衷调和的烟幕弹之下。……

萨、何十教授的根本错误在于不认识文化变动的性质。文化变动有这些最普遍的现象：

第一，文化本身是保守的。凡一种文化既成为一个民族的文化，自然有他的绝大保守性，对内能抵抗新奇风气的起来，对外能抵抗新奇方式的侵入。这是一切文化所公有的惰性，是不用人力去培养保护的。

第二，凡两种不同文化接触时，比较观摩的力量可以摧陷某种文化的某方面的保守性与抵抗力的一部分。其被摧陷的多少，其抵抗力的强弱，都和那一个方面的自身适用价值成比例：最不适用的，抵抗力最弱，被淘汰也最快，被摧陷的成分也最多。如钟表的替代铜壶滴漏，如枪炮的替代弓箭刀矛……如泰西历法之替代中国与回回历法……

第三，在这个优胜劣败的文化变动的历程之中，没有一种完全可靠的标准可以指导整个文化的各方面的选择去取。十教授所梦想的"科学方法"，在这种巨大的文化变动上，完全无所施其技。至多不过是某一部分的主观成见而美其名为"科学方法"而已。……政府无论如何圣明，终是不配做文化的裁判官的，因为文化的淘汰选择是没有"科学方法"能做标准的。

第四，文化各方面的激烈变动，终有一个大限度，就是终不能根本扫灭那固有文化的根本保守性。这就是古今来无数老成持重的人们所恐怕要陨灭的"本国本位"。这个本国本位就是在某种固有环境与历史之下所造成的生活习惯；简单说来，就是那无数无数的人民。那才是文化的"本位"。那个本位是没有毁灭的危险的。物质生活无论如何骤变，思想学术无论如何改观，政治制度无论如何翻造，日本人还只是日本人，中国人还只是中国人。……戊戌的维新，辛亥的革命，五四时期的潮流，民十五六的革命，都不曾动摇那个攀不倒的中国本位。在今日有先见远识的领袖们，不应该焦虑那个中国本位的动摇，而应该焦虑那固有文化的惰性之太大。今日的大患并不在十教授们所痛心的"中国政治的形态，社会的组织，和思想的内容与形式，已经失去它的特征"。……中国今日最可令人焦虑的，是政治的形态，社会的组织，和思想的内容与形式，处处都保持中国旧有种种罪孽的特征，太多了，太深了，所以无论什么良法美意，到了中国都成了逾淮之橘，失去了原有的良法美意。……

我的愚见是这样的：中国的旧文化的惰性实在大的可怕，我们正可以不必替"中国本位"担忧。我们肯往前看的人们，应该虚心接受这个科学工艺的世界文化和它背后的精神文明，让那个世界文化充分和我们的老文化自由接触，自由切磋琢磨，借它的朝气锐气来打掉一点我们的老文化的惰性和暮气。将来文化大变动的结晶品，当然是一个中国本位的文化，那是毫无可疑的。如果我们的老文化里真有无价之宝，禁得起外来势力的洗涤冲击的，那一部分不可磨灭的文化将来自然会因这一番科学文化的淘洗而格外发辉光大的。（次日之天津《大公报》）

3月31日 中午，南开大学在大华饭店开校董例会，作为董事的胡适因事未参加，由陶孟和代表出席。胡适、王澥明、卞俶成三校董任期已满，照章应于本届例会改选。李琴湘提议，陶孟和附议：仍推胡、王、卞三人连任，众赞成通过。胡、王、卞三人任期至1938年3月止。（中国社科院近代史所藏"胡适档案"，卷号2246，分号9）

3月 胡适在《亚洲杂志》第35卷第3期发表"An Optimist Looks at China"一文，胡适说：

...

It is in the direction of abolishing the numerous evils of the old tradition that China has achieved the greatest success in the past few decades. She has successfully prohibited the foot-binding which has been a terrible curse to Chinese womanhood for at least a thousand years. The hereditary absolute monarchy has been overthrown, and with it are gone all those institutions which for centuries have been its paraphernalia... With the revision of Chinese law and the reform of legal procedure, the ancient tortures and inhuman punishments were abolished. The opening of new schools marked the disappearance of the mechanical and exacting form of literary composition, known as the Octopartite...(《胡适英文文存》第2册，远流版，637～642页)

4月

4月8日　胡适作有《我们今日还不配读经》一文。以多重事例强调：古代的经典今日正在开始受科学的整理的时期，傅斯年所说的"六经虽在专门家手中也是半懂半不懂的东西"，是最确当的估计。今日妄谈读经，或提倡中小学读经，都是无知之谈，不值得通人的一笑。(《独立评论》第146号，1935年4月14日)

4月12日　胡适作有《楞伽宗考》。内容大纲为：（一）引论；（二）菩提达摩；（三）慧可；（四）楞伽经与头陀行；（五）法冲所记楞伽师承；（六）道信与弘忍；（七）神秀；（八）楞伽宗的被打倒。(《胡适论学近著》第一集卷二，198～238页)

4月13日　上午，中国哲学会首届年会在北京大学举行。年会由冯友兰主席并首先致辞，次由蒋梦麟致辞，次由胡适致欢迎辞，继由冯友兰致辞宣读论文（分别由冯友兰本人和林宰平宣读）。关于胡适的致辞，当时报道略有不同。兹分别引用《大公报》《京报》报道于下：

4月14日天津《大公报》：

哲学会尚未正式组成，本无从代表。不过因为这个会的产生，是我在几月前哲学评论社聚餐会上提议发起的，正式的哲学会在此次年会以后才能出现。

中国哲学研究的确有进步，从哲学系学生减少一点上，也可以看得出进步来。从前北大哲学系是最时髦的学系，人数很多，现在少了，有人以为是退步，其实是进步。当时大家对哲学有几种错误的见解。第一，以哲学为科学之科学，哲学是无所不包。第二，以为哲学容易学，不要外国文，不要算学，只要看几本《老子》《庄子》《朱子》就行，所以大家争入哲学系。现在人数大减了，减少的原因，也许因为哲学的吃饭出路不好。

中国有哲学系的大学只有北大、清华、燕京、中大（中央大学）四校。上海这样大的地方，讲哲学的只有李石岑和全增嘏二人。李先生死后，只剩全先生一个。不过，近年对于哲学之认识逐渐明白，错误观念也改了过来，学哲学的人数虽减少，而质量却增加。这一次哲学年会就是不满意于目前的进步，要找一个机会来逼大家讨论，作论文，使大家更进步。

这一回的论文，第一天的大半是中国哲学和印度哲学，第二天的大半是西洋哲学。

我以为中国之哲学的研究，将来应当走下面二条路。第一，系统的整理东方哲学，使从玄妙的到系统的。第二，介绍西洋哲学，应注重史的研究。现有的西洋哲学史，很不能令东方人满意，还没有标准的西洋哲学史。如十九世纪之思想史，达尔文辈没有占着重要的篇幅，而英国之鲍士葵、布拉得利等不甚重要的哲学家却占地方不少。又如大陆方面从前认为大逆不道的黑格尔、马克思一派的哲学家，我们也应当很客观的给予应得的地位。

此外，我们还要走第三条路。一个大哲学家应当将活的问题与思想连上。死的研究，单研究过去是不够的，应以哲学的训练帮助解决目前中国的问题。哲学家就是政治家、教育家，因为政治问题、教育问题都是哲学问题。如目前之自由与干涉问题，文化问题，财产与贫富问题，哲学家皆当负起责任来讨论，来解决，希服下届的年会能向这方面努力云。

4月14日《京报》：

本人得参加第一次哲学年会，殊觉光荣。本会发起之宗旨，因鉴于中国目前哲学界之漫无组织，为谋生产一有系统有组织之团体起见。故发起此会。目前中国各大学，均普遍有哲系之设置，当较冯先生所言，十年前中国哲学界之情形为进步。惟近数年来学哲学之学生，已渐减少，人以为为退步之表现，本人以为则不然。当最初之时，一般人对于哲学之见解，不出一种：（一）误认哲学为科学之科学，包括一切科学而为科学之门径。（二）有人以为哲学最易学习，故一般无理科程度之学生，均投考哲学系。（三）哲学在中国为较新之名词，一般人为好时髦起见，多学哲学。因有以上三种原故，致数年前哲学系学生，人数车载斗量。最近一般人对于哲学之认识，已不若以前之幼稚，故学哲学者亦日渐减少。而学哲学者，均为有丰富兴趣之青年，故此本人觉其为进步现象。今日到会会员均为努力哲学研究之哲学家，二十年来中国哲学经诸位之努力，已有显明之进步，但吾人犹认为非理想中之成绩，故始有今日更进一步之努力，召开此会聚集一堂，集思广益。本人相信今后定予中国哲学，较已往有更大供献。本会此次收到会员关于哲学之论文，概括可分两部：（一）中国哲学（迄含东洋哲学）将于今日宣读。（二）西洋哲学将于明后两日宣读，本人希望下次会议，除以上两种外，更有另一方向之新的哲学研究论文宣读。所谓新的哲学，并非创造的哲学，而系吾人对于目前哲学不能十分满意，例如西洋哲学，不外为西欧罗马之研究与介绍，但其所予吾人之印象，尚不若一部西洋史之深，同时哲学之范围至广，包括一切思想行为，故吾

人所希望之新哲学，系较前更为发扬广大，而用之于实际云云。

下午2时30分至6时，继续宣读论文，胡适主席。依次宣读的有：胡适（《楞枷宗的研究》）、汤用彤、贺麟、沈有鼎。（《京报》，1935年4月14日；当日之天津《大公报》）

同日　丁文江致电胡适，请胡劝说董作宾不要辞职。又将有关电函寄给胡适，以便胡了解事情原委。并致函托胡适特别要向董解释：傅斯年对董无丝毫的恶意，丁文江致董函是为傅、董两方面找台阶下，并非要责备董。并希望胡适："无论你如何忙，请你务必向彦堂解释，请他打消辞意。"（《胡适遗稿及秘藏书信》第23册，181～182页）

4月14日　中国哲学会年会继续宣读论文。上午的会议由张申府主席，下午的会议由黄子通主席。中午，胡适、冯友兰、黄子通、张申府等招待与会者在东兴楼聚餐。（次日之天津《大公报》）

4月15日　胡适致函毛子水，劝毛辞去北大图书馆馆长一职：

我看梦麟先生的意思是很想把这个新的北大图书馆完全放在一种新的组织和新的效率之上——简单说，就是要"美国化"它。此意无可非议，因为我是深信图书馆是以美国的为世界第一。梦麟先生和我都绝对相信你对于书籍的了解与判断，都相信你忠于此工作，并且爱此工作。但你是一个没有"美国化"的人，你办这个新图书馆，确不很相宜。我知道梦麟先生颇为此事焦虑。最近我虽没有和他细谈，但我知道他有改组图书馆的计画，想向北平图书馆借一位专学图书馆管理的人来做这番改革的事。此人大概是严文郁君居多。我也赞成此事。为你个人计，你最好还是回到史学系来，专整理你的科学史与地理学，在两三年中做点学术的成绩来。同时你也可以在改组后的图书馆委员会里做一个主脑委员，用你的爱好书籍和熟悉书籍的本领来帮助整理这个新图书馆。所以我劝你辞去馆长之职，使梦麟先生可以放手做这改革计画。（《胡适遗稿及秘藏书信》第19册，21～24页）

1935年　乙亥　民国二十四年　44岁

同日　下午3时，胡适搭平沪车赴沪，出席中基会董事会议，并顺便参观伦敦艺展预展会。(次日之天津《大公报》)

4月19日　胡适在上海国际饭店出席中基会第十一次年会。出席者还有：董事长蔡元培，副董事长周诒春，董事孟禄、丁文江、贝诺德、金绍基、贝克、司徒雷登、李石曾、孙科、徐新六、任鸿隽。列席者有教育部代表顾树森、外交部代表王光、美国驻华使馆代表克宁汉。主席蔡元培，记录胡适。除通过执行委员会、名誉秘书、名誉会计及干事长的报告，并通过该会基金积存、补助政府之教育计划等案外，通过"二十四年度"该会自办及合办各项事业预算共计国币910000元。复通过补助南开、华中、中山、广西、齐鲁、燕京等大学，上海医学院、文华图书馆专科、实业部地质调查所、中国科学社生物研究所、中研院史语所、黄海化工研究社、华美协进社等共计国币306000元，美金6000元。

任鸿隽、丁文江两位董事用书面提出代表本会出席第三次庚款联席会议之报告，并口头加以说明，议决通过。

本年6月任满之董事李石曾、贝克、丁文江经一致选举连任。

该董事会职员改选的结果：董事长蔡元培，副董事长孟禄、周诒春，名誉秘书胡适，名誉会计贝诺德、金绍基，执行委员顾临、周诒春、金绍基，均连任。(《中华教育文化基金会十一届年会记录》，中国第二历史档案馆藏中基会档案，全宗号四八四(2)，案卷号2)

4月20日　中基会仍在国际饭店继续举行财务委员会的会议，到会有蔡元培、周诒春、任鸿隽、金绍基、胡适、丁文江、贝克、孟禄、贝诺德等，对于下年度各项事业预算，曾作详细讨论。中午由董事长蔡元培宴请全体董事及执行委员，历2小时始尽欢而散。

该董事会"二十四年度"科学研究奖励金及补助金当选人名单，本日正式公布。(《申报》，1935年4月21日)

同日　晚，王世杰在教育部宴请孟禄，并邀胡适、罗家伦等作陪。(次日之天津《大公报》)

4月22日　杨绰庵来访，胡适从杨处得知广西兽医事业主任罗铎(Rodier）本年 5 月满约后将不再续聘，"很着急"，乃致电白崇禧，云：

> 病中闻绰庵兄谈及罗铎不续约，适深为惋惜。有为政治要在得人。贵省建设，鄙意以兽医为最有望，因罗铎确是最适宜的专家。今中道换人等于前功尽弃。此事效果关系全国，伏枕进言，伏乞考虑。

按，4 月 28 日，白崇禧复电云：

> 承电对敝省兽医异常关切，感谢无既。罗铎博士省府仍与续订两年之约，期此事业必底于成，请纾雅注。尊恙想早占勿药，诸祈珍摄。（据《日记》）

4 月 27 日　胡适返抵北平。（次日之天津《大公报》）

4 月 29 日　胡适日记有记：

> 昨晚，章希吕兄力劝我继续写日记，不要间断。此意甚是。我受了日记的帮助最多，以后应继续写下去。记此自励。

4 月 30 日　胡适到北大，与卢逮曾同往看第三院所藏档案。往吕吉甫（伯威）舅家，吊舅母朱夫人。买得《史子朴语》。（据《日记》）

同日　胡适手抄王安石《题半山寺壁》。（《胡适手稿》第 10 集卷 1，30 页）

同日　胡适复函吴世昌，说道：

> "于以"一章已读过。尊文虽为我的旧说张目，但我细细想过，觉得遇夫先生说"于以"似胜鄙说，故已决定从他说。但"黄鸟于飞"等例，我仍用我的"焉"义。
>
> 尊说我从前也曾想到，其最大漏洞仍在此说使"以"字太牵强。……
>
> 尊文第六节所谓"最雄辩"的四例，其实有毛病。……
>
> 总之，此等考据，以能解释最多困难为最满意，不可固执己见。我于"言"字，不从尊说，因为"醉言舞"一类的例子"言"字决不

可作"以"字解。我于"于以",则甚愿放弃己说,尊说虽于我的旧说有利,终不敢苟同。……(据《日记》)

按,吴世昌前不久来函,佩服胡适的《我们还不配读经》一文。认为:现在凡提倡读经者,大都是最不懂经书的;凡提倡学孔者,必是不了解孔子的为人和学说,而想借机会吃孔家饭的;凡提倡旧礼教、主张男女分校者,大都是贪色好淫之人。又函寄其论文《释以》的一部分。(《胡适遗稿及秘藏书信》第28册,390～391页)

5月

5月1日　胡适校看《独立评论》稿。上课,讲词。Greene邀吃饭,客人中有史前考古学大师Abbe Brenil,胡适记其对周口店"北京人"的石器的看法:

周口店"北京人"的石器初看似是太晚,但细研究,始知其地的石头不是火石(flint),乃是一种水晶类,故初民因材料的不同,制器也不同,所造石器细长而尖,与别处的原始石器不同。(据《日记》)

同日　冯泽芳将曹诚英所译冯著《亚洲棉与美洲棉杂种之遗传学及细胞学的研究》赠胡适,并题记:"适之先生:这是曹诚英女士出国前的译文,特寄赠一本,以为纪念。"(《胡适藏书目录》第1册,448页)

5月2日　上课,讲校勘学在小说史研究上的用处。下午与傅斯年谈学校事。Schierliz邀胡适和希腊作家Nikos Kazantzaki吃饭,Kazantzaki说,希腊的白话文学问题,很像中国今日的情形,守旧者要复古,用古希腊文;革新者要用民间活语言为文学工具,创作一切文学。嘉太太(Mrs. Calhoun)邀吃饭,客人有Walter Dillingham夫妇等。(据《日记》)

5月3日　上课,讲"宋诗",胡适说"宋诗"的特色只是"做诗如作文","做诗如说话",打破了唐诗的格律声调。会见General William Crozier。(据

《日记》）

5月4日　胡适日记有记：

> 昨日梦麟有信来，嘱我召集各系主任开会商量研究院事。今早我去访饶树人、曾叔伟两先生谈此事，下午发一电云：
>
> 研究所文科必须办文史，理科已与饶曾两君商过，数理化三部关系太深，又须顾及主辅科，不应单开数学。鄙意北大办研究所，既不因此增预算，又原依慎重渐进方法，事属内部学术设施，教部不宜过于干涉，望与雪艇兄切直言之。
>
> 晚上孟真来谈北大研究所事，他主张三点：
>
> 一、组织一个研究所委员会。……
>
> 二、注意三四年级学生的参加研究工作。
>
> 三、与中央研究院的史言所合作。
>
> 孟真是个很好的领袖，他有眼光，又有气力，所以他办史言所成绩很好。

5月5日　上午会客。顾颉刚带来顾廷龙赠胡适的《吴意斋年谱》，"甚喜其详实"。钢和泰邀胡适吃饭，遇见伯希和，畅谈。General Crozier 夫妇邀胡适吃饭，并听 Rubinstein 的钢琴演奏。（据《日记》）

同日　胡适在《独立评论》第149号发表《纪念"五四"》《杂碎录（一）》二文。在前文，胡适说：那引起全世界人类乐观主义的威尔逊主义，在当日确是"五四"运动的一种原动力。

同日　胡适复函黄秋岳，谈周春笔记中有关《红楼梦》的问题：

> 周春的笔记弁首，所谈《红楼梦》故事，无甚价值。他不知道曹家的历史，故说林如海是曹楝亭；他又不知道雪芹不是曹楝亭之子，乃是其孙子。此等猜想，实无根据。……周松霭所记，有一点可助我的版本考据。他说：
>
> 乾隆庚戌秋……雁隅以重价购钞本两部，一为《石头记》八十回，

> 一为《红楼梦》一百二十回，微有异同。……壬子冬，知吴门坊间已开雕矣。兹苕贾以新刻本来，方阅其全。……甲寅中元日泰谷居士记。

此一段有误记，也有对的地方。一百二十回本是北京活字本，其书初出在乾隆辛亥，是为程体元排本第一本；次年壬子，始有校改重排活字本，是为程体元第二本。周氏记中说乾隆庚戌已有一百二十回钞本，似不足信。雁隅所得，当是八十回钞本，与百廿回活字本。其时当在辛亥，周氏误记为庚戌。壬子冬，吴中贾人所开雕，系据程氏第一本，其中错误皆沿此本；程氏第二本校改凡二万余字，但吴中刻本已风行，此第二本就湮没不为人所注意。至近年上海亚东图书馆始用我的藏本排印，于是人间始有"程乙本"的《红楼梦》。

周氏甲寅所得刻本，乃是南方刻本，未见北京活字本，故误认壬子吴中刻本为最早刻本，所以误记雁隅所得百廿回本为钞本了。(《中央时事周报》第4卷第18期，1935年5月18日)

5月6日 University of Denver 的 Mays 在北京饭店宴请胡适，席上有 Kent 先生，谈蒙藏旧事。带胡思杜去协和割治手脓。罗隆基来谈。(据《日记》)

5月7日 胡适出席北大研究院会议。与 Mr. & Mrs. Carpenter 吃饭，久谈。下午出席中基会执行委员会会议。致函胡洪赟，吊胡近仁之丧。(据《日记》)

同日 丁声树致函胡适，谈其不同意陈序经关于中国语言西化的观点，指出：

> 自《马氏文通》而后，中国话渐渐西化，白话文与新式标点都是语言西化的证据。钱玄同先生等主张罗马字拼音，更是全盘的西化。我读了不很懂。《马氏文通》仿照"泰西葛郎玛"研究中国文法，只能说是中国文法学的西化。白话文不能算作语言的西化；新式标点不过是句读符号的西化，也不是语言的西化。至于以罗马字拼音，只是文字形式的西化，更与语言无关；以罗马字拼成的中国字，还是用中国

语言的读音。中国语仍旧是中国语，并没有变成英、法诸国的语言。比方"人"字，国语罗马字作 ren，还是中国话，不是英语的 man，也不是法语的 homme，如何说是语言的西化呢？（《胡适论学往来书信选》上册，12 页）

5 月 8 日　江冬秀夫人去南京。上课，续讲"宋诗"。读戴望《颜氏学记》三卷。（据《日记》）

同日　顾颉刚来访，谈燕京大学聘钱穆事。（《顾颉刚日记》第三卷，340 页）

5 月 9 日　上午讲小说考证。下午到燕京大学讲"颜李学派"的第一讲，拟分三讲：①理学与反理学，②颜元，③李塨与颜学的转变。（据《日记》）

顾颉刚是日日记：

……听适之先生演讲理学与反理学。同到绍虞家吃饭。……今晚同席：适之先生、雷川先生、子通、予……（《顾颉刚日记》第三卷，341 页）

容庚是日日记：

四时十分听胡适演讲"颜李哲学"。（《容庚北平日记》，414 页）

5 月 10 日　胡适发一电一航空函与香港大学 Sir William Hornell，推荐许地山与陆侃如。访 Hengfamp。高梦旦来访。上课，讲"曲子"。北大请 Professor Holcombe 讲演"美国的太平洋政策"，胡适主席。晚上到美国使馆陪宴美国经济考察团员。（据胡适是日《日记》；次日之天津《大公报》）

5 月 11 日　张彭春来访。图书馆举行茶会，欢迎美国的经济考察团，胡适有短演说。下午，胡适到医院探视 Mr. Walter Dillingham。晚，何应钦宴请美国经济考察团，胡适出席。（据《日记》）

次日之天津《大公报》对胡适等出席图书馆活动之报道：

北平图书馆乘美经济考察团来华之便，昨日下午五时在该馆举行洛克希尔氏纪念馆奠基礼。盖洛氏为清末之美国驻华公使，对中美邦交致力甚大，而对门户开放政策，退回庚子赔款等事，尤厥功甚伟，北平图书馆决建新楼于今馆园内之东南方，以资纪念。昨日准时冒雨到馆参加典礼者，有福勃斯团长及全体团员，与中外来宾福开森、蔡元等百余人。开会时由该会董事会主席胡适任主席，胡氏首对冒雨到会之来宾致谢，次于演说中申明四点：（一）洛克希尔氏为汉学大家，亦为中国之良友；（二）洛克希尔实为三十五年前门户开放政策觉书之起草者；（三）洛克希尔于辛丑议和时为美国代表，对他国苛求，努力缓和，对中国方面之利益甚大；（四）洛克希尔又为退还庚子赔款之赞助者，及当时实地与清政府交涉此事者，在中华文化教育基金会设立之前，已有中国青年二千余人，在美受教育，而本图书馆，亦系用该款建筑者，此际举行纪念馆之奠基礼，以示不忘云云，次由美国亚细亚协会秘书希瓦礼氏（为经济考察团团员），宣读希氏夫人前日自纽约寄来之信（希氏已故，夫人现在纽约）……

5月12日 上午来客有申寿生、蒋明谦、孙洵侯等，讨论到"文化"问题，争论甚烈。午间毛子水代《读书周刊》约吃饭。下午访客有：夏纬珍、李文秀、菲律宾大学教授Osbon。（据《日记》）

同日 胡适在《独立评论》第150号发表《个人自由与社会进步——再谈五四运动》，大意谓：

……民国六七年北京大学所提倡的新运动，无论形式上如何五花八门，意义上只是思想的解放与个人的解放。……我们在当时提倡的思想，当然很显出个人主义的色彩。但我们当时曾引杜威先生的话，指出个人主义有两种：

（1）假的个人主义就是为我主义（Egoism），他的性质是只顾自己的利益，不管群众的利益。

（2）真的个人主义就是个性主义（Individuality），他的特性有两种：

一是独立思想，不肯把别人的耳朵当耳朵，不肯把别人的眼睛当眼睛，不肯把别人的脑力当自己的脑力。二是个人对于自己思想信仰的结果要负完全责任，不怕权威，不怕监禁杀身，只认得真理，不认得个人的利害。

这后一种就是我们当时提倡的"健全的个人主义"。我们当日介绍易卜生（Ibsen）的著作，也正是因为易卜生的思想最可以代表那种健全的个人主义。这种思想有两个中心见解：第一是充分发展个人的才能……第二是要造成自由独立的人格……

近几年来，五四运动颇受一班论者的批评，也正是为了这种个人主义的人生观。平心说来，这种批评是不公道的，是根据于一种误解的。他们说个人主义的人生观是资本主义社会的人生观。这是滥用名词的大笑话。难道在社会主义的国家里就可以不用充分发展个人的才能了吗？……

还有一些人嘲笑这种个人主义，笑它是十九世纪维多利亚时代的过时思想。这种人根本就不懂得维多利亚时代是多么光华灿烂的一个伟大时代。马克斯、恩格尔，都生死在这个时代里，都是这个时代的自由思想独立精神的产儿。他们都是终身为自由奋斗的人。……

……欧洲十八九世纪的个人主义造出了无数爱自由过于面包，爱真理过于生命的特立独行之士，方才有今日的文明世界。我们现在看见苏俄的压迫个人自由思想，但我们应该想想，当日在西伯利亚冰天雪地里受监禁拘囚的十万革命志士，是不是新俄国的先锋？我们到莫斯科去看了那个很感动人的"革命博物馆"，尤其是其中展览列宁一生革命历史的部分，我们不能不深信：一个新社会，新国家，总是一些爱自由爱真理的人造成的，决不是一班奴才造成的。

…………

"五四"运动虽然是一个很纯粹的爱国运动，但当时的文艺思想运动却不是狭义的民族主义运动。……《新青年》的同人也都很严厉的批评指斥中国旧文化。其实孙中山先生也是抱着大同主义的，他是信仰"天下为公"的理想的。……十四年到十六年的国民革命的大胜利，不能不说是民族主义的旗帜的大成功。可是民族主义有三个方面：最浅的是排外，其次是拥护本国固有的文化，最高又最艰难的是努力建立一个民族的国家。因为最后一步是最艰难的，所以一切民族主义运动往往最容易先走上前面的两步。济南惨案以后，九一八以后，极端的叫嚣的排外主义稍稍减低了，然而拥护旧文化的喊声又四面八方的热闹起来了。这里面容易包藏守旧开倒车的趋势，所以也是很不幸的。

……民国十五六年的国民革命运动是不完全和五四运动同一个方向的。但就大体上说，张熙若先生的看法也有不小的正确性。孙中山先生是受了很深的安格鲁撒克逊民族的自由主义的影响的，他无疑的是民治主义的信徒，又是大同主义的信徒。他一生奋斗的历史都可以证明他是一个爱自由、爱独立的理想主义者。我们看他在民国九年一月《与海外同志书》……里那样赞扬五四运动，那样承认"思想之转变"为革命成功的条件；我们更看他在民国十三年改组国民党时那样容纳异己思想的宽大精神——我们不能不承认，至少孙中山先生理想中的国民革命是和五四运动走同一方面的。因为中山先生相信"革命之成功必有赖于思想之转变"，所以他能承认五四运动前后的"新文化运动实为最有价值的事"。思想的转变是在思想自由言论自由的条件之下个人不断的努力的产儿。个人没有自由，思想又何从转变，社会又何从进步，革命又何从成功呢？

同日　顾颉刚致函胡适云：

兹将闻宥先生所作《字喃》一文奉上，此文，东洋学报曾介绍过，称为日本人尚未研究过的问题。又其可担任之课，另纸录上，未知有可备择取者否？

王同春一文，奉上。先生近来提倡传记文学，我很想把这人的行事继续搜求，写成一篇比较可读的传记。未知应如何写法？乞给我一个指导。

又浦江清君向绍虞介绍徐声越君，闻此人确甚好，惜因燕京同人与外界太不接触，故不敢请他方学者，必在先前曾在燕京授课中人选择，以致未能推荐成功。如先生有意用他，当嘱浦君将徐君著作奉上。（季琳超：《关于顾颉刚著述的文献学札记（四则）》，《文汇报》，2018年5月25日）

5月13日　胡适分访陈受颐、钱穆、陈垣，谈史学系事。与John A. Carpenter夫妇同访郑颖孙。访Cameron Forbes，谈半点钟。编定《独立评论》三周年纪念号。（据《日记》）

同日　胡适复函史天行：

承赠《新文学》月刊一册，谢谢。但书尚未收到，想是书包比函件要慢一点的原故。

先生欲我写点文字登在贵刊上，我近来实在忙得太苦，离平半月，诸务丛积，而搁下文债，至今犹未理清，对于先生的厚意，最近实难以应命。异日稍暇，当再图报命也。

《独立评论》从第一百五十一期起，已通知发行处，每期寄奉十册。以后问于"独立"营业上的接洽，请直寄：

北平后门慈慧殿北月牙胡同二号

独立评论社

……（《礼拜六》杂志第84期，1947年）

5月14日　胡适到清华大学，陪宴美国经济考察团，与团长Hon. Cameron Forbes谈polo。下午，与秦瓒、周炳琳、赵廉澄、吴景超同游玉泉山及秘魔崖。与樊际昌谈理学院事。晚，拟作《宋人碑传目》。（据《日记》；次日之天津《大公报》）

同日　胡适为《独立评论》三周年，作有《又大一岁了》，指出《独立评论》的同人文字逐年递减，而社外投稿逐年增加，已逐渐成为一个公共刊物。又重申《独立评论》的态度在同人中的重要意义。（《独立评论》第

151号，1935年5月19日）

同日 《大学新闻》第3卷第11期发表胡适的《读书的习惯重于方法》。

同日 胡适在宋人杨万里《杨文节公诗集》四十二卷作一题记："去年我曾用涵芬楼影印缪影写本，托赵万里先生用四库本校勘此集。今年5月，诗集校毕，万里来信云：'四库本剜改之处甚多，未必得据佳本。'今检校本与此刻本对勘，似此本甚胜，其佳处远在四库本之上。此本虽据家藏抄本，其源似出于宋元刻本。此本与缪本不同源，与四库本也不同源，疑端平刻本之外尚有翻刻本。"（《胡适藏书目录》第3册，1675页）

5月15日 北平各学术团体昨晚7时30分在中山公园欢宴美国经济考察团全体团员，席间对中美文化切实联络上有所商谈，翁文灏、胡适、袁同礼等均出席。（次日之天津《大公报》）

5月16日 上课，讲小说考证。下午，到燕京大学讲颜元。下午，访余季豫（嘉锡）。罗常培邀吃饭。朱启钤邀吃饭，见着李济、梁思成夫妇。读《文献丛编》九、十、十一、十二辑。（据《日记》；《容庚北平日记》，415页）

同日 胡适函寄顾颉刚《挂枝儿》一册。（《胡适遗稿及秘藏书信》第20册，339页）

5月17日 上课，讲元剧。高梦旦来访，白雄远来访。《独立评论》三周年纪念号出版，晚上有聚餐会，陈之迈与张奚若在座。胡适特别赏识陈之迈，"想把他拉进《独立》社来，将来他和景超、廷黻三人在一块，可以组成一个《独立》编辑部了"。（据《日记》）

同日 顾颉刚致函胡适，希望胡能给周一良一个到北大研究所尽义务半年的机会，以便周到日本留学。顾函说周学业很好，"先生能提拔这人，一定是值得的"。（《胡适遗稿及秘藏书信》第42册，448～449页）

5月18日 在北大遇钱稻孙，力劝他完成《源氏物语》的翻译，及《日本通史》的著作。下午，与陈受康谈。"读吴昌龄的《西游记》，甚不喜之。"傅斯年与陈寅恪宴请伯希和，胡适出席。（据《日记》）

5月20日 到北大，与蒋梦麟谈。（据《日记》）

5月21日 到北大，与诸人谈。蒋梦麟来谈。汤用彤来谈。预备明日之授课。"看郑振铎的《中国文学史》三、四册。此书材料颇好，但他写的太糟，判断既平庸错误，而文字太不修饬，使人不愉快。周岂明说他受著作之累，是不错的。"下午 Hengfamp 来访。（据《日记》）

5月22日 胡适见到 Mr. Brooks Emeny。上课，讲戏曲。Mr. J. P. McEvoy 来访。与高梦旦谈。晚上预备次日的两个讲演。（据《日记》）

同日 夏蕴琇复函胡适云：明白胡适的意思，请胡适不必理会外人的言语。要胡适在乡村为其谋职。要胡适汇钱接济。（中国社科院近代史所藏"胡适档案"，卷号1672，分号1）

> 按，在此前后，夏蕴琇不止一次致函胡适请胡适接济。关于夏、胡纠葛，夏之姑母夏修梅亦不止一次致函胡适。（函藏中国社科院近代史所藏"胡适档案"）

同日 胡适在北平出席中国政治学会年会。24日天津《大公报》报道：

> 中国政治学会，前日下午九时在该会举行年会，出席胡适、周诒春等中外会员五十余人，由各部负责人员，分别报告工作进行情形后，即开始选举本届正副会长及各部工作人员。结果如下：（一）正会长胡适，（二）副会长周诒春、顾临，（三）季刊总编辑蒋廷黻，（四）经理考贝。选举毕，即席由美国哈佛大学政治系教授何尔康讲演，题为"外交惯例"。十一时许始行散会云。

5月23日 写李恕谷的《年谱》节本。上午在北大讲考证学方法。下午到燕大讲"颜李学派"。林伯遵生日，胡适前去贺寿。（据《日记》；《容庚北平日记》，416页）

5月24日 胡适访 Professor L. Forster。与任鸿隽谈。下午讲"白话散文的发展"。梁思成、林徽因请 Professor Cannon 父女吃饭，胡适、傅斯年出席。（据《日记》）

同日 章希吕日记有记：

1935年　乙亥　民国二十四年　44岁

适兄送钱来，我因在此帮他做的事不多，适兄又不是个有钱的人，现还负债，故只每月收他四十元。适兄意思很好，以吾负担太重，四十元决不够用，彼此何必客气。结果收了他五十元。适兄待人太厚，但我总心里不安。(《胡适研究丛录》，261页)

5月25日　胡适出席北京大学校务会议。日记又记：

今天做了一件很不应该做的事。事后很懊悔。因思古人戒慎恐惧之态度有时甚可笑，但我们今日有时实在太不谨慎，虽有一种行为原则，但往往不能彻底顾到。偶一松懈，即堕入魔障，贻害他人。戒慎恐惧的态度，只是要人不容易松懈，所以是值得培养的。

5月26日　上午，胡适与Professor Holcombe、Professor L. Forster、蒋梦麟、陈受颐游西山，先后到玉泉山、白松林、秘魔崖、香山、双清别墅、十八盘、碧云寺。

同日　天津《大公报》报道：国立北京大学对本届毕业考试，为郑重起见，加聘校外各大学教授为考试委员。各考委聘书昨已发出，正式成立毕业考试委员会，考委名单如下：蒋梦麟（委员长）、刘树杞、胡适、周炳琳、樊际昌、郑之蕃、冯祖荀、吴有训、饶毓泰、张子高、曾昭抡、袁复礼、孙云铸、李继侗、张景钺、冯友兰、张颐、刘崇铉、陈受颐、朱自清、陈福田、梁实秋、李建勋、吴俊升、赵凤喈、戴修瓒、浦薛凤、张忠绂、赵迺抟、陈总。

5月27日　胡适编《独立评论》第153期稿子。下午，张彭春在北大讲"旧戏与新国"，胡适主席，胡适认为张讲得"甚好"。（据《日记》）

同日　胡适作有《今日思想界的一个大弊病》一文，严词批评"滥用名词"的思想、作文方法：

在思想上，它造成懒惰笼统的思想习惯；在文字上，它造成铿锵空洞的八股文章。这都是中国几千年的文字障的遗毒。……

这种文字障，名词障，不是可以忽视的毛病。这是思想上的绝大障碍。名词是思想的一个重要工具。要使这个工具确当，用的有效，我们必须严格的戒约自己：第一，切不可乱用一个意义不曾分析清楚的抽象名词。……第二，与其用抽象名词，宁可多列举具体的事实：事实容易使人明白，名词容易使人糊涂。第三，名词连串的排列，不能替代推理：推理是拿出证据来，不是搬出名词来。第四，凡用一个意义有广狭的名词，不可随时变换它的涵义。第五，我们要记得唐朝庞居士临死时的两句格言："但愿空诸所有，不可实诸所无。"本没有鬼，因为有了"大头鬼""长脚鬼"等等鬼名词，就好像真有鬼了。滥造鬼名词的人自己必定遭鬼迷，不可不戒！（《独立评论》第153号，1935年6月2日）

5月28日　上午，胡适在北京大学。下午李文秀来谈。访伯希和，伯希和认为，今日宜作一个"外国文字碑文拓本总目"，以为整理的第一步，胡适认为"此言甚是"。读孙奇逢《日谱》。（据《日记》）

5月29日　上课，讲小说。下午 Professor L. Forster 讲演，胡适主持。到辅仁大学晚饭，客人是 Father Schmidt，还有伯希和夫妇。（据《日记》）

5月30日　上课，讲考证方法。下午穆藕初来谈。访 Sophia。蒋梦麟邀吃饭，请的客是 Professors Holcombe、Cannon & Osfood。（据《日记》）

同日　胡适作有《魔合罗》一文。(《益世报·读书周刊》第1期，1935年6月6日）

5月31日　上课，讲小说。到 Colonel Drysdale 家中吃茶。听 Professor Cannon（Harvard）讲演。Summers 来访，陈受颐来访。中午，见着 Sir Charles Bell，及 Major General Sir Neill Malcolm。（据《日记》）

6月

6月1日　胡适请 Professor L. Forster 吃饭，陪客的有许地山及教育心理两系同事。到清华同学会，与清华、北大两校当局商教育部命两校办暑假讲习班事。下午访客有罗隆基、陈慧（又宜）、傅斯年，"听努生说天津日本兵队的暴行,气得不得了!这种国家是不能存在天地间的"。晚上,与周诒春、金叔初合请张公权、冯幼伟、何克之。(据《日记》)

6月2日　上午,会客。下午,为张建中证婚。虞振镛、严鹤龄邀陪穆藕初吃饭。樊际昌邀吃饭,见蒋梦麟,"他说,今天下午有西山中日会议,中国方面大致都已屈伏了!"(据《日记》)

6月3日　下午去看冯幼伟的病,见着张公权,略闻时局消息。(据《日记》)

同日　胡适针对日本军方在华北的挑衅,作有《"无不纳闷,都有些伤心"》一文,指出:

……日本军部的带甲拳头只能使两国间的关系更日趋于恶化。在这几天的紧张空气中,居然没有一家中国报纸敢登载全世界皆知的事实,居然没有一声微弱的抗议,然而在这沉默与忍受之中,日本的近视的武人把我们两个民族间的裂痕割的更深了!一年以来的"提携"宣传所引起的一点点幻觉,五七日的带甲拳头都打破了,都毁灭了。这固然不是中国之福,然而难道这是日本之福吗?(《独立评论》第154号,1935年6月9日)

同日　胡适作有《略答陶希圣先生》一文,指出:

……如果"中国的封建主义"一个名词"我们尚须研究",那么,在我们研究的明白清楚之前,不得滥用。

……资本主义也许与自由主义相干,但陶先生不得用"资本主义"来代替"自由主义"。封建制度也许与骈文古文相干,但陶先生不得用"封建主义"来替代骈文古文。(《独立评论》第154号,1935年6月9日)

6月4日　读钱谦益《初学集》,有札记。(据《日记》)

同日　顾颉刚在日记中列出燕京大学所请教员名单,其中有"陆侃如夫妇——由适之先生出信"。(《顾颉刚日记》第三卷,352页)

6月5日　胡适到通县的"North China American School"作毕业演说。

下午上课，讲演变的长篇小说。下午访客有傅斯年、顾颉刚、郭绍虞。与Lawcelot Forster、陈受颐、吴俊升、蒋梦麟同饭。(据《日记》)

6月6日　上课，谈第二流小说。"第二流小说之中，我甚喜邗上蒙人的《青楼梦》，又名《风月梦》。""孟真来谈他的古史心得，特别是秦民族的问题，极有趣味。他是绝顶聪明人，记诵古书很熟，故能触类旁通，能从纷乱中理出头绪来。在今日治古史者，他当然无有伦比。"(据《日记》)

同日　顾颉刚致函胡适，希望胡让杨向奎到北大整理明代档案（以实例说明杨"非常的笃实"），又介绍高去寻，希望"用他作研究所考古学会的助理"，"也必能胜任"。(《胡适遗稿及秘藏书信》第42册，450～451页)

同日　上海法租界公益会捐助东方图书馆法文书，在"法租界环龙路十一号法公董局礼堂，举行赠送典礼"，王云五作为东方图书馆复兴委员会的常务委员报告东方图书馆的复兴近况，胡适亦为该馆的委员。(《申报》，1935年6月6日)

6月7日　谢家声、沈宗瀚来谈。上课，讲创作的小说，胡适认为，中国长篇小说，只可分"逐渐演变的""创作的"两类。《独立评论》社聚餐。(据《日记》)

同日　胡适复函蔡元培，不同意中基会赞助义务教育：

尊论极正大，惟所言"吾人硁硁然以常时之格调应此非常之刺戟，于心不安"一节，鄙意不尽赞同。义务教育乃是百年大计，固不能以非常刺戟视之。吾辈有典守之责，所贵在不使一时的刺激轻易变更吾人典守之常则。倘使今年可挪用基金至四十万之多，则明年又来一个非常刺戟，要求一百万，又将何以应之？故四月间大会硁硁然不肯变更基金原则，正是有典董之责者自重其职守，其中亦有防微杜渐之苦心，亦有为国家保持一些有用事业之远虑。减以基金之数实甚微细，若不先事预为之计虑，则十年之后，悔亦无及矣。

英庚款基金全额为一千一百万镑，以每镑十二元计之，可得一万三千万银元，大于中基会基金约十倍。然中政会固有中英庚款基金不得动用之议案，至今未有变更。中基会之基金政策，与此正是同比。国家筹四十万元，轻而易举；而独立基金中筹四十万元，则等于八百万元的年息五厘，此岂是小事，其艰难可想。故国家办大事业当然不能倚仗此等独立基金团体的供给。此等独立基金应留作提倡维持国家一时不能顾及的需要事业之用。如十年以来，若无中基会，则国中多处之科学研究必不能如此顺利发展，可断言也。

…………

至于义务教育一事，大会的议案具在，将来如有可以作有效的补助之处，我们应该尽力援助政府。叔永兄北回后，已将尊意及在君兄之意转达此间同人，将来应有较近实际的办法提出执委会讨论。盖基金不动是一事，援助义务教育又是一事，两者不应相妨。……（据胡适是日《日记》）

按，6月4日，蔡元培致函胡适云：

……中基会对于义教经费之办法，弟个人总觉有"皮之不存毛将焉附"之感。既人人认义务教育为救中国之第一策，政府亦于财政困难之际特拨数百万以促成此举，其对于中基会之要求，为数不多……吾人硜硜然以常时之格调应此非常之刺戟，于心不安。

叔永先生曾有开一临时会之说，可否决行之？与叔永先生别后，又接有南京友人函（非教育当局），劝中基会允拨四十万，认为善意的劝告，附闻，请酌行……（据胡适6月6日《日记》）

6月8日　晚，罗常培、郑天挺、毛子水、姚从吾等于同和居宴请胡适、罗庸、傅斯年、顾颉刚等。餐毕，顾颉刚搭乘胡适的车子到胡宅，当晚宿胡家。（《顾颉刚日记》第三卷，353页）

同日　丁文江致函胡适，对今日发出辞中基会董事的函（中国社科院近代史所藏"胡适档案"，卷号360，分号2）表示后悔。又云，"我料想这一次华北一定逃不了"，希望胡适等善自设法，不要陷在绝地。必要时，脱身南来。又云江冬秀在此很好，亦可继续居住。（《胡适遗稿及秘藏书信》

第 23 册，183～184 页）

6月10日　胡适日记有记：

连日华北风浪甚大，日本军人的气焰高的不得了，报纸又不登真消息，故谣言极多。

午后孟和来说，路上见着许多学生进城，各带小铺盖，似是黄寺的中学军训已解散了。闻之相对黯然。

五点在孟邻家聚会，谈时局。

八点与孟邻同去见何敬之部长，清华、燕大、北平三校长也来了。敬之详谈这十几天的经过，我们始知道今天上午政府召集临时紧急会议，日本人的要求完全接受了。此次日人要求，共有两次，第一次为五月廿九日；第二次为六月九日。前一次的要求为四事：

①于学忠免职（何未提及天津市长事）。

②河北省党部搬开。

③宪兵第三团调开，军分会政训处取消。

④中央军第二师及第廿五师调开。

除第四项外，余三项全做到了。第二次的迫胁，据酒井、高桥诸人的说法，是因为蒋作宾在东京抗议四次，引起了军部的忿怒！！

第二次所提，据何说，凡有四事：

①第二师及廿五师撤退。

②于学忠的第五十一军撤退。

③河北全省党部停止工作。

④禁止全国一切排日运动。

今天政府答应的即是这四项。

何敬之颇坦白，但他一个钟头的谈话，真使我们五个人难过的很。

同日　胡适致函陶希圣，云：

领导一国的思想，是百年大计，必须以哀矜之态度出之，不可稍存草率。自误是小事，误人误国都是大罪。思想必须从力求明白清楚（Clear and distinct）入手，笛卡儿所以能开近世哲学的先路，正因为他教人力求清楚明白。从洛克以至杜威、詹姆士，都教人如此。我们承两千年的笼统思想习惯之后，若想思想革新，也必须从这条路入手。此意我怀抱已久，七年前写"名教"一文，即拟继续鼓吹此意，终以人事匆匆，不能如愿。上月读你答我之文——《否认现在的中国》——我深感觉你受病太深，而处此浇薄之社会中，绝少诤友肯为你医病解缚。因此，我忍不住作《思想弊病》一文，略指此种方法的缺陷。

…………

你此次来信有"将来如发见自己的确是错的，也不避承认"之语，我很感动。此在今日，是一种奇迹，非可望之于人人。此时你气尚未平，未必能如此觉悟。但我极盼望你能暂时抛开那一套。试想想为什么动物学者把鱼狗人都叫做"脊椎动物"而人无异词，为什么你把清末新政混称为"来一个资本主义"而不能得人的承认，为什么你把骈文古文叫做"封建主义"而使我抗议。这一个"公案"想通了，你还可望有"桶底脱"的一日。禅宗大师所谓"桶底脱也"即是奇迹的来临也。

此次尊文甚多不检点之处，如云"西洋文化等于科学，中国文化等于小脚，建设中国文化就是裹小脚"，你在何处曾见我如此说过？（据胡适当日日记）

6月11日　胡适作有《沉默的忍受》一文，指出：

……今番日本军人的行为使全世界对于日本得着更深切的认识。……

……今番日本军人的行为惊醒了这一年以来的"中日提携"的迷梦，使我们全国稍有心肝的人都彻底明白我们在今日还够不上妄想同一个强邻"提携"。……

……今番的事件，使我们更明白救国不是轻易的事，不但口号标语全无用处，就是血诚、热泪、单独的义愤、悲壮的牺牲，都还不是最有效的方法。救国的唯一大路是齐心合力的爱护我们的国家，把我们个人的聪明气力都充分发展出来好为她服务，为她尽忠。只有我们的力量都成为国家的力量之时才是国家得救之日。……

……我们不必悲观。……在这沉默忍受的苦痛之中，一个新的民族国家已渐渐形成了！……统一的国家，同心协力的民族，都可以建筑在这三年多的国难的真实之上。(《独立评论》第155号，1935年6月16日)

同日　胡适复函丁文江，逐条答复丁文江对中基会的种种不满，对丁的意见"感觉失望"，并劝丁文江不要"忿然求去"：

第一，你最不公道的是责备干事处用钱太费。这个机关现在管理的款项已达二千万元之多，比得上一个中等的银行。用的经常费用，无论依什么标准，都不能算多。至于你斤斤争的干事长住宅一事，我更感觉诧异。一个负有管理两千万元的财务责任的机关，对于它的职员稍加优待或体恤，不应该是失策。……你是一个讲行政效率的人，对于此点之斤斤争论，实是成见，而非公心的判断。……

第二，中基会正需要能独立主张的董事。你的意见虽然有些是太偏的，有些是自己矛盾的，但大体上都是很可以作多数人的 antidote，你若走了，换上叶企孙一类的"圣人"，中基会的损失就更大了。

第三，我冷眼观察，在今日国内很不容易寻得十五个完全公心而不想谋私利的董事先生。中基会不是完全无疵，但它的多数董事是很可敬爱信任的。我们大家应该平心静气的和衷共济，不可偶因个人意见不合，即忿然求去。你的信上不但自己求去，还要你的朋友"学你的榜样"，这是不足为训的。"新血"固是要紧，但"持续性"也很重要，"和衷共济"也很重要。

第四，这样一个机关是决不会"尽人而悦之"的。"Impartiality"是决不会得着大家一致承认的。但能自信为公家谋最大效用，即此便是无私。……在一个合议机关里，总得有调和折衷的态度。即使有个人不能完全满意之处，也当为公益而牺牲其己见的一部分。八九个人尚互讥为偏私，为 partiality，何能期望天下人承认一种"透亮的公道"呢？

此十余日中，北平人士过的生活是地狱生活，精神上的苦痛是不得救济的。……（《胡适遗稿及秘藏书信》第 18 册，4～8 页）

按，丁文江原函现存北京中国社科院近代史所"胡适档案"，卷号 360，分号 2。

同日　胡适与 Professor Siren 同吃饭，遇见 Sir Neill Malcolm 及其秘书 Mrs. Woolay。中基会执行委员会开会。（据《日记》）

6 月 12 日　上课，讲这八百年中正统文学的命运。（据《日记》）

同日　胡适复函陶希圣，云：

民族抬头，我岂不想？来信所说的吾辈负的教育责任，我岂不明白？但我们教人信仰一个思想，必须先自己确信仰它，然后说来有力，说来动听。若自己不能信仰，而但为教育手段计，不能不说违心之言，自弃其信仰而求人信仰他自己本来不信仰的东西，我不信这个方法是可以收效的。依古人的说法，修辞立其诚，未有不诚而能使人信从的。如来书说的，"自责"在学术界是应当的，但在教育上则又不应当"自责"而应当自吹：这是一个两面标准（Double Standard），我不能认为最妥当的办法。至少我的训练使我不能接受这样一个两面标准。

我不信这样违心的"教育"手段能使这个民族抬头。我们今日所以不能抬头，当然是因为祖宗罪孽深重。我深信救国之法在于深自谴责，深自忏悔，深自愧耻。自责的结果，也许有一个深自振拔而湔除旧污，创造新国的日子。……若妄自夸大，本无可夸而偏要违心的自夸，那岂不是讳疾而忌医的笨法子吗？结果只能使这个民族格外抬不起头来，也许永永抬不起头来。

一个民族的思想领袖者没有承认事实的勇气，而公然提倡他们自己良心上或"学术"上不信仰的假话——即此一端,至少使我个人抬不起头来看世界。

"只有真理可以使你自由"(Only the truth can make you free),这是西洋人常说的话。我也可以说:只有说真话可以使这个民族独立自主。你试看看这三十五年的历史,还是梁任公、胡适之的自责主义发生了社会改革的影响大呢?还是那些高谈国粹的人们发生的影响大呢?

我并不否认文化在过去确有"国界"。小脚、八股、骈文、律诗等等,是全世界人类所无,而为吾国所独有,"国界"之义不过如此。其余礼义廉耻云云,绝无"国界"可言,乃是文明人所同有,乃是一切宗教典籍所同有。而我们的礼义廉耻等等所以特别不发达者,其原因也正是由于祖宗的罪孽太深重了。

请你注意我们提倡自责的人并非不爱国,也并非反民族主义者。……我们正因为爱国太深,故决心为她作诤臣,作诤友,而不敢也不忍为她讳疾忌医,作她的佞臣损友。

这个问题比思想方法的问题有同样的重要。这是一个思想家立身行己的人格问题:说真话乎?不说真话乎?(据胡适当日《日记》)

按,陶希圣原函大要是:对胡适不怪冲撞,反加劝慰的意思,心存感激,并谓今后仍然多谈问题,少作结论,以答规劝的盛意。另以至诚进一言:在学术界"自责"是应当的,在教育上则"格外克己"也有不良影响。"文化无国界"在长久的理想上是学者应当承认的,反之,在国民教育上,"国界"怕还得留下。(台北胡适纪念馆藏档,档号:HS-NK05-092-002)

又按,6月14日陶希圣复函胡适,对胡适答应为其诤友颇为安慰。又讨论国家当时的情况以及社会当时的思考模式。又表示愿为胡适的诤臣等。(《胡适遗稿及秘藏书信》第36册,278～286页)

6月13日 胡适慨叹"时局沉闷的可怕。谣言极多"。胡适送蒋梦麟南行。到北大开会。江冬秀从南方回北平。(据《日记》)

6月14日 北大开会。国文系毕业生聚餐,《独立评论》聚餐,胡适大醉。日记记下午上课:

> ……为今年最后一课,学生有问时局的,就谈了一点多钟,最后说:"我们现在过的经验是人生不易得的经验,只要我们大家不要辜负这种经验!"说不下去了,我匆匆退了。

6月15日 *Chicago Daily News* 的访员 Smothers 对胡适说,日本军人确注重华北的教育机关,他引述酒井的话说,"华北儿童生长在排日教育里,是很危险的"。*New York Times* 的访员 Robertson 来谈,他述 *Times* 意要胡适写一文。晚,开始作此文,题为 "What is Happening in North China?"(据《日记》)

6月16日 得蒋梦麟电,述王世杰、段锡朋意,要胡适与傅斯年早日离平。续成 "What is Happening in North China?" 之文。与洪哲根、胡梦秋谈家乡农村窘状,"闻之伤心,但我们都想不出好法子来"。(据《日记》)

6月17日 胡适到中基会开会,商谈义务教育问题,"决定在师资训练方面作补助,请吴俊升、查良钊两君拟具方案"。孙洵侯来谈他译的 Ludwig 所著 *The Son of Man*。在胡适寓所召开图书馆委员会会议,商议图书馆安全事。听丁妩说外间传说日本天皇有戒饬军部之说,又有汪精卫辞职之说。(据《日记》)

6月18日 胡适到中基会开会,商中基会的一部分南迁事。Dr. Lebenthal 来谈。孟森来谈,"中央军队在常州的,极得民心,为向来所未见。他又说,此次华北的情形,中央政府能如此屈伏,而不致引起内部抗违,是绝大进步。南宋与晚明都绝做不到如此。此意与我前作两文末段(中文与英文)意相合"。访 Professor L. Forster。(据《日记》)

6月19日 胡适到车站接陆侃如。读张居正的《全集》,有札记,胡适说张是"五百年中第一个大政治家,其魄力最近于王安石,而处境更难,成绩更大"。又云:凡能当大任者,皆须有此"无所求""一切舍"的气概。晚,胡适偕陆侃如访 Professor L. Forster,同饭,久谈。(据《日记》)

6月20日　胡适复函王世杰,云:

我所以有公开解决悬案之说,正虑此次敌人必有如矶谷所公然发表的"伪国承认"一类的要求,尤虑我方在枪尖之下步步退让竟连这一类的要求也不明不白的让步了,而自己一无所得。外间只说书面协定,并外加两条,而两条是什么,迄无人知。我曾有长函与兄等,略述鄙见,认定此回的事全是无代价的退让,若如此下去,岂不要把察哈尔、河北、平、津全然无代价的断送了?我以为,与其这样糊涂送礼,不如公开的交涉一切悬案,尚可以讨价还价,利用人之弱点,争回一点已失或将再糊涂失去的国土与权利。此时尚有可争的机会,若再待华北全去[失],则伪国承认的问题将不成问题,而变为华北伪国的承认问题了。

今日北方能勉强一战的军队(包括宋哲元、于学忠、关麟征、黄杰之队伍)都已远调,而独留最不可靠的万福麟部在此。日人最厌恶的,应该是东北军,今独厚于万福麟部,其意何在,不难猜想。他日造成第二伪国——东起山海关,南迄津、沽,北包察哈尔——必是指挥如意的事。到了那时,中央有何准备?即在今日,中央已毫无准备了。敌人的兵,一日即可到北平,且需我国国有铁路公然备车输送!!!而我则仅恃万福麟、商震的军队为防御!!……你们为国家谋虑,可曾顾到这一个决不可长久敷衍的局面?

察、冀、平、津必不可再失。失了之后,鲁、晋、豫当然随之而去。如此则中国矿源最大中心与文化中心都归敌手。如此形势之下,中央又岂能安然练军整顿内政?如此,则所谓"蒋介石下野","用旧人替代欧美军事顾问",等等问题,皆又将用短径的重炮逼上眉尖。到那时机,中央预备战乎?仍不战乎?不战而仍可以敷衍乎?抑将仍静待日、俄战争的爆发为救国的灵迹乎?

公等在中央阻止"某部分人"的胡为,是我极佩服的。但事到今日,已非两年前的状况可比。对世界固应赶紧结合,对日本尤不可不做一种可以使我们喘气十年的 Modus Vivendi。若无一个缓冲办法，则不出一二年，日本人必不容许蒋先生安然整军经武，此可断言也。六月初旬矶谷（i sogai）、酒井（Sakai）诸人日日发表宣言，无不公然攻击蒋先生，谓一切问题皆由于他一人。此种文字，京中朋友或不曾见，即见了也许不措意。然此种公然侮辱，出于中级武官之口，我们政府尚无如之何。他日兵临城下，以"倒蒋"为条件，公等袖中有何对策否？今日敌人指名要逐去一个大省分内的各级党部，我们毫不抵抗的依从了。明日敌人又要求逐去蒋介石，我们难道又毫不抵抗的依从他？不依从他，应取何策？万一蒋先生还不到能抵抗之时机，被逼而去，则一切军事顾问的问题又岂不是如敌人所欲而解决了？

故我深思远虑，此时必须假定两个可能的局势，作我们一切国策的方针：

（一）在最近期间，日本独霸东亚，唯所欲为，中国无能抵抗，世界无能制裁。这是毫无可疑的眼前局势。

（二）在一个不很远的将来，太平洋上必有一度最可惨的国际大战，可以作我们翻身的机会，可以使我们的敌人的霸权消灭。这也是不很可疑的。

我们的政策，眼光可以望着将来，而手腕不能不顾到现在。我们必须先做意大利，而后做比利时。我们第一个做比利时的机会已完全过去了。此时虽欲先做比利时，势有所不能。现在敌人逼我做意大利，做三角同盟中的意大利，我们只能将机就计，努力利用这个做意大利的机会来预备将来做比利时。此时若不能做意大利，则敌人必不许我做比利时。此是极重大的一个观点，千万请吾兄慎重考虑。如荷同意，或如蒙认为有一顾之价值，千万请设法使蒋先生知道此意。

至于我个人的安全，我毫不在意。我活了四十多年，总算做了一点良心上无愧怍的事，万一为自由牺牲，为国家牺牲，都是最光荣的事。我决定不走开。（此函粘贴在胡适日记里）

按，6月28日，王世杰复函胡适云，虽认为胡适的主张是苦心孤诣，但终觉不妥……（台北胡适纪念馆藏档，档号：HS-NK05-005-006）

同日　Richard G. Irwin 致函胡适云：数周前与您、蒋梦麟以及 H. H. Sun 会面时，就两个个人问题与您等进行了深入讨论，但没有解决。因为自己马上回国，冒昧请求您就这两个问题给予建议。自己计划回到 Oberlin College 进修英国文学，以及从事比较文学的学习和研究。期望胡适能够的推荐一些白话文的书以及中国人翻译成英文的中国谚语书。最近正阅读您《四十自述》。（中国社科院近代史所藏"胡适档案"，卷号 E-241，分号 2）

6月21日　胡适到崇实、崇慈两中学校作毕业演说，题为"做工的人生观"。"中国文学史"考试。《独立评论》聚餐，胡适日记有记：

我将昨与雪艇函意提出讨论，孟真大不以为然。这个情形又与三年前无异。张忠绂的主张甚接近我的。余人皆无甚主张。孟真说，这块糕，宁再割一块去，不可使它整层的劈去。他的热诚可敬，但他是不肯细细平心考虑的。为国家谋，不能不细心，不能不远虑。

同日　刘鹗之子将其父《老残游记二集》（良友书局，1935年）赠送胡适，并有题记：

此先王父铁云先生游记续稿，三十年前曾于《天津日日新报》逐日刊载，共成八回，仍未结束。十九年该报停业，其主人方药雨太世丈遂以还吾家。今年从兄铁孙以交良友书店印行，又无故截去后两回，殊憾憾，别有《外篇》手稿十六页；尚未能印行也。敬呈适之先生……（《胡适藏书目录》第 1 册，213 页）

6月22日　胡适作有《充分世界化与全盘西化》一文，指出：

所以我现在很诚恳的向各位文化讨论者提议：为免除许多无谓的文字上或名词上的争论起见，与其说"全盘西化"，不如说"充分世界化"。"充分"在数量上即是"尽量"的意思，在精神上即是"用全力"

的意思。

> 我的提议的理由是这样的：
>
> 第一，避免了"全盘"字样，可以免除一切琐碎的争论。……
>
> 第二，避免了"全盘"的字样，可以容易得着同情的赞助。……
>
> 第三，我们不能不承认，数量上的严格"全盘西化"是不容易成立的。文化只是人民生活的方式，处处都不能不受人民的经济状况和历史习惯的限制，这就是我从前说过的文化惰性。……（次日之天津《大公报》）

6月25日 胡适出席北大文学院院务会议。到中基会，与孙洪芬谈修改会务细则事，发现孙甚固执。（据《日记》）

同日 胡适为余炳文的《官礼今辨》作一跋，指出：余炳文认为《周礼》是孔子修改周制之书，故与古书所记周代制度不同，这一点实在是一种新见解。（《胡适遗稿及秘藏书信》第12册，277～279页）

6月26日 胡适到北大商研究所招考事。到中基会与任鸿隽谈改会务细则事。到德国饭店看太平洋总会来的 W. L. Holland，邀德国经济学者 Wittlofgel、陶孟和同到欧美同学会吃饭。（据《日记》）

6月27日 胡适到中基会开执委会。哲学会筹备委员金岳霖、贺麟、黄子通在胡适寓所开会，拟定章程草案。在金叔初家公宴顾临（Roger S. Greene）。读 H. E. Wildes 的 *Japan in Crisis*。（据《日记》）

当夜 胡适致函王世杰，云：

> 前函已说过，今日为国家画策，必须假定（1）在眼前日本的独霸东亚是无法能制裁的，（2）在不很远的将来也许有一个太平洋大战，我们也许可以翻身。
>
> 今画第二策，仍假定此二事。此策的主旨是如何可以促进那个"不很远的将来"的国际大战。如何可以"促其实现"？
>
> 今日我们决不能梦想坐待别国先发难。最容易发难者为俄国，但苏联是有组织的，有准备的，所以最能忍耐，最能弯弓不发。其余为英、

美,他们更不愿先发难,这是很明显的。此外只有两个可能:一是日本先发难,一是中国先发难。

日本早已发难了,因为我国不抵抗,故日本虽发难了四五次,而至今不曾引起国际大波澜。欲使日本的发难变成国际大劫,非有中国下绝大牺牲的决心不可。

我们试平心估计这个"绝大牺牲"的限度,总得先下决心作三年或四年的混战、苦战、失地、毁灭。

我们必须准备:(1)沿海口岸与长江下游的全部被侵占毁灭,那就是要敌人海军的大动员。(2)华北的奋斗,以至冀、鲁、察、绥、晋、豫的沦亡,被侵占毁坏,那就是要敌人陆军的大动员。(3)长江的被封锁,财政的总崩溃,天津、上海的被侵占毁坏,那就要敌人与欧、美直接起利害上的冲突。凡此三大项,当然都不是不战而退让,都是必须苦战力竭而后准备牺牲,因为只有如此才能引起敌人的大动员与财政上的开始崩溃。

在这个混战的状态之下,只要我们能不顾一切的作战,只要我们在中央财政总崩溃之下还能苦战——我们可以在二三年之中希望得到几种结果:(1)使日本军队征发到多数人民感觉战祸的实在,(2)使日本军费加重到人民感觉财政的危机,(3)使满洲的日本军队西调或南调,使苏俄感觉到有机会可乘,(4)使世界人士对于中国表同情,(5)使英、美感觉到威胁,使香港、菲律宾感觉到迫切的威胁,使英、美不能不调兵舰保护远东的侨民与利益,使太平洋海战的机会更迫近。

只有这样可以促进太平洋国际战争的实现。也许等不到三四年,但我们必须要准备三四年的苦战。我们必须咬定牙根,认定在这三年之中我们不能期望他国加入战争。我们只能期望在我们打的稀烂而敌人也打的疲于奔命的时候才可以有国际的参加与援助。这是破釜沉舟的故智,除此之外,别无他法可以促进那不易发动的世界二次大战。

我曾说过,日本武士自杀的方法是"切腹",但武士切腹时必须请他的最好朋友从背后斫其头,名曰"介错"。日本固然走上了全民族切腹的路，可惜中国还不配做他们的"介错"。上文所述的策略只是八个字：日本切腹而中国介错。

苏俄共产革命推翻政府之后，即脱离协约国，而与德国单独讲和，订立 Brest-Litovsk 和约，割地之多，几乎等于欧俄的三分之一，几乎把大彼得以来所得地全割掉了。但苏俄终于免不掉三年多的苦战。在那四次白俄大乱之中，最吃紧之时，中央政府所能统辖的土地不过七省而已！人民之穷苦固不用说，中央政府有时拿不出一块金卢布。苏俄三年多的苦战最可以做我们今日的榜样。我们如要作战，必须下绝大决心，吃三年或四年的绝大苦痛。

当前的问题是：我们的领袖人物有此决心否？有此准备否？有此计画否？

公等为国家谋虑，不甘屈辱，固是可敬佩。但不甘屈辱必须有不屈辱的决心与筹划。公等如不甘仅仅作误国的"清流党"，必须详细计画一个作三四年长期苦斗的国策。又必须使政府与军事领袖深信此长期苦斗为必不可避免的复兴条件。

以我观之，蒋先生只有"等我预备好了再打"的算盘，似乎还没有"不顾一切，破釜沉舟"的决心。……但日本不久必有进一步而不许他从容整军经武的要求。因为敌人不是傻子，他们必不许我们"准备好了打他们"。老实说，无论从海陆空的任何方面着想，我们决无能准备到可以打胜仗的日子。我们若要作战，必须决心放弃"准备好了再打"的根本错误心理。我们必须决心打三年的败仗，必须不惜牺牲最精最好的军队去打头阵，必须不惜牺牲一切工商业中心作战场，一切文化中心作鲁文大学。但必须步步战；必须虽步步败而步步战；必须虽处处败而处处战。此外别无作战之法。今日最好笑的，是政府诸公甘心抛弃北方，而天天装饰南京，好像南京是没有危险似的！此种气象真使全国人都感觉难受。

总而言之，今日当前大问题只有两个：(1) 我们如可以得着十年的喘气时间，我们应该不顾一切谋得这十年的喘气时间；(2) 我们如认定，无论如何屈辱，总得不到这十年的喘气时间，则必须不顾一切苦痛与毁灭，准备作三四年的乱战，从那长期痛苦里谋得一个民族翻身的机会。

恐怕在今日要双管齐下，一面谋得二三年或一二年的喘气，使我们把国内的武装割据完全解决了；一面作有计画的布置，准备作那不可避免的长期苦斗。

……请平心考虑此三函，暂时摆脱一切事务，为国家做一个全盘的计算，然后为当局恳切进言，打破那"等我准备好了再打"的迷梦！（据胡适当日《日记》）

按，7月11日王世杰复函胡适云，戴季陶、居正、孙科诸人与胡适此函所言略同，而其主要方法则在"团结"。前途动向仍视蒋介石决心如何。胡适等观察较能冷静而深刻；假使此函所言有实现可能，则政治、财政、外交、军事等等各当如何？盼胡酌示。不知傅斯年有何特殊观察否？（台北胡适纪念馆藏档，档号：HS-NK05-005-006）

6月28日　中国文学系教员在胡适寓所聚谈学期课程。《独立评论》社员聚餐。（据《日记》）

6月29日　胡适到协和医院开执委会。此为 Roger S. Greene 最后一次参与此会，他辞去了协和校长一职。（据《日记》）

6月30日　来客甚多。为北大数学系吴荣东证婚。改毕考卷。（据《日记》）

同日　《独立评论》第157号印行，其"编者的话"说道：胡适之先生太辛苦了，需要休息；故从本期起，《独立评论》编辑的事暂由社内的同人负责。

7月

7月1日　章希吕日记有记：

中饭适兄请陆侃如夫妇、丁文渊夫妇们。……

夜饭后和适兄闲谈了两个钟头。他对于二次世界大战怀了一个不能幸免之惧,中国尤首当其冲,牺牲必大,那时人民的痛苦必比现在尤甚。但中国能否翻身,就在这个世界大混战中。现在所以不爆发者,是各国的军备此时都不曾预备充足,不敢发难。日本所以横行东亚,就是洞悉各国军备不充足不敢发难的一个弱点。(《胡适研究丛录》,262页)

7月2日 国民政府发表中央研究院评议会第一届评议员聘书:

敦聘李书华、姜立夫、叶企孙、吴宪、侯德榜、赵承嘏、李协、凌鸿勋、唐炳源、秉志、林可胜、胡经甫、谢家声、胡先骕、陈焕庸、丁文江、翁文灏、朱家骅、张其昀、张云、郭任远、王世杰、何廉、周鲠生、胡适、陈垣、陈寅恪、赵元任、李济、吴定良为国立中央研究院评议会第一届评议员,此聘。(天津《大公报》,1935年7月3日)

7月3日 胡适出席北京大学毕业审查委员会会议。(《京报》,1934年7月4日)

7月3—7日 胡适、胡思杜父子及金旬卿,金仲藩、金建午父子,任鸿隽、陈衡哲夫妇沿平绥路旅行。

7月5日天津《大公报》对胡适游绥之报道:

胡适、任鸿隽四日晨过绥赴包头,傅作义到站迎迓。胡在包稍作勾留,即于四日夜来绥,当晚宿车中。各中等学校联合请胡讲演,胡拟五日午后离绥,江亢虎四日由包返绥,五日起在各学校讲演。

7月5日胡适日记:与白映星、张锡羊诸君同到第三十五军军部,看大青山"抗日阵亡将士公墓"。墓碑是胡适做的,钱玄同写的,是第一块白话碑文用全副新式标点符号分段写刻的。出墓园后,游了四处喇嘛庙:大召(无量寺)、小召(崇福寺)、舍力图召(延寿寺)、五

塔召（慈灯寺）。到联欢社作公开讲演，说众人的责任是"自责"，是"反省"。与小三车上打苍蝇。莎菲戏说："赋得父子打苍蝇"可作诗题。胡适即口占一诗：父子打苍蝇，各出一身汗。堂堂好男儿，莫作自了汉。

7月6日天津《大公报》报道：

> 胡适五日下午四时在绥联欢社公开讲演，各界听讲者极众，胡讲中国精神文化弗如人，亟须祛自夸而勉力自责，历举三十年前谴责小说之自觉，与近年来自夸之误。五日午傅宴胡。又江亢虎，上午讲中国文化复兴，与胡论调恰相反。五日晚七时，胡与任鸿隽夫妇离绥赴大同游览，参观云岗石佛，胡对章太炎驳彼反对读经之言论，谓彼对章文根本不看，彼一向即以不打死老虎为职志。

7月5日　胡适作有《大青山公墓碑》："雾散云开自有时，暂时埋没不须悲。青山待我重来日，大写青山第二碑。"又在诗后记道："公墓碎〔碑〕刻成建立之后，何应钦将军有命令，一切抗日的纪念物都应隐藏。于是傅作义将军在碑上加一层遮盖，上面另刻'精灵在兹'四大字。"（《胡适手稿》第10集卷3，278页）

同日　北京大学研究院二十四年度招收研究生计划公布。文科研究所各部之研究科目如下：

甲、中国文学部。语言文字学，由本部教授罗常培、沈兼士、马裕藻、魏建功、钱玄同、唐兰分任指导；中国文学史专题研究，由本部教授胡适、周作人、傅斯年、罗庸分别指导。

乙、史学部。中国史，由本部教授傅斯年、钱穆、姚从吾、孟森、陈受颐、张忠绂分任指导；中国宗教史由汤用彤、陈受颐指导；中国思想史，由胡适、邱椿指导；中国社会经济史，由陶希圣、周炳琳指导；中国政治法律史，由张忠绂、陶希圣、董康、刘志扬、程树德等分任指导；传记学，由胡适等教授指导。

报考条件如下：

> 凡本校毕业生，国立省立及立案之私立大学与独立学院，皆得应本院研究生入院考试。各研究所必要时，得停止招考研究生……研究生入院之考试内容分两项：(1)专门之基本知识，考试科目至少须在四种以上；(2)外国语，至少能用一种外国语读书及对译……（次日之天津《大公报》）

7月6日 胡适等抵大同。从赵承绶（印泉）司令处借来一辆汽车，又从长途汽车公司借来一辆。众人同游三龙壁、云岗的石窟和石佛寺，看五佛洞各窟。再游大华严寺，看"九龙壁"。（据《日记》）

7月9日 胡适作有《答陈序经先生》一文，指出：

> ……我当日提议用"充分世界化"来替代"全盘西化"，正是因为"充分""尽量"等字稍有伸缩力，而"全盘"一字太呆板了，反容易引起无谓的纷争。……
>
> ……我不信"理智"的作用是像陈序经先生说的那么渺小的。在各种文化接触的时期，有许多部分的抗拒与接受确然是不合理性的。……
>
> 但文化上的大趋势，大运动，都是理智倡导的结果，这是毫无可疑的。……
>
> ....
>
> 我们理想中的"充分世界化"，是用理智来认清我们的大方向，用理智来教人信仰我们认清的大方向，用全力来战胜一切守旧恋古的情感，用全力来领导全国朝着那几个大方向走——如此而已。……（《独立评论》第160号，1935年7月21日）

7月12日 胡适到苏俄大使馆，会见大使鲍格莫洛夫，同饭畅谈。"他说，我为中国人设想：如和平可得，如可得十年或二十年的喘气时间，当然应该与日本妥协，即割了平津也不妨。但和平终不可得耳。我也承认他的

话不错。"(据《日记》)

同日　章希吕日记有记:"一五九期《独立》编辑后记里叔永先生说上一期脱误很多,因他未校以致如此。因一五八期末校是我校的,适兄恐我见了此话有点负气,说本期也有不少的脱误。我觉得适兄处处总以宽恕待人。吾觉得一五八期里的错误比一五九期还要少点。"(《胡适研究丛录》,262~263页)

7月14日　胡适与香港大学文学院院长Robertson、Major Rupel、陈受颐、许地山、陆侃如夫妇、毛子水及江冬秀同游西山。港大决定先请许地山去做中国文学系教授,再请陆侃如去合作,"此事由我与陈受颐二人主持计划,至今一年,始有此结果"。7点,胡适与江冬秀饯送张真如、徐耀辰、刘文典、孙云铸、俞大缜女士,并欢迎钱端升夫妇。(据《日记》)

7月15日　戴君亮来谈李特成家属控告协和医院的调解,胡适为此事访林行规律师。哲学会聚餐,共13人,通过了哲学会的章程。熊希龄、毛彦文来访。叶叔丞来访。孙楷第来访。出席苏联大使馆宴会。(据《日记》)

顾颉刚是日日记有记:

> 今午同席(为开中国哲学会筹备会):林宰平、冯芝生、张荫麟、张真如、张崧年、许地山、予(以上客),适之先生、金岳霖、子通、瞿菊农(以上主)。(《顾颉刚日记》第三卷,367页)

7月17日　日本作家室伏高信来访,"他自谓反对军部,实则此种学者正是军人的喇叭,不能作独立的思想也。今天他说,民主主义乃是买卖人的思想。这是拾尼采的唾余。买卖人的思想也许比封建军人的思想还高明一点吧!"此君曾赠胡适《光从东来》一书。青年会的Hoover英国青年人Mr. Burce来访,他们大谈宗教,"Burce说,今日多数思想家都不否认这宇宙背后有一个心灵(Mind)。我说,如果宇宙背后有一个心灵,我们更不能解释世间一切罪恶残忍了"。(据《日记》)

7月18日　胡适出席北大的考试委员会议。与关琪桐谈。丁声树、陈

雪屏、王际真来访。读全祖望《续甬上耆旧诗》,颇受感动。(据《日记》)

7月19日　胡适与魏建功、罗常培会商出题事。读杨亿《武夷新集》。卫梓松夫妇邀吃饭。黄晖送来其《论衡集解》一书,"此一大工作之完成,甚可喜也"。(据《日记》)

7月21日　上午,见客30余人。拟入学考试题目。沈兼士约吃饭,客人有张宗祥(阆声)。(据《日记》)

7月22日　胡适出席中基会执委会会议。整个下午在北大监印用于转学的考试题目。瑞典学者 Prof. O. Siren 邀胡适吃饭。(据《日记》)

7月24日　胡适到北大。到中基会。读完杨亿的《武夷新集》。几个少年的耶鲁毕业生 Fulton、Walker、Petters 来谈。拟写一篇长文,题为《信与疑》:

……写中国人在二千五百年中的"信力"(Credulity)的变迁。例如《武夷新集》中写杨亿的求雨新法,他自己很得意,竟奏报给皇帝。皇帝也自有他的"画龙求雨新法"颁给天下。这都是史料。

"信"是最容易的事,"疑"是最难的事。能怀疑的人,千万人之中不得一二人。宋人中如王安石,如沈括,都是奇士,因为他们都能疑。沈括很有科学态度,但他也信舍利有神异!(据《日记》)

同日　胡适复函陈英斌,云:

你的信使我很感动。我不懂得日本最近的留学情形,我怕不能对于你的问题有多大的帮助。但我是不反对留学的,也不反对青年人出国留学。中国文化现在还是事事不如人,青年人应该努力学外国的长处。只要你认定你的使命是求学,你就可以明白求学是愈早愈好,愈年轻愈有成就的希望。"和本国文化离开"也无大害处,因为本国的文化的环境实在太坏了,可以坑死不少的有用青年,青年人能脱离这种空气,是福不是祸。

既要求学,必须要埋头先学那求学的工具,就是语言文字。必须要把语言文字学到十分纯熟的地步。

其次，既来求学，须知学不完全靠课堂课本，一切家庭、习惯、社会、风俗、政治、组织、人情、人物，都是时时在在可以供我们学的。若在庆应，就应该研究庆应六十年的历史，并应该研究创办人的人格。若在早稻田，就应该研究大隈的传记。

最要紧的是不要存轻视日本文化之心理。日本人是我们最应该研究的。他们有许多特别长处，为世界各民族所没有的：第一是爱洁净，遍于上下各阶级；第二是爱美，遍于上下各阶级；第三是轻死，肯为一个女人死，也肯为一个主义死；第四是肯低头学人的好处，肯拼命模仿人家。（《胡适遗稿及秘藏书信》第20册，39～41页）

同日　胡适手抄王安石《泊船瓜洲》《读维摩经有感》《与道原自何氏宅步至景德寺》。又在《与道原自何氏宅步至景德寺》后记道："荆公诗很少注年月的，此首独注月日，可以考见他晚年心理。次年（1085）三月，神宗死，年三十八。又明年（1086）四月荆公死。年六十六。"又记："我选的荆公绝句十三首，一首都不在《宋文鉴》收的卅二首之内。究竟是谁选的对呢？"（《胡适手稿》第10集卷1，33、41、40页）

7月25日　胡适复函容肇祖，赞其为《公孙龙子集解》所费的精力，又云：

我的私见颇嫌此稿太繁，反令读者不容易寻各篇的头绪。凡"集解"之作，大概因为各家注释散见各书，不易搜集；或太琐碎了，容易被人忽略，故有"集"拢的必要。《公孙龙子》的各家注释，除绝少数外，都有铅印石印本通行，似无搜集为一书之必要。又此书本甚难整理，注家都不从事于严格的校注文字，而都放言高论。此类的解释，都不易割裂分断，一经割裂插入各句之下，其文字反不易读了，其思路反不容易寻了。……

…………

……论断此书的著录流传，也应分两截，唐初以后为一截，似较慎重也。（《胡适遗稿及秘藏书信》第19册，311～313页）

7月26日　胡适致函罗隆基，谈对日政策等：

你问我对于中日问题的意见，我把上月写给王雪艇兄的两函稿送给你看看，并请你带给蒋先生一看。……

我举一例为伪国的承认：我提出的代价有三：一为热河归还，长城归我防守；二为"华北停战协定"完全取消；三为日本自动的放弃"辛丑和约"及附带换文中种种条件，如平、津、沽、榆一带的驻兵，及铁路线上我国驻兵之限制等等。人或笑此三条件为绝不可得，我不信此说；至少这是我们应有的讨价。如中东路岂不是已在日本手中了，又何必出价收买，更何必与苏联谈判至两年之久？谈判至两年之久，即是苏联外交的大胜利了。

人或谓伪国的承认在今日已不值钱。此亦大错。……

我的第一方案是公开的交涉，目的在于谋得一个喘气的时间。

我的第二方案（第三函）是从反面着想，另定苦战四年的计画。

委曲求全，意在求全；忍辱求和，意在求和。倘辱而不能得全，不能得十年的和平，则终不免于一战。……况且我们必须有作长期苦战的决心，方能希望得着有代价的交涉。必须使人感觉我的让步是有限度的，有计划的，然后人肯出代价。若一切无条件的让与，则人家当然不愿出代价，也不用出代价了。故第二方案是终不可免的一个步骤。

雪艇诸人只赞成我的第三函，但第三函之方案不是孤立的，只是第一方案的反面，在最近时期中，第二方案只是第一方案的后盾。如苏俄在这三四年中，天天用外交作掩护，实行其备战的工作。此是最可借鉴的政治手腕，我们不可不深思。

雪艇诸人赞成我的"公开交涉"，而抹去我的"解决一切悬案"的一句，他们尤不愿谈及伪国的承认问题。他们不曾把我的原电及原函转呈蒋先生，其实这是他们的过虑。他们不愿我为主张妥协者张目，其实我的第一方案亦不是妥协论，乃是有代价的公开交涉，与妥协论者根本上大异也。此函补说未留稿的第一函大意，也请你带给蒋先生一看。

关于内国[国内]政治，我以为"老同志"不必勉强求其"团结"，而全国人心却不可不收拾。……

"九一八"事变之来，大家都束手无策，只日日谈"大团结"，究竟当时团结了几个人呢？今日南京又大谈"大团结"了。其实今日最需要团结的是全国的人心，而不是三五个老朽分子。你以为如何？

至于行政问题，你是专家，用不着我说外行话了。

依我的观察，蒋先生是一个天才，气度也很广阔，但微嫌近于细碎，终不能"小事糊涂"。我与蔡孑民先生共事多年，觉得蔡先生有一种长处，可以补蒋先生之不足。蔡先生能充分信用他手下的人，每委人一事，他即付以全权，不再过问；遇有困难时，他却挺身负其全责；若有成功，他每啧啧归功于主任的人，然而外人每归功于他老人家。因此，人每乐为之用，又乐为尽力。迹近于无为，而实则尽人之才，此是做领袖的绝大本领。……

我前在汉口初次见蒋先生，不得谈话的机会，临行时赠他一册《淮南王书》，意在请他稍稍留意《淮南》书中的无为主义的精义，如"重为善若重为暴"，如"处尊位者如尸，守言者如祝宰"之类。

去年我第一次写信给蒋先生，也略陈此意，但他似乎不甚以为然。他误解我的意思，以为我主张"君逸臣劳"之说。……我的意思是希望他明白为政之大体，明定权限，知人善任，而不"侵官"，不越权。……

你是学政治的，定能用专家的术语把这个意思说的明白。我所想到的，此"为政大体"是第一要义。（据胡适当日《日记》）

同日　胡适复函任访秋，云：

《论文学中思想与形式关系》，太芜杂了，多有未成熟的见解。此种太大的题目，千万不可轻作。……

论词一文，使我很感觉兴趣。静庵先生的《人间词话》是近年才有印本的，我在他死前竟未见过此书。他晚年和我住的相近，见面时颇多，但他从未提起此书。今读你的比较研究，我很觉得我们的见解确有一些相同之点，所以我很高兴。

但你的比较，太着重相同之点，其实静庵先生的见解与我的不很相同。我的看法是历史的，他的看法是艺术的，我们分时期的不同在此。

他的"境界"说，也不很清楚。如他的定义，境界只是真实的内容而已。我所谓"意境"只是一个作家对于题材的见解（看法）。我称它为"意境"，显然着重在作者个人的看法。你的解释，完全错了。我把"意境"与"情感"等并举，是要人明白"意境"不是"情感"等，而是作家对于某种情感或某种景物作怎样的观察，取怎样的态度，抓住了那一点，从那一种观点出发。

《花间》时期的词，除韦庄外，意境都不高。李后主远在《花间集》（广政十年）之后了。他的意境之高当是由于天才和晚年的遭遇。但自《花间集》到东坡，绝大多数的词仍是为歌者作的，故意境终不能高超。韦庄与后主只是这个时代的杰出天才而已。

静庵先生说的"隔与不隔"，其实也说不清楚。我平常说"意境"，只是"深入而浅出"五个字。观察要深刻，见解要深刻，而表现要浅近明白。凡静庵先生所谓"隔"，只是不能浅出而已。（《胡适遗稿及秘藏书信》第19册，81～84页）

同日　余上沅致函胡适，告自己病困北平，再向胡适借20元。（《胡适遗稿及秘藏书信》第29册，140～141页）

7月28日　胡适作有《平绥路旅行小记》一文。（《独立评论》第162号，1935年8月4日）

7月30日　胡适在欧美同学会为马季明之女证婚。（《顾颉刚日记》第三卷，373页）

同日　胡适致函陈博生，指出《晨报·艺圃》履道发表的《蒲松龄死

年辨》乃诈欺之文,且举例驳之:

> ……此文冒充要驳正我的《辨伪举例》的蒲松龄死时七十六岁之说,他要证明"八十六岁"之说。……
>
> …………
>
> 此外的诈欺行为,最大的是:
>
> (1)他捏造出"淄川汤望撰"的《蒲松龄先生墓表》的名目。……
>
> (2)他捏造出一部"乾隆二十八年仲夏二树堂板"的《聊斋文集》的名目。……
>
> (3)他捏造出一部《严西仲淄川蒲松龄先生年谱》的名目。因为他"引"此谱的文句都是捏造的。
>
> (4)他捏造出一部《恩荣轩蒲松龄别集》的名目,因为他"引"所谓《别集》的诗题都是石印本《聊斋诗集》里的诗,都在我已证明全属伪造的二百六十二首歪诗之内。
>
> (5)他又捏造出一部"清代詹纯甫所著之《聊斋外集》"的名目……
>
> …………
>
> ……我的《辨伪举例》是我生平最得意的一篇考证学的小品文字。……后来改题为《蒲松龄的生年考》,收在亚东图书馆本《醒世姻缘》的附录里。……(《胡适遗稿及秘藏书信》第20册,48~53页)

8月

8月2日　顾颉刚日记有记:"今日下午茶点:适之先生、孟真、钢和泰、魏楷、丁文渊、戴闻达,尚有不相识者四人,予(以上客);爱般哈特夫妇(主)。"(《顾颉刚日记》第三卷,374页)

8月3日　胡适作有《苏俄革命外交史的又一页及其教训》,指出:

我们今日为国家设计,当然要如丁文江先生说的:"看定了目前最重要的是那一件事,此外都可以退让。"但是我们也得进一步问:"如果万分退让的结果,还换不到那'最重要的一件事',我们应该走什么路?我们应该准备走什么路?"

……还有不少的工作要准备做!(次日之天津《大公报》)

8月5日 胡适作有《政制改革的大路》一文,指出:

…………

……政制改革的下手方法是要把眼光放大些,着眼要在全国人心的团结,而不在党内三五人的团结。能团结全国人心了,那三五人也不会永远高蹈东海之滨的;若不能团结全国的人心,即使一两个天下之大老扶杖来归,也何补于政治的改革,何益于建国的大计?

而今日收拾全国人心的方法,除了一致御侮之外,莫如废除党治,公开政权,实行宪政。在宪政之下,党内如有不能合作的领袖,他们尽可以自由分化,另组政党。如此,则党内派别的纷歧,首领的不合作,都不了而自了了。

这是政制改革的大路。(《独立评论》第163号,1935年8月11日)

8月7日 晚,马衡于东兴楼宴请朱希祖,胡适、蒋梦麟、翁文灏、马裕藻、沈兼士、张庭济等均在座。(《朱希祖日记》中册,530页)

同日 章希吕日记有记:今天看见一轴三尺阔五尺长用丝织成的八仙。此种手工,神妙极了。据适兄说,是教育部送给一个德人,以酬谢其为中德文化效力,适兄特题字其上。(《胡适研究丛录》,263页)

8月8日 朱希祖来访不遇。(《朱希祖日记》中册,530页)

同日 朱士嘉赠其所编《中国地方志综录》一部与胡适。(《胡适藏书目录》第3册,1746页)

8月11日 胡适到北大阅卷。(《顾颉刚日记》第三卷,377页)

同日 晚,姚从吾、毛子水于欧美同学会宴请朱希祖,胡适、陈垣、马叔平、沈兼士、张亮丞等均在座。(《朱希祖日记》中册,531页)

同日　胡适在天津《大公报》发表《记辜鸿铭》一文。

8月12日　朱希祖日记有记：

> 午后五时半至马幼渔家，贺其夫人六十寿辰并宴叙，同席有蒋梦麟、胡适之、沈兼士及马幼渔二子、钱玄同、沈尹默之子。(《朱希祖日记》中册，531～532页)

8月15日　沈兼士在承华园设午宴招待朱希祖，胡适、马幼渔父子、马叔平、魏建功、李季谷、徐祖正等均在座。(《朱希祖日记》中册，532页)

8月17日　胡适致函陈博生，对履道投稿回文，再度举证驳斥：

> 闲人先生……又登出"履道"的答辩长文，我看了真有点替贵报难为情，也替闲人先生难为情。……
>
> 我本不屑和这种自己声明"要大胆的再诈欺胡先生一下"的人辩论，不过我要向先生指出几点常识：
>
> 第一，我原信问：蒲松龄生于崇祯十三年，卒于康熙五十四年，是不是七十六岁？……
>
> 第二，我原信指出那位诈欺的履道捏造了五件假文件的名目……
>
> 我正式指出这五项文件是没有的，这五项名目是捏造的。他此次"答辩"文虽冗长，所举证据又无一件不是捏造的。……(《胡适遗稿及秘藏书信》第20册，54～62页)

8月20日　孙楷第致函胡适，云：胡适命人带来陈氏驳孙《九歌考》一文，已读讫，自己虽不敢以己文为必是，"而觉此君所驳理由不甚充足，俟其文发表后，楷第拟有所申"。又云《辍耕录》所载傅与砺之岳父或为散曲家孙周卿，等。(《胡适遗稿及秘藏书信》第32册，615～617页)

8月23日　胡适向王云五函介北大外国语文学系日文教员傅仲涛之《日文津梁》一书，希望能在商务印书馆出版。(《胡适中文书信集》第2册，415页)

同日　天津《大公报》报道，天津工商学院，"特定于十月间开始，举行一学术讲演会，邀请学术界权威者轮流讲演，每星期一次。计被邀者有胡适、俞平伯、陈受颐、翁文灏、张伯苓、张季鸾、李书田、杨豹灵、何廉及北平辅仁大学理学院院长德人燕祺氏。"

同日　丁文江复胡适函，告为《独立评论》做了7000字的游记。又抄示在莫干山避暑时所作讽竹诗。(《胡适遗稿及秘藏书信》第23册，185页)

8月25日　应陈垣之邀，胡适为陈藏《汪龙庄晚年手札》(七件)作一题记，30日又作一题记。(《胡适遗稿及秘藏书信》第12册，294～299页)

8月29日　晚，傅斯年于欧美同学会宴请朱希祖，胡适、陈受颐、赵万里、向达、顾颉刚、钱穆、罗常培等在座。(《朱希祖日记》中册，539页)

8月30日　中午，胡适在欧美同学会宴请朱希祖、陈垣、马叔平、沈兼士、傅斯年、罗常培、钱穆、陈受颐等在座。(《朱希祖日记》中册，539页；《顾颉刚日记》第三卷，384页)

9月

9月3日　胡适作完《〈中国新文学大系·建设理论集〉导言》，大意是：

一

中国新文学运动的历史，我们至今还不能有一种整个的叙述。为什么呢？第一，因为时间太逼近了，我们的记载与论断都免不了带着一点主观情感的成分，不容易得着客观的、严格的史的记录。第二，在这短短二十年里，这个文学运动的各个方面的发展是不很平均的，有些方面发展的很快，有些方面发展的稍迟；如散文和短篇小说就比长篇小说和戏剧发展的早多了。一个文学运动的历史的估价，必须包括它的出产品的估价。单有理论的接受，一般影响的普遍，都不够证实那个文学运动的成功。所以在今日新文学的各方面都还不曾有大数量的作品可以供史家评量的时候，这部历史是写不成的。

良友图书公司的《新文学大系》的计划正是要替这个新文学运动

的第一个十年作第一次的史料大结集。这十巨册之中，理论的文学要占两册，文学的作品要占七册。理论的发生、宣传、争执，固然是史料，这七大册的小说、散文、诗、戏剧，也是同样重要的史料。文学革命的目的是要用活的语言来创作新中国的新文学——来创作活的文学、人的文学。新文学的创作有了一分的成功，即是文学革命有了一分的成功。"人们要用你结的果子来评判你。"……

所以我是最欢迎这一部大结集的。……

…………

我现在要写的序文，当然应该概括的指点出那些理论的中心见解和重要根据。但我想，在那个提要的说明之前，我应该扼要的叙述这个文学革命运动的历史的背景。

这个背景的一个重要方面，是古文在那四五十年中作最后挣扎的一段历史。……

…………

古文经过桐城派的廓清，变成通顺明白的文体，所以在那几十年中，古文家还能勉强挣扎，要想运用那种文体来供给一个骤变的时代的需要。……

…………

其次是林纾式的翻译小说的失败。……

…………

二

可是在这个时期，那"最大多数人"也不是完全被忽略了。当时也有一班远见的人，眼见国家危亡，必须唤起那最大多数的民众来共同担负这个救国的责任。他们知道民众不能不教育，而中国的古文古字是不配做教育民众的利器的。这时候，基督教的传教士早已在各地造出各种方言字母来拼读各地的土话，并且用土话字母来翻译《新约》，来传播教义了。日本的骤然强盛，也使中国士大夫注意到日本的小学教育，因此也有人注意到那五十假名的教育功用。西方和东方的两种音标文字的影响，就使中国维新志士渐渐觉悟字母的需要。

....

我们总括的观察这三十多年的音标文字运动，可以得几条结论。

第一，这三十多年的努力，还不曾得着一种公认为最适用的字母。……

第二，音标文字是必须替代汉字的，而那个时期（尤其是那个时期的前半期）主张音标文字的人都还不敢明目张胆的提倡用拼音文字来替代汉字。……

....

第三，音标文字只可以用来写老百姓的活语言，而不能用来写士大夫的死文字。

三

以上两大段说的是文学革命的历史背景。这个背景有不相关连的两幕：一幕是士大夫阶级努力想用古文来应付一个新时代的需要，一幕是士大夫之中的明白人想创造一种拼音文字来教育那"芸芸亿兆"的老百姓。这两个潮流始终合不拢来。……他们把整个社会分成两个阶级了：上等人认汉字，念八股，做古文；下等人认字母，读拼音文字的书报。当然这两个潮流始终合不拢来了。

他们全不了解，教育工具是彻上彻下，贯通整个社会的。小孩子学一种文字，是为他们长大时用的；他们若知道社会的"上等人"全瞧不起那种文字，全不用那种文字来著书立说，也不用那种文字来求功名富贵，他们决不肯去学，他们学了就永远走不进"上等"社会了！

一个国家的教育工具只可有一种，不可有两种。如果汉文汉字不配做教育工具，我们就应该下决心去废掉汉文汉字。如果教育工具必须是一种拼音文字，那么，全国上上下下必须一律拼用这种拼音文字。如果拼音文字只能拼读白话文，那么，全国上上下下必须一律采用白话文。

……………

中国白话文学的运动当然不完全是我们几个人闹出来的，因为这里的因子是很复杂的。我们至少可以指出这些最重要的因子：第一是我们有了一千多年的白话文学作品：禅门语录，理学语录，白话诗调曲子，白话小说。……

此外，还有几十年的政治的原因。……

……………

……白话文的局面，若没有"胡适之、陈独秀一班人"，至少也得迟出现二三十年。这是我们可以自信的。……治历史的人，应该向这种传记材料里去寻求那多元的、个别的因素，而不应该走偷懒的路，妄想用一个"最后之因"来解释一切历史事实。无论你抬出来的"最后之因"是"神"，是"性"，是"心灵"，或是"生产方式"，都可以解释一切历史；但是，正因为个个"最后之因"都可以解释一切历史，所以都不能解释任何历史了！等到你祭起了你那"最后之因"的法宝解决一切历史之后，你还得解释："同在这个'最后之因'之下，陈独秀为什么和林琴南不同？胡适为什么和梅光迪、胡先骕不同？"如果你的"最后之因"可以解释胡适，同时又可以解释胡先骕，那岂不是同因而不同果，你的"因"就不成真因了。所以凡可以解释一切历史的"最后之因"，都是历史学者认为最无用的玩意儿，因为他们其实都不能解释什么具体的历史事实。

四

……我们的中心理论只有两个：一个是我们要建立一种"活的文学"，一个是我们要建立一种"人的文学"。前一个理论是文字工具的革新，后一种是文学内容的革新。中国新文学运动的一切理论都可以包括在这两个中心思想的里面。

……………

1935年 乙亥 民国二十四年 44岁

在建设的方面，我们主张要把白话建立为一切文学的唯一工具。所以我回国之后，决心把一切枝叶的主张全抛开，只认定这一个中心的文学工具革命论是我们作战的"四十二生的大炮"。这时候，蔡元培先生介绍北京国语研究会的一班学者和我们北大的几个文学革命论者会谈。他们都是抱着"统一国语"的弘愿的，所以他们主张要先建立一种"标准国语"。我对他们说：标准国语不是靠国音字母或国音字典定出来的。凡标准国语必须是"文学的国语"，就是那有文学价值的国语。国语的标准是伟大的文学家定出来的，决不是教育部的公文定得出来的。国语有了文学价值，自然受文人学士的欣赏使用，然后可以用来做教育的工具，然后可以用来做统一全国语言的工具。所以我主张，不要管标准的有无，先从白话文学下手，先用白话来努力创造有价值有生命的文学。

…………

我们当时抬出"国语的文学，文学的国语"的作战口号，做到了两件事：一是把当日那半死不活的国语运动救活了；一是把"白话文学"正名为"国语文学"，也减少了一般人对于"俗语""俚语"的厌恶轻视的成见。

……我们深信：若要把国语文变成教育的工具，我们必须先把白话认作最有价值最有生命的文学工具。所以我们不管那班国语先生们的注音工作和字典工作，我们只努力提倡白话的文学，国语的文学。国语先生们到如今还不能决定究竟国语应该用"京音"（北平语）作标准，还是用"国音"（读音统一会公决的国音）作标准。他们争了许久，才决定用"北平曾受中等教育的人的口语"为国语标准。但是我们提倡国语文学的人，从来不发生这种争执。《红楼梦》《儿女英雄传》的北京话固然是好白话，《儒林外史》和《老残游记》的中部官话也是好白话。甚至于《海上花列传》的用官话叙述，用苏州话对白，我们也承认是很好的白话文学。甚至于欧化的白话，只要有艺术的经营，我们也承认是正当的白话文学。这二十年的白话文学运动的进展，把"国

语"变丰富了,变新鲜了,扩大了,加浓了,更深刻了。

....

总而言之,我们所谓"活的文学"的理论,在破坏方面只是说"死文字决不能产生活文学",只是要用一种新的文学史观来打倒古文学的正统而建立白话文学为中国文学的正宗;在建设方面只是要用那向来被文人轻视的白话来做一切文学的唯一工具,要承认那流行最广而又产生了许多第一流文学作品的白话是有"文学的国语"的资格的,可以用来创造中国现在和将来的新文学,并且要用那"国语的文学"来做统一全民族的语言的唯一工具。

....

五

....

我在上文已说过,我们开始也曾顾到文学的内容的改革。例如玄同先生和我讨论中国小说的长信,就是文学内容革新的讨论。但当那个时期,我们还没有法子谈到新文学应该有怎样的内容。世界的新文艺都还没有踏进中国的大门里……所以在那个贫乏的时期,我们实在不配谈文学内容的革新,因为文学内容是不能悬空谈的,悬空谈了也决不会发生有力的影响。例如我在《文学改良刍议》里曾说文学必须有"高远之思想,真挚之情感",那就是悬空谈文学内容了。

....

关于文学内容的主张,本来往往含有个人的嗜好,和时代潮流的影响。《新青年》的一班朋友在当年提倡这种淡薄平实的"个人主义的人间本位",也颇能引起一班青年男女向上的热情,造成一个可以称为"个人解放"的时代。然而当我们提倡那种思想的时候,人类正从一个"非人的"血战里逃出来,世界正在起一种激烈的变化。在这个激烈的变化里,许多制度与思想又都得经过一种"重新估价"。十几年来,当日我们一班朋友郑重提倡的新文学内容渐渐受一班新的批评家的指摘，而我们一班朋友也渐渐被人唤作落伍的维多利亚时代的最后代表者了！

…………

六

我在这篇引论里，只做到了两点：第一是叙述并补充了文学革命的历史背景（音标文字运动的部分是补充的）；第二是简单的指出了文学革命的两个中心理论的涵义，并且指出了这一次的文学革命的主要意义实在只是文学工具的革命。这一册的题目是"建设理论集"，其实也可以叫做"革命理论集"，因为那个文学革命一面是推翻那几千年因袭下来的死工具，一面是建立那一千年来已有不少文学成绩的活工具；用那活的白话文学来替代那死的古文学，可以叫做大破坏，可以叫做大解放，也可以叫做"建设的文学革命"。

在那个文学革命的稍后一个时期，新文学的各个方面（诗、小说、戏剧、散文）都引起了不少的讨论。引起讨论最多的当然第一是诗，第二是戏剧。……

……我们看了这二十年的新文学创作的成绩，至少可以说，中国文学革命运动不是一个不孕的女人，不是一株不结实的果子树。耶稣在山上很感动的说："收成是好的，可惜做工的人太少了！"中国文学革命的历史的基础全在那一千年中这儿那儿的一些大胆的作家，因为忍不住艺术的引诱，创作出来的一些白话文学。中国文学革命将来的最后胜利，还得靠今后的无数作家，在那点历史的基础之上，在这二十年来的新辟的园地之上，努力建筑起无数的伟大高楼大厦来。

在文学革命的初期提出的那些个别的问题之中，只有一个问题还没有得着充分的注意，也没有多大的进展——那就是废汉字改用音标文字的问题……我在上文已说过，拼音文字只可以拼活的白话，不能拼古文；在那个古文学权威没有［丝］毫动摇的时代，大家看不起白话，更没有用拼音文字的决心，所以音标文字的运动不会有成功的希

望。如果因为白话文学的奠定和古文学的权威的崩溃，音标文字在那不很辽远的将来能够替代了那方块的汉字做中国四万万人的教育工具和文学工具了，那才可以说是中国文学革命的更大的收获了。(《中国新文学大系·建设理论集》，上海良友图书公司，1935年10月15日）

同日　晚，顾颉刚在欧美同学会宴请胡适、陈受颐、钱穆、罗常培、闻在宥等。(《顾颉刚日记》第三卷，386页）

9月4日　章希吕日记有记：适兄午后3时乘车赴南京应中央研究院开会之约。(《胡适研究丛录》，264页）

同日　顾颉刚致函胡适，谈九一八事变以来自己思想的变迁，又希望胡适能与蔡元培、丁文江商量，由中央研究院资助禹贡学会等。(《顾颉刚书信集》卷一，489～492页）

9月6日　胡适抵达南京，出席次日举行的中央研究院首届评议会成立会和第一次年会。(次日之天津《大公报》）

同日　唐有壬致函胡适，告：已经将胡关心汪精卫病之信转汪，汪表示感谢。又云：汪已决定脱离外交部职务。又谈及国民党六中全会延期的原因等。(《胡适遗稿及秘藏书信》第31册，436～438页）

9月7日　中央研究院首届评议会成立会和第一次年会在南京召开。胡适出席了会议。

次日之天津《大公报》报道：

中央研究院七日晨十时举行首届评议会成立，蔡元培特由青赶来主持，到王世杰、李书华等三十五人，中央派戴季陶，国府派汪兆铭代表参加。蔡领导行礼报告后，戴致辞……汪致辞……旋即接开首次会。议决：（一）推举中央研究院总干事丁文江为评议会秘书。（二）推举提案审委。第一组：王世杰（主席）、陶孟和、翁文灏、胡先骕、唐炳源、赵承嘏、陈垣、叶企孙。第二组：凌鸿勋（主席）、李仪祉、周仁。第三组：竺可桢（主席）、余青松、张云、李仪祉。第四组：朱家骅（主席）、郭任远、秉志。第五组：秉志（主席）、王家业、胡经甫、胡先骕。（三）推举评议会规程起草委员李书华（主席）、丁文江、胡适之、周鲠生、谢家声、李济、何廉。各组审查会旋于上下午分别开会，议决共七案，九日提大会讨论。又七日午蔡元培氏在国际联欢社宴请戴汪二院长及全体评议员，晚五时汪在外部大礼堂设宴，八日午晚戴及交朱教王分别欢宴。

同日 胡适草拟一通致蔡元培的贺寿、致敬信：

> 我们都是平日最敬爱先生的人，知道明年一月十四日，是先生七十岁的寿辰，我们都想准备一点贺礼，略表我们敬爱的微意。我们觉得我们要送一件礼物给一位师友，必须选他所最缺少的东西。我们知道先生为国家，为学术，劳瘁了一生，至今还没有一所房屋，所以不但全家租人家的房子住，就是书籍，也还分散在北平、南京、上海、杭州各地，没有一个归拢度藏的地方。因此我们商定这回献给先生的寿礼，是先生此时最缺少的一所可以住家藏书的房屋。我们约定这次赠送的参加，由各人自由决定：任何人的赠送，都不能超过一定低微的数目；而且因为时间和地点的关系，对于先生许多的朋友、学生，并不及普遍的通知。可是各地的响应，已超过了我们当初的期望。
>
> 我们现在很恭敬的把这一点微薄的礼物献给先生，很诚恳的盼望先生接受我们这一点诚意。我们希望先生把这所大家献奉的房屋，用作颐养、著作的地方，同时这也可看作社会的一座公共纪念坊，因为这是几百个公民用来纪念他们最敬爱的一个公民的。我们还希望先生的子孙和我们的子孙都知道，社会对于一位终身尽忠于国家和文化而不及其私的公民是不会忘记的。（陶英惠：《胡适撰拟致蔡元培献屋祝寿函》，原载《传记文学》第58卷第1期，1991年1月）

按，此函一同具名的还有蒋梦麟、王星拱、丁西林、赵太侔、罗家伦。9月9日，胡适又致函抄寄王世杰、罗家伦、段锡朋、陈宝锷，请他们"笔

削或重做",又云"签名鄙意以为最好用首都委员三人"等。(陶英惠:《胡适撰拟致蔡元培献屋祝寿函》,原载《传记文学》第58卷第1期,1991年1月)

又按,丁文江与胡适、王星拱、丁西林、罗家伦等众多知名学者、教授联名致函蔡元培,祝贺其70岁生日(1936年1月14日),并集资营建住宅一所公赠蔡元培。(贺信并参加人名单均载《北大校友》第16期,1936年3月1日)

9月11日　夜半,胡适在上海新亚饭店作成《追忆曾孟朴先生》。

9月中旬　胡适曾游天目山,项楚愚赠胡适《西天目祖山志》八卷卷首一卷卷末一卷补遗一卷。(《胡适藏书目录》第3册,1613页)

9月17日　王世杰致函胡适,商谈汉字简化及编纂《中国文法典初稿》的问题。称教育部已允筹经费,希望胡适领导的中基会编译委员会提供帮助。又谈到已允津助禹贡学会。(《胡适遗稿及秘藏书信》第23册,565～569页)

9月18日　胡适返抵北平。(次日之天津《大公报》《申报》)

本年度胡适在北大文学院担任的课程有:哲学系之"中国近世思想史研究"(面向研究生及三、四年级学生),教育系之"中国教育问题",中国文学系之"中国文学史概要""中国文学史(四)""传记专题实习"。(《北京大学史料 第二卷 1912—1937》第2册,1160～1165页)

9月23日　章希吕日记有记:《文存四集》去年我在平时已把目录编定,带交亚东出版。去年原放无暇顾及,致一部《藏晖室札记》尚印不出来。今年老孟翁复出而问店事,对于出版方面也没有什么主张,《藏晖室札记》仍搁而不排,《文存》出版尤不知何日。故适兄此次赴沪,已把《文存四集》交给商务印书馆出版了。今夜把目录交给我,加进近一年来所做的文章。书名,适兄意思想另取一个。(《胡适研究丛录》,264页)

9月24日　胡适作有《国联的抬头》一文。(《独立评论》第170号,1935年9月29日)

9月26日　林语堂赠其 My Country and My People（纽约，1935年）一部与胡适，并题记："适之兄：我以为会长称引你的地方三处，看看引得，美国小姐做的，才知道有九处。谢谢你许多无形中的开导指教。语堂持赠。廿四年九月廿六日于上海。"胡适还藏有此书重印本，系孟治所赠，有题记："孟治先生给我买的。这一部'初版'（而不是初印）的'玉堂名著'　适之，廿九，一月。"一册封内贴有胡先骕致胡适函1页："适之先生惠鉴：林语堂君大作已读毕，其文字极佳，惜所见不少浅陋之处，而批评每每过火。然较之一般西人之著作，自远胜也。原书今卖价奉还，余不一一。即颂刻安。弟骕顿启。七日。"（《胡适藏书目录》第4册，2463～2464页）

9月29日　胡适在天津《大公报》发表《从一党到无党的政治》一文，指出：

……今日的党治制度决不是孙中山先生的本意，也许不是手创国民党的领袖诸公的本意。国民党原来不认一党专政是永久的；党治的目标是训政，是训练民众作宪政的准备。……最有效的政治训练，是逐渐开放政权，使人民从亲身参加政治里得到一点政治训练。

10月

10月1日　胡适作有《跋张元的〈柳泉蒲先生墓表〉》，指出：校勘之学必须搜求最早最好的底本。没有最古的底本，单凭私人的小聪明去猜测，去妄改，那是猜想的校勘，不是科学的校勘。（《益世报·读书周刊》第20期，1935年10月17日）

同日　章希吕日记有记：《胡适文存四集》共得60万字，适兄删存40万字。今天编成目录，改名《胡适论学近著》（第一集）。我再将原稿校看一遍，即可交商务出版。（《胡适研究丛录》，265页）

同日　丁毂音赠送胡适《山歌》十卷（明人冯梦龙编）一部。（《胡适藏书目录》第2册，1472页）

10月3日 胡适应室伏高信约请，作有《敬告日本国民》一文，指出：

我要说的第一句话，是：我十分诚挚的恳求日本国民不要再谈"中日亲善"这四个字了。……明明是霸道之极，偏说是王道；明明是播种仇恨，偏说是提携亲善！

…………

……今日当前的真问题是如何解除"中日仇恨"的问题，不是中日亲善的问题。仇恨的心理不解除，一切亲善之谈，在日本国民口中是侮辱，在中国国民口中是虚伪。

我要说的第二句话，是：请日本国民不要轻视一个四亿人口的民族的仇恨心理。……

〔但我们现在观察日本军人的言论，我们知道日本军人的侵略野心是无止境的。满洲不够，加上了热河；热河不够，延及了察哈尔东部；现在的非战区还不够作缓冲地带，整个华北五省又都有被分割的危险了。这样的步步进逼，日本军人的侵略计画没有止境，〕但中国人的忍耐是有尽头的。仇恨之上加仇恨，侮辱之上加侮辱，终必有引起举国反抗的一日。

…………

我要说的第三句话，是：日本国民不可不珍重爱惜自己国家的过去的伟大成绩和未来的伟大前途。（《独立评论》第178号，1935年11月24日）

同日 章希吕日记有记：适兄今夜做了一篇《敬告日本国民》，赶明早寄出。他一面做，我一面誊录，至夜深2时始睡。（《胡适研究丛录》，265页）

10月5日 蒋梦麟校长召集新生300余人举行茶话会，胡适、张景钺、周炳琳、樊际昌、郑天挺等教授20余人出席。蒋梦麟说明施教方针。（《北京大学纪事（1898—1997）》，274页）

同日 北京大学公布出席校务委员会当然会员名单，胡适作为文学院院长，亦大名在列。（《北京大学周刊》第171号，1935年10月5日）

1935年　乙亥　民国二十四年　44岁

10月6日　胡适出席刘树杞追悼会，并赠挽联："鞠躬尽瘁死而后已；开山创业谁能比他。"(《北平晨报》，1935年10月7日)

同日　章希吕日记有记：

适兄为其分祠做了两对联，抄如下：

俎豆馨香，跻跻跄跄，同庆此祖宗神灵所在；

水源木本，孙孙子子，勿忘了艰难缔造之功。

水秀山奇，这里应有孝子贤孙力田创业；

羁人倦旅，何时重到清明冬至分胙联欢。(《胡适研究丛录》，265～266页)

10月7日　胡适作有《再记国联的抬头》一文。(载《独立评论》第172号，1935年10月13日)

10月11日　汪精卫复函胡适、蒋梦麟、傅斯年，云：颜惠庆退席抗议国联的冷淡；新政策出台前对国联还是采拥护的态度；对侵略者投"制裁"的票。(《胡适遗稿及秘藏书信》第27册，227～231页)

10月12日　胡适作有《海滨半日谈——记念田中玉将军》一文。(《独立评论》第173号，1935年10月20日)

10月15日　胡适编选《建设理论集》(赵家璧主编《中国新文学大系》的第一集)由良友图书公司出版。首为蔡元培为该书所作总序，次为目录。正文依次为胡适为该书所作导言；一、历史的引子(即胡适所作《逼上梁山》)；二、发难时期的理论；三、发难后期的文学理论。

10月16日　北京大学研究院文学研究所导师胡适召集研究生，采用谈话式讲授传记实习课。(《北京大学纪事(1898—1997)》，275页)

10月17日　章希吕日记："《胡适论学近著》稿今天始搜齐，亦于今天校毕，计文六十九篇，附录十六篇，字数约四十一万。《绩溪公墓启》一篇，适兄原意想删，吾以此文借此书之销行亦可以让人家知道闭塞的绩溪在两年前已有公墓之发起，故为保存。"(《胡适研究丛录》，266页)

10月19日　曾琦致函胡适，希望自己关于"改革现制，创造新

局"的文章能在《独立评论》发表。(《胡适遗稿及秘藏书信》第36册，547~548页）

10月20日　顾颉刚来访。(《顾颉刚日记》第三卷，402页)

10月21日　章希吕日记有记：

《胡适论学近著》目录，适兄又把它重编，删去一些，加进一些，共分五卷，计文五十七篇，附录十四，后记二，约四十万字。弄到夜一时睡。(《胡适研究丛录》，266页）

10月22日　胡适南下赴沪，出席中基会董事会。(22日中央社电讯，载次日之《申报》《大公报》）

10月26日　中基会假上海沧洲饭店举行第九次常会，到蔡元培、周诒春、胡适、孙科、任鸿隽、贝克、李石曾、丁文江、司徒雷登、徐新六等；列席者，有美国驻华大使詹森，教育部代表郭有守，外交部代表余铭。由蔡元培董事长主席。除通过名誉秘书、名誉会计、干事长等的半年报告外，决议：（一）修改本会会务细则，照审查会提出的条文通过。（二）修改本会章程，照本日大会修正的条文通过。（三）拨国币30万元，补助政府实施义务教育，分两年均摊支付。（四）加推贝克、徐新六为名誉副会计。(该基金会第十一次报告；《申报》，1935年11月27日）

同日　晚，胡适搭夜车自沪赴宁，出席次日召开的中国科学社20周年纪念会。(次日中央社电讯，载国内各大报纸）

10月27日　胡适在南京中央大学出席中国科学社20周年纪念会。次日，中央社电讯：中国科学社27日晨9时在中大举行成立20周年纪念会。到社长任鸿隽，理事胡适、马君武、丁燮林，社员罗家伦、褚民谊及来宾等2500余人。罗家伦主席，致开会词。次任鸿隽报告社务，再次褚民谊代表国民政府致辞，马君武亦致辞，末由胡适演讲民族自信力的根据。12时半礼成。次举行科学表演，晚放映科学电影后，全体社员在励志社聚餐，并放映全运会影片助兴，至10时许尽欢而散。(次日之天津《大公报》）

10月29日　胡适为其《论学近著》作成自序一篇。

10月31日　翁文灏致函胡适，云：

……为太平洋国际学会筹款事，昨日面见介公，已为代陈，彼曰"可以"。意已许可，但似尚欠切实，尚须再说一次，当能望成，数目亦或尚有斟酌。然彼对兄意极好，如大驾来京，能面见一谈，则更可靠矣。(《胡适遗稿及秘藏书信》第32册，287～288页)

11月

11月7日　胡适函慰遇刺休养的汪精卫。(《胡适全集》第24卷，256～257页)

11月11日　胡适在沧洲饭店为罗宾生著、顾谦吉译、胡适校《人与医学》作一中译本(是书于1936年4月由商务印书馆出版)序言。胡适指出，该书不单是一部医学发达史，乃是一部用一般文化史作背景的医学史。又说，"我们东方人根本就不曾有过一个自然科学的文化背景"。(《益世报·读书周刊》第52期，1936年6月11日)

同日　周作人赠胡适《苦茶随笔》一册，并有题记：文既不足观，又多错字，奈何。(《胡适藏书目录》第1册，211页)

按，胡适收藏的周作人赠书，还有《苦竹杂记》(良友图书公司，1936年)。(《胡适藏书目录》第1册，211页)

同日　何永佶将其 The Origin of Parliamentary Sovereignty, or "Mixed" Monarchy 寄赠胡适，并致一函云：

您去年好意替我担保的书，现在已经出版了；我除了致献我的拙著外，没有别的法子表示我的谢意。

报上说日方要求把您等一百三十人拘捕，并言您被传至卫戍司令部问讯，不知确否。如确则我在南方实在惭愧，未能与您分忧。如北大没有把我辞掉，也许我现在还在北平，与您等共甘苦。

现在我还在中大做教授,并在二三机关里作研究咨询工作,月入有七百元左右,生活尚称舒适。如胡先生去南京,也许我要换地方。(《胡适遗稿及秘藏书信》第29册,28～29页)

按,何氏赠书著录于《胡适藏书目录》第4册,2492～2493页。

11月12日　胡适在南京见蒋介石。当日,胡适有致蒋介石信:一、胡适认为蒋需要一个人数极少(至多不得过7人)的"国防设计委员会",胡适提名的人选有丁文江、翁文灏、俞大维、蒋廷黻、宋子文。二、若要实行宪政,此时在原则上宜作一个渐进的5年或10年的计划:第一期,设立一个临时参议院,充分容纳无党无派的分子;第二期,国民大会的选举法宜慎重考虑,推选加一倍或两倍的候选人,应有宪法修正会议的召集;第三期,选民资格逐渐放宽,同时似宜有民选的国会每年定期集会。三、华北问题必须时刻放在全国人民的心中,时刻放在世界人民的心中。无论敌人在华北作何侵略或蚕食的举动,政府必须公开抗议。若有重大事情,中央应命令守土官吏用武力守土。必要时,中央应令中央军队进驻华北。若华北在不知不觉中断送了,将来我们还等什么好题目才作战呢?(《胡适中文书信集》第2册,418～420页)

11月14日　胡适返抵北平。

11月16日　胡适作有《用统一的力量守卫国家!》,大意谓:我们这个民族在四个整年的惨痛经验的训练之下,快要走上一条比较有希望的大路上去了。这条大路是统一护国,是用统一的力量来守卫国家!认为国民党的五全大会因为国内各政治势力的积极参加成了国家统一的象征。又指出:

我们的最大错误是只看见了战与和两条路,而没有充分认识那更重要的"守"的一条路。必须能守,然后能战;也必须能守,然后能和。没有自守自卫的能力,妄想打倒什么,抵抗什么,都是纸上的空谈。甚至于连屈伏求和都不配,因为我们若没有守卫的能力与决心,屈辱之后还有更大的屈辱，永永没有止境，永永不会到一个饱和点。

我是当年曾替华北停战协定辩护的人。当时我的主要理由是："华北停战虽不能使敌人将东四省退出一尺一寸，至少也应该使他们不得在东四省以外多占一尺一寸的土地。"……现在看来，我完全错了。塘沽协议成立以来，两年半之中，我们完全忽略了守御的工作，所以我们不能禁止别人得寸进尺的野心！

…………

……我们希望这回的统一是真正的统一，是在救亡图存的共同觉悟之下的精诚团结。

统一做到了，政府应该用这个统一的力量来积极布置整个国家的疆土主权的守卫工作。政府应该明白宣布，我们的国策是守卫我们的疆土和主权。我们不能，也不准备，和任何国家作战：这是全世界人共见的。我们现在应该光明正大的唤起全国的人心，同心协力的实行这个守卫国家的国策。（次日之天津《大公报》）

11月18日　钱玄同致函胡适，送还《说儒》原稿等，又询任鸿隽是否在北平及任之住址等。（《胡适遗稿及秘藏书信》第40册，458页）

11月19日　胡适出席宋哲元召集的北平各界人士谈话会，与傅斯年一致反对冀察自治。（《胡适年谱》，199页）

同日　顾颉刚来访不遇。（《顾颉刚日记》第三卷，411页）

11月20日　胡适到车站迎接自南京公干回平的蒋梦麟。（次日之天津《大公报》）

11月21日　北京大学举行校务会议，胡适出席。会议决定本年度各委员会名单等案，胡适为图书馆委员会委员、出版委员会委员、学生活动委员会委员、财务委员会委员。（次日之天津《大公报》；《北京大学周刊》第178号，1935年11月23日）

同日　蒋介石致电翁文灏转告胡适：宋哲元、商震、韩复榘意志坚决，不致弃地，萧振瀛之言不足为凭。（台北"国史馆"藏"蒋中正'总统'文

物"，档号：002-080200-00259-037）

　　同日　熊十力致函胡适，询能否为回南执教事通融办理（以不能忍受北方之寒冷与风沙），又谈及当前之民族危亡问题。（《胡适遗稿及秘藏书信》第38册，594～603页）

　　11月22日　胡适复函吴世昌，云：

　　　　……你太错了。你说我的《我们可以等候五十年》一文是"把事情看的太容易了"的一个例子。我的意思恰相反。我因为不肯"把事情看的太容易"，所以才如此说。只有一些真"把事情看的太容易"的人们，才在那个时候喊着打仗。

　　　　直到今日，我还不肯"把事情看得太容易"，所以才很郑重的说一个"守"字。四年的准备也许还不够"守"，但总比四年前或两年前有把握多了！国际的形势也比那时候好的多了。但去"能守"，还差的远，因为"守"当然包括守势的"战"。

　　　　凡为国家设计，决不可"把事情看得太容易"。至于你所说的"勇气"，我可以回答说：在这几年中，主战的人并不需要什么勇气。只有不肯跟着群众乱喊作战的人，或者还需要一点道德上的勇气。

　　　　时髦话谁不会说？说逆耳之言，说群众不爱听的话，说负责任的话，那才需要道德上的勇气。（《胡适遗稿及秘藏书信》第19册，179～181页）

　　　　按，11月27日吴世昌复函胡适，云：胡适把国难看的不够严重；目下，必须唤起民众，组织民众，训练民众。（《胡适来往书信选》中册，280～281页）

　　11月24日　胡适作有《华北问题》一文，指出：华北人民并没有所谓"自治"或"独立"的运动；华北今日的当局不可忘了他们自己的责任。（《独立评论》第179号，1935年12月1日）

　　同日　萧一山将其所辑《近代秘密社会史料》六卷卷首一卷（1935年，

北平研究院铅印）、《太平天国诏谕》分别题赠胡适："适之先生教正。后学萧一山敬呈。廿四，十一，廿四。"（《胡适藏书目录》第2册，1317页；《胡适研究通讯》2016年第2期，4页）

11月27日　胡适为北京大学毕业生、中基会编译委员会委员刘国平向中法教育委员会申请全份留法助学金事，致函沈尹默、李书华。胡适说："刘君是最好学的青年，成绩甚好，铎尔孟先生与我均深知其为人。倘蒙两先生予以援助，使他能得一个助学金全额，不但刘君身受其赐，在中法学术交通上亦应有裨益。"（《胡适遗稿及秘藏书信》第19册，105～106页）

11月29日　蒋梦麟、徐诵明、梅贻琦、李蒸、陆志韦、胡适、傅斯年等联名致电王世杰转呈蒋介石、汪精卫、孔祥熙：此间局势日趋危急，恐非地方当局所能应付，中央既已任命何敬之部长驻平负责，切盼促其即日飞平主持，以挽危局，至祷。（台北"国史馆"藏"蒋中正'总统'文物"，档号：002-080103-00019-124-003）

11月30日　北平教育界胡适、傅斯年、梅贻琦、查良钊4人，早10时赴武衣库访谒宋哲元，晤谈华北时局情形，并交换对时局意见，会谈一小时余辞出。双方感情意见，极为融洽。（据次日之天津《大公报》）

同日　胡适答室伏高信：

……凡文化都有他的惰性，都会自己保守自己的。少数先知先觉的思想家，如果他们看清楚了"去腐"和"革新"的必要，应该站到屋顶上去大声疾呼，不必顾虑破坏之太多，更不必顾虑祖宗遗产有毁灭的危险。"真金不怕火"，这是我们祖宗的一句名言。真有价值的东西是毁不掉的。

近年来北平访问的日本朋友往往替"东方的遗产"抱着过分的忧虑，仿佛宁愿东方少年人天天念阿弥陀佛，或打麻雀牌，而不愿他们"心醉于唯物论"，或信仰自由主义。这种忧虑，你的答书里也曾提及。

我想，我们两个国家里值得忧虑的，恐怕还有比东方遗产的失坠更重要的吧？我个人决不愁东方遗产与东方文化的失坠。我所焦虑的

是我们东方民族刚开始同世界人类的最新文化接触，就害怕他的诱惑，就赶快退缩回到抱残守阙或自夸自大的老路上去。更可焦虑的是我们东方民族也许在那"拥护东方的遗产"的大旗之下做出一些自相残害的丑戏来，贻笑于全世界。

…………

在你的答书的后幅，你指出我们两国之间的仇恨心理之所由来。你似乎也把这种仇恨心理看作中国"以夷制夷"的政策的结果。你问我们："中国的敌人，是日本还是英国？应该是日本，应该是英国？"

…………

这一段话，若在一篇外交词令里或军人演说里发见，我毫不惊异。但在你的文章里，我读了不能不感觉一点惊讶。

"以夷制夷"是句古文，翻成白话，就是"借一个友谊的国家的援助来抵御一个敌对的国家"。这是一切国家常做的事，这里只有成败可评量，没有什么是非可判断。

贵国昔年不也曾受了"不列颠的诱惑"，做了她的二十年的同盟国吗？后来为了美国的满洲开放论，贵国不也曾联俄制美吗？这都是很晚近的历史，大家总还不会全忘记吧？

至于中国，老实说，我们这个国家还不配与谁为友，更不配与谁为敌。友是平等的，敌也是平等的。……

……我们今日不妄想寻得一个"以平等待我之民族"。我们今日只能这样想：凡对于我们最少侵略的野心的，凡不妨害我们国家的生存与发展的，都可以做我们的朋友。凡侵略我们的，凡阻害我们国家的生存与发展的，都是我们的敌人。

…………

我近来感觉到，这种犹太主义不如我们"东方遗产"里几句老话："不迁怒""不念旧恶，怨是用希"。这些是近于人情的，是我们稍稍加一点理智力就可以实行的。譬如我怨日本的某个某个军人，同时我可以敬爱我的朋友高木八尺教授，这样"不迁怒"，不是很容易的事吗？

又如日本帝国一旦改涂易辙，变成了中国的好朋友，我当然可以忘记过去的许多怨恨，这样"不念旧恶"，不也是很容易的事吗？

但是，如果一个强国乘人之弱，攻人之危，不但种下了仇恨，还要继续播种你所说的"第二仇恨""第三第四而至于永久的仇恨"——在这样迅速播种之下，敝国即有聪明圣智的"指导者"，恐怕也就无法劝导国民对那个国家"发生真正的友情"了吧？

你对我们发出警告："不要受不列颠的诱惑。"室伏先生，你愿意听我讲一个历史的故事吗？

从民国十四年六月到民国十六年，是中国仇视英国最激烈的时期。那三年英国工商业受的绝大损失，你也许还记得。……然而英国的政治家坚决的抱定他们的和平政策。他们派一个蓝博森（Miles Lampson）来做公使；他们在那年十二月里发表了一篇所谓"耶诞节觉书"，表示英国政府对中国的和平政策。中国革命党人不信"不列颠的诱惑"，要逼John Bull拔出刀来。于是有次年一月初旬用武力占据汉口英国租界的事。英国的外交家依旧忍耐着，不但不拔出刀来，并且派遣专员到武汉去和陈友仁订立汉口协定。这样忍耐的结果，几个月之后，风头转了，仇英的心理渐渐转过了。"不列颠的诱惑"终于收效了！

这个故事足够答复来书的质问了吗？你问我们："贵国是不是善于忘记英国给贵国的苦楚？"我可以回答说："我们行的只是上文说的东方圣人'不念旧恶'的古训。""美貌的、狡猾的诱惑"是可以令人忘记过去的苦楚的。聪明的室伏先生，谁能不受"美貌的、狡猾的诱惑"呢？

反过来说，"带甲的拳头"是善忘病的最灵治疗剂。今天开一炮，明天开十架轰炸飞机来，后天开十列车的军队来，先生，你想，我们的"善忘病"应该不应该被吓跑了呢？

……我站在这阶台上望着那雪地里微露出的琉璃瓦，不禁想到那七十五年前英国、法国的联军入北京烧毁圆明园的历史。眼前虽有满地的遗物可以帮助记忆，我不能不承认这段故事有点模糊记不清了。

我的眼光已移到别的新事物上去了。一只贵国的飞机轧轧的从天的东边飞往西边，在那皎洁的雪地上刷过一条黑影。地上的黑影过去了，雪地还是皎洁的，但我的心里至今还清清楚楚的看得见那一条黑影。我想起中国古哲人曾说，"飞鸟之影，未尝动也"；又说，"影不徙"。室伏先生，我们应该叫这条黑影子不动不徙吗？（《独立评论》第180号，1935年12月8日）

12月

12月2日　胡适等北平教育界人士发表通电：华北民众无脱离中央之意。次日之天津《大公报》《申报》等大报报道原文如下：

近日平津报纸载有文电，公然宣称华北有要求自治或自决之舆情，殊足淆乱观听。吾辈亲见亲闻，除街头偶有少数受人雇用之奸人发传单捏造民意之外，各界民众毫无脱离中央另图自治之意。望政府及国人勿受其蒙蔽，尤盼中央及平津河北当局消除乱源，用全力维持国家领土及行政之完整。徐诵明、李蒸、蒋梦麟、梅贻琦、陆志韦、胡适、傅斯年、袁同礼、陶孟和、刘运筹、刘廷芳、杨立奎、吴文藻、查良钊、张熙若、周炳琳、蒋廷黻等数十人。

12月4日　蒋介石致电何应钦，令其到北平后，以安定人心为政府收拾人心为最重要工作，请其面慰蒋梦麟、胡适，或派熊式辉往访致慰。（台北"国史馆"藏"蒋中正'总统'文物"，档号：002-020200-00025-105）

12月5日　胡适到蒋梦麟宅，对在蒋宅的熊天乙"说了八点"：

①何敬［之］宜通电表明此间并无要求自治之民意。

②何宜公布五六月间交涉之经过与所谓《何应钦梅津协定》的内容。

③中央在华北应有驻兵之权。

④应令29、32两军会同收复战区。

⑤应成立"驻平长官公署"。

熊说，昨天高桥已令人向何敬之提出八项警告了。

到协和医院，见 Dr. Maxwell。到医院探视马幼渔病。"一点聚餐，到的人有查、刘、蒋（廷黻）、陶、李、梅、陆、张、傅、周诸人。谈到三点半始散。"沈昆三来访。（据《日记》）

同日　胡适致函张季鸾，云：

> 这回我从南方归来，本不存多大乐观，只作"死马作活马医"的万一希冀。三周以来，无日不作苦斗，所赖有先生们不避危险，为我们作声援，作宣传。现在《大公》停邮，平津两地的报纸上就不能有一隙之地可以给我们说话了。大概我们能努力的日子也就不多了吧？念之慨然。
>
> 但我至今还不肯完全绝望。雷季上君说"胡适之把宋哲元当作圣人看待"，我至今还如此痴想。十五那晚上，先生已叫我莫作此想了。尔和、博生都如此说。但我至今不绝望。我不但希望宋哲元作圣人，我还希望萧振瀛作贤人。若不如此，我们就真绝望了。（据胡适当日《日记》）

12月6日　上午上课。中午聚餐，各校长与各位朋友均到，商议时局，因消息不正确，公推胡适去见何应钦：

> 三点，我与徐校长同去见敬之。他说，宋的避居西山，是先得他同意的；今早二时萧振瀛往天津见多田。据何说，宋、秦、萧受日本逼迫甚紧，并被责"守誓言！！"宋之暂避，与萧之往见多田，都是设法避逼迫！并非恶意对何！
>
> 何说，他们曾有分河北为五省之议：①天津，②冀东，③正保，④沧大，⑤顺彰！有五个主席可以酬庸了！
>
> 何略谈办法，虽不详述内容，然其大意确与吾辈所期望相去甚远

也。(据《日记》)

按，关于胡适谒何，次日之天津《大公报》亦有报道：

平大校长徐诵明与北大文学院长胡适两氏，昨日午后三时赴居仁堂晋谒军政部长何应钦，对华北时局，会谈约一小时。据何表示，连日与宋、萧、秦等诸人商内部问题，尚未完全就绪，大致华北组织行政机关，所有一切行政、财政、外交、军事等，必须在中央统一指挥之下进行……

同日　晚，独立社聚餐。(据《日记》)

12月7日　胡适到北大，与张忠绂谈时局并同饭。到欧美同学会，"梅、徐、查、傅各位都在"，谈时局。众人决定发一电与中央，请令何应钦勿走，并请明定"行政院驻平长官署"为永久机关，增加其职权，充实其人选。访 Polette 先生。Mr. R. J. E. Latham 来访。(据《日记》)

12月8日　到北京饭店看沈昆三。到欧美同学会聚餐，"今天局势已大致决定，因为离我们的理想太远，我们都很不高兴"。下午，"傅、张、顾、陶诸人到我家中又谈时局，无甚决定"。编《独立评论》第181期。作"暖炕"的札记。(据《日记》)

12月9日　一二·九运动爆发。

同日　上午上课。担心学生游行被人利用作口实。到长安饭店看津市工务局长杨豹灵。市政府邀各校校长开会商议学生游行事，市长秦德纯报告说，高桥武官到市政府抗议，说学生游行是有背景的，主谋的人是蒋梦麟与胡适。到本拟请胡适吃晚饭的 Lattimore 家，客人有美国大使，有 Col. Newell 夫妇。(据《日记》)

12月10日　到北大，知道学生要罢课，"真是幼稚之至。我与梦麟、枚荪忙了一天，不知能挽救否"。晚得翁文灏两电，说丁文江在衡阳病重。(据《日记》)

12月11日　学生仍罢课。陈博生请吃饭，听陈公侠(仪)与李择一谈，"似乎现在蒋介石做了行政院长，决心要与日本政府作最后一次(？)的亲

1935年　乙亥　民国二十四年　44岁

善交涉的尝试"。又记道：

公侠是一个好人，他认定中国不能与日本作战，故决心要讲和。他的精神也可佩服。

今天我说了不少的话，公侠未必能听。他的大毛病在于太怕日本人。（据《日记》）

同日　孔祥熙致电蒋介石：冀察政委人选，晨间弟荐之南桂馨、温寿泉俱属晋人，应否加入？希裁酌。弟意平教育界此次主持正义胡适、蒋梦麟、张伯苓诸人在平津当地俱有声望，似可加入。又直系吴子玉亦似有参加需要……（台北"国史馆"藏"蒋中正'总统'文物"，档号：002-080200-00261-018）

同日　胡适收到一封匿名信，内容如下：

《溏［塘］沽协定》签字以后，你曾替它辩护过！现在丧心病狂的军人又把整个的华北出卖了，你还替它辩护吗？……唉！我的胡适之老师！！！

在这样危急的环境之下，凡属热血的青年学生，谁心中不比丧了父母还难过！激于爱国的热情放出一声惨痛的呼喊，以求鼓起同学们的猛醒，这你能说是不正当的吗？！这你能说是轨外行动吗？倘若你以为这是不当，那你真是丧心病狂了！该杀的教育界的蠹贼！！！

今天一院的通告，你亲自撕下去了！在你撕的时候，你的耳朵还红了一红！我们看见你那样的心情，真哭笑不得！胡先生，我们深切的明白了你的人格！你的人格连一个无知的工友都不如！只有用粗野手段对付你才合适！你妈的！难道华北卖给日本以后，你还能当北大的文学院长吗？你把我们这热心的青年学生残杀几个，陷害几个，你心还很通［痛］快吗？即便你能阻止住了我们爱国心的沸腾，于你有什么好处？！于你的良心也过意得去吗？

现在警告你："日后你若再撕毁关于爱国的通告，准打断了你的腿，

叫你成个拐狗！"勿谓言之不豫也！（据《日记》）

同日　陈世棻致函胡适，拜托胡适指正吴景贤所作《金正希先生评传》并赐序。（《胡适遗稿及秘藏书信》第35册，309页）

12月12日　学生仍罢课；胡适对青年人的"没有知识"，表示失望与痛心。得衡阳来电，说丁文江已清醒。胡适认为，翁文灏、吴景超、蒋廷黻3人入政府，虽是为国家尽义务，于《独立评论》却有大损失。晚，在美国大使馆晚餐，遇见William Allan White & Vice-Governor Hayden，谈甚欢。（据《日记》）

12月13日　学生仍罢课，胡适甚感失望。请吴景超起草各校长共同告同学的布告，详举事实，并将何应钦的函附抄。张季鸾来访。（据《日记》）

12月14日　学生仍不上课。W. A. White在六国饭店吃晚饭，客有Rev. D. A. Poling。编辑《独立评论》，"甚感没有好稿件"。（据《日记》）

12月15日　张奚若来访。徐芳来访。访周诒春。Owen Lattimore约午饭，会见蒙古人包悦卿。严宽（弘基）来访。（据《日记》）

同日　胡适在天津《大公报》发表《为学生运动进一言》，忠告青年学生要认清他们的目标、力量、方法和时代。

同日　胡适作有《冀察时局的收拾》一文，希望冀察政务委员会至少要办一下几件事：拿办殷汝耕，弹压类似于香河事件或殷汝耕事件，注意张北的局势，盼望冀察政委会要深切明了他们并没有同任何国家订立任何"协定"的权力。（《独立评论》第182号，1935年12月22日）

同日　胡适作有《和范石湖题传记》。（《胡适手稿》第10集卷4，424页）

同日　《文哲月刊》第1卷第3期刊登牟宗三《红楼梦悲剧之演成》，其中评述胡适的《红楼梦考证》：

……胡适之先生的《红楼梦考证》，把那种索隐的观点打倒。用了历史的考据法，换上了写实主义的眼镜，证明了《红楼梦》是作者的自述，是老老实实把自己的盛衰兴亡之陈迹描写出来。这虽然是一个正确的观点，然而对于《红楼梦》本身的解剖与理解，胡先生还是没有作到。这只是方向的转换，仍不是文学本身的理解与批评。所以胡先生的考证虽比较合理，然究竟是考证工作，与文学批评不可同日而语。他所对付的是红学家的索隐，所以他的问题还是那红学家圈子中的问题，不是文学批评家圈子中的问题。因为我们开始便安心鉴赏《红楼梦》本身的技术，与其中所表现的思想，那些圈子外的问题便不容易发生。圈子外的问题，无论合理与不合理，在我们看来，总是猜谜的工作，总是饱暖生闲事，望风捕影之谈。

12月16日　北平学生大规模游行，与军警发生冲突。晚，胡适与各校校长、北平市长、宪兵司令商谈，毫无办法：

> 晚上八点，与各校长到居仁堂，秦市长与宪兵司令邵文凯都到，谈到十点多，毫无办法。我对他们说：学潮须要釜底抽薪，就是要当局做出几件可以安人心的事来。最要的是拿办殷汝耕，取消冀东"自治"。（据《日记》）

12月17日　顾颉刚前来贺寿。（《顾颉刚日记》第三卷，420页）

同日　翁文灏致函胡适，告丁文江在衡阳中煤毒以及抢救经过，已无生命危险，善为休养，不久即可复原。（《胡适遗稿及秘藏书信》32册，289～291页）

同日　胡适有致北平各大学同学书：

> 在十二月九日北平各校学生请愿游行之后，我们负有各大学行政责任的人，曾联名发表告同学书，指出"诸位同学请愿及罢课的第一目标可以说是已经达到，希望诸位同学勿别生枝节，勿虚掷光阴，即日恢复学业"。不幸那篇告同学书发表之后，又有十六日北平各校学生大举游行的事，参加者数千人，受伤者总数约近百人。此等群众行动易发而难收，有抗议的功用而不是实际救国的方法。诸位同学都在求学时期，有了两次的抗议，尽够唤起民众，昭告天下了。实际报国之事，决非赤手空拳喊口号发传单所能收效。青年学生认清了报国目标，均

宜努力训练自己成为有知识有能力的人才，以供国家的需要。若长此荒废学业，今日生一枝节，明日造一惨案，岂但于报国救国毫无裨益，简直是青年人自放弃其本身责任，自破坏国家将来之干城了！

所以我们很诚恳的第二次提出劝告，希望诸位同学即日复课，勿再虚掷光阴。报国之事，任重而道远，青年人切不可为一时冲动所误而忽略了将来的准备。(《胡适来往书信选》中册，292～293页)

12月20日　下午上课时只有周祖谟一人来。晚，赴北大教授俱乐部第一次聚餐，日记有记：

……饭后有长时间的讨论。马叙伦发言最多，多没有意思，也全没有煽动力量。此人破坏了教育界多少年，尚不知愧悔，妄想趁火打劫，可怜！

同日　中央社电讯：中央博物院理事会理事，经教育部聘定后，全体名单如下：蔡元培、王世杰、翁文灏、丁文江、顾孟馀、朱家骅、傅斯年、李济、黎照寰、李书华、罗家伦、胡适。(次日之天津《大公报》《申报》)

12月22日　胡适作有《再论学生运动》一文，指出当局处置北平学生的游行示威是错误的，谴责军警殴打学生是野蛮行为，呼吁学生早日复课。(《独立评论》第183号，1935年12月29日)

同日　胡适在方枢校《宋刑统》三十卷(国务院法制局刻本，1918年)题记：

北京大学有此书多部，单不庵管北大图书馆时，我用绩溪周氏《说文引经考》原稿本向北大换得此书。十年不见此书，今天沈性仁女士送还我，不庵之骨已朽了！因记之。廿四，十二，廿二。胡适。(《胡适藏书目录》第2册，1546页)

12月23日　李幼椿来谈二事：宪政问题，内政问题。胡适主张：

①在五月五日之前，召集一个"宪草研究会"，人数不可太多。

②有许多问题都可以改善。如"三民主义共和国"使许多党外人不安,可以改为"民族主义、民权主义、民生主义的共和国"。如选举问题可以用"提名"方法防弊。

同日　胡道维来谈。(据《日记》)

同日　赴北大咨询委员会,张忠绂与陶希圣各提一外交方案。到协和茶会,谈时局。赴 M. MacDonald & Lewischt 的晚餐,谈时事。(据《日记》)

同日　胡适致函汤尔和,谈读其1919年日记之感想。(《胡适遗稿及秘藏书信》第20册,104～107页)

12月24日　胡适得傅斯年急电:丁文江病转剧,请求协和医院派胸部手术医生携带用具及氧气桶来湘。胡适得电后即就商于协和院长王锡炽,经协商,决定派外科医生葛令前往。胡适分别致电翁文灏及傅斯年与丁夫人,告此情。(据《日记》)

12月25日　丁作韶来谈。各校长聚餐,谈无结果。长沙来电告丁文江病危。是日有《和周岂明贺年诗》:

可怜王小二,也要过新年。
开口都成罪,抬头没有天!
强梁还不死,委曲怎能全!
羡煞知堂老,关门尚学仙。(据《日记》)

按,胡适后来将"关门尚学仙"改作"萧闲似散仙"。(《胡适手稿》第10集卷4,419页)

12月26日　胡适到中基会,收受了孙洵侯译的 Ludwig 的 *The Son of Man*(耶稣的传记)。探视翁文灏次女翁燕娟。与协和医院王锡炽院长电话商量丁文江病情后,发二电:一致翁文灏,一致朱经农、傅斯年。(据《日记》)

同日　胡适复函谷春帆,云:

先生提及那一段"小小因缘",使我感叹天下果无白费的努力;言出于此，而影响及于千里之外；有意栽花，决无不发，而无心插柳，亦可成阴。来书增我勇气多矣！

承寄长文，已读一遍。先生辩才无碍，佩服佩服。但鄙意对于此文，颇感觉不满，则以尊文万言，实忽略了中日问题的一个重要方面，即是日本之大陆政策的军事的（国防）核心问题。东三省事变之结果，在经济上日本固然大赔本，但日本军人之志本不在此；例如其新敷设之铁道交通，处处以对俄为前提，故不恤赔本，不恤屋上架屋。近三年来之进逼华北，取得察哈尔全省（长城以北），取得"冀东"，并进而欲取得绥远、河北，其意岂真欲做到经济提携吗？彼之意在建立内蒙自治政权，以为进逼外蒙古而直捣贝加尔湖，横截西比利亚铁路之计也。北宁平绥两路之必须获得，亦为军事之计划。即将来山西之煤铁，陕西之石油，也都是这个军事国防计划之一部分。冀察"自治政权"之建设，亦皆为扫除此军事之障碍而已。惟其全力注重国防军事，故不可以理喻。尊文忽略了这个重要方面，故立论虽甚辩，实不切今日之时势。

尊文还有一个弱点，就是把日本和欧美各国看作一例。其实我们这位东邻，真是"无可比伦"！先生若在北方住过这几年，或在北方内地看过那些贩卖鸦片白面或偷运白银的日本、朝鲜人，或在这几年中饱尝日本军人的气焰，自然不会作此想了。

同西洋民族作经济往来，尚可望彼取其大利，而我得其小利。同日本民族作经济往来，他们是"细大不捐"的，那有我们分润的余地？不见东三省的现状吗？（从八月中起，察哈尔已不许山东移民了！）

我现在将尊文寄还，非是我没有"室伏之雅量"，实欲求先生审虑立论之旨，更求圆满。

尊文中小疵尚多，不及备举。例如中国古时受外族侵入时，统治者虽不曾"悉数"没收中国人民之土地（非不欲也，不可能也），然籍没之土地实不限于"极少数之前朝宗室勋戚田宅"。最近之事，如满洲人入关时之"圈地"，是先生应该知道的。（据《日记》）

12月27日　胡适到北大。沈仲章来，周炳琳来。得长沙电，说丁文江必须开割肋膜，坚请协和医院外科主任来。协和医院王锡炽院长来电话说 Dr. H. H. Loucks 决定明早飞往南京，故电告翁文灏"备机电告"。（据《日记》）

12月28日　蒋梦麟请各系主任吃晚饭，谈学生复课事，决定31日开全体学生大会。（据《日记》）

同日　胡适复函汤尔和，仍谈1919年北京大学旧事。（《胡适遗稿及秘藏书信》第20册，108～112页）

同日　傅斯年致胡适一函，"眼看在君濒危情形，实在苦痛"；"我在此地，实际上等于在君家属的代表人，这个苦痛的 Privilege 是很难过的……找协和来人，纯是杨之竭力主张（丁家诸人赞同之），我个人觉得非绝对必要"。（此函粘贴于胡适1936年6月29日日记之后）

12月29日　徐炳昶、张奚若、陈之迈、顾一樵来访。到车站接蒋廷黻，未遇。编《独立评论》第184期。北大教授赵诏熊半夜来访，谈其恋爱波折之事，胡适允帮忙。（据《日记》）

同日　胡适在《大公报》发表《我们要求外交公开》一文。

12月30日　胡适与林筠因女士、赵诏熊谈。到丞相胡同访林仲易（林筠因女士之父），他坚决拒绝赵诏熊求婚。到北大，各校长聚餐，"我看他们怯懦的可怜，实在坐不住，先走了"。到浙江兴业银行，到中孚银行，还寿险费及书籍保险费。本年亏空3000元。（据《日记》）

同日　王崇武致函胡适，请胡适斧正其文章，如可用，即请在《独立评论》发表。钦佩《再论学生运动》一文。希望尽早读到《续说儒》一文。（《胡适遗稿及秘藏书信》第24册，267页）

12月31日　赵诏熊来谈。蒋梦麟邀各校长、胡适等前往谈话。因昨天北大学生代表会议决：南下请愿，反对提前放假。蒋梦麟等今日议决：由北大校长下午召开学生会，看结果如何，再定政策。午后1时，日本记者大西斋尾崎等因神田正雄在此，邀胡适与汤尔和、陈博生吃饭谈话。胡适日记记北大开会情形：

三点赶到北大三院，刚开会。梦麟先生先报告，次请我说话。我刚起立，即有几个学生江之源等大声"嘘"我，我从容把大衣脱下，上台说话。说了半点钟，我提议请校长测验公意，以二事付表决：①一月四日提前放假，②如不放假，一月四日复课。江之源等又大呼噪，说这是谈话会，不是学生会。我告诉他们：这是最大的全体学生会，我们要问问全体学生的意见，如果多数学生表示不赞成昨天的代表会的议决，代表应该反省，应该复议他们的决议。如果少数人把持不许同学多数有个表示的机会，这种把持是不会持久的，将来必要被打倒的。我请梦麟把问题写在黑板上，先表决：

①四日提前放假，无人举手。

②不赞成提前［放］假，约有七八十人举手。

次表决四日复课，举手者，一〇一人。

次反表决不复课，举手者七八人。有人喊，"不要表决"！那几只手又放下了。结果是零。

次有学生王毓铨演说，又有一人演说。次由周枚荪演说。梦麟即宣告散会。

次日天津《大公报》对北大会议之报道：

北平各大学复课问题，仍在酝酿中。教部前日训令各校当局，对各校放假时期有所指示，令各校在一月四日至十八日期间，自行斟酌决定放假日期。各校当局，仍希望学生于四日起能一律复课，否则另商补救办法。北大当局，昨日午后三时在该校第三院召集全体学生举行谈话会，首由校长蒋梦麟向学生报告校务近况，希望学生能于四日起复课。次文学院院长胡适向学生报告两月来国内各种情况，并声明北大在可能维持局势之下，决不迁移一书一物赴他处；惟学校长期罢课，殊非所宜，希望能早复课。继法商学院院长周炳琳请学生不要认为学生运动力量高于一切，遇事不可存侥幸心理，罢课非目的而为手段，现时外界与学校当局甚至学生家长均不赞同罢课，希望学生用冷静头脑对此事加以慎重考虑云。

12月 《胡适论学近著》由商务印书馆出版。

是年 柳诒徵编《宋之外交》由上海汉文正楷印书局印行。蒋百里赠送胡适一本,并题记:"夏天的工作,请你冬天看看,你要发烧,你要打战,希望你出一身大汗。拟适之先生白话诗,即题以赠,方震。"(《胡适藏书目录》第1册,362页)

1936年　丙子　民国二十五年　45岁

> 是年，胡适仍执教北京大学并任文学院院长。
>
> 是年，胡适作为太平洋国际学会中国分会主席赴美出席太平洋国际学会第六次会议，并代表北京大学、南开大学和中央研究院出席哈佛大学成立300周年纪念活动。

1月

1月1日　晨，协和医院王锡炽院长打电话来告：Dr. Loucks 已有电话来说丁文江"Condition improving, prognosis uncertain"。出席中基会团拜聚餐。到金句卿家吃便饭，与沈立孙（昌）谈时局。来拜年的客人甚多。为千家驹、杨黎音证婚。张季鸾、张奚若来谈时局。（据《日记》）

1月2日　胡适得傅斯年电：丁病无变，面详。应溥泉（时）父女来访。夜访蒋梦麟。（据《日记》）

同日　胡适致函汤尔和：

> 我并不主张大学教授不妨嫖妓，我也不主张政治领袖不妨嫖妓——我觉得一切在社会上有领袖地位的人都是西洋人所谓"公人"（public men），都应该注意他们自己的行为，因为他们的私行为也许可以发生公众的影响。但我也不赞成任何人利用某人的私行为来做攻击他的武器。……
>
> …………

我在国中的事业"为功为罪",我完全负责。我从不曾利用过学生团体,也不曾利用过教职员团体,从不曾要学生因为我的主张而牺牲他们一点钟的学业。我的罪孽决不在这一方面。至于"打破枷锁,吐弃国渣",当然是我的最大功绩,所惜者打破的尚不够,吐弃的尚不够耳。……(《胡适遗稿及秘藏书信》第20册,114~116页)

1月3日　日本人清水安三夫妇同寺田喜治郎来访,"我很不客气的同他们谈中日问题的各方面"。到 Woodbridge Bingham 家吃饭,同席有 Dr. Rock。访应溥泉(时)父女。访金绍基。访贾德耀,力劝他规谏宋哲元务要站在国家立场。(据《日记》)

1月4日　上午,胡适到北大,发现有纠察队阻挠上课。下午,胡适出席北大校务会议,议决:"无论他校复课情形如何,本校应继续上课,照常点名。"自下午始,胡适连得丁文江病危电报。晚,与来平的傅斯年及协和医生会商丁之治疗办法:

> 九点半,孟真与 Dr. Loucks 从汉口到,我与协和王院长接着他们,同 Loucks 到王家,请协和内科主任 Dienaide,神经系科主任 Lyman,脑外科关颂韬,同来会议。从十点直到半夜后,拟定长电(五十三字),我送去发出,给长沙杨济时医生。他们以为十二月九晨在君之病就不是煤气毒,已是脑充血了!
>
> 詠霓也有电来,半夜后复一电。
>
> 今日心绪最恶。念人生到三十岁后始能做事业,而时时可遇夭折之险,如詠霓去年死而生,今在君又濒危境!倘在君不幸病死,真是一大损失!(据《日记》)

按,关于北京大学罢课、复课情形,次日之天津《大公报》报道:"北大昨早一部学生到校上课时,学生会方面派纠察数十人分别赴三院阻止,经校长蒋梦麟与院长胡适、周炳琳等亲自将纠察队劝出,故该校可谓已经部分复课……"

1月5日　在汤尔和家午饭。饭后得丁文江病情恶化消息，即赴协和医院与Loucks、Lyman、Dienaide、Kuan会商，复电：协和医生明早特别快车赴长沙。晚，得丁文江逝世消息。胡适记道：

在君是最爱我的一个朋友，他待我真热心！我前年的芒［盲］肠炎，他救护最力。他在病中还谈到我的身体不强，财政太穷！他此次之病，我毫不能为他出力，真有愧死友。

在君之死，是学术界一大损失，无法弥补的一大损失！（据《日记》）

1月6日　上课，起初只有两个学生，后陆续来者约有七八人。访林行规，抄丁文江遗嘱中关于丧葬的部分电告朱经农、徐韦曼。又电告遗嘱执行人竹垚生，请他将遗嘱与翁文灏商酌办理。复电朱经农、徐韦曼："既已布置明午行，似可从家属意旨。"请详电翁文灏，竹垚生已携遗嘱到南京。（据《日记》）

同日　翁文灏就丁文江葬地等事宜致函胡适，请胡表示意见。（《胡适遗稿及秘藏书信》第32册，294～295页）

1月7日　胡适到华文学校讲演"白话的演变"。出席北大行政会议，会议决定明日放假（因上课人数少），2月1日开学，6日上课。早稻田大学教授杉森孝次郎来谈。旧金山记者John Thomson来谈。（据《日记》；次日之天津《大公报》）

同日　胡适致函梁实秋，谈及：读梁有关Tieck故事的记述，还"觉得很动人"；灵雨的《普罗文学》一文也很有趣。又抄示和周作人《二十五年贺年》打油诗。又赞《豆棚闲话》其中载有明末流贼时民间的一首"边调歌儿"，真是绝好的"普罗文学"：

老天爷，你年纪大；耳又聋来眼又花；你看不见人，听不见话。杀人放火的享尽荣华，吃素看经的活活饿杀！老天爷，你不会做天，你塌了罢！你不会做天，你塌了罢！！

我们如何做得出像最末两句的好诗！（梁实秋:《胡适先生二三事》，载《看云集》，志文出版社，1974年）

同日　胡适读毕《郁冈斋笔麈》四卷。（《胡适藏书目录》第3册，1708页）

1月8日　到中基会。德国大使Dr. Trantmann邀午饭，同席的葛利普追念丁文江不已。陈垣、沈兼士等来访。（据《日记》）

1月9日　胡适复函周作人：

我是一个"好事者"；我相信"多事总比少事好，有为总比无为好"；我相信种瓜总可以得瓜，种豆总可以得豆，但不下种必不会有收获。收获不必在我，而耕种应该是我们的责任。这种信仰已成一种宗教——个人的宗教——虽然有时也信道不坚，守道不笃，也想嘲笑自己，"何苦乃尔！"但不久又终舍弃此种休假态度，回到我所谓"努力"的路上。

"朋旧雕［凋］丧"，只使我更感觉任重而道远；"青年无理解"，只使我更感觉我不应该抛弃他们。……

…………

我对于无理解之青年，时时存此想，念其"不自由"，每生度脱之心，毫无嗔渠之念。

生平自称为"多神信徒"，我的神龛里，有三位大神，一位是孔仲尼，取其"知其不可而为之"；一位是王介甫，取其"但能一切舍，管取佛欢喜"；一位是张江陵，取其"愿以其身为蓐荐，使人寝处其上，溲溺垢秽之，吾无间焉，有欲割取我身鼻者，吾亦欢喜施与"。嗜好已深，明知老庄之旨亦自有道理，终不愿以彼易此。

吾兄劝我"汔可小休"，我岂不知感谢？但私心总觉得我们休假之时太多，紧张之时太少。少年时初次读《新约》，见耶苏在山上看见人多，叹息道："收成是很多的，可惜工作的人太少了！"我读此语，不觉泪流满面。……三年多以来，每星期一晚编撰《独立评论》，往往到早晨三四点钟，妻子每每见怪，我总对她说："一星期之中，只有这一天是我为公家做工，不为吃饭，不为名誉，只是完全做公家的事，所以我心里最舒服，做完之后，一上床就熟睡，你可曾看见我星期一晚上睡不着的吗？"……

你说："我们平常以为青年是在我们这一边。"我要抗议：我从来不作此想。我在这十年中，明白承认青年人多数不站在我这一边，因为我不肯学时髦，不能说假话，又不能供给他们"低级趣味"，当然不能抓住他们。但我始终不肯放弃他们，我仍然要对他们说我的话，听不听由他们，我终不忍不说。

但我也有我的酬报。良心上的谴责减轻一点，上床时能熟睡，都是最好的酬报。至于最大的安慰，当然是我收到穷乡僻壤或海角天涯一个、两个青年人来信，诉说他们在某一点上受了我的某句话的影响，使他们得到某种的改变。无心插柳，也可成荫；有意栽花，岂能完全不活！其不活者，只是耕锄不深，灌溉不力，只可责己，未可怨花也。……

我多管闲事，是最妨碍我"讲学论学"的，吾兄劝我专门讲学论学，这一方面是我最应该忏悔的。以后倘能做到来信所谓"少管"，而多注意于学术，也许可以多做出一点成绩来，减少一点罪过。

吾兄自己也是有心人，时时发"谆谆之言"，但胸襟平和，无紧张之气象，故读者但觉其淡远，不觉其为"谆谆之言"。此是涵养功深，不易学到。前日和诗末句，"关门尚学仙"，已改为"萧闲似散仙"，似较切近。

此信不是强辩，只是要表明一种"性情"……

在君兄之死，真是一大损失。此君治学之外，实有办事的干才，不像我们书生只能拿笔杆，不能做事。（《胡适来往书信选》中册，296～300页）

按，1月7日，周作人致函胡适，除痛惜丁文江之早逝，又云：

为了在君先生的去世，以及报上所载北大学生情形，不禁又想对兄一进言。鄙意对于国事、社会、学生诸方面我们现在可以不谈或少管，此即弟两三年前劝兄勿办《独立评论》的意思，现在却又提起来了而已。朋旧凋丧，青年无理解，尽足为"汔可小休"的理由，还不如专门讲学论学。你见冯班的家戒（在《钝吟杂录》中）中有云："家有四子，每思以所知示之。少年性快，老年谆谆之言非所乐闻，不至头触屏风而睡，亦已足矣。无如之何，笔之于书，或冀有时一读，未必无益也。"此语觉得甚有趣，鄙意大抵亦是如此。我们平常以为青年是在我们这一边，这与青年学生以为农工是在他们那一边……实在一样错误。（此函被粘贴于胡适1月8日日记中）

1月10日　胡适到中基会。下午3点上车赴南京"聆训"（行政院长召集的全国各校长和学生代表的会议，示以政府施政方针），与梅贻琦、沈兼士、张忠绂同车。与教士Keppler谈。在平、津，均对记者发表谈话，谈及：此次赴南京，系代表蒋梦麟接洽校务，并代表多人慰问丁文江家属，俟返平后再着手筹备追悼，学生入南京听训代表，北大决不加以指派。丁文江遗体大概仍葬长沙，地点或在长沙附近之岳麓山等。（据《日记》；次日之天津《大公报》《申报》）

同日　千家驹致函胡适，对于陶孟和转述北京大学不续聘理由难以接受。（《胡适遗稿及秘藏书信》第23册，414～415页）

1月11日　胡适在火车上与梅贻琦、沈兼士、张忠绂谈。与美使馆军人Captain Roberts谈。到浦口时，徐新六、竹垚生、吴景超及丁文浩、丁文治来接。住教育部。翁文灏来谈。（据《日记》）

1月12日　蔡元培召集中研院院务会议，讨论丁文江后事及中研院总干事继任人选问题，被提名继任的人有翁文灏、任鸿隽、胡适、朱家骅、李书华。（竺可桢：《竺可桢全集》第8卷，上海世纪出版股份有限公司、上海科技教育出版社，2006年，8页）

1月13日　林冠英、黄离明、段锡朋来访。探望丁文江夫人。与沈昆三、梅贻琦、沈兼士、郑晓沧、朱经农、徐轶游等谈。在赵元任家晚饭，见到唐擘黄、李方桂。与王世杰谈。许继元、钱昌照、罗家伦、关麟征、张忠绂、

陈百年、蒋廷黻、周诒春来访。与梅贻琦同去谢树英家吃饭。(据《日记》)

1月14日 上午9时，因平津各院校长及教职员代表在教育部会商蒋介石接见时应提意见，沈兼士、王季绪、张伯苓先后发言，旋将各人意见托胡适整理，分为五点。并以15日下午蒋介石接谈时间仅3小时，出席校长教授代表共百七十余人，任意发言，势所不能，乃推胡适为平市院校代表发言人，张伯苓为津市院校代表发言人，平志成中学校长吴鉴为中等学校教职员代表发言人，必要时再由他人补充。会商至午后1时30分始散。(次日之天津《大公报》)

同日 蔡元培函请胡适于18日之后返北平。(《蔡元培全集》第16卷，450页)

1月15日 下午，蒋介石在励志社召集教育界代表谈话，第一个讲话的是胡适，除了报告北方严重的情形以外，并将平市各院校代表共同议决的外交公开等8项意见作一陈述，要求政府注意和采纳。次由张伯苓等发言，最后蒋介石讲话。(次日之《申报》；天津《大公报》，1936年1月20日)

同日 章希吕日记有记："……我在此住了将近两年，觉得他们夫妇的性情是绝对不同：适兄从来不肯得罪人，总是让人家满意的去，他自己宁可吃些亏；适嫂是一个说得出做得出的女人，不怕人家难为情的。譬如亚东的事，我见她生气此是第二次，适兄就不曾说过半个字亚东做事之不道理。但适嫂之生气，亚东也有自取之道，因孟翁无论对何人都要用他经验的权术，人家都是呆子，只有他一个人聪明。"(《胡适研究丛录》，266～267页)

1月16日 晚，孔祥熙在寓所宴请张伯苓、胡适、梅贻琦、王正廷、傅斯年、刘湛恩、王伯群等。(次日之天津《大公报》《申报》)

同日 胡适作有哭丁文江诗：

明知一死了百愿，无奈余哀欲绝难。高谈看月听涛坐，从此终生无此欢！

爱憎能作青白眼，妩媚不嫌虬怒须。捧出心肝待朋友，如此风流一代无！(《胡适遗稿及秘藏书信》第5册，312页)

1936年　丙子　民国二十五年　45岁

1月17日　下午，胡适访蔡元培。(《蔡元培全集》第16卷，451页)

1月18日　12时，朱希祖于土街口浣花春宴请胡适、王世杰、沈兼士、袁守和、张仲翔、陈百年、刘国钧、罗家伦等。(《朱希祖日记》中册，611页)

同日　下午2时，中央研究院在南京、上海两地同时举行前总干事丁文江追悼会。胡适出席在南京中央大学大礼堂举行的追悼会。追悼会由蔡元培主席并报告，继由翁文灏报告丁氏事略，胡适、罗家伦亦相继致辞，末丁氏家属答辞。(次日之《中央日报》《申报》)

1月20日　胡适访蔡元培。(《蔡元培全集》第16卷，452页)

1月21日　顾维钧邀胡适午饭，卢开瑗同席。到商务印书馆访王云五。访蔡元培。探望丁文江夫人。到刘驭万家晚饭。徐新六来谈。(据《日记》)

1月22日　徐芳来谈。朱经农、汪孟邹、曾仲鸣来谈。胡适托曾仲鸣与顾孟馀商量，请铁道部担负丁文江的医药费。王云五、李拔可邀吃饭。胡鉴初来谈。访汪精卫。(据《日记》)

1月23日　胡适作有白话诗《无题》。(《胡适手稿》第10集卷4，425页)

1月24日　翁文灏日记有记：与胡适之、徐新六等谈公债事。(翁文灏著，李学通、刘萍、翁心钧整理：《翁文灏日记》，中华书局，2010年，10页)

同日　丁西林、徐韦曼宴请蔡元培、胡适、朱经农。(《蔡元培全集》第16卷，453页)

同日　章希吕日记有记：……适兄由上海来一个给家中的贺年电报，有"新年作客，佳节思亲"8个字。我也同有此感。(《胡适研究丛录》，267页)

1月26日　胡适致函翁文灏、蒋廷黻、吴景超，抄示丁文江的《麻姑桥晚眺》，因想起杨万里的诗：

初疑夜雨忽朝晴，知是山泉终夜鸣。
流到前溪无一语，在山作得许多声！

又云：

我对于你们几个朋友（包括寄梅先生与季高兄等），绝对相信你

们"出山要比在山清"。但私意总觉得此时更需要的是一班"面折廷争"的诤友诤臣，故私意总期望诸兄要努力做 educate the chief 的事业，锲而不舍，终有效果。行政院的两处应该变成一个"幕府"，兄等皆当以宾师自处，遇事要敢言，不得已时以去就争之。莫令杨诚斋笑人也。（《胡适遗稿及秘藏书信》第 19 册，396～397 页）

按，同年 2 月 26 日，蒋廷黻复函胡适云：

您知道各部部长对詠霓兄的信仰甚大。他不大说话，说则有相当效果。于无形之中，他的用处很大。在他作秘长的时候，拿到行政院的提案也不能太随便了。您应劝他积极，不应劝他消极。他已经太好用 fabian 手段。他颇觉得我是磁器店中的猛牛。您劝他退，他势不能退，结果必是半退半不退，岂不更糟？他干政治很像他办地质调查所，于不露声色之中，先责己后责人，准备费十年、二十年的工夫，在艰难困苦之中求成绩。所以他不愿大刀阔斧干。然而现在的局面不大干不能成功，小干是无济于事的。

我个人的去留是无关宏旨的，然而我也不能不审慎。（一）来只两月就退，岂不是有点太儿戏？吃了四十年的饭，应该事前知道政治生活的几分。（二）作事说话的机会虽不太多，但有时也来，用之得当，不无小补。我常想如您和在君入阁，局势定可好几分。如近来政府没有明显的进步，一大半怪人，一小半也可怪我自己的无才。（三）政治领袖更高明的在那里？我们不干实际政治则已，干则此其时矣。我并不是说这是理想的时候，我不过要说等到理想时候临到，恐怕大事已去矣。（四）近来例行公事已得妥人代办，认识的人稍多，能下手的地方稍微多了。因以上种种理由，我准备多试几个月。或者到了南京太热的时候，我可以辞职去避暑！（《胡适遗稿及秘藏书信》第 39 册，375～377 页）

1 月 27 日　胡适在上海沧洲饭店作成《〈崔东壁遗书〉序》，序文说：

……崔述是一百多年前的史家，他当然要受那个时代的思想学术的限制，他的许多见不到的地方，都是很可以原谅宽恕的。他的永久价值并不在这一些随时有待于后人匡正的枝节问题。崔学的永久价值全在他的"考信"的态度，那是永永不会磨灭的。我在十四年前说的"先须要跟上崔述"，也正是要跟上他的"考信"的态度。

"考信"的态度只是要"考而后信"。……"考信"的态度只是要人先考核某项材料的真伪实虚，然后决定应疑应信的态度。……

…………

……崔述的"考信"态度是道地的科学精神，也正是道地的科学方法。他最痛恨"含糊轻信而不深问"的恶习惯。他一生做学问，做人，做官，听讼，都只是用一种精神，一种方法——就是"细为推求"——就是"打破沙锅问到底"。他要我们凡事"问到底"……他要我们"争"，要我们"讼"，要我们遇事"论其曲直"……他要我们"观理欲其无成见"……遇事"细为推求"，"历历推求其是非真伪"……这都是科学家求真理的态度。这个一贯的态度是崔述留给我们的最大的遗训。（天津《大公报》，1936年4月30日）

1月28日　胡适作成《〈汤晋遗著〉序》。序文说：

我的人生观是深信一切努力都是不朽的，都会发生影响；有时努力的人可以及身看见努力的结果，有时他自己看不见了，但他的工作，在他意想不到的时间与地域，居然开花结果了。（《胡适遗稿及秘藏书信》第12册，300～301页）

同日　翁文灏日记有记：胡适之见蒋，言银行界对财政当局不满意见。（《翁文灏日记》，12页）

同日　丁文涛致函胡适，请胡适帮忙改削《亡弟在君童年轶事追忆录》一文，在《独立评论》发表后，拟购买百本。关于丁文江葬地，自己与史久元均认可胡适主张葬在南京之说，但最终要取决于遗嘱执行人丁文渊的

意见。拜托胡适为丁文江作传。拜托胡适为自己与丁文江幼年读书时之方厅题一匾额。(《胡适遗稿及秘藏书信》第 23 册，277～280 页)

1 月 30 日　胡适由南京返回北平。(次日之天津《大公报》)

1 月 31 日　胡适作有《再论外交文件的公开》，呼吁：

> 我们十分诚恳的希望政府更进一步，全数公布那些造成今日华北危机的各种交涉文件，并且正式宣布那些部分是政府确已承诺的，那些部分是政府不曾接受的，那些是有效的条文，那些只是无效的要求。有效的，政府应该负责修改挽救；无效的，政府应该正式明白否认。(天津《大公报》，1936 年 2 月 2 日)

同日　李宣龚致函胡适，告丁文江的遗墨及胡适诗作均已在《东方杂志》发表，兹归还原稿。(《胡适遗稿及秘藏书信》第 28 册，226 页)

同日　朱经农寄示追悼丁文江诗 4 首。(《胡适遗稿及秘藏书信》第 25 册，721～724 页)

2 月

2 月 3 日　翁文灏为丁文江纪念文章事致函胡适，认为所约纪念文章几专注重丁之学术工作，而未有注意于事业及组织能力者，似一缺憾。(《胡适遗稿及秘藏书信》第 32 册，299～300 页)

2 月 4 日　翁文灏致函胡适，寄上凌鸿勋悼念丁文江的文章，又告杨钟健的纪念文将由杨自己送去。(《胡适遗稿及秘藏书信》第 32 册，301 页)

2 月 5 日　胡适作有《谈谈"胡适之体"的诗》，述自己作诗的戒约：说话要明白清楚，用材料要有剪裁，意境要平实。(《胡适手稿》第 10 集卷 3，300～320 页)

同日　蔡元培复函胡适，并寄来《丁在君先生对于国立中央研究院之贡献》一文。(《胡适遗稿及秘藏书信》第 39 册，325 页)

同日　姚从吾致函胡适，谢赠《胡适论学近著》，谈读此书的感想。有二篇研究著作请胡适指正，并希望刊登在《国学季刊》上。谈到辽、金、元史的史料问题。(《胡适遗稿及秘藏书信》第31册，70～71页)

2月9日　胡适作有《丁在君这个人》一文，赞扬丁文江是一个欧化最深的中国人，是一个科学化最深的中国人。"而他的意志的坚强又使他忠于自己的信念，知了就不放松，就决心去行，所以成为一个最有动力的现代领袖。"赞扬丁之私生活和他的政治生活是一致的。傅斯年评论丁文江在淞沪总办任内的功绩，立论最公平。丁文江的为人是最可敬爱的。丁有文学天才，写古文白话文都是很好的。(《独立评论》第188号，1936年2月16日)

2月11日　胡适到协和医院查验肺部。校对《独立评论》上的"在君纪念号"。(据《日记》)

2月12日　胡适早9点到学校。10时，到首善医院，接儿子祖望回家。12时到Owen Lattimore家吃饭。接见《芝加哥日报》记者。黄溯初来谈。祝贺陈受颐夫人生日。(据《日记》)

2月16日　本日出版的第188号《独立评论》为"丁文江纪念专号"，胡适在编辑后记中说：纪念的文字，依照内容的性质，分为五类。第一类是通论在君生平的。第二类是专论他在科学上的贡献的。第三类是注重他在中央研究院的工作的。第四类是有关传记的材料：两篇记他最后在湖南的情形，两篇是他的老兄和七弟的叙述，一篇是他的一个学生的记叙。第五类是他的著作目录。(《独立评论》第188号，58页)

2月18日　顾颉刚来访，"并晤徐芳、王毓铨"。(《顾颉刚日记》第三卷，444页)

同日　章希吕日记有记："夜，适嫂因亚东版税及借款事和适兄起了一次争吵。适兄脾气真好，一面劝适嫂息怒，一面还为孟翁解释困难。我虽夹在中间解围，总难以把孟翁之不复信的话说圆。我为适嫂去信已三次，两个月中无一复信。孟翁是精明人，适嫂的精明恐不在他之下，或且过之。末后，我说由我再写一信去，适兄再另加一信，才把适嫂的气平下去。"(《胡适研究丛录》，267页)

2月19日　丁文涛致函胡适，谈丁文江的葬地问题。拟为丁文江编年谱，但因资料有限，故请胡适与翁文灏、傅斯年等收集资料，分年编纂。（《胡适遗稿及秘藏书信》23册，281～284页）

2月20日　丁文治致函胡适，告将整理丁文江的遗著，并善待丁夫人等。（《胡适遗稿及秘藏书信》23册，270～273页）

2月21日　万斯年致函胡适，提供一篇散佚的丁文江论文篇名。（中国社科院近代史所藏"胡适档案"，卷号728，分号7）

2月22日　翁文灏日记有记：复胡适之函，言见李滋罗斯及财政与美接洽之趋向事。（《翁文灏日记》，20页）

2月26日　顾颉刚日记有记：

到北京大学开歌谣研究会。
……今日下午同会：适之先生（主席）、莘田、维钧、郁泰然、素英、徐芳、季忱、予。（《顾颉刚日记》第三卷，446页）

2月27日　晚，袁同礼于同和居为傅斯年饯行，同席有胡适、顾颉刚、陈受颐、孙洪芬、姚士鳌、陈垣、王访渔。（《顾颉刚日记》第三卷，447页）
同日　《京报》报道蒋梦麟、胡适等推动实施非常时期教育案：

北京大学教职员聚乐部，于日前在王府井大街举行聚餐会。出席蒋梦麟、胡适、樊际昌、陶希圣、周炳琳、吴俊升、张忠绂、傅斯年等。首由胡适报告赴京经过，旋即对非常时期教育问题交换意见，咸表示非常时期教育有实行必要，不过须在不妨碍正常教育课程原则下推行，正常课程不更动，对应付非常时期之学识可酌量增加，并由校方拟定方案实行云。

同日　史久庄致函胡适，述读《独立评论》丁文江纪念专号的感言，并作《我也应该痛哭丁在君》一文（投稿给《独立评论》），怀念姊夫丁文江。（中国社科院近代史所藏"胡适档案"，卷号884，分号4）

1936年　丙子　民国二十五年　45岁

3月

3月1日　胡适作有《东京的兵变》一文。指出：如果日本人民没有能力制裁少壮军人的干政，日本国民必走上自焚的绝路，变成世界上最可恐怖的国家。(《独立评论》第191号，1936年3月8日)

3月3日　余嘉锡将其所译桑木严翼著《康德与现代哲学》一书赠胡适，并有题记："我在东京帝大时，承桑木严翼先生指导过两年；去年他满60岁退职时，我译此书纪念他。他狠欢喜，给我写了一篇序文。书现印出，尚未校对。先呈适之老师指正！"(《胡适藏书目录》第1册，204页)

3月7日　胡适复函蔡元培，告：北大拟于天气稍暖时在北大地质馆开会追悼丁文江，因恐人数过多，屋内不能容，故蒋梦麟拟俟稍暖时，或须在屋面空地上举行。(《泰兴文史资料》第4期，59页)

同日　翁文灏致函胡适，示朱庆澜悼丁文江诔词，又希望建丁文江纪念堂事早日定案。(《胡适遗稿及秘藏书信》第32册，302页)

同日　陈垣致函胡适云：

译"罢"译"别"之语尾，皆系表示过去的动作。其表示未来的动作或语气关系的，另有译法，不译为"罢"为"别"。承教后又作一表，拟加入文中，谨呈上。并因先生之提示，为使人明了起见，特将"了"字音译等表题目改为过去动词语尾音译表，未识有当否？关于此字，曾请教蒙古语专家田司铎，今将来函呈览并谢提示之意。(《陈垣来往书信集(增订本)》，207页)

3月8日　《独立评论》第191号印行，胡适在编辑后记中说：这种"耙粪工作"，只有民主政治之下可以存在。在言论不自由的国家里，尽管有用军法严惩贪官污吏的教令，然而如果报馆发表财政官吏操纵公债市场的社论就可以得停止发刊的惩罚，谁还敢来捋虎须做"耙粪"的运动呢？所以我们对于陈之迈先生的主张是完全同意的：民主政治与清廉政治是有密切关联的。

3月9日　胡适作有《〈歌谣周刊〉复刊词》，叙北京大学开始征集歌谣，以及成立"歌谣研究会"、刊行《歌谣周刊》以及此刊停办，又于1935年恢复歌谣研究会，重办《歌谣周刊》的大体经过。又指出："……歌谣的收集与保存，最大的目的是要替中国文学扩大范围，增添范本。我当然不看轻歌谣在民俗学和方言研究上的重要，但我总觉得这个文学的用途是最大的。"又指出："中国新诗的范本，有两个来源：一个是外国的文学，一个就是我们自己的民间歌唱。二十年来的新诗运动，似乎是太偏重了前者而太忽略了后者。"又强调：整理歌谣，为的是要给中国新文学开辟一块新的园地。（《歌谣》第2卷第1期，1936年4月4日）

3月10日　王世杰复函胡适：北大预算已照胡适与蒋梦麟所嘱准备移送；太平洋学会津贴案已办妥。（《胡适遗稿及秘藏书信》第23册，574～575页）

同日　翁文灏日记有记：与胡适之谈。（《翁文灏日记》，26页）

3月11日　下午2时，胡适出席北平协和医学校董事会年会。出席人还有：董事长周诒春、董事翁文灏、刘瑞恒、张伯、胡恒德、方石珊、林行规、金叔初。周主席，首报告该校上年度办理经过，次讨论通过次年度预算暨办理方针，并改选满期董事，结果胡适、林行规、刘瑞恒、施肇基数董事任期届满连选连任，此外另加选新董事卜路（Earia Ballon）、李德（B. C. Real）及李廷安3人，替代罗炳生及已逝世之霍金士与丁文江。（次日之天津《大公报》）

3月14日　章希吕日记有记：下午适兄赴天津。（《胡适研究丛录》，267页）

同日　戴秉衡致函胡适云，见丁文江纪念号后乃回忆其生前提携后进不遗余力，并作《一个耐心提携后学的丁先生》一文投给《独立评论》。（中国社科院近代史所藏"胡适档案"，卷号494，分号12）

3月15日　《独立评论》第192号印行，胡适在编辑后记中评论皮名举的文章说：他做留学生的时代，饱听了日本宣传家说的话，所以他现在看了东京的兵变,也要问问:日本是不是一个近代国家?他的结论是,在这样一个"友邦"的手里,我们不要妄想得到和平。

同日 胡适作有《〈洛加诺公约〉的撕毁》一文。(《独立评论》第193号,1936年3月22日)

3月16日 丁文渊致函胡适,仍力主丁文江应葬在长沙,已电请朱经农觅地等。(《胡适遗稿及秘藏书信》第23册,274~276页)

3月19日 胡适在《益世报·读书周刊》第40期发表《读曲小记》,指出:(一)关汉卿不是金遗民,也不是"初为杂剧之始"。(二)严忠济非为严实之子。(三)王国维说白无咎是白珽之子大误,白珽是钱塘人,而白无咎是北方人。

同日 胡适致函陈受颐、钱穆、姚从吾等4人云,孟森今年69岁,认为今年可以给他办一个贺寿的宴会,并以此询以上诸人之意见。(《胡适中文书信集》第2册,450页)

3月21日 胡适复函叶英:

……中国的旧式教育既不能教人做事的能力,更不能教人做人的道德。

…………

做人的本领不全是学校的教员能教给学生的。它的来源最广大。从母亲、奶妈、仆役……到整个的社会——当然也包括学校——都是训练做人的场所。在那个广大的"做人训练所"里,家庭占的成分最大,因为"三岁定八十"是不磨的名言。中国的家庭环境太坏,所以一般人对于学校教育责望过大。你也是其中之一人。这个责望,平心而论,也有点理由。第一是学校的教师的平均智识比平常家庭中的父母高的多,也许父兄不能教的,教师可以教罢?第二,学生入学校的年龄,还在可善可恶的弹性时期(formative),家庭养成的坏习惯,也许学校可以改革罢?

……课堂的生活当然是知识技能的生活居绝大部分。课堂以外的

生活，才是做人的训练。凡游戏、社交、开会、竞赛、选举、自治、互助、旅行、做团体生活……等等，才是训练做人的机会。

中国今日之多数教员，他们自己也就没有受过这种做人生活的训练，他们自己开个会就往往要闹到吵架而散，游戏是不会的居多，团体生活是没有的，能埋头做学问已是了不得的了！何能教人做人？

……新式教育虽然还很幼稚，究竟比旧式教育宽广的多，其中含有做人教育的成分比旧教育多的多了。上文所举的游戏、社交、自治、团体生活等等，都是旧日学堂书院所无，若能充分利用，今日之学校也未尝不可以用作做人的训练。只可惜教员能挑起这种责任的人还不多，更可惜中小学太坏，学生在小学中学没有受过良好的团体生活的训练，到了大学，不但不能学做人，往往还不肯受教员的指导。他们觉得受中年人指导是可耻的！（《胡适遗稿及秘藏书信》第20册，146～153页）

按，3月24日，叶英复函胡适，说"你的信使我的精神感受了很大的快慰"，但又对历史、教育问题提出不同的看法。（《胡适遗稿及秘藏书信》第37册，115～120页）

3月22日　朱经农复函胡适云，建议将丁文江的墓地选在长沙的清华大学新校址内，且已征得梅贻琦同意。（《胡适遗稿及秘藏书信》第25册，715～716页）

3月23日　章希吕日记有记：

独立评论社起初发起捐薪俸百分之五为独立社基金的是如下几个人：

丁在君（共捐240元）任叔永（360元）

竹尧［垚］生（330元）吴陶民（340元）

胡适（360元）翁詠霓（240元）

陈衡哲（240元）傅孟真（200元）

蒋廷黻（240元）顾湛然（520元）

周眉生（180元）周寄梅（50元）

吴景超（30元）张奚若（575元）

General Crozier（300元）

以上共四千二百零五元，是为独立社之基本金。张君不是捐款，是他还努力社借款，由努力社拨入独立社。General 也是还一种什么款拨入的。现在《独立》虽印一万三千份（每期可销一万二千五百），但那个四千二百零五元的本钱只回来了一半，以后可望捞回。独立社给人欠去而收不来的帐约有三千。（《胡适研究丛录》，268页）

3月24日　章希吕日记有记："今天孟翁有信直寄适兄嫂，所言欠款改到今年还，力难做到，因此适嫂和适兄又吵嘴，吵得比前一次厉害，我既听见不得不去解围。适兄的脾气诚好，适嫂似不能体谅他。适嫂要我做中人，她以后家不管，每月要适兄给她二百元，如要她管家，就非要六百元不可。我亦不敢答应做这个中人。"（《胡适研究丛录》，268～269页）

3月25日　周作人赠胡适《苦竹杂记》一册。（见周氏赠书题记，该书现藏北京大学图书馆）

3月27日　章希吕日记有记："夜，适兄请独立社新社员，到张奚若、张忠绂、周炳琳、陈之迈、陈岱孙、顾一樵、陈受颐，适兄为我一一介绍。"（《胡适研究丛录》，269页）

3月30日　胡适函辞杨豹灵赴天津讲演之邀。（任亚君整理：《胡适九封未刊信稿》《明报月刊》1992年2月号，55页）

4月

4月1日　胡适作有白话诗《洁如女士四十生日》。（《文艺》第3卷第1期，1936年4月）

同日　《大公报》上海版刊行，胡适致电祝贺：我们希望天津的曼哲斯

脱高丁，兼做到上海的伦敦泰晤士。（次日之天津《大公报》）

同日　胡适作有《〈行己有耻与悔过自新〉序》，谓：

> 耻与自新，无论在个人方面，或在集团生活方面，都是联贯的。耻是悔的起点，自新是耻的结局。耻是知，悔与自新是行。孟子说的最好："不耻不若人，何若人有？"耻是自知其缺陷，自新是实行补救其缺陷。朱子说的："知得如此是病，即便不如此是药。"也正是这个道理。
>
> 国家到此田地，事事不如人。只有赤裸裸的承认事事不如人，发大耻心，发大忏悔的誓愿，同时用大无畏的精神，力求向上自新，才是唯一的出路。
>
> 一切自大、自夸、自颂扬先民如何伟大光荣，都是自欺无耻。须知先民的伟大光荣只是先民努力的结果。我们自己若不努力，祖宗的光荣何补于今日的危亡耻辱！"终日数他宝，自无半钱分"。歌颂过去的光荣者，当思此言。（《胡适遗稿及秘藏书信》第12册，302～304页）

4月4日　上午9时，中国哲学年会在北京大学第二院宴会厅举行，参加人员60余人，胡适主席，并致开会词。胡适代表北大对各参加人员表示欢迎。并谓闻去年有某位中国哲学家到欧洲与欧洲某大哲学家相遇，询以中国有无第一流聪明人才从事哲学研究，答复如何，未得而知。但每一种高深学问，如无聪明人才加入研讨，其前途必表现枯萎暗淡。中国哲学界情形如何于此实有重大关系。今日第二届年会举行之期，希大家对能力与工作，多加反省云。次冯友兰报告会议筹备经过及各方寄来函电后，开始第一场报告会（胡适主持）。午后继续宣读讨论，共宣讨论文10篇。（次日之天津《大公报》《京报》）

4月5日　中国哲学会第二届年会继续宣读论文，胡适在下午报告《程绵庄的哲学》。晚7时，胡适主持哲学会社务讨论会，通过简章13条；推选冯友兰、汤用彤、金岳霖、方东美、范寿康、贺麟、胡适、黄离明、张君为理事，理事长由理事互推；成立北平分会，推举林宰平为分会干事。（次

日之天津《大公报》）

4月7日　夜，胡适写定《颜李学派的程廷祚》一文。全文分两部分，上部分介绍程廷祚的生平及与李塨的学术渊源，下部分是讲程氏之哲学思想。(《国立北京大学国学季刊》第5卷第3号，1936年7月）

4月8日　胡适作有《调整中日关系的先决条件——告日本国民》一文，痛批所谓"广田三原则"（中国须绝对放弃以夷制夷政策；中国对于"满洲国"事实的存在必须加以尊重；中国北边一带地方之防止赤化，中日须共商有效办法）：

> 广田的三原则是增进中日仇恨的条件，不是调整中日关系的先决条件。第一项所谓"以夷制夷"，只是联络某个或某些友谊的国家，来防备某个或某些敌对的国家。这本是一切独立国家的自卫权之一。……日本若要得到中国的友谊，就应该努力做到中国人心悦诚服的承认她是我们的友邦。日本尽可以颂扬她自己的"光荣的孤立"；我们中国在这个时候是决不愿意孤立的。第二项的"满洲国"的事实存在的承认，我们在这几年的带甲拳头之下，凡可以做的都做到了；凡超过那可以做的限度的事，都是政府不敢做的，因为都是国民的心理不能容许政府做的。"满洲国"的造成，是中日仇恨的一个重要原因；强迫中国承认这个伪国的存在，当然只有增加仇恨的结果。第三项的联合防共，无论这个提议的背后的用意如何，也是全国人民心理决不能容许的。一个政府虽然可以用武力扑灭国内用武力推翻政府的运动，然而一到他借用外国武力来压制国内暴乱的时候，人民就不能容忍了。从前日本曾用实力援助安福部的政府，然而那种援助只可以使那受援助的政府不齿于人民，使他颠覆的更快。今日日本军人提倡的"华北联合防共"的口号，只可以增加中国人民仇忌日本的心理，并且可以减少一般人民对共产党不同情的心理。

> 所以我们很坦白的告诉日本政府国民：广田的三原则决不配做调整中日关系的先决条件。这三原则的提出，正可以证明日本政府完全

不曾了解调整中日关系的唯一可能的意义。

调整中日关系必须以消除中日间的仇恨局势为基本原则。……这几年的仇恨结的太深了，不是一朝一夕就能消除的。……这个仇恨的局势只有一天一天的强化……只因为消除仇恨的锁钥并不在中国政府人民的手里，而在日本政府军部的手里。日本有此锁钥而不肯用，所以这个不幸的仇恨局势只有火上加油，从不见釜底抽薪。（天津《大公报》，1936年4月12日）

同日　胡适致函陈受颐，谈及今晚和华文学校代理校长Dr. John Hayes说起陈等去美国之事。Dr. John Hayes希望陈受颐下周二去看他，还希望胡适能在华文学校作一个英文学术演讲，题目由陈定，最好是耶稣会士到中国的一段。(《胡适中文书信集》第2册，453页）

4月9日　沈从文致函胡适，认为中基会应当有人提出个议案，主张每年弄出一笔小款作为给中国新文学作家奖金的支配等。(《胡适遗稿及秘藏书信》第27册，139～140页）

同日　刘文典致函胡适，感谢胡适允为其子刘成章撰写碑文，又详述刘成章生平、求学经历及早慧、侍母至孝等情事。(《胡适遗稿及秘藏书信》第39册，739～747页）

4月10日　章希吕日记有记：到独立社。有一家印刷局来兜生意，每期可减省印刷装订费约14元。吾以告适兄，适兄不赞成换印刷所，因独立社已不赔本，不犯着刻薄劳工。适兄无处不为苦人着想。(《胡适研究丛录》，269页）

同日　罗常培致函胡适，谈对《说文徵许补解》的看法。(《胡适遗稿及秘藏书信》第41册，256～257页）

4月12日　顾颉刚来长谈。(《顾颉刚日记》第三卷，463页）

4月13日　下午3时，胡适搭车前往南京，出席故宫博物院理事会议、中央研究院评议会以及中基会会议。陈垣同行。（次日之天津《大公报》）章希吕日记有记：

适兄午后动身赴南京，还要到上海，两星期可返。

原来独立社几个社员，多数在南京做事已无暇写稿。现在新加入五六人，从一九八期到二〇六期止，请他们分开各认定撰稿期数，为他们编定一个交稿日期表，分寄他们。(《胡适研究丛录》，269页)

4月15日　午间，段锡朋宴请蔡元培、胡适等。(《蔡元培全集》第16卷，467页)

同日　下午3时，行政院召开故宫博物院第三届理事会，胡适出席。其他出席者还有李书华、李济、吴鼎昌、周诒春、陈垣、翁文灏、傅汝霖、张伯苓、张嘉璈、张继、傅斯年、褚民谊、叶楚伧、蔡元培、罗家伦、蒋廷黻、马超俊、张道藩、马衡等20余人。翁文灏主席，除由马衡报告工作概况外，并讨论工作计划、议决要案多件，6时散会。(次日之天津《大公报》)

同日　下午5时，中央博物院召开理事会。(《蔡元培全集》第16卷，467页)

同日　晚9时，王世杰、袁同礼、胡适、傅斯年、丁西林访蔡元培，谈北平图书馆和北大事，至夜12时始散。(《蔡元培全集》第16卷，467页)

4月16日　胡适在中研院史语所出席中研院评议会第二次年会。其他出席者还有蔡元培、丁西林、李四光(李检代)、余青松、竺可桢、傅斯年、汪敬熙、陶孟和、王家桢，此外尚有聘任评议员李菁华、叶企孙、吴宪、侯德榜、赵承嘏、李协、凌鸿勋、唐无源、秉志、林可胜、胡经甫、谢家声、胡先骕、陈焕镛、翁文灏、朱家骅、张其昀、郭任远、王世杰、何廉、胡适、陈垣、赵元任、李济、吴定良等，共35人。首由议长蔡元培致辞，继为丁文江默哀一分钟。继由蔡元培报告中央研究院之进行工作大纲，继由代理秘书丁西林报告首次年会后会务进行经过，本次会议案概况及中研院杨铨、丁文江奖金章程草案。嗣大会互推翁文灏为该会秘书，补选叶良辅为地质组评议员。此次议案共计13件，经付四组审查后，提交下午大会讨论，结果均分别予以修正通过。(次日之天津《大公报》《申报》)

4月17日　胡适致电韦莲司小姐，祝生日快乐；另告赴美行期还不确

定。(《不思量自难忘：胡适给韦莲司的信》，197页)

4月18日　胡适在上海出席中基会董事会议。其他出席董事还有周诒春、徐新六、孙科等，董事长蔡元培主席。首提出一年来事业报告；次讨论、通过下年度经费及自办合办各种事业预算，各教育文化机关补助费；续聘秉志、庄长恭担任科学研究教授，范锐、翁文灏、汤铁樵连任静生生物调查所委员会委员；选举任满及出缺董事：任鸿隽、孙科、司徒雷登、翁文灏；选举职员：董事长蔡元培，副董事长孟禄、周诒春。(次日之天津《大公报》)

同日　章希吕日记有记：适兄管绩溪会馆管了20年，今年辞去，所有账目及账簿拟为他顺序理一清单，以备移交。(《胡适研究丛录》，269页)

同日　翁文灏与胡适商谈丁文江、赵丰田合编的《梁启超年谱长编》事。(《翁文灏日记》，37页)

4月20日　刘公任致函胡适，告脑病日益严重，只有在里中静养。待病好后想入北平研究院，希望胡适推荐。(《胡适遗稿及秘藏书信》第40册，22～23页)

4月23日　胡适返抵北平。(次日之天津《大公报》)

4月25日　陈绵将其所译P. Corneille著《熙德》一书赠胡适，并有题记："适之先生：这本多亏你的鼓励与帮助才得出世的《熙德》我献给你！"(《胡适藏书目录》第1册，416页)

4月26日　章希吕日记有记："费了十余天工夫，把适兄所管绩溪会馆帐目从六年十二月到十五年六月理出一个头绪。他是无工夫管这种事的，帐中不免有用去而忘记登记的，所以他管会馆不免要赔钱。"(《胡适研究丛录》，269～270页)

4月27日　章希吕日记有记："适兄日记从十年四月记起，到去年共十五年，但中间断绝的亦很多，不能天天都有。拟从头翻阅一遍，以便编一部《尝试集》第二集及散文集。"(《胡适研究丛录》，270页)

4月29日　徐芳复函胡适，述思念之意。(中国社科院近代史所藏"胡适档案"，卷号1706，分号3)

4月30日　章希吕日记有记："一九九期《独立》有刘豁轩一文，他今天来说不愿意发表此文,但一万三千份今天都已印成,无法抽出。为此事,今天跑了三次独立社,而刘先生执意甚坚,颇有说不出的苦衷。夜和适兄商定,只得答应他抽出,另加进别一篇以填补。这样抽一篇补一篇,《独立》要损失七十余元,而手续上亦多麻烦,报亦要迟出一天。"(《胡适研究丛录》,270页)

5月

5月1日　胡适在 The People's Tribune 第13卷第3期发表"The Readjustment of Sino-Japanese Relations"一文。文中说:

...We firmly believe that if the leaders of the Japanese Government are in earnest in their desire for more friendly understanding they must first proceed to carry out the following measures:

1.Rescind the Tangku Armistice Agreement and abolish the demilitarized zone.

2.Abandon all claims under the so-called "Ho Ying-Chin—Umetsu Agreement".

3.Voluntarily relinquish the rights acquired under the terms of the Boxer Agreement of 1901 and accompanying protocols, of stationing Japanese troops along the Peiping–Tientsin Railway; and, after the removal of the Japanese Embassy from Peiping to Nanking, recall to Japan all the troops stationed within the Great Wall; thereby setting an example to the other States which are signatories of the Boxer Agreement.

4.Declare the East Charhar Agreement of June, 1935, null and void, and withdraw all "Manchukuo" troops from Charhar.

5.Suppress all spurious "autonomy" movements and similar activities in the various provinces of North China, as well as in Fukien.

6.Voluntarily abolish consular jurisdiction in Chinese territory, thus leading the way for other Powers to follow suit.

7.Unify her conduct of foreign policy by issuing a declaration that all documents and agreements which are not signed or entered into by officially-accredited plenipotentiaries of the countries concerned shall be null and void.（《胡适英文文存》第 2 册，远流版，648～649 页）

5 月 4 日　胡适作有《关于〈调整中日关系的先决条件〉》一文，指出：调整中日关系的唯一可能的意义是要用外交的途径来解除中日两国之间的仇恨局势；而广田外相提出的三个原则只是"增进中日仇恨的条件，不是调整中日关系的先决条件"。调整中日两国关系，应该分作两个步骤：第一步是先阻止那个仇恨局势的更恶化，第二步才是两国用正式外交方法解决两国间的根本纠纷。（《独立评论》第 200 号，1936 年 5 月 10 日）

按，5 月 21 日翁文灏日记有记：

日本书记官堀田中城来谈：（一）胡适《大公报》近评中日国交调整办法、先决问题及时事，论文不友谊……答以：（一）中国政府诚意求亲善，舆论如出之公意，政府不能禁，胡适论文仅提中国本部问题，未提"满洲国"……（《翁文灏日记》，46 页）

5 月 5 日　胡适致函程靖宇，劝其不要轻易发表文字。又说："我对于一切青年人的劝告，是有几分证据，才说几分的话。有一分证据，只可以说一分话；有三分证据，只可以说三分的话。"（《胡适遗稿及秘藏书信》第 20 册，127～129 页）

5 月 8 日　翁文灏日记有记："函胡适之，嘱函邀丁夫人往北平。"（《翁文灏日记》，43 页）

同日　徐芳函寄胡适情诗一首。（中国社科院近代史所藏"胡适档案"，卷号 1706，分号 5）

5 月 9 日　胡适致函陈垣，吊唁鲍润生。（《磐石杂志》第 4 卷第 7 期，

1936年，529～531页）

　　同日　《京报》报道，周作人、胡适、顾颉刚等发起组织的风谣学会，乃国内唯一之研究歌谣故事风俗学术组织，除北大文科研究所歌谣研究会全体会员为基本会员外，该会曾分函各地大学征求会员，已加入会员数十人。又详细报道该会的各项工作。

　　5月10日　胡适作有《〈独立评论〉的四周年》一文，指出：《独立评论》的销路逐渐增加，可证国人对这个刊物的同情逐渐增加；能始终保持理智公平的态度；能在一个苦痛的时事里保持他的乐观的勇气。（《独立评论》第201号，1936年5月17日）

　　5月16日　胡适复电翁文灏：院馆事不如外传之甚，惟古物陈列所事则甚难堪。取消监理及章程事当觅便与秦德纯等谈。（中国社科院近代史所藏"胡适档案"，卷号609，分号3）

　　同日　胡适应顾颉刚等之邀游天桥，是为来北京20年首游此地，并与同游者在春华楼吃饭。（《顾颉刚日记》第三卷，474页）

　　5月17日　胡适作有《国联还可以抬头》一文。（《独立评论》第202号，1936年5月24日）

　　5月18日　胡适复电翁文灏：昨访刘敬舆、秦绍文二君，均与详谈。二君均允向宋君进说，但均恐不能即取消监理，古物陈列所恶例尤作梗。俟二君谈后续报，或需自己亲与宋哲元谈。又刘意院理事最好改秦、陈二人，秦意则主改宋、刘二人，自己颇以秦说为然。二君对院馆态度甚好。（中国社科院近代史所藏"胡适档案"，卷号609，分号3）

　　5月19日　胡适作有白话诗《无心肝的月亮》。（《胡适手稿》第10集卷3，283～284页）

　　同日　翁文灏致函胡适，请胡修正《梁启超年谱》油印本，"如有应增者，请即加注；应改者可酌为修正。庶克纲领毕具，成一专书"。（《胡适遗稿及秘藏书信》第32册，306页）

　　5月20日　胡适致电翁文灏：已将翁之皓电转刘敬舆、秦德纯，并函托其力为调处。孙洪芬已归，俟任鸿隽到即可开图书馆委员会会议。自己

的意见,最好是任鸿隽辞委员而周寄梅勿辞。(中国社科院近代史所藏"胡适档案",卷号609,分号3)

5月21日 胡适致函翁文灏、蒋廷黻,谈潘毓桂之跋扈,已被宋哲元了解,并将潘免职。大概图书馆事不难解决。故宫博物院事则尚多波折,并述详情。胡适认为此事当初大概全由潘毓桂发动,一意蒙蔽宋君,造成僵局。此时潘既去,正可给宋一个下台地步。最好是请蒋介石以私电劝宋君,指出院、馆、所三处条例均无监理处之办法,必系有人乘宋出巡之时,蒙蔽专擅,妄立名目。今宋既由津回平,望查明此事,急予撤销。如此办法,或可有效。最好在蒋介石私电中即说明故宫条例本有"监事会",此时正拟从速成立,如宋意中有相当人选,可向蒋介石提出。如此则宋有面子,可以下台。推荐院长之说或可挡过去。(《胡适遗稿及秘藏书信》第19册,398~403页)

同日 The China Weekly Chronicle 第7卷第21期有关于胡适讲演的报道,题目是"Higher Education in China: Progress and Expansion"。报道说:

> There are colleges and universities in China that claim more than 40 years of existence, said Dr. Hu Shih, but all of these have included in their existence the years when "A-B-C's" were being taught in their classrooms...
>
> Youth is the outstanding characteristic of the Chinese universities...
>
> ...
>
> Higher education in China, however, has been making rapid progress especially within the past two decades...
>
> ...
>
> In the opinion of Dr. Hu Shih, most of the 111 colleges and universities in China today are poorly stalled and shaky financially, a large number depending on tuition fees as their main source of revenue...
>
> ...
>
> Returning to the youthful nature of universities in China, Dr. Hu ex-

pressed the opinion that the youth of teachers in Chinese universities was not at all entirely undesirable...

同日　徐芳致函胡适，向胡适表达爱意。（中国社科院近代史所藏"胡适档案"，卷号 1706，分号 8）

5月22日　胡适致函陆侃如、冯沅君，云：

《九宫正始》中辑出南戏，大是喜事。辑稿望寄与莘田、建功，他们一定欢迎此稿在《国学季刊》发表。《九宫正始》作于何时？你用"元传奇"一名，不嫌太武断否？"传奇"之名起于后来文人作南曲时，元人无此称也。

元剧分"院本"与"杂剧"，院本是行院之本，而文人之作别称杂剧。赵子昂曾言之。

明剧亦应分两个阶段，早期为"南戏"，后期为"传奇"。前期多无名之作，多出于民间，《琵琶》亦是改旧剧《赵贞女》为之，高则诚自言"不寻宫数调"，尚与民间南戏接近。后起之文人，"以时文为南曲"（徐渭语），又妄造"南九宫"……始与民间俗剧分家，成为最不可读之"传奇"。鄙意略本徐渭《南词叙录》，略参己见，似近史实。故不愿你们用"元传奇"之名。

不但"传奇"一名可议，"元"字亦可议。如证据不充分，不宜定为元戏，只可泛称"南戏"而已。

皖峰昔年曾辑《胡适文存》中语为一联云：

大胆的假设，小心的求证。

少说些空话，多读些好书。

我今年自辑一联云：

有几分证据，说几句话。

要那么收获，先那么栽。

……（《胡适遗稿及秘藏书信》第 20 册，1～3 页）

5月23日　翁文灏致函胡适，赞成顾临担任中基会的职务；图书馆委员请周寄梅勿辞职，有必要时请任鸿隽辞，已洽妥。又告日本大使佐佐崛内干城谈话情形：

[日大使]言及中日外交事虽日言亲善，而事实颇有困难及阻碍。所谓事实者，（一）报纸言论；（二）中国军事进行；（三）走私事归罪日本。所谓言论者，首提及兄在《大公报》之论文，谓恐惹起国民反感。弟告以亲善云者，当然首在事实。走私事不论原因如何，如日本国能趁此援助中国政府完全防止，则事实在前，中国国民自当满意，有知识之言论家如胡先生者更当明白。否则一切徒托空言，虽中国中央诚意要好……然事实所在，亦无从掩没。且国内负有重望之人如胡先生等如有正当言论，政府亦决不能禁止也……（《胡适遗稿及秘藏书信》第32册，310～313页）

5月25日　胡适复函王云五，赞成张元济70岁纪念册征文事。因期限太促，应以明年9月为期，为其70整寿时的献寿品。对启事略加删改。征文作者范围，似以较慎重为佳。愿意在启事上列名。来函说以四五十人为限，似嫌太多。体例似应取法于蔡元培65岁纪念论文集。（《岫庐已故知交百家手札》，原书无页码）

同日　胡适以中基会秘书名义致函中研院史语所，告中基会干事长任鸿隽已被任命为四川大学校长并辞去该会职务，中基会董事会第十二次年会推举孙洪芬继任。（《胡适中文书信集》第2册，460页）

5月26日　北京大学学生指导委员会召开全体会议，樊际昌主持，胡适等7人参加。议决：推樊际昌、胡适等五委员计划会内工作与各种学会工作；准予女生互助会备案。（《北京大学纪事（1898—1997）》，285页）

同日　胡适为北京大学新印程廷祚《青溪全集》作一序言。（《益世报·读书周刊》第51期，1936年6月4日）

5月28日　晚，陶希圣于撷英菜馆宴请胡适等。顾颉刚日记有记：

今晚同席：秦绍文、陈希文、适之先生、周炳琳、刘海蓬、陈聘之、沈兼士、马乘风、左宗纶、黎劭西等三十人（客），陶希圣……（主）

时局甚劣，日人欲夺绥远，半月内即有战事。增兵已不少。宋哲元不欲脱离中央，以是与萧振瀛龃龉。冯玉祥嘱宋与教育界接近，因有今日之宴。(《顾颉刚日记》第三卷，478～479页)

5月30日 蔡元培院长签署聘书，聘胡适为中央研究院历史语言研究所通信研究员。(中国社科院近代史所藏"胡适档案"，卷号2263，分号1)

5月31日 章希吕日记有记："北平市长秦德纯请适兄夜饭，适兄回来已有醉意，和我谈平津时局，非常悲观。他今夜是吃了饿肚酒，吐后还为二〇四期《独立》做了一篇《敬告宋哲元先生》的文章。"(《胡适研究丛录》，270页)

胡适《敬告宋哲元先生》大意：希望宋哲元要彻底明白自己的立场；希望宋哲元要明白，中华民国的敌人就是他的敌人；希望宋哲元要用明白的语言向邻国表示他的态度；希望宋哲元要彻底明了他的力量是站在国家立场的力量；这个国家是整个的，不是枝节的。(《独立评论》第204号，1936年6月7日)

6月

6月1日 翁文灏日记有记："胡适之来电，三四日前宋哲元因潘毓桂、□复、齐燮元之劝告，拟通电讨蒋，宣告独立，因刘哲、秦德纯及四师长共劝而止。"(《翁文灏日记》，49页)

6月4日 胡适函托周作人询问徐耀辰：下学年徐是否有他去之意？如他有他去的机会，则北大日文之部仍留讲师，而让徐辞职。(《胡适来往书信选》中册，317～318页)

6月5日 胡适、蔡元培、王云五联名致函傅斯年，详述张元济的道德学问，拟为其70岁生日出版一本纪念论文集，请傅撰文。(《胡适中文书

信集》第 2 册，461～462 页）

6月8日　桥川时雄赠其所著《异国物语考释》一卷与胡适。(《胡适藏书目录》第 3 册，1697 页）

6月9日　胡适致电李宗仁、罗文干：

> 南中消息使人怪诧难信。今日无论甚么金字招牌，都不能减轻掀动内战、危害国家的大责任。三年前闽变起时，展堂、德邻、伯南诸公曾有"必将为亲者所痛，仇者所快"之谠论。今日之事何以异此？迫切陈词，伏望两公与伯南、健生诸公悬崖勒马，共挽危机，国家幸甚！（《胡适遗稿及秘藏书信》第 19 册，169 页）

> 按，6月13日，罗文干复电胡适云：

> 昔年长城之役，兄主停战休养，今已三四年矣，华北寇患日深，使当日一鼓作气，倭奴或稍畏惧，即战而败，亦可步比国、东非后尘，听候舆论主持公道，或有一日虽败犹荣。去年弟闻北方来者言，兄因寇患猖獗，亦已改谈抵抗，乃今日西南发难抗日，而兄反又谓不能减轻掀动内战、危害国家之责任，弟实未解。假使中央此时皆举兵北向而不南下，则有何内战之可言。今日东京路透传来川樾日使将压迫中央制止抗日举动，做成中日满合作，减轻关税，俾免运□，并强我承认日本在我国之特别利益，试问此种要求如何可以接受，如何可以商议？兄公忠谋国，必有以教我。而请缨拒敌，兄不假思索，即断为危害国家，此种圣人之言，弟未之前闻也。蒋先生素怀（？）闻圣人之言，望切实劝其领导抗日，以救国难而顺民情。詠霓兄处亦乞请其主持正论，以定大计。弟一生不偏不党，富贵贫贱皆尝过滋味，再无所图，但求一死报国。弟虽不才，亦非金字招牌所能利用也。兄望重一时，中外共仰，一言兴邦，一言丧邦，乞登高一呼，以正气号召天下。国家存亡，在此一举，望兄熟察之。（《胡适遗稿及秘藏书信》第 41 册，208～209 页）

同日　胡适复函翁文灏，抄示致李宗仁、罗文干函，很担心"内战恐不能幸免"。又分析当时时局：

> 日本方面，当然唯恐中国不乱。顷读任公年谱，见任公入桂讨袁之役，均得日本军人之助力，页769所谓"此行日人出全力相助，予我以种种便利，殊为可感"。至今读之，真使人粟然危惧。日本当日全力助倒袁之役，与今日倒蒋之出全力，同一作用。彼何恶于袁？何爱于梁任公？彼之处心积虑，凡可以统一中国之人物皆须在打倒之列也。
>
> 六月一夜，松室孝良来我家中谈话，凡谈了三点半钟。他的谈话主要之点是说：中日必须亲近，而蒋介石之南京政府绝对不肯亲近日本，故日本不能不抛弃中央而着力于地方领袖，如二十九军，如西南。
>
> 他也承认，他在冯焕章那边住过甚久，他深知二十九军是抗日的，他也知道白崇禧等人是抗日的。但他说："二十九军要抗日，同时也抗别军。白崇禧要抗日，同时也抗别人。所以我们可以同他们做朋友。"
>
> 这是最露骨的政策。他们的抗日，日本是不怕的。他们的讨蒋，日本是最欢迎的。
>
> 今日之事，已到不能再拖延的时候。万一两方面的飞机炸弹对轰，国家成个什么样子！！此时最好是蒋先生自己飞往南宁或广州，与陈、李、白诸人开诚面谈，消除一切误会，接受一切有理的请求，此策之上也。其他中下之策，政府诸公想已筹之熟矣，不用我来哓舌。
>
> 此间（华北）局势，在上月底曾有很大的混沌酝酿。但五月卅夜，干部会议，决定方针不变，不脱离中央。此皆各师长知大义之力，文人中如刘哲、贾德耀皆有力焉。
>
> 六月四日，我与宋明轩谈了一点十分，他颇能接受我的直言。我注重一点：我说，宋先生"不丧失主权""服从中央"两个原则，我们都可深信。但我们必须明白，一个原则是建立在无数具体事实之上的；原则的维持全靠具体事实不放松。抛弃了具体事实，就是抛弃了原则。"不丧失主权"一个原则必须使事事处处不丧失主权。"服从中央"的

原则也必须使事事处处不和中央冲突。(《独立》204号即说此义。)我劝他特别注意日本的增兵。我对他说：日本增兵是把我们中国看作同庚子年一样；是表示不信任你们二十九军有维持治安的能力。他似乎如梦初醒。

总之，此间的要人愚昧得太可怜！又太"予智自雄"，以为天下事都可以敷衍搪塞了之！天下真有此种"盲人骑瞎马，夜半临深池"的政治！革命革了十年，还不知道为事求才，还不知道封疆政治不是无知识的陈调元、何成濬、刘镇华一流人所能干的。此是根本大病，我不能不深责蒋先生也！

今日事势已迫如火烧到头上，中央对此，仍无整个计划，真令人焦急死！

我的看法，华北今日只有一线希望，就是由政府用全力向东京做工夫，趁此时矶谷、梅津诸人都在要冲的时候，重提去年"使华北文治化"的旧议。……

这个意思，在今日恐怕已太晚，但还值得一试。原则上必须抓住"日本在长城以南、热河以西全部撤退"的根本立场。在这个原则之下，我们不妨考虑将冀、察两省真个做成非战区域，用全国的第一二流人才来担任政治改革，使人民实受一点恩惠，使经济发展可以进行，而最大的利益是减轻北方卷入国际战场的危机。

今日政府中外交人才似最缺乏。前夜见外部亚洲司长高宗武君，与他谈了三点钟，我颇佩服此人的才干与魄力。此君颇能明了我的计画，望吾兄与他细细谈谈。

国际路线也不可抛弃。外部中太缺乏能当欧美方面外交的人才，鄙意廷黻兄仍以入外部为最适宜。此事关系不小，万望留意。

今日闻有人提议由中国在国联提议取消对意制裁，以博取意大利的好感。此议我期期以为不可行！我们必须抓住苏、英、美三国，万不可贪小便宜，失去世界的同情！！"雪中送炭"是下闲棋而收远效。万不可自弃其所守，蒙世界的唾骂，而实无利益可沾也。(《胡适遗稿

1936年　丙子　民国二十五年　45岁

及秘藏书信》第 19 册，385～397 页）

同日　胡适复函周作人：

　　我对于这个"国语与汉字"的问题，向来没有很坚强的意见。把文字看作纯粹的教育工具，我当然诚心的赞成汉字的废除和音标文字的采用。但我又是个有历史癖的人，我的历史眼光使我相信文字是最守旧的东西，最难改革——比宗教还更守旧，还更难改革。……

　　我不信中国现在有了这种"社会的大力量"，所以我不期望在最近百年内可以废除汉字而采用一种拼音的新文字。我又深信，白话文已具有可以通行的客观条件，并且白话文的通行又是将来改用拼音文字的绝对必要条件，所以我们在二十年中用力的方向是提倡白话文，用汉字写白话的白话文。

　　但我深信，汉字实在是很难学难写的教育工具，所以我始终赞成各种音标文字的运动，我始终希望"音标文字在那不很辽远的将来能够替代了那方块的汉字做中国四万万人的教育工具和文学工具"。

　　因为我认定了这个历史的步骤，所以我对于用拼音文字替代汉字的运动，虽然诚心的赞成，总没有热烈的提倡。

　　……你相信在今日，为了"强化中国民族意识的必要"，我们的言语要用"非方言的一种较普通的白话"，文字还得用汉字，文章必须是"用汉字写白话的白话文"。这个意见，我完全同意。

　　……我们的疆域大，方言多，虽然各地的识字的人都看得懂用北京话写的《红楼梦》《儿女英雄传》，然而各地的人读音不同，全靠那汉字符号做一种公同的符号。例如"我来了三天了"一句话，北京人、上海人、宁波人、温州人、台州人、徽州人、江西人、福州人、厦门人、广州人、客家人，各有不同的读音。用汉字写出来，全国都可通行；若拼成了字母文字，这句话就可以成为几十种不同的文字，彼此反不能交通了。当然我们希望将来我们能做到全国的人都能认识一种公同的音标文字。但在这个我们的国家疆土被分割侵占的时候，我十

分赞成你的主张，我们必须充分利用"国语、汉字、国语文这三样东西"来做联络整个民族的感情思想的工具。这三件其实只是"用汉字写国语的国语文"一件东西。这确是今日联络全国南北东西和海内海外的中国民族的惟一工具。(《独立评论》第207号，4～6页)

6月10日　胡适复函张政烺，云：

这封信使我很高兴，因为前几天孙子书先生把《传奇汇考》的一段钞给我看，我不信"元时道士"之说，故颇不信此段记载。现在得你的考证，此书的作者是陆长庚，大概很可信了。

他的《南华副墨》有万历戊寅自序，戊寅为万历六年（一五七八），其时已在吴承恩（生约当一五〇〇）近八十岁的时候了。《西游记》必已流行。陆长庚大概从《西游记》得着一种 Inspiration，就取坊间流行的《武王伐纣书》（《全相平话》本，与今存之《列国志传》之第一册相同），放手改作，写成这部《封神演义》。

我那天在讲堂上曾说：《封神》改本所以大胜于原本，只是因为作者是个小说家，能凭空捏造出一个闻太师来，就使纣方大大的生色，又造出一个申公豹来，从中挑拨是非，搬仙调怪，才有"三十六路伐西岐"的大热闹！

"三十六路伐西岐"似脱胎于《西游记》的八十一难。……

陆长庚的年代，我盼望你有空闲时再向旧修的《扬州志》或《兴化志》一查，也许旧志能提及《封神》一书，而后人删去不提了。(《独立评论》第209号，20～21页)

同日　徐芳致函胡适，诉说对胡适的爱意。（中国社科院近代史所藏"胡适档案"，卷号1706，分号9）

6月11日　胡适针对"两广事变"发表《"亲者所痛，仇者所快"！》一文，大意谓：

我们站在国家的立场，要正告两广的领袖诸公：在这个强邻威胁猛进的局势之下，无论什么金字招牌，都不能减轻掀动内战的大责任；无论怎样好听的口号，都不能赎破裂国家危害民族生存的大罪恶。抗敌救国的第一个条件是要在一个统一的政府之下造成一个统一的民族国家。……

…………

中国在一个统一的政府之下造成一个统一的国家：这是我们的对方最不愿意的，最妒忌的，最必需用全力破坏的。……"友邦"的策略全注意在一个方向，就是敌视中央政府，勾结地方的割据政权，减削中央政府的能力，破坏中国的统一。……

…………

我们在今日必须彻底觉悟：局部的抗敌旗帜，是不能损失对方一丝一毫的，是对方绝不畏忌的。对方所忌的是一个沉着的，埋头苦干的有力政府。在我们的心目中，南京政府离我们理想中的政府还不知几千里远。然而这个政府久已是我们友邦的"眼中之钉"了。所以在今日一切割据的倾向，一切离心力的运动，一切分裂的行动，都是自毁我国家一致对外的能力。都是民族自杀的死路，都是"亲者所痛，仇者所快"。

……我们当然期望中央政府用最大的忍耐，最开诚布公的态度，最和平的方法，来应付这个很不幸的变局。……

……我们反对内战，也反对用统一的招牌来起内战。但我们不反对一个中央政府用全力戡定叛乱……今日两粤的将领如果不明了全国舆论的向背，如果他们真要揭着抗外的题目作推翻中央政府的叛乱行为，我们当然应该主张中央明令讨伐。（天津《大公报》，1936年6月14日）

6月12日　陶行知发表《飞机上的感想》一诗，诗末自注：

胡适之先生寄过一篇《桂游小赞》说："看尽柳州山，看尽桂林水：天上不须半日，地上五千里。古人辛苦学神仙，要受千百戒。看我不修不炼，也凌云无碍。"我觉得这种个人行乐图不是新诗可以走的路。在上海的时候对于《桂游小赞》，也写了一篇我们的答复："流尽工农汗，还流泪不息；天上不须半日，地上千万滴。辛辛苦苦造飞机，无法上天嬉。让你看山看水，这事太希奇。"我把这两首诗读给一些小朋友听，有十五岁的张健小友说：最好把"这事太希奇"改为"还要吹牛皮"。我就照他的意思改了。这次我也尝了尝一飞机的滋味，但所见到的实在与胡先生不同了。昨天写了一首《坐飞机有感》，觉得不够，所以写这一首，把我当时的感想，再摄一个小影。（《生活日报》，1936年6月12日）

6月14日　翁文灏致函胡适，为胡之《"亲者所痛，仇者所快"！》一文提供广西方面的新材料。（《胡适遗稿及秘藏书信》第32册，315～318页）

6月17日　容庚日记有记：9时至适之家。访傅孟真。（《容庚北平日记》，463页）

6月18日　顾颉刚来访。（《顾颉刚日记》第三卷，487页）

同日　王世杰复电胡适：

目前局势如何应付，实属全国存亡问题，绝非河北华北问题……弟意非政府根本改定国策，则绝对无路可走……尊电主张河北应有妥人坐镇，主张外交公开，均极是。日昨志希飞川，已托面达蒋先生矣。惟尊电有"解决悬案"四字，则易为此间某部分人误解，故未敢以原电转致，缘日人近来半正式之要求，即在承认伪国，接受日籍军政顾问，缔结对俄攻守同盟，而伪国问题，顾问问题，均可为不肖者解作悬案也。（此段望守秘密。）某部分人近竟谓此种要求应予考虑，危险之状，兄可想见。再弟所得负责方面之密报，日人对兄极注意，万祈早日南来一商今后种种教育事体，望勿以行险与大□首混视。（《胡适遗稿及秘藏书信》第23册，564页）

6月20日　谢家荣致函胡适，请胡适于《独立评论》之上代登《地质

评论》上"丁文江先生纪念号"的广告。(中国社科院近代史所藏"胡适档案",卷号1813,分号5)

6月21日　胡适作有《黄谷仙论文审查报告》。指出黄著《韩退之传》之"辨异"部分的确当之处,认为此传文字平实,征引材料详备,叙述有条理,但缺陷尚多,有三:退之一生的三大贡献(排佛、提倡古文、诗歌上的创体)都不曾充分记叙;原料均是习见的材料,若无敏锐的眼光来作新鲜的解释,"此传必无所发明";体例可商榷。结论是:此传功力甚勤,而识力不足,须经大的改作后,始能成一部可读的传记。在论及此书"体例"时,胡适对"年谱"与"传记"的关系有所论述:

其实"年谱"只是编排材料时的分档草稿,还不是"传记"。编"年谱"时,凡有年代可考的材料,细大都不可捐弃,皆须分年编排。但作"传记"时,当着重"剪裁",当抓住"传主"的最大事业,最要主张,最热闹或最有代表性的事件,其余的细碎琐事,无论如何艰难得来,无论考定如何费力,都不妨忍痛舍弃。(《胡适遗稿及秘藏书信》第5册,672～680页)

同日　胡适为汪采白(1887—1940)画集《黄海卧游集》题词:

近人作山水画,多陈陈相因;其层峦叠嶂,不是临摹旧本,即是闭门造山。汪采白先生此册,用青绿写他最熟悉的黄山山水,胆大而笔细,有剪裁而无夸张,是中国现代画史上的一种有意义的尝试。(《黄海卧游集》,上海华东照相平版印刷公司,1937年4月)

6月22日　胡适复函今关天彭,表示:如其要译胡适著作,但请自由翻译,不必征求同意。又谈及铃木大拙已往英国,想今年可归。自己7月14日从上海赴美洲,在东京有一日勾留,或可相见。(石立善:《〈胡适全集〉失收的一封复日本学者书信》,载《胡适研究通讯》2010年第1期,2010年2月)

同日　胡适致函罗尔纲,谈其《清代士大夫好利风气的由来》一文:

这种文章是做不得的。这个题目根本就不能成立。管同、郭嵩焘诸人可以随口乱道，他们是旧式文人，可以说"西汉务利，东汉务名，唐人务利，宋人务名"一类的胡说。我们做新式史学的人，切不可这样胡乱作概括论断。西汉务利，有何根据？东汉务名，有何根据？前人但见东汉有党锢、清议等风气，就妄下断语，以为东汉重名节。然卖官鬻爵之制，东汉何尝没有？"铜臭"之故事，岂就忘之？

名利之求，何代无之？后世无人作《货殖传》，然岂可就说后代无陶朱、猗顿了吗？西汉无太学清议，唐与元亦无太学党锢，然岂可谓西汉、唐、元之人不务名耶？

要知杨继盛、高攀龙诸人固然是士大夫，严嵩、严世蕃、董其昌诸人以及那无数歌颂魏忠贤的人独非"士大夫"乎？

凡清议最激昂的时代，往往恰是政治最贪污的时代，我们不能说东林代表明代士大夫，而魏忠贤门下的无数干儿子干孙子就不代表明代士大夫了。

明代官绅之贪污，稍治史者多知之。贫士一旦中进士，则奸人滑吏纷纷来"投靠"，土地田宅皆可包庇抗税，"士大夫"恬然视为故常，不以为怪。务利固不自清代始也。

你常作文字，固是好训练，但文字不可轻作，太轻易了就流为"滑"，流为"苟且"。

我近年教人，只有一句话："有几分证据，说几分话。"有一分证据只可说一分话。有三分证据，然后可说三分话。治史者可以作大胆的假设，然而决不可作无证据的概论也。（《胡适遗稿及秘藏书信》第20册，294～297页）

6月23日 胡适致函孟森，请孟氏指示程云庄有关《易学》方面的参考书。（《胡适遗稿及秘藏书信》第19册，234～235页）

同日 顾颉刚日记有记：

今晚同席：美国大使及其参赞、蒋梦麟、胡适之、梅贻琦、孙洪芬、

福开森、赵紫宸、刘廷芳等燕大教职员约二百人。(《顾颉刚日记》第三卷，488页)

6月25日　顾颉刚日记有记：

今午同席：孟心史、胡适之、傅孟真、罗常培、吴俊升、姚从吾、顾美季、钱宾四、罗膺中、予（以上客），毛子水、邓广铭、张公亮、傅乐焕（以上主）。(《顾颉刚日记》第三卷，489页)

6月26日　胡适为薛仲三、欧阳颐所编的《两千年中西日历对照表》作一序文。(《胡适遗稿及秘藏书信》第12册，305～307页)

同日　胡适复函丁声树，谈其《"式"字说》：

此文最大贡献在于指出"式"与"无"的对列联文。其与"虽"对列，亦一正一反，凡"虽"字句皆与正句相反。你从此入手，真是巨眼，真是读书得间！佩服佩服。

你认定"式"字句有劝令之口气，是也。但你释"式"为"应"为"当"，鄙意稍有异义。

我读尊文所列诸例，颇疑"式"与"试"同字，故"式"字句都可翻译成"试如何如何"，"姑且如何如何"。式 = 试 = 且 =try to……
…………

你注意到此类"式"字句只见于"雅""颂"，而不见于"国风"，这是最有益的区别。

我尝说，古代语言大别有二：一为东土语，即夏、殷民族语。一为西土语，即周民族语。十五国风皆东土语也，豳虽在极西，而"豳风"实是东土人居西土者之歌，《破斧》等篇可证。"雅""颂"中多西土语，统治阶级之语也。(《胡适遗稿及秘藏书信》第18册，15～19页)

6月28日　章希吕日记有记："适兄二十日后放洋出国，今天赴协和医院去检查身体，四天后可出院。"(《胡适研究丛录》，271页)

6月29日　胡适在协和医院检查身体。读《诚斋集》之《南海集》，抄《桂源铺》：

> 万山不许一溪奔，拦得溪声日夜喧。
> 到得前头山脚尽，堂堂溪水出前村。（据《日记》）

同日　胡适复函罗尔纲，就其金石补订等学术研究工作有所指示：

> 我劝你挑选此项金石补订笔记之最工者，陆续送给《国学季刊》发表，用真姓名。此项文字可以给你一个学术的地位，故应用真姓名。又你的职务，在北大是整理此项拓本，故也应用真姓名。
>
> 我劝你以后应该减轻编辑《史学》的职务。一个人编两个学术的周报，是很辛苦的。
>
> 《洪大泉考》我很爱读……
>
> 《研究清代军制计划》，我是外行，恐不配批评。但我读你的计划，微嫌它条理太好，系统太分明。此系统的中心是"湘军以前，兵为国有；湘军以后，兵为将有"。凡治史学，一切太整齐的系统，都是形迹可疑的，因为人事从来不会如此容易被装进一个太整齐的系统里去。前函所论"两汉重利，东汉重名；唐人务利，宋人务名"等等，与此同例。
>
> 最好的手续是不要先编湘军志，且把湘军一段放下来，先去看看湘军以前是否真没有"兵为将有"的情形。我可以大胆告诉你：一定有的。……至于湘军以前，是否"兵为国有"，也须研讨，不可仅仅依据制度条文即下结论。（《师门辱教记》，52～53页）

同日　胡适又致罗尔纲一函，谈其清代军制及湘军研究：

> 关于清代军制事，鄙意研究制度应当排除主观的见解，尽力去搜求材料来把制度重行构造起来，此与考古学家从一个牙齿构造起一个原人来一样，都可称为"再造"（Reconstruct）工作。
>
> 研究制度的目的是要知道那个制度究竟是个甚么样子；平时如何

1936年　丙子　民国二十五年　45岁

组成，用时如何行使；其上承袭甚么，其中含有何种新的成分，其后发生甚么。如此才是制度史。

你的"新湘军志计画"，乃是湘军小史，而不是湘军军制的研究。依此计画做去，只是一篇通俗的杂志文章而已。其中第二、三、四章尤为近于通俗报章文字。

我劝你把这个计画暂时搁起，先搜集材料，严格的注重湘军的本身，尤其是关于：

一、湘军制度的来历（例如戚继光的《纪效新书》）。

二、乡勇团练时期的制度。

三、逐渐演变与分化。

四、水师。

五、饷源与筹饷方法。

六、将领的来源与选拔升迁方法。"幕府"可归入此章或另立一章。

七、纪律（纸上的，与实际的）。

八、军队的联络、交通、斥候等等。（曾国藩日记中记他每日在军中上午下午都卜一二卦，以推测前方消息？）

九、战时的组织与运用。

十、遣散的方法。（《师门辱教记》，54～55页）

6月30日　包赟函催胡适在出国前将序文写好。（《胡适遗稿及秘藏书信》第24册，726页）

7月

7月2日　午，顾颉刚宴请胡适、傅斯年、姚从吾、李书华等。（《顾颉刚日记》第三卷，499页）

同日　胡适复函丁声树，讨论"试"字之义：

"试"字今义似甚"轻"，但"试"字用在"命令式"，实可轻可

重。若解为"Try to—",便不轻了。我想古义似不如后世之"轻"。"尚"字即"尝",与"试"正同义。如"式讹尔心""式遏寇虐"等,以"试"释之,均成命令语气,其义本有"试尽心力为之"之意。似不当以后世语气之轻疑之。

我颇疑"式是百辟"与"百僚是试"同义。

....

《郑语》谓桓公为司徒尽得"周众"与"东土人",可见"东土"对"周"而言。故我用此名。(《胡适遗稿及秘藏书信》第18册,20～21页)

按,丁声树原函载《胡适遗稿及秘藏书信》第23册,324～327页。

7月3日 胡适为许国霖《敦煌石室写经题记》《敦煌杂录》作一序言,指出《敦煌石室写经题记》是一组最有趣味又最有历史价值的材料,又分别介绍《敦煌杂录》的价值。(天津《大公报·图书副刊》,1936年7月23日)

同日 章希吕日记有记:"泽涵来约我回家,夜以告适兄,他要我待他外国回来再让我回家。我亦知独立社的事难走开也。他约十一月回国,只得那时再作回里之计。"(《胡适研究丛录》,271页)

7月7日 蔡元培致函胡适,介绍其内侄周新到中基会编译委员会担任翻译工作。(《蔡元培全集》第14卷,213页)

7月8日 午后3时35分,胡适搭平沪车离平赴沪转美出席太平洋学术会议。到站送行者有胡夫人、蒋梦麟、梅贻琦夫妇、徐诵明、马衡、袁同礼、查良钊、张奚若、樊际昌、郑天挺、朱光潜等50余人。(次日之天津《大公报》《申报》)

章希吕日记有记:

下午三时送适兄往车站动身出国,同去送行的在百人以上。(《胡适研究丛录》,271页)

7月10日 上午,胡适访蔡元培,久谈。午间,王世杰宴请蔡元培、

胡适等,同席还有"鲤生、皓白、浩渠、孟真、志希、骝先等"。(《蔡元培全集》第16卷,479页)

7月11日　晨,胡适抵沪。"据谈此次出席太平洋国际学会,我国已搜集各种材料,并著论文携往讨论。日文报前传该会讨论题目迎合日本之现情及迁就该国之要求则属不确云。"(次日之天津《大公报》)

7月14日　晨2点登船赴美。同行的有沈昆三及其女沈燕、刘驭万、施博群及其夫人、李芑均(幹)、张子缨(忠绂)、梅兰芳以及徐新六夫妇、张慰慈夫妇、贲卿夫妇、潘夫人、竹垚生等。托竹垚生致电王世杰:

> 北大补助费,万望兄努力设法。梦麟六年苦斗,兄所深知,今当其困急,宜有以鼓舞其志意,勿令失望。(据《日记》)

7月16日　早6点半,胡适一行抵神户,江华本总领事及神户警视厅职员来招待。旋乘火车去东京。晚8点50分到东京。日本支会来迎者:那须、高柳、牛场友彦(Tomohiko Ushiba)、浦松及其夫人、松本重治夫人。驻日大使许世英与孙伯醇、萧叔宣夫妇来迎。室伏高信来迎。在大使馆与许世英大使及王芃生长谈。致函翁文灏,论华北形势;致函北平市长秦德纯。(据《日记》及次日之天津《大公报》)

7月17日　访客有:北大学生郎依山、室伏高信、松方、岩村成允、杨鸿烈夫妇、牛场友彦。胡适听了室伏高信的南进理论后有记:"大概各国风气所尚,各有其特别之点。英国则第一流人才入政治;美国则第一流人才入工商,日本则第一流人才入军部。其大学教授与文人,皆是凡才也。"到日本支会访石井会长,不遇;见副会长山川端夫、秘书牛场。日本支会会员请胡适等人在帝国饭店吃饭,出席者:山川端夫、上田贞次郎、那须、鹤见祐辅、金井清、高木八尺、松方、信夫淳、浦松作美太郎、牛场。赠送高木一柄题有"桂源铺"的折扇。游览东京。小畑薰良来谈。李祖宣来谈。到大使馆辞行,坐汽车到横滨登船。马伯援来谈。许世英大使来送行,10点开船。(据《日记》;次日之天津《大公报》)

7月18日　上午聚谈开会事,胡适与刘驭万略述过去10年历史,供

同行诸君参考。最后决定请李幹与施济元担任第二题第四题,张忠绂担任第五题的准备。与张忠绂谈。读冀朝鼎的"Key Economic Area in Chinese History","大失望",胡适评论道:

> 此君先有理论,然后去寻材料,其方法至松懈可骇,其结论也幼稚的可笑。他的材料根据于各省通志,但取其《水利》《沟洫志》诸卷中一切治水修堤之材料,列为一表。(据《日记》)

7月19日 读Uyeda的"Recent Development of Japanese Foreign Trade",甚佩服其条理与断制。晚上看有声电影《双城记》。写《藏晖室札记》序。(据《日记》)

7月20日 读胡寅《崇正辩》。写成《藏晖室札记》的序言。(据《日记》)

7月21日 访Mr. Fars, Miss Hass及杨遵仪。与Mr. Chapman同饭。读《崇正辩》。杨遵仪等邀胡适一行吃茶,有短演说。(据《日记》)

同日 胡适有《一九三六年七月十六日从神户到东京,道中望富士山》:

> 雾鬓云裾绝代姿,
> 也能妖艳也能奇。
> 忽然全被云遮了,——
> 待得云开是几时?——
> 待得云开是几时?(《胡适手稿》第10集卷3,286页)

按,胡适是日日记中,亦抄有此诗,唯少最后一句。1946年12月10日《读书通讯》曾发表此诗。

7月22日 胡适为沈燕女士题纪念册:

> 大海上飞翔,不是平常雏燕。
> 看你飞飞飞去,绕星球一转。
> 何时重看燕归来,养得好翅膀,
> 看遍新鲜世界,更高飞远上!(据《日记》)

按，此诗以《燕》题名，收入《胡适手稿》第 10 集卷 4，426 页。

7月23日 阅太平洋会发起人 Atherton 与 N. D. Baker 及 E. C. Carter 往来的函件，了解其争点所在，决定意见，预备明天在檀香山与他面谈。读汤良礼的 Reconstruction in China，认为"此书甚不高明"。（据《日记》）

同日 《京报》、天津《大公报》报道，北京大学本年度院系主任已经聘定，胡适为文学院院长兼国文学系主任（罗常培代）。

7月24日 胡适抵檀香山，总领事梅景周与 Mr. Loomis 乘汽船来接。各团体代表来接。在 Yonng Hotel 午餐，餐后有短演说。与 Atherton 谈 2 小时。胡适坦白的劝他：Carter 为政，我们当承认中央总办事处已在 New York，此是 IPR 的新都。梅总领事陪同胡适访问中华总商会、中华会馆、国民党部等处。4 点 30 分，在夏威夷大学演说。到总商会，赴六团体公宴，胡适有演说。10 点后开船。（据《日记》）

7月28日 看 Robert Taylor & Irene Dunne 的电影 Magnificent Obsession，胡适认为此片太多传教意味，似不如 Mr. Deeds Goes to Town。因将抵美国，故收拾行李到很晚。（据《日记》）

7月29日 抵达旧金山，来迎者：黄朝琴总领事、孙副领事、Mrs. Hunter、Mr. Nugent、马如荣夫妇、中华总会馆代表吴东垣及各团体代表、Frieda Fligelman。乘车到总会馆，车队庞大并有警车开道，此"游街"为"唐人街"最隆重的典礼。出席中华总会馆举办的欢迎茶会，有短演说。住 St. Francis Hotel；赴中华总会馆宴会，有演说。（据《日记》）

7月30日 吴东垣、陈敦朴、周崧约吃午饭。游览全市。傍晚到 Mrs. Chamberlain 家。裁缝陈照（Joe Chan）来访。（据《日记》）

7月31日 赴 Mrs. McLaughlin 家茶会，有小演说。刘驭万请吃饭。到 Berkeley，在马如荣家吃饭。游加省大学，访校长、副校长皆不遇。到 Durant Hotel 访 F. F.。（据《日记》）

7月 北京大学公布《国立北京大学研究院招考章程》，胡适担任"中国思想史专题""传记专题"的指导教授，又与周作人、傅斯年、罗庸担任"中

国文学史专题"的指导教授。(北京大学档案,全宗号二,案卷号 310)

8月

8月1日　胡适访总商会,被邀往国医馆分馆写了二十几幅小条幅。黄朝琴总领事请吃饭。(据《日记》)

8月2日　周崧在 St. Francis Hotel 招宴。在大舞台讲演(用国语),赵九畴译为广东话。是日日记有记:

> 各报纸的论调都好。只有《世界日报》,是保皇党的报,其中有伍宪子君曾有信给我,说,听说我受了蒋介石的"重金"来替他作宣传。

同日　胡适致电韦莲司小姐,告抵美,住圣弗朗西斯旅馆,9月往东行。(《不思量自难忘:胡适给韦莲司的信》,198页)

8月3日　到 Fairmont Hotel,与太平洋国际学会秘书长 E. C. Carter 共进早餐,略谈会务。是日日记有记:

> 日本支会有长函致总会,提议三事:
> ①不谈国际近事,只求研究根本原因。
> ②关于第五个"圆桌会议",尤须严守此意。
> ③关于第三"圆桌会议"(日本的商业发展),应多分时间以便讨论英国对日本的取缔政策。
>
> 他们说,如果会中要讨论政治近事,或加以批评,他们回国去就不能得着国人的赞助了!

下午4点到斯坦福大学,演说"Present Situation in China",Dr. Alsberg 主席。晚赴中华航空学会及飞鹏航空学会的会宴,主席为章松如女士,胡适有短演说。到黄总领事家辞行。是日日记又记:

> 飞行诸人中亦有很忠厚恳切的,其中华航空会的朱中存是北大学生,又有林如亨亦是北大学生,年事都在三十五以上,皆忠朴可敬。

余人皆少年，亦甚可爱。

8月4日　汤良礼、黄朝琴来访。晚，到Oakland上火车。马如荣来送行。（据《日记》）

8月5日　在车上起草后日演说。读报，并有评论。（据《日记》）

8月6日　胡适抵Greeley，Mr. Clinchy、President Kingdon（of Newark University）来迎，同坐汽车往Estes Park。路上与二君谈甚畅。寓Conference YMCA的Lodge。遇Dr. Guy Sarvis及Dr. Joshi（印度人）。与Mr. Paul Reynolds见面。"Conference of the Institute of Human Relations是由The National Conference of Jews & Christians召集的。其中领袖颇多宗教家，颇悔此行。"（据《日记》）

8月8日　听Dr. Guy Sarvis演说"Osmosis of Culture"，"也不高明"。与Sarvis夫妇及Paul Reynolds夫妇野餐。晚8点，演讲"Social Immortality"，大意即是"不朽"说。晚上有几个人来谈，至夜分始睡。（据《日记》）

8月9日　料理行装。Kingdon、Clinchy、Andrews、Reynolds、Evans，都甚惜别。Reynolds夫妇送胡适与Baker夫妇到Greeley上车。（据《日记》）

8月10日　早上到Ogden。车上遇着英国代表团之Lord Snell与代表团助手书记Cowley Young。购读《纽约时报》，"无中国消息，想广西事不致有战争，否则不会两天没有电信"。读三部Digest的文字；读IPR秘书长的报告。（据《日记》）

8月11日　早晨8点到Oakland，换车往Merced。到Merced后，乘汽车前往Yosemite。下午4点抵达。分访诸人。与Edgar J. Tarr同吃饭。晚上去看"火瀑布"。（据《日记》）

8月12日　赴Pacific Council第一次会。日本代表高柳为了许报纸访员旁听事，颇提出反对。与A. Rose同午饭。饭后与Tarr、Anderson长谈。与李芭均、施博群谈。与Newton Rowell先生同晚饭。晚上应约与日本代表团小叙。在Wanona Hotel看"火瀑布"。回寓后与孟治、刘、李、吴半农、陈翰笙诸君谈会事，到1点始散。（据《日记》）

8月13日　上午读各种材料。下午开 Pacific Council 会。看 Miss Marian Cannon 带来的中国影片。Committee on Educational Methods，胡适主持。与苏俄代表 Motylev 谈。（据《日记》）

8月19日　胡适致函韦莲司小姐，谈行程及放弃和平主张等：

会议将在8月29日结束，会后我会去旧金山，给三个演讲……可能3日开始往东行。哈佛要我7日到剑桥……

我希望18日以前能去康奈尔，这天是哈佛"三百周年"庆典的最后一天；我自己的论文是11日宣读，所以在11日到18日之间，我有可能跑去绮色佳做个短暂的拜访。

18日以后，我回到纽约做短暂停留……

听到那幢318号漂亮的房子卖掉了，我很难过。不过，我也很高兴，房子卖了以后，减轻了你长时期以来沉重的负担，并且能给你一些新的经济来源，在同一个值得纪念的地点购一小屋。我期盼在新房子里见到你。……

……在过去整整3年里，我没写信给这个国家（美国）的朋友。……

你可能在《亚洲》（Asia）杂志上，看到我近发表的〔一些文章〕，其中我说到，从1936年6月起，我逐渐放弃了和平的主张。这些年来，我常想到你，你曾与我共持和平的思想，并深深的影响了我。今年稍早，中国西部一个贵格学院（Quaker College）的校长写信给我，对我放弃和平主张表示深切的关怀。我看了信，立即跟自己说：要是C（译者按：即克利福德）当天晚上在场，我在会议上第一次宣布，放弃和平主义，她会怎么说？这个和平主义过去25年来经历了许多严厉的考验。

现在，你怎么说？

我很高兴从你那儿得知曹小姐的消息。自从她离开中国，这些年来，我没写过信给她。……（《不思量自难忘：胡适给韦莲司的信》，199～200页）

8月24日　午后，胡适在 Yosemite Park 太平洋会议上发表演说，称：

中国民族，准备奋斗到底，以保全其生存。胡适说：中国任何政府，凡力足以统一国家，而增强国家之地位者，皆非日本所能容忍，此在日本，殆已成为定策。自日本占据东三省以来，造成战争状态，不但阻挠中国经济之复兴，即中国与他国之合作事业，亦无由进行。此其用心，无非欲阻止中国民族之复兴。胡适说：中国认世界各种和平机构，已摧毁无余，中国今后必须自力更生。日本的广田三原则表明日本最后之目标，在政治上完全宰制中国。但中国抱定决心，继续奋斗，以求独立。中国现已从事建设铁路航空教育及救灾，以为国家统一之物质的基础。(《申报》，1936年8月26日)

9月

9月3日　胡适致函江冬秀，谈近日和将来的行程：

> 九月一日早晨回到旧金山，两天之中有三处讲演，出了三次大汗，一身都湿透了。今日晚上八点动身往东部去，七日上午可到哈佛大学，在那边有十二天的担搁，就回来了。路上要往加拿大去三天，十月中赶到旧金山上船。十月十六日［乘］"林肯总统"船回国。十一月六日到上海。(《胡适家书手迹》，186页)

9月7日　高君珊函请胡适为其父高梦旦撰写碑文。(《胡适遗稿及秘藏书信》第31册，241～243页)

9月8日　教育部公布出席国民大会各大学代表名单（第一批审查合格者），总计66校231名，胡适大名在列。(天津《大公报》，1936年9月11日)

9月11日　胡适致电韦莲司小姐：将于10月1日访绮色佳。(《不思量自难忘：胡适给韦莲司的信》，201页)

同日　胡适在哈佛大学300年纪念活动上演讲"The Indianization of China: A Case Study in Cultural Borrowing"。胡适在演讲中说：

I

...

But Buddhism could not so easily be uprooted by persecution. For two thousand years it continued to be the greatest religion in China, continuing to Indianize Chinese life, thought, and institutions...

II

It is my purpose to trace this long process of Indianization through its various successive stages. Broadly speaking, these stages are: —

1. Mass Borrowing
2. Resistance and Persecution
3. Domestication
4. Appropriation

...

III

But the Indianization of a country with an established civilization like China, could not long be smooth sailing. Gradually grave doubts began to crop up...

...

These and many other fundamental differences between indigenous China and the Indianized China were largely responsible for the numerous religious controversies and the four major anti-Buddhist persecutions of 446, 574, 845, and 955...

...

IV

But none of these nation-wide persecutions ever lasted more than a few years and none succeeded in eradating or even diminishing the tremendous influence of the Indian religion in the country...

It is significant historical fact, however, that while no more governmental persecution of Buddhism was undertaken after the 10th century, the religion of Buddhism gradually weakened, withered, dwindled in its power and influence and finally died a slow but natural death. Why? Where drastic persecution had failed, the more subtle processes of domestication and appropriation were meeting with greater and greater successes. Buddhism in its domesticated form was gradually and unconsciously "appropriated" by the Chinese people.

...

By the 11th century, this process of domestication was completed and it remains for the Chinese intelligentsia to appropriate this domesticated Buddhism as an integral part of Chinese cultural life.

V

...

...It was these elements which had required much intermediate work of sifting, discarding, distilling, and reinterpreting, before some of them were sufficiently domesticated to be unconsciously appropriated into the Chinese culture.

Historically, the first period of Appropriation coincided with the rise of the religion of Taoism, and the second Appropriation coincided with the revival of the secular Confucianist Philosophy.

...（《胡适英文文存》第 2 册，远流版，663～694 页）

9月13日　胡适致函韦莲司小姐，谈行程：19或20日去纽约，10月1日访绮色佳，停留3天，16日自旧金山登轮返国。

我之所以缩短在美停留的时间，是因为4年前盲肠手术所引起的疝气。这个病是今年离开中国之前发现的，但没时间动手术。在 Yosemite，因为体力上剧烈的活动，使病情恶化了，我又做了一次检查。医生要我取消加拿大之行，此行需访问 14 个城市，在 28 天之内，做 28 次演讲。他要我早做手术，但我不想在美国做。所以我不得不早做归计。

在美国的这段日子相当疲倦。……

又特别叮嘱：

别请曹（珮声）小姐住到房子里来。我可以在她那里，或者在你那里跟她见面。但是完全没有必要邀她和你住在一起。

又特别期待和韦莲司讨论太平洋局势：

其实，我还是一个和平主义者。我尽了一切努力来避免战争。可是，我现在深切的怀疑，要是美国不积极的参与太平洋的国际事务，和平还有一丝一毫的可能？

我极盼与你谈这些问题。(《不思量自难忘：胡适给韦莲司的信》，202～203 页）

9 月 18 日　张融武函请胡适为其子作一传状。(《胡适遗稿及秘藏书信》第 34 册，454～456 页）

9 月 24 日　H. H. Love 函邀胡适来康奈尔大学的 The Cosmopolitan Club House 演讲。又云：The International Association 和 The Cosmopolitan Club 的成员都热切希望和胡适就远东局势进行深入的讨论。（中国社科院近代史所藏"胡适档案"，卷号 E-279，分号 1）

9 月 28 日　Dr. Lobenstine 邀胡适同到 Chrysler Building 的"云中会"（clouds club），饭后胡适有答问。与 Lobenstine 谈 PNMC 的事。Major Bassett 来谈；孟治来谈。Everett Clinchy 先生来接，到 Newark N. J.，主人为 Newark 大学校长 Frank Kingdon，会场在 Newark Athletic Club，胡适演说"Humanity at Crossways"。席后，Club 的经理 Mr. Valentine Bjorkman 邀去参

观他的 Lincoln Museum。(据《日记》)

同日 Charles R. Crane 致函胡适，约会面。云：自己计划在星期四下午抵达纽约，希望在此停留的一到两天的时间里与胡适有半个小时的会晤。自己已对战前与重建时期的德国进行了深入研究，相信这些研究对于中国目下的局势是重要的。自己只有周四下午 5 点有安排，其他时间都方便与胡适见面。(中国社科院近代史所藏"胡适档案"，卷号 E-165，分号 1)

9 月 29 日 访 Dr. Kast（Mary Foundation 的 Director）。严群、郭崇英女士、陈东原、沈允公、王德崇、苏斑、侯璠诸人来谈，胡适对他们说："文科中的教育、哲学、社会学，法科中的政治，与理科中的医学，为学问中之最难的，必须有头等的天才，最广大的学问，最勤的工夫，然后有成。"在 Rockfeller Foundation 午饭，到者有 Fosdick、Lobenstine、Gregg、Latourette、Stevens Rockfeller Ⅲ 等人。胡适谈两事：①华北现状。② PNMC 的最大贡献在于集中人才与财力专办一个第一等学校，切不可减低此种最高标准。下午 Roger Greene 来谈，孟治来谈。晚上到 Council of Foreign Relations，到会的会员皆是一时知名之士，如 General McCoy、Dr. Hornbeck、Prof. Kemmerer、Prof. Seligman 等。胡适演说"The Changing Balance of Political Power in Far East and the Possibility of Peaceful Adjustment"，说完后有讨论。与 Greene 同归，谈到夜半。(据《日记》)

9 月下旬 大成董事会董事徐炯等 43 人联名致函蒋介石，拒绝胡适入川执掌川大。(台北"国史馆"藏档，全宗号"国民政府"，典藏号：0010300000018027-033)

9 月 《新青年》杂志由亚东图书馆和求益书局重印，书前有胡适题词：

> 《新青年》是中国文学史和思想史上划分一个时代的刊物，最近二十年中的文学运动和思想改革，差不多都是从这个刊物出发的。我们当日编辑作文的一班朋友，往往也不容易收存全份，所以我们欢迎这回《新青年》的重印。

10月

10月1日 章希吕日记有记："适兄有家信来，说他的旧病盲肠炎有复发之势，拟提前回国来医治，恐须开刀。约在本月十六日离美，下月初十左右可以到平。"（《胡适研究丛录》，271页）

10月2日 北京大学公布出席校务委员会当然会员名单，胡适作为文学院院长，亦大名在列。（《北京大学周刊》第223号，1936年10月3日）

10月9日 北京大学举行本年度第一次校务会议，通过本年度各委员会名单等议案，胡适为图书馆委员会委员、出版委员会委员、学生活动委员会委员、财务委员会委员。辞去评议员职，选定何基鸿补充本届评议员。（《北京大学周刊》第224号，1936年10月10日）

10月14日 胡适过芝加哥。由万国公寓总干事Dr. Ernest B. Price招待，即寓在此处。15日，中国驻芝加哥葛总领事在领馆设宴招待，应邀出席者有《芝加哥论坛报》总编辑Tiffany Blake夫妇，前华友社社长John Pall Welling夫妇等。（《外部周刊》第143期，1936年12月7日）

10月26日 胡适致韦莲司小姐一明信片：从芝加哥到圣保罗的路上。在加拿大停留3天后将重返美国境内。在Spokane和西雅图各停留一次以后，直驱洛杉矶停留3天。29日回到旧金山，30日搭乘"胡佛总统"号回国。（《不思量自难忘：胡适给韦莲司的信》，205页）

10月29日 胡适抵达旧金山，因"胡佛总统"号轮发生大罢工，故开船日期还不知道。（《不思量自难忘：胡适给韦莲司的信》，206页）

10月30日 胡适致函吴健雄，谈治学：

……凡治学问，功力之外，还需要天才。龟兔之喻，是勉励中人以下之语，也是警惕天才之语。有兔子的天才，加上乌龟的功力，定可无敌于一世。仅有功力，可无大过，而未必有大成功。

你是很聪明的人，千万珍重自爱，将来成就未可限量。这还不是我要对你说的话。我要对你说的是希望你能利用你的海外住留期间，多留意此邦文物，多读文史的书，多读其他科学，使胸襟阔大，使见解高明。我不是要引诱你"改行"回到文史路上来；我是要你做一个博学的人。……凡第一流的科学家，都是极渊博的人，取精而用弘，由博而反约，故能有大成功。（台北胡适纪念馆藏档，档号：HS-NK01-149-019）

10月31日 胡适致函韦莲司小姐，谈与其在绮色佳的欢聚及自己渴望得到知己的心意：

> 我不否认，每一个民族若让他自生自灭，在某种变化的情况之下，会起一定的改变。但这种改变永远不会是自发的。外在的刺激是引起改变最常见的原因。在历史上的接触可以确定的时候，文化变迁的原始形态是可以追溯到的。
>
> 在绮色佳住了4天，非常尽兴，可是我也觉得很遗憾，没能多理解一些你〔的生活〕，没能多和你谈谈。真高兴能见到包尔教授（Professor Burr）并和他谈话。但是他的一片好意使我很不舒服；我希望他这次绮色佳之行没影响到他的健康。
>
> 我想经常和这个国家（译者按：美国）的朋友保持联系。但这常是鱼与熊掌的问题：或者把自己全心全力的投注到最需要我关切的事，或者把自己的注意力平分给每一件事。我散漫的习惯使我很难同时兼顾到许多事。我唯一能把事情做好的办法是贯注我所有的注意力于一件事，而不顾其他。在过去四个月里，我没有写一个字给那些编辑和照顾周刊（译者按：《独立评论》）的朋友。我根本就做不到。让我更遗憾的是我没能充份利用我在绮色佳〔的机会〕，多看看你〔的生活〕，告诉你一些事，这些事我要你与我同享，给我批评和建议。
>
> 那天晚上，我在绮色佳贝克厅（Baker Hall）宣读的那篇论文，已经为下一期的《外交事务》〔期刊〕（*Foreign Affairs*）写好。我是在从西雅图到洛杉矶的火车上写的。我多么希望我能在你那幽静的屋子里

把文章写好，寄出去以前，先念给你听！

我的生活很寂寞。我工作到深夜。有时我写完一篇文章已凌晨3点，我自己觉得很满意，并且想把它念给一个能与我共享的人来听。我从前会把一两首诗给我侄子看，他是一个相当好的诗人，和我住在一起。现在他过世已过10年了。

多年来，我没有写过一首诗。我越来越转向历史的研究。过去5年来，因为日益紧迫的政治问题，连做〔历史的研究〕都很困难。可是我总维持每年写一篇主要的研究论文。我发现即使是这样的研究论文，也需要别人来与我分享，来给我鼓励。

怎么一个人会这么渴望找到一个知己的朋友，这真是令人费解的事。

⋯⋯⋯⋯⋯⋯

我最亲爱的朋友，你一定不能跟我生气，而且一定要理解，我总是想着你——我对你的思念一如既往。我希望经常写信给你。（《不思量自难忘：胡适给韦莲司的信》，207～208 页）

11月

11月5日　胡适致韦莲司明信片，"昨晚选举的结果让我高兴极了！我在这个国家见到了民主党第三次的胜利！"（《不思量自难忘：胡适给韦莲司的信》，210 页）

11月12日　胡适在 Henry Smith Williams 的 *The Great Astronomers* 上写有题记："在旧金山旧书店里买了一本，送给一个青年朋友了，我又去买这一本送给自己。"（《胡适藏书目录》第 3 册，2326 页）

11月13日　胡适致函芝加哥大学副校长 F. 伍德沃德（F. Woodward），对上月在芝加哥期间未能前去看望表示抱歉。因罢工，自己乘坐的"胡佛总统"号不能按期驶行。但在等待的 14 天里，经历了总统选举、贝大桥的

开通等大事,又看了两场歌剧、一次比赛及其他活动,等等。现在赴维多利亚赶乘明日开航的"日本皇后"号轮船。胡函又云:

> 想和你说一下关于露西·德里斯科尔小姐的事。我对她在芝加哥和在中国研究中国画一事很感兴趣。我自己对这方面是一窍不通的,但我十分赏识她对中国画的阐述。我的兴趣大部分在历史方面,不过我看到她花那么多时间对所从事的工作进行如此执着的研究并提出自己的见解,十分欣赏。
>
> 我知道,她上次去中国,工作十分努力,看了很多的藏品,给中国的艺术家们留下了十分深刻的印象。上个月我在芝加哥,得知德里斯科尔小姐又将再次去中国,我希望告诉芝加哥大学的朋友们,如果她去,她定将得到在北平和上海的中国朋友们的协助和合作。
>
> 请转达哈钦斯校长,我未能前去看望他深表歉意。(《胡适研究通讯》2008年第1期,2008年2月25日)

11月17日 章希吕日记有记:"适兄本定昨天到上海,计算今天定有电报来,但迄晚十一时尚未接来电,知已受美国海员罢工影响尚未动身。"(《胡适研究丛录》,271页)

11月25日 章希吕日记有记:"夜,张奚若先生来谈。二二九期《独立》有张先生一文,文章确好,说了许多人所不敢说的话。再看要出乱子否!?"(《胡适研究丛录》,271~272页)

11月26日 胡适作成《高梦旦先生小传(墓碑)》。此传从1921年高梦旦代表商务印书馆罗致胡适前往担任编译所长写起,认为高有大政治家谋国的风度,又赞其崇尚实事痛恨清谈的精神,做事业从一点一滴做起。又赞其最慈祥、最热心,是一位能体谅人、了解人、帮助人的圣人。又赞其能忘我,没有利心、名心、胜心。(《东方杂志》第34卷第1号,1937年1月1日)

11月28日 胡适过横滨,应日本太平洋学会会长芳泽谦吉之欢宴,出席者有上田贞次郎、前田多门、鹤见祐辅及中国驻日大使许世英。席散后

曾由中国大使馆馆员引导游览市内，9时由东京驿乘快车转原轮归国。（次日之《申报》、天津《大公报》）

11月29日　傅斯年致函胡适，云：月中本想到上海欢迎胡适，因无确切时间和其他事情不得去。基于胡适健康情形，以立返北平进医院为宜等。（《胡适遗稿及秘藏书信》第37册，438页）

11月　胡适在《亚洲杂志》第36卷第11期发表"Reconstruction in China"一文。文章说：

> Broadly speaking, Chinese reconstruction has three phases—first, the building up of a physical basis of national unity; second, the improvement of the physical well-being of the people; and, third, the remolding of our cultural life for a better adjustment in the new world.
>
> ...
>
> The reconstruction work in all its phases has largely been carried out by Chinese personnel and financed by Chinese money. But, of course, there are international implications which may be summed up in these words: from the United States we get the training of the Chinese personnel; from the League of Nations, the technical advice of experts; from Great Britain, an important portion of the money; and from Japan, all the obstruction.
>
> ...
>
> The greatest obstruction to Chinese reconstruction work has come from Japan, from whom we had a right to expect sympathetic understanding and friendly assistance.
>
> ...（《胡适英文文存》第2册，远流版，657～659页）

按，外研版《胡适英文文存》第3册收入此文时，为此文所加中文提要说：

中国的重建，涵盖经济、社会和文化领域，分为三个阶段：(1)国家在形式上的统一；(2)国民幸福的改善；(3)文化生活的进步。胡适认为，中国的重建与发展将继续逐步演进的进程。胡适进而分析了国际社会对中国重建工作提供的帮助以及来自日本的阻碍，并表示，中国绝不会放弃重建，必要时会为生存而战。（该书 34 页）

12月

12月1日　下午2时30分，胡适抵沪。（当日之《申报》；次日之天津《大公报》）

同日　胡适题写刊名的《学生动向》创刊发行。该刊旨在唤起青年学子面对寇边强敌能刻苦自励，养正气，强体魄，上下一心，军民一体，北望虏庭，歼敌复仇。

12月2日　胡适应上海市政府及各团体之邀，在八仙桥青年会演讲"海外归来之感想"，谈及："九一八"以后，苏联势力伸及太平洋，美国沿太平洋增防，与夫中国统一，全因日人专恃霸道而引出，所以我说日本的霸道，自"九一八"以后，而失去其全盛时期，以后打起仗来，别人不会援助我们，不过行霸道者自己会将敌人请来。（次日天津《大公报》）

同日　翁文灏来上海会见胡适、王云五等。（《翁文灏日记》，第94页）

同日　有警察10余人包围、查抄独立评论社。

12月3日　胡适致电北平市长秦德纯："《独立评论》一切责任应由适负，返平后当面领教言。"（《胡适全集》第24卷，319页）

12月4日　章希吕日记有记："《独立》事今天已缓和，地方当局允待适兄来平后解决。"（《胡适研究丛录》，273页）

12月5日　胡适自上海抵南京。中央社电讯：胡适5日晨由沪乘车抵南京，到站欢迎者有周诒春、张慰慈、郭有守等多人。胡下车稍息后即赴王教长私邸谒晤，中午应张、郭欢宴，晚应王宴，朱家骅定6日中午宴胡。闻胡以北大院务待理，定日返平。（次日《申报》、天津《大公报》）

同日　胡适访翁文灏。（《翁文灏日记》，95页）

同日 《独立评论》同人复电胡适：微电悉。报事，宋对文中利用特殊化及取消冀会等点疑有背景，甚为气愤。令立封报，捕张。经邓、秦疏解，张可无虑；复版事过数日再谈。此间无事，兄何日返平，悉请尊裁。（中国社科院近代史所藏"胡适档案"，卷号548，分号4）

12月7日 胡适访翁文灏，翁氏日记有记：

> 胡适之面谈：1921年前日本在远东事实上独霸。1921—1931【年】间，华会条约公认日本独霸，但日本遵守条约，并不为害。1931【年】九一八以后，日本为事实上独霸，因而各国皆惊。新加坡建军港，美海军调太平洋之正在相持不下之中。如英美各国外交态度不坚决，则势必一战，如外交态度坚[决]，尚可纳于□物，重建和平。（《翁文灏日记》，96页）

12月8日 正午，外交部长张群在官邸会见胡适。（《外部周刊》第144期，1936年12月14日）

12月9日 胡适登车返平。（天津《大公报》，1937年12月10、11日）

同日 傅斯年复函胡适，谈及蔡元培病状以及王世杰不会辞职等事。（《胡适遗稿及秘藏书信》第37册，436～437页）

12月10日 下午1时55分，胡适抵平，北平教育、文化界多人到站迎接。（天津《大公报》，1937年12月10、11日）

章希吕日记有记：

> 午后一时到车站去接适兄。在车站接他的共有六七十人。报馆新闻记者围着他谈话并照相，耽搁了二十分钟始出站回米粮库。（《胡适研究丛录》，274页）

同日 *The China Weekly Chronicle* 第8卷第24期有关于胡适讲演的报道，题目是 "The Changing Pacific: Japan's Lost Supremacy"。报道说：

> Outlining a new and changing Pacific in which the balance of power is

now taking shape, Dr. Hu told the audience that Japan was only playing a part in the transforming world and was no longer a supreme power.

...

Dr. Hu predicted that these factors might produce an international war, first between China and Japan and gradually involving all nations in the Pacific.

12月11日　胡适在北京大学全体学生大会上演讲"太平洋国际之认识与感想"。胡适慨叹北京大学、南开大学以及中研院在哈佛大学300年纪念庆典上排名之靠后，又感于排名更晚的普林斯顿大学高等研究所之有成绩，认为我们还有努力的余地。又谈及在第六次太平洋国际会议上，大部分代表都注视中日问题。得出两条结论：中日问题并非单独的东亚问题，乃为一世界问题；近年来民气渐强，领导也走上了轨道，这也是此次会议席上对中国态度转变的一大原因。（次日之《北平晨报》）

12月12日　胡适在欧美同学会为姚从吾证婚。顾颉刚来访。（《顾颉刚日记》第三卷，571页）

同日　胡适复函翁文灏云：蒋梦麟将偕协和内科主任一同南飞。今日北平又有学生游行示威，北大仅有二三十人参加，然风潮恐一时难平，因人心正浮动，而煽动者大有人在。自己因蒋梦麟校长与周炳琳院长均不在学校，故不能不留校。为蔡元培病有起色感到欣慰。《独立评论》事，昨日见着秦德纯等人，胡适表示：自己并不热心复刊，因为自己够忙了。但此报是全国注意的，若停的久了，社会一定要责备此间负责当局。胡适提出的办法是停了几期之后复刊，也不用什么声明，也不用什么解释。他们颇认同这个办法，但须要见宋哲元请示，要宋约胡适一谈。（《胡适全集》第24卷，320页）

同日　胡适复函沈燕谋，谈为张孝若写传记事：

"简短传状"，我一定要替他写。但我实在感觉大困难。他的家人已大删此长书，去其精华，仅存糟粕。我虽然见了原稿，究竟能说多

少老实话？说了老实话，他们能用吗？

……

……孝若之死，我至今不明其真相，故我甚盼你将此案情形及有关文件，详为检出或记出，供我参考。(《胡适遗稿及秘藏书信》第19册，120～122页)

同日　章希吕日记有记：

夜和适兄谈《独立》发行部的情形。末后他又谈到商务印书馆委托编一部高中国文教科书，明年二月出版第一册，以后按月出一册，七月交齐，他想我在此帮他做助手。此事我固乐为，但回家之愿又成问题了。

《独立》仍拟继续发行，适兄因初到事忙，大约缓二三星期复刊。(《胡适研究丛录》，274页)

同日　张学良扣押蒋介石，对蒋实行"兵谏"，是为西安事变。

同日　胡适致电翁文灏，询蒋之安全。得蒋梦麟电，知蔡元培病稍有起色，"甚慰"。晚与曾琦、李幼椿谈。(据《日记》)

12月14日　中午，北平各大学校长有聚餐会，出席者李蒸、徐诵明、陆志韦、蒋梦麟、梅贻琦，胡适亦出席，大家对时事交换意见甚久，结果咸以值此中国在国际地位渐次增高之际，国内正应团结一致对外，不应再有其他问题，决定由各大学当局联名共同电张学良，予以劝告。(《申报》，1936年12月16日)

同日　胡适复函苏雪林，云：

……关于《独评》，你的过奖，真使我愧汗。我们在此狂潮之中，略尽心力，只如鹦鹉濡翼救山之焚，良心之谴责或可稍减，而救焚之事业实在不曾做到。我们（至今可说我个人）的希望是要鼓励国人说平实话，听平实话。这是一种根本治疗法，收效不能速，然而我们又不甘心做你说的"慷慨激昂有光有热"的文字——也许是不会做——

奈何！奈何！

....

关于左派控制新文化一点，我的看法稍与你不同。青年思想左倾，并不足忧虑。青年不左倾，谁当左倾？只要政府能维持社会秩序，左倾的思想文学并不足为害。青年作家的努力，也曾产生一些好文字。我们开路，而他们做工，这正可鼓舞我们中年人奋发向前。他们骂我，我毫不生气。

左倾是一事，反对政府另是一事。我觉得政府的组织若能继续增强，政府的力量若能继续加大，一部分人的反对也不足虑。我在北方所见，反对政府的势力实占极小数。其有作用者，虽有生花的笔舌，亦无能转变其分毫。其多数无作用者，久之自能觉悟。我们当注重使政府更健全，此釜底抽薪之法，不能全靠笔舌。

我总觉得你和别位忧时朋友都不免过于张大左派文学的势力。例如韬奋，他有什么势力！……

....

关于鲁迅……我很同情于你的愤慨，但我以为不必攻击其私人行为。鲁迅狺狺攻击我们，其实何损于我们一丝一毫？他已死了，我们尽可以撇开一切小节不谈，专讨论他的思想究竟有些什么，究竟经过几度变迁，究竟他信仰的是什么，否定的是些什么，有些什么是有价值的，有些什么是无价值的。如此批评，一定可以发生效果。余如你上蔡公书中所举"腰缠久已累累"，"病则谓曰医，疗养则欲赴镰仓"……皆不值得我辈提及。至于书中所云"诚玷辱士林之衣冠败类，廿五史儒林传所无之奸恶小人"一类字句，未免太动火气（下半句尤不成话），此是旧文字的恶腔调，我们应该深戒。

凡论一人，总须持平。爱而知其恶，恶而知其美，方是持平。鲁迅自有他的长处。如他的早年文学作品，如他的小说史研究，皆是上等工作。通伯先生当日误信一个小人张凤举之言，说鲁迅之小说史是抄袭盐谷温的，就使鲁迅终身不忘此仇恨！……盐谷一案，我们

应该为鲁迅洗刷明白。最好是由通伯先生写一篇短文,此是"gentleman 的臭架子",值得摆的。……(《胡适遗稿及秘藏书信》第 20 册,299～307 页)

按,苏雪林来函主要内容如下:

……第一是关于先生主办的《独立评论》态度的问题。……前几年左派势力活跃,整个文化界都被他们垄断。他们的理论既娓娓动人,其宣传的方法又无孔不入。九一八以后,日本帝国主义者不断向中国侵略,政府态度不明,四万万人都抱有行将为亡国奴的忧惧。不但青年感到万分的苦闷,我们中年人也感到万分苦闷。左派理论,恰恰指引我们一条出路。于是大家如饮狂泉,如中风疾,一个个"左倾"起来了。我那时虽未加入左联,思想亦动摇之至。但我虽然没有学问,却很虚心,自己既找不着应该走的路,不如取决于有学问有见识如先生者其人。所以前年先生过沪之便,我曾专诚拜谒,蒙先生不弃,有所开导。后来连读《独评》数年,思想更趋稳定。假如当时不闻先生的教训,以后又无像《独评》一样的刊物指导我思想的正轨,则区区此身,难免不为汹涌的时代潮流扫卷而去……

《独评》持论稳健,态度和平,年来对于中国内政外交尤供献了许多可贵的意见。中国近年经济文化的建设,日有成功,政治渐上轨道,国际舆论也有转移,我敢说《独评》尽了最大推动的力量。不过《独评》的态度因为过于和平,持论因为过于稳健的缘故,色彩未免不甚鲜明。青年读惯了那些慷慨激昂、有光有热的反动文字,再读《独评》当然会发生不能"过瘾"之感。……

第二是关于从左派掌握中夺回新文化的问题。五卅以后……上海号为中国文化中心,竟完全受了左翼作家的支配。……先生拥护现政府的目的,是希望从散漫无纪的国家,一盘散沙的民众中间,造成一种"中心势力";借着这"中心势力"内以促中国现代化之成功,外以抵抗强敌之侵略。如其一国之中最富活力之青年,与政府站在相反的地位，则好容易储蓄起来的一点国力，又将因互相乘除而等于零。先生一番拥护现政府的苦心，岂不白费了吗？

第三，是矫正流行的浅薄而谬误救国方针的问题。……

第四……（《胡适遗稿及秘藏书信》第 41 册，535～551 页）

同日 翁文灏致电胡适，请胡联合教育界同人电张学良释放蒋介石。（《胡适遗稿及秘藏书信》第 32 册，319 页）

按，胡适致张学良函如下：

陕中之变，举国震惊。介公负国家之重，若遭危害，国家事业至少要倒退二十年。足下应念国难家仇，悬崖勒马，护送介公出险，束身待罪，或尚可自赎于国人。若执迷不悟，名为抗敌，实则自坏长城，正为敌人所深快，足下将永为国家民族之罪人矣。（台北胡适纪念馆藏档，档号：HS-NK05-084-025）

12月15日 周作人赠胡适《风雨谈》一册。（见周氏赠书题记，该书现藏北京大学图书馆）

12月16日 中午，北平教育文化界领袖在清华同学会举行聚餐会，出席者有蒋梦麟、胡适、樊际昌、郑天挺、曾昭抡、梅贻琦、潘光旦、徐诵明、李蒸、陆志韦、李书华、查良钊等 10 余人，决由各校分别致电张学良……并请政府速决大计，以济危局。（次日之天津《大公报》）

12月17日 胡适就西安事变对美联社记者发表谈话，称：张学良所为是亲痛仇快的卖国行为。由于这次事变，作为国家的领袖，蒋的重要性从未如过去一周那样，为全国各阶层的人民所认知。一份大学校长联合申明指出：蒋若被杀害，中国的进步将倒退 20 年。……胡适指出：蒋如能安然脱险，从这次事件中，他本人和全国人民所应该学到的教训是将所有的权力集中于一人是极其危险的。

12月18日 胡适作有《张学良的叛国》一文。

12月21日 中午，北平教育文化界领袖在清华同学会举行聚餐，出

席者有蒋梦麟、梅贻琦、徐诵明、李蒸、陆志韦、李麟玉、胡适、樊际昌、潘光旦、沈履等，席上并未作何商讨，仅交换各校情况及时局情报，至下午3时许散会。（次日之天津《大公报》）

同日　翁文灏致函胡适，谈陕变最新形势。（《胡适遗稿及秘藏书信》第32册，320页）

同日　张元济致函胡适：由蒋梦麟处得知胡适安好，但未见《独立评论》心仍悬念；蔡元培之病必可无虞；西安事变，"国将不国"；有致美国葛领事信，"得便乞再代致意"。（《胡适遗稿及秘藏书信》第34册，108～109页）

同日　台静农致函胡适，谈及在厦门大学、山东大学等校执教情形，又云南方高等教育与北平相差诚远，"如学校当局，除对外敷衍政府功令外，对内惟希望学生与教员相安无事而已；至于如何提倡研究空气，如何与学生及教员研究上之方便，均非所问"。（《胡适遗稿及秘藏书信》第24册，753页）

12月26日　中午12时30分，北平各大学校长当局在清华同学会集会，庆祝蒋介石"离难"，出席者有蒋梦麟、胡适、周炳琳、樊际昌、郑天挺、梅贻琦、潘光旦、张熙若、徐诵明、李蒸、陆志韦、李麟玉、傅斯年、李书华等近20人，除由昨午由南京到北平之傅斯年报告蒋介石"蒙难"经过，决由各校长联名电蒋祝贺。（次日之天津《大公报》）

同日　下午2时，胡适出席北京大学师生庆祝蒋介石"脱险"大会。蒋梦麟报告毕，即有周炳琳、燕树棠、陶希圣、胡适、傅斯年先后演讲。

同日　翁文灏致函胡适，告：蒋介石返南京精神甚好，蒋介石召集谈话会，谈对西安事变后的处理办法。（《胡适遗稿及秘藏书信》第32册，321～322页）

12月28日　上午9时，胡适出席辅仁大学庆祝蒋介石脱险大会并发表讲演，大意谓西安事变，虽足使已经提高之中国国际地位骤形低落，然因此事能得到满意和平解决，蒋委员长安然返回南京，国家民族前途实有无限希望。张学良此次举动，大受国人责备，幸能勇于悔祸，其魄力亦相当

令人佩服云云。(天津《大公报》,1936年12月29日)

同日　晚,蒋梦麟、胡适、梅贻琦、徐诵明、李蒸、傅斯年、郭有守等30余人,在丰泽园欢宴,庆祝蒋介石脱险。(天津《大公报》,1936年12月31日)

顾颉刚日记:

今晚同席:适之、梦麟、孟真、有守、孟治、月涵、李蒸、旭生、天挺、洪芬、守和、诵明、志韦、枚荪、希圣、奚若、敬伯、予(以上客),润章、圣章(主)。(《顾颉刚日记》第三卷,577页)

12月29日　蒋介石致电北平教育文化界蒋梦麟、胡适、梅贻琦、徐诵明、李蒸,云:陕变发生后,贵校师生,备极关念,甚为感慰,特谢。(天津《大公报》,1936年12月31日)

是年　胡适作有白话诗《扔了?》:

烦恼竟难逃,——
还是爱他不爱?
两鬓疏疏白发,
担不了相思新债。
低声下气去求他,
求他扔了我。
他说,"我唱我的歌,
管你和也不和!"(《胡适手稿》第10集卷3,285页)